2026 중졸

검정고시 5개년 기출문제

타임검정고시연구회

2026
중졸 검정고시 5개년 기출문제

인쇄일 2026년 1월 1일 10판 1쇄 인쇄   **발행처** 시스컴 출판사
발행일 2026년 1월 5일 10판 1쇄 발행   **발행인** 송인식
등 록 제17-269호   **지은이** 타임검정고시연구회
판 권 시스컴2026

ISBN 979-11-6941-778-5 13370
정 가 23,000원

주소 서울시 금천구 가산디지털1로 225, 514호(가산포휴) | **시스컴** www.siscom.co.kr / **나두공** www.nadoogong.com
E-mail stscombooks@naver.com | **전화** 02)866-9311 | **Fax** 02)866-9312

"교육과정이 변해도 핵심 내용은 유사하다"

검정고시는 정규 학교에 진학하지 않은 이들에게 계속 교육받을 기회를 제공하고 교육의 평등 이념을 구현하고자 국가에서 시행하는 제도입니다. 현재 시험은 일 년에 두 번 시행되며 배움의 때를 놓친 분들에게 기회의 손길을 내밀고 있습니다.

한국교육과정평가원에서 공개한 출제 계획을 보면, 가급적 최소 3종 이상의 교과서에서 공통으로 다루고 있는 내용을 바탕으로 최근 5년간의 평균 합격률을 고려하여 적정 수준에서 출제할 것임을 알 수 있습니다. 즉 시험에 출제되는 핵심 내용은 크게 바뀌지 않았다는 것입니다. 따라서 시험에 반복 출제되는 부분들을 완벽히 이해하고, 새롭게 추가된 교과 내용을 공고히 익힌다면 평균 60점 이상을 획득하는 데에 큰 어려움이 없을 것입니다.

시스컴에서 선보이는 『중졸 검정고시 5개년 총정리 기출문제』는 최근 5년간 출제된 기출문제를 분석하여 시험의 유형 파악과 풀이를 돕는 문제집입니다. 또한 문제와 관련된 TIP을 상세한 해설과 함께 수록하여 '기출문제+정답 및 오답해설+TIP'의 탄탄한 짜임을 자랑합니다. 따라서 기초를 다지려는 수험생도, 합격을 굳히려는 수험생도 모두 만족시킬 수 있으리라 생각합니다.

"배움에 있어서 늙음이란 없다"

청춘이란 인생의 어느 기간을 말하는 것이 아니라 마음의 상태를 말하는 것이라는 어느 시인의 말처럼 배움의 열정을 놓지 않은 여러분의 지금 이 순간이 청춘입니다. 이 책이 여러분의 꿈을 이루는 데 도움이 되기를 바라며, 수험생 여러분 모두의 건투를 빕니다.

검정고시 안내

검정고시란?

검정고시는 정규 학교에 진학하지 않은 사람들에게 계속 교육받을 기회를 제공하고 국가의 교육수준 향상을 위하며 교육의 평등 이념 구현에 기여하고자 국가에서 시행하는 제도를 말한다.

시험관리기관

- **시·도 교육청** : 시행공고, 원서교부 · 접수, 시험실시, 채점, 합격자발표
- **한국교육과정평가원** : 출제 및 인쇄 · 배포

시험 분야

- 초등학교 졸업학력(초등학교 과정)
- 중학교 졸업학력(중학교 과정)
- 고등학교 졸업학력(고등학교 과정)

검정고시 시험 안내

시행횟수 : 연2회

분류	공고일	접수일	시험	합격자 발표	공고 방법
제1회	2월 초순	2월 중순	4월 초·중순	5월 초·중순	각 시·도 교육청 홈페이지
제2회	6월 초순	6월 중순	8월 초·중순	8월 하순	

고시과목

중졸학력	필수	국어, 수학, 영어, 사회, 과학 (5과목)	총 6과목
	선택	도덕, 기술·가정, 체육, 음악, 미술 중 1과목 선택	

시험시간표

교시	과목	시간		문항수	비고
1	국 어	09:00~09:40	40분	25	
2	수 학	10:00~10:40	40분	20	
3	영 어	11:00~11:40	40분	25	
4	사 회	12:00~12:30	30분	25	각 과목별 100점 만점
중식(12:30~13:30)					
5	과 학	13:40~14:10	30분	25	
6	선 택	14:30~15:00	30분	25	

※ 위의 내용은 한국교육과정평가원에서 발표한 내용을 바탕으로 하였습니다.

문제출제수준

중학교 졸업 정도의 지식과 그 응용 능력을 측정할 수 있는 수준으로 적정량의 학습을 해온 학생이면 누구나 답할 수 있는 평이한 문제로 출제

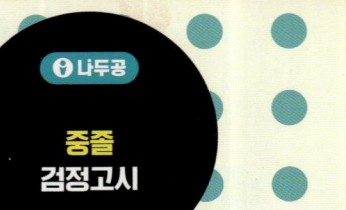

응시자격 및 응시제한

응시자격

1. 초등학교 졸업자 및 이와 동등 이상의 학력이 있는 자
2. 3년제 고등공민학교 졸업자 또는 졸업예정자
3. 「초·중등교육법시행령」 제29조의 규정에 의하여 학적이 정원 외로 관리되는 자
4. 중학교에 준하는 각종학교의 졸업자 또는 졸업예정자
5. 「보호소년 등의 처우에 관한 법률 시행령」 제69조 제2호에 해당하는 자

응시자격 제한

1. 중학교 또는 「초·중등교육법시행령」 제97조 제1항 제2호의 학교를 졸업한 자 또는 재학 중인 자
2. 공고일 이후 초등학교 졸업자
3. 공고일 이후 제 1)호의 학교에 재학 중 학적이 정원 외로 관리되는 자
4. 공고일 기준으로 고시에 관하여 부정행위를 한 자로서 2년이 경과되지 아니한 자

공통제출서류

- 응시원서(소정서식) 1부
- 동일원판 탈모 상반신 컬러 사진(3.5cm×4.5cm, 3개월 이내 촬영) 2매
- 본인의 해당 최종학력증명서 1부
- 응시수수료 : 무료
- 신분증 필히 지참(주민등록증, 운전면허증, 대한민국 여권, 청소년증 중 택 1)

학력인정 서류

〈현장 · 온라인 접수 추가 제출 서류〉

과목면제 대상자	
해당자	제출 서류
기능사 이상의 자격 취득자(이용사, 미용사 자격증 포함)	– 자격증 사본(원본 지참)
3년제 고등공민학교, 기술학교, 고등기술학교 및 중 · 고등학교에 준하는 각종학교 졸업(예정)자와 직업훈련원의 졸업(수료, 예정)자	– 졸업(수료, 예정)증명서
평생학습계좌제가 평가 인정한 학습과정 중 시험과목에 관련된 과정을 90시간 이상 이수한 자	– 평생학습이력증명서 * 발급안내 : 국가평생교육진흥원 평생학습계좌제 (http://www.all.go.kr), 02-3780-9986

장애인 편의 제공 대상자		
대상자	대상자 편의 제공 내용	제출 서류
시각 장애, 뇌병변 장애	대독, 대필, 확대문제지	– 복지카드 또는 장애인등록증 사본(원본 지참)
상지지체 장애	대필	– 장애인 편의 제공 신청서(소정 서식)
청각 장애	시험 진행 안내 (시험시작 · 종료안내)	– 상이등급 표시된 국가유공자증(국가유공자 확인원)

※ 장애인 편의 제공은 원서접수 기간 내 편의 제공 신청자에 한하여 제공함

합격기준

전체 과목 합격

각 과목을 100점 만점으로 하여 평균 60점(소수점 셋째 자리에서 절사) 이상 취득한 자를 전체 과목 합격자로 결정함 단, 평균이 60점 이상이라 하더라도 결시 과목이 있을 경우에는 불합격 처리함

일부 과목 합격

● 검정고시 불합격자(일부 과목 합격자) 중 고시성적 60점 이상인 과목에 대하여는 합격을 인정하고, 본인이 원할 경우 다음 차수의 시험부터 해당과목의 고시를 면제하며 그 면제되는 과목의 성적은 최종 고시성적에 합산함
● 기존 과목 합격자가 해당과목을 재응시할 경우 기존 과목합격 성적과 상관없이 재응시한 과목 성적으로 합격 여부를 결정함

합격취소

- 자격에 결격이 있는 자
- 제출 서류를 위조 또는 변조한 자
- 부정행위자
- 학력조회 결과 허위사실이 발견된 자

※ 전 과목 합격자의 학력을 합격자 발표일부터 80일 이내에 조회 확인하고, 학력조회의 결과 학력과 관련하여 허위의 사실이 발견된 때에는 지체 없이 합격을 취소함

응시자 시험 당일 준비사항

준비물

수험표, 신분증, 컴퓨터용 수성사인펜, 아날로그 손목시계(선택), 점심도시락

수험표, 주민등록증 분실자 준비 사항

- 수험표 분실자 : 응시원서에 부착한 동일원판 사진 1매를 지참하고 시험 당일 08시 20분까지 해당 시험장 시험본부에서 수험표를 재교부 받기 바람
- 주민등록증 분실자 : 주민등록증 발급확인서(주민자치센터에서 발급) 지참하기 바람

기타

- 주민등록증 미발급 청소년 : 청소년증 또는 대한민국여권 지참(청소년증은 주소지 관할 주민자치센터에 신청, 15~20일 소요).
- 시험당일 시험장 운동장이 협소하므로 가급적 대중교통을 이용하기 바람

응시자 유의사항

구비 서류 미비

- 본인 신분 확인이 불가능할 경우에는 접수하지 않으며, 접수된 서류는 일체 반환하지 않음
- 사실과 다르게 기재한 서류, 응시원서의 기재사항 착오 등으로 발생된 모든 책임은 전적으로 응시자에게 있음

시험 중 퇴실 금지

- 수험자는 시험 중 시험시간이 끝날 때까지 퇴실할 수 없음
  다만, 긴급한 사유 등으로 불가피한 경우에는 퇴실할 수 있으나, 퇴실 후 재 입실이 불가능하며 소지 물품(문제지 포함) 없이 별도의 장소에서 대기하여야 함
- 퇴실 시에는 휴대전화 등 무선통신기기나 물품 등을 소지할 수 없으며 지정된 별도의 장소에서 시험 종료 시까지 대기하여야 함
- 퇴실 시 감독관의 조치 및 지시에 불응하거나 휴대전화, 전자 담배 등 무선통신 기기 등을 소지한 경우 부정행위로 간주함
- 시험장 내에는 수험생 이외 가족, 친지, 친구, 학원 관계자 등은 출입할 수 없음

부정행위

시험장에서 다음과 같은 행위는 부정행위로 간주하고, 부정행위를 한 자는 「초·중등교육법」 시행규칙 제40조에 의거 고시를 정지하고 처분일로부터 응시자격 제한기간 동안 응시를 제한할 수 있으며, 교육부 및 전국 시·도교육청에 그 명단을 통보함

- 다른 수험생의 답안지를 보거나 보여주는 행위
- 다른 수험생과 손동작, 소리 등으로 서로 신호를 하는 행위
- 대리로 시험을 보는 행위
- 시험시간 중 휴대전화 등 무선통신기기를 소지하거나 사용하는 행위
- 다른 수험생에게 답을 보여주기를 강요하거나 폭력으로 위협하는 행위
- 시험 감독관의 지시에 불응하는 행위
- 기타 시험 감독관이 부정행위로 판단하는 행위

기타

- 공고문에 명시되지 않거나 내용의 해석에 관한 사항, 연락불능 등으로 인하여 발생된 불이익은 수험생의 귀책사유이며 그에 따른 결과 처리는 교육청별 검정고시위원회의 결정에 따라야 함
- 과목합격자는 별도 대기실에서 대기함
- 검정고시 응시자가 퇴학자일 경우 퇴학자는 응시일로부터 대략 8개월 이전에 학교를 그만둔 상태여야 함
- 교육기관 입학상담 시 최종학력증명서 확인 후 교육 실시
- 학적 정정 신청 : 출신 학교에서 증명, 통·폐합된 경우는 교육지원청에서 문의·발급

> ※ 상기 자료는 서울특별시 교육청의 안내 자료와 한국교육과정평가원(www.kice.re.kr)과 국가평생교육진흥원의 공고를 기준으로 하고 있습니다.
> ※ 시험일정 및 기타 사항은 변경될 수 있으므로 시험 전 반드시 각 시·도 교육청의 홈페이지 공고를 참조하여 접수하시기 바랍니다.

중졸
검정고시

중졸 검정고시 시험 안내

Q1 검정고시 온라인 원서 접수는 어떻게 하나요?

http://kged.sen.go.kr

※ 검정고시 온라인 접수를 하기 전에 본인의 '공동인증서'를 먼저 발급받아야 한다.

1. 온라인 접수 기간에 시·도 교육청의 검정고시 서비스 사이트에 접속한다.
2. 검정고시 전체 서비스 메인 화면에서 화면 왼쪽의 검정고시 온라인 접수를 클릭한다.
3. 왼편의 검정고시 온라인 접수에서 해당하는 '시·도 교육청'을 선택하여 이동한다.
4. 상단의 〈온라인 원서 접수〉 메뉴에서 본인이 희망하는 자격의 검정고시를 선택한다.
5. 해당 자격의 원서 접수하기 버튼을 클릭하여 '온라인 원서 접수 페이지'로 이동한다.
6. 성명과 주민등록번호(또는 외국인등록번호)를 입력하고, 원서 접수 허위 기재 사실 기재에 관한 안내 및 서약서와 개인식별번호 처리 동의에 체크(√)한 뒤, 인증서 로그인을 클린한 후 본인의 공동 인증서 를 통해 로그인한다.
7. 응시자 정보 → 학력 과목 정보 → 고사장 선택 → 접수 완료 순으로 작성한다.
8. 상단의 〈원서 조회〉 메뉴를 통해 본인이 응시한 검정고시의 원서 조회가 가능하다.
9. 상단의 〈수험표 출력〉 메뉴에서 해당 자격의 수험표 출력하기 버튼을 클릭하여 수험표를 출력한다.

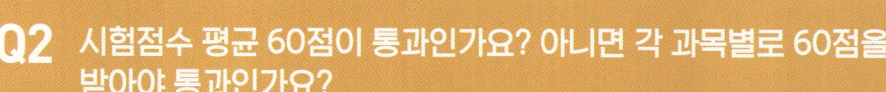

Q2 시험점수 평균 60점이 통과인가요? 아니면 각 과목별로 60점을 받아야 통과인가요?

중졸 · 고졸 검정고시는 과락제도가 없이, 각 과목 전체 평균 60점 이상을 취득한 자를 합격자로 결정합니다. 단, 한 과목이라도 결시하는 경우 전체 평균이 60점 이상이라도 불합격 처리됩니다.

Q3 검정고시 제출용 최종학력증명서는 어떤 것을 제출하는 건가요?

아래 내용 중에 해당하는 서류 한 가지를 제출하시면 됩니다.
- 초졸 검정고시 합격자 : 초졸 검정고시 합격증서 사본(원본 지참)
- 중학교 정원외 관리자 : 중학교 정원외 관리증명서(유예증명서 아님)
- 중학교 면제자 : 중학교 면제증명서
- 중학교 제적자(의무교육이전) : 중학교 제적증명서
- 초등학교 졸업후 상급학교 미진학자 : 검정고시용 초등학교 졸업증명서, 미진학사실확인서
  ※졸업증명서는 반드시 (검정고시용)으로 제출하여야 함
- 귀국자 : 각 시 · 도 교육청의 공고 또는 홈페이지에 기재 된 [귀국자 학력 인정 및 제출서류] 내용에 따름

Q4 과목 면제는 어떻게 받을 수 있나요?

- 과목면제 신청을 하지 않고 응시한 자는 본 고시에서 과목면제 혜택을 받을 수 없습니다.
- 과목에 합격한 수험생은 과목 합격증을 제출하지 않아도 기존의 과목 합격 중 가장 높은 점수를 반영합니다. 그러나 과목 합격 후 다시 그 과목을 응시하고자 할 경우 응시원서에 표기하여야 합니다.
- 과목 합격생은 반드시 과목 합격한 취득점수를 기재하여야 합니다.

검정고시 시험 안내

검정고시를 준비하는 수험생들이 시험에 대하여 한눈에 알수 있도록 일정, 자격, 내용 등을 상세히 정리하였습니다.

기출문제

2021년도 제1회부터 2025년도 제2회까지 최근 5년간 기출문제를 빠짐없이 수록하였습니다.

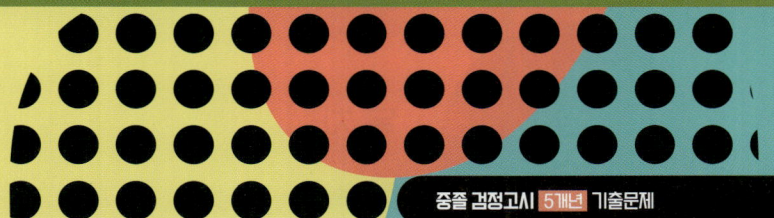

정답 및 해설

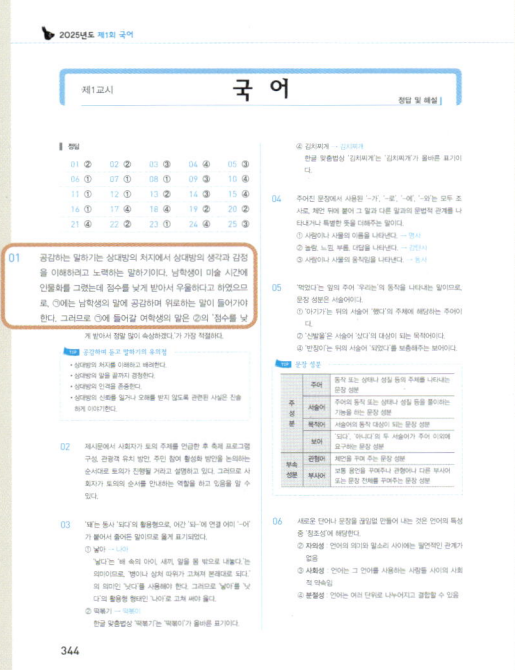

기본서를 따로 참고하지 않아도 명쾌하게 이해할 수 있도록 상세하게 설명하였습니다. 정답해설뿐만 아니라 오답해설도 충분히 실어 꼼꼼한 학습이 가능하도록 하였습니다.

TIP

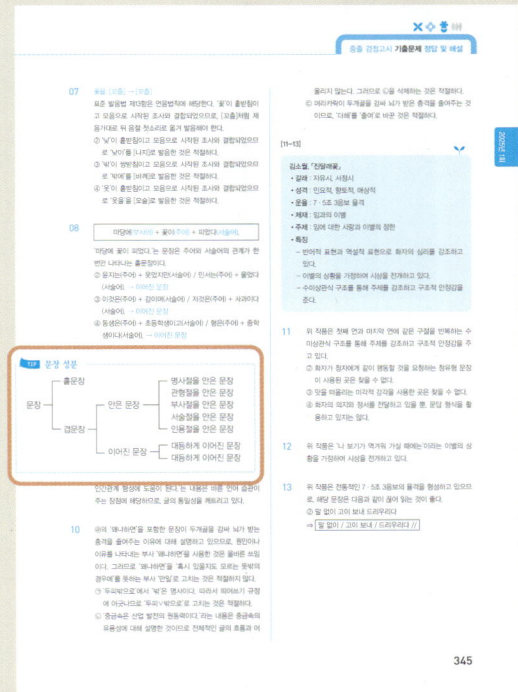

문제와 관련된 중요 교과 내용이나 보충사항을 TIP으로 정리함으로써 효율적이면서도 충실한 수험공부가 가능하도록 하였습니다.

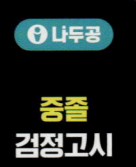

목 차

정답 및 해설

		제1회	제2회
2025년	국 어	344p	368p
	수 학	348p	372p
	영 어	351p	374p
	사 회	356p	379p
	과 학	360p	383p
	도 덕	363p	386p
2024년	국 어	390p	412p
	수 학	394p	416p
	영 어	396p	418p
	사 회	400p	423p
	과 학	404p	427p
	도 덕	407p	430p
2023년	국 어	434p	452p
	수 학	437p	455p
	영 어	439p	457p
	사 회	443p	461p
	과 학	446p	465p
	도 덕	449p	468p
2022년	국 어	472p	492p
	수 학	475p	495p
	영 어	477p	497p
	사 회	481p	501p
	과 학	484p	504p
	도 덕	487p	507p
2021년	국 어	512p	530p
	수 학	515p	533p
	영 어	517p	535p
	사 회	521p	540p
	과 학	524p	543p
	도 덕	526p	546p

체크리스트

나두공

중졸
검정고시

효율적인 학습을 위한 CHECK LIST

연 도	과 목	학습 기간	정답 수	오답 수
2025년	국 어	~		
	수 학	~		
	영 어	~		
	사 회	~		
	과 학	~		
	도 덕	~		
2024년	국 어	~		
	수 학	~		
	영 어	~		
	사 회	~		
	과 학	~		
	도 덕	~		
2023년	국 어	~		
	수 학	~		
	영 어	~		
	사 회	~		
	과 학	~		
	도 덕	~		
2022년	국 어	~		
	수 학	~		
	영 어	~		
	사 회	~		
	과 학	~		
	도 덕	~		
2021년	국 어	~		
	수 학	~		
	영 어	~		
	사 회	~		
	과 학	~		
	도 덕	~		

2025년도

제1회

국 어

정답 및 해설 344p

01 상대의 말에 공감하며 반응하는 대화로 ㉠에 들어가기에 가장 적절한 것은?

오늘 미술 시간에 인물화 그렸는데 점수를 낮게 받아서 우울해.

㉠

① 나는 인물화 정말 잘 그리는데, 부럽지?
② 점수를 낮게 받아서 정말 많이 속상하겠다.
③ 평소에 연습도 안 하면서 점수만 잘 받길 바라니?
④ 난 만점 받아서 하늘로 날아갈 것처럼 기분이 좋아.

02 다음 말하기에서 알 수 있는 사회자의 역할로 가장 적절한 것은?

> 사회자 : 안녕하세요. 오늘 토의 주제는 '우리 지역 축제 활성화 방안'입니다. 토의는 축제 프로그램 구성, 관광객 유치 방안, 주민 참여 활성화 방안을 논의하는 순서로 진행하겠습니다.

① 토의의 개념을 설명한다.
② 토의의 순서를 안내한다.
③ 토의 결과를 요약하며 마무리한다.
④ 토의 참여자를 청중에게 소개한다.

03 밑줄 친 부분이 '한글 맞춤법'에 맞게 표기된 것은?

① 감기 어서 빨리 <u>낳아</u>.
② <u>떡볶기</u>를 같이 만들어 먹자.
③ 토요일에 우리 집에 놀러 와도 <u>돼</u>.
④ 나는 매콤한 <u>김치찌게</u>를 먹고 싶어.

04 밑줄 친 단어들의 공통점으로 적절한 것은?

> • 비행기<u>가</u> 하늘로 날아올랐다.
> • 등굣길<u>에</u> 친구<u>와</u> 만나서 같이 갔다.

① 사람이나 사물의 이름을 나타낸다.
② 놀람, 느낌, 부름, 대답을 나타낸다.
③ 사람이나 사물의 움직임을 나타낸다.
④ 다른 말과의 문법적 관계를 나타낸다.

05 밑줄 친 부분이 ㉠에 해당하는 것은?

> 문장 성분에는 주어, ㉠ 서술어, 목적어, 보어, 관형어 등이 있다.

① <u>아기가</u> 하품을 했다.
② 영수가 <u>신발을</u> 샀다.
③ 우리는 과자를 <u>먹었다</u>.
④ 민주가 <u>반장이</u> 되었다.

06 다음과 관련 있는 언어의 특성으로 가장 적절한 것은?

> 새로운 단어나 문장을 끊임없이 만들어 낼 수 있다.

① 창조성
② 자의성
③ 사회성
④ 분절성

07 다음 규정에 맞게 발음하지 <u>않은</u> 것은?

> ■ 표준 발음법 ■
> 【제13항】홑받침이나 쌍받침이 모음으로 시작된 조사나 어미, 접미사와 결합되는 경우에는, 제 음가대로 뒤 음절 첫소리로 옮겨 발음한다.

① 꽃을[꼬츨]
② 낮이[나지]
③ 밖에[바께]
④ 옷을[오슬]

08 다음을 참고할 때, 이어진 문장이 <u>아닌</u> 것은?

> 두 개 이상의 문장이 나란히 이어져서 연결된 문장을 이어진 문장이라고 한다.

① 마당에 꽃이 피었다.
② 윤지는 웃었지만 민서는 울었다.
③ 이것은 감이며 저것은 사과이다.
④ 동생은 초등학생이고 형은 중학생이다.

09 다음 개요에서 통일성에 <u>어긋나는</u> 부분은?

주제	카페인 섭취를 줄여야 한다.
처음	카페인을 과도하게 섭취하는 사람들이 많다. ⋯ ㉠
중간	• 카페인을 과도하게 섭취하면 수면의 질이 떨어진다. ⋯ ㉡ • 바른 언어 습관은 원만한 인간관계 형성에 도움이 된다. ⋯ ㉢ • 카페인을 과도하게 섭취하면 잦은 이뇨 작용으로 몸속의 수분이 부족해진다. ⋯ ㉣
끝	카페인을 과도하게 섭취하면 건강에 좋지 않으므로 카페인 섭취를 줄여야 한다.

① ㉠
② ㉡
③ ㉢
④ ㉣

10 ㉠~㉣에 대한 고쳐 쓰기 방안으로 적절하지 <u>않은</u> 것은?

> 머리카락은 우리 몸에서 다양한 기능을 한다. 먼저 머리카락은 각종 노폐물을 배출한다. 수은이나 비소와 같은 중금속이 우리 몸에 쌓이면 위험한데, 머리카락은 이러한 성분을 끊임없이 ㉠ <u>두피밖으로</u> 내보낸다. ㉡ <u>중금속은 산업 발전의 중요한 원동력이다.</u>
> 또한 머리카락은 우리의 뇌를 보호한다. 한 사람의 머리에는 약 십만 가닥 정도의 머리카락이 있다. 이 많은 머리카락이 두개골을 감싸 뇌가 받는 충격을 ㉢ <u>더해</u> 준다. ㉣ <u>왜냐하면</u> 두피의 온도가 급격하게 올라가거나 내려가지 않도록 하여 뇌를 안전하게 지켜준다.

① ㉠ : 띄어쓰기에 어긋나므로 '두피 밖으로'로 고친다.
② ㉡ : 글의 흐름에서 벗어난 내용이므로 삭제한다.

③ ⓒ : 문맥에 어울리지 않으므로 '줄여'로 바꾼다.

④ ⓐ : 문장의 호응을 고려하여 '만일'로 고친다.

12 윗글의 화자에 대한 설명으로 가장 적절한 것은?

① 이별의 상황을 가정하고 있다.

② 물질주의적 삶을 동경하고 있다.

③ 자신의 유년 시절을 회상하고 있다.

④ 떠나온 고향의 모습을 그리워하고 있다.

[11~13] 다음 글을 읽고 물음에 답하시오.

나 보기가 역겨워
가실 때에는
말 없이 고이 보내 드리우리다

영변에 약산
진달래꽃
아름 따다 가실 길에 뿌리우리다

가시는 걸음걸음
놓인 그 꽃을
사뿐히 즈려밟고 가시옵소서

나 보기가 역겨워
가실 때에는
죽어도 아니 눈물 흘리우리다

— 김소월, 「진달래꽃」 —

13 다음을 참고할 때, 윗글의 끊어 읽기가 적절하지 <u>않은</u> 것은?

이 시는 전통적인 3음보의 율격을 계승하였기에 시의 내용을 생각하며 적절하게 세 번씩 끊어 읽는 것이 좋다.

① 나 보기가 / 역겨워 / 가실 때에는 //

② 말 / 없이 고이 보내 / 드리우리다 //

③ 아름 따다 / 가실 길에 / 뿌리우리다 //

④ 사뿐히 / 즈려밟고 / 가시옵소서 //

11 윗글에 대한 설명으로 가장 적절한 것은?

① 같은 구절을 반복했다.

② 청유형 문장을 사용했다.

③ 미각적 이미지를 사용했다.

④ 묻고 답하는 형식을 활용했다.

[14~16] 다음 글을 읽고 물음에 답하시오.

ⓐ 하루는 밤에 아저씨 방에서 놀다가 졸려서 안방으로 들어오려고 일어서니까 아저씨가 하얀 봉투를 서랍에서 꺼내어 내게 주었습니다.

"옥희, 이거 갖다가 엄마 드리고 지나간 달 밥값이라고, 응."

나는 그 봉투를 갖다가 어머니에게 드렸습니다. ⓑ 어머니는 그 봉투를 받아 들자 갑자기 얼굴이 파랗게 질렸습니다. 그 전날 달밤에 마루에 앉았을 때보다도 더 새하얗다고 생각 되었습니다. 어머니는 그 봉투를 들고 어쩔 줄을 모르는 듯이 초조한 빛이 나타났습니다. 나는,

"그거 지나간 달 밥값이래."

하고 말을 하니까 어머니는 갑자기 잠자다 깨나는 사람처럼 "응?" 하고 놀라더니 또 금시에 ⓒ 백지장같이 새하얗던 얼굴이 발갛게 물들었습니다. 봉투 속으로 들어갔던 어머니의 파들파들 떨리는 손가락이 지전을 몇 장 끌고 나왔습니다. 어머니는 입술에 약간 웃음을 띠면서 "후!" 하고 한숨을 내쉬었습니다. 그러나 그것도 잠깐, 다시 어머니는 무엇에 놀랐는지 흠칫하더니 금시에 ⓔ 얼굴이 다시 새하얘지고 입술이 바르르 떨렸습니다. 어머니의 손을 바라다보니 거기에는 지전 몇 장 외에 네모로 접은 하얀 종이가 한 장 잡혀 있는 것이었습니다.

[A]

어머니는 한참을 망설이는 모양이었습니다. 그러더니 무슨 결심을 한 듯이 입술을 악물고 그 종이를 차근차근 펴 들고 그 안에 쓰인 글을 읽었습니다. 나는 그 안에 무슨 글이 씌어 있는지 알 도리가 없었으나 어머니는 그 글을 읽으면서 금시에 얼굴이 파랬다 발갰다 하고 그 종이를 든 두 손은 이제는 바들바들이 아니라 와들와들 떨리어서 그 종이가 부석부석 소리를 내게 되었습니다.

한참 후에 어머니는 그 종이를 아까 모양으로 네모지게 접어서 돈과 함께 봉투에 도로 넣어 반짇고리에 던졌습니다. 그러고는 정신 나간 사람처럼 멀거니 앉아서 전등만 쳐다보는데 어머니 가슴이 불룩불룩합니다.

― 주요섭, 「사랑손님과 어머니」 ―

14 윗글의 내용으로 적절하지 <u>않은</u> 것은?

① 아저씨는 나에게 하얀 봉투를 주었다.
② 나는 하얀 봉투를 어머니께 드렸다.
③ 어머니는 하얀 봉투를 열지 않았다.
④ 어머니는 하얀 봉투를 반짇고리에 던졌다.

15 [A]에 대한 설명으로 적절한 것은?

① 계절의 변화가 나타난다.
② 구체적인 지명이 제시된다.
③ 인물과 자연환경의 대립이 나타난다.
④ 인물의 행동을 통해 심리가 드러난다.

16 ㉠~㉣ 중 다음 설명에 해당하지 <u>않는</u> 것은?

> '나(옥희)'는 '어머니'의 모습을 관찰자 입장에서 서술하고 있다.

① ㉠   ② ㉡
③ ㉢   ④ ㉣

[17~19] 다음 글을 읽고 물음에 답하시오.

> 어사또는 동헌 마루에 높이 앉아 분부하였다.
> "남원부 변 사또는 악행이 높으니 당장 포박하여 옥에 가둬라!"
> 변 사또를 옥에 가둔 어사또는 옥중에 갇힌 죄인의 사연을 다 들은 후 죄 없는 사람은 즉시 풀어 주었다. 풀려난 사람들은 기뻐 춤을 추며 어사또의 공덕을 치하하였다.
> 마지막으로 어사또는 옥을 지키는 형리에게 일렀다.
> "춘향이를 칼* 벗겨 대령하라."
> (중략)
> 춘향이는 죽은 듯이 엎드려 있는데, 가는 목에 큰칼 차고 곱던 머리 산발하고 옷자락에는 붉은 핏물 얼룩지고 그 참혹한 광경은 두 눈 뜨고 차마 보지 못할 지경이었다. 어사또 눈에 눈물이 그렁그

령, 혹 남에게 들킬세라 부채로 얼굴을 가린 채 울었다.

"분부 들어라. 너는 기생으로서 관의 명령을 어기고 발악하였으니 살기를 바랄쏘냐? 죽어 마땅하나 내 수청을 든다면 목숨은 살려 주마."

기가 막힌 춘향이가 고개를 번쩍 들고,

"초록은 동색이요, 가재는 게 편이라더니 내려오는 사또마다 빠짐없이 명관이로구나."

한탄하며 말을 이었다.

"어사또는 들으시오. 절벽 위에 우뚝 솟은 높은 바위 바람 분들 무너지며, 사시사철 푸른 소나무 눈이 온들 비가 온들 변하리까? 틀린 소리 마옵시고 어서 바삐 죽여 주소."

어사또는 더 이상 묻지 않고 빙긋 웃더니 옥반지를 꺼내 사령에게 주었다.

"이것을 춘향이에게 주어라."

춘향이 제 앞에 놓인 옥반지 를 보니, 이별할 때 자기가 이 도령에게 준 바로 그것이었다.

"춘향이는 고개를 들라."

그제야 춘향이가 번쩍 고개를 들었다. 동헌 마루에 높이 앉은 어사또는 어제 저녁 옥문 밖에 왔던 낭군이 분명하였다. 꿈인가 생시인가. 물끄러미 어사또를 바라보는 춘향이 눈에 구슬 같은 눈물이 서려 옷깃을 적시며 조용히 흘러내렸다.

"얼씨구 좋구나, 지화자 좋구나. 어제 저녁 걸인 사위, 어사가 웬 말이냐? 꿈이거든 깨지 말고 생시거든 오늘만 같아라."

춘향이가 죽을 줄만 알고 울며불며 따라왔던 월매는 울다 웃다 덩실덩실 어깨춤을 추었다.

－ 작자 미상, 「춘향전」 －

*칼: 죄인에게 씌우던 형틀

17 윗글에 대한 설명으로 적절한 것은?

① 이야기를 장과 막으로 전개한다.
② 의인화된 사물의 일생을 기록한다.
③ 실제 경험한 일을 진솔하게 표현한다.
④ 서술자가 인물에 대한 이야기를 전달한다.

18 윗글의 내용으로 적절하지 않은 것은?

① 어사또는 변 사또를 옥에 가두라고 분부했다.
② 어사또는 형리에게 춘향이를 대령하라고 일렀다.
③ 어사또는 눈물을 들킬까 봐 부채로 얼굴을 가렸다.
④ 월매는 사위가 어사가 된 것을 알고 크게 실망했다.

19 옥반지 에 대한 설명으로 적절한 것은?

① 춘향이의 잘못을 드러낸다.
② 어사또의 정체를 드러낸다.
③ 변 사또의 결백을 밝혀 준다.
④ 이 도령의 질투심을 표현한다.

[20~22] 다음 글을 읽고 물음에 답하시오.

우리나라는 '배달 공화국'이라고 해도 지나치지 않을 만큼 배달 산업이 발달하였다. 이로 인해 배달 산업에 참여하는 업체가 많아지면서 빠른 속도는 경쟁력이 되었다. 심지어 오전에 주문하면 오후에 받는 당일 배달도 가능해졌다. 세상이 편해졌다고 좋아할 수도 있겠지만 그 이면에는 부정적인 ㉠ 측면도 있다. 일부 택배 기사들은 빨리 배달하려고 ㉡ 과속을 하거나 신호를 어겨 교통사고가 나기도 한다. 실제로 2012년 안전보건공단의 조사에 따르면 택배 업종에서 발생한 산업 재해* 가운데 도로 교통사고가 절반 이상을 차지하였다.

이 외에도 문제는 또 있다. 아침에 분류한 물건을 그날 안에 배달해야 하기 때문에 택배 기사들은 밤늦게까지 일을 멈출 수 없다. 2017년 서울노동권익센터가 실시한 조사에 따르면 이들의 주당 평균 노동 시간은 74시간이다. 일 년이면 3,848시간으로 2017년 기준 경제협력개발기구(OECD) 1인당 연간 평균 노동 시간 1,759시간의 두 배가 넘는다. 우리나라 택배 기사들은 배송 시간을 지키려고 과도한 노동을 하고 있는 것이다.

산업의 규모가 커지면 해당 업종에 종사하는 사람들의 ㉢ 수입이 느는 게 일반적이지만, 택배 기사들은 그렇지 못하다. 택배 시장이 과열되면서 더 저렴한 가격을 내세운 가격 경쟁이 심해졌기 때문이다. 유류비, 통신비 등의 각종 비용을 제외하면 택배 기사들은 택배 한 건당 평균 800원 정도를 벌 수 있다. ㉣ 단순 계산해서, 한 달에 약 350만 원 정도를 벌려면 25.3일을 일하면서 하루 평균 170개 가까운 물건을 배달해야 한다. 결국 더 적게 벌면서 더 많이 배달하고 있는 것이고, 그 때문에 택배 기사는 눈코 뜰 사이 없이 일할 수밖에 없는 것이다.

– 김용섭, 「왜 속도를 고민해야 하는가?」 –

---

*산업 재해 : 노동 과정에서 발생하는 사고 때문에 근로자에게 생긴 신체상의 재해

20 윗글에 대한 설명으로 적절한 것은?

① 관련된 속담을 인용하였다.
② 구체적인 수치를 제시하였다.
③ 조사 계획을 표로 제시하였다.
④ 예상되는 실험 결과를 추측하였다.

21 윗글의 내용과 일치하지 <u>않는</u> 것은?

① 배달 산업에 참여하는 업체가 많아지면서 빠른 속도는 경쟁력이 되었다.
② 배달 산업의 발달로 오전에 주문하면 오후에 받는 당일 배달도 가능해졌다.
③ 우리나라 택배 기사들은 물건의 배송 시간을 지키려고 과도한 노동을 한다.
④ 택배 시장이 과열되면서 더 비싼 가격을 내세운 가격 경쟁이 심해졌다.

22 ㉠~㉣의 사전적 의미로 적절하지 <u>않은</u> 것은?

① ㉠ : 사물이나 현상의 한 부분
② ㉡ : 느린 속도
③ ㉢ : 돈이나 물품 따위를 거두어들이는 것
④ ㉣ : 복잡하지 않고 간단함.

[23~25] 다음 글을 읽고 물음에 답하시오.

과학자들은 지구 온난화가 지속되면 가장 먼저 생존에 위협을 받을 종으로 북극곰을 꼽았다. 미국은 지구 온난화로 북극의 바다 얼음이 줄어들어 북극곰의 서식지가 파괴되고 있는 현상을 확인하고, 2008년에 알래스카에 사는 북극곰을 멸종 위기종으로 등록했다. ㉠ 멸종이란 생물의 한 종류가 아주 없어지는 것을 의미한다. 기후 변화 때문에 멸종 위기종으로 등록된 것은 세계적으로 북극곰이 처음이었다. 북극곰이 지구 온난화의 첫 번째 공식 피해자로 인정받은 것이다.

미국의 멸종 위기종 보호법에 따르면, 한 동식물이 멸종 위기종으로 등록되면 정부는 이들의 서식 현황을 파악하고, 멸종을 방지하기 위해 구체적인 계획을 세워야 한다. 북극곰이 멸종 위기종이 되면서 미국 정부는 북극곰의 멸종을 막기 위해 바다 얼음이 줄어드는 데 영향을 주는 온실가스를 감축하기 위한 계획을 세워야만 하게 되었다.

그럼에도 불구하고 북극곰이 멸종 위기에서 탈출할 수 있을지는 아무도 장담할 수 없다. 지구 온난화를 막기 위해서는 세계 각국의 관심과 진정한 협력이 필요하기 때문이다. '2009년 유엔기후변화회의'를 시작으로 각국에 온실가스 감축량을 할당하는 논의가 진행되었다. ㉡ 강제적이고 실효성 있는 대책을 마련하는 데는 아직 어려움을 겪고 있다.

– 남종영, 「사라져 가는 북극곰」 –

23 윗글의 내용과 일치하지 <u>않는</u> 것은?

① 지구 온난화로 북극의 바다 얼음이 늘어나고 있다.
② 미국은 2008년에 알래스카에 사는 북극곰을 멸종 위기종으로 등록했다.
③ 북극곰 멸종을 막기 위해 미국 정부는 온실가스 감축 계획을 세워야만 하게 되었다.
④ 지구 온난화를 막기 위해서는 세계 각국의 관심과 진정한 협력이 필요하다.

24 ㉠과 같은 설명 방법이 사용된 것은?

① 동물은 척추동물과 무척추동물로 나뉜다.
② 발효 음식의 예로 김치, 간장, 된장이 있다.
③ 오늘 아침에 늦잠을 자서 학교에 지각을 했다.
④ 삼각형은 세 개의 선분으로 둘러싸인 평면 도형이다.

25 문맥상 ㉡에 들어갈 말로 가장 적절한 것은?

① 결코　　　　② 그러면
③ 하지만　　　④ 그러므로

제2교시

수 학

정답 및 해설 348p |

01 다음은 45를 소인수분해하는 과정을 나타낸 것이다. 45를 소인수분해한 결과로 옳은 것은?

$$
\begin{array}{r}
3\,)\,45 \\
\hline
3\,)\,15 \\
\hline
5
\end{array}
$$

① 3^2

② 3×5

③ $3^2 \times 5$

④ $3^2 \times 5^2$

02 $6 + (-4)$를 계산한 값은?

① 1

② 2

③ 3

④ 4

03 다음을 문자가 사용된 식으로 바르게 나타낸 것은?

한 송이에 2000원인 장미꽃 a 송이의 가격

① $(2000 + a)$원

② $(2000 - a)$원

③ $(2000 \times a)$원

④ $(2000 \div a)$원

04 일차방정식 $2x - 3 = 5$의 해는?

① 3

② 4

③ 5

④ 6

05 다음은 5km 단축 마라톤 대회에 참가한 어느 학생의 시간에 따른 이동 거리를 나타낸 그래프이다. 이 학생이 출발한 후 10 분부터 25 분까지 이동한 거리는?

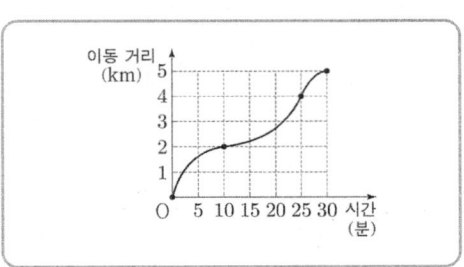

① 2km

② 3km

③ 4km

④ 5km

06 그림과 같이 원 O에서 부채꼴 AOB의 넓이는 3cm^2, 부채꼴 COD의 넓이는 5cm^2이다. ∠AOB$=60°$일 때, ∠COD의 크기는?

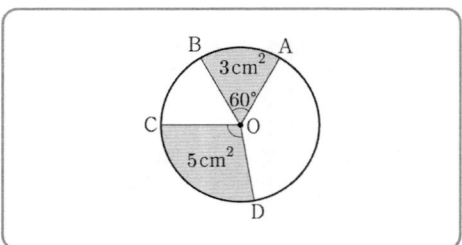

① 90° ② 100°
③ 110° ④ 120°

07 다음은 어느 반 학생 20 명의 통학 시간을 조사하여 나타낸 표이다. a의 값은?

통학 시간(분)	학생 수(명)	상대도수
$0^{이상}$ ~ $10^{미만}$	2	0.1
10 ~ 20	12	a
20 ~ 30	6	0.3
합계	20	1

① 0.5 ② 0.6
③ 0.7 ④ 0.8

08 순환소수 $0.\dot{8}$을 기약분수로 나타낸 것은?

① $\dfrac{5}{9}$ ② $\dfrac{2}{3}$
③ $\dfrac{7}{9}$ ④ $\dfrac{8}{9}$

09 $a^2 \times a^7 \div a^3$을 간단히 한 것은? (단, $a \neq 0$)

① a^4 ② a^5
③ a^6 ④ a^7

10 연립방정식 $\begin{cases} x-y=1 \\ 2x-y=3 \end{cases}$ 의 해는?

① $x=1,\ y=1$
② $x=2,\ y=1$
③ $x=3,\ y=2$
④ $x=4,\ y=3$

11 그림은 일차함수 $y=ax+4$의 그래프이다. 상수 a의 값은?

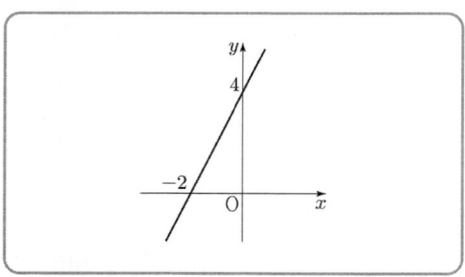

① 2 ② 3
③ 4 ④ 5

12 그림과 같이 $\overline{AB}=\overline{AC}$인 이등변삼각형 ABC에서 ∠A＝80°일 때, ∠x의 크기는?

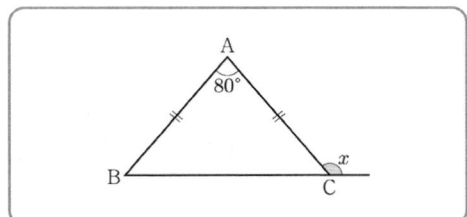

① 130°　　　　② 140°

③ 150°　　　　④ 160°

13 그림과 같이 삼각형 ABC에서 변 BC에 평행한 직선이 두 변 AB, AC와 만나는 점을 각각 D, E라고 하자. $\overline{AD}=6cm$, $\overline{DB}=3cm$, $\overline{AE}=8cm$, $\overline{EC}=x\,cm$일 때, x의 값은?

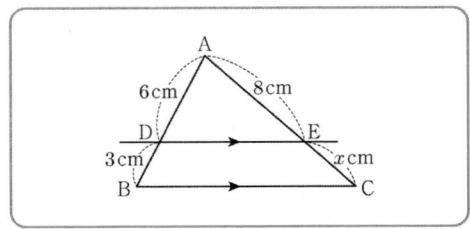

① 1　　　　② 2

③ 3　　　　④ 4

14 그림과 같이 1부터 10까지의 자연수가 적힌 공 10개가 들어 있는 상자가 있다. 이 상자에서 임의로 한 개의 공을 꺼낼 때, 5의 배수가 나올 확률은?

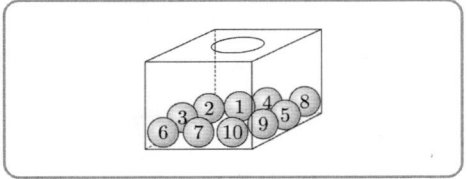

① $\dfrac{1}{5}$　　　　② $\dfrac{3}{10}$

③ $\dfrac{2}{5}$　　　　④ $\dfrac{1}{2}$

15 $2\sqrt{5}=\sqrt{a}$일 때, a의 값은?

① 10　　　　② 15

③ 20　　　　④ 25

16 이차방정식 $x^2-3x+2=0$의 한 근이 1이다. 다른 한 근은?

① 2　　　　② 3

③ 4　　　　④ 5

17 이차함수 $y = x^2 + 2$의 그래프에 대한 설명으로 옳은 것은?

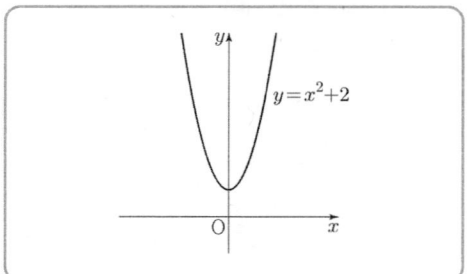

① 위로 볼록하다.

② 점 $(1, 4)$를 지난다.

③ 직선 $y = 1$을 축으로 한다.

④ 꼭짓점의 좌표는 $(0, 2)$이다.

18 직각삼각형 ABC에서 $\overline{AB} = 8$, $\overline{BC} = 17$, $\overline{CA} = 15$일 때, $\sin B$의 값은?

① $\dfrac{8}{17}$ 　　② $\dfrac{8}{15}$

③ $\dfrac{15}{17}$ 　　④ $\dfrac{15}{8}$

19 그림에서 두 점 A, B는 점 P에서 원 O에 그은 두 접선의 접점이다.
$\overline{PB} = 5\text{cm}$, $\angle PBA = 60°$일 때, $\overline{AB}$의 길이는?

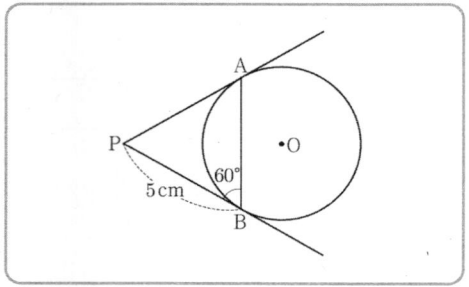

① 5cm 　　② 6cm

③ 7cm 　　④ 8cm

20 다음 중 표준편차가 가장 큰 자료는?

① 1, 1, 1, 1, 1, 1

② 1, 2, 1, 2, 1, 2

③ 2, 3, 2, 3, 2, 3

④ 2, 4, 2, 4, 2, 4

제3교시

영 어

정답 및 해설 351p

01 다음 중 밑줄 친 단어의 뜻으로 가장 적절한 것은?

> My parents are really <u>proud</u> of me.

① 신나는
② 친절한
③ 무관심한
④ 자랑스러운

02 다음 중 밑줄 친 두 단어의 의미 관계와 <u>다른</u> 것은?

> This question is <u>difficult</u>. Please give me an <u>easy</u> one.

① wide – narrow
② wise – foolish
③ healthy – colorful
④ cheap – expensive

[03~04] 다음 빈칸에 들어갈 말로 가장 적절한 것을 고르시오.

03

> Eric and I ____ good friends.

① are
② am
③ is
④ be

04

> He brushed his teeth _____ he had lunch.

① to
② of
③ with
④ after

[05~06] 다음 중 대화의 빈칸에 들어갈 말로 가장 적절한 것을 고르시오.

05

> A : How ___ tickets do you need?
> B : I need three tickets, please.

① long
② many
③ much
④ often

06

> A : What are you going to do this afternoon?
> B : I'm going to play computer games with my brother.
> A : _____ .

① No, I haven't
② You're welcome
③ Of course not
④ That sounds fun

29

07 다음 중 빈칸에 공통으로 들어갈 말로 가장 적절한 것은?

> • What _____ of music do you like?
> • She helped me a lot. I think she is very _____.

① kind ② fat
③ well ④ light

08 다음은 Mike의 여행 일정표이다. 오전 10시에 할 일은?

8:00 a.m.	10:00 a.m.	3:00 p.m.	5:00 p.m.
have breakfast at the hotel	visit the traditional market	have snacks in the park	go to the theater

① 호텔에서 아침 먹기
② 전통 시장 방문하기
③ 공원에서 간식 먹기
④ 극장에 가기

09 그림으로 보아 빈칸에 들어갈 말로 가장 적절한 것은?

>
> A : What is the boy doing?
> B : He is _____.

① watching TV ② driving a car
③ drinking water ④ playing the guitar

10 다음 대화가 끝난 후 두 사람이 함께 할 일은?

> A : Oh, my! I lost my smartphone.
> B : Really? Can you remember where you put it?
> A : I'm not sure. I should check the Lost and Found center, first.
> B : That's a good idea. Let's go together.

① 수영하러 가기
② 치과 진료 받기
③ 분실물 센터 가기
④ 합창 연습하러 가기

11 다음 대화의 빈칸에 들어갈 말로 가장 적절한 것은?

> A : What do you think of this bag?
> B : _____. Did you buy it?
> A : No, my sister gave it to me as a gift.

① It looks pretty
② I think so, too
③ I want to be a doctor
④ Don't forget to call me

12 다음 대화의 주제로 가장 적절한 것은?

> A : Kevin, what are you interested in?
> B : I'm interested in making robots. How about you?
> A : I like playing badminton.

① 관심 분야　　② 요리 방법
③ 교통안전　　④ 환경 보호

13 다음 홍보문을 보고 행사에 대해 알 수 <u>없는</u> 것은?

> **School Sports Day**
> ◦ **When** : 9:00~11:00 a.m., May 9th, 2025
> ◦ **Where** : Mirae Middle School
> ◦ **What to do** : Baseball, Basketball, and Volleyball
> *Have Fun! Enjoy Sports!*

① 행사 일시　　② 행사 장소
③ 경기 종목　　④ 신청 방법

14 다음 방송의 목적으로 가장 적절한 것은?

> Hello, students. I have an announcement. There is a problem with the school air conditioner. We are trying to fix it, but it will take two hours. Thank you for your understanding.

① 학교 규칙 공지　　② 강의 주제 전달
③ 학생회 선거 홍보　　④ 에어컨 고장 안내

15 다음 대화에서 B가 수업에 늦은 이유는?

> A : Why are you late, Amy?
> B : I missed the bus. I'm sorry for being late.
> A : Well, try to be on time. Let's begin our class.

① 버스를 놓쳐서　　② 수업이 빨리 끝나서
③ 숙제를 안 해서　　④ 아침을 먹지 않아서

16 다음 Mr. Papa에 대한 설명과 일치하지 <u>않는</u> 것은?

> There is a story about an old man called Mr. Papa. He wears a hat made of gold. He flies on a dragon on June 5th. He gives good children toys and candies. However, he gives garlic and onions to bad kids.

① 황금으로 만든 모자를 쓴다.
② 6월 5일에 용을 타고 날아다닌다.
③ 착한 어린이들에게는 장난감과 사탕을 준다.
④ 나쁜 어린이들에게는 아무것도 주지 않는다.

17 다음 글에서 Julia Smith에 대해 언급된 내용이 <u>아닌</u> 것은?

> Julia Smith found her true talent in her 40s. At the age of 46, she moved to Rome with her usband. She went to a cooking school there. While she was studying, she ran an Italian restaurant, '*Julia's Trattoria*' and it became famous for pasta.

① 재능 발견 시기   ② 이사한 도시
③ 남편의 직업   ④ 운영한 식당

18 다음 글에서 Alex가 제안한 것으로 가장 적절한 것은?

> Tomorrow is my mom's birthday. I was thinking about what to get her, so I asked Alex for advice. He suggested that I write her a letter because I'm good at writing.

① 선물 사기   ② 편지 쓰기
③ 청소하기   ④ 여행 가기

19 그래프로 보아 다음 빈칸에 들어갈 말로 가장 적절한 것은?

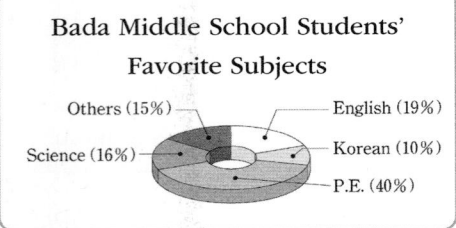

Bada Middle School Students' Favorite Subjects

Others (15%) — English (19%)
Science (16%) — Korean (10%)
P.E. (40%)

> The students at Bada Middle School _____ like the most.

① English   ② Korean
③ P.E.   ④ Science

20 다음 글의 흐름으로 보아 어울리지 <u>않는</u> 문장은?

> There are several things to remember during a flood. ① First of all, you should turn off all electricity. ② Second, you should stay out of moving water. ③ You need to water the plants regularly. ④ You have to move to higher ground for safety. Finally, keep listening to the news reports.

21 다음 글에서 밑줄 친 <u>They</u>가 가리키는 것으로 가장 적절한 것은?

> Jiho likes making new things from something old. Yesterday, he brought pencil cases that he made from used clothes to school. He gave them to his classmates. <u>They</u> were surprised to get his presents and wanted to know how he made them.

① cups ② teachers

③ classmates ④ pencil cases

22 미술관에서 지켜야 할 사항으로 언급되지 <u>않은</u> 것은?

> ### Modern Art Museum Rules
> • Don't run.
> • Don't eat food.
> • Don't take pictures.

① 뛰지 않기 ② 낙서하지 않기

③ 음식 먹지 않기 ④ 사진 찍지 않기

23 다음 글의 주제로 가장 적절한 것은?

> Have you ever seen eagles flying high in the sky? They can see even small ants from up there. They are great hunters because of their powerful eyes. They can see tiny animals 2.8 kilometers away. Isn't that amazing?

① 개미의 특성 ② 독수리의 시력

③ 사냥의 역사 ④ 시력에 좋은 음식

24 다음 글을 쓴 목적으로 가장 적절한 것은?

> I have a jacket for sale. It is white and has many pockets. I bought it last year but it is just like new. I paid 80 dollars. I'm selling it for only 20 dollars!

① 판매하려고 ② 환불하려고

③ 사과하려고 ④ 구입하려고

25 다음 글의 바로 뒤에 이어질 내용으로 가장 적절한 것은?

> Hi! My name is Brian. I am Canadian and I have been living in Korea for two years. Have you ever been to Canada? Today, I will give you some tips for visiting Canada. Let's start with the best time to visit there.

① 한국의 다양한 날씨
② 효과적인 영어 학습 방법
③ 자신이 좋아하는 음악 소개
④ 캐나다를 방문하기에 좋은 시기

제4교시

사 회

정답 및 해설 356p |

01 다음에서 설명하는 것은?

> 지리 정보를 수집하여 컴퓨터에 입력, 저장한 후 이를 사용자의 필요에 따라 가공, 분석하여 사용하는 종합적인 정보 시스템

① 랜드 마크
② 원격 탐사
③ 플랜테이션
④ 지리 정보 시스템(GIS)

02 다음 ㉠에 공통으로 들어갈 용어로 옳은 것은?

> • (㉠)은/는 적도를 기준으로 하여 북쪽은 북위 0°~90°, 남쪽은 남위 0°~90°로 나타낸다.
> • 지구는 둥글기 때문에 태양으로부터 지표면에 도달하는 일사량은 (㉠)에 따라 차이가 난다.

① 경도
② 위도
③ 날짜 변경선
④ 본초 자오선

03 다음에서 설명하는 농업 방식은?

> 열대 우림 기후에서는 숲을 태워 만든 밭에서 카사바, 얌 등을 재배하고, 땅이 척박해지면 새로운 농경지를 만들기 위해 다른 장소로 이동합니다.

① 낙농업
② 수목 농업
③ 오아시스 농업
④ 이동식 화전 농업

04 다음에서 설명하고 있는 기후는?

> • 바다에서 불어오는 편서풍의 영향으로 연중 강수량이 고르고 기온의 연교차가 작다.
> • 주로 곡물 재배와 가축 사육이 함께 이루어지는 혼합 농업이 발달한다.

① 사막 기후
② 스텝 기후
③ 툰드라 기후
④ 서안 해양성 기후

05 다음에서 설명하는 섬으로 옳은 것은?

> 2025년 ○월 □일
> 오늘은 오스트레일리아의 그레이트 오션 로드에 갔다. 그곳엔 주로 파도의 (㉠) 작용을 받아 형성된 해안 절벽과 기둥 모양의 바위가 있었다.

① 습곡
② 침식
③ 퇴적
④ 화산

06 다음에서 설명하는 현상은?

> • 도심의 주거 기능 약화로 나타나는 현상
> • 낮에는 업무나 쇼핑을 위해 이동해 온 사람들이 많지만 밤에는 도심 바깥쪽의 주거 지역으로 빠져나가는 현상

① 스콜
② 기후 변화
③ 성비 불균형
④ 인구 공동화

07 다음에서 설명하는 것은?

> • 다국적 기업이 여러 기능에 따라 서로 다른 지역에 입지하여 업무를 분담함.
> • 본사는 주로 자국의 대도시에 위치하고, 생산 공장은 대체로 노동비가 저렴한 국가에 위치함.

① 공정 무역   ② 공간적 분업
③ 장소 마케팅   ④ 국제 비정부 기구

08 다음 ㉠에 공통으로 들어갈 용어로 옳은 것은?

> • (㉠)은/는 영해를 설정한 기선에서부터 200해리에 이르는 수역 중 영해를 제외한 바다이다.
> • (㉠)에서는 해양 자원을 탐사하고 개발할 수 있다.

① 영공
② 영토
③ 중심 업무 지구
④ 배타적 경제 수역(EEZ)3

09 ㉠에 들어갈 내용으로 옳은 것은?

〈소속감에 따른 사회 집단의 분류〉

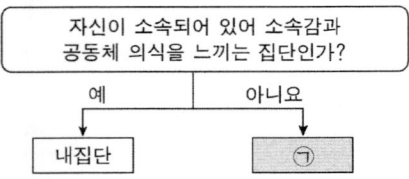

① 외집단   ② 우리 집단
③ 1차 집단   ④ 2차 집단

10 다음에서 설명하는 문화의 속성은?

> 문화는 선천적으로 타고나는 것이 아니라 자신이 속한 사회에서 성장하면서 후천적으로 배우는 것입니다.

① 변동성   ② 전체성
③ 학습성   ④ 획일성

11 다음 ㉠에 해당하는 민주주의의 원리는?

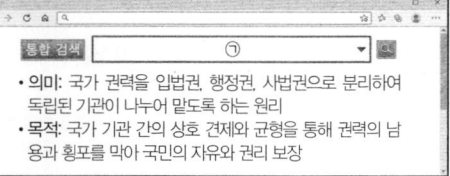

• 의미: 국가 권력을 입법권, 행정권, 사법권으로 분리하여 독립된 기관이 나누어 맡도록 하는 원리
• 목적: 국가 기관 간의 상호 견제와 균형을 통해 권력의 남용과 횡포를 막아 국민의 자유와 권리 보장

① 입헌주의의 원리   ② 국민 자치의 원리
③ 국민 주권의 원리   ④ 권력 분립의 원리

12 다음에서 설명하는 기본권은?

> - 국민이 국가 기관의 형성과 국가의 정치적 의사 형성 과정에 참여할 수 있는 권리이다.
> - 선거권, 국민 투표권, 공무 담임권 등을 예로 들 수 있다.

① 교육권 ② 사회권

③ 참정권 ④ 환경권

13 다음에서 설명하는 민주 선거의 원칙은?

> - 어느 후보나 정당에 투표하였는지 다른 사람이 알지 못하도록 한다.
> - 유권자가 다른 사람으로부터 압력을 받지 않고 본인의 의사에 따라 자유롭게 투표할 수 있도록 하기 위한 것이다.

① 공개 선거 ② 보통 선거

③ 비밀 선거 ④ 직접 선거

14 다음 ㉠에 들어갈 용어는?

> 국회의 가장 대표적인 역할은 입법 활동이다. 따라서 국회는 (㉠)을/를 제정하고 개정할 수 있는 권한과 헌법 개정을 제안하고 의결할 수 있는 권한을 갖는다.

① 도덕 ② 법률

③ 조례 ④ 행정

15 다음 ㉠, ㉡에 들어갈 내용으로 옳은 것은?

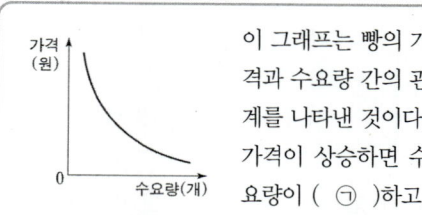

> 이 그래프는 빵의 가격과 수요량 간의 관계를 나타낸 것이다. 가격이 상승하면 수요량이 (㉠)하고, 가격이 하락하면 수요량이 (㉡)하는 수요 법칙을 알 수 있다.

	㉠	㉡		㉠	㉡
①	감소	감소	②	감소	증가
③	증가	감소	④	증가	증가

16 다음 상황에 대한 설명으로 옳은 것을 〈보기〉에서 고른 것은? (단, 원화 기준으로 판단함.)

> 이전에는 1달러를 1,300원에 살 수 있었다면 이제는 환율의 변화로 1달러를 1,500원에 살 수 있다.

───〈 보기 〉───

ㄱ. 환율 상승 ㄴ. 환율 하락

ㄷ. 원화 가치 상승 ㄹ. 원화 가치 하락

① ㄱ, ㄷ ② ㄱ, ㄹ

③ ㄴ, ㄷ ④ ㄴ, ㄹ

17 다음에서 설명하는 나라는?

> • 우리나라 역사상 최초의 국가이다.
> • '남을 다치게 한 사람은 곡식으로 갚는다.'
>   는 내용이 담긴 8조법을 만들었다.

① 발해   ② 고구려

③ 고조선   ④ 대한 제국

18 다음 설명에 해당하는 왕은?

> • 화랑도를 국가적인 조직으로 정비함.
> • 영토 확장을 기념하여 정복한 지역에 순수
>   비를 세움.

① 세종   ② 공민왕

③ 진흥왕   ④ 광개토 대왕

19 다음에서 설명하는 국가유산을 제작한 나라
는?

> • 명칭: 석굴암 본존불
> • 소재지: 경상북도 경주시
> • 특징: 완벽한 비례로 안정
>   감과 균형미를 자랑함.

① 고려   ② 부여

③ 조선   ④ 통일 신라

20 다음 ㉠에 들어갈 내용으로 옳은 것은?

> 이성계는 (㉠)을 계기로 권력을 장악하였습
> 니다. 그 후 나라의 이름을 조선으로 정하고 수
> 도를 한양으로 옮겼습니다.

① 병자호란   ② 임진왜란

③ 살수 대첩   ④ 위화도 회군

21 다음 설명에 해당하는 사건은?

> • 1920년 평양에서 시작되었다.
> • 민족 산업 발전을 통한 경제적 자립을 목
>   표로 하였다.
> • 국산품 애용, '내 살림 내 것으로', '조선 사
>   람 조선 것' 등을 주장하였다.

① 6·10 만세 운동   ② 동학 농민 운동

③ 물산 장려 운동   ④ 서경 천도 운동

22 다음 ㉠에 해당하는 사건은?

> 1894년에 군국기무처가 추진한 (㉠)으로
> 과거제와 신분제가 폐지되었다.

① 갑오개혁   ② 무신 정변

③ 아관 파천   ④ 이자겸의 난

23 다음 ㉠에 해당하는 것은?

> 중종반정을 주도한 훈구 세력이 정국을 주도
> 하자, 중종은 훈구 세력을 견제하고자 조광
> 조를 비롯한 (㉠)을/를 등용하였다.

① 사림   ② 호족

③ 6두품   ④ 개화파

24 다음 정책을 추진한 정부는?

> **〈조선 성종의 업적〉**
> • 홍문관을 개설하였다.
> • 경연을 다시 열었다.
> •   ㉠

① 훈요 10조를 남겼다.

② 척화비를 건립하였다.

③ 탕평책을 실시하였다.

④ 「경국대전」을 완성하였다.

25 다음 ㉠에 해당하는 사건은?

> • 1920년 평양에서 시작되었다.
> • 민족 산업 발전을 통한 경제적 자립을 목
>   표로 하였다.
> • 국산품 애용, '내 살림 내 것으로', '조선 사
>   람 조선 것' 등을 주장하였다.

① 3 · 1 운동   ② 새마을 운동

③ 국채 보상 운동   ④ 금 모으기 운동

과 학

제5교시

정답 및 해설 360p

01 지구에서 측정한 물체의 질량이 3kg이다. 이 물체를 달에서 측정하였을 때의 질량은?

① 0.5kg   ② 1kg

③ 3kg   ④ 6kg

02 다음 설명에서 ㉠에 공통으로 들어갈 빛의 색은?

- 영상 장치에서 쓰는 빛의 삼원색으로 ㉠ , 초록색, 파란색이 있다.
- ㉠ 과 초록색 빛을 합성하면 노란색 빛이 된다.

① 흰색   ② 빨간색

③ 자홍색   ④ 청록색

03 그림은 전지, 스위치, 동일한 전구 (가), (나)로 구성한 회로이다. 스위치를 닫았을 때, 이 회로에 대한 설명으로 옳은 것은?

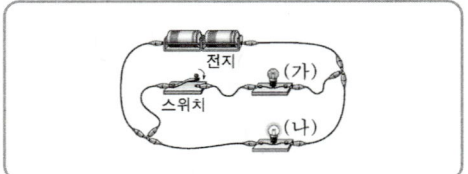

① (가)에 불이 켜진다.

② (나)에 불이 꺼진다.

③ (나)의 밝기는 더 밝아진다.

④ (가)와 (나)는 직렬연결이다.

04 그림은 온도가 다른 두 물체 A, B를 접촉시켜 놓았을 때, 시간에 따른 온도 변화를 나타낸 것이다. 이에 대한 설명으로 옳은 것은? (단, 외부와의 열 출입은 없다.)

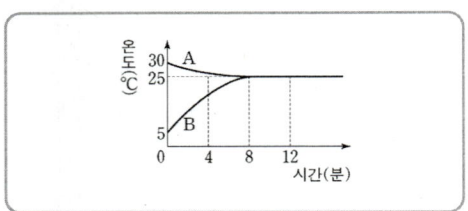

① 열평형 온도는 30℃이다.

② 12분일 때 A와 B의 온도는 같다.

③ 열평형에 도달할 때까지 걸린 시간은 4분이다.

④ 4~8분 사이에 A를 구성하는 입자의 운동은 점점 빨라진다.

05 그림은 수평면에서 일정한 속력으로 움직이는 물체의 위치를 1초 간격으로 나타낸 것이다. 이 물체의 속력은?

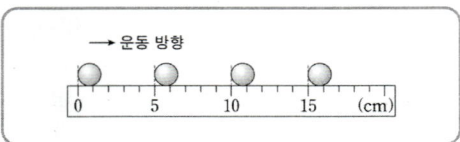

① 5cm/s   ② 10cm/s

③ 15cm/s   ④ 20cm/s

06 그림은 A지점에서 자유 낙하시킨 공이 B지점을 지나는 모습을 나타낸 것이다. A 지점에서의 역학적 에너지가 15J이었다면 B 지점에서의 역학적 에너지는? (단, 공기 저항은 무시한다.)

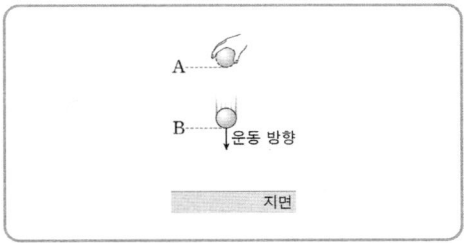

① 0J
② 5J
③ 10J
④ 15J

07 표는 어떤 기체의 압력에 따른 부피 변화를 나타낸 것이다. ㉠에 해당하는 것은? (단, 온도는 일정하다.)

압력(기압)	1	2	4
부피(mL)	40	㉠	10

① 10
② 20
③ 30
④ 40

08 그림은 1기압에서 얼음의 가열 시간에 따른 온도 변화를 나타낸 것이다. 온도 A에서 일어나는 물질의 상태 변화는?

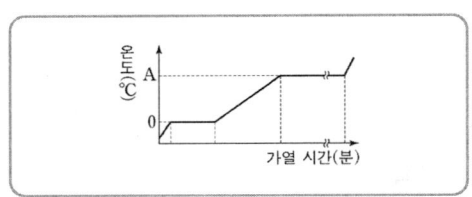

① 기화
② 승화
③ 융해
④ 응고

09 그림은 큰 공 1개와 작은 공 4개를 이용하여 분자 모형을 나타낸 것이다. 이 모형으로 표현하고자 한 물질의 화학식은?

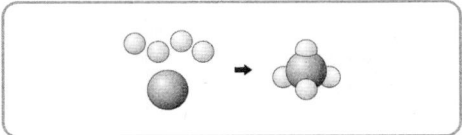

① CH_4
② CO_2
③ H_2O
④ NH_3

10 그림은 물과 식용유를 분리하기 위한 실험 장치를 나타낸 것이다. 물과 식용유를 분리하기 위해 이용한 물질의 특성은?

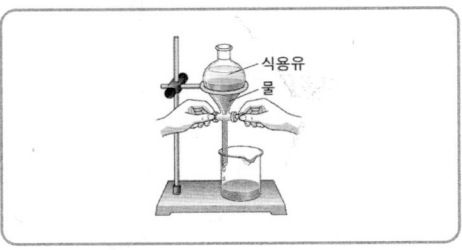

① 밀도
② 끓는점
③ 어는점
④ 용해도

11 그림은 구리와 산소가 반응하여 산화 구리(Ⅱ)가 생성될 때의 질량 관계를 나타낸 것이다. 산화 구리(Ⅱ)를 구성하는 구리와 산소의 질량비는?

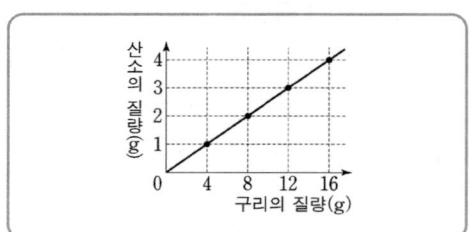

구리 산소   구리 산소
① 1 : 4   ② 2 : 3
③ 3 : 2   ④ 4 : 1

12 그림은 수증기(H_2O)를 생성하는 반응의 부피 모형을 나타낸 것이다. 수소 기체 2L와 산소 기체 1L가 모두 반응할 때, 생성되는 수증기의 부피는? (단, 온도와 압력은 일정하다.)

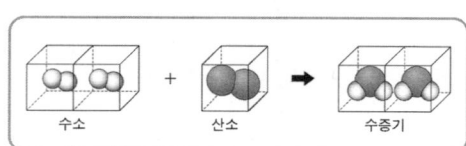

① 1L   ② 2L
③ 3L   ④ 4L

13 그림은 생물을 5가지 계로 분류하여 나타낸 것이다. 다음 중 균계에 속하는 생물은?

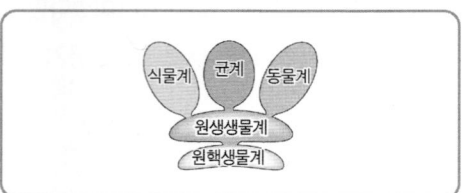

① 버섯   ② 아메바
③ 진달래   ④ 코끼리

14 그림은 식물의 잎에서 일어나는 광합성 과정을 나타낸 것이다. ㉠에 해당하는 기체는?

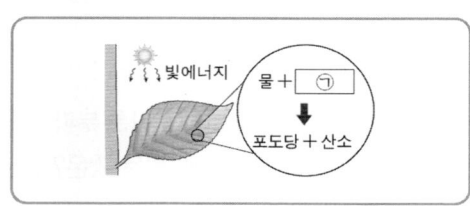

① 수소   ② 질소
③ 암모니아   ④ 이산화 탄소

15 그림은 사람 귀의 구조를 나타낸 것이다. A~D 중 다음 설명에 해당하는 것은?

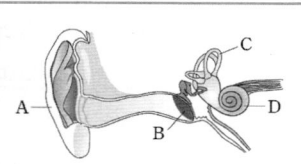

• 세 개의 반고리관으로 이루어져 있다.
• 몸의 회전에 대한 자극을 받아들인다.

① A   ② B
③ C   ④ D

16 무조건 반사의 예에 해당하는 것은?

① 큰 소리를 듣고 손으로 귀를 막는다.
② 건널목에서 빨간 신호등을 보고 멈춘다.
③ 날아오는 공을 보고 야구 방망이로 친다.
④ 무릎을 고무망치로 치면 저절로 다리가 들린다.

17 다음은 동물의 체세포 분열 과정의 일부에 대한 설명이다. 이에 해당하는 시기는?

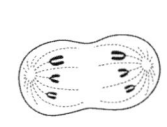
• 염색체가 두 가닥으로 분리된다.
• 분리된 염색 분체가 양쪽 끝으로 이동한다.

① 간기   ② 전기
③ 중기   ④ 후기

18 그림은 순종의 둥근 완두와 순종의 주름진 완두를 교배하여 자손 1대를 얻은 결과를 나타낸 것이다. ㉠과 ㉡의 유전자형으로 옳게 짝지어진 것은? (단, R은 r에 대해 우성이다.)

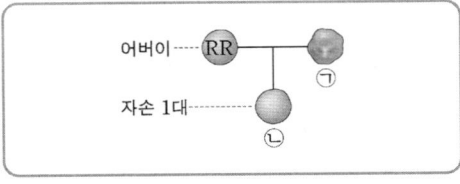
어버이 ----- RR ─── ㉠
자손 1대 ----- ㉡

	㉠	㉡		㉠	㉡
①	RR	RR	②	Rr	RR
③	rr	Rr	④	rr	rr

19 다음 설명에 해당하는 우리 몸의 기관계는?

• 위, 소장, 대장 등의 기관으로 구성된다.
• 크기가 큰 영양소를 작은 영양소로 분해한다.

① 배설계   ② 소화계
③ 순환계   ④ 호흡계

20 다음 암석의 공통점은?

규암, 대리암, 편마암

① 화석이 포함되어 있다.
② 마그마가 식어서 만들어졌다.
③ 열과 압력을 받아 성질이 변하였다.
④ 퇴적물이 다져지고 굳어져서 만들어졌다.

21 다음 설명에 해당하는 행성은?

• 목성형 행성이며, 태양계 행성 중 두 번째로 크다.
• 암석과 얼음으로 된 뚜렷한 고리가 있다.

① 수성   ② 지구
③ 화성   ④ 토성

22 표는 별 A~D의 색깔을 나타낸 것이다. 표면 온도가 가장 낮은 별은?

별	A	B	C	D
색깔	청백색	노란색	백색	붉은색

① A   ② B
③ C   ④ D

23 그림은 기권의 층상 구조를 나타낸 것이다. 구간 A~D 중 다음 설명에 해당하는 것은?

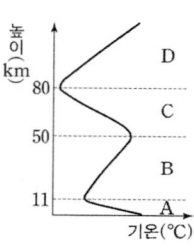

• 높이 올라갈수록 기온이 낮아진다.
• 수증기가 거의 없어 기상 현상은 발생하지 않는다.

① A   ② B
③ C   ④ D

24 그림은 기온에 따른 포화 수증기량 곡선을 나타낸 것이다. 공기 A~D 중 상대 습도가 가장 높은 것은?

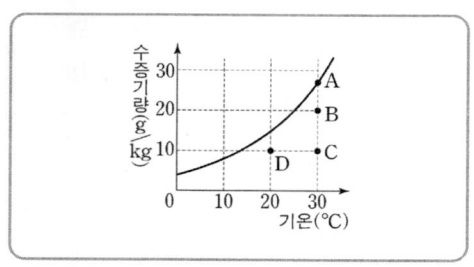

① A   ② B
③ C   ④ D

25 그림은 지구에서 6개월 간격으로 별 S를 관측한 모습을 나타낸 것이다. 별 S의 연주 시차는?

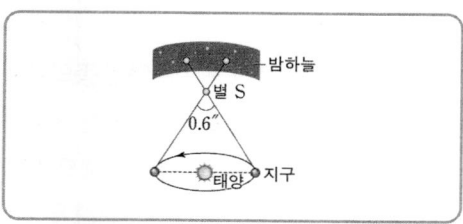

① 0.1″   ② 0.2″
③ 0.3″   ④ 0.6″

제6교시 선택 과목 도 덕

정답 및 해설 363p

01 ㉠에 들어갈 용어로 적절한 것은?

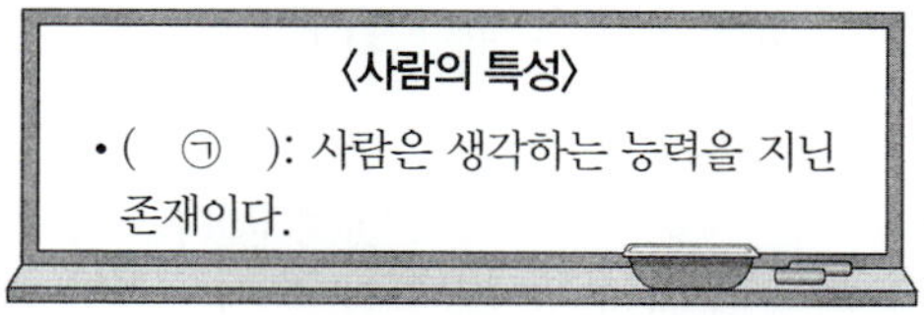
〈사람의 특성〉
•(㉠): 사람은 생각하는 능력을 지닌 존재이다.

① 본능적 존재 ② 이성적 존재
③ 이기적 존재 ④ 쾌락적 존재

02 다음 중 도덕적 성찰이 필요한 이유로 적절하지 <u>않은</u> 것은?

① 훌륭한 인격을 갖추기 위해서이다.
② 잘못을 줄이고 더욱 성장하기 위해서이다.
③ 충동적인 욕구를 실현할 수 있기 때문이다.
④ 사람은 누구나 불완전한 존재이기 때문이다.

03 다음 중 교사의 질문에 적절한 대답을 한 학생은?

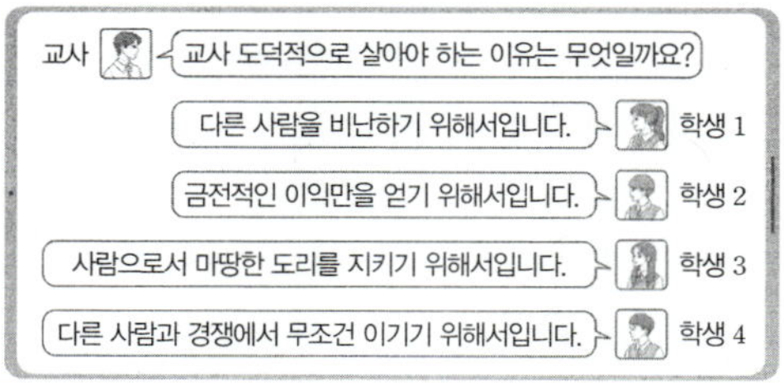
교사
교사 도덕적으로 살아야 하는 이유는 무엇일까요?
다른 사람을 비난하기 위해서입니다.
학생 1
금전적인 이익만을 얻기 위해서입니다.
학생 2
사람으로서 마땅한 도리를 지키기 위해서입니다.
학생 3
다른 사람과 경쟁에서 무조건 이기기 위해서입니다.
학생 4

① 학생 1 ② 학생 2
③ 학생 3 ④ 학생 4

04 정신적 가치에 해당하는 것을 〈보기〉에서 고른 것은?

〈보기〉
ㄱ. 사랑 ㄴ. 재물 ㄷ. 주택 ㄹ. 평화

① 이웃을 마주치면 무시하며 지나친다.
② 갈등이 생길 때마다 경찰에 신고한다.
③ 이웃의 사생활에 적극적으로 간섭한다.
④ 이웃에게 관심을 갖고 작은 일에도 배려한다.

05 다음 중 바람직한 이웃 관계를 맺기 위한 방법으로 가장 적절한 것은?

① 이웃을 마주치면 무시하며 지나친다.
② 갈등이 생길 때마다 경찰에 신고한다.
③ 이웃의 사생활에 적극적으로 간섭한다.
④ 이웃에게 관심을 갖고 작은 일에도 배려한다.

06 다음 퀴즈에 대한 정답으로 옳은 것은?

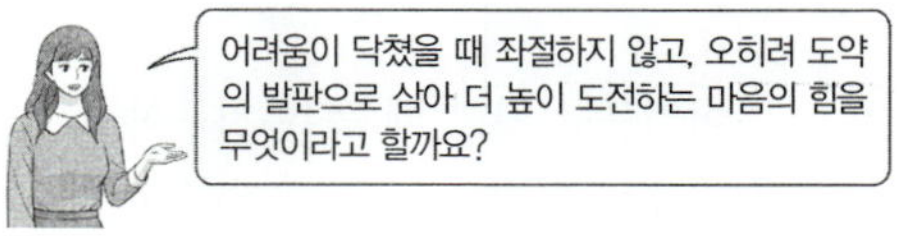
어려움이 닥쳤을 때 좌절하지 않고, 오히려 도약의 발판으로 삼아 더 높이 도전하는 마음의 힘을 무엇이라고 할까요?

① 개성 ② 절제
③ 공동체 의식 ④ 회복 탄력성

07 (가)에 들어갈 개념으로 옳은 것은?

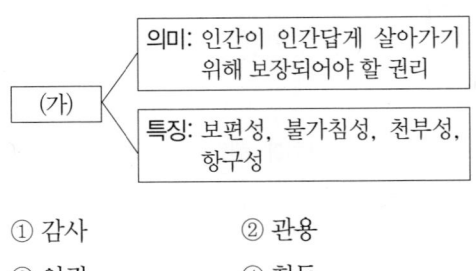

① 감사
② 관용
③ 인권
④ 협동

08 화목한 가정을 이루기 위한 방법으로 옳은 것을 〈보기〉에서 고른 것은?

〈 보기 〉
ㄱ. 기본 예절 갖추기
ㄴ. 강압적으로 의사 전달하기
ㄷ. 각자의 역할과 책임 다하기
ㄹ. 갈등이 발생하면 소통을 항상 회피하기

① ㄱ, ㄴ
② ㄱ, ㄷ
③ ㄴ, ㄹ
④ ㄷ, ㄹ

09 ㉠에 들어갈 내용으로 적절하지 <u>않은</u> 것은?

① 어려움을 당할 때 돕는 친구야.
② 기본적인 예의를 지켜 주는 친구야.
③ 다른 사람에게 내 험담을 하는 친구야.
④ 잘못에 대해 진심 어린 충고를 해 주는 친구야.

10 다음 중 양성평등을 실현하기 위한 노력으로 가장 적절한 것은?

① 학교에서 성별에 따라 역할을 차별한다.
② 전통적인 성 역할에 대한 고정 관념을 따른다.
③ 성차별이 나타나는 사회 구조에 비판적 관점을 갖는다.
④ 대중 매체에 등장하는 성차별적 표현을 그대로 사용한다.

11 표에서 평화적인 갈등 해결 방법에만 '✔' 표시한 학생은?

관점＼학생	A	B	C	D
• 강압적인 힘과 폭력			✔	✔
• 감정을 앞세워 비난하기		✔	✔	
• 대화를 통한 양보와 타협	✔	✔		
• 상대방의 입장 생각해 보기	✔			✔

① A
② B
③ C
④ D

12 다음 사례에서 공통으로 나타나는 도덕 문제는?

• 뇌물 수수   • 부정 청탁
• 공직자의 권력 남용

① 부패 행위
② 세대 갈등
③ 종교 갈등
④ 환경 파괴

13 ㉠에 들어갈 가치로 적절하지 <u>않은</u> 것은?

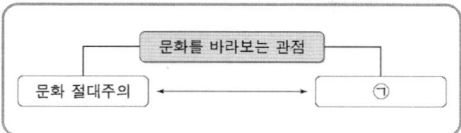

① 하나의 기준으로 문화를 평가한다.
② 자기 문화만 가장 우수하다고 여긴다.
③ 문화가 발생한 역사적 맥락을 이해하고자 한다.
④ 타 문화를 동경하여 자신의 문화를 업신여긴다.

14 다음 중 세계 시민으로서의 자세로 적절하지 <u>않은</u> 것은?

15 사이버 공간에서 발생할 수 있는 도덕 문제에 해당하는 것만을 〈보기〉에서 모두 고른 것은?

─────〈 보기 〉─────
ㄱ. 층간 소음   ㄴ. 개인 정보 유출
ㄷ. 불법 사이트 운영   ㄹ. 악성 프로그램 유포

① ㄱ, ㄴ   ② ㄱ, ㄷ
③ ㄱ, ㄴ, ㄹ   ④ ㄴ, ㄷ, ㄹ

16 다음 중 도덕적 신념의 조건으로 적절하지 <u>않은</u> 것은?

① 물질적 욕심만을 추구해야 한다.
② 보편적 도덕 원리에 부합해야 한다.
③ 타인에게 좋은 영향을 미쳐야 한다.
④ 신념이 올바른지 끊임없이 점검해야 한다.

17 폭력이 비도덕적인 이유를 올바르게 작성한 모둠이 옳게 짝 지어진 것은?

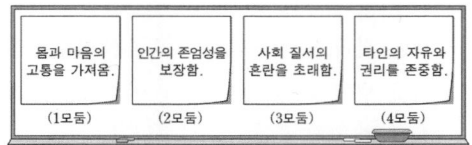

① 1모둠, 2모둠   ② 1모둠, 3모둠
③ 2모둠, 4모둠   ④ 3모둠, 4모둠

18 학생의 서술형 평가 답안이다. 밑줄 친 ㉠~㉢ 중 옳은 것은?

> 문제 : 정의로운 국가가 갖추어야 할 조건을 서술하시오.
>
> 〈학생 답안〉
> 정의로운 국가는 ㉠ 영토 확장을 위해 전쟁을 해야 하고, ㉡ 소수 인종에 대해 차별 대우를 해야 한다. 그리고 ㉢ 개인의 자유를 억압하고 국가의 이익을 가장 앞세워야 하며, ㉣ 사회적 약자를 배려하는 제도를 마련해야 한다.

① ㉠   ② ㉡
③ ㉢   ④ ㉣

19 다음 중 의미 있는 삶을 위해 필요한 가치가 <u>아닌</u> 것은?

① 교만　　　　　② 나눔

③ 도전　　　　　④ 배려

20 (가)에 들어갈 검색어로 옳은 것은?

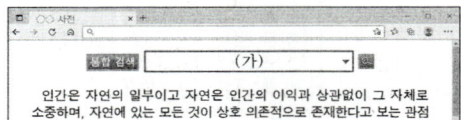

인간은 자연의 일부이고 자연은 인간의 이익과 상관없이 그 자체로 소중하며, 자연에 있는 모든 것이 상호 의존적으로 존재한다고 보는 관점

① 결과 중심주의　　　② 물질 중심주의

③ 생태 중심주의　　　④ 인간 중심주의

21 다음에서 설명하는 개념은?

- 남북의 분단 상태가 지속되는 동안 발생하는 비용
- 안보 비용, 전쟁 가능성에 대한 공포 등

① 개발 비용　　　　② 분단 비용

③ 통일 비용　　　　④ 통일 편익

22 ㉠에 들어갈 용어로 적절한 것은?

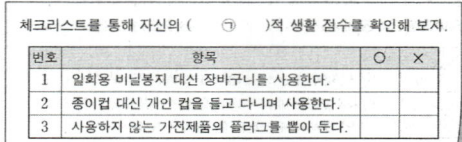

체크리스트를 통해 자신의 (㉠)적 생활 점수를 확인해 보자.

번호	항목	O	×
1	일회용 비닐봉지 대신 장바구니를 사용한다.		
2	종이컵 대신 개인 컵을 들고 다니며 사용한다.		
3	사용하지 않는 가전제품의 플러그를 뽑아 둔다.		

① 예술　　　　　② 종교

③ 쾌락　　　　　④ 환경 친화

23 다음에서 과학자에게 강조되는 덕목은?

과학 기술은 우리 삶의 모든 영역에 큰 영향을 미친다. 따라서 과학자는 과학 기술이 미치는 사회적 영향력에 주의해야 하며, 과학 기술의 잘못된 활용으로 발생하는 사회적 문제에 경각심을 가져야 한다.

① 독단　　　　　② 방관

③ 은폐　　　　　④ 책임

24 다음 중 고통에 대처하기 위한 자세로 적절한 것은?

① 주변 사람들을 탓하며 자책한다.

② 자신의 삶을 비관적으로 바라본다.

③ 고통을 극복할 수 있는 용기를 지녀야 한다.

④ 수단과 방법을 가리지 않고 고통을 없애야 한다.

25 ㉠에 들어갈 내용으로 적절하지 <u>않은</u> 것은?

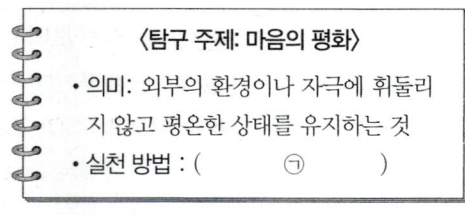

〈탐구 주제: 마음의 평화〉
- 의미: 외부의 환경이나 자극에 휘둘리지 않고 평온한 상태를 유지하는 것
- 실천 방법 : (㉠)

① 독서　　　　　② 명상

③ 산책　　　　　④ 폭행

2025년도

제2회

제1교시 국　어

제2교시 수　학

제3교시 영　어

제4교시 사　회

제5교시 과　학

제6교시 도　덕

제1교시

국 어

정답 및 해설 368p |

01 다음 대화에서 ㉠에 대한 설명으로 가장 적절한 것은?

사소한 일로 친구와 싸웠는데 화해를 못 하고 있어서 고민이에요.

㉠ 그래? 무슨 일로 싸웠는데?

① 상대방의 말과 관련 없는 대답을 하고 있다.
② 상대방의 의견에 적극적으로 반대하고 있다.
③ 상대방이 이야기를 이어 가도록 질문을 하고 있다.
④ 상대방의 고민에 대한 해결 방안을 제시하고 있다.

02 다음 중 ㉠에 들어갈 말로 적절하지 <u>않은</u> 것은?

> 이모 : 표정이 좋지 않네. 무슨 일 있어?
> 조카 : 친구들 앞에서 발표할 때마다 불안해요.
> 이모 : 그럴 때는 발표하기 전에 ㉠

① 연습을 절대로 하지 마.
② 눈을 감고 심호흡을 해 봐.
③ 참고할 수 있는 메모를 준비해 봐.
④ 몸을 가볍게 풀어 주는 것도 도움이 돼.

03 다음 설명에 해당하는 언어의 특성으로 가장 적절한 것은?

> 말소리와 의미의 관계는 필연적이지 않다. 그래서 '🌳'를 한국어로는 '나무[나무]'라고 하지만 영어로는 'tree[트리]'라고 한다.

① 사회성　　　　② 역사성
③ 자의성　　　　④ 창조성

04 다음에서 설명하는 모음이 사용되지 <u>않은</u> 단어는?

> 단모음이란 소리를 낼 때 입술 모양이나 혀의 위치가 고정되어 움직이지 않는 모음을 말한다.

① 미로　　　　② 여유
③ 잔치　　　　④ 호수

05 밑줄 친 단어의 품사가 ㉠과 같은 것은?

> 나는 ㉠ 새 구두를 신었다.

① <u>우아!</u> 꽃이 예쁘다.
② 친구가 내 손을 <u>잡았다.</u>
③ 그는 <u>옛</u> 추억을 떠올렸다.
④ <u>여기</u>가 바로 내 고향이다.

06 다음 중 ㉠에 해당하는 문장 성분은?

> 아기가 잠을 ㉠ 새근새근 잔다.

① 주어 ② 보어

③ 목적어 ④ 부사어

07 밑줄 친 부분 중 다음 규정에 맞게 발음하지 <u>않은</u> 것은?

> ■ 표준 발음법 ■
> 【제14항】 겹받침이 모음으로 시작된 조사나 어미, 접미사와 결합되는 경우에는, 뒤엣것만을 뒤 음절 첫소리로 옮겨 발음한다. (이 경우 'ㅅ'은 된소리로 발음함.)

① 그가 키우는 <u>닭은</u> 건강하다. → [다근]

② 바닥에 <u>앉아서</u> 책을 읽었다. → [안자서]

③ 언니는 아름다운 풍경에 <u>넋을</u> 잃었다. → [넉쓸]

④ 강아지가 아이의 손등을 <u>핥아</u> 주었다. → [할타]

08 밑줄 친 부분이 '한글 맞춤법'에 맞게 표기된 것은?

① 이 집은 <u>된장찌게가</u> 맛있어.

② 내가 <u>친구로서</u> 너를 응원할게.

③ 감기가 빨리 <u>낳았으면</u> 좋겠다.

④ 앞으로 어디에 <u>가던지</u> 꼭 전화해.

09 다음 중 ㉠의 세부 내용으로 가장 적절한 것은?

제목	우리나라의 야생화, 달맞이꽃
처음	달맞이꽃 소개
중간	1. 달맞이꽃의 생김새 2. 달맞이꽃의 자생 환경 3. 달맞이꽃의 쓰임새 …… ㉠
끝	달맞이꽃 보호의 필요성

① 달맞이꽃 이름의 뜻

② 달맞이꽃의 꽃잎 모양

③ 달맞이꽃이 잘 자라는 환경

④ 달맞이꽃을 활용한 천연염료

10 ㉠~㉣에 대한 고쳐쓰기 방안으로 적절하지 <u>않은</u> 것은?

> 소음은 보통 불쾌하고 시끄러워 듣는 ㉠ 사람을 별로 도움이 되지 ㉡ 안는 소리를 말한다. 소음의 기준은 매우 주관적이다. ㉢ 백색 소음은 백색광에서 유래됐다. 아무리 좋은 소리라도 듣는 사람이 처한 환경이나 마음 상태에 따라서 그 소리가 소음이 될 수도 있다는 말이다. ㉣ 결코 아기의 울음소리는 엄마나 아기에게는 아주 중요하고 의미 있는 소리지만 주변 사람들에게는 소음으로 들릴 수 있다.

① ㉠ : 조사의 쓰임이 맞지 않으므로 '사람에게'로 바꾼다.

② ㉡ : 맞춤법에 어긋나므로 '않는'으로 고친다.

③ ⓒ : 글의 흐름에서 벗어난 내용이므로 삭제한다.

④ ⓔ : 문맥에 어울리지 않으므로 '하지만'으로 고친다.

12 다음 중 [A]에 나타난 화자의 주된 정서는?

① 슬픔　　② 뿌듯함

③ 즐거움　　④ 행복함

[11~13] 다음 글을 읽고 물음에 답하시오.

열무 삼십 단을 이고
시장에 간 우리 엄마
안 오시네, 해는 시든 지 오래
㉠ 나는 찬밥처럼 방에 담겨
아무리 천천히 숙제를 해도
엄마 안 오시네, 배춧잎 같은 발소리 타박타박
안 들리네, 어둡고 무서워
금 간 창틈으로 고요히 빗소리
빈방에 혼자 엎드려 훌쩍거리던

　┌ 아주 먼 옛날
[A] 지금도 내 눈시울을 뜨겁게 하는
　└ 그 시절, 내 유년¹⁾의 윗목²⁾

　　　　　　 – 기형도, 「엄마 걱정」 –

1) 유년 : 나이가 어린 때.
2) 윗목 : 온돌방에서 아궁이로부터 먼 쪽의 방바닥. 불길이 잘 닿지 않아 아랫목보다 상대적으로 차가운 쪽이다.

13 다음 중 ㉠과 같은 비유적 표현이 쓰인 것은?

① 봄빛처럼 포근한 눈
② 민들레가 피고 까치가 날고
③ 죽어도 아니 눈물 흘리우리다
④ 가난하다고 해서 외로움을 모르겠는가

[14~16] 다음 글을 읽고 물음에 답하시오.

[앞부분 줄거리] 소년은 서울에서 전학 온 소녀와 함께 산으로 놀러 가 즐거운 한나절을 보낸다. 소나기가 내리자 소년은 소녀를 업고 물이 불어난 도랑을 건넌다. 소나기를 맞은 탓에 며칠 앓았다는 소녀는 그날 입었던 옷의 얼룩을 보여 주며 얼마 뒤 이사를 가게 되었다는 소식을 소년에게 전한다.

㉠ 개울물은 날로 여물어 갔다.

소년은 갈림길에서 아래쪽으로 가 보았다. 갈밭머리에서 바라보는 서당골 마을은 쪽빛 하늘 아래 한결 가까워 보였다.

어른들의 말이, 내일 소녀네가 양평읍으로 이사간다는 것이었다. 거기 가서는 조그마한 가겟방을 보게 되리라는 것이었다.

소년은 저도 모르게 ㉡ 주머니 속 호두알을 만지작거리며, 한 손으로는 수없이 갈꽃을 휘어 꺾고 있었다.

11 다음 중 윗글에 대한 설명으로 가장 적절한 것은?

① 계절의 변화가 드러난다.
② 후각적 이미지가 나타난다.
③ 화자가 과거를 회상하고 있다.
④ 묻고 답하는 형식을 사용하고 있다.

[A] ┌ 그날 밤, 소년은 자리에 누워서도 같은 생각
뿐이었다. 내일 소녀네가 이사하는 걸 가 보나
└ 어쩌나. 가면 소녀를 보게 될까 어떨까.
그러다가 까무룩 잠이 들었는가 하는데,
"허, 참, 세상일도……."
마을 갔던 아버지가 언제 돌아왔는지,
"윤 초시 댁도 말이 아니야. 그 많던 전답¹⁾을 다
팔아 버리고, 대대로 살아오던 집마저 남의 손에
넘기더니, 또 악상²⁾까지 당하는 걸 보면……."
남폿불³⁾ 밑에서 ㉢ 바느질감을 안고 있던 어머니
가,
"증손이라곤 계집애 그 애 하나뿐이었지요?"
"그렇지. 사내애 둘 있던 건 어려서 잃어버리
고……."
"어쩌면 그렇게 자식 복이 없을까."
"글쎄 말이지. 이번 앤 꽤 여러 날 앓는 걸 약도
변변히 못 써 봤다더군. 지금 같아서는 윤 초시네
도 대가 끊긴 셈이지…… 그런데 참 이번 계집애
는 어린 것이 여간 잔망스럽지⁴⁾가 않아. 글쎄 죽기
전에 이런 말을 했다지 않아? 자기가 죽거든 ㉣ 자
기 입던 옷을 꼭 그대로 입혀서 묻어 달라고……."

　　　　　　　　　　　　　　– 황순원, 「소나기」 –

1) 전답 : 논밭.
2) 악상 : 젊어서 부모보다 먼저 자식이 죽는 경우.
3) 남폿불 : 남포등에 켜 놓은 불.
4) 잔망스럽다 : 얄밉도록 맹랑한 데가 있다.

14 윗글에서 알 수 있는 내용으로 적절하지 않은 것은?

① '소년'은 '소녀'의 죽음을 알게 되었다.
② '윤 초시 댁'에 불행한 일이 일어났다.
③ '소년'은 양평읍으로 이사를 갈 예정이다.
④ '아버지'는 '소녀'를 잔망스럽다고 여긴다.

15 다음 중 [A]에 드러난 갈등의 유형은?

① 인물의 내적 갈등
② 인물과 사회의 갈등
③ 인물과 자연의 갈등
④ 인물과 다른 인물의 갈등

16 ㉠~㉣ 중 다음 설명에 해당하는 것은?

> 죽어 가면서도 '소년'과의 추억을 간직하고 싶어 하는 '소녀'의 마음이 드러나는 소재

① ㉠　　　　② ㉡
③ ㉢　　　　④ ㉣

[17~19] 다음 글을 읽고 물음에 답하시오.

[앞부분 줄거리] 병에 걸린 남해 용왕에게 토끼의 간이 약
이 된다고 하여 별주부가 토끼를 용왕 앞에 데리고 온다.

"토끼의 간이 아니면 다른 약이 없는 처지에 별
주부가 충성심을 발휘해 그 험한 육지에 가서 너를
잡아 왔느니라.
㉠ 네 간을 내어 먹고 짐의 병이 낫는다면, 토끼
너의 공을 어찌 잊겠느냐. 우리 용궁 최고의 건축
물인 기린각 능운대에 네 이름을 새겨 길이 보존할
것이다. 그게 아니면 네가 원하는 것은 다 이루어
주마. 목숨을 바쳐 명분을 이루는 것 또한 의미 있
는 삶이 아니겠느냐. 그러니 조금도 서러워하지 말
고 어서 칼을 받거라."

(중략)

토끼는 바닷물 빛이 보이지 않도록 한참을 훌쩍 가서야 바위 위에 높이 앉아 마음껏 별주부에게 ⓛ 했다.

"이놈 자라야! 네 죄를 따지자면 죽여도 아깝지 않도록 괘씸하다. 만일 내 말재주가 네 용왕처럼 미련했더라면, 아까운 이내 목숨 수중 원혼이 되었겠구나. 옛 책에는 '짐승이 미련하기가 물고기와 같다.' 했는데 너희 물고기들이 미련하기는 우리 털 있는 짐승보다 더하구나.

오장에 붙어 있는 간을 어찌 넣고 빼고 할 수가 있겠느냐? 네 소행을 생각하면 산속으로 잡아다가 푹 삶아서 백소주 안줏감으로 초장이나 찍어 먹으며 우리 동무들과 잔치를 벌이고 싶은 마음 간절하구나. 그러나 임금을 위하는 마음에서 그런 것이며, 만경창파 그 먼 길을 네 등으로 왕래하며 죽고 사는 고생을 함께하였기에 목숨만은 살려 보내 주겠다. 그리 알고 속히 궁으로 돌아가거라.

좋은 약을 보내기로 네 왕에게 약속했으니, 점잖은 내 체면에 어찌 식언을 하겠느냐? 내 똥이 매우 좋아 열을 내리게 한다하여 사람들이 주워서 앓는 아이에게 먹인단다. 내가 살펴보니 네 왕의 두 눈자위에 열기가 아주 많이 몰렸더라. 이걸 갖다가 먹이면 병이 곧 나을 게다."

토끼는 작은 총알 같은 똥을 많이 누어 칡잎에 단단히 싸서 별주부 등에 올려놓고 칡으로 감아 주었다. 별주부는 할 수 없이 토끼 똥을 짊어지고 수궁으로 발길을 돌렸다.

죽을 목숨 살아 나온 토끼의 기쁨이야 오죽하겠는가. 깡장깡장 뛰어가며 흔들흔들 방자하게 뽐내며 자랑하는 모습이 혼자 보기 아까웠다.

"나의 재주는 내가 생각해도 신통하구나. 매끄러운 말솜씨로 용왕을 속여서 무사히 고향으로 돌아왔구나. 반갑구나, 반가워. 우리 고향 반갑구나. 푸른 산, 푸른 물, 모두 전에 보던 그대로다. 내가 앉아 졸던 저 높은 봉우리와 흰 구름도 변함없고, 나무 열매도 주워 먹던 그대로구나.

아이고! 너구리 아재요, 평안하시지요? 오소리 형님도 잘 있었지요? 모두들 벼슬 생각, 이

[A] 사 생각, 절대로 하지 마시오. 벼슬하면 몸 위태롭고, 타향에 가면 천대받는다는 옛말 하나 그른 것이 없습니다."

한편 토끼를 놓쳐 버린 별주부는 '차라리 육지로 올라가 죽어 버릴까?' 하는 생각도 했다. 하지만 처자식과 늙으신 어머니가 마음에 걸려 무거운 발걸음을 옮겨 수궁으로 돌아갔다. 다행스럽게도 토끼가 준 토끼 똥의 효험이 있어 용왕의 병이 씻은 듯이 나았다. 그토록 원하던 충신이 되어 어머니와 아내, 자식 모두 함께 평안한 여생을 누렸다.

– 작자 미상, 「토끼전」 –

17 [A]의 내용으로 적절하지 <u>않은</u> 것은?

① '토끼'는 '용왕'을 속이고 고향으로 돌아왔다.
② '토끼'는 '오소리'에게 이사를 권했다.
③ '용왕'은 '토끼'의 똥을 써서 병이 나았다.
④ '별주부'는 자신이 원하던 충신이 되었다.

18 ㉠에 대한 설명으로 적절하지 <u>않은</u> 것은?

① '용왕'이 '토끼'에게 원하는 것
② '토끼'가 살기 위해 지켜야 하는 것
③ '별주부'가 '용왕'에게 바치고 싶은 것
④ '너구리'가 열을 내리기 위해 먹는 것

19 다음 중 ⓛ에 들어갈 말로 가장 적절한 것은?

① 아첨　　　　　② 축하
③ 충성　　　　　④ 호령

[20~22] 다음 글을 읽고 물음에 답하시오.

(가) 우리에게 문이란 어떤 뜻이 있을까? 국어사전에는 '드나들거나 물건을 넣었다 꺼냈다 하기 위하여 틔워 놓은 곳. 또는 그곳에 달아 놓고 여닫게 만든 시설.'이라고 정의되어 있지만, 이것만으로는 부족하다. 좀 더 자세하게 말하면 문은 기능의 측면과 동시에 상징의 측면도 가지고 있다. 거기로 사람이 드나들 뿐 아니라, 어떤 것의 경계를 ㉠ 표시하고, 새로운 시작을 위한 기점 역할도 한다.

(나) 문은 여닫는 방법에 따라 크게 옆으로 밀어 여는 미닫이문과 안팎으로 여닫는 여닫이문이 있는데, 여닫이문은 다시 실내를 ㉡ 기준으로 하여 문이 안쪽으로 열리는 안여닫이와 바깥쪽으로 열리는 밖여닫이, 그리고 안팎으로 모두 열리는 양 여닫이로 나뉜다. 그런데 이러한 문들은 건물의 쓰임새에 따라 어떤 건물에는 안여닫이가, 어떤 건물에는 밖여닫이가 사용된다.

(다) 아파트를 제외한 주택의 현관문은 문을 여닫는 방향을 결정하는 요인이 공간 활용인 측면이 강하다. ㉮ 신을 신고 실내로 들어가는 외국과 달리 한국에서는 신을 벗고 실내로 들어간다. 즉 신을 벗어 둘 공간이 필요한 것이다. 그 공간의 크기는 집의 ㉢ 규모에 따라 다르겠지만 대략 1제곱미터(m^2) 내외이고 현관문의 폭도 1미터(m) 내외이니, 만약 현관문이 안으로 열린다면 문을 열 때마다 현관에 벗어 둔 신들이 이리저리 쓸려 다닐 것이다.

(라) 은행은 다른 어느 곳보다도 안전과 신용을 중시하는 곳이다. 물론 모든 건축이 안전을 ㉣ 전제한다는 점은 은행과 마찬가지이다. 단지 대부분의 건축이 생각하는 안전은 재난으로부터의 대피에 주 관심사가 놓여 있는 데 비해, 은행은 도난으로부터의 안전이 주 관심사인 차이가 있다. 그래서 은행에는 안여닫이를 다는 것이다. 도둑이나 강도가 범죄를 저지르고 도망칠 때 쉽게 도망치지 못하도록 말이다.

– 이재인, 「은행 문은 왜 안쪽으로 열릴까」 –

20 다음 중 (가)~(라)의 내용과 일치하지 <u>않는</u> 것은?

① (가) : 문은 기능의 측면과 상징의 측면을 함께 가지고 있다.
② (나) : 건물의 쓰임새에 따라 문을 여닫는 방향이 다르다.
③ (다) : 문을 여닫는 방향은 공간의 활용과 관련이 없다.
④ (라) : 은행은 도난으로부터의 안전을 위해 안여닫이를 단다.

21 다음 중 ㉮에서 쓰인 설명 방법으로 가장 적절한 것은?

① 대조　　② 분석
③ 인과　　④ 정의

22 ㉠~㉣의 사전적 의미로 적절하지 <u>않은</u> 것은?

① ㉠ : 표를 하여 외부에 드러내 보임.
② ㉡ : 기본이 되는 표준.
③ ㉢ : 사물이나 현상의 크기나 범위.
④ ㉣ : 어떤 일이나 사물이 생겨남.

[23~25] 다음 글을 읽고 물음에 답하시오.

내비게이션이 없으면 여러 번 갔던 길도 찾을 수 없고, 심지어는 가족의 생일과 같은 단순한 정보도 기억하지 못하는 경우가 있다. 이러한 현상을 '디지털 치매', 또는 '아이티(IT) 건망증'이라 부른다.

이처럼 디지털 기술에 지나치게 의존한 나머지 기억력과 계산 능력 등이 현저하게 떨어지는 현상에 관해 많은 사람들이 걱정을 한다. 하지만 이러한 현상은 단지 좋다, 나쁘다고 쉽게 말할 성격의 것은 아니다. 왜냐하면 디지털 치매 현상은 인류의 진화, 우리 사회의 노동 환경의 변화와 연관된 복잡한 현상이기 때문이다.

먼저 프랑스의 철학자 미셸 세르의 저서 「호미네상스」와 2005년 12월 '새로운 기술들은 우리에게 무엇을 가져다 주는가'라는 제목의 강연 내용을 살펴보면 인류의 진화 과정에 관한 흥미로운 내용을 볼 수 있다. 이를 요약하면 다음과 같다.

– 직립 원인으로 진화하는 과정에서 인류는 손을 도구로 사용하게 됨으로써 그 이전에 먹이나 물건을 무는 데 쓰였던 입의 기능이 퇴화했지만, 그 대신 입은 말하는 기능을 획득했다.

– 문자와 인쇄술이 발명되면서 인간은 호메로스의 서사시를 암송할 수준의 기억력을 상실했지만, 기억의 압박에서 해방되어 새로운 지식 생산과 같은 일에 능력을 활용하게 되었다.

– 인류의 진화 과정과 역사를 돌아볼 때, 인간은 상실하는 능력이 있으면 동시에 얻게 되는 능력도 있다.

이러한 관점으로 볼 때, 디지털 기술은 인간의 기억력, 계산력 등의 약화를 가져온 대신 그보다 창조적인 능력을 향상한 것이라 볼 수 있다. (㉠) 디지털 치매 현상은 인간 진화의 양상으로 볼 수 있지 않겠는가?

– 이준기, 「디지털 치매, 걱정할 일 아니다」 –

23 다음 중 윗글에 대한 설명으로 가장 적절한 것은?

① 통계 자료를 활용하였다.
② 실험 결과를 예측하였다.
③ 관련된 속담을 인용하였다.
④ 전문가의 견해를 제시하였다.

24 다음 중 윗글의 중심 소재로 가장 적절한 것은?

① 입의 기능
② 디지털 치매 현상
③ 노동 환경의 변화
④ 문자와 인쇄술의 발명

25 다음 중 ㉠에 들어갈 말로 가장 적절한 것은?

① 그러나　　　　② 그러므로
③ 만약에　　　　④ 왜냐하면

제2교시

수 학

정답 및 해설 372p |

2025년 2회

01 그림은 90을 소인수분해하는 과정을 나타낸 것이다. 90을 소인수분해한 결과로 옳은 것은?

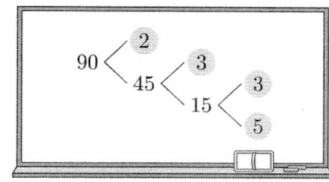

① 3×5 ② $2 \times 3 \times 5$

③ $2 \times 3^2 \times 5$ ④ $2^3 \times 3 \times 5$

02 $(+2)+(-5)$를 계산한 값은?

① -3 ② -1

③ 1 ④ 3

03 다음을 문자를 사용한 식으로 바르게 나타낸 것은?

> 무게가 $100g$인 빈 상자에 무게가 $300g$인 토끼 인형 x개를 넣었을 때, 상자 전체의 무게

① $(300x-100)$g   ② $(300x+100)$g

③ $(300x+300)$g   ④ $(300x+500)$g

04 일차방정식 $3x-1=x+7$의 해는?

① $x=0$ ② $x=2$

③ $x=4$ ④ $x=6$

05 다음 좌표평면 위에 있는 점 A의 좌표는?

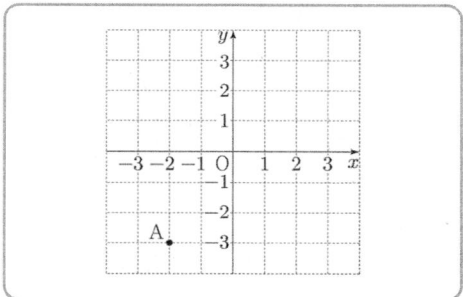

① $A(2, 3)$ ② $A(2, -3)$

③ $A(-2, 3)$ ④ $A(-2, -3)$

06 그림과 같이 평행한 두 직선 l, m이 다른 한 직선 n과 만날 때, $\angle x$의 크기는?

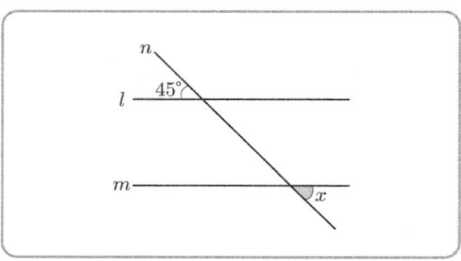

① $35°$ ② $40°$

③ $45°$ ④ $50°$

07 다음은 어느 반 학생 20 명의 하루 동안의 휴대 전화 통화 시간을 조사하여 줄기와 잎 그림으로 나타낸 것이다. 휴대 전화 통화 시간이 40 분 이상인 학생의 수는?

휴대 전화 통화 시간 (1|3은 13분)

줄기	잎					
1	3	5	6	7		
2	1	2	4	5	7	9
3	2	4	5	6	8	9	9
4	3	6	7			

① 3   ② 4
③ 6   ④ 7

08 다음은 순환소수 $0.\dot{4}$를 분수로 나타내는 과정이다. ☐ 안에 공통으로 들어갈 수는?

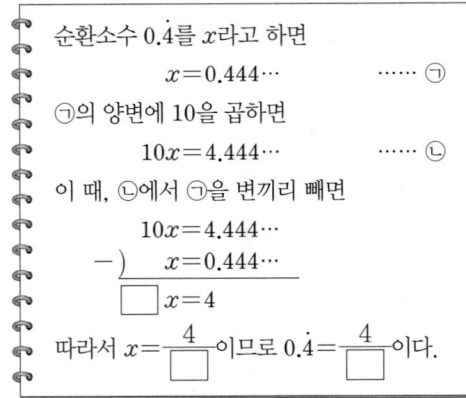

순환소수 $0.\dot{4}$를 x라고 하면

$$x=0.444\cdots \quad \cdots\cdots \text{㉠}$$

㉠의 양변에 10을 곱하면

$$10x=4.444\cdots \quad \cdots\cdots \text{㉡}$$

이 때, ㉡에서 ㉠을 변끼리 빼면

$$10x=4.444\cdots$$
$$-)\quad x=0.444\cdots$$
$$\boxed{}\,x=4$$

따라서 $x=\dfrac{4}{\boxed{}}$이므로 $0.\dot{4}=\dfrac{4}{\boxed{}}$이다.

① 9   ② 10
③ 90   ④ 99

09 $7^5 \div 7^3$을 간단히 한 것은?

① 7   ② 7^2
③ 7^3 ④ 7^4

10 연립방정식 $\begin{cases} y=2x \\ 3x-y=3 \end{cases}$의 해는?

① $x=1,\ y=2$ ② $x=2,\ y=5$
③ $x=3,\ y=4$ ④ $x=3,\ y=6$

11 일차함수 $y=x+1$의 그래프는 일차함수 $y=x$의 그래프를 y축의 방향으로 b만큼 평행이동한 것이다. 수 b의 값은?

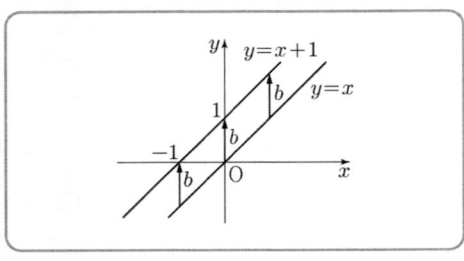

① 1   ② 2
③ 3   ④ 4

12 그림과 같이 $\overline{AB}=\overline{AC}$인 이등변삼각형 ABC에서 ∠A의 이등분선과 $\overline{BC}$의 교점을 D라고 하자. $\overline{BD}=8cm$일 때, $\overline{BC}$의 길이는?

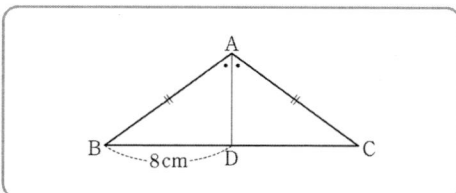

① 10cm   ② 12cm

③ 14cm   ④ 16cm

13 그림에서 △ABC∽△DEF일 때, $\overline{EF}$의 길이는?

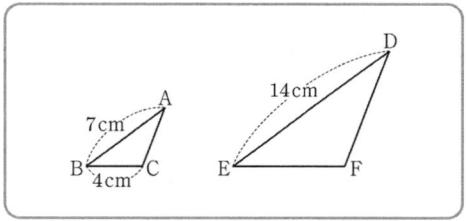

① 5cm   ② 6cm

③ 7cm   ④ 8cm

14 다음은 어느 여행객이 준비한 상의 3벌과 하의 2벌이다. 이 여행객이 상의와 하의를 각각 하나씩 입는 경우의 수는?

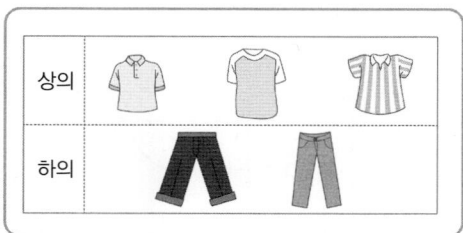

① 6   ② 7

③ 8   ④ 9

15 $\sqrt{50}=\sqrt{5^2\times2}=a\sqrt{2}$일 때, 수 a의 값은?

① 4   ② 5

③ 6   ④ 7

16 $(x+2)(x+3)$을 전개한 식이 x^2+mx+6일 때, 수 m의 값은?

① 3   ② 4

③ 5   ④ 6

17 이차함수 $y=(x-1)^2-1$의 그래프에 대한 설명으로 옳은 것은?

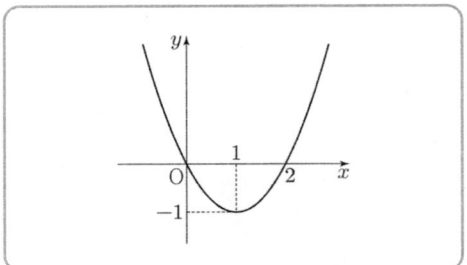

① 위로 볼록이다.

② 점 $(0,1)$을 지난다.

③ 직선 $x=-1$을 축으로 한다.

④ 꼭짓점의 좌표는 $(1,-1)$이다.

18 그림과 같은 직각삼각형 ABC에서 $\overline{AB}=5$, $\overline{BC}=3$, $\overline{CA}=4$일 때, $\cos B$의 값은?

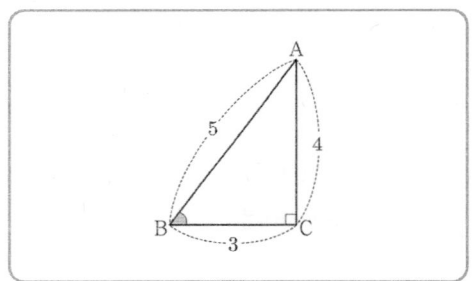

① $\dfrac{3}{4}$　　　　　② $\dfrac{3}{5}$

③ $\dfrac{4}{5}$　　　　　④ $\dfrac{5}{4}$

19 그림의 원 O에서 호 AB에 대한 원주각 $\angle APB=50°$일 때, 호 AB에 대한 중심각 $\angle AOB$의 크기는?

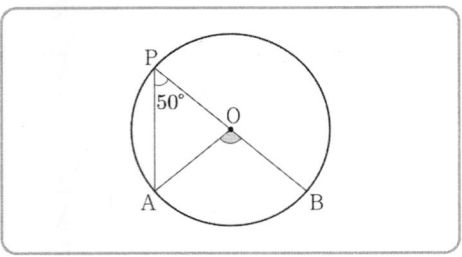

① $60°$　　　　　② $80°$

③ $100°$　　　　　④ $120°$

20 자료는 어느 소방서에서 최초 신고 시각부터 현장 도착 시각까지의 소요 시간을 7차례 조사하여 나타낸 것이다. 이 자료의 중앙값은?

(단위 : 시간)

7	8	4	9	15	5	3

① 4분　　　　　② 7분

③ 8분　　　　　④ 15분

제3교시 영 어

정답 및 해설 374p |

01 다음 중 밑줄 친 단어의 뜻으로 가장 적절한 것은?

> Students are usually <u>quiet</u> in the library.

① 가까운　　　　② 건강한
③ 신나는　　　　④ 조용한

02 다음 중 밑줄 친 두 단어의 의미 관계와 <u>다른</u> 것은?

> I feel so <u>cold</u>. I need some <u>hot</u> water.

① thin − thick　　② small − little
③ weak − strong　④ light − heavy

[03~04] 다음 중 빈칸에 들어갈 말로 가장 적절한 것을 고르시오.

03
> My math teacher ___ so smart.

① am　　　　　② is
③ are　　　　　④ were

04
> Amy has one brother, ___ he is seven years old.

① of　　　　　② to
③ and　　　　　④ with

[05~06] 다음 중 대화의 빈칸에 들어갈 말로 가장 적절한 것을 고르시오.

05
> A : Harry, ___ you do me a favor?
> B : Sure. What is it?

① am　　　　　② are
③ can　　　　　④ have

06
> A : What are you going to do this weekend?
> B : I'm going to go hiking. Do you want to come with me?
> A : _____.

① Yes, you are　　② No, he wasn't
③ They look tired　④ Yes, I'd love to

61

07 다음 중 빈칸에 공통으로 들어갈 말로 가장 적절한 것은?

> • She wants to ___ her son.
> • I am so sorry. I missed your ___ .

① call   ② well

③ drink   ④ travel

08 다음은 John의 주중 계획표이다. 화요일에 할 일은?

Monday	Tuesday	Wednesday	Thursday
play the piano	ride a bike	clean my room	go to a museum

① 피아노 치기   ② 자전거 타기

③ 방 청소하기   ④ 박물관 가기

09 그림으로 보아 빈칸에 들어갈 말로 가장 적절한 것은?

> A : What is the girl doing?
> B : She is _____ .

① drinking tea

② making cookies

③ eating an apple

④ washing the dishes

10 다음 대화가 끝난 후 두 사람이 함께 할 일은?

> A : Oh, no! The dance contest is tomorrow.
> B : Is there anything I can do to help?
> A : Can you help me practice dancing?
> B : Sure. Let's go practice together.

① 농구하러 가기   ② 우편물 보내기

③ 사진 찍으러 가기   ④ 춤 연습하러 가기

11 다음 대화의 빈칸에 들어갈 말로 가장 적절한 것은?

> A : Did you enjoy the magic show?
> B : Yes, _____. How about you?
> A : I also enjoyed it. The tricks were amazing.

① it was wonderful

② we had a boring time

③ he doesn't like vegetables

④ I played baseball with my friends

12 다음 대화의 주제로 가장 적절한 것은?

> A : Are you ready for the trip tomorrow?
> B : Yes. I packed everything, but I don't have a fan.
> A : Don't worry. I'll bring one for you.

① 강의 계획　　② 동물 보호

③ 여행 준비　　④ 음식 소개

13 다음 홍보문을 보고 행사에 대해 알 수 <u>없는</u> 것은?

> **Movie of the Week**
> • Title : The Life of Polar Bears
> • Place : Dream Community Center
> • Time : 7:00 ~ 9:00 p.m.

① 영화 제목　　② 관람 비용

③ 상영 장소　　④ 상영 시간

14 다음 방송의 목적으로 가장 적절한 것은?

> Attention, shoppers! We have a special event for our customers this week. If you spend over $ 50, you will get a 5% discount. Thank you for shopping with us.

① 지역 특산물 소개

② 계절 한정 상품 소개

③ 매장 마감 시간 안내

④ 특별 할인 행사 안내

15 다음 대화에서 A가 학교 콘서트에 가고 싶어 하는 이유는?

> A : I can't wait to go to the school concert!
> B : Why? Is there anything special this year?
> A : Yes, a popular band is performing.

① 경품 행사가 있어서

② 무료 사진 촬영이 있어서

③ 수업이 일찍 끝나서

④ 인기 있는 밴드가 공연해서

16 다음 *Forest Adventures*에 대한 설명과 일치하지 <u>않는</u> 것은?

> The book, *Forest Adventures*, was written by the famous writer, Anna Brown. The main characters are a girl and a puppy. The book tells a story about their friendship. You can buy it in bookstores in October.

① 무명 작가에 의해 쓰였다.

② 주인공은 소녀와 강아지이다.

③ 우정에 관한 이야기를 담고 있다.

④ 서점에서 10월에 구매할 수 있다.

17 다음 글에서 The Pig Festival에 대해 언급된 내용이 <u>아닌</u> 것은?

> The Pig Festival is the biggest celebration in my town. Last year, 5,500 people visited the festival. Its main events are a pig race and a fireworks show. People can buy delicious food like hot dogs and cotton candy.

① 작년 방문자 수　　② 주차장 위치
③ 주요 행사　　　　④ 판매 음식

18 다음 글에서 Jiho가 제안한 것으로 가장 적절한 것은?

> I'm worried because I often buy things that I don't need. So, I asked my friend, Jiho, for advice. He suggested making a list of things to buy. I think this is a really good idea.

① 운동화 구매하기
② 구매 목록 작성하기
③ 가족과 시간 보내기
④ 새로운 친구 사귀기

19 그래프로 보아 다음 빈칸에 들어갈 말로 가장 적절한 것은?

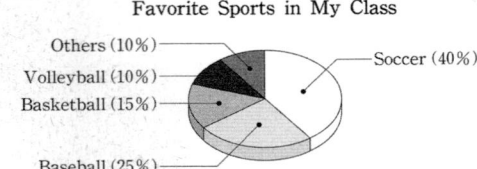

Favorite Sports in My Class

Others (10%)
Volleyball (10%)
Basketball (15%)
Baseball (25%)
Soccer (40%)

> The students in my class like ___ the most.

① soccer　　　　　② baseball
③ basketball　　　④ volleyball

20 다음 글의 흐름으로 보아 어울리지 <u>않는</u> 문장은?

> These days, robots play many different roles. ① Some robots take orders in restaurants. ② Others make coffee at cafés. ③ Coffee beans are grown in warm areas. ④ They also work as guides at airports. Robots are all around us.

21 다음 글에서 밑줄 친 them이 가리키는 것으로 가장 적절한 것은?

> Imagine mosquitoes are flying around in your room. What would you do? Tomatoes can help. Many people like tomatoes, but mosquitoes dislike them. Bowls of crushed tomatoes can keep these insects away from your room.

① bowls   ② trees

③ tomatoes   ④ mosquitoes

22 극장에서 지켜야 할 사항으로 언급되지 <u>않은</u> 것은?

> **Theater Rules**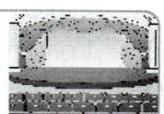
> • Don't take pictures.
> • Don't make loud noises.
> • Don't kick the seat in front of you.

① 음식 먹지 않기

② 사진 찍지 않기

③ 시끄럽게 하지 않기

④ 앞 좌석 발로 차지 않기

23 다음 글의 주제로 가장 적절한 것은?

> Using mobile phones too much can have harmful effects. For example, it can cause dry eyes. Also, you can get neck pains. It is important to know these negative effects.

① 현명한 시간 관리 방법

② 영상 편집 기술의 발전

③ 휴대폰 과다 사용의 악영향

④ 주기적인 스트레칭의 중요성

24 다음 글을 쓴 목적으로 가장 적절한 것은?

> Hi, Steve. This is Bill. There is a student debate this Friday. However, one of our team members caught a bad cold, so he cannot come to the debate. Can you help us and join our team? We hope to hear from you soon.

① 거절하려고   ② 구매하려고

③ 부탁하려고   ④ 환불하려고

25 다음 글의 바로 뒤에 이어질 내용으로 가장 적절한 것은?

> Living in another country is not always easy. I have been living in Mexico for three years. Since my family moved here, I have found many cultural differences between Mexico and Korea. Here are some examples that I want to share with you.

① 프랑스 대학에 입학하는 방법

② 한국에 남아 있는 가족의 소식

③ 1년 전 한국으로 이사를 한 이유

④ 멕시코와 한국의 문화적 차이 사례

제4교시

사 회

정답 및 해설 379p

01 다음 설명에 해당하는 기후는?

> • 짧은 여름 동안에만 기온이 0℃ 이상으로 올라간다.
> • 농업이 거의 불가능하여 주민들은 순록을 유목하거나 물고기, 바다표범 등을 사냥하며 생활한다.

① 스텝 기후　　　② 툰드라 기후
③ 지중해성 기후　④ 서안 해양성 기후

02 다음 중 석회동굴 내부에서 발달할 수 <u>없는</u> 것은?

① 석순　　　② 석주
③ 오름　　　④ 종유석

03 다음 설명에 해당하는 문화 지역은?

> • 우리나라와 중국, 일본을 중심으로 한다.
> • 유교, 불교, 한자, 젓가락 문화 등이 공통으로 나타난다.

① 건조 문화 지역
② 유럽 문화 지역
③ 동아시아 문화 지역
④ 아프리카 문화 지역

04 다음의 행동 요령과 관련된 자연재해는?

>
> • 내 집 앞, 내 점포 앞 도로의 눈은 내가 치웁니다.
> • 제설 도구나 미끄럼 방지 장치를 차량에 준비합니다.
> • 붕괴가 우려되는 가옥이나 건축물은 사전 점검 및 보강하여 피해를 예방합니다.

① 가뭄　　　② 지진
③ 태풍　　　④ 폭설

05 다음 설명에 해당하는 자원은?

> • 고온 다습한 아시아 계절풍 지대의 넓은 평야 지대에서 주로 재배한다.
> • 대체로 생산지에서 소비되므로 국제 이동량이 적은 편이다.
> • 이 자원으로 만든 대표 음식으로는 베트남의 국수, 인도네시아의 나시고렝이 있다.

① 쌀　　　　② 커피
③ 옥수수　　④ 카카오

06 다음에서 설명하는 것은?

> 산업화와 도시화로 촌락의 인구가 도시로 이동하는 현상

① 랜드마크　　② 이촌 향도
③ 인구 밀도　　④ 다국적 기업

07 다음에서 설명하는 것은?

> 도시의 무질서한 팽창을 막고 녹지 공간을 확보하기 위해 일부 대도시 주변에 설정한 지역이다.

① 부도심
② 위성 도시
③ 중심 업무 지구(CBD)
④ 개발 제한 구역(greenbelt)

08 다음 중 ㉠, ㉡에 들어갈 내용으로 옳은 것은?

> • (㉠) : 영토 주변의 바다로, 그 범위는 일반적으로 기선으로부터 12해리까지이다.
> • (㉡) : 기선으로부터 200해리까지의 수역 중 (㉠)을/를 제외한 바다이다.

	㉠	㉡
①	영공	영해
②	영공	배타적 경제 수역
③	영해	배타적 경제 수역
④	배타적 경제 수역	영해

09 다음에서 설명하는 국가 기관은?

> • 선거의 공정한 관리와 정당에 관한 사무 처리를 위하여 설치되었다.
> • 선거 운동과 투표 및 개표를 관리하고 유권자의 투표 참여를 독려한다.

① 대법원
② 특허 법원
③ 국가 인권 위원회
④ 선거 관리 위원회

10 다음 중 ㉠에 들어갈 내용으로 옳은 것은?

> 주권이란 국가의 의사를 결정하는 최고 권력입니다. (㉠)(이)란 이와 같은 주권이 국민에게 있다는 것을 의미합니다. 따라서 국민은 국가의 주인으로서 권리를 행사할 수 있으며, 모든 국가 권력의 행사는 국민의 동의를 바탕으로 합니다.

① 희소성
② 심급 제도
③ 국민 주권의 원리
④ 권력 분립의 원리

11 다음에서 설명하는 것은?

> • 대통령, 국무총리, 국무 위원으로 구성되는 행정부의 최고 심의 기관이다.
> • 행정부의 권한에 속하는 중요한 정책을 심의한다.

① 국회
② 국무 회의
③ 노동조합
④ 헌법 재판소

12 다음에서 설명하는 법은?

> • 공적인 생활 영역을 다루는 법이자 우리나라의 최고 법이다.
> • 국민의 권리와 의무, 국가의 통치 조직과 운영 원리 등을 규정한다.

① 민법　　　　② 상법
③ 헌법　　　　④ 노동법

13 표에서 알 수 있는 초콜릿의 균형 가격에 따른 균형 거래량은?

〈초콜릿의 가격에 따른 수요량과 공급량〉

가격(원)	2,000	4,000	6,000	8,000
수요량 (만 개)	22	20	18	16
공급량 (만 개)	14	16	18	20

① 14만 개　　　　② 16만 개
③ 18만 개　　　　④ 20만 개

14 다음 중 ㉠에 들어갈 용어는?

(㉠)은/는 시장에서 거래되는 여러 상품의 가격을 종합한 평균적인 가격 수준을 의미합니다. (㉠)이/가 지속적으로 상승하는 현상을 인플레이션이라고 합니다.

① 물가　　　　② 분업
③ 신용　　　　④ 실업

15 다음 설명에 해당하는 집단으로 가장 적절한 것은?

> • 인간의 사회화에 영향을 미치는 집단이다.
> • 비슷한 나이의 친구 집단으로, 소속감과 심리적 안정감을 추구한다.
> • 놀이를 통해 공동체 생활에 필요한 규칙과 질서를 배운다.

① 정당　　　　② 회사
③ 이익 집단　　　　④ 또래 집단

16 다음에서 설명하는 것은?

> 한 사회의 구성원들이 주어진 환경에 적응하면서 만들어 온 공통의 생활 양식으로 의식주, 예술, 종교 등이 포함된다.

① 문화　　　　② 본능
③ 인종　　　　④ 유전

17 다음 유물을 처음으로 제작한 시대는?

> **한국사 유물 카드**
>
> • 명칭 : 주먹도끼
> • 용도 : 사냥, 나무 손질 등 다양한 용도로 사용됨.

① 철기 시대　　　　② 구석기 시대
③ 신석기 시대　　　　④ 청동기 시대

18 다음 설명에 해당하는 백제의 왕은?

> • 수도를 사비로 옮겼다.
> • 국호를 남부여로 바꾸었다.
> • 관산성 전투에서 전사하였다.

① 성왕
② 광종
③ 세조
④ 광개토 대왕

19 다음 중 ㉠에 들어갈 나라는?

> 대조영은 고구려 유민과 말갈족을 이끌고, 동모산을 도읍으로 정하고 (㉠)을/를 세웠다. 이 나라는 일본에 보낸 외교 문서에 '고려 국왕'이라 표현하며 고구려 계승 의식을 분명히 나타내었다.

① 가야
② 발해
③ 신라
④ 대한 제국

20 다음 중 ㉠에 들어갈 고려의 왕으로 옳은 것은?

> 〈 ㉠ 의 개혁 정치〉
> – 친원 세력 제거
> – 쌍성총관부 공격
> – 전민변정도감 설치

① 영조
② 공민왕
③ 의자왕
④ 선덕여왕

21 다음에서 설명하는 사건은?

> • 원인 : 조선이 청의 군신 관계 요구를 받아들이지 않음.
> • 전개 : 청이 조선을 침략하자 인조는 남한산성에서 항전함.
> • 결과 : 인조는 삼전도에서 청과 굴욕적인 화의를 맺음.

① 병자호란
② 귀주 대첩
③ 살수 대첩
④ 삼국 통일

22 다음 중 ㉠에 들어갈 내용으로 옳은 것은?

> 정조의 뒤를 이어 어린 나이의 순조가 왕위에 오르자 안동 김씨 등 특정 가문이 권력을 잡고 국정을 장악하는 (㉠)이/가 본격적으로 전개되었다.

① 골품제
② 세도 정치
③ 유신 헌법
④ 화백 회의

23 조선 세종의 정책으로 옳은 것을 〈보기〉에서 고른 것은?

> ─── 〈보기〉 ───
> ㄱ. 4군 6진 개척
> ㄴ. 갑오개혁 실시
> ㄷ. 을사늑약 체결
> ㄹ. 훈민정음 창제

① ㄱ, ㄴ
② ㄱ, ㄹ
③ ㄴ, ㄷ
④ ㄷ, ㄹ

24 다음 중 ㉠에 들어갈 일제 식민 정책으로 옳은 것은?

> 1910년부터 1918년까지 일제는 근대적 토지 소유권 확립을 명분으로 (㉠)을 실시하였 고, 빼앗은 국유지와 공유지는 일본인에게 싼 값으로 넘겼다.

① 탕평책   ② 호패법
③ 노비안검법   ④ 토지 조사 사업

25 다음 설명에 해당하는 사건은?

> 1987년 학생과 시민들은 대학생 박종철이 고문으로 인해 사망하자, 이에 대한 진상 규 명과 대통령 직선제 개헌을 요구하며 대규모 시위를 전개하였다.

① 새마을 운동   ② 위화도 회군
③ 6월 민주 항쟁   ④ 국채 보상 운동

제5교시

과 학

정답 및 해설 383p

01 그림과 같이 수평면에서 물체를 밀어 움직일 때, 물체의 바닥면에 작용하는 마찰력의 방향은?

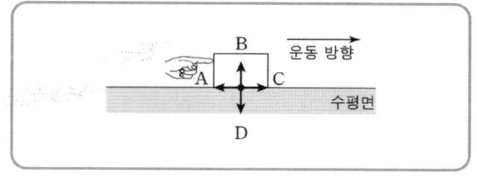

① A   ② B   ③ C   ④ D

02 다음 설명에 해당하는 것은??

· 물체의 실제 크기보다 상의 크기가 작고, 넓은 범위를 볼 수 있다.
· 굽은 도로의 안전 거울로 사용된다.

① 볼록 거울   ② 오목 거울
③ 볼록 렌즈   ④ 오목 렌즈

03 그림은 전압이 3 V인 전지를 이용하여 구성한 전기 회로를 나타낸 것이다. 전구 ㉠에 걸리는 전압이 3 V일 때, 전구 ㉡에 걸리는 전압(V)은?

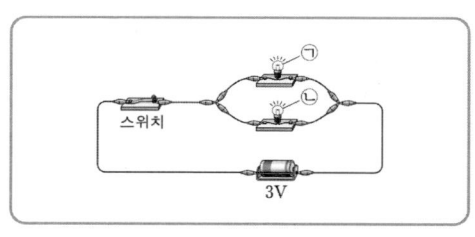

① 1   ② 2   ③ 3   ④ 4

04 구리 공을 가열하였더니 부피가 커졌다. 다음 중 구리 공의 부피가 커질 때 증가한 것은?

① 구리 입자의 수
② 구리 공의 밀도
③ 구리 입자의 질량
④ 구리 입자 사이의 거리

05 그래프는 일정한 속력으로 운동하는 물체의 시간에 따른 속력을 나타낸 것이다. 0~5초 동안 물체가 이동한 거리(m)는?

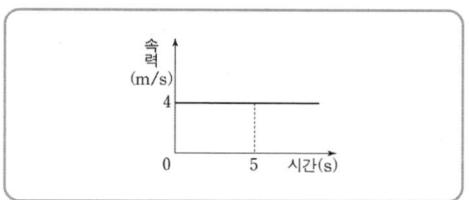

① 4   ② 5
③ 10   ④ 20

06 다음 설명에서 ㉠에 해당하는 에너지는?

물체의 위치 에너지와   ㉠   의 합을 역학적 에너지라고 한다.

① 빛에너지   ② 열에너지
③ 운동 에너지   ④ 전기 에너지

07 다음 설명에서 ㉠에 해당하는 현상은?

> 향수병의 뚜껑을 열어 두면 향수 입자가 멀리 퍼진다. 그 이유는 향수 입자가 스스로 운동하여 공기 중으로 ㉠ 하기 때문이다.

① 액화   ② 융해

③ 응고   ④ 확산

08 그림은 물질의 상태 변화를 나타낸 것이다. A~D 중 물이 끓어서 수증기가 되는 과정은?

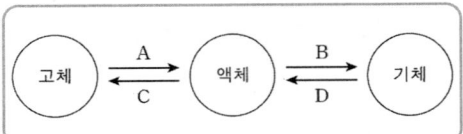

① A   ② B

③ C   ④ D

09 그림은 메테인 분자(CH_4) 모형을 나타낸 것이다. 메테인 분자 1개를 구성하는 수소 원자의 개수는?

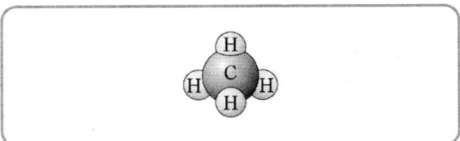

① 1개   ② 2개

③ 3개   ④ 4개

10 그림은 컵에 식용유와 물을 넣은 모습을 나타낸 것이다. 식용유가 물 위에 뜨는 이유는?

① 식용유의 밀도가 물보다 작기 때문이다.

② 식용유의 비열이 물보다 작기 때문이다.

③ 식용유의 어는점이 물보다 낮기 때문이다.

④ 식용유의 끓는점이 물보다 높기 때문이다.

11 그림은 수소(H_2)와 질소(N_2)가 반응하여 암모니아(NH_3)를 생성하는 과정을 나타낸 것이다. 다음 중 이와 같은 화학 반응이 일어날 때 달라지는 것은?

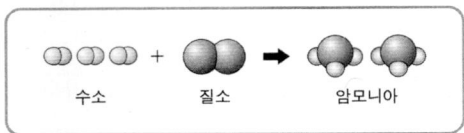

① 원자의 개수   ② 원자의 배열

③ 원자의 종류   ④ 원자의 질량

12 다음 설명에 해당하는 법칙은?

> 화학 반응이 일어날 때 반응 물질의 총 질량과 생성 물질의 총 질량은 항상 같다.

① 보일 법칙   ② 기체 반응 법칙

③ 질량 보존 법칙   ④ 일정 성분비 법칙

13 다음 설명에 해당하는 생물계는?

> • 참새, 개구리, 호랑이가 포함된다.
> • 먹이를 섭취하여 양분을 얻는 생물 무리이다.

① 균계
② 동물계
③ 식물계
④ 원생생물계

14 그림은 식물의 잎에서 일어나는 광합성 과정을 나타낸 것이다. 광합성 결과 생성된 기체 ㉠은?

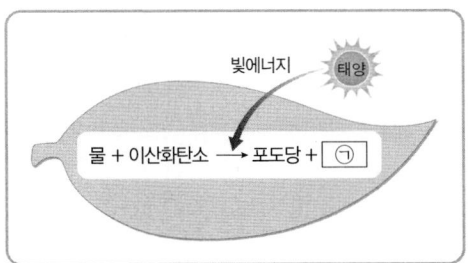

① 산소
② 염소
③ 질소
④ 헬륨

15 다음 중 사람의 호흡계에 속하지 <u>않는</u> 기관은?

① 위
② 코
③ 폐
④ 기관지

16 다음 설명에 해당하는 것은?

> • 산소를 운반한다.
> • 붉은색을 띠는 헤모글로빈이 들어 있다.

① 백혈구
② 적혈구
③ 혈소판
④ 암모니아

17 사람 눈의 구조 중 동공의 크기를 변화시켜 눈으로 들어오는 빛의 양을 조절하는 것은?

① 고막
② 홍채
③ 수정체
④ 달팽이관

18 다음 설명에 해당하는 것은?

> • 혈당량 감소에 관여하는 호르몬이다.
> • 내분비샘 중 이자에서 분비된다.

① 인슐린
② 쓸개즙
③ 아밀레이스
④ 에스트로젠

19 그림은 어느 집안의 ABO식 혈액형 가계도를 유전자형으로 나타낸 것이다. ㉠에 해당하는 유전자형은? (단, 돌연변이는 없다.)

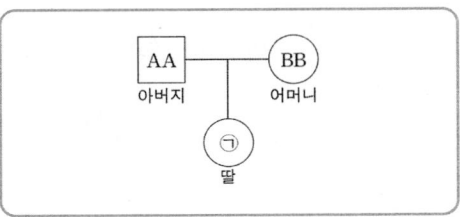

① AA
② AB
③ BB
④ BO

20 다음 설명에 해당하는 암석은?

> • 마그마가 천천히 식어서 굳어진 것이다.
> • 주로 밝은색 광물로 구성되어 있다.

① 사암 　　　　　② 역암
③ 현무암 　　　　④ 화강암

21 다음 설명에서 ㉠에 해당하는 광물은?

> ㉠ 은 자성이 있어 쇠못이나 클립과 같은 작은 쇠붙이가 달라붙는 성질이 있다.

① 금 　　　　　　② 석영
③ 방해석 　　　　④ 자철석

22 다음 설명에 해당하는 태양계 행성은?

> • 태양과 가장 가까운 거리에 있다.
> • 대기가 거의 없어 표면에 운석 구덩이가 많다.

① 금성 　　　　　② 목성
③ 수성 　　　　　④ 화성

23 다음 중 지구의 수권에서 가장 큰 부피를 차지하는 것은?

① 빙하 　　　　　② 해수
③ 지하수 　　　　④ 하천수와 호수

24 그림은 우리나라의 날씨에 영향을 주는 기단을 나타낸 것이다. 다음 중 시베리아 기단의 성질에 해당하는 것은?

① 고온 다습 　　　② 온난 건조
③ 한랭 건조 　　　④ 한랭 다습

25 다음 설명에 해당하는 우리은하의 구성 천체는?

> • 수만에서 수십만 개의 별들이 공 모양으로 빽빽하게 모여 있다.
> • 붉은색을 띠는 저온의 별이 많다.

① 구상 성단 　　　② 산개 성단
③ 반사 성운 　　　④ 방출 성운

제6교시 선택 과목

도 덕

정답 및 해설 386p

01 다음은 서술형 평가 문제와 학생 답안이다. 밑줄 친 ㉠~㉣ 중 적절하지 <u>않은</u> 것은?

> 문제: 사람의 특성에 대해 서술하시오.
>
> 〈학생 답안〉
> 사람은 ㉠ 생각하는 능력을 지닌 이성적 존재이며, ㉡ 욕구와 충동을 조절하며 옳은 것을 선택할 수 있는 도덕적 존재이다. 또한 ㉢ 필요한 도구를 만들어 사용하는 도구적 존재이며, ㉣ 다른 사람과 동떨어져 고립되어 살아가는 사회적 존재이다.

① ㉠
② ㉡
③ ㉢
④ ㉣

02 다음에서 소개하는 인물은?

> ◈ 도덕 인물 카드 ◈
> • 유교의 대표적 사상가
> • 사람은 누구나 타인을 측은히 여기는 선한 마음을 가지고 태어난다고 주장함.

① 맹자
② 순자
③ 장자
④ 석가모니

03 다음 중 통일 한국이 추구해야 할 가치로 적절하지 <u>않은</u> 것은?

① 인권
② 자유
③ 혐오
④ 정의

04 다음에서 도덕적인 행동을 하기 위해 A에게 필요한 것은?

> A가 친구의 컵을 실수로 깨뜨렸다. A는 거짓말을 하지 말아야 한다는 것을 알고 있었지만, 누가 컵을 깨뜨렸냐는 친구의 물음에 솔직하게 답하지 못했다.

① 고정관념
② 생명 존중
③ 책임 전가
④ 도덕적 실천 의지

05 다음 대화에서 교사가 사용한 도덕 원리 검토 방법은?

 학생
> 제가 그 아이에게 욕을 한 이유는 친한 친구 사이이기 때문입니다.

 교사
> 그 친구도 너와 친하다는 이유로 너에게 욕을 해도 괜찮을까?

① 반증 사례 검사
② 사실 판단 검토
③ 역할 교환 검사
④ 정보의 출처 평가

06 다음에서 설명하고 있는 사이버 공간의 특징은?

> 사이버 공간은 누구에게나 열려 있는 공간으로 자신이 원하는 정보에 쉽게 접근할 수 있으며, 다양한 정보나 의견을 주고받을 수 있다.

① 개방성
② 대면성
③ 제약성
④ 폐쇄성

07 ㉠에 들어갈 용어로 가장 적절한 것은?

(㉠)

• 의미 : 인간의 정신 활동을 통해 얻는 가치
• 예시 : 사랑, 지혜, 아름다움 등

① 도구적 가치　　　② 물질적 가치
③ 수단적 가치　　　④ 정신적 가치

08 다음 중 죽음에 대한 도덕적 성찰의 필요성으로 가장 적절한 것은?

① 삶을 허비하기 위함이다.
② 삶의 무한함을 알기 위함이다.
③ 삶의 소중함을 깨닫기 위함이다.
④ 두려움과 고통 속에서 살아가기 위함이다.

09 (가), (나)에 해당하는 덕목으로 옳게 짝 지어진 것은?

• (가) : 부모가 자녀에게 베푸는 헌신적인 사랑
• (나) : 형제자매가 서로 아끼고 정답게 지내는 것

	(가)	(나)		(가)	(나)
①	자애	우애	②	자애	경로
③	경로	효도	④	우애	효도

10 봉사 활동에 참여하는 바람직한 태도로 옳은 것을 〈보기〉에서 고른 것은?

〈보기〉

ㄱ. 금전적인 대가를 요구하지 않아야 한다.
ㄴ. 이웃에 대한 사랑을 기반으로 실시해야 한다.
ㄷ. 공공의 이익보다 자신의 이익만을 추구해야 한다.
ㄹ. 자발적으로 하는 것이 아니라 남이 시킬 때 해야 한다.

① ㄱ, ㄴ　　　② ㄱ, ㄹ
③ ㄴ, ㄷ　　　④ ㄷ, ㄹ

11 다음에서 강조하는 덕목으로 가장 적절한 것은?

• 자네가 행복할 때 자네 못지않게 그것을 기뻐해 줄 누군가가 있다면 얼마나 더 기쁘겠는가?

– 키케로 –

• 선행은 친구를 향한 것일 때 가장 탁월하고 칭찬받을 만하다. 친구와 함께 가면 생각도 행동도 더욱 강해진다.

– 아리스토텔레스 –

① 경쟁　　　② 우정
③ 복종　　　④ 위선

12 표에서 폭력을 예방하는 방법으로 옳은 것만을 모두 '✔' 표시한 학생은?

특징 \ 학생	A	B	C	D
• 타인에게 공감하는 능력 키우기		✔		✔
• 폭력 예방 교육에 적극적으로 참여하기		✔	✔	✔
• 강압적으로 문제를 해결하는 습관 고르기	✔		✔	✔

① A ② B ③ C ④ D

13 ㉠에 들어갈 용어로 가장 적절한 것은?

> 북한은 경계의 대상이면서 다른 한편으로는 교류하고 협력해야 하는 대상이다. 그러므로 북한을 올바르게 이해하기 위해서는 북한에 대한 (㉠)인 시각을 가져야 한다.

① 균형적 ② 배타적
③ 일방적 ④ 편향적

14 바람직한 시민의 태도로 옳은 것을 〈보기〉에서 고른 것은?

> ───〈 보기 〉───
> ㄱ. 타인의 권리를 경시하는 태도
> ㄴ. 국가 공동체를 소중히 여기는 태도
> ㄷ. 다른 민족과 국가를 배척하는 태도
> ㄹ. 국가의 정책 결정 과정에 자발적으로 참여하는 태도

① ㄱ, ㄴ ② ㄱ, ㄷ
③ ㄴ, ㄹ ④ ㄷ, ㄹ

15 ㉠에 들어갈 내용으로 적절하지 않은 것은?

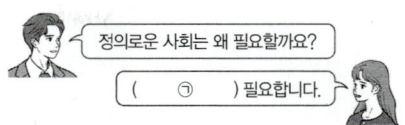

> 정의로운 사회는 왜 필요할까요?
> (㉠) 필요합니다.

① 비도덕적 공동체를 형성하기 위해
② 불합리한 사회 제도를 만들기 위해
③ 사회 구성원의 인간다운 삶을 보장하기 위해
④ 일부 구성원에게만 유리한 사회를 만들기 위해

16 다음 설명에 해당하는 용어는?

> • 국민의 인간다운 삶을 보장하기 위해 국가가 적극적인 역할을 해야 한다는 국가관
> • 의료나 교육 등 다양한 복지를 제공해야 한다는 국가관

① 무정부 국가관 ② 소극적 국가관
③ 적극적 국가관 ④ 폐쇄적 국가관

17 ㉠에 들어갈 용어로 가장 적절한 것은?

> 갈등을 (㉠)적으로 해결하면 어떤 점이 좋을까? 서로가 만족할 수 있는 해결책을 찾을 수 있고, 서로를 이해하고 존중하는 기회가 될 수 있다.

① 독단 ② 억압
③ 차별 ④ 평화

2025년 2회

18 다음 중 인권의 특징으로 적절하지 <u>않은</u> 것은?

① 보편성 ② 일회성

③ 천부성 ④ 불가침성

19 (가)와 (나)에 해당하는 내용으로 가장 적절한 것은?

> 현대 과학 기술의 발전에는 (가) 긍정적인 측면과 아울러 (나) 부정적인 측면도 있다.

① (가) : 자연환경을 훼손한다.

② (가) : 건강한 삶과 생명 연장에 기여한다.

③ (나) : 교통의 발달로 생활권이 확대된다.

④ (나) : 생활을 풍요롭고 편리하게 해 준다.

20 ㉠에 공통으로 들어갈 용어로 가장 적절한 것은?

> • (㉠)이란 일반적으로 즐거움이나 만족감을 느끼는 상태를 말한다.
> • 진정한 (㉠)을 위해서는 좋은 습관이 필요하다.

① 불안 ② 비판

③ 탐욕 ④ 행복

21 다음 중 바람직한 성 윤리에 대한 설명으로 가장 적절한 것은?

① 성적 욕구가 곧 사랑이라고 생각한다.

② 성에 대한 상대방의 의사를 존중하고 배려한다.

③ 성에 대한 자신의 의사를 일방적으로 강요한다.

④ 행위의 결과를 고려하지 않고 성적 욕구를 충족한다.

22 다음 퀴즈에 대한 정답으로 옳은 것은?

> 자신에게 잘못한 사람을 향한 분노와 같은 감정을 버리고, 그 사람을 너그럽게 대하는 것을 무엇이라고 할까요?

① 미움 ② 용서

③ 질투 ④ 충동

23 다음 문제를 해결하기 위해 필요한 태도로 가장 적절한 것은?

> 〈세계 시민이 겪는 도덕 문제〉
> • 식량 부족으로 인한 빈곤과 기아
> • 기후 위기나 전쟁 등으로 인한 난민 증가

① 방관 ② 불신

③ 무관심 ④ 인류애

24 다음 중 자아에 대한 설명으로 가장 적절한 것은?

① 내가 보는 타인의 모습을 자아라고 한다.

② 자아는 개인적인 특징, 능력, 성격과 무관하다.

③ 자아는 영원히 변할 수 없고 고정되어 있는 것이다.

④ 나를 알아가는 과정에서 확인하는 자신의 모습이다.

25 교사의 질문에 적절한 대답을 한 학생은?

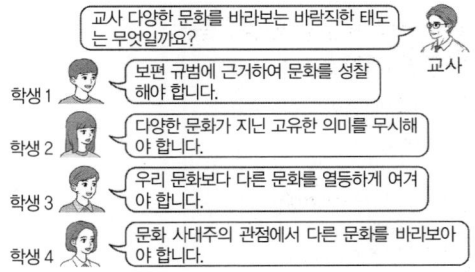

교사 다양한 문화를 바라보는 바람직한 태도는 무엇일까요?

학생 1 보편 규범에 근거하여 문화를 성찰해야 합니다.

학생 2 다양한 문화가 지닌 고유한 의미를 무시해야 합니다.

학생 3 우리 문화보다 다른 문화를 열등하게 여겨야 합니다.

학생 4 문화 사대주의 관점에서 다른 문화를 바라보아야 합니다.

① 학생 1   ② 학생 2

③ 학생 3   ④ 학생 4

2024년도

제1회

제1교시

국 어

정답 및 해설 390p

01 다음 대화에서 '민재'의 말하기 의도로 가장 적절한 것은?

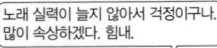

 민재야, 나 요즘 노래 실력이 늘지 않아서 걱정이야.

 노래 실력이 늘지 않아서 걱정이구나. 많이 속상하겠다. 힘내.

① 상대방의 잘못된 점을 지적하기
② 상대방의 감정에 공감하며 위로하기
③ 상대방의 좋은 점을 말하며 칭찬하기
④ 타당한 근거를 들어서 상대방을 설득하기

02 다음 면담의 질문 내용으로 적절하지 않은 것은?

면담 대상 : 커피 전문가
면담 목적 : 커피 전문가라는 직업에 대한 정보 얻기
질문 내용 : _____

① 커피 전문가의 전망은 어떠한가요?
② 커피 전문가가 하는 일은 무엇인가요?
③ 커피 전문가가 되려면 어떻게 해야 하나요?
④ 커피 전문가는 어떤 운동을 가장 좋아하나요?

03 다음 규정에 맞게 발음하지 않은 것은?

■ 표준 발음법 제14항 ■
겹받침이 모음으로 시작된 조사나 어미, 접미사와 결합되는 경우에는 뒤엣것만을 뒤 음절 첫소리로 옮겨 발음한다. (이 경우, 'ㅅ'은 된소리로 발음함.)

① 값이 [갑씨]
② 넓은 [널븐]
③ 읊어 [을퍼]
④ 흙은 [흐근]

04 다음에서 설명하는 모음이 들어 있는 단어는?

이중 모음이란 소리를 낼 때 입술의 모양이나 혀의 위치가 달라지는 모음을 말한다.

① 강진
② 부산
③ 영월
④ 전주

05 다음 단어의 공통된 특성으로 적절한 것은?

바다	사탕
엄마	연필

① 수량이나 순서를 나타낸다.
② 대상의 동작이나 작용을 나타낸다.
③ 사람이나 사물의 이름을 나타낸다.
④ 대상의 성질이나 상태를 나타낸다.

06 다음을 참고할 때 밑줄 친 단어의 기본형으로 적절한 것은?

> 국어사전에서 동사와 형용사를 찾을 때는 활용할 때 변하지 않는 부분인 어간에 '-다'를 붙인 기본형으로 찾아야 한다.
> 예 달리니, 달리는, 달렸다 → 달리다

① 담장에 <u>작은</u> 참새가 앉았다. → 작다
② 여기에 <u>서니</u> 독도가 보인다. → 섰다
③ 도서관에는 <u>많은</u> 책이 있다. → 많았다
④ 여름에 <u>먹는</u> 냉면은 맛있다. → 먹는다

07 밑줄 친 부분의 문장 성분이 ㉠과 같은 것은?

> 내 동생은 ㉠ <u>연구원이</u> 되었다.

① 바람이 세차게 <u>분다.</u>
② 봄꽃이 <u>활짝</u> 피었다.
③ 민서는 <u>연예인이</u> 아니다.
④ <u>아기가</u> 아장아장 걷는다.

08 밑줄 친 부분이 '한글 맞춤법'에 맞게 표기된 것은?

① 편지에 우표를 <u>부치지</u> 않고 보냈다.
② 감기가 다 <u>낳아서</u> 병원에서 퇴원했다.
③ 이번 학교 축제에는 <u>반드시</u> 참여할 거야.
④ 나는 친구가 낸 수수께끼의 정답을 <u>마쳤다.</u>

09 다음 개요에서 통일성에 <u>어긋나는</u> 부분은?

제목	동물이 행복한 동물원은 없다.
서론	• 좁은 우리 안에 갇힌 동물을 본 경험 … ㉠

본론	• 동물원은 동물이 살기에 부적합한 환경임. … ㉡
	  – 동물원 돌고래들의 짧은 평균 수명
	• 동물원에서 동물은 극심한 스트레스를 받음. … ㉢
	  – 스트레스로 인한 코끼리들의 이상 행동
	• 동물원은 야생 동물을 보호하는 기능을 함. … ㉣
	  – 사육사들의 따뜻한 돌봄을 받는 반달가슴곰

결론	동물의 행복을 위해서 동물원을 없애야 함.

① ㉠   ② ㉡   ③ ㉢   ④ ㉣

10 ㉠~㉣에 대한 고쳐쓰기 방안으로 적절하지 <u>않은</u> 것은?

> 수많은 생물들이 ㉠ <u>습지를</u> 보금자리로 삼아 살고 있다. ㉡ <u>결코</u> 습지가 사라진다면 이곳에 사는 생물들도 사라질 것이다. 그런데 우리나라의 습지가 급속히 사라지고 있다. ㉢ <u>습지는 가뭄과 홍수를 예방해 주는 역할도 한다.</u> 서해안 갯벌의 경우 간척 사업 등으로 인해 이미 갯벌의 1/3이 사라졌다. 우리가 습지를 보존하지 못하면 우리나라 습지에 사는 생물들을 ㉣ <u>영원이</u> 다시 보지 못하게 될지도 모른다.

① ㉠ : 조사의 쓰임을 고려하여 '습지의'로 바꾼다.
② ㉡ : 문장의 호응이 맞지 않으므로 '만일'로 고친다.
③ ㉢ : 글의 흐름에서 벗어난 내용이므로 삭제한다.
④ ㉣ : 한글 맞춤법에 어긋나므로 '영원히'로 고친다.

[11~13] 다음 글을 읽고 물음에 답하시오.

[앞부분 줄거리] 숙모의 심부름을 간 문기는 고깃집에서 거스름돈보다 더 많은 돈을 받는다. 그 사실을 안 수만이는 돈을 쓰자고 문기를 유혹하여 사고 싶었던 물건들을 함께 산다. 그러나 양심의 가책을 느낀 문기는 남은 돈은 고깃집 마당에 던지고 샀던 물건들은 버린다. 하지만 수만이가 이것을 믿지 않고 문기에게 돈을 계속 요구하며 괴롭히자 문기는 숙모의 돈을 훔쳐서 수만이에게 준다. 이후 이웃집 점순이가 숙모의 돈을 훔쳤다는 죄를 뒤집어쓴다.

그날 밤이었다. 아랫방 들창 밑에 훌쩍훌쩍 우는 어린아이 울음소리가 났다. 아랫집 심부름하는 아이 점순이 음성이었다. 숙모가 직접 그 집에 가서 무슨 말을 한 것은 아니로되 자연 그 말이 한 입 걸러 두 집 걸러 그 집에까지 들어갔고, 그리고 그 집 주인 여자는 점순이를 때려 쫓아낸 것이다. 먼저는 동네 아이들이 모여 지껄지껄하더니 차차 하나 가고 둘 가고 훌쩍훌쩍 우는 그 소리만 남는다. 방 안의 문기는 그 밤을 뜬눈으로 새웠다.

이튿날 아침이다. 문기는 밥을 두어 술 뜨다가는 고만둔다. 뭐 그 돈을 갚기 위한 그것이 아니다. 도무지 입맛이 나지 않았다. 학교엘 갔다. 첫 시간은 수신 시간[1], 그리고 공교로이[2] 제목이 '정직'이다. 선생님은 뒷짐을 지고 교단 위를 왔다 갔다 하며 거짓이라는 것이 얼마나 악한 것이고 정직이 얼마나 귀하고 중한 것인가를 누누이 말씀한다. 그럴 때마다 문기는 가슴이 뜨끔뜨끔해진다. 문기는 자기 한 사람에게만 들리기 위한 정직이요 수신 시간인 듯싶었다. 그만치 선생님은 제 속을 다 들여다보고 하는 말인 듯싶었다.

운동장에서 문기는 풀[3]이 없다. 사람 없는 교실 뒤 버드나무 옆 그런 데만 찾아다니며 고개를 숙이고 깊은 생각에 잠기거나 팔짱을 찌르고 왔다 갔다 하기도 한다. 그러다 누가 등을 치면 소스라쳐 깜짝깜짝 놀란다.

언제나 다름없이 하늘은 맑고 푸르건만 문기는 어쩐지 그 하늘조차 쳐다보기가 두려워졌다. 자기 는 감히 떳떳한 얼굴로 그 하늘을 쳐다볼 만한 사람이 못 된다 싶었다.

언제나 다름없이 여러 아이들은 넓은 운동장에서 마음대로 뛰고 마음대로 지껄이고 마음대로 즐기건만 문기 한 사람만은 어둠과 같이 컴컴하고 무거운 마음에 잠겨 고개를 들지 못한다. 무엇보다도 문기는 전일처럼 맑은 하늘 아래서 아무거리낌 없이 즐길 수 있는 마음이 갖고 싶다. 떳떳이 하늘을 쳐다볼 수 있는, 떳떳이 남을 대할 수 있는 마음이 갖고 싶었다.

– 현덕, 「하늘은 맑건만」 –

---

1) 수신 시간 : 일제 강점기의 도덕 시간
2) 공교로이 : 생각하지 않았거나 뜻하지 않게 우연히
3) 풀 : 세찬 기세나 활발한 기운

11 윗글의 서술자에 대한 설명으로 적절한 것은?

① 서술자인 '나'가 자신이 겪은 사건을 서술하고 있다.

② 서술자가 사건의 전개와 배경의 변화에 따라 바뀌고 있다.

③ 서술자가 사건과 등장인물의 심리를 직접적으로 설명하고 있다.

④ 서술자인 '나'가 주변 인물의 사건을 간접적으로 전달하고 있다.

12 윗글을 읽은 학생의 반응으로 가장 적절한 것은?

① 친구와의 약속을 지키려고 노력해야겠어.

② 정직하고 떳떳하게 사는 태도가 중요하지.

③ 성실하게 수업에 참여하는 자세가 필요해.

④ 하늘을 쳐다볼 수 있는 여유를 가져야겠어.

13 윗글에서 알 수 있는 내용으로 가장 적절한 것은?

① 문기는 자신의 행동이 정당하다고 생각했다.

② 점순이는 아랫집에서 심부름을 하며 살았다.

③ 선생님은 문기의 잘못을 이미 알고 '정직'을 주제로 수업했다.

④ 숙모는 직접 아랫집에 가서 주인 여자에게 점순이가 돈을 훔쳤다고 말했다.

14 윗글에서 시적 화자가 떠올린 고향의 모습으로 적절하지 않은 것은?

① 고깃배가 나란히 들어선 항구

② 온 산을 둘러 피어 있는 진달래

③ 어머니의 맛있고 향긋한 꽃지짐

④ 산나물을 캐서 돌아오는 사람들

15 윗글에서 느낄 수 있는 시적 화자의 주된 정서는?

① 그리움　　② 두려움

③ 부러움　　④ 지겨움

16 ㉠과 같은 감각적 이미지가 쓰인 것은?

① 구수한 청국장 냄새

② 하늘에 울리는 종소리

③ 달콤한 사랑의 추억

④ 노랗게 물든 황금 들판

[14~16] 다음 글을 읽고 물음에 답하시오.

눈을 가만 감으면 ㉠굽이 잦은 풀밭 길이,
개울물 돌돌돌 길섶[1]으로 흘러가고,
백양 숲 사립을 가린 초집들도 보이구요.

송아지 몰고 오며 바라보던 진달래도
저녁노을처럼 산을 둘러 퍼질 것을,
어마씨[2] 그리운 솜씨에 향그러운 꽃지짐.

어질고 고운 그들 멧남새[3]도 캐어 오리.
집집 끼니마다 봄을 씹고 사는 마을.
감았던 그 눈을 뜨면 마음 도로 애젓하오[4].

– 김상옥, 「사향(思鄕)[5]」 –

1) 길섶 : 길의 가장자리. 흔히 풀이 나 있는 곳을 가리킨다.
2) 어마씨 : 어머니
3) 멧남새 : 산나물
4) 애젓하오 : 애틋하오. 섭섭하고 애가 타는 듯하오.
5) 사향(思鄕) : 고향을 생각함.

[17~19] 다음 글을 읽고 물음에 답하시오.

놀부는 더욱 화를 내며 나무란다.
"이놈아, 들어 보아라. 쌀이 아무리 많다고 해도 너를 주려고 섬[1]을 헐며, 벼가 많다고 하여 너 주려고 노적[2]을 헐며, 돈이 많이 있다 한들 너 주자고 돈꿰미를 헐며, 곡식 가루나 주고 싶어도 너 주자고 큰독에 가득한 걸 떠내며, 옷가지나 주려 한들 너 주자고 행랑채에 있는 아랫것들을 벗기며, 찬밥을 주려 한들 너 주자고 마루 아래 청삽사리를 굶기며, 술지게미나 주려 한들 새끼 낳은 돼지를 굶기며, 콩이나 한 섬 주려 한들 농사지을 황소가 네

필인데 너를 주고 소를 굶기겠느냐. 염치없고 생각 없는 놈이로다.”

“아무리 그렇더라도 죽는 동생 한 번만 살려 주십시오.”

(중략)

흥부 아내의 말이 변하여 울음이 되니 흥부가 말 없이 듣고 있다가 자리에서 일어섰다.

“여보 마누라, 울지 말아요. 내가 오늘 읍내를 나갔다 오리다.”

“읍내는 무엇 하려요?”

“양식을 좀 꾸어서라도 얻어 와야 저 자식들을 먹이지.”

“여보 영감, 그 모양에 곡식 먹고 도망한다고 안 줄 테니 가 보아야 소용없는 일입니다.”

“가장이 나서는데 그게 무슨 소리! 어찌 될지는 가 봐야 아는 일이지 장 안에서 도포³⁾나 꺼내 와요.”

“아이고, 우리 집에 무슨 장이 있단 말이오?”

“어허, 닭장은 장이 아닌가? 가서 내 갓도 챙겨 나와요.”

“갓은 또 어디에 있답니까?”

“뒤뜰 굴뚝 속에 가 봐요.”

“세상에 갓을 어찌 굴뚝 속에 두었단 말입니까?”

“그런 게 아니라 지난번 국상⁴⁾ 뒤에 어느 친구한테 흰 갓 하나를 얻었는데 우리 형편에 칠해 쓸 수도 없고 연기에 그을려 쓰려고 굴뚝 속에 넣어 둔 지 벌써 오래요.”

[A]
흥부가 그렇게 저렇게 의관을 갖추는데 모양이 볼만 했다.

헌 망건을 꺼내 쓸 때 물렛줄로 줄을 삼고 박 조각으로 관자 달아서 상투를 매어 쓰고, 갓 테 떨어진 파립은 노끈을 총총 매어 갓끈 삼아 달아 쓰고, 다 떨어진 고의적삼 살점이 울긋불긋, 발바닥은 뻥 뚫리고 목만 남은 헌 버선에 짚 대님이 희한하다.

– 작자 미상, 「흥부전」 –

1) 섬 : 곡식 등을 담기 위하여 짚으로 엮어 만든 그릇
2) 노적 : 곡식 등을 한데에 수북이 쌓음.
3) 도포 : 예전에 통상예복으로 입던 남자의 겉옷. 소매가 넓고 등 뒤에는 딴 폭을 댄다.
4) 국상 : 국민 전체가 상중에 상복을 입던 왕실의 초상

17 ‘놀부’와 비슷한 성격의 인물로 가장 적절한 것은?

① 일회용품 줄이기를 실천하는 사람
② 돈은 많으면서 남을 전혀 돕지 않는 사람
③ 파도에 밀려서 온 쓰레기를 청소하는 사람
④ 혼자 사는 노인을 방문하여 말벗이 되어 주는 사람

18 ‘흥부’에 대한 설명으로 적절하지 않은 것은?

① 가족의 생계에 대해 전혀 관심이 없다.
② 자식을 먹이기 위해 읍내로 가려고 한다.
③ 아내의 판단과 충고를 받아들이지 않는다.
④ 양식을 빌리러 가기 어려울 정도로 행색이 초라하다.

19 [A]에 대한 설명으로 적절한 것은?

① 사건을 요약적으로 제시한다.
② 배경을 통해 사건을 암시한다.
③ 인물 사이의 갈등을 강조한다.
④ 인물의 모습을 해학적으로 표현한다.

[20~22] 다음 글을 읽고 물음에 답하시오.

㉠ 세금은 그것을 납부하는 방식에 따라 직접세와 간접세로 나눌 수 있다. 직접세는 세금을 내야 하는 의무가 있는 사람과 실제로 그 세금을 내야 하는 사람이 일치하는 세금으로 소득세, 법인세, 재산세, 상속세 등이 직접세에 해당한다.

조금 더 자세히 살펴보면, 직접세는 소득이나 재산에 따라 누진적으로 적용되는 경우가 많다. 즉 소득이 많은 사람은 세율이 높아 세금을 많이 내고 소득이 적은 사람은 세율이 낮아 세금을 적게 내는 식이다. 그렇기 때문에 직접세는 소득격차를 줄이고 소득을 재분배하는 효과가 있다. (㉡) 직접세를 걷는 입장에서는 모든 사람의 소득이나 재산을 일일이 조사하여 그에 따라 세금을 거두어야 한다는 번거로움이 있다.

간접세는 세금을 내야 하는 의무가 있는 사람과 실제로 그 세금을 내는 사람이 다른 세금이다. 부가 가치세를 비롯하여 개별 소비세, 인지세 등이 간접세에 해당한다.

간접세는 소득이나 재산에 상관없이 모두에게 똑같이 적용된다. 예를 들어 음료수를 사 마실 때, 소득이 많은 사람이든 소득이 적은 사람이든 동일한 음료수를 산다면 모두 똑같은 세금을 내고 있는 셈이다. 그렇기 때문에 간접세를 걷는 입장에서는 편리하게 세금을 걷을 수 있다. 하지만 간접세는 같은 액수의 세금이라도 소득이 적은 사람에게는 소득에 비해 내야 할 세금의 비율이 높아지기 때문에 소득이 적은 사람일수록 세금에 대한 부담감이 커진다는 문제점이 있다.

– 조준현, 「중학생인 나도 세금을 내고 있다고?」 –

20 윗글의 내용과 일치하지 <u>않는</u> 것은?

① 직접세는 소득 격차 감소와 소득 재분배의 효과가 있다.

② 직접세는 간접세보다 세금을 걷는 입장에서 걷기 편하다.

③ 간접세는 소득이나 재산에 상관없이 모두에게 똑같이 적용된다.

④ 간접세는 소득이 적은 사람일수록 세금에 대한 부담이 크다.

21 ㉠과 같은 설명 방법이 사용된 것은?

① 김 교수는 "백색 소음이 집중력을 높인다."라고 말했다.

② 원통형 기둥은 위아래 지름이 일정한 기둥을 뜻한다.

③ 소설은 길이에 따라 단편, 중편, 장편 소설로 나눈다.

④ 젖산은 약한 산성이어서 유해균 증식을 억제할 수 있다.

22 ㉡에 들어갈 말로 적절한 것은?

① 그러나 　　　② 따라서

③ 그렇다면 　　④ 왜냐하면

[23~25] 다음 글을 읽고 물음에 답하시오.

근래에는 아직 초등학교에도 입학하지 않은 어린아이들이 부모와 똑같은, 혹은 더 많은 양의 소금을 섭취하고 있다고 한다. 이는 대단히 ⓐ 심각한 문제이다. 아이들은 어른들보다 혈액량이 적어 똑같은 양의 소금을 섭취하더라도 혈액 속 염화 나트륨의 비율이 어른들보다 훨씬 높아지기 때문이다.

이뿐만 아니라 어릴 때부터 소금을 많이 먹으면 혀가 ⓑ 둔감해져 점점 더 짜고 자극적인 맛을 찾게 된다. 짠맛은 중추를 자극한다. 만약 계속해서 소금을 과하게 섭취한다면 아이들은 이런 쾌감을 유지하기 위해 배가 고프지 않더라도 음식을 계속 먹는 '음식 중독'에 걸릴 수 있다. 결국 폭식증이나 비만에 시달리게 되는 것이다.

문제는 여기서 그치지 않는다. 영국의 한 대학 연구팀에서 4세에서 18세까지 아동 및 청소년 1,688명을 일주일간 관찰한 결과, 짜게 먹는 아이일수록 음료를 많이 마신다는 사실을 ⓒ 발견했다. 소금이 체세포의 수분을 빼앗아 그만큼 갈증이 나기 때문이다. 그런데 대부분의 아이들은 갈증을 달래기 위해 건강에 좋은 음료가 아니라, 단맛이 강한 탄산음료를 찾는다. 탄산음료 속에 녹아 있는 탄수화물은 비만을 더욱 ⓓ 부추길 수 있다.

소금은 분명 맛있는 유혹이지만, 너무 많이 섭취하면 우리의 세포를 죽이고 건강을 위협한다. 건강을 생각한다면 지금이라도 당장 소금 섭취를 줄여야 한다.

– 클라우스 오버바일, 「소금의 덫」 –

23 윗글을 읽는 방법으로 가장 적절한 것은?

① 주장과 근거를 파악한다.
② 상징적 의미를 추론한다.
③ 경험과 깨달음을 구분한다.
④ 갈등의 해결 과정을 분석한다.

24 윗글에서 글쓴이가 말하고자 하는 바로 가장 적절한 것은?

① 탄산음료는 갈증 해소에 도움이 된다.
② 건강을 위해 소금 섭취를 줄여야 한다.
③ 음식 중독은 사회적으로 심각한 문제이다.
④ 자녀를 위해 부모들이 직접 요리를 해야 한다.

25 ⓐ~ⓓ의 사전적 의미로 적절하지 않은 것은?

① ⓐ : 상태나 정도가 매우 깊고 중대하다.
② ⓑ : 감정이나 감각이 무뎌지다.
③ ⓒ : 아직 알려지지 않은 사실 따위를 찾아내다.
④ ⓓ : 남의 의견을 판단 없이 믿고 따르다.

제2교시

수 학

01 다음은 24를 소인수분해하는 과정을 나타낸 것이다. 24를 소인수분해한 것은?

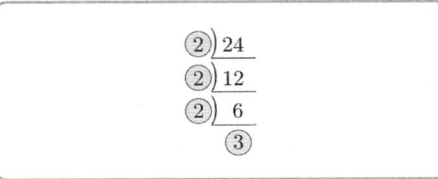

① 2×3 ② 2×3^2

③ $2^3 \times 3$ ④ $2^3 \times 3^2$

02 다음 수를 작은 수부터 차례대로 나열할 때, 세 번째 수는?

$$-\frac{2}{3}, \quad 4, \quad 3, \quad -5, \quad 11$$

① -5 ② $-\frac{2}{3}$

③ 3 ④ 4

03 그림은 가로의 길이가 $4\mathrm{cm}$, 세로의 길이가 $a\mathrm{cm}$인 직사각형이다. 이 직사각형의 넓이를 문자를 사용한 식으로 바르게 나타낸 것은?

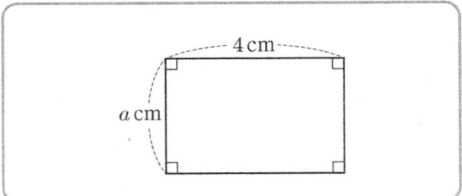

① $(2+a)\mathrm{cm}^2$ ② $(4+a)\mathrm{cm}^2$

③ $(2 \times a)\mathrm{cm}^2$ ④ $(4 \times a)\mathrm{cm}^2$

04 $a=5$일 때, $2a+3$의 값은?

① 11 ② 13

③ 15 ④ 17

05 다음 좌표평면 위에 있는 점 A의 좌표는?

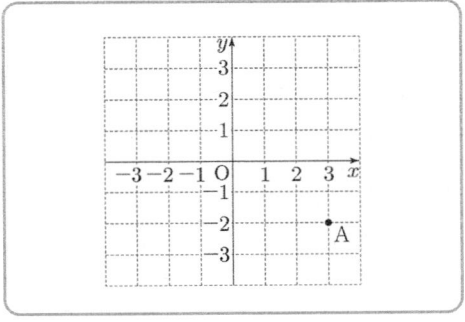

① $A(3, -2)$ ② $B(2, 3)$

③ $C(-3, 2)$ ④ $D(-3, -2)$

06 그림과 같이 평행한 두 직선 l, m이 다른 한 직선 n과 만날 때, $\angle x$의 크기는?

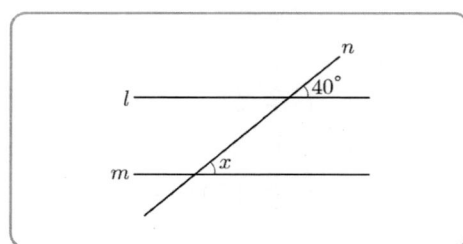

① $40°$ ② $60°$

③ $80°$ ④ $100°$

07 다음은 어느 반 학생 30명의 하루 수면 시간을 조사하여 나타낸 도수분포표이다. 하루 수면 시간이 6시간 미만인 학생 수는?

수면 시간(시간)	도수(명)
$4^{이상} \sim 5^{미만}$	5
$5 \sim 6$	3
$6 \sim 7$	4
$7 \sim 8$	15
$8 \sim 9$	3
합계	30

① 5명   ② 6명

③ 7명   ④ 8명

08 순환소수 $0.\dot{2}$를 기약분수로 나타낸 것은?

① $\dfrac{1}{9}$ ② $\dfrac{2}{9}$

③ $\dfrac{1}{3}$ ④ $\dfrac{4}{9}$

09 $2a \times 3a^2$을 간단히 한 것은?

① $2a$ ② $3a^2$

③ $5a^3$ ④ $6a^3$

10 일차부등식 $20x \geq 40$을 풀면?

① $x > 2$ ② $x \geq 2$

③ $x \leq 2$ ④ $x < 2$

11 그림은 일차함수 $y = -\dfrac{3}{2}x + 3$의 그래프이다. 이 일차함수의 그래프의 y절편은?

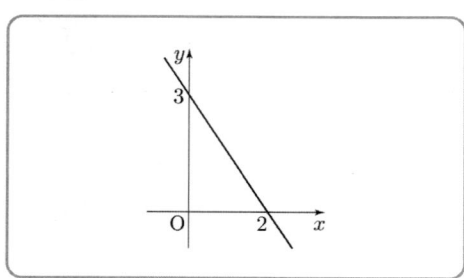

① -3 ② 2

③ 3 ④ 6

12 그림과 같이 $\overline{AB} = \overline{AC}$인 이등변삼각형 ABC에서 ∠A의 이등분선과 변 BC의 교점을 D라고 하자. $\overline{BD} = 4\text{cm}$일 때, $\overline{BC}$의 길이는?

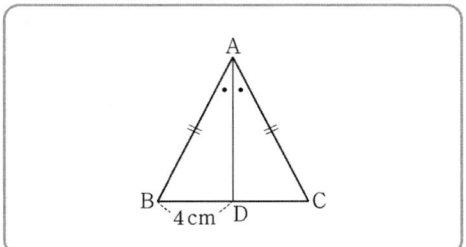

① 7cm   ② 8cm

③ 9cm   ④ 10cm

13 그림에서 △ABC ∽ △DEF일 때, $\overline{DE}$의 길이는?

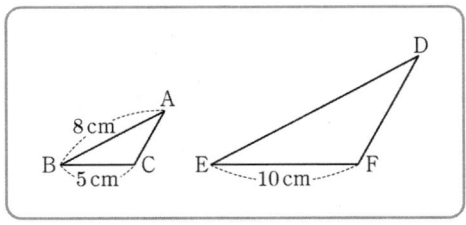

① 12cm   ② 14cm

③ 16cm   ④ 18cm

14 그림과 같이 주머니 속에 모양과 크기가 같은 흰 공 3개, 검은 공 5개가 들어 있다. 이 주머니에서 임의로 한 개의 공을 꺼낼 때, 흰 공이 나올 확률은?

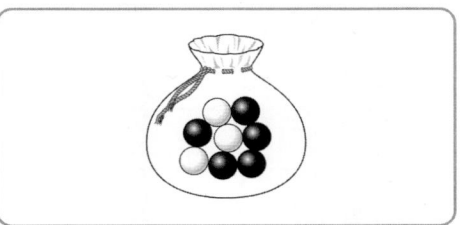

① $\dfrac{3}{8}$ ② $\dfrac{1}{2}$

③ $\dfrac{5}{8}$ ④ $\dfrac{3}{4}$

15 $2\sqrt{5} + 3\sqrt{5}$를 간단히 한 것은?

① $5\sqrt{5}$ ② $6\sqrt{5}$

③ $7\sqrt{5}$ ④ $8\sqrt{5}$

16 이차방정식 $(x-7)^2 = 0$의 근은?

① 4   ② 5

③ 6   ④ 7

17 이차함수 $y = \frac{1}{4}x^2$의 그래프에 대한 설명으로 옳은 것은?

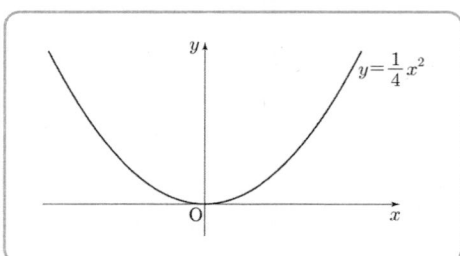

① 위로 볼록하다.

② y축을 축으로 한다.

③ 점 $(-1, 2)$를 지난다.

④ 꼭짓점의 좌표는 $\left(\frac{1}{4}, 0\right)$이다.

18 그림과 같이 직각삼각형 ABC에서 $\overline{AB}=13$, $\overline{BC}=12$, $\overline{CA}=5$일 때, $\cos B$의 값은?

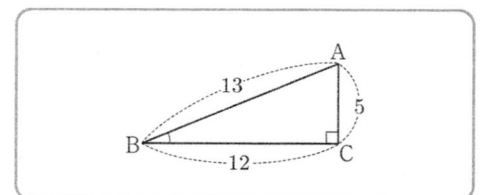

① $\frac{5}{13}$

② $\frac{5}{12}$

③ $\frac{12}{13}$

④ $\frac{12}{5}$

19 그림과 같이 원 O의 중심에서 두 현 AB, CD에 내린 수선의 발을 각각 M, N이라고 하자. $\overline{AB}=\overline{CD}=8\text{cm}$, $\overline{OM}=5\text{cm}$일 때, $\overline{ON}$의 길이는?

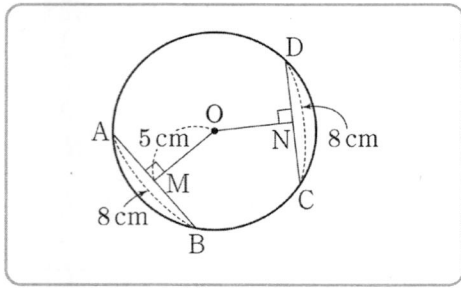

① 5cm

② 6cm

③ 7cm

④ 8cm

20 자료는 학생 5명의 수학 점수를 조사하여 나타낸 것이다. 이 자료의 중앙값은?

(단위 : 점)

80	75	85	95	90

① 75

② 80

③ 85

④ 90

제3교시

영 어

정답 및 해설 396p

01 밑줄 친 단어의 뜻으로 가장 적절한 것은?

> Everyone thinks that ice cream is delicious.

① 쉬운　　　　　② 가능한
③ 맛있는　　　　④ 흥미로운

02 다음 중 두 단어의 의미 관계가 나머지 셋과 다른 것은?

① big － small　　② dry － wet
③ old － young　　④ tall － high

[03~04] 다음 빈칸에 들어갈 말로 가장 적절한 것을 고르시오.

03

> A lot of students _____ standing in line.

① am　　　　　② is
③ was　　　　　④ were

04

> How _____ does it take to go to the train station?

① long　　　　② many
③ often　　　　④ tall

[05~06] 다음 대화의 빈칸에 들어갈 말로 가장 적절한 것을 고르시오.

05

> A : _____ do you usually get up?
> B : I usually get up at seven.

① How　　　　② What
③ When　　　④ Which

06

> A : Can you ride a bike?
> B : _____.

① Yes, I can　　② No, I don't
③ Yes, you can　④ No, I'm not

07 다음 빈칸에 공통으로 들어갈 말로 가장 적절한 것은?

> • I play the piano in my ___ time.
> • You can have this candy for ___ .

① busy　　　　② close
③ free　　　　④ hard

08 다음은 가족이 주말에 할 일이다. Tom이 할 일은?

Father	Mother	Tom	Emma
water the plants	clean the windows	do the laundry	bake cookies

① 식물 물 주기　　② 창문 닦기

③ 빨래하기　　④ 쿠키 굽기

09 그림으로 보아 빈칸에 들어갈 말로 가장 적절한 것은?

A : What is the girl doing?
B : She is _____.

① reading a book

② drawing a picture

③ listening to music

④ playing basketball

10 다음 대화가 끝난 후 두 사람이 함께 갈 장소는?

A : I'm worried about my leg.
　　I can't walk easily.
B : Why don't you see a doctor?
A : I think I should. Can you go
　　with me now?
B : Sure.

① 병원　　　　　② 서점

③ 문구점　　　　④ 우체국

11 다음 대화의 빈칸에 들어갈 말로 가장 적절한 것은?

A : How's the weather outside?
B : It's raining. _____?
A : No, I don't. I have to buy one.

① What time is it

② How have you been

③ Where did you get it

④ Do you have an umbrella

12 다음 대화의 주제로 가장 적절한 것은?

A : We need to change the meeting time. It's too early.
B : I agree. What about 10 a.m.?
A : That's much better.

① 회의 시간 변경　　② 회의 장소 변경

③ 회의 주제 변경　　④ 회의 참가자 변경

13 다음 홍보문을 보고 알 수 <u>없는</u> 것은?

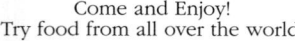

World Food Festival
• Date : April 13th-14th
• Time : 11 a.m.-4 p.m.
• Place : Seaside Park
Come and Enjoy!
Try food from all over the world!

① 행사 날짜　　　② 행사 시간

③ 행사 장소　　　④ 행사 참가비

14 다음 방송의 목적으로 가장 적절한 것은?

> Hello, everyone. I have something to tell you about tomorrow's lunch menu. The original menu was spaghetti, cake, and orange juice. However, we'll serve milk instead of orange juice. Sorry about the change.

① 기부금 모금
② 학교 규칙 안내
③ 새로운 요리사 소개
④ 점심 메뉴 변경 공지

15 다음 대화에서 B가 수영장에 가지 못하는 이유는?

> A : Steve and I are going to the swimming pool this Saturday. Do you want to join us?
> B : Sorry, but I'm taking a trip with my family this weekend.
> A : Okay. Maybe next time.

① 수학 시험이 있어서
② 가족 여행을 가야 해서
③ 치과 예약이 있어서
④ 축구 경기를 해야 해서

16 다음 Moai에 대한 설명과 일치하지 <u>않는</u> 것은?

> Have you ever heard of the Moai? They are on Easter Island. They are tall, human-shaped stones. Most of them are about four meters tall, and the tallest one is around 20 meters tall. They mainly face towards the village, and some are looking out to sea.

① 이스터섬에 있다.
② 사람 모양의 돌이다.
③ 대부분 높이가 약 20미터이다.
④ 주로 마을 쪽을 보고 있다.

17 다음 글에서 City Flea Market에 대해 언급된 내용이 <u>아닌</u> 것은?

> City Flea Market is a great place for many shoppers. It is open every Saturday. It is in front of the History Museum. You can buy clothes, shoes, books, and toys at low prices in this market.

① 열리는 요일   ② 열리는 장소
③ 주차 정보   ④ 판매 품목

18 다음 글에서 Jimin이 제안한 것으로 가장 적절한 것은?

> My big problem at school is getting poor grades on tests. I never do well on them. So, I asked Jimin for advice. Jimin suggested making a study group. He told me that studying with friends could help me do better on tests.

① 친구들과 함께 공부하기
② 조용한 공부 장소 찾기
③ 시험공부 계획 세우기
④ 선생님께 질문하기

19 다음 그래프로 보아 빈칸에 들어갈 말로 가장 적절한 것은?

Our Classmates' Interests

Others(5%)
Reading books(10%)
Listening to music(15%)
Playing computer games(25%)
Playing sports(45%)

> More than forty percent of the students in our class are interested in _____ .

① playing sports
② playing computer games
③ listening to music
④ reading books

20 다음 글의 흐름으로 보아 어울리지 <u>않는</u> 문장은?

> Last year, I went to a mountain. ① I took a cable car to the middle of the mountain. ② My father bought a new car. ③ Then, I hiked to the top. ④ At the top, I found that the trees were red and yellow. It was amazing and exciting to see beautiful autumn leaves.

21 밑줄 친 It이 가리키는 것으로 가장 적절한 것은?

> Do you like walking? How many steps do you walk in a day? Walking can offer lots of health benefits to people of all ages. <u>It</u> may help prevent certain diseases, so you can live a long life. It also doesn't require any special equipment and can be done anywhere.

① Equipment
② Life
③ Stress
④ Walking

22 도서관 이용 시 주의해야 할 사항으로 언급되지 <u>않은</u> 것은?

> Library Rules :
> • Return books on time.
> • Do not make loud noises.
> • Do not eat any food.

① 제시간에 책 반납하기
② 시끄럽게 하지 않기
③ 음식 먹지 않기
④ 책에 낙서하지 않기

23 다음 글의 주제로 가장 적절한 것은?

> Do you know what to do when there is a fire? You should shout, "Fire!" You need to cover your face with a wet towel. You have to stay low and get out. Remember to use the stairs, not the elevator. Also, you need to call 119 as soon as possible.

① 건강한 식생활 방법
② 지진의 원인과 대처법
③ 화재 발생 시 행동 요령
④ 전자 제품 사용 시 유의점

24 다음 글을 쓴 목적으로 가장 적절한 것은?

> My name is John Brown. I'd like to report a problem on Main Street. This morning I saw that the traffic lights were broken. I'm afraid this might cause an accident. Please come and check right away.

① 사과하려고
② 신고하려고
③ 축하하려고
④ 홍보하려고

25 다음 글의 바로 뒤에 이어질 내용으로 가장 적절한 것은?

> Yoga is a mind and body practice that can build strength and balance. It may also help manage pain and reduce stress. There are a lot of types of yoga. Let's take a look at the various types of yoga.

① 요가의 좋은 점
② 다양한 요가의 유형
③ 요가가 시작된 나라
④ 요가할 때 주의할 점

제4교시

사 회

정답 및 해설 400p

01 ㉠에 들어갈 자원으로 가장 적절한 것은?

> **○○신문**   ○○○○년 ○○월 ○○일
> ### 첨단 산업에 필수적인 (㉠)
> 원자 번호 21번 스칸듐(Sc), 39번 이트륨(Y), 57~71번까지 총 17개의 원소 그룹을 말한다. 스마트폰, 전기차 배터리 등을 만드는 데 없어서는 안 될 중요한 자원이 되었지만 생산 지역이 한정되어 있고 생산량도 매우 적다.

① 석탄   ② 철광석

③ 희토류   ④ 천연가스

02 다음에서 설명하는 것으로 가장 적절한 것은?

> • 한 장소를 상징하는 대표적인 건축물이나 조형물 등을 말한다.
> • 주변 경관 중에서 눈에 가장 잘 띄기 때문에 사람들이 자신의 위치를 파악하는 데 도움을 준다.

① 위도   ② 랜드마크

③ 행정 구역   ④ 날짜 변경선

03 다음에서 설명하는 문화 지역으로 가장 적절한 것은?

> • 북부 아프리카, 서남아시아, 중앙아시아 일대에 나타난다.
> • 주로 이슬람교를 믿으며, 유목과 관개 농업을 볼 수 있다.

① 건조 문화 지역   ② 북극 문화 지역

③ 유럽 문화 지역   ④ 오세아니아 문화 지역

04 ㉠에 들어갈 기후로 가장 적절한 것은?

> **○○의 여행 기록**
> 오늘은 안데스 산맥 중턱에 위치한 도시인 에콰도르의 키토에 머물고 있다. 이 지역은 적도에 가깝지만 해발 고도가 높아서 일 년 내내 온화한 (㉠)가 나타난다.
> 2024.00.00.

① 건조 기후   ② 고산 기후

③ 열대 기후   ④ 한대 기후

05 다음에서 설명하는 섬으로 옳은 것은?

> • 우리나라에서 가장 동쪽에 위치한 영토이다.
> • 섬 전체가 천연기념물로 지정되어 있다.

① 독도   ② 마라도

③ 울릉도   ④ 제주도

06 다음에서 설명하는 농업으로 옳은 것은?

> • 열대 기후 지역에서 선진국의 자본과 기술, 원주민의 노동력을 결합하여 상품 작물을 대규모로 재배한다.
> • 주요 작물로는 천연고무, 카카오, 바나나 등이 있다.

① 낙농업   ② 수목 농업

③ 혼합 농업   ④ 플랜테이션

07 ㉠에 들어갈 자연재해로 가장 적절한 것은?

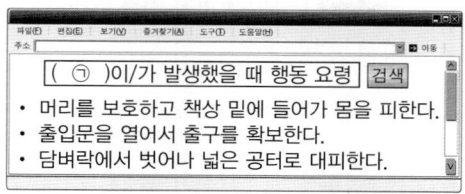

(㉠   )이/가 발생했을 때 행동 요령   [검색]

• 머리를 보호하고 책상 밑에 들어가 몸을 피한다.
• 출입문을 열어서 출구를 확보한다.
• 담벼락에서 벗어나 넓은 공터로 대피한다.

① 가뭄   ② 지진
③ 폭설   ④ 홍수

08 ㉠에 들어갈 지형으로 옳은 것은?

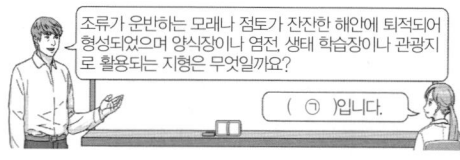

조류가 운반하는 모래나 점토가 잔잔한 해안에 퇴적되어 형성되었으며 양식장이나 염전 생태 학습장이나 관광지로 활용되는 지형은 무엇일까요?

(㉠   )입니다.

① 갯벌   ② 고원
③ 피오르   ④ 용암 동굴

09 ㉠에 들어갈 내용으로 옳은 것은?

• 서로 다른 두 나라 화폐의 교환 비율을
  (㉠   )이라고 한다.
• (㉠   )은 외국 화폐 1단위와 교환되는
  자국 화폐의 가격으로 표시한다.

① 환율   ② 실업률
③ 경제 성장률   ④ 물가 상승률

10 다음 설명에 해당하는 문화의 속성은?

• 한번 만들어진 문화는 고정되는 것이 아니라 시간이 흐름에 따라 끊임없이 변화한다.
• 휴대 전화가 급속하게 보급되면서 공중전화가 점차 사라져 가고 있는 것을 그 예로 들 수 있다.

① 변동성   ② 수익성
③ 일회성   ④ 희소성

11 다음 퀴즈에 대한 정답으로 옳은 것은?

노동권 침해 사례

회사원 김○○ 씨가 회사에 결혼한다고 말하자 회사는 결혼한 여성은 근무할 수 없다며 사표를 강요하였습니다. 결국 김○○ 씨는 결혼 후 회사를 그만두게 되었습니다. 김○○ 씨의 사례는 어디에 해당할까요?

① 권력 분립   ② 부당 해고
③ 임금 체불   ④ 국민 투표

12 다음 설명에 해당하는 것은?

• 선거구를 미리 법률로 획정하는 것이다.
• 특정 정당이나 특정 후보에게 유리하도록 임의로 선거구를 변경하는 것을 막아 선거가 공정하게 치러지도록 보장한다.

① 심급 제도   ② 지역화 전략
③ 사법부의 독립 ④ 선거구 법정주의

13 다음에서 설명하는 정치 주체는?

> • 정치 과정에 참여하는 국가 기관이다.
> • 국회에서 제정한 법률에 근거하여 구체적인 정책을 수립하고 이를 실행에 옮긴다.

① 언론　　　　　　② 정당
③ 정부　　　　　　④ 이익 집단

14 다음 심판을 담당하는 기관은?

> 위헌 법률 심판, 헌법 소원 심판, 탄핵 심판, 권한 쟁의 심판, 정당 해산 심판

① 국회　　　　　　② 지방 법원
③ 헌법 재판소　　　④ 선거 관리 위원회

15 다음에서 설명하는 것은?

> • 개인이나 단체가 소유한, 경제적 가치가 있는 실물 자산이다.
> • 아파트나 빌딩 등과 같이 움직여 옮길 수 없는 자산이다.

① 예금　　　　　　② 적금
③ 현금　　　　　　④ 부동산

16 표는 아이스크림의 가격에 따른 수요량과 공급량을 나타낸 것이다. 이를 통해 알 수 있는 균형 가격은?

가격(원)	1,000	1,500	2,000	2,500	3,000
수요량(개)	300	250	200	150	100
공급량(개)	100	150	200	250	300

① 1,000원　　　　　② 1,500원
③ 2,000원　　　　　④ 2,500원

17 다음 유적이 처음으로 만들어진 시대는?

> • 명칭 : 탁자식 고인돌
> • 용도 : 주로 지배자의 무덤으로 사용

① 구석기 시대　　　② 신석기 시대
③ 청동기 시대　　　④ 철기 시대

18 ㉠에 들어갈 내용으로 옳은 것은?

> 〈조선 후기 　㉠　의 등장〉
> • 주요 인물 : 정약용, 박지원, 박제가 등
> • 특징 : 현실 문제를 해결하기 위해 토지 제도 개혁, 상공업 발전 등을 주장함.

① 불교　　　　　　② 도교
③ 실학　　　　　　④ 풍수지리설

19 다음 퀴즈의 정답으로 옳은 것은?

> 조선 시대에는 영조와 정조가 붕당의 대립을 줄이고 왕권을 강화하고자 실시한 정책은 무엇일까요?

① 호패법   ② 탕평책

③ 과전법   ④ 위화도 회군

20 ㉠에 들어갈 왕은?

> 〈통일 신라 시대 ㉠ 의 정책〉
> • 교육 제도 : 국학 설치
> • 지방 제도 : 9주 5소경 설치
> • 토지 제도 : 관료전 지급, 녹읍 폐지

① 세조   ② 신문왕

③ 유형원   ④ 흥선 대원군

21 다음 설명에 해당하는 내용으로 옳은 것은?

> 청과의 전쟁에 패한 후 청에게 복수하여야 한다는 움직임이 일어났다. 이를 주도한 효종은 성곽과 무기를 정비하고 군대를 양성하여 청을 정벌하고자 하였다.

① 북벌 운동   ② 화랑도 조직

③ 별무반 편성   ④ 광주 학생 항일 운동

22 ㉠에 들어갈 내용으로 가장 적절한 것은?

> 〈신라의 ㉠ 과정〉
> 신라와 당의 동맹 → 백제의 멸망 → 고구려의 멸망 → 신라와 당의 전쟁에서 신라 승리

① 삼국 통일   ② 신분제 폐지

③ 금속 활자 발명   ④ 임진왜란 승리

23 ㉠에 해당하는 나라는?

> 〈학습 주제 : ㉠ 이/가 몽골의 침입에 맞서 싸우다.〉
> • 강화도 천도   • 삼별초의 항쟁
> • 팔만대장경 완성

① 가야   ② 발해

③ 고려   ④ 조선

24 다음 정책을 추진한 정부는?

> • 한 · 일 국교 정상화   • 베트남 파병
> • 새마을 운동   • 유신 헌법 선포

① 김대중 정부   ② 김영삼 정부

③ 노태우 정부   ④ 박정희 정부

25 ㉠에 들어갈 답변으로 옳은 것은?

1938년 일제는 인력과 물자를 수탈하기 위해 국가 총동원법을 만들었어요. 이를 근거로 벌어진 상황이 무엇일까요?

(㉠) 입니다.

① 병자호란   ② 과거제 시행

③ 서경 천도 운동   ④ 일본군 '위안부' 동원

과 학

제5교시

정답 및 해설 404p

01 다음 설명에 해당하는 힘은?

> • 액체나 기체 속에서 물체를 밀어 올리는 힘이다.
> • 힘의 크기는 액체나 기체에 잠긴 물체의 부피가 클수록 크다.

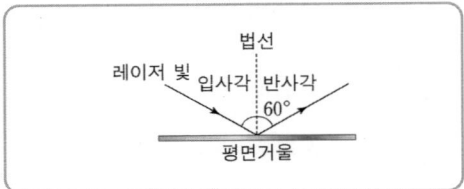

① 부력 ② 중력
③ 마찰력 ④ 탄성력

02 그림은 레이저 빛이 평면거울에 입사하여 반사되는 모습을 나타낸 것이다. 반사각의 크기가 60°일 때, 입사각의 크기는?

법선

레이저 빛 입사각 | 반사각
60°

평면거울

① 40° ② 50°
③ 60° ④ 70°

03 그림과 같이 (+)대전체를 알루미늄 막대에 가까이 하였을 때, 알루미늄 막대의 양 끝 ㉠과 ㉡에 유도되는 전하의 종류가 옳게 짝지어진 것은?

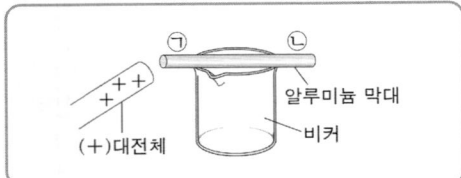

㉠과 알루미늄 막대
(+)대전체 비커

　　㉠　㉡　　　　　　㉠　㉡
① (+) (+)　　② (+) (−)
③ (−) (−)　　④ (−) (+)

04 그림은 전류가 흐르는 도선 위에 놓인 나침반의 모습을 나타낸 것이다. 전류가 흐르는 방향을 반대로 하였을 때 나침반의 모습은? (단, 전류에 의한 자기장만 고려한다.)

↑전류

S N

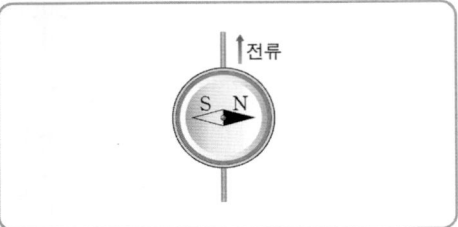

05 그래프는 일정한 속력으로 운동하는 물체의 시간에 따른 이동 거리를 나타낸 것이다. 이 물체의 속력은?

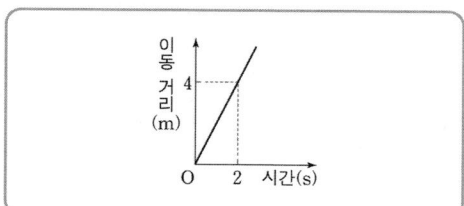

① 2 m/s   ② 4 m/s

③ 6 m/s   ④ 8 m/s

06 그림은 질량이 같은 물체 A~D의 위치를 나타낸 것이다. A~D 중 중력에 의한 위치 에너지가 가장 큰 것은? (단, 물체의 중력에 의한 위치 에너지는 지면을 기준으로 한다.)

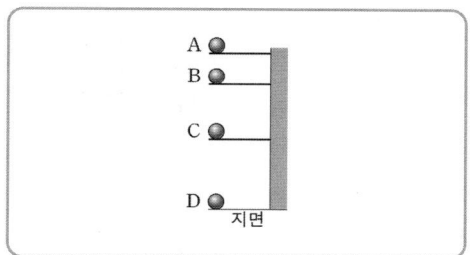

① A   ② B

③ C   ④ D

07 다음 ㉠에 해당하는 현상은?

> 향수병 마개를 연 채로 놓아두면 향수 입자는 사방으로 퍼진다. 이처럼 물질을 이루는 입자가 스스로 운동하여 퍼져 나가는 현상을 ㉠ (이)라고 한다.

① 융해   ② 응결

③ 응고   ④ 확산

08 그림은 물질의 상태 변화를 나타낸 것이다. A~D 중 기화에 해당하는 것은?

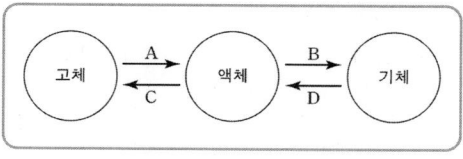

① A   ② B

③ C   ④ D

09 그림은 암모니아(NH_3)의 분자 모형을 나타낸 것이다. 암모니아 분자 1개를 구성하는 수소 원자(H)의 개수는?

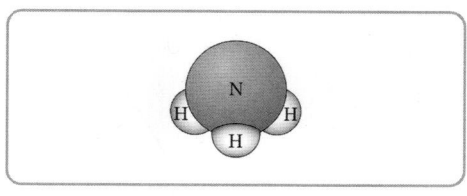

① 1개   ② 2개

③ 3개   ④ 4개

10 그림은 서로 섞이지 않는 액체 A~D를 컵에 넣고 일정 시간이 지난 뒤의 모습을 나타낸 것이다. A~D 중 밀도가 가장 큰 것은?

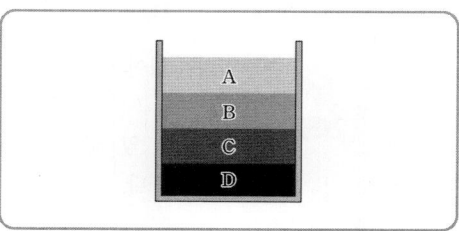

① A   ② B

③ C   ④ D

11 다음은 과산화 수소를 분해하여 물과 산소가 생성되는 반응의 화학 반응식이다. ㉠에 해당하는 것은?

$$2H_2O_2 \rightarrow 2\ \boxed{㉠}\ + O_2$$

① N_2
② H_2O
③ CO_2
④ NH_3

12 그래프는 마그네슘을 연소시켜 산화 마그네슘이 생성될 때 마그네슘과 산화 마그네슘의 질량 관계를 나타낸 것이다. 마그네슘 3g을 모두 연소시켰을 때 생성된 산화 마그네슘의 질량은?

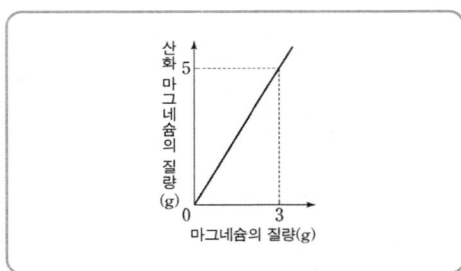

① 2g
② 3g
③ 4g
④ 5g

13 다음은 무궁화에 대한 설명이다. 이 생물이 속하는 계는?

- 광합성을 하여 스스로 양분을 만든다.
- 뿌리, 줄기, 잎, 꽃이 발달한 다세포 생물이다.

① 균계
② 동물계
③ 식물계
④ 원생생물계

14 다음은 생물의 호흡 과정이다. ㉠에 해당하는 것은?

포도당 + 산소 → ㉠ + 물 + 에너지

① 산소
② 질소
③ 헬륨
④ 이산화 탄소

15 사람의 소화계에 속하지 않는 기관은?

① 간
② 위
③ 폐
④ 소장

16 다음 ㉠에 해당하는 것은?

사람 심장의 심방과 심실 사이, 심실과 동맥 사이에는 혈액이 거꾸로 흐르지 않고 한 방향으로만 흐르게 하는 ㉠ 이/가 존재한다.

① 융털
② 판막
③ 폐포
④ 혈구

17 다음 설명에 해당하는 것은?

- 내분비샘에서 만들어져 혈액을 따라 이동한다.
- 혈당량을 조절하는 인슐린, 글루카곤이 그 예이다.

① 물
② 호르몬
③ 무기 염류
④ 바이타민

18 그림은 어떤 동물 세포 1개의 생식세포 형성 과정을 나타낸 것이다. 이와 같은 과정으로 만들어지는 것은?

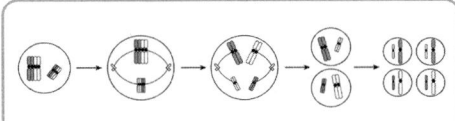

① 정자　　　　② 간 세포
③ 심장 세포　　④ 이자 세포

19 그림은 어느 집안의 ABO식 혈액형 가계도를 유전자형으로 나타낸 것이다. ㉠에 해당하는 유전자형은? (단, 돌연변이는 없다.)

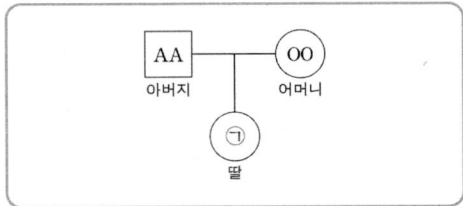

① AO　　　　② BO
③ BB　　　　④ AB

20 지진이 발생할 때 생긴 진동을 분석하여 지구 내부 구조를 연구하는 방법은?

① 화석 연구　　② 오존층 연구
③ 지진파 연구　　④ 태양풍 연구

21 다음 설명에 해당하는 암석의 종류는?

> • 열과 압력을 받아 성질이 변한 암석이다.
> • 알갱이들이 재배열되어 줄무늬가 나타나기도 한다.

① 변성암　　　　② 심성암
③ 퇴적암　　　　④ 화산암

22 다음은 월식에 대한 설명이다. 월식이 일어날 수 있는 달의 위치는?

> 월식은 달이 지구 주위를 공전하는 동안 지구의 그림자 속으로 들어가 어둡게 보이는 현상이다.

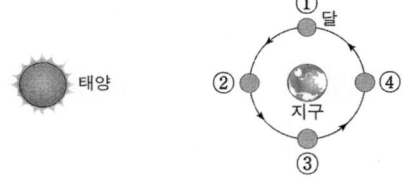

23 그림과 같이 태양계 행성을 물리적 특성에 따라 분류할 때 지구형 행성에 해당하지 <u>않는</u> 행성은?

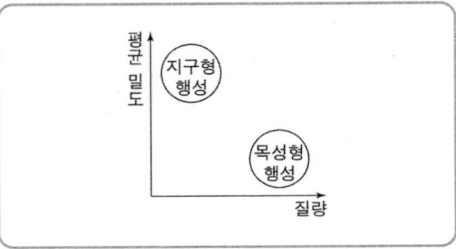

① 금성　　　　② 수성
③ 목성　　　　④ 화성

24 다음 설명에 해당하는 전선은?

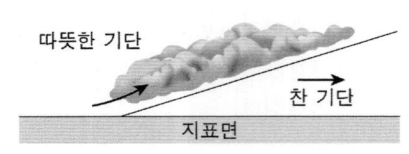

- 따뜻한 기단이 찬 기단 위로 타고 올라갈 때 만들어진다.
- 전선 통과 후 기온이 상승한다.

① 온난 전선   ② 정체 전선
③ 폐색 전선   ④ 한랭 전선

25 그림은 지구에서 6개월 간격으로 별을 관측한 연주 시차를 나타낸 것이다. 연주 시차가 발생하는 원인은?

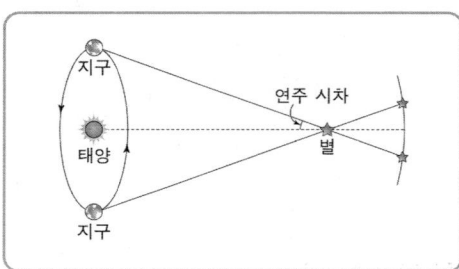

① 별의 공전   ② 지구의 공전
③ 지구의 자전   ④ 태양의 자전

제6교시 선택 과목

도 덕

정답 및 해설 407p

2024년 1회

01 다음에서 설명하는 인간의 특성은?

> 사람은 혼자서는 살아가기 어려우므로 다른 사람과 도움을 주고받으며 더불어 살아가고자 한다.

① 배타적 존재 ② 사회적 존재
③ 맹목적 존재 ④ 충동적 존재

02 다음 중 도덕 원리에 해당하는 것은?

① 정직해야 한다.
② 장미꽃은 아름답다.
③ 해는 동쪽에서 뜬다.
④ 서울은 대한민국의 수도이다.

03 다음 퀴즈에 대한 정답으로 옳은 것은?

'이것'은 불교의 핵심 원리로서 남을 깊이 사랑하고 가엾게 여기는 마음입니다. 생명 존중을 강조하는 '이것'은 무엇일까요?

① 분노 ② 자비
③ 준법 ④ 쾌락

04 이웃 간의 갈등을 해결하기 위한 적절한 자세를 〈보기〉에서 고른 것은?

> ─────〈보기〉─────
> ㄱ. 양보   ㄴ. 배려
> ㄷ. 이기심   ㄹ. 사생활 침해

① ㄱ, ㄴ ② ㄱ, ㄹ
③ ㄴ, ㄷ ④ ㄷ, ㄹ

05 ㉠에 들어갈 내용으로 적절하지 <u>않은</u> 것은?

> **주제 : 자아**
> • 의미 : 자신의 참된 모습
> • 개인적 자아 : (㉠   )

① 소망 ② 능력
③ 가치관 ④ 사회적 관습

06 다음에서 설명하는 지구 공동체의 도덕 문제는?

> **도 덕 신 문** 20○○년 ○월 ○일
>
> 산업 혁명 이후 대량 생산과 대량 소비를 하는 시대가 열리면서 자연의 파괴가 시작되었다. 공장의 매연과 자동차의 배기가스로 대기가 오염되고, 공장폐수와 생활 하수로 물이 오염되고 있다.

① 환경 문제 ② 종교 문제
③ 인종 차별 ④ 아동 학대

07 다음 학생이 추구하는 가치 중 성격이 <u>다른</u> 것은?

용돈 감사 사랑 진리

① 사랑   ② 용돈

③ 감사   ④ 진리

08 다음과 관련된 문제를 해결하기 위해 필요한 덕목은?

> 스마트폰에 너무 많은 시간을 빼앗겨 학교생활까지 지장을 받을 뿐만 아니라 중독으로 이어지는 경우도 있다.

① 방관   ② 자애

③ 절제   ④ 정직

09 어느 학생의 서술형 평가 답안이다. 밑줄 친 ㉠~㉢ 중 옳지 <u>않은</u> 것은?

> 문제 : 봉사 활동에 참여하는 바람직한 자세를 서술하시오.
>
> 〈학생 답안〉
> ㉠ 자기의 이익보다는 공익을 추구해야 하고, ㉡ 보수나 대가를 바라지 않아야 한다. 그리고 ㉢ 다른 사람의 명령에 따라 억지로 참여해야 하며, ㉣ 일회성으로 끝나지 않고 꾸준히 참여해야 한다.

① ㉠   ② ㉡

③ ㉢   ④ ㉣

10 진정한 우정을 맺기 위한 방법으로 적절한 것은?

친구의 잘못을 무조건 감싸 줘요. 기본 예절을 무시하고 편하게 대해요. 학생 1 학생 2

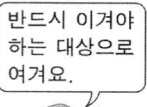

반드시 이겨야 하는 대상으로 여겨요. 친구의 어려움을 외면하지 않고 도와줘요. 학생 3 학생 4

① 학생 1   ② 학생 2

③ 학생 3   ④ 학생 4

11 다음에서 설명하는 인권의 특징은?

> 모든 사람은 인종, 피부색, 언어, 종교 등과 관계없이 누구나 동등하게 권리를 누려야 한다.

① 보편성   ② 일회성

③ 폐쇄성   ④ 폭력성

12 다음과 관련하여 도덕적 실천 의지를 기르기 위한 노력으로 적절하지 <u>않은</u> 것은?

> 어려움에 처한 사람을 도와야 한다는 것을 알면서도 그냥 지나친다.

① 공감   ② 관심

③ 독단   ④ 용기

13 ㉠에 들어갈 가치로 적절하지 <u>않은</u> 것은?

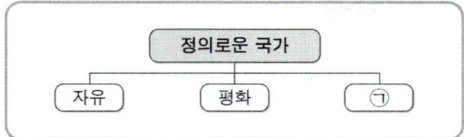

① 평등　　　　② 혐오
③ 공정　　　　④ 복지

14 통일을 해야 하는 이유를 〈보기〉에서 고른 것은?

〈 보기 〉
ㄱ. 분단 비용 지출을 늘리기 위해서
ㄴ. 이산가족의 고통을 해소하기 위해서
ㄷ. 군사적 긴장 관계를 심화시키기 위해서
ㄹ. 문화적·역사적 동질성을 회복하기 위해서

① ㄱ, ㄴ　　　　② ㄱ, ㄷ
③ ㄴ, ㄹ　　　　④ ㄷ, ㄹ

15 다음에서 문화를 바라보는 관점은?

① 문화 상대주의　② 문화 절대주의
③ 문화 이기주의　④ 자문화 중심주의

16 ㉠에 들어갈 내용으로 적절하지 <u>않은</u> 것은?

① 과대 포장 안 하기
② 일회용품 애용하기
③ 장바구니 사용하기
④ 대중교통 이용하기

17 그림에서 전달하려는 내용과 관련된 용어는?

살다 보면 길이 보이지 않을 때도 있어.	그렇다고 좌절하거나 포기하지는 말아야 돼.	새 길을 만들면 되지 뭐!

① 익명성　　　　② 가치 전도
③ 시민 불복종　　④ 회복 탄력성

18 다음에 해당하는 사상가는?

인간의 본성상 자연스럽게 어울려 가족을 이루고, 마을을 이루며, 마을이 커지면서 국가가 형성되었다는 자연발생설을 주장함.

① 칸트　　　　　② 롤스
③ 슈바이처　　　④ 아리스토텔레스

19 생태 중심주의 자연관을 〈보기〉에서 고른 것은?

〈보기〉
ㄱ. 자연의 무분별한 개발을 강조한다.
ㄴ. 자연을 그 자체로 소중하다고 본다.
ㄷ. 생태계 전체에 대한 배려를 강조한다.
ㄹ. 인간은 자연을 지배할 권리를 지닌 존재라고 본다.

① ㄱ, ㄴ   ② ㄱ, ㄹ
③ ㄴ, ㄷ   ④ ㄷ, ㄹ

20 다음에서 언어폭력에만 '✔'를 표시한 학생은?

관점＼학생	A	B	C	D
• 꼬집거나 고의로 밀친다.	✔	✔		✔
• 외모를 비하하는 별명을 부른다.	✔		✔	✔
• 거짓 소문으로 상대방을 괴롭힌다.		✔	✔	✔

① A   ② B
③ C   ④ D

21 다음에서 설명하는 시민의 자질은?

국가의 정책과 법을 만드는 과정에 자발적으로 참여함.

① 주인 의식   ② 피해 의식
③ 특권 의식   ④ 경쟁 의식

22 다음에 해당하는 세대 간 소통을 위한 방법은?

부모와 자녀는 서로를 이해하기 위해 상대방의 처지에서 생각해 보려고 노력해야 한다.

① 청렴   ② 차별
③ 자아도취   ④ 역지사지

23 교사의 질문에 대한 대답으로 적절한 것은?

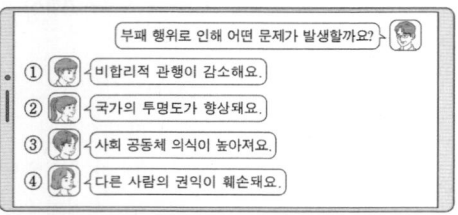

부패 행위로 인해 어떤 문제가 발생할까요?
① 비합리적 관행이 감소해요.
② 국가의 투명도가 향상돼요.
③ 사회 공동체 의식이 높아져요.
④ 다른 사람의 권익이 훼손돼요.

24 과학 기술의 바람직한 활용 방안으로 적절하지 <u>않은</u> 것은?

① 인류 전체의 복지 증진에 기여해야 한다.
② 미래 세대에 대한 책임 의식을 가져야 한다.
③ 어떠한 경우에도 유용성만을 추구해야 한다.
④ 인간의 존엄성과 인권 향상을 위해 노력해야 한다.

25 마음의 평화를 얻기 위한 자세로 적절한 것은?

① 증오심을 표출한다.
② 긍정적 마음을 갖는다.
③ 비관적 태도를 지닌다.
④ 타인의 실수를 용서하지 않는다.

2024년도

제2회

국 어

정답 및 해설 412p |

01 다음 대화에서 ㉠에 담긴 '민재'의 말하기 의도로 가장 적절한 것은?

> 민재 : 지후야, 내일 축구 경기 잊지 않았지?
> 지후 : 나는 첫 출전이라 팀에 방해가 되는 건 아닌지 걱정이야. 실수라도 하면 어쩌지?
> 민재 : ㉠ 지난번에 연습할 때 엄청 잘했잖아. 긴장하지 말고 평소 실력을 발휘하면 잘할 수 있을 거야!
> 지후 : 고마워, 내일 열심히 하자!

① 감사   ② 격려   ③ 사과   ④ 양보

02 다음은 학생의 일기이다. 일기를 쓴 '나'가 보완해야 할 점으로 가장 적절한 것은?

> ○○의 일기
>
> 나는 오늘 국어 시간에 토론에 참여했다. 토론은 '급식 자율배식'에 관한 주제로 진행되었다. 평소 말하기에는 자신이 있었기 때문에 별다른 준비를 하지 않았다. 하지만 막상 토론을 해 보니, 상대방의 주장에 반박할 타당한 근거가 떠오르지 않아 당황스러웠다. 우물쭈물하다가 토론이 끝나 버려 매우 아쉬웠다.

① 토론의 절차와 규칙을 준수한다.
② 상대방을 존중하는 언어를 사용한다.
③ 자신의 감정을 앞세워 상대방을 비판하지 않는다.
④ 상대방의 주장에 반박할 타당한 근거를 미리 마련한다.

03 다음과 관련 있는 언어의 특성으로 가장 적절한 것은?

> '버스'를 '가방'으로, '사람'을 '토끼'로, '책상'을 '비행기'로 바꾸어 말한다면 다른 사람들이 잘 알아들을 수 없을 것이다.

① 언어는 시간의 흐름에 따라 끊임없이 변화한다.
② 언어의 의미와 말소리 사이에는 필연적인 관계가 없다.
③ 언어는 같은 언어를 사용하는 사람들 사이의 약속이다.
④ 언어를 사용하여 새로운 단어나 문장을 끊임없이 만들어 낼 수 있다.

04 밑줄 친 부분이 '한글 맞춤법'에 맞게 표기된 것은?

① 된장찌게 가격이 너무 올랐어.
② 이따 수업 맞히고 도서관에 가자.
③ 오늘은 웬지 그림을 그리고 싶어.
④ 남은 짐들은 모두 집으로 부쳤어.

05 다음 설명에 해당하는 자음은?

> '잇몸소리'는 혀끝과 윗잇몸이 닿아서 나는 소리이다.

① ㄱ   ② ㅁ
③ ㅈ   ④ ㅌ

06 다음 규정에 맞게 발음하지 <u>않은</u> 것은?

> ■ 표준 발음법 ■
> 【제11항】 겹받침 'ㄺ, ㄻ, ㄿ'은 어말 또는 자음 앞에서 각각 [ㄱ, ㅁ, ㅂ]으로 발음한다. 다만, 용언의 어간 말음 'ㄺ'은 'ㄱ' 앞에서 [ㄹ]로 발음한다.

① 굵고[굴:꼬]   ② 맑게[막께]
③ 읊고[읍꼬]   ④ 젊지[점:찌]

07 밑줄 친 단어의 품사가 ㉠과 같은 것은?

> 그곳의 경치는 ㉠ 아름답다.

① 밥이 정말 맛있다.
② 새로 산 신발이 나에게 작다.
③ 사진을 보니 옛 추억이 생각난다.
④ 학생들이 운동장에서 축구를 한다.

08 다음 설명에 해당하는 예로 적절하지 <u>않은</u> 것은?

> 주어와 서술어의 관계가 두 번 이상 나타나는 문장을 '겹문장'이라고 한다.

① 토끼가 들판에서 풀을 뜯는다.
② 바람이 불고 나무가 흔들린다.
③ 나는 겨울이 오기를 기다린다.
④ 비가 와서 우리는 소풍을 연기했다.

09 다음 개요의 ㉠에 들어갈 내용으로 가장 적절한 것은?

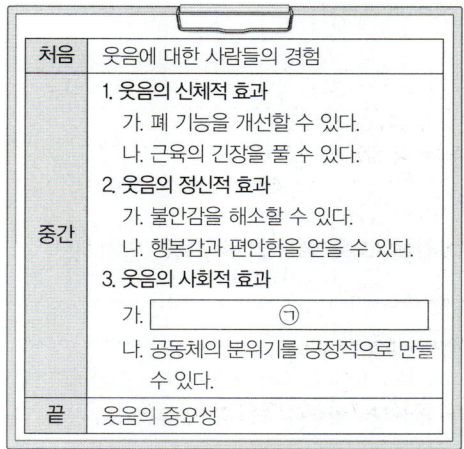

처음	웃음에 대한 사람들의 경험
중간	1. 웃음의 신체적 효과 　가. 폐 기능을 개선할 수 있다. 　나. 근육의 긴장을 풀 수 있다. 2. 웃음의 정신적 효과 　가. 불안감을 해소할 수 있다. 　나. 행복감과 편안함을 얻을 수 있다. 3. 웃음의 사회적 효과 　가. ㉠ 　나. 공동체의 분위기를 긍정적으로 만들 수 있다.
끝	웃음의 중요성

① 면역력을 강화할 수 있다.
② 스트레스를 해소할 수 있다.
③ 심장 건강을 증진할 수 있다.
④ 타인과의 유대감을 강화할 수 있다.

10 ⊙~㉣에 대한 고쳐쓰기 방안으로 적절하지 <u>않은</u> 것은?

> 지금까지 내가 겪은 많은 일 가운데 가장 기억에 남는 일은 축구부 활동을 ⊙ 했다. 나는 초등학교 3학년 때 축구부 감독님께 ⓒ 발각되어서 축구부에 들어갔다. ⓒ 이번 월드컵에서 우리나라 축구 대표 팀이 좋은 성과를 거두었다. 그런데 초등학교 5학년 때 축구부가 해체되었고, 다시 축구를 하려면 전학을 가서 기숙사 생활을 해야 했다. ㉣ 왜냐하면 나는 축구를 그만두게 되었다.

① ⊙ : 문장의 호응을 고려하여 '할 것이다'로 바꾼다.

② ⓒ : 문맥에 어울리지 않으므로 '발탁'으로 바꾼다.

③ ⓒ : 글의 흐름에서 벗어난 내용이므로 삭제한다.

④ ㉣ : 문장이 자연스럽게 연결되도록 '결국'으로 바꾼다.

[11~13] 다음 글을 읽고 물음에 답하시오.

> "아부지!"
> 부르는 소리가 들렸다. 만도는 깜짝 놀라며 얼른 뒤를 돌아보았다. 그 순간 만도의 두 눈은 무섭도록 크게 떠지고, 입은 딱 벌어졌다. 틀림없는 아들이었으나, 옛날과 같은 진수는 아니었다. 양쪽 겨드랑이에 지팡이를 끼고 서 있는데, 스쳐가는 바람결에 한쪽 바짓가랑이가 펄럭거리는 것이 아닌가. 만도는 눈앞이 노래지는 것을 어쩌지 못했다. 한참 동안 그저 멍멍하기만 하다 코허리가 찡해지면서 두 눈에 뜨거운 것이 핑 도는 것이었다.
> "에라이, 이놈아!"

만도의 입술에서 모질게 튀어나온 첫마디였다. 떨리는 목소리였다. 고등어를 든 손이 불끈 주먹을 쥐고 있었다.
> "이기 무슨 꼴이고, 이기?"
> "아부지!"
> "이놈아, 이놈아……."
> 만도의 들창코가 크게 벌름거리다가 훌쩍 물코를 들이마셨다.
> 진수의 두 눈에서는 어느 결에 눈물이 꾀죄죄하게 흘러내리고 있었다. 만도는 모든 게 진수의 잘못이거나 한 듯 험한 얼굴로,
> "가자, 어서!"
> 무뚝뚝한 한마디를 던지고는 성큼성큼 앞장서 가는 것이었다.

(중략)

> 개천 둑에 이르렀다. 외나무다리가 놓여 있는 그 시냇물이다. 진수는 슬그머니 걱정이 되었다. 물은 그렇게 깊은 것 같지 않지만, 밑바닥이 모래흙이어서 지팡이를 짚고 건너가기가 만만할 것 같지 않기 때문이다. 외나무다리 위로는 도저히 건너갈 재주가 없고……. 진수는 하는 수 없이 둑에 퍼지고 앉아서 바짓가랑이를 걷어 올리기 시작했다. 만도는 잠시 멀뚱히 서서 아들의 하는 양을 내려다보고 있다가,
> "진수야, 그만두고 자아, 업자."
> 하는 것이었다.
> "업고 건너면 일이 다 되는 거 아니가. 자아, 이거 받아라."
> 고등어 묶음을 진수 앞으로 민다.
> "……."
> 진수는 퍽 난처해하면서, 못 이기는 듯이 그것을 받아 들었다. 만도는 등어리[1]를 아들 앞에 갖다 대고 하나밖에 없는 팔을 뒤로 버쩍 내밀며,
> "자아, 어서!"
> 진수는 지팡이와 고등어를 각각 한 손에 쥐고, 아버지의 등어리로 가서 슬그머니 업혔다. 만도는 팔뚝을 뒤로 돌리면서 아들의 하나뿐인 다리를 꼭 안았다. 그리고,

"팔로 내 목을 감아야 될 끼다."

했다. 진수는 무척 황송한 듯 한쪽 눈을 찍 감으면서, 고등어와 지팡이를 든 두 팔로 아버지의 굵은 목줄기[2]를 부둥켜안았다. 만도는 아랫배에 힘을 주며, '끙!' 하고 일어났다. 아랫도리가 약간 후들거렸으나, 걸어갈 만은 했다. 외나무다리 위로 조심조심 발을 내디디며 만도는 속으로,

'이제 새파랗게 젊은 놈이 벌써 이게 무슨 꼴이고? 세상을 잘못 만나서 진수 니 신세도 참 똥이다, 똥!'

이런 소리를 주워섬겼고[3], 아버지의 등에 업힌 진수는 곧장 미안스러운 얼굴을 하며,

'나꺼정 이렇게 되다니 아부지도 참 복도 더럽게 없지.

차라리 내가 죽어 버렸더라면 나았을 낀데……'

하고 중얼거렸다.

㉠ 만도는 아직 술기가 약간 있었으나, 용케 몸을 가누며 아들을 업고 외나무다리를 조심조심 건너가는 것이었다. 눈앞에 우뚝 솟은 용머리재가 이 광경을 가만히 내려다보고 있었다.

– 하근찬, 「수난이대」

---

1) 등어리: '등'의 방언.
2) 목줄기: '목덜미'의 방언.
3) 주워섬기다: 들은 대로 본 대로 이러저러한 말을 아무렇게나 늘어놓다.

---

11 윗글에 나타난 인물들의 심리 상태로 적절하지 <u>않은</u> 것은?

① 만도는 처음에 진수의 모습을 보고 매우 놀란다.

② 진수는 만도가 자신을 업는 것에 대해 미안해한다.

③ 만도는 현재 진수의 상황에 대해 안타까워하고 있다.

④ 진수는 자신을 외면하는 만도에게 증오심을 느끼고 있다.

12 윗글에서 알 수 있는 내용으로 적절하지 <u>않은</u> 것은?

① 만도는 진수의 아버지이다.

② 진수는 외나무다리를 보고 난감해한다.

③ 진수는 지팡이를 내려놓고 만도의 등에 업혔다.

④ 만도는 한쪽 팔이 없고, 진수는 한쪽 다리가 없다.

13 윗글의 내용을 고려할 때, ㉠에 대한 설명으로 가장 적절한 것은?

① 만도와 진수의 대립 양상을 드러낸다.

② 현실을 회피하려는 만도의 심정을 강조한다.

③ 등장인물이 난관을 극복해 나가는 모습을 보여 준다.

④ 현재 상황에 대한 인물들의 냉소적인 태도를 암시한다.

[14~16] 다음 글을 읽고 물음에 답하시오.

> 먼 훗날 당신이 찾으시면
> 그때에 내 말이 '잊었노라'
>
> 당신이 속으로 나무라면
> '무척 그리다가 잊었노라'
>
> 그래도 당신이 나무라면
> '믿기지 않아서 잊었노라'
>
> 오늘도 어제도 아니 잊고
> 먼 훗날 그때에 '잊었노라'
>
> ─ 김소월, 「먼 후일」

14 윗글에 대한 설명으로 가장 적절한 것은?

① 의인화한 소재들을 나열하고 있다.
② 시적 상황을 가정하여 표현하고 있다.
③ 의문문의 형식을 사용하여 표현하고 있다.
④ 화자의 감정을 자연물에 이입시키고 있다.

15 윗글에서 운율을 형성하는 요소로 적절하지 <u>않은</u> 것은?

① 각 행을 세 마디로 끊어 읽을 수 있다.
② 각 연을 동일한 글자로 시작하고 있다.
③ 동일한 시어를 반복적으로 사용하고 있다.
④ 유사한 문장 구조가 여러 번 나타나고 있다.

16 윗글에 나타난 화자의 주된 정서로 가장 적절한 것은?

① 임에 대한 그리움
② 이웃에 대한 연민
③ 이상향에 대한 동경
④ 자신에 대한 부끄러움

[17~19] 다음 글을 읽고 물음에 답하시오.

> 북곽 선생이 소스라치게 놀라 달아나는데, 혹 사람들이 ㉠자기를 알아볼까 겁을 먹고는 한 다리를 목에 걸어 귀신 춤을 추고 귀신 웃음소리를 내었다. 문을 박차고 달아나다가 그만 들판의 움 속에 빠졌는데, 그 안에는 똥이 그득 차 있었다. 겨우 버둥거리며 붙잡고 나와 머리를 내밀고 살펴보니 이번엔 범이 앞길을 막고 떡 버티고 서 있다. 범이 얼굴을 찌푸리며 구역질을 하고, 코를 가리고 머리를 돌리면서 한숨을 쉬며,
> "㉡선비, 어이구. 지독한 냄새로다."
> 하였다. 북곽 선생은 머리를 조아리고 엉금엉금 기어서 앞으로 나가 세 번 절하고 꿇어앉아 머리를 들며,
> "범 님의 덕이야말로 참으로 지극합니다. 군자들은 범의 빠른 변화를 본받고, 제왕은 범의 걸음걸이를 배우며, 사람의 자제들은 범의 효성을 본받고, 장수들은 범의 위엄을 취합니다. 범의 이름은 신령한 용과 함께 나란하여, 구름은 용을 따르고 바람은 범을 따릅니다. 인간 세상의 천한 사람이 감히 범 님의 영향 아래에 있습니다."
> 하니 범이 호통을 치며,
> "가까이 오지도 마라. ㉢내 일찍이 들으매 선비 유 자는 아첨 유 자로 통한다더니 과연 그렇구나. 네가 평소에는 천하의 나쁜 이름이란 이름은 모두 끌어모으다가 함부로 우리 범에게 덮어씌우더니, 이제 사정이 급해지니까 면전에서 낯간지러운

아첨을 하는구나. 그래, 누가 네 말을 곧이듣겠느냐?"

(중략)

북곽 선생은 자리를 옮겨 엎드리고 엉거주춤 절을 두 번하고는 머리를 거듭 조아리며,

"옛글에 이르기를, '비록 악한 사람이라도 목욕재계¹⁾하면 하느님도 섬길 수 있다.'라고 했으니, ㉣ 이 천한 신하, 감히 범 님의 다스림을 받고자 합니다."

하고는 숨을 죽이고 가만히 들어 보나, 오래도록 범의 분부가 없었다. 두렵기도 하고 황송하기도 하여 손을 맞잡고 머리를 조아리며 우러러 살펴보니, 날이 밝았고 범은 이미 가 버렸다.

[A]
┌ 아침에 김을 매러 가는 농부가 있어서,
│ "북곽 선생께서 어찌하여 이른 아침부터 들판에 절을 하고 계십니까?"
│ 하고 물으니 북곽 선생은, "내가 『시경』²⁾에 있는 말을 들었으니, '하늘이 높다 이르지만 감히 등을 굽히지 않을 수 없고 땅이 두텁다 이르지만 살금살금 걷지 않을 수 없네.' 하였다네."
└ 라며 대꾸했다.

– 박지원, 「호질」–

1) 목욕재계 : 부정(不淨)을 타지 않도록 깨끗이 목욕하고 몸가짐을 가다듬는 일.
2) 『시경』: 오경(五經)의 하나. 중국 최고(最古)의 시집으로, 주나라 초부터 춘추 시대까지의 시 311편을 수록함.

17 윗글의 내용으로 적절하지 <u>않은</u> 것은?

① 북곽 선생은 귀신 춤을 추며 달아났다.
② 북곽 선생의 몸에서는 지독한 냄새가 풍겼다.
③ 범은 북곽 선생의 말을 곧이곧대로 받아들였다.
④ 범은 북곽 선생에게 인사도 없이 사라져 버렸다.

18 [A]에 드러난 '북곽 선생'의 태도로 가장 적절한 것은?

① 허세를 부리고 있다.
② 농부를 칭찬하고 있다.
③ 잘못을 자책하고 있다.
④ 범에게 고마워하고 있다.

19 ㉠~㉣ 중 가리키는 대상이 나머지와 <u>다른</u> 것은?

① ㉠　　　　② ㉡
③ ㉢　　　　④ ㉣

[20~22] 다음 글을 읽고 물음에 답하시오.

[A]
┌ 해양 쓰레기의 60에서 80퍼센트는 플라스틱이 차지하고 있다. 플라스틱 쓰레기는 바다를 떠다니다가 잘게 부서져 새와 바다거북, 돌고래와 같은 동물들에게 해를 끼치고 있다. (㉠) 흉물스럽게 버려진 플라스틱 쓰레기는 자연 경관을 해쳐 관광 산업에도 피해를 주며, 선박의 안전도 위협한다. 그뿐만 아니라, 사람의 눈에 잘 보이지 않는 미세 플라스틱은 물고기의 내장이나 싱싱한 굴 속에도 유입되어 우리의 식탁에 오른다. 결국은 우리의 건강까지 위협하는 것이다.
└

지질 시대에 만들어진 석유는 지구가 매우 오랜 기간에 걸쳐 만들어 낸 소중한 자원이다. 하지만 우리는 이 소중한 석유를 겨우 10분가량 사용할 플라스틱으로 만들었다가, 다시 수백 년 동안 분해되지 않는 쓰레기로 만들고 있다. 길바닥에 나뒹구는 쓰레기로, 바다를 떠다니는 해양 쓰레기로, 매립장에 가득 쌓인 쓰레기로 말이다. 지금까지 사람들이

만들어 낸 모든 플라스틱 쓰레기는 썩지 않고 이 지구 어딘가에 존재하고 있다. 그런데도 계속해서 플라스틱을 이렇게 편하게 쓰고 쉽게 버려도 될까? 손이 닿는 곳이면 어디에나 있는 플라스틱을 전혀 사용하지 않고 생활하기는 어렵겠지만, 줄일 수 있다면 줄여 보자. 특히 짧은 시간 사용하고 버리는 일회용 플라스틱 제품은 더더욱 선택하지 말자.

– 박경화, 「플라스틱은 전혀 분해되지 않았다」–

20 윗글에서 알 수 있는 글쓴이의 핵심 주장으로 가장 적절한 것은?

① 일회용품을 많이 사용하자.
② 국내외의 해양 생물을 보호하자.
③ 플라스틱의 생산을 전면 금지하자.
④ 플라스틱 사용을 줄이려고 노력하자.

21 다음은 윗글의 [A]를 정리한 내용이다. ㉮에 들어갈 수 <u>없는</u> 것은?

- 플라스틱 쓰레기로 인한 다양한 문제점
  – 플라스틱 쓰레기는 _____㉮_____

① 쉽게 분해되어 토양을 오염시킨다.
② 자연 경관을 해쳐 관광 산업에 피해를 준다.
③ 바다거북, 돌고래와 같은 동물들에게 해를 끼친다.
④ 해산물에 유입되어 식탁에 올라 인간의 건강을 위협한다.

22 ㉠에 들어갈 말로 가장 적절한 것은?

① 결코
② 또한
③ 그렇지만
④ 왜냐하면

[23～25] 다음 글을 읽고 물음에 답하시오.

소리를 들으면 모양이나 색깔을 보는 사람들이 있어요. 바로 공감각자들이지요. 공감각이란 어떤 하나의 감각이 다른 영역의 감각을 일으키는 것을 말해요.

영국 화가 데이비드 호크니의 그림 〈풍덩〉을 감상하면 공감각을 이해할 수 있습니다. 호크니는 수영장에서 다이빙할 때 들리는 '풍덩' 소리를 그림에 표현했거든요. 귀로 듣는 '풍덩' 소리를 어떻게 눈으로 보게 했을까요? 색채와 기법, 구도 등 여러 요소로 조화를 이루어 그것을 가능하게 했지요.

먼저 (㉠)을/를 살펴볼까요? 수영장의 파란색 물과 다이빙 보드의 노란색이 무척 선명하게 보이는군요. 유화 물감 대신 아크릴 물감을 사용했기 때문이지요. 아크릴 물감은 유화 물감보다 빨리 마르고 색채도 더 선명하고 강렬합니다.

다음은 기법입니다. 물보라가 ㉡ 일어나는 부분만 붓으로 흰색을 거칠게 칠하고 다른 부분은 롤러를 사용해 파란색으로 매끈하게 칠했네요. 선명한 아크릴 물감, 거칠고 매끈한 붓질의 대비가 다이빙할 때의 '풍덩' 소리와 물보라를 강조하고 있지요.

끝으로 구도인데요. 캘리포니아의 집, 수영장의 수평선, 다이빙 보드의 대각선이 야자수 줄기의 수직선과 대비를 이루네요. 거실 유리창에는 맞은편 건물이 비치고요. 한낮의 눈부신 햇살과 무더위, 정적을 나타낸 것이지요.

– 이명옥, 「그림에서 들려오는 소리」–

23 윗글에서 알 수 있는 데이비드 호크니의 그림 〈풍덩〉에 대한 설명으로 적절한 것은?

① 파도가 치는 소리를 그림에 표현했다.
② 유화 물감을 사용하여 색을 선명하게 표현했다.
③ 롤러를 사용해 물보라를 노란색으로 매끈하게 칠했다.
④ 수영장의 수평선이 야자수 줄기의 수직선과 대비를 이룬다.

24 ㉠에 들어갈 단어로 적절한 것은?

① 색채   ② 소리
③ 질감   ④ 향기

25 밑줄 친 부분이 ㉡과 같은 의미로 쓰인 것은?

① 나는 오늘 아침 일찍 일어났다.
② 물에 세제를 풀자 거품이 일어났다.
③ 민수가 외출하기 위해 자리에서 일어났다.
④ 그는 감기에 걸렸지만 금방 털고 일어났다.

제2교시

수 학

정답 및 해설 416p

01 다음은 84를 소인수분해하는 과정을 나타낸 것이다. 84를 소인수분해한 것은?

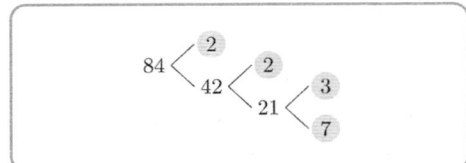

① 3×7
② $2 \times 3 \times 7$
③ $2^2 \times 3 \times 7$
④ $2^3 \times 3 \times 7$

02 다음 중 수의 대소 관계가 옳은 것은?

① $-4 > -3$
② $-\dfrac{1}{2} < \dfrac{5}{2}$
③ $0 > (-3)^2$
④ $5 < 4$

03 그림은 밑변의 길이가 6cm, 높이가 $a$cm인 직각삼각형이다. 이 직각삼각형의 넓이를 문자를 사용하여 나타낸 식으로 옳은 것은?

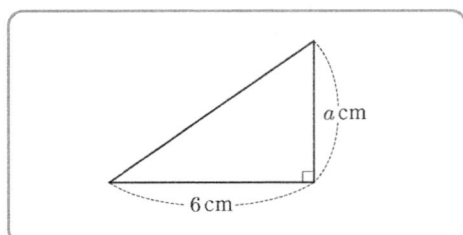

① $\dfrac{(6+a)}{2}$cm^2
② $\dfrac{(6 \times a)}{2}$cm^2
③ $(6+a)$cm^2
④ $(6 \times a)$cm^2

04 일차방정식 $3x-5=3+x$의 해는?

① 1
② 2
③ 3
④ 4

05 다음은 어느 학생이 집에서부터 5km 떨어진 도서관까지 자전거를 타고 가는 동안 시간에 따른 이동 거리를 나타낸 그래프이다. 이 학생이 집을 출발한 후 10분 동안 이동한 거리는?

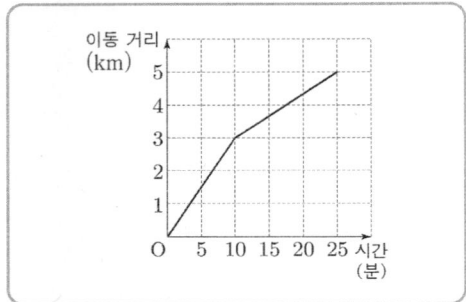

① 1km
② 2km
③ 3km
④ 4km

06 그림과 같이 평행한 두 직선 l, m이 다른 한 직선 n과 만날 때, $\angle x$의 크기는?

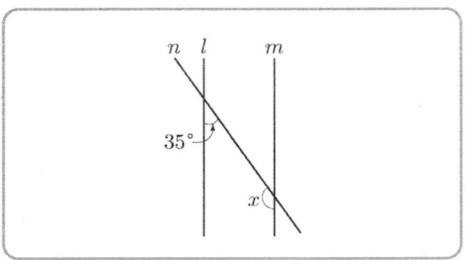

① $135°$
② $140°$
③ $145°$
④ $150°$

07 다음은 어느 반 학생 25명의 통학 시간을 조사하여 나타낸 히스토그램이다. 통학 시간이 30분 미만인 학생 수는?

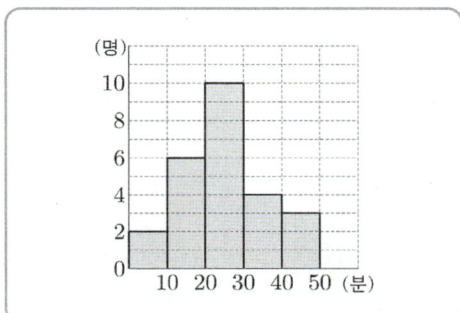

① 18명   ② 19명
③ 20명   ④ 21명

08 분수 $\dfrac{x}{2^2 \times 7}$ 를 유한소수로 나타낼 수 있을 때, x의 값이 될 수 있는 가장 작은 자연수는?

① 1   ② 3
③ 5   ④ 7

09 $(2x^3)^2$을 간단히 한 것은?

① $2x^5$ ② $2x^6$
③ $4x^5$ ④ $4x^6$

10 $(5a-2b)+(2a+3b)$를 간단히 한 것은?

① $7a-b$ ② $7a+b$
③ $8a-b$ ④ $8a+b$

11 일차부등식 $5x-20 \geq 0$의 해를 수직선 위에 나타낸 것은?

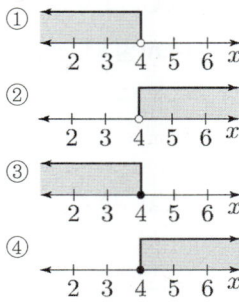

12 그림은 연립방정식 $\begin{cases} x+y=3 \\ 3x-y=1 \end{cases}$ 의 해를 구하기 위하여 두 일차방정식의 그래프를 좌표평면 위에 나타낸 것이다. 이 연립방정식의 해는?

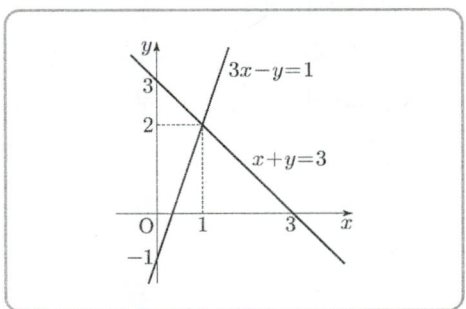

① $x=0,\ y=3$ ② $x=1,\ y=0$
③ $x=1,\ y=2$ ④ $x=2,\ y=1$

13 그림과 같이 삼각형 ABC에서 변 BC에 평행한 직선이 두 변 AB, AC와 만나는 점을 각각 D, E라고 하자. $\overline{AC}=15cm$, $\overline{AD}=4cm$, $\overline{AE}=6cm$일 때, x의 값은?

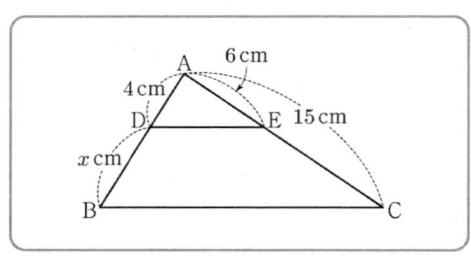

① 6   ② 7
③ 8   ④ 9

14 그림과 같이 1에서 10까지의 자연수가 각각 적힌 공 10개가 들어 있는 주머니가 있다. 이 주머니에서 공 한 개를 꺼낼 때, 4의 배수 또는 6의 배수가 나오는 경우의 수는?

① 1   ② 2
③ 3   ④ 4

15 $7\sqrt{5}-4\sqrt{5}$를 간단히 한 것은?

① $3\sqrt{5}$ ② $4\sqrt{5}$
③ $5\sqrt{5}$ ④ $6\sqrt{5}$

16 이차방정식 $(x-2)(x+5)=0$의 한 근이 -5일 때, 다른 한 근은?

① 1   ② 2
③ 3   ④ 4

17 이차함수 $y=(x-2)^2$의 그래프에 대한 설명으로 옳은 것은?

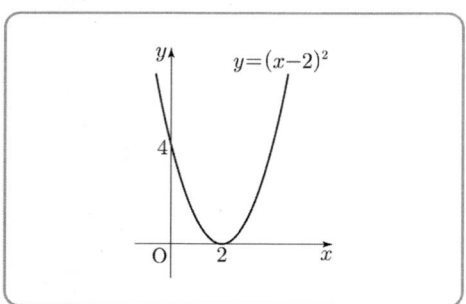

① 위로 볼록하다.
② 점 $(4, 0)$을 지난다.
③ 꼭짓점의 좌표는 $(2, 0)$이다.
④ 직선 $y=2$를 축으로 한다.

18 그림과 같이 직각삼각형 ABC에서 $\overline{AB}=10cm$, $\overline{BC}=6cm$, $\overline{CA}=8cm$ 일 때, $\tan B$의 값은?

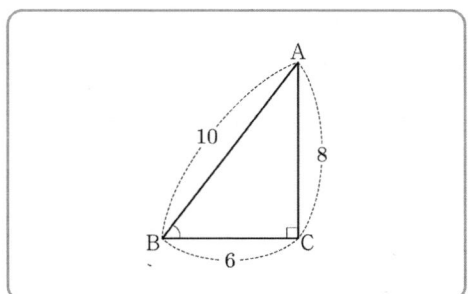

① $\dfrac{3}{5}$ ② $\dfrac{3}{4}$

③ $\dfrac{4}{5}$ ④ $\dfrac{4}{3}$

19 그림과 같이 원 O 위에 서로 다른 네 점 A, B, C, D가 있다. 호 AB에 대한 원주각 $\angle ACB=40°$일 때, $\angle ADB$의 크기는?

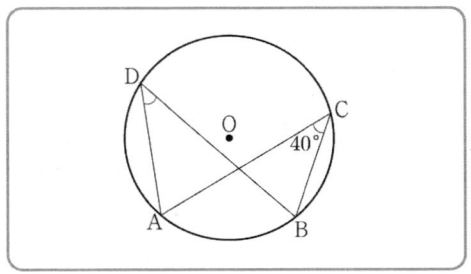

① $40°$ ② $45°$

③ $50°$ ④ $55°$

20 자료는 학생 4명이 주말 동안 봉사 활동에 참여한 시간을 조사하여 나타낸 것이다. 이 자료의 평균은?

(단위: 시간)

(단위 : 시간)

4	5	7	8

① 5시간 ② 6시간

③ 7시간 ④ 8시간

2024년 2회

123

제3교시

영 어

정답 및 해설 418p

01 다음 밑줄 친 단어의 뜻으로 가장 적절한 것은?

> I feel <u>shy</u> when I speak in front of people.

① 고마운   ② 신나는
③ 피곤한   ④ 부끄러운

02 다음 밑줄 친 두 단어의 의미 관계와 <u>다른</u> 것은?

> Don't make a <u>loud</u> noise in our <u>quiet</u> area.

① rich – poor   ② kind – nice
③ clean – dirty   ④ full – empty

[03~04] 다음 빈칸에 들어갈 말로 가장 적절한 것을 고르시오.

03

> There ____ many wonderful places in Korea.

① are   ② be
③ is   ④ was

04

> I called him yesterday, ____ he didn't answer.

① but   ② of
③ to   ④ with

[05~06] 다음 대화의 빈칸에 들어갈 말로 가장 적절한 것을 고르시오.

05

> A : ____ color do you like more, yellow or blue?
> B : I prefer blue to yellow.

① How   ② Where
③ Which   ④ Why

06

> A : What's the matter, John? Are you okay?
> B : I hurt my back when I lifted a box yesterday.
> A : _____.

① That's too bad
② I'm afraid I can't
③ I look forward to it
④ Turn off the water

07 다음 빈칸에 공통으로 들어갈 말로 가장 적절한 것은?

> • Please take a ____ at this picture.
> • He will ____ after my dog when I'm away.

① buy ② look

③ tell ④ wear

08 다음은 Julia의 내일 일정표이다. 내일 오후 8시에 할 일은?

8:00 a.m.	12:00 p.m.	4:00 p.m.	8:00 p.m.
exercise at the gym	have lunch with Mike	go shopping with Mary	do English homework

① 체육관에서 운동하기

② Mike와 점심 먹기

③ Mary와 쇼핑하기

④ 영어 숙제 하기

09 그림으로 보아 빈칸에 들어갈 말로 가장 적절한 것은?

> A : What is the girl doing?
> B : She is ____ a ball.

① buying ② kicking

③ throwing ④ washing

10 다음 대화가 끝난 후 오후에 두 사람이 함께 할 일은?

> A : Are you free this afternoon?
> B : Yeah, why?
> A : I was thinking we could go to the library and study together.
> B : Okay. That sounds like a good plan.

① 집에서 숙제하기

② 서점에서 책 읽기

③ 학교에서 수업 듣기

④ 도서관에서 공부하기

11 다음 대화의 빈칸에 들어갈 말로 가장 적절한 것은?

> A : What should we do for Jane's birthday?
> B : Let's have dinner at her favorite restaurant.
> A : _____.

① He must be tired

② Nice to meet you

③ That's a good idea

④ It's not your fault

12 다음 대화의 주제로 가장 적절한 것은?

> A : Sam, what do you do in your free time?
> B : I like watching movies. What about you?
> A : I enjoy playing the guitar.

① 여가 활동　　② 영화 예매
③ 음악 감상　　④ 여행 계획

13 다음 홍보문을 보고 알 수 <u>없는</u> 것은?

> **Summer Science Camp**
> • Place : National Science Museum
> • Date : August 10th-11th, 2024
> • To sign up, visit www.sciencecamp.org.
>   Meet and learn from real scientists!

① 행사 장소　　② 행사 날짜
③ 참가 인원　　④ 신청 방법

14 다음 방송의 목적으로 가장 적절한 것은?

> Good evening, ladies and gentlemen. The musical is going to start soon. Please turn off your phones. Also, please avoid taking photos during the show. We hope you have a wonderful time!

① 관람 예절 안내　　② 예매 방법 설명
③ 장소 변경 공지　　④ 출연 배우 소개

15 다음 대화에서 A가 동아리 활동에 참여하지 못하는 이유는?

> A : I won't be able to make it to our club meeting today.
> B : Oh no, I'm sorry to hear that. Why not?
> A : I have a bad cold.

① 감기에 걸려서
② 날씨가 너무 추워서
③ 콘서트에 가야 해서
④ 친구와 약속이 있어서

16 다음 Songkran에 대한 설명과 일치하지 <u>않는</u> 것은?

> Songkran, a big festival in Thailand, is held in April. This festival celebrates the traditional Thai New Year. You can enjoy a big water fight at the festival. You can also try traditional Thai food.

① 태국에서 4월에 열리는 큰 축제이다.
② 태국의 전통적인 새해맞이 행사이다.
③ 축제 기간 동안 소싸움을 즐길 수 있다.
④ 태국 전통 음식을 맛볼 수 있다.

17 다음 글에서 Siberian tiger에 대해 언급된 내용이 <u>아닌</u> 것은?

> The Siberian tiger is the biggest cat in the world. It lives in cold places in eastern Russia. It has orange fur with black stripes. It likes to eat big animals like deer. A hungry tiger can eat almost 30 kilograms in one night.

① 서식지   ② 수명
③ 털 무늬   ④ 먹이

18 다음 글에서 Yumi가 제안한 것으로 가장 적절한 것은?

> These days, I often forget things that I need to do. For example, I forgot to bring my soccer uniform today. I asked Yumi for advice. She suggested making a list of things to do. It might be helpful.

① 축구 연습하기
② 운동복 구매하기
③ 전문가와 상담하기
④ 할 일 목록 작성하기

19 그래프로 보아 빈칸에 들어갈 말로 가장 적절한 것은?

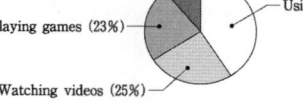

Our Students' Favorite Smartphone Activities

Texting friends (11%)
Playing games (23%)
Watching videos (25%)
Using social media (41%)

> More students at our school like ___ than watching videos on their smart phones.

① using social media
② calling friends
③ playing games
④ texting friends

20 다음 글의 흐름으로 보아 어울리지 <u>않는</u> 문장은?

> My favorite season is summer. ① <u>I love going to the beach and playing in the sand.</u> ② <u>Swimming in the sea feels great.</u> ③ <u>I also enjoy eating ice cream to cool down.</u> ④ <u>Earth's ice is melting fast.</u> Summer is the best time to have fun.

21 다음 글에서 밑줄 친 They가 가리키는 것으로 가장 적절한 것은?

> Imagine you are on the 10th floor. Can you see ants on the street? Of course not. But eagles can. They are great hunters because of their powerful eyes. They can see rabbits up to 3.2 kilometers away.

① ants   ② eagles

③ rabbits   ④ kilometers

22 다음 글에서 동물원 안전 수칙으로 언급되지 않은 것은?

> Zoo Safety Rules:
> • Don't feed the animals.
> • Don't enter any cages.
> • Keep your voice down.

① 먹이 주지 않기

② 사진 찍지 않기

③ 우리에 들어가지 않기

④ 목소리 낮춰 말하기

23 다음 글의 주제로 가장 적절한 것은?

> I'll share some tips on how I reduce my stress. First, I go outside for a walk. When I get some fresh air, I feel better. I also listen to my favorite music. It helps me relax. I hope these tips can help you feel less stressed.

① 올바른 걷기 자세

② 대기 오염의 심각성

③ 클래식 음악의 역사

④ 스트레스를 줄이는 방법

24 다음 글을 쓴 목적으로 가장 적절한 것은?

> I ordered a black cap from your website on July 3rd. But the cap I got is brown, not black. I'm sending the wrong cap back to you. Please return my money when you receive the brown cap.

① 주문하려고   ② 교환하려고

③ 환불을 요청하려고 ④ 분실 신고 하려고

25 다음 글의 바로 뒤에 이어질 내용으로 가장 적절한 것은?

> We can learn many useful things by reading. Reading good books helps us build thinking skills and understand others' feelings. What kinds of books should we read, then? Here is how to choose the right books.

① 다양한 독서 방법

② 잘못된 의사소통 사례

③ 창의적인 사람의 특징

④ 적절한 책을 고르는 방법

제4교시

사 회

정답 및 해설 423p

01 ㉠에 들어갈 내용으로 옳은 것은?

> • 주제 : (㉠) 차이에 따른 인간 생활
> • 사례 : 미국의 실리콘 밸리와 인도는 약 12시간의 시차가 나는데, 이러한 지리적 특성이 인도의 정보 기술 산업 발달에 큰 몫을 하였다. 양쪽의 밤낮이 반대가 되어 작업을 끊임없이 할 수 있기 때문이다.

① 경도   ② 기온
③ 해류   ④ 강수량

02 밑줄 친 ㉠에 해당하는 기후는?

> ○○에게, 오늘도 ㉠이곳은 덥단다.
> 사회 선생님께서 ㉠이곳은 가장 추운 달의 평균 기온이 18℃ 이상이고 연중 덥고 습하다고 하셨어. 하지만 괜찮아! 낮에 쏟아진 스콜이 더위를 식혀 주니까.

① 냉대 기후   ② 한대 기후
③ 지중해성 기후   ④ 열대 우림 기후

03 지도에 표시된 (가) 지역에 대한 설명으로 적절하지 <u>않은</u> 것은?

① 용암 동굴인 만장굴이 있다.
② 화강암 산지인 설악산이 있다.
③ 작은 화산체인 오름이 분포한다.
④ 화산 지형인 성산 일출봉이 있다.

04 ㉠에 들어갈 내용으로 가장 적절한 것은?

> • 건조 기후 지역은 강수량보다 증발량이 많아 (㉠)이/가 부족한 현상이 나타난다.
> • 국제 하천 주변의 일부 국가들은 용수 확보를 위해 (㉠)을/를 둘러싼 갈등을 겪고 있다.

① 슬럼   ② 해식애
③ 현무암   ④ 물 자원

05 다음에서 설명하는 것은?

> 국경을 넘어 제품 기획과 생산, 판매 활동을 하는 기업으로 두 개 이상의 국가에 자회사, 영업소, 생산 공장을 운영함.

① 노동조합　　② 민주주의
③ 석회동굴　　④ 다국적 기업

06 ㉠에 들어갈 검색어로 옳은 것은?

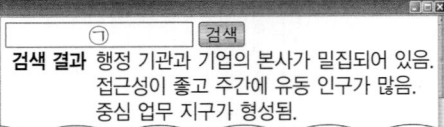

검색 결과 행정 기관과 기업의 본사가 밀집되어 있음. 접근성이 좋고 주간에 유동 인구가 많음. 중심 업무 지구가 형성됨.

① 도심　　② 비무장 지대
③ 개발 제한 구역　　④ 세계 자연 유산

07 다음에서 설명하는 환경 문제는?

> 대기 중에 온실가스의 양이 많아지면서 온실 효과가 과도하게 나타나 지구의 평균 기온이 높아지는 현상

① 인구 공동화　　② 전자 쓰레기
③ 지구 온난화　　④ 해양 쓰레기

08 다음에서 설명하는 지역화 전략은?

> • 사례 : 보성 녹차, 성주 참외, 의성 마늘 등
> • 의미 : 특정 상품을 생산지의 기후와 지형, 토양 등 지역의 자연환경과 독특한 재배 방법으로 생산하고 품질이 우수했을 때 원산지의 지명을 상표권으로 인정하는 제도

① 인플레이션　　② 생태 발자국
③ 지리적 표시제　　④ 기후 변화 협약

09 다음에서 설명하는 개념은?

> • 의미 : 지위나 사회 환경의 변화로 다시 새로운 지식과 기술, 생활 양식 등을 배우는 것
> • 사례 : 직장이 바뀌어서 새로운 지식과 기술을 익히는 것, 우리나라에 이민 온 외국인이 한국 문화를 배우는 것

① 재사회화　　② 귀속 지위
③ 역할 갈등　　④ 지방 자치 제도

10 다음에서 강조하는 문화의 속성은?

> 문화는 선천적으로 타고나는 것이 아니라 후천적으로 배우는 것이다. 한국 사람이 한국어로 말할 수 있는 것은 후천적으로 한국어를 배웠기 때문이다.

① 수익성　　② 안전성
③ 학습성　　④ 희소성

11 ㉠에 들어갈 내용으로 옳은 것은?

> 국회는 국민이 직접 뽑은 대표들로 구성된 국민의 대표 기관이며, (㉠)을 제정·정한다.

① 관습   ② 도덕
③ 법률   ④ 종교 규범

12 민주 선거의 기본 원칙으로 옳지 <u>않은</u> 것은?

① 비밀 선거   ② 제한 선거
③ 직접 선거   ④ 평등 선거

13 다음에서 설명하는 것은?

> • 급을 달리하는 법원에서 여러 번 재판을 받을 수 있도록 하는 제도이다.
> • 우리나라에서는 일반적으로 하나의 사건에 대해 세 번까지 재판을 받을 수 있다.

① 심급 제도
② 선거 공영제
③ 선거구 법정주의
④ 국민 참여 재판 제도

14 표는 라면의 가격에 따른 수요량과 공급량을 나타낸 것이다. 라면의 균형 가격과 균형 거래량은?

가격(원)	1,000	2,000	3,000	4,000
수요량(개)	250	200	150	100
공급량(개)	50	100	150	200

	균형 가격	균형 거래량
①	1,000원	250개
②	2,000원	100개
③	3,000원	150개
④	4,000원	200개

15 다음에서 설명하는 것은?

> 일을 할 수 있는 능력이 있고 일을 하고자 하는 마음도 있지만 일자리가 없어서 일을 하지 못하는 상태

① 신용   ② 실업
③ 환율   ④ 물가 지수

16 '노동 3권' 중 ㉠에 들어갈 내용으로 옳은 것은?

> 헌법 제33조 ① 근로자는 근로 조건의 향상을 위하여 자주적인 단결권·단체 교섭권 및 ㉠ 을 가진다.

① 자유권   ② 평등권
③ 국민 투표권   ④ 단체 행동권

17 다음 유물을 처음으로 제작한 시대의 생활 모습으로 옳지 <u>않은</u> 것은?

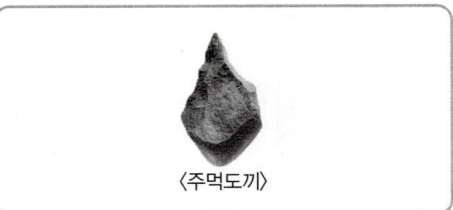
〈주먹도끼〉

① 사냥을 하였다.
② 동굴에서 살았다.
③ 뗀석기를 사용하였다.
④ 철제 농기구를 제작하였다.

18 ㉠에 들어갈 내용으로 옳은 것은?

〈학습 주제 : [㉠]의 전개〉
• 시기 : 조선 순조, 헌종, 철종 3대 60여 년
• 정치 : 일부 유력 가문이 외척의 지위를 이용하여 정치 권력을 독점함.
• 사회 : 삼정의 문란이 심화됨.

① 골품제
② 세도 정치
③ 제가 회의
④ 병참 기지화 정책

19 ㉠에 해당하는 나라는?

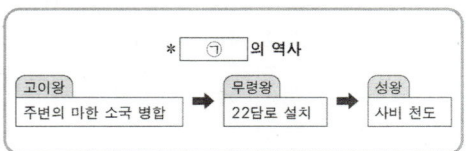
* [㉠]의 역사
고이왕 → 무령왕 → 성왕
주변의 마한 소국 병합 → 22담로 설치 → 사비 천도

① 고려
② 백제
③ 옥저
④ 고조선

20 ㉠에 해당하는 인물은?

(㉠)은/는 옛 고구려 장군 출신으로 고구려 유민과 말갈인 일부를 이끌고 지린성 동모산 근처에 도읍을 정하고 발해를 건국하였다.

① 원효
② 대조영
③ 정약용
④ 흥선 대원군

21 다음에서 설명하는 역사서는?

고려 인종의 명을 받아 김부식이 유교적 입장에서 편찬한 역사서로, 주로 신라, 고구려, 백제에 대한 역사를 기록하고 있다.

① 천마도
② 농사직설
③ 삼국사기
④ 대동여지도

22 ㉠에 들어갈 내용으로 옳은 것은?

〈조선 시대 세종의 업적〉
• 국방 : 4군 6진 개척
• 문화 : 자격루 제작, 훈민정음 창제
• 정치 : 경연의 활성화, (㉠)

① 집현전 설치
② 화랑도 조직
③ 유신 헌법 제정
④ 한국 광복군 창설

23 ㉠에 해당하는 지역은?

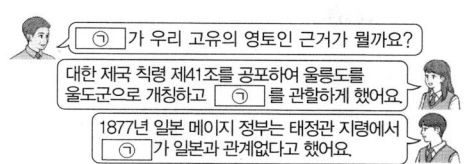

㉠ 가 우리 고유의 영토인 근거가 뭘까요?

대한 제국 칙령 제41조를 공포하여 울릉도를 울도군으로 개칭하고 ㉠ 를 관할하게 했어요.

1877년 일본 메이지 정부는 태정관 지령에서 ㉠ 가 일본과 관계없다고 했어요.

① 독도   ② 강화도

③ 거문도   ④ 제주도

24 ㉠에 해당하는 인물은?

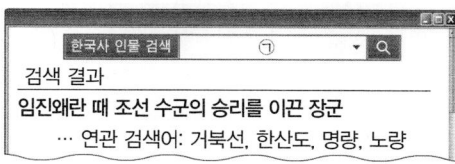

한국사 인물 검색   ㉠   🔍

검색 결과

임진왜란 때 조선 수군의 승리를 이끈 장군

··· 연관 검색어: 거북선, 한산도, 명량, 노량

① 강감찬   ② 김유신

③ 윤봉길   ④ 이순신

25 다음에서 설명하는 사건은?

- 배경 : 3 · 15 부정 선거(1960년)
- 과정 : 학생과 시민들이 전국적인 시위를 전개함.
- 결과 : 이승만이 대통령직에서 물러남.

① 3 · 1 운동

② 4 · 19 혁명

③ 6 · 25 전쟁

④ 광주 학생 항일 운동

제5교시

과 학

정답 및 해설 427p |

01 그림과 같이 수평면에서 물체를 끌어당겨 움직일 때 접촉면에서 물체의 운동 방향과 반대 방향으로 작용하는 힘 A는?

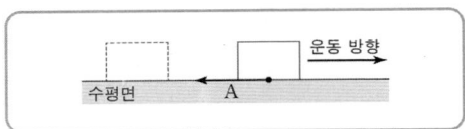

① 부력
② 중력
③ 마찰력
④ 탄성력

02 그림은 횡파의 모습을 나타낸 것이다. ㉠에 해당하는 것은?

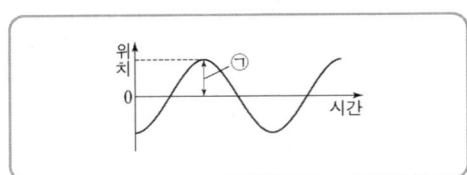

① 주기
② 진폭
③ 파장
④ 진동수

03 표는 니크롬선에 걸리는 전압을 2V씩 높이면서 측정한 전류의 세기를 나타낸 것이다. 이 니크롬선의 저항은? (단, 니크롬선을 제외한 모든 저항은 무시한다.)

전압(V)	2	4	6
전류(A)	1	2	3

① 0.5 Ω
② 1 Ω
③ 2 Ω
④ 4 Ω

04 다음 설명에 해당하는 열의 이동 방법은?

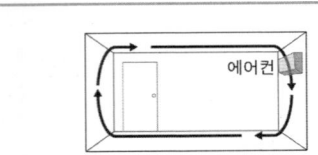

• 에어컨을 켜니 방 전체가 시원해진다.
• 액체나 기체 입자가 직접 이동하여 열을 전달한다.

① 단열
② 대류
③ 복사
④ 전도

05 무게가 20N인 물체를 지면으로부터 5m 높이까지 일정한 속력으로 들어 올렸을 때 중력에 대하여 한 일의 양은? (단, 공기의 저항은 무시한다.)

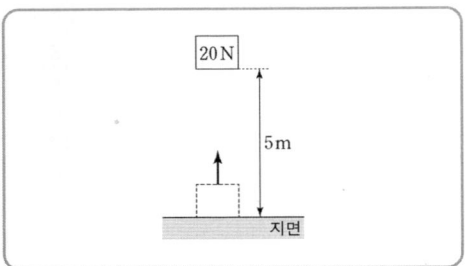

① 25 J
② 50 J
③ 75 J
④ 100 J

06 다음 설명에서 ㉠에 공통으로 해당하는 것은?

> • 물체의 위치 에너지와 운동 에너지의 합을 ㉠ 에너지라고 한다.
> • 공기의 저항이 없으면 자유 낙하하는 물체의 ㉠ 에너지는 일정하다.

① 빛 　　　　　② 열
③ 전기 　　　　④ 역학적

07 그림과 같이 피스톤을 눌러 기체의 부피를 변화시켰을 때 주사기 속 기체의 압력과 입자 사이의 거리 변화로 옳은 것은? (단, 온도는 일정하고 기체의 출입은 없다.)

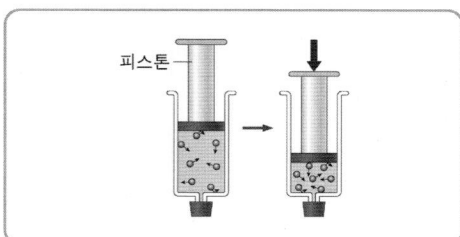

　압력　　　입자 사이의 거리
① 감소　　　변화 없음
② 감소　　　증가
③ 증가　　　변화 없음
④ 증가　　　감소

08 그림의 상태 변화 A~D 중 쇳물이 식어 단단한 철이 되는 현상에 해당하는 것은?

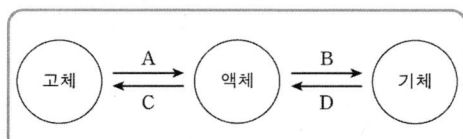

① A 　　　　　② B
③ C 　　　　　④ D

09 다음 설명에서 ㉠에 공통으로 해당하는 것은?

> • ㉠ 은/는 물질을 이루는 기본 성분이다.
> • 일부 금속 ㉠ 은/는 특정한 불꽃 반응 색을 나타낸다.

① 원소 　　　　② 분자
③ 혼합물 　　　④ 화합물

10 표는 물질 A~D의 질량과 부피를 나타낸 것이다. 밀도가 가장 큰 것은?

물질	A	B	C	D
질량(g)	10	20	30	50
부피(mL)	10	10	20	20

① A 　　　　　② B
③ C 　　　　　④ D

11 다음 화학 반응식에서 수소 분자 3개와 질소 분자 1개가 모두 반응할 때 생성되는 암모니아 분자의 개수는?

$$3H_2 + N_2 \rightarrow 2NH_3$$

① 2개 　　　　② 3개
③ 4개 　　　　④ 5개

12 표는 구리가 연소할 때 반응한 구리와 생성된 산화 구리(Ⅱ)의 질량을 나타낸 것이다. ㉠에 해당하는 것은?

구리(g)	4	8	12
산화 구리(Ⅱ)(g)	5	㉠	15

① 8
② 10
③ 12
④ 14

13 다음은 식물의 광합성 과정이다. ㉠에 해당하는 것은?

$$\boxed{㉠} + 물 \xrightarrow{빛에너지} 포도당 + 산소$$

① 녹말
② 수소
③ 질소
④ 이산화 탄소

14 다음 설명에 해당하는 생물계는?

> 다른 생물로부터 양분을 얻는 생물 무리로, 버섯과 곰팡이가 포함된다.

① 균계
② 동물계
③ 식물계
④ 원핵생물계

15 생물을 구성하는 단계 중 ㉠에 공통으로 해당하는 것은?

> • ㉠ 은/는 생명체를 구성하는 기본 단위이다.
> • 모양과 기능이 비슷한 ㉠ 이/가 모여 조직을 이룬다.

① 세포
② 기관
③ 기관계
④ 개체

16 그림의 A~D 중 다음 설명에 해당하는 것은?

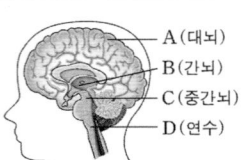

A (대뇌)
B (간뇌)
C (중간뇌)
D (연수)

> • 좌우 두 개의 반구로 이루어져 있다.
> • 기억, 추리, 판단, 학습 등의 정신 활동을 담당한다.

① A
② B
③ C
④ D

17 다음 설명에서 ㉠에 해당하는 것은?

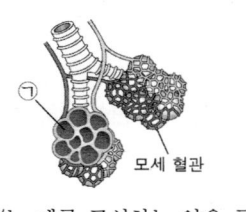

㉠
모세 혈관

> ㉠ 은/는 폐를 구성하는 얇은 공기 주머니로 모세 혈관이 표면을 둘러싸고 있다.

① 융털
② 이자
③ 폐포
④ 네프론

18 그림은 체세포 분열 과정의 일부를 나타낸 것이다. 전기 단계에서 세포 1개 당 염색체 수가 4개일 때, 1개의 딸세포 A의 염색체 수는? (단, 돌연변이는 없다.)

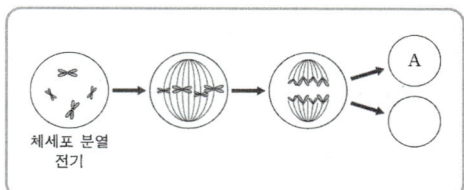

체세포 분열
전기

① 1개   ② 2개
③ 4개   ④ 8개

19 그림은 어느 집안의 특정 형질에 대한 유전자형을 가계도로 나타낸 것이다. ㉠에 해당하는 유전자형은? (단, 돌연변이는 없다.)

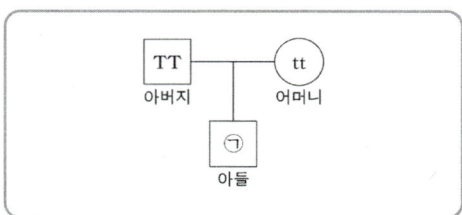

TT   tt
아버지   어머니

㉠
아들

① TT   ② Tt
③ tt   ④ TTtt

20 다음은 지권의 층상 구조에 대한 설명이다. ㉠에 해당하는 것은?

┌─────────────────────────────┐
│ [㉠]은 지구 내부 구조에서 가장 두꺼운 │
│ 층이고 지구 전체 부피의 약 80%를 차지하 │
│ 고 있다. │
└─────────────────────────────┘

① 지각   ② 맨틀
③ 외핵   ④ 내핵

21 다음 현상이 나타나는 원인은?

┌─────────────────────────────┐
│ 어느 날 밤 우리나라 북쪽 하늘을 2시간 동안 │
│ 관찰하였더니 북극성을 중심으로 북두칠성 │
│ 이 시계 반대 방향으로 30° 정도 이동하였다. │
└─────────────────────────────┘

① 달의 공전   ② 달의 자전
③ 지구의 공전   ④ 지구의 자전

22 다음 설명에 해당하는 태양계의 행성은?

┌─────────────────────────────┐
│ • 과거에 물이 흘렀던 흔적이 있다. │
│ • 얼음과 드라이아이스로 된 극관이 있다. │
└─────────────────────────────┘

① 금성   ② 화성
③ 목성   ④ 토성

23 그림은 염분이 35.0psu인 해수 1000g에 녹아 있는 염류의 양을 나타낸 것이다. ㉠에 해당하는 염류는?

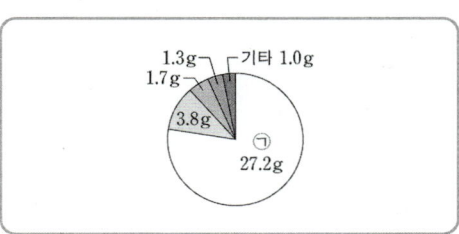

기타 1.0g
1.3g
1.7g
3.8g
㉠
27.2g

① 황산 칼슘   ② 염화 나트륨
③ 염화 마그네슘   ④ 황산 마그네슘

24 그림은 기온에 따른 포화 수증기량 곡선을 나타낸 것이다. 공기 A~D 중 포화 상태인 것을 모두 고른 것은?

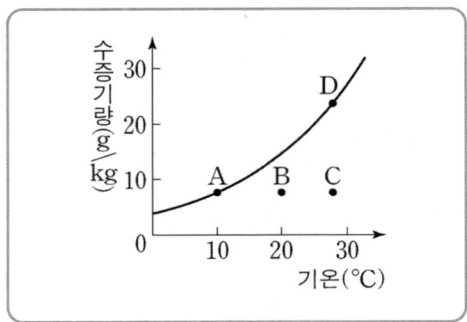

① A, B   ② A, D

③ B, C   ④ C, D

25 표는 별 A~D의 겉보기 등급과 절대 등급을 나타낸 것이다. 지구에서 맨눈으로 보았을 때 가장 밝게 보이는 별은?

별	A	B	C	D
겉보기 등급	−2.0	−1.0	1.0	2.0
절대 등급	1.0	2.0	−2.0	−1.0

① A   ② B

③ C   ④ D

제6교시 선택 과목

도 덕

정답 및 해설 430p |

01 ㉠에 들어갈 용어로 가장 적절한 것은?

(㉠)은/는 옳고 그름을 판단할 수 있는 기준을 제공하고, 옳은 일을 자발적으로 실천할 수 있도록 돕는다.

① 강요　　　　　② 도덕
③ 본능　　　　　④ 욕망

02 다음 대화에서 교사가 사용한 도덕 원리 검사 방법은?

 선생님, 제가 새치기를 한 것은 바쁜 일이 있었기 때문이에요.

 바쁘다고 모든 사람이 새치기를 한다면 어떤 결과가 따르겠니?

학생　　　　교사

① 사실 관계 검사　　② 정보 원천 검사
③ 증거 확인 검사　　④ 보편화 결과 검사

03 행복한 삶을 위한 좋은 습관을 〈보기〉에서 고른 것은?

〈 보기 〉
ㄱ. 시간을 낭비한다.
ㄴ. 독서를 생활화한다.
ㄷ. 사소한 일에도 금방 화를 낸다.
ㄹ. 건강을 위해 꾸준히 운동을 한다.

① ㄱ, ㄴ　　　　② ㄱ, ㄷ
③ ㄴ, ㄹ　　　　④ ㄷ, ㄹ

04 다음에서 인권의 특징에만 '✔'를 표시한 학생은?

특징　　　　　　　　　학생	A	B	C	D
• 인간이라면 누구나 누려야 하는 권리	✔	✔		✔
• 누구도 절대 침해해서는 안 되는 권리	✔		✔	✔
• 인종, 성별에 따라 차별할 수 있는 권리		✔	✔	✔

① A　　　　　　② B
③ C　　　　　　④ D

05 ㉠에 들어갈 대답으로 적절하지 않은 것은?

 바람직한 삶의 목적을 설정할 때 고려할 점은 무엇일까?　　　㉠

① 사회에 도움을 줄 수 있어야 해.
② 그 자체로 의미 있고 옳은 것이어야 해.
③ 돈을 많이 벌 수 있다면 법을 어겨도 돼.
④ 다른 사람에게 고통과 피해를 주지 않아야 해.

06 다음에서 설명하는 폭력의 유형은?

> 수치심을 느끼게 하는 사진, 동영상을 인터넷이나 사회 관계망 서비스(SNS)에 퍼뜨리는 행위

① 절도 ② 약물 중독
③ 신체 폭력 ④ 사이버 폭력

07 도덕 추론 과정에서 ㉠에 들어갈 용어는?

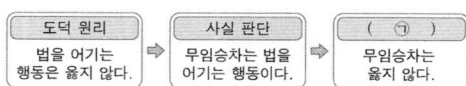

도덕 원리		사실 판단		(㉠)
법을 어기는 행동은 옳지 않다.	→	무임승차는 법을 어기는 행동이다.	→	무임승차는 옳지 않다.

① 가치 갈등 ② 고정 관념
③ 도덕 판단 ④ 이해 조정

08 다음 퀴즈에 대한 정답으로 옳은 것은?

> '그'는 고대 그리스의 철학자로서 우리가 궁극적으로 추구하는 것은 행복이라고 하였습니다. 행복은 도덕적 행동을 습관화할 때 얻을 수 있음을 강조한 이 사상가는 누구일까요?

① 순자 ② 로크
③ 슈바이처 ④ 아리스토텔레스

09 다음에서 설명하는 개념은?

> 친구 사이에서 느끼는 따뜻하고 친밀한 정서적 유대감

① 효 ② 우정
③ 경로 ④ 자애

10 ㉠에 들어갈 내용으로 적절하지 않은 것은?

> **탐구 주제: 세계 시민**
> • 의미 : 지구촌의 문제에 관심을 가지고, 이를 해결하기 위해 적극적으로 노력하는 사람
> • 세계 시민이 갖추어야 할 도덕적 가치: (㉠)

① 인류애 ② 연대 의식
③ 차별 의식 ④ 평화 의식

11 이웃과의 관계에서 필요한 도덕적 자세를 〈보기〉에서 고른 것은?

> ───〈보기〉───
> ㄱ. 서로 대화하고 소통한다.
> ㄴ. 서로 양보하는 자세를 갖는다.
> ㄷ. 갈등이 생기면 자신의 이익만을 내세운다.
> ㄹ. 상호 간에 관심을 갖고 사생활을 침해한다.

① ㄱ, ㄴ ② ㄱ, ㄹ
③ ㄴ, ㄷ ④ ㄷ, ㄹ

12 정보 통신 매체 활용을 위한 덕목으로 적절하지 않은 것은?

① 절제 ② 존중
③ 책임 ④ 해악

13 (가)에 들어갈 인물은?

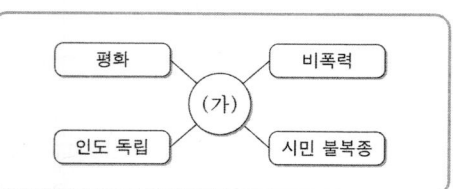

① 간디 ② 공자
③ 노자 ④ 칸트

14 다문화 사회에서의 바람직한 태도로 적절한 것은?

① 우리 문화만을 고집한다.
② 인류의 보편적 가치를 추구한다.
③ 다른 문화에 대해 편견을 갖는다.
④ 문화가 다르다는 이유로 차별한다.

15 ㉠에 들어갈 내용으로 적절하지 <u>않은</u> 것은?

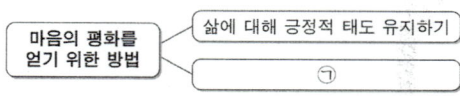

① 미움과 원한 표출하기
② 용서와 사랑 실천하기
③ 감정과 욕구 조절하기
④ 몸과 마음 건강하게 하기

16 교사의 질문에 적절한 대답을 한 학생은?

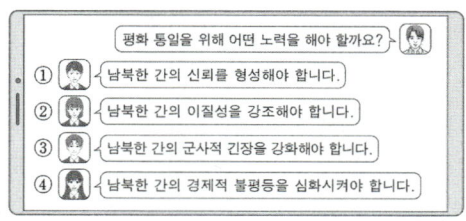

17 평화적 갈등 해결 방법을 〈보기〉에서 고른 것은?

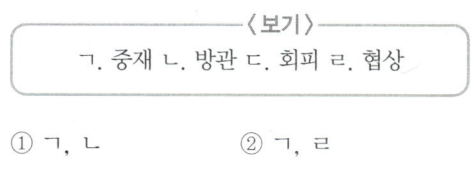

〈보기〉
ㄱ. 중재 ㄴ. 방관 ㄷ. 회피 ㄹ. 협상

① ㄱ, ㄴ
② ㄱ, ㄹ
③ ㄴ, ㄷ
④ ㄷ, ㄹ

18 다음은 서술형 평가 문제와 학생 답안이다. 밑줄 친 ㉠~㉣ 중 적절하지 <u>않은</u> 것은?

문제: 과학 기술의 바람직한 활용 방안을 서술하시오.

〈학생 답안〉
과학 기술을 활용할 때는 ㉠ 인간 존엄성과 인권 향상에 기여해야 하며, ㉡ 무분별한 과학 지상주의를 지양해야 한다. 또한 ㉢ 인간의 복지를 증진하는 방향인지 숙고하며, ㉣ 미래 세대는 제외하고 현재 세대에 미치는 영향만을 고려해야 한다.

① ㉠
② ㉡
③ ㉢
④ ㉣

19 다음에서 설명하는 용어는?

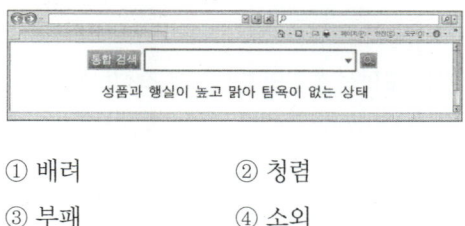

성품과 행실이 높고 맑아 탐욕이 없는 상태

① 배려
② 청렴
③ 부패
④ 소외

20 통일 한국이 추구해야 할 가치에 해당하지 <u>않</u>는 것은?

① 독재
② 민주
③ 자주
④ 정의

21 다음에 해당하는 국제 사회의 문제는?

> 세계 각국은 지구 온난화 방지를 위해 온실
> 가스 배출량을 제한하고, 해로운 쓰레기가
> 국제적으로 이동하는 것을 규제하는 협약을
> 체결했다.

① 빈부 격차   ② 성 상품화
③ 종교 갈등   ④ 환경 파괴

22 (가)에 들어갈 내용으로 적절한 것은?

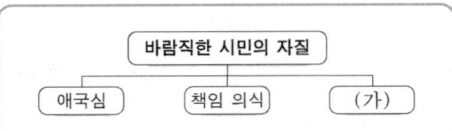

① 무관심   ② 혐오감
③ 참여 의식   ④ 특권 의식

23 도덕적 성찰의 방법으로 적절하지 <u>않은</u> 것은?

① 학생 1   ② 학생 2
③ 학생 3   ④ 학생 4

24 바람직한 국가의 역할로 옳은 것만을 〈보기〉
에서 모두 고른 것은?

> ───〈보기〉───
> ㄱ. 공정한 법과 제도 마련
> ㄴ. 국민의 생명과 재산 보호
> ㄷ. 사회적 차별과 갈등 조장
> ㄹ. 인간다운 삶을 위한 복지 제도 운영

① ㄱ, ㄴ   ② ㄴ, ㄷ
③ ㄷ, ㄹ   ④ ㄱ, ㄴ, ㄹ

25 환경 친화적 삶을 위한 실천 태도로 적절하지
<u>않은</u> 것은?

① 일회용품 사용 줄이기
② 식사 후 음식 많이 남기기
③ 가까운 거리를 이동할 때 걷기
④ 사용하지 않는 전기 플러그 뽑아 두기

2023년도

제1회

제1교시

국 어

정답 및 해설 434p

01 다음 대화에서 ㉠에 담긴 '나윤'의 의도로 적절한 것은?

> 강현 : 나윤아, 다음 주에 학생회에서 자선 바자회 행사를 주최한다고 하는데, 우리 반이 참가할 필요가 있을까?
>
> 나윤 : 응, 바자회 행사의 의의를 생각하면 참가하는 게 좋을 거 같아.
>
> 강현 : 왜 그렇게 생각해? 수익금을 학급비로 쓸 수 있게 해 주는 것도 아니라던데.
>
> 나윤 : 바자회에서 쓰지 않는 물건을 서로 사고팔면, 자원도 재활용되고 저렴한 가격에 물건을 구입해서 좋잖아. 수익금을 학급비로 쓸 수는 없지만 그걸로 불우이웃을 도울 예정이래. ㉠ 그러니 바자회에 참가하는 게 좋지 않겠니?
>
> 강현 : 네 말을 듣고 보니 그렇네. 나도 집에 가서 바자회에 낼 만한 물건을 찾아봐야겠어.

① 감사
② 설득
③ 위로
④ 칭찬

02 다음과 같이 말했을 때, 공감하며 반응한 대화로 가장 적절한 것은?

> 나 이번에 진짜 열심히 공부했는데 시험을 너무 못 봤어. 내 장래 희망을 이루기 위해서는 성적을 올려야 하는데 오히려 떨어졌어. 어떡하지?

① 지나간 시험을 말해서 뭐 하냐? 시험은 끝났으니까 그만 얘기해.

② 그랬구나. 열심히 준비했는데 결과가 좋지 않아서 너무 속상하겠다.

③ 이번 시험 쉬웠는데, 넌 공부를 했는데도 성적이 떨어졌다니 이해가 안 된다.

④ 아이참, 너 때문에 나까지 우울해진다. 나 배고프니까 떡볶이나 먹으러 가자.

03 다음에서 설명하는 언어의 특성에 해당하는 예로 적절하지 <u>않은</u> 것은?

> 언어는 시간의 흐름에 따라 새로 생기거나, 소리나 뜻이 변하거나, 예전에 사용하던 말이 사라지기도 한다.

① '스마트폰'은 새로운 물건이 만들어지면서 새로 생긴 말이다.

② '어리다'는 의미가 '어리석다'에서 '나이가 적다'로 변하였다.

③ '천(千, 1000)'을 뜻하는 고유어 '즈믄'은 현재 거의 쓰이지 않는다.

④ 우리가 '나비[나비]'라고 부르는 곤충을 영어에서는 'butterfly[버터플라이]'라고 부른다.

04 밑줄 친 모음이 사용된 단어는?

> 국어의 모음에는 발음할 때 입술이나 혀가 고정되어 움직이지 않는 단모음과, 입술 모양이나 혀의 위치가 달라지는 <u>이중 모음</u>이 있다.

① 개미   ② 나라
③ 수레   ④ 예의

05 다음 규정에 맞게 발음하지 않은 것은?

> ■ 표준 발음법 ■
> 【제10항】 겹받침 'ㄳ', 'ㄵ', 'ㄼ, ㄽ, ㄾ', 'ㅄ'은 어말 또는 자음 앞에서 각각 [ㄱ, ㄴ, ㄹ, ㅂ]으로 발음한다.

① 넓다[넙따]   ② 앉다[안따]
③ 없다[업따]   ④ 핥다[할따]

06 밑줄 친 품사의 특성으로 적절한 것은?

> • 가을 하늘이 <u>파랗다.</u>
> • 예쁜 동생이 태어났다.
> • 아이들이 <u>즐겁게</u> 뛰놀고 있다.

① 사물의 이름을 나타낸다.
② 대상의 움직임을 나타낸다.
③ 대상의 상태나 성질을 나타낸다.
④ 놀람, 느낌, 부름, 대답을 나타낸다.

07 밑줄 친 부분의 문장 성분이 ㉠과 같은 것은?

> ㉠ <u>하얀</u> 꽃잎이 바닥에 쌓였다.

① 꽃이 <u>활짝</u> 피었다.
② 동생이 <u>우유를</u> 마신다.
③ 소년은 <u>어른이</u> 되었다.
④ 가을은 <u>독서의</u> 계절이다.

08 밑줄 친 부분의 표기가 바른 것은?

① 어서 <u>오십시요.</u>
② 손을 <u>깨끗히</u> 씻자.
③ 나는 <u>몇일</u> 동안 책만 읽었다.
④ 그가 배낭을 <u>메고</u> 공원에 간다.

[09~10] 다음 글을 읽고 물음에 답하시오.

그날은 가만히 있어도 땀이 날 정도로 무척 더웠다. 나는 빨리 집에 들어가 씻고 싶다는 생각뿐이었다. 나는 걸음을 재촉하여 집 근처에 도착했다.

[A] 그런데 골목길 한 구석에서 주인을 잃은 강아지가 나를 애처롭게 바라보고 있었다. 모르는 척 집에 들어 가려고 했지만 문득 떠오른 병아리 '민들레' 때문에 나는 발을 뗄 수 없었다.

초등학교 2학년 때, 어느 따스한 봄날이었다. 학교 앞에서 한 할머니께서 병아리를 ㉠ <u>파는</u> 것을 보았다. 노란 털로 ㉡ <u>덮여</u> 있는 병아리가 정말 귀여웠다. ㉢ 병아리는 아직 다 자라지 않은 어린 닭으로 닭의 새끼를 말한다. 나는 병아리를 키우게 해 달라고 엄마를 졸랐다. 내가 너무 간절했기 때문인지 처음에는 반대하셨던 엄마도 ⓔ 절대 허락해 주셨고, 그렇게 해서 나와 병아리 '민들레'의 인연이 시작되었다.

09 다음은 [A]를 영상으로 만들기 위한 계획이다. ㉮에 들어갈 구성 요소로 알맞은 것은?

번호	장면 그림	구성 요소	내용
S#1		장면 내용	강아지가 소녀를 바라보고 있음.
		배경 음악	잔잔한 분위기의 음악
		㉮	힘없는 강아지 소리

① 대사　　　　　　② 효과음
③ 내레이션　　　　④ 촬영 방법

10 ㉠~ⓔ에 대한 고쳐쓰기 방안으로 적절하지 않은 것은?

① ㉠: 높임 표현이 잘못되었으므로 '파시는' 으로 고친다.

② ㉡: 맞춤법에 어긋나므로 '덮여'로 고친다.

③ ㉢: 글의 통일성을 해치므로 삭제한다.

④ ⓔ: 문장 호응이 맞지 않으므로 '결코'로 바꾼다.

[11~13] 다음 글을 읽고 물음에 답하시오.

11 윗글의 서술상 특징으로 가장 적절한 것은?

"아름아, 뭐 하니?"
어머니가 문 사이로 고개를 디밀었다.
'헉, 깜짝이야.'
나는 짜증을 냈다.
"엄마! 노크!"
어머니는 '아차.' 하다, 도리어 큰소리를 냈다.
"노크는 무슨 노크. 지금 방송 시작하는데, 안 봐?"
"벌써 할 때 됐어요?"
"응, 광고 하고 있어. 빨리 나와."
나도 방송국 웹 사이트에 들어가 예고편을 봤다. 설렘과 어색함, 신기함과 민망함이 섞여 복잡한 마음이 들었지만, 사실 동영상을 보고 제일 먼저 든 생각은 이거였다.
'아, 나는 저거보단 훨씬 괜찮게 생겼는데…….'
카메라에 비친 내 모습이 실제보다 못해 억울하고 섭섭한 거였다. 연예인들도 실제로 보면 두 배는 더 예쁘고 멋지다는데, 아마 이런 경우를 두고 하는 말인 듯했다. 그러니 일반인들은 오죽할까. 더구나 방송 한 번에 이리 심란한 기분이라니, 연예인이 되려면 자기를 보통 좋아하지 않고선 힘들겠구나 싶은 마음도 들었다. 문밖에 선 어머니가 "근데" 하고 덧붙였다.
"왜 그렇게 놀라? 뭐 이상한 거 보고 있었던 거 아냐?"
나는 부루퉁히 꿍얼댔다.
"내가 뭐 아빠 줄 아나……."
어머니가 눈을 동그랗게 뜨고 다그쳤다.
"아빠? 아빠가 그래?"
나는 그렇긴 뭐가 그렇냐며, 곧 나갈 테니 얼른 문 닫으라 핀잔을 줬다. 어머니는 끝까지 의심을 거두지 못한 얼굴로 자리를 떴다. 나는 인터넷 뉴스 창을 닫고, 방송국 홈페이지에 들어가 동영상을 한 번 더 돌려 봤다.
"실제 나이 17세. 신체 나이 80세. 누구보다 빨리 자라, 누구보다 아픈 아이 아름. 각종 합병증에 시달리면서도 웃음을 잃지 않는 아름에게 어느 날

시련이 닥쳐오는데…….”

다시 봐도 낯선 영상이었다. 17. 80. 합병증. 웃음…….

하나하나 짚어 보면 다 맞는 말인데, 그게 그렇게 알뜰하게 배열된 걸 보니 사실이 사실 같지 않았다.

‘괜히 하자고 한 걸까?’

막상 완성된 영상이 전파를 타고 전국에 송출될 생각을 하니 걱정스러웠다. 내가 모르는 이들에게 나를 보여 준다는 게 언짢기도 했다. 정확한 건 본방송이 끝난 후에 알게 될 터였다.

– 김애란, 「두근두근 내 인생」 –

① 이야기의 진행에 따라 서술자가 달라진다.
② 서술자가 모든 인물의 속마음을 알고 있다.
③ 서술자인 ‘나’가 자신의 생각을 직접 이야기한다.
④ 작품 밖 서술자가 인물의 행동을 관찰하고 있다.

12 ‘아름’의 심리에 대한 설명으로 적절하지 <u>않은</u> 것은?

① 노크하지 않은 엄마에게 짜증이 났다.
② 방송 예고편을 보고 마음이 복잡했다.
③ 영상 속 자신의 모습을 보고 만족했다.
④ 모르는 사람들이 자신을 볼 것이 언짢았다.

13 다음 감상에 대한 설명으로 가장 적절한 것은?

> 나는 본방송을 앞둔 아름이의 마음이 이해돼. 왜냐하면 나도 퀴즈 프로그램에 출연한 적이 있었거든. 방송 시작 전까지 긴장되기도 하고 설레기도 했어.

① 중심 소재의 상징적 의미를 찾았다.
② 작품의 사회·문화적 배경을 분석했다.
③ 작품에 나타나는 중심 갈등을 파악했다.
④ 자신의 경험을 바탕으로 인물에게 공감했다.

[14~16] 다음 글을 읽고 물음에 답하시오.

> [A] ┌ 길이 끝나는 곳에서도
> └ 길이 있다
> 길이 끝나는 곳에서도
> 길이 되는 사람이 있다
> ㉠ 스스로 봄 길이 되어
> 끝없이 걸어가는 사람이 있다
> ㉡ 강물은 흐르다가 멈추고
> ㉢ 새들은 날아가 돌아오지 않고
> ㉣ 하늘과 땅 사이의 모든 꽃잎은 흩어져도
> 보라
> 사랑이 끝난 곳에서도
> 사랑으로 남아 있는 사람이 있다
> 스스로 사랑이 되어
> 한없이 봄 길을 걸어가는 사람이 있다
>
> – 정호승, 「봄 길」 –

14 윗글에 대한 설명으로 적절하지 <u>않은</u> 것은?

① 색채 대비를 통해 선명한 이미지를 제시한다.

② 현실 상황을 여러 자연물에 빗대어 표현한다.

③ 비슷한 문장 구조를 반복하여 의미를 강조한다.

④ 단정적인 어조를 통해 화자의 강한 믿음을 드러낸다.

15 ㉠~㉣ 중 함축적 의미가 <u>다른</u> 것은?

① ㉠　　　　　② ㉡

③ ㉢　　　　　④ ㉣

16 다음을 참고할 때, [A]와 같은 표현이 쓰인 것은?

> 시에서 역설이란 겉으로는 뜻이 모순되고 이치에 맞지 않는 것 같지만, 그 속에 진리를 담고 있는 표현을 말한다.

① 이것은 소리 없는 아우성

② 돌담에 속삭이는 햇발같이

③ 나는 나룻배 / 당신은 행인

④ 젖지 않고 가는 삶이 어디 있으랴

[17~19] 다음 글을 읽고 물음에 답하시오.

　　허생은 집에 비가 새고 바람이 드는 것도 아랑곳하지 않고 글 읽기만 좋아하였다. 그래서 아내가 삯바느질을 해서 그날그날 겨우 입에 풀칠을 하는 처지였다.

　　어느 날 허생의 아내가 배고픈 것을 참다못해 훌쩍훌쩍 울며 푸념을 하였다.

　　"당신은 평생 과거도 보러 가지 않으면서 대체 글은 읽어 뭘 하시렵니까?"

　　그러나 허생은 아무렇지도 않게 껄껄 웃으며 말하였다.

　　"내가 아직 글이 서툴러 그렇소."

　　"그럼 공장이[1] 노릇도 못 한단 말입니까?"

　　"배우지 않은 공장이 노릇을 어떻게 한단 말이오?"

　　"그러면 장사치 노릇이라도 하시지요."

　　"가진 밑천이 없는데 장사치 노릇을 어떻게 한단 말이오?"

　　그러자 아내가 왈칵 역정[2]을 내었다.

[A]
> "당신은 밤낮 글만 읽더니, 겨우 '어떻게 한단 말이오.' 소리만 배웠나 보구려. 공장이 노릇도 못 한다, 장사치 노릇도 못 한다, 그럼 하다못해 도둑질이라도 해야 할 것 아니오?"

　　허생이 이 말을 듣고 책장을 덮어 치우고 벌떡 일어났다.

　　"아깝구나! 내가 애초에 글을 읽기 시작할 때 꼭 십 년을 채우려 했는데, 이제 겨우 칠 년밖에 안 되었으니 어쩔거나!"

[중간 줄거리] 허생은 아내의 성화에 집을 나와, 서울에서 가장 부자라는 변 씨를 찾아가 만 냥을 빌렸다. 그리고는 여러 지역으로 이동하는 길목이 있는 안성으로 가서 과일을 몽땅 사들이기 시작했다.

　　얼마 안 가서 나라 안의 과일이란 과일은 모두 동이 나버렸다. 잔치나 제사를 지내려고 해도 과일이 없으니 상을 제대로 차릴 수가 없었다. 이렇게 되니, 과일 장수들은 너나 없이 허생한테 몰려와서 제발 과일 좀 팔라고 통사정을 하였다.

결국 허생은 처음 값의 열 배를 받고 과일을 되팔았다.

"허허, 겨우 만 냥으로 나라의 경제를 흔들어 놓았으니, ㉠ 이 나라 형편이 어떤지 알 만하구나."

– 박지원, 「허생전」 –

1) 공장이 : 예전에 물건 만드는 것을 직업으로 하던 사람.
2) 역정 : 몹시 언짢거나 못마땅하여 내는 화.

17 윗글에서 '허생'에 대한 설명으로 적절하지 <u>않은</u> 것은?

① 집안일에 무관심했다.
② 해마다 과거 시험에 떨어졌다.
③ 계획했던 글공부를 마치지 못했다.
④ 과일을 독점 판매하여 이익을 얻었다.

18 [A]에서 '아내'가 '허생'에게 역정을 내는 이유로 가장 적절한 것은?

① 장사를 하겠다고 해서
② 돈을 벌어 오지 않아서
③ '아내'의 무능함을 비난해서
④ 글공부를 열심히 하지 않아서

19 ㉠의 의미로 가장 적절한 것은?

① 예의범절이 무너지고 있구나.
② 신분 질서가 흔들리고 있구나.
③ 나라의 경제 구조가 취약하구나.
④ 관리들의 부정부패가 심각하구나.

[20~22] 다음 글을 읽고 물음에 답하시오.

중국 신장의 요구르트, 스페인 랑하론의 하몬, 우리나라 구례 양동 마을의 된장. 이 음식들의 공통점은 무엇일까? 이것들은 모두 발효 식품으로, 세계의 장수 마을을 다룬 어느 방송에서 각 마을의 장수 비결로 꼽은 음식들이다.

발효 식품은 건강식품으로 널리 알려져 있다. 또한 다양한 발효 식품이 특유의 맛과 향으로 사람들의 입맛을 사로잡고 있다. 앞에서 소개한 요구르트, 하몬, 된장을 비롯하여 달콤하고 고소한 향으로 우리를 유혹하는 빵, 빵과 환상의 궁합을 자랑하는 치즈 등을 그 예로 들 수 있다. 이렇게 몸에도 좋고 맛도 좋은 식품을 만들어 내는 발효란 무엇일까? 그리고 발효 식품은 왜 건강에 좋을까? 먼저 발효의 개념을 알아보고, 우리나라의 전통 발효 식품을 중심으로 발효 식품의 우수성을 자세히 알아보자.

발효란 곰팡이나 효모와 같은 미생물이 탄수화물, 단백질 등을 분해하는 과정을 말한다. 미생물이 유기물에 작용하여 물질의 성질을 바꾸어 놓는다는 점에서 발효는 부패와 비슷하다. 하지만 ㉠ 발효는 우리에게 유용한 물질을 만드는 반면에, 부패는 우리에게 해로운 물질을 만들어 낸다는 점에서 차이가 있다. 그래서 발효된 물질은 사람이 안전하게 먹을 수 있지만, 부패한 물질은 식중독을 일으킬 수 있어서 함부로 먹을 수 없다.

[㉡   ], 발효를 거쳐 만들어지는 전통 음식에는 무엇이 있을까? 가장 대표적인 전통 음식으로 김치를 꼽을 수 있다. 김치는 채소를 오랫동안 저장해 놓고 먹기 위해 조상들이 생각해 낸 음식이다. 김치는 우리가 채소의 영양분을 계절에 상관없이 섭취할 수 있도록 해 주고, 발효 과정에서 더해진 좋은 성분으로 우리의 건강을 지키는 데도 도움을 준다.

– 진소영, 「맛있는 과학 44–음식 속의 과학」 –

20 윗글에서 설명하는 중심 내용으로 가장 적절한 것은?

① 김치 담그는 방법

② 발효 식품의 우수성

③ 식중독 예방의 중요성

④ 여러 나라의 장수 비결

21 ㉠에 사용된 설명 방법으로 적절한 것은?

① 과정   ② 대조

③ 예시   ④ 정의

22 이어질 내용을 고려할 때, ㉡에 들어갈 말로 적절한 것은?

① 그래도   ② 그러나

③ 그렇다면   ④ 왜냐하면

[23~25] 다음 글을 읽고 물음에 답하시오.

더위는 우리가 근본적인 고민을 하도록 만든다. 당장의 더위를 해결하지 않는 이상 그 어떤 것도 중요하지 않음을 몸소 경험함으로써 우리는 알게 모르게 이 시대의 문제를 마주하게 된다. 그렇다. 기후 변화는 현대의 큰 문제이다. 모든 이의 피부에 와 닿는 가장 심각한 전 지구적 문제, 나와 무관하다며 모든 것을 무시해 버려도 끝내 외면할 수 없는 생존의 문제이다.

국제 생태 발자국 네트워크(GFN)라는 단체가 운영하는 '지구 생태 용량 과용의 날'이라는 것이 있다. 지구의 일 년 치 자원을 12월 31일에 다 쓰는 것으로 가정하고 실제로 자원이 모두 소모되는 날을 측정하는 것이다. 이 날이 2015년에는 8월 13일이었는데 2016년에는 8월 8일로 5일 앞당겨졌다. 또한 우리가 현재처럼 자원을 소비하면서 자원을 지속적으로 사용할 수 있는 상태를 유지하기 위해서는 지구가 3.3개 필요하다고 한다. 한마디로 [㉠]고 할 수 있다.

그런데도 우리는 더위 앞에서 에너지 사용량을 줄이는 데까지 생각이 미치지 못한다. ㉡ 더위에 대응하는 근본적인 대책에 관해 우리 모두 관심이 적다. 우리 모두가 이렇게 위험성을 인식하지 못하고 있는 사실이 이 더위보다 충격적이라 할 수 있다. 지금부터라도 기후 변화가 중요한 문제임을 인식하고 자원을 아껴 사용해야 할 것이다. 그리고 지속적으로 발전할 수 있는 녹색 성장을 준비해야 할 것이다.

– 김산하, 『김산하의 야생 학교』 –

23 위와 같은 글을 읽는 방법으로 가장 적절한 것은?

① 육하원칙에 따라 사건을 요약한다.

② 등장인물 간의 갈등 원인을 찾아본다.

③ 주장과 근거를 중심으로 내용을 파악한다.

④ 시간의 흐름에 따른 대상의 변화를 정리한다.

24 글의 맥락을 고려할 때, ㉠에 들어갈 내용으로 가장 적절한 것은?

① 미세 먼지로 대기 오염이 심하다

② 에너지의 사용량과 그 증가량이 심하다

③ 오랜 가뭄으로 물 부족 문제가 심각하다

④ 해양 오염으로 동물들의 생존 문제가 심각하다

25 ㉡에 해당하는 글쓴이의 생각으로 적절하지 않은 것은?

① 더위에 익숙해지도록 한다.

② 지구의 자원을 아껴 사용한다.

③ 기후 변화의 위험성을 인식한다.

④ 지속 가능한 녹색 성장을 준비한다.

제2교시

수 학

정답 및 해설 437p |

01 다음은 54를 소인수분해하는 과정을 나타낸 것이다. 54를 소인수분해한 것은?

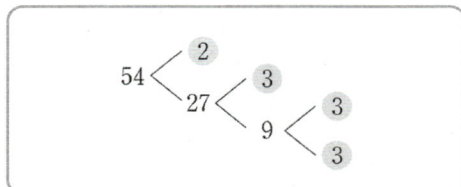

① 2×3^2
② $2^2 \times 3^2$
③ 2×3^3
④ $2^2 \times 3^3$

02 다음 수를 작은 수부터 차례대로 나열할 때, 넷째 수는?

$$3, \quad -7, \quad \frac{1}{2}, \quad -1, \quad 1$$

① -1
② $\frac{1}{2}$
③ 1
④ 3

03 $a=2$일 때, $3a+1$의 값은?

① 3
② 5
③ 7
④ 9

04 일차방정식 $4x-4=x+2$의 해는?

① 1
② 2
③ 3
④ 4

05 순서쌍 $(2, -3)$을 좌표평면 위에 나타낸 점은?

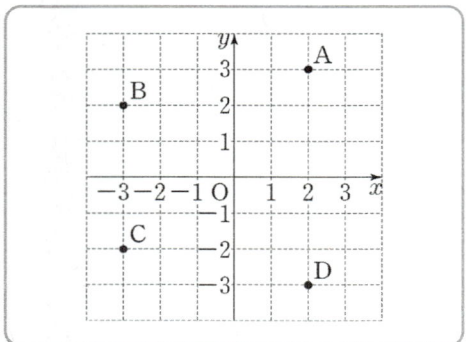

① A
② B
③ C
④ D

06 그림과 같이 평행한 두 직선 l, m이 다른 한 직선 n과 만날 때, $\angle x$의 크기는?

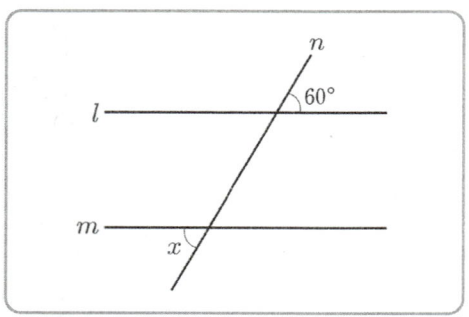

① $30°$
② $40°$
③ $50°$
④ $60°$

07 다음은 학생 20명을 대상으로 1분 동안의 윗몸 일으키기 기록을 줄기와 잎 그림으로 나타낸 것이다. 윗몸 일으키기 기록이 40회 이상인 학생의 수는?

윗몸 일으키기 기록

(1|2는 12회)

줄기	잎
1	2 4 6
2	1 2 5 5 6 7
3	2 3 3 7
4	5 7 9 9
5	3 6 9

① 4   ② 5
③ 6   ④ 7

08 순환소수 $0.\dot{5}$를 기약분수로 나타낸 것은?

① $\dfrac{1}{3}$ ② $\dfrac{4}{9}$

③ $\dfrac{5}{9}$ ④ $\dfrac{2}{3}$

09 $a^2 \times a^2 \times a^3$을 간단히 한 것은?

① a^7 ② a^8
③ a^9 ④ a^{10}

10 다음 문장을 부등식으로 옳게 나타낸 것은?

> 한 권에 700원인 공책 x권의 가격은 3500원 이상이다.

① $700x \geq 3500$ ② $700x > 3500$
③ $700x \leq 3500$ ④ $700x < 3500$

11 그림은 일차함수 $y = 2x + k$의 그래프이다. 상수 k의 값은?

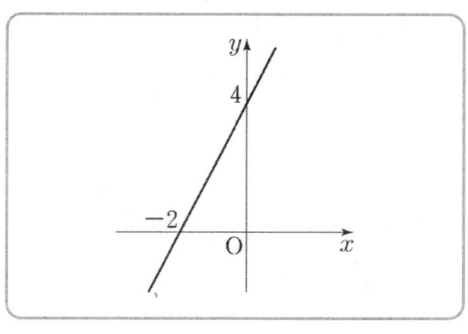

① 2   ② 3
③ 4   ④ 5

12 그림과 같이 $\overline{AB} = \overline{AC}$인 이등변삼각형 ABC에서 ∠A의 이등분선과 $\overline{BC}$의 교점을 D라고 하자. $\overline{BC} = 10\text{cm}$일 때, $\overline{BD}$의 길이는?

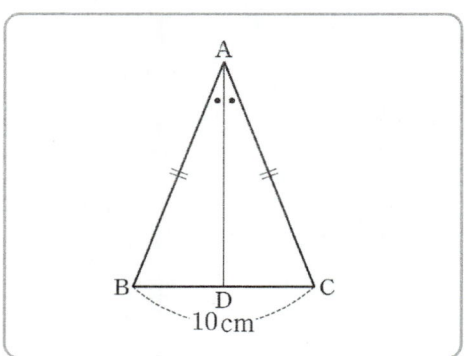

① 4cm   ② 5cm
③ 6cm   ④ 7cm

13 그림에서 두 원기둥 A와 B는 서로 닮음이고 밑면의 반지름의 길이가 각각 **2cm**, **3cm**이다. 원기둥 A의 높이가 **4cm**일 때, 원기둥 **B**의 높이는?

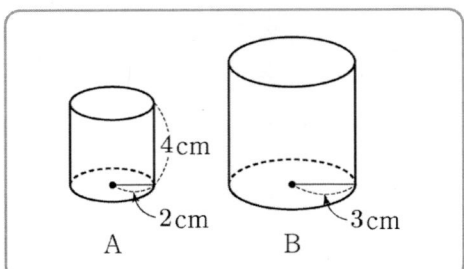

① 6cm ② 6.5cm
③ 7cm ④ 7.5cm

14 그림과 같이 **1**에서 **10**까지의 자연수가 각각 적힌 공 **10**개가 들어 있는 주머니가 있다. 이 주머니에서 공 한 개를 꺼낼 때, 짝수가 적힌 공이 나올 확률은?

① $\dfrac{1}{5}$ ② $\dfrac{3}{10}$
③ $\dfrac{2}{5}$ ④ $\dfrac{1}{2}$

15 $\sqrt{8}=a\sqrt{2}$일 때, a의 값은?

① 1 ② 2
③ 3 ④ 4

16 이차방정식 $x^2-5x+6=0$의 한 근이 2이다. 다른 한 근은?

① 3 ② 4
③ 5 ④ 6

17 이차함수 $y=-(x-1)^2+1$의 그래프에 대한 설명으로 옳은 것은?

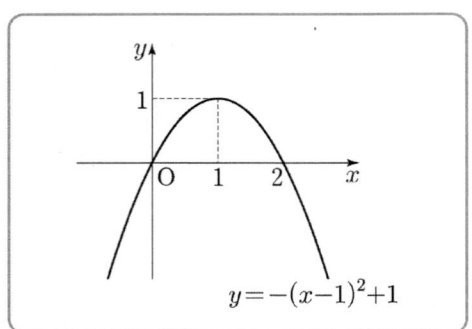

① 아래로 볼록하다.
② 점 (0, 2)를 지난다.
③ 직선 $x=0$을 축으로 한다.
④ 꼭짓점의 좌표는 (1, 1)이다.

18 직각삼각형 ABC에서 $\overline{AB}=5$, $\overline{BC}=4$, $\overline{AC}=3$일 때, $\tan B$의 값은?

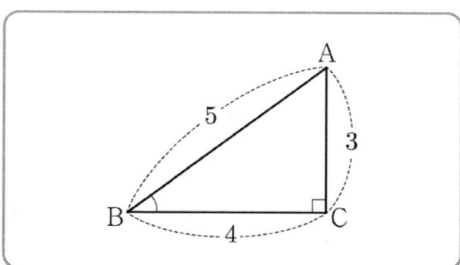

① $\dfrac{3}{5}$　　　　② $\dfrac{3}{4}$

③ $\dfrac{4}{5}$　　　　④ $\dfrac{4}{3}$

19 그림과 같이 원 O에서 호 AB에 대한 중심각 $\angle AOB=80°$일 때, 호 AB에 대한 원주각 $\angle APB$의 크기는?

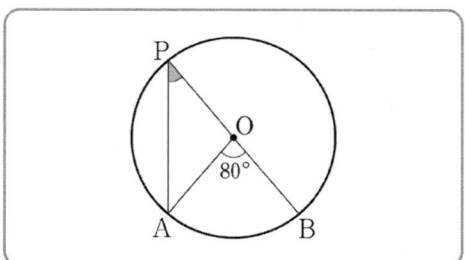

① $30°$　　　　② $40°$

③ $50°$　　　　④ $60°$

20 다음 자료는 학생 5명이 방학 동안 읽은 책의 권수를 조사하여 나타낸 것이다. 이 자료의 중앙값은?

(단위 : 권)

3	0	3	1	2

① 0　　　　② 1

③ 2　　　　④ 3

영 어

정답 및 해설 439p

01 다음 밑줄 친 단어의 뜻으로 가장 적절한 것은?

> My sister is really <u>funny</u>. She makes me laugh a lot.

① 슬픈   ② 게으른
③ 수줍은   ④ 재미있는

02 다음 중 두 단어의 의미 관계가 나머지 셋과 다른 것은?

① pass — fail   ② sit — stand
③ say — tell   ④ begin — end

[03~04] 다음 빈칸에 들어갈 말로 가장 적절한 것을 고르시오.

03

> Mr. Kim _____ my Korean teacher last year.

① is   ② are
③ was   ④ were

04

> It was raining, _____ I took my umbrella.

① if   ② or
③ so   ④ for

[05~06] 다음 대화의 빈칸에 들어갈 말로 가장 적절한 것을 고르시오.

05

> A : _____ were you late for school?
> B : Because I missed the bus.

① Why   ② What
③ When   ④ Where

06

> A : I am not feeling well. I think I have a cold.
> B : _____.

① That's too bad
② Yes, I'd love to
③ You're welcome
④ Thank you for your help

07 다음 빈칸에 공통으로 들어갈 말로 가장 적절한 것은?

- Some shops _____ on Sundays.
- My school is very _____ to the post office.

① free

② next

③ close

④ among

08 다음 대화에서 A가 찾아가려는 곳의 위치로 옳은 것은?

A : Excuse me, how can I get to the library?

B : Go straight two blocks and turn right. It's on your left.

A : Thank you.

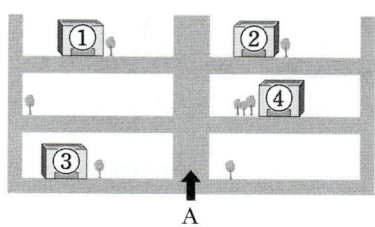

09 그림으로 보아 빈칸에 들어갈 말로 가장 적절한 것은?

A : What is the boy doing?

B : He is _____ a picture.

① buying

② taking

③ sitting

④ playing

10 다음 대화에서 두 사람이 할 운동으로 가장 적절한 것은?

A : What are you going to do on sports day?

B : I am going to play soccer.

A : Me, too. I'm really looking forward to it.

B : Good luck. Let's do our best.

① 농구

② 수영

③ 야구

④ 축구

11 다음 대화의 빈칸에 들어갈 말로 가장 적절한 것은?

A : Are you happy with your school uniform, Jane?

B : _____.

A : Why not?

B : I don't like the color.

① Yes, I really like it

② I'm really happy for you

③ No, I'm not very happy with it

④ You should bring your own lunch

12 다음 대화의 주제로 가장 적절한 것은?

> A : My father's birthday is coming. What should I get for him?
> B : How about a nice tie?
> A : That sounds good. I think he needs one.

① 생일 선물　　② 시험 성적
③ 여가 활동　　④ 여행 계획

13 다음 홍보문을 보고 알 수 <u>없는</u> 것은?

> **City Library Book Camp**
> **Date** : May 6th (Saturday), 2023
> **Time** : 9:00 a.m. - 11:00 a.m.
> **Place** : City Library
> **Activities** :
> 　- Talking about books
> 　- Meeting authors

① 참가 인원　　② 행사 일시
③ 행사 장소　　④ 활동 내용

14 다음 방송의 목적으로 가장 적절한 것은?

> Good morning, everyone. I would like to give you some safety tips in case of a fire. Make sure you cover your mouth with a wet cloth. Also, use stairs instead of elevators.

① 기상 악화 예보
② 일정 변경 공지
③ 건물 내 시설 소개
④ 화재 안전 수칙 안내

15 다음 대화에서 회의 시간을 바꾸려는 이유는?

> A : We need to change the time for tomorrow's meeting. It's too early.
> B : I agree. How about 10 a.m.?
> A : That's much better.

① 늦게 도착해서
② 교통 체증이 심해서
③ 회의 시간이 길어서
④ 너무 이른 시간이어서

16 cookie cup에 관한 다음 글의 내용과 일치하지 <u>않는</u> 것은?

> Here's an eco-friendly item! It's a cookie cup. It is a cookie made in the shape of a cup. After using the cup, you can just eat it instead of throwing it away. By doing this, you can make less trash.

① 친환경 제품이다.
② 유리로 만든다.
③ 먹을 수 있다.
④ 쓰레기를 줄일 수 있다.

17 다음 글의 흐름으로 보아 어울리지 <u>않는</u> 문장은?

> I want to win the school singing contest. ⓐ <u>I love singing.</u> ⓑ <u>And I think I have a good voice.</u> ⓒ <u>I'm a really poor tennis player.</u> ⓓ <u>However, I am too shy to sing in front of many people.</u> How can I feel more comfortable singing on stage?

① ⓐ ② ⓑ

③ ⓒ ④ ⓓ

18 다음 글에서 Gina가 제안한 것으로 가장 적절한 것은?

> Gina and I saw a little dog on our way to school. The dog seemed to have a broken leg, and we were worried about it. Gina suggested that we take it to an animal doctor.

① 아침 일찍 일어나기

② 개를 공원에서 산책시키기

③ 친구와 함께 공부하기

④ 개를 수의사에게 데려가기

19 그래프로 보아 빈칸에 들어갈 말로 가장 적절한 것은?

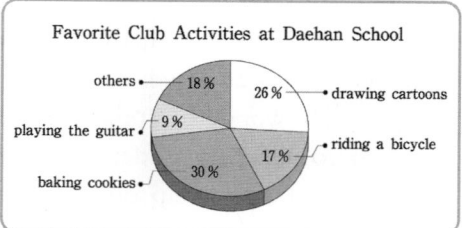

Favorite Club Activities at Daehan School

> The most popular club activity among the students at Daehan school is _____.

① drawing cartoons

② riding a bicycle

③ baking cookies

④ playing the guitar

20 다음 글에서 David에 대해 언급된 내용이 <u>아닌</u> 것은?

> My name is David. I am good at painting. I want to be a famous artist like Vincent Van Gogh. My favorite painting is *The Starry Night*. Please visit my blog and check out my artwork.

① 잘하는 것 ② 출신 학교

③ 장래 희망 ④ 가장 좋아하는 그림

21 다음 밑줄 친 It이 가리키는 것으로 가장 적절한 것은?

> Bees are very helpful to humans. First, bees give us honey. Honey is a truly wonderful food. <u>It</u> is good for our health and tastes good. Second, bees help produce many fruits like apples and peaches.

① bird　　　　② honey

③ apple　　　　④ peach

22 수업 규칙으로 언급되지 <u>않은</u> 것은?

>
> **Class Rules**
> - Help each other.
> - Take notes in class.
> - Bring your textbooks.

① 활동 시간 지키기　② 서로 도와주기

③ 수업 중 필기하기　④ 교과서 가져오기

23 다음 글의 주제로 가장 적절한 것은?

> Today, I will talk about what makes a good leader. First, a good leader is friendly and easy to talk to. Second, a good leader gives advice to people. Lastly, a good leader listens to others carefully.

① 조언의 필요성

② 좋은 리더의 특징

③ 아침 식사의 중요성

④ 운동을 해야 하는 이유

24 다음 편지의 목적으로 가장 적절한 것은?

> Thank you for inviting me to your home last Friday. I had a really good time and the food was great. The bulgogi was very delicious. Also, thank you for showing me how to cook tteokbokki.

① 감사　　　　② 거절

③ 불평　　　　④ 사과

25 다음 글의 바로 뒤에 이어질 내용으로 가장 적절한 것은?

> Smartphones can cause some health problems. One problem is dry eyes because we don't often blink when using smartphones. Another problem is neck pain. Looking down at one can cause neck pain. Here are some tips to solve these problems.

① 스마트폰 요금제를 선택하는 방법

② 스마트폰 종류별 특징과 수리 방법

③ 스마트폰을 저렴하게 구입하는 다양한 방법

④ 스마트폰 사용으로 인한 건강 문제 해결 방법

제4교시

사 회

정답 및 해설 443p

01 ㉠에 들어갈 내용으로 옳은 것은?

> ㉠ 는 적도를 기준으로 북쪽으로 북위 0°~90°, 남쪽으로 남위 0°~90°로 나타냅니다.

① 경도
② 위도
③ 랜드마크
④ 도로명 주소

02 ㉠에 들어갈 기후로 옳은 것은?

> • 건조 기후는 연 강수량을 기준으로 ㉠ 와 스텝 기후로 구분한다.
> • ㉠ 지역은 스텝 기후 지역보다 강수량이 적으며, 오아시스나 관개 수로를 이용해 밀, 대추야자 등을 재배한다.

① 사막 기후
② 툰드라 기후
③ 열대 우림 기후
④ 서안 해양성 기후

03 다음 설명에 해당하는 지형은?

> 석회암이 지하수에 녹으며 형성된 지형으로, 종유석, 석순, 석주 등이 나타난다.

① 갯벌
② 오름
③ 주상 절리
④ 석회동굴

04 다음 설명에 해당하는 자원의 특성은?

> 자원이 지구상에 고르게 분포하지 않고 일부 지역에 집중되어 분포하는 특성이다.

① 창의성
② 편재성
③ 학습성
④ 공유성

05 ㉠에 들어갈 내용으로 옳은 것은?

> ㉠ 은/는 여성 100명에 대한 남성의 수를 말한다. 일부 국가에서는 남아 선호 사상 등으로 인해 ㉠ 불균형의 문제가 발생하기도 한다.

① 관습
② 도덕
③ 문화
④ 성비

06 다음 설명에 해당하는 것은?

> 자신이 그 집단에 속해 있다는 소속감과 '우리'라는 공동체 의식이 강한 집단이다.

① 내집단
② 외집단
③ 역할 갈등
④ 역할 행동

07 다음 설명에 해당하는 정치 주체는?

> 이해관계를 같이하는 사람들이 자신들의 특수한 이익을 실현하기 위해 만든 단체이다.

① 개인　　　　　② 대통령
③ 감사원　　　　④ 이익 집단

08 ㉠에 들어갈 내용으로 옳은 것은?

> ← 긴급 재난 문자
>
> 🔊 열대 지역 바다에서 발생한 [㉠]이/가 한반도로 북상 중입니다. 강풍과 폭우 피해에 유의하시기 바랍니다.

① 황사　　　　　② 가뭄
③ 태풍　　　　　④ 폭설

09 ㉠, ㉡에 해당하는 것으로 옳은 것은?

> 국가의 주권이 미치는 범위를 영역이라고 하며, [㉠]와/과 영해의 수직 상공을 [㉡](이)라고 한다.

	㉠	㉡
①	영토	영공
②	영공	영토
③	영토	배타적 경제 수역
④	영공	배타적 경제 수역

10 다음에서 설명하고 있는 것은?

> • 의미 : 한 개인이 자신이 속한 사회의 언어, 규범, 가치관 등을 배워 나가는 과정
> • 기능 : 자신만의 독특한 개성과 자아를 형성함.

① 선거　　　　　② 사회화
③ 신급 제도　　　④ 빈부 격차

11 ㉠, ㉡에 해당하는 것으로 옳은 것은?

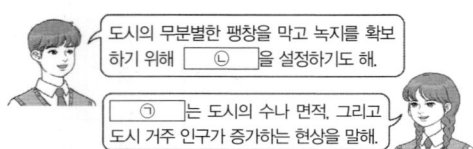

> 도시의 무분별한 팽창을 막고 녹지를 확보하기 위해 [㉡]을 설정하기도 해.
>
> [㉠]는 도시의 수나 면적, 그리고 도시 거주 인구가 증가하는 현상을 말해.

	㉠	㉡
①	도시화	도심
②	인구 공동화	도심
③	도시화	개발 제한 구역
④	인구 공동화	개발 제한 구역

12 다음 설명에 해당하는 국가 기관은?

> 법을 해석하고 적용하여 분쟁을 해결해 주는 역할을 한다.

① 법원　　　　　② 국세청
③ 기상청　　　　④ 금융 감독원

13 다음 설명에 해당하는 것은?

> 개인과 개인 사이에서 일어난 법률관계에 관한 다툼을 해결하기 위한 재판이다.

① 선거 재판 ② 행정 재판
③ 민사 재판 ④ 형사 재판

14 그래프와 같이 수요 곡선이 오른쪽으로 이동했을 때, 균형 가격과 균형 거래량의 변화로 옳은 것은? (단, 다른 조건은 일정함.)

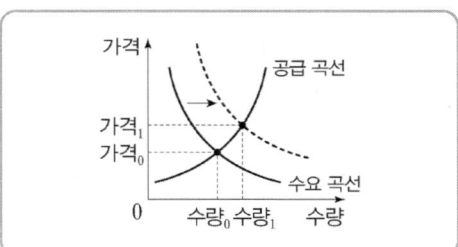

	균형 가격	균형 거래량
①	상승	감소
②	상승	증가
③	하락	감소
④	하락	증가

15 다음에서 설명하고 있는 제도는?

> • 의미 : 국가 기관에서 선거 과정을 관리하고 선거 운동 비용의 일부를 국가와 지방 자치 단체가 부담하는 제도
> • 목적 : 선거 운동의 과열과 부정 선거 방지, 후보자에게 선거 운동의 균등한 기회 보장

① 의원 내각제 ② 주민 투표제
③ 선거 공영제 ④ 주민 소환제

16 ㉠, ㉡에 들어갈 경제 활동으로 옳은 것은?

> • (㉠) : 필요한 재화나 서비스를 만들어 내거나 그 가치를 높이는 활동
> • (㉡) : 필요한 재화나 서비스를 구매하여 사용하는 활동

	㉠	㉡		㉠	㉡
①	소비	생산	②	분배	생산
③	생산	분배	④	생산	소비

17 다음에서 설명하는 유물이 처음으로 제작된 시대는?

비파형 동검

> 만주와 한반도 지역의 비파형 동검은 중국식 동검과 모양이 다르고, 칼날과 손잡이를 따로 만들어 조립한 것이 특징이다.

① 구석기 시대 ② 신석기 시대
③ 청동기 시대 ④ 철기 시대

2023년 1회

18 다음 정책을 시행한 고구려의 왕은?

- 남진 정책을 추진함.
- 수도를 평양으로 옮김.
- 백제의 수도 한성을 함락함.

① 진흥왕　　　　② 장수왕
③ 충선왕　　　　④ 선덕여왕

19 다음 설명에 해당하는 고려 후기 정치 세력은?

- 명분과 도덕을 중시하는 성리학을 공부함.
- 공민왕의 개혁에 참여하며 정치 세력을 형성함.
- 대표적 인물: 정몽주, 정도전 등

① 사림　　　　　② 진골
③ 6두품　　　　④ 신진 사대부

20 밑줄 친 ㉠에 해당하는 나라는?

대조영이 세운 ㉠나라에 대해 알고 있니?

음, 9세기 전반에는 고구려의 옛 땅을 대부분 회복하고 전성기를 이루어 당으로부터 해동성국이라 불리었어.

① 발해　　　　　② 신라
③ 고조선　　　　④ 후백제

21 ㉠에 들어갈 책으로 옳은 것은?

질문　　㉠　에 대해 알려 주세요.

답변　조선 태조에서 철종까지의 역사적 사실을 기록한 책으로, 1997년 유네스코 세계 기록 유산으로 등재되었습니다.

① 농사직설　　　② 동의보감
③ 고려사절요　　④ 조선왕조실록

22 다음 설명에 해당하는 민족 운동은?

- 일제 강점기 최대 규모의 민족 운동임.
- 대한민국 임시 정부 수립의 계기가 됨.

① 3 · 1 운동　　　② 새마을 운동
③ 국채 보상 운동　④ 물산 장려 운동

23 밑줄 친 ㉠에 해당하는 법은?

광해군 시기에 ㉠ 공납의 폐단을 극복하고 국가 재정을 확보하고자 경기도에서 처음 시행한 법이다. 집집마다 토산물을 납부하게 한 방식을 바꾸어 토지를 기준으로 하여 쌀로 납부하도록 하였다.

① 대동법　　　　② 유신 헌법
③ 노비안검법　　④ 국가 총동원법

24 ㉠에 들어갈 내용으로 옳은 것은?

> 〈수행 평가 계획서〉
> • 주제 : [㉠] 시기 이순신의 활약
> • 조사할 내용 – 한산도 대첩
> – 옥포 해전

① 병자호란   ② 신미양요

③ 임진왜란   ④ 정묘호란

25 다음 설명에 해당하는 정부는?

> 분단 이후 최초로 남과 북의 정상이 평양에서 만나 6·15 남북 공동 선언을 발표하였다(2000년). 이 선언에서 남과 북은 경제, 문화 등 교류와 협력을 활성화하고 이산 가족 문제 등을 조속히 풀어 나가기로 합의하였다.

① 전두환 정부   ② 노태우 정부

③ 김영삼 정부   ④ 김대중 정부

제5교시

과 학

정답 및 해설 446p

01 그림의 용수철은 무게 1N의 추를 매달 때마다 1cm씩 늘어난다. 이 용수철에 추 A를 매달았더니 3cm 늘어났다. 추 A의 무게는?

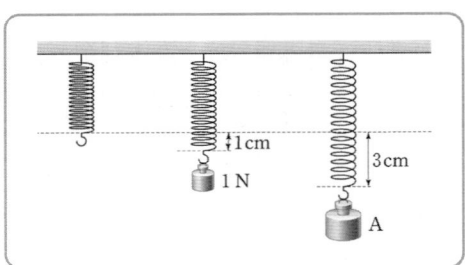

① 1 N ② 2 N

③ 3 N ④ 4 N

02 다음 중 가장 진동수가 큰 파동은?

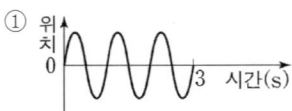

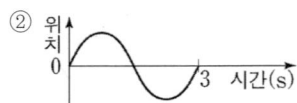

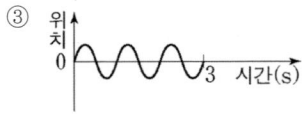

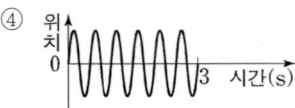

03 그림은 온도가 다른 두 물체 A와 B를 접촉시켜 놓았을 때 시간에 따른 온도 변화를 나타낸 것이다. 이에 대한 설명으로 옳은 것은? (단, 외부와의 열 출입은 없다.)

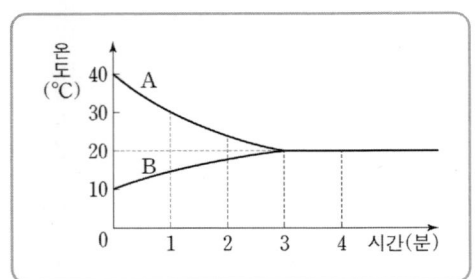

① 열평형 온도는 20℃이다.

② 1분일 때 열은 B에서 A로 이동한다.

③ 2분일 때 A의 온도는 B의 온도보다 낮다.

④ 열평형에 도달할 때까지 걸린 시간은 2분이다.

04 표는 가전제품의 소비 전력을 나타낸 것이다. 두 가전제품을 동시에 1시간 동안 사용했을 때 소비된 총 전기 에너지의 양은?

가전제품	소비 전력
선풍기	50W
텔레비전	100W

① 70 Wh ② 150 Wh

③ 300 Wh ④ 600 Wh

05 그림과 같이 A 지점에서 자유 낙하시킨 공이 B 지점을 지날 때 감소한 위치 에너지가 10J 이었다면 증가한 운동 에너지의 크기는? (단, 공기저항은 무시한다.)

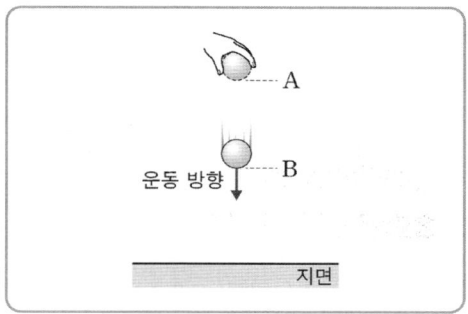

① 1J
② 5J
③ 10J
④ 20J

06 그림은 밀폐된 주사기의 피스톤을 눌러 변화된 모습을 나타낸 것이다. 주사기 속 공기의 변화에 대한 설명으로 옳은 것은?

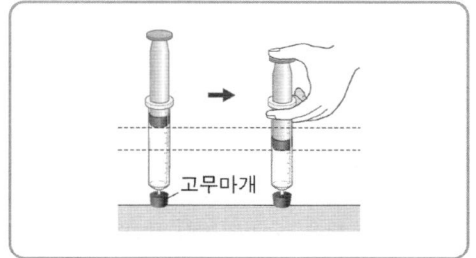

① 질량이 증가한다.
② 부피가 줄어든다.
③ 입자 수가 증가한다.
④ 입자들 사이의 거리가 멀어진다.

07 다음 설명에 해당하는 물질의 상태 변화는?

> • 차가운 음료가 담긴 컵의 표면에 물방울이 맺힌다.
> • 추운 겨울날 실내에 들어가면 안경이 뿌옇게 흐려진다.

① 기화
② 응고
③ 액화
④ 융해

08 그림은 리튬 원자(Li)가 리튬 이온(Li^+)이 되는 과정을 모형으로 나타낸 것이다. 리튬 원자가 잃은 전자의 개수는?

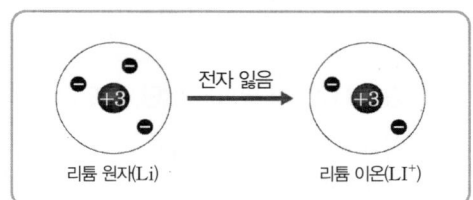

① 1개
② 2개
③ 4개
④ 8개

09 그림은 1기압에서 고체 팔미트산의 가열 시간에 따른 온도 변화를 나타낸 것이다. A~D 중 팔미트산의 녹는점에 해당하는 온도는?

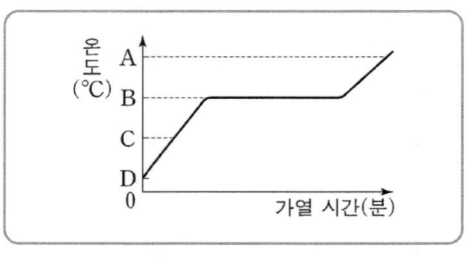

① A
② B
③ C
④ D

10 그림은 여러 물질을 컵에 넣었을 때의 모습을 나타낸 것이다. 물질이 뜨거나 가라앉는 까닭을 설명할 수 있는 물질의 특성은?

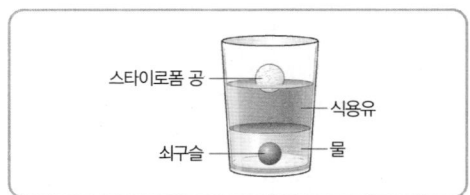

① 밀도   ② 녹는점
③ 어는점   ④ 끓는점

11 그림은 수증기(H_2O)를 생성하는 반응의 부피 모형과 화학 반응식을 나타낸 것이다. 수소(H_2) 기체 2L가 모두 반응할 때 생성되는 수증기(H_2O)의 부피는? (단, 온도와 압력은 일정하다.)

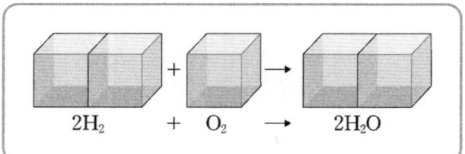

① 2L   ② 3L
③ 6L   ④ 7L

12 그림은 생물을 5가지의 계로 분류한 것이다. 다음 중 식물계에 속하는 생물은?

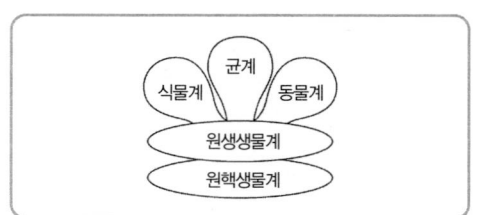

① 대장균   ② 소나무
③ 아메바   ④ 호랑이

13 그림은 검정말을 이용한 식물의 광합성 실험 장치를 나타낸 것이다. 광합성을 통해 검정말이 생성한 기체는?

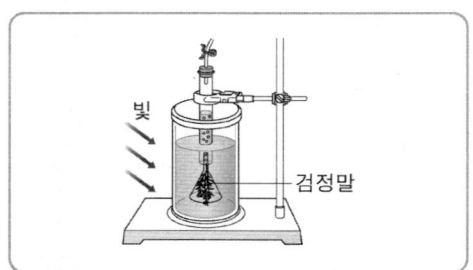

① 산소   ② 수소
③ 염소   ④ 이산화 탄소

14 다음 중 몸속에 침입한 세균을 잡아먹는 혈액의 성분은?

① 혈장   ② 백혈구
③ 적혈구   ④ 혈소판

15 그림은 사람의 소화 기관을 나타낸 것이다. A~D 중 이자액을 만들어 십이지장으로 분비하는 기관은?

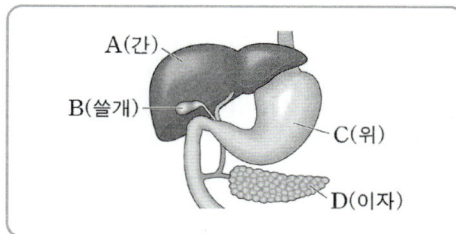

① A
② B
③ C
④ D

16 다음 중 사람의 배설계에 속하지 <u>않는</u> 기관은?

① 방광
② 심장
③ 콩팥
④ 오줌관

17 그림과 같이 순종의 황색 완두와 순종의 녹색 완두를 교배하였다. 이때 자손 1대에서 얻은 100개의 완두 중 황색 완두의 개수는? (단, 돌연변이는 없다.)

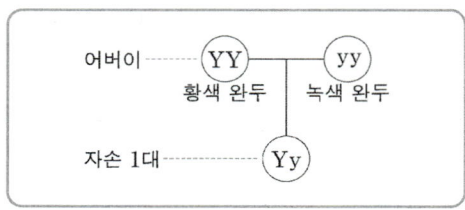

① 25개
② 50개
③ 75개
④ 100개

18 단세포 생물인 짚신벌레 1마리가 한 번의 체세포 분열을 마쳤다. 이때 짚신벌레의 개체 수는?

① 2마리
② 4마리
③ 6마리
④ 8마리

19 그림은 등속 운동을 하는 물체의 시간에 따른 속력을 나타낸 것이다. 이 물체가 0~4초 동안 이동한 거리는?

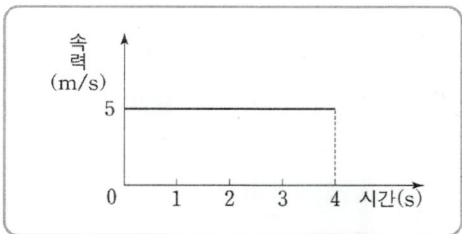

① 5m
② 10m
③ 20m
④ 40m

20 그림과 같이 광물에 묽은 염산을 떨어뜨려 거품이 발생하는 것으로 알 수 있는 광물의 특성은?

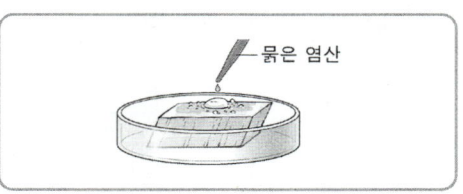

① 광택
② 굳기
③ 자성
④ 염산 반응

2023년 1회

21 그림은 달의 공전을 나타낸 것이다. A 위치에서 관측할 때 (가)~(라) 중 보름달의 위치는?

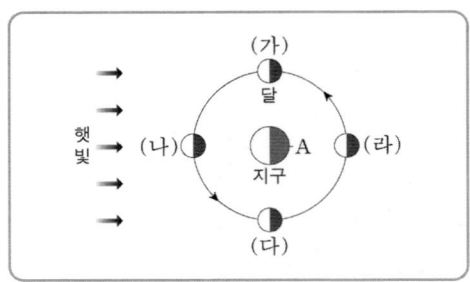

① (가)
② (나)
③ (다)
④ (라)

22 다음 설명에 해당하는 태양계의 행성은?

• 목성형 행성이다.
• 대적점이 있다.
• 태양계 행성 중 반지름이 가장 크다.

① 수성
② 금성
③ 목성
④ 토성

23 그림은 해수의 층상 구조를 나타낸 것이다. A~D의 해수에 대한 설명으로 옳은 것은?

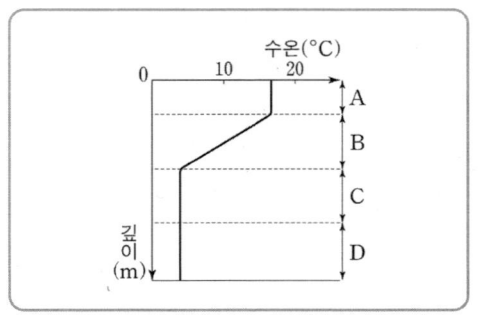

① A는 바람에 의해 혼합된다.
② B는 위아래로 잘 섞인다.
③ C의 수온이 가장 높다.
④ D에 도달하는 태양 에너지가 가장 많다.

24 그림의 A~D는 우리나라 주변의 기단을 나타낸 것이다. 다음 중 우리나라의 한여름 날씨에 주로 영향을 주는 고온 다습한 기단은?

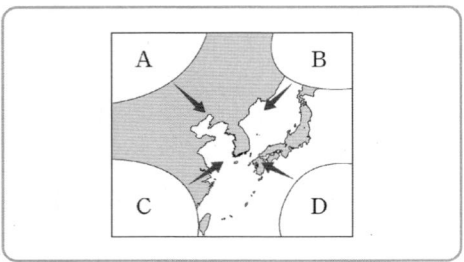

① A
② B
③ C
④ D

25 표는 별 A~D의 겉보기 등급과 절대 등급을 나타낸 것이다. 지구로부터의 거리가 10 pc에 있는 별은?

구분	겉보기 등급	절대 등급
A	1.0	−1.0
B	1.0	−2.0
C	1.0	1.0
D	1.0	2.0

① A
② B
③ C
④ D

제6교시 선택 과목

도 덕

정답 및 해설 449p

01 다음에서 설명하는 개념은?

> 인간으로서 마땅히 지켜야 할 도리를 의미한다.

① 도덕
② 도구
③ 욕구
④ 혐오

02 세대 간 갈등 해결을 위해 필요한 자세가 <u>아닌</u> 것은?

① 공감
② 비난
③ 격려
④ 소통

03 다음에서 설명하는 개념은?

> 전 세계의 교류가 일상화되어 정치, 경제, 사회, 문화 등 여러 분야에서 서로 연결되는 현상

① 세계화
② 이질화
③ 분업화
④ 개인화

04 다음에서 설명하는 도덕 원리 검사 방법은?

> • 입장을 바꿔서 도덕 원리를 적용해 보는 것이다.
> • "친구를 괴롭혀도 괜찮다."라고 주장하는 학생에게 "그럼, 다른 친구가 너를 괴롭혀도 괜찮겠니?"라고 역할을 바꿔 묻는 방법이다.

① 사실 관계 검사
② 정보 원천 검사
③ 역할 교환 검사
④ 반증 사례 검사

05 과학 기술의 발달로 인한 문제점은?

① 교통수단의 발달로 이동 시간이 줄었다.
② 통신 기술의 발달로 연락이 편리해졌다.
③ 의료 기술의 발달로 건강이 증진되었다.
④ 촬영 장비의 발달로 불법 촬영이 증가했다.

06 ㉠에 들어갈 용어로 알맞은 것은?

선생님, (㉠)이/가 무슨 뜻인가요?

그것은 인간이라면 누구나 소중한 존재로 대우받아야 한다는 뜻이야.

① 진로 탐색
② 인종 차별
③ 인간 존엄성
④ 집단 이기주의

07 부패 방지를 위한 노력으로 적절하지 <u>않은</u> 것은?

① 뇌물 수수를 허용한다.
② 청렴 교육을 실시한다.
③ 공익 신고자를 보호한다.
④ 부패에 대한 처벌을 강화한다.

08 ㉠에 들어갈 검색어로 옳은 것은?

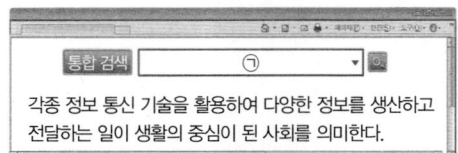

각종 정보 통신 기술을 활용하여 다양한 정보를 생산하고 전달하는 일이 생활의 중심이 된 사회를 의미한다.

① 농업 사회
② 중세 사회
③ 산업화 사회
④ 정보화 사회

09 진정한 친구의 모습으로 알맞은 것은?

① 뒤에서 친구를 험담한다.
② 친구에게 무례하게 대한다.
③ 친구를 믿어 주고 배려한다.
④ 친구의 나쁜 행동을 방관한다.

10 교사의 질문에 대한 대답으로 적절하지 <u>않은</u> 것은?

이웃 관계에서 필요한 도덕적 자세는 무엇일까요?

① 만나면 먼저 반갑게 인사해요.
② 무거운 짐을 들고 있을 때 도와줘요.
③ 밤늦은 시간에 시끄럽게 노래를 불러요.
④ 어려운 상황에 놓인 이웃을 위해 봉사해요.

11 폭력이 비도덕적인 이유는?

① 타인에게 고통을 주기 때문이다.
② 인간의 존엄성을 보장하기 때문이다.
③ 안전한 사회를 만들 수 있기 때문이다.
④ 타인의 자유를 존중할 수 있기 때문이다.

12 평화적 갈등 해결 방법으로 옳지 <u>않은</u> 것은?

① 협상
② 조정
③ 폭력
④ 중재

13 ㉠에 들어갈 용어로 옳은 것은?

정의로운 사회란 공정한 사회 규칙이나 제도를 마련하여 사회 구성원을 (㉠) 없이 대우하는 사회를 뜻한다.

① 배려
② 존중
③ 차별
④ 책임

14 다음에서 설명하는 용어로 옳은 것은?

> • 부모에 대한 자녀의 도리
> • 부모를 공경하고 사랑하는 것

① 효도   ② 절약

③ 청결   ④ 우애

15 ㉠에 들어갈 용어로 옳은 것은?

> **탐구 주제: (㉠) 실천 방법 찾기**
> 발표 내용
> • 1모둠 : 길거리의 꽃을 함부로 꺾지 않는다.
> • 2모둠 : 타인의 생명을 하찮게 여기는 말을 하지 않는다.
> • 3모둠 : 자신을 사랑하고 자신의 몸이 다치지 않도록 조심한다.

① 환경오염   ② 고정관념

③ 유언비어   ④ 생명 존중

16 공정한 경쟁이 필요한 이유로 옳은 것을 〈보기〉에서 고른 것은?

> ──── 〈 보기 〉 ────
> ㄱ. 개인과 사회 전체의 발전을 위해
> ㄴ. 안정된 사회 질서를 무너뜨리기 위해
> ㄷ. 서로 신뢰할 수 있는 사회를 만들기 위해
> ㄹ. 부유한 사람에게 더 유리한 기회를 주기 위해

① ㄱ, ㄴ   ② ㄱ, ㄷ

③ ㄴ, ㄹ   ④ ㄷ, ㄹ

17 ㉠에 공통으로 들어갈 용어로 적절한 것은?

> **발표 주제 : 생태 중심주의**
> 인간도 (㉠)의 일부분입니다. (㉠)은/는 모든 생명체가 서로 영향을 주고받으며 함께 살아가는 거대한 생태계입니다.

① 기계   ② 학문

③ 기술   ④ 자연

18 통일 한국의 바람직한 모습으로 적절한 것은?

① 세계 평화를 위협해야 한다.

② 국민의 인권을 보장해야 한다.

③ 보편적 가치를 무시해야 한다.

④ 문화적으로 폐쇄된 국가여야 한다.

19 환경 친화적 소비 생활의 모습으로 적절하지 <u>않은</u> 것은?

① 물건 과대 포장하기

② 먹을 만큼만 주문하기

③ 친환경 마크 제품 구매하기

④ 일회용 컵 대신 개인 컵 사용하기

20 ㉠에 공통으로 들어갈 용어로 적절한 것은?

> (㉠)(이)란 자신의 생각과 의지대로 살아갈 수 있는 권리이다. 국가는 (㉠)을/를 보장해야 한다. 국민들은 직업이나 종교 등 삶의 방식을 스스로 선택할 수 있어야 한다.

① 명상　　　　② 자유
③ 지식　　　　④ 방관

21 다음 대화 중 양심에 대한 설명으로 옳지 <u>않은</u> 것은?

| 도덕적인 행동을 하도록 하는 마음의 명령이야. | 우리가 자발적으로 옳은 일을 하도록 이끌어. | 나쁜 일을 하더라도 죄책감을 느끼지 않게 해. | 자신의 잘못에 대해 부끄러움을 느끼게 해. |
| 학생1 | 학생2 | 학생3 | 학생4 |

① 학생1　　　　② 학생2
③ 학생3　　　　④ 학생 4

22 삶의 목적을 설정해야 하는 이유로 옳지 <u>않은</u> 것은?

① 자신의 삶을 의미 있게 살기 위해
② 자신의 행동에 대한 책임을 지지 않기 위해
③ 삶 속에서 부딪히는 어려움을 극복해 내기 위해
④ 외부의 유혹에도 흔들리지 않는 삶을 살기 위해

23 다음 강연자가 설명하는 사회는?

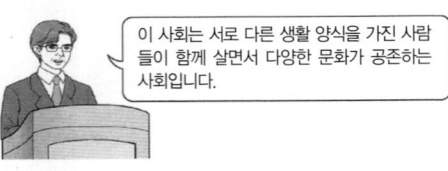

> 이 사회는 서로 다른 생활 양식을 가진 사람들이 함께 살면서 다양한 문화가 공존하는 사회입니다.

① 독재 사회　　　　② 다문화 사회
③ 이기주의 사회　　④ 물질주의 사회

24 다음에서 설명하는 개념은?

> 도덕적으로 옳다고 여기는 것을 굳게 믿고, 그것을 실천하려는 의지

① 이기심　　　　② 무관심
③ 비도덕성　　　④ 도덕적 신념

25 ㉠에 들어갈 용어로 가장 적절한 것은?

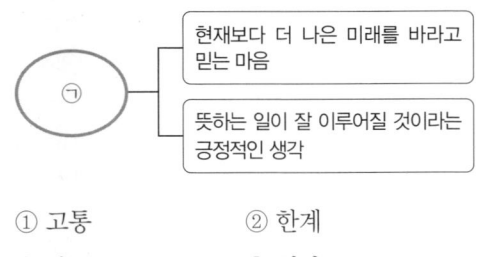

> ㉠
> — 현재보다 더 나은 미래를 바라고 믿는 마음
> — 뜻하는 일이 잘 이루어질 것이라는 긍정적인 생각

① 고통　　　　② 한계
③ 분노　　　　④ 희망

2023년도

제2회

국 어

제1교시

정답 및 해설 452p

01 다음 대화에서 ㉠에 들어갈 말로 적절하지 <u>않</u>은 것은?

> 내일이 동아리 첫 모임이라 자기소개를 해야 하는데 긴장해서 제대로 말을 못할까 봐 불안해.
>
> ㉠

① 너무 떨릴 때는 심호흡을 해 봐.

② 말할 내용을 반복해서 연습해 봐.

③ 동아리에 가입하는 방법을 찾아봐.

④ 말할 때 참고할 수 있는 메모를 준비해 봐.

02 다음 면담을 원활하게 진행하기 위해 보완할 점으로 적절한 것은?

> 간호사가 장래 희망인 나는 진로 정보를 얻기 위해 동네 병원의 간호사님께 미리 연락드려 방문 날짜와 시간을 정한 후, 병원을 방문하여 면담을 하였다. 간호사님께서 나에게 필요한 말씀을 알아서 해 주실 거라 생각해서 별다른 준비를 하지 않았다. 그런데 내 예상과는 달리 면담이 원활하게 진행되지 않았고, 결국 간호사님의 나이, 사는 곳 등 엉뚱한 질문만 하고 말았다.

① 면담 대상자를 미리 정한다.

② 면담 일정을 사전에 협의한다.

③ 적절한 면담 장소를 선정한다.

④ 면담 목적에 맞는 질문을 준비한다.

03 다음 규정을 참고할 때 표기와 발음이 일치하는 것은?

> **■표준 발음법■**
> 【제8항】 받침소리로는 'ㄱ, ㄴ, ㄷ, ㄹ, ㅁ, ㅂ, ㅇ'의 7개 자음만 발음한다.
> 【제9항】 받침 'ㄲ, ㅋ', 'ㅅ, ㅆ, ㅈ, ㅊ, ㅌ', 'ㅍ'은 어말 또는 자음 앞에서 각각 대표음 [ㄱ, ㄷ, ㅂ]으로 발음한다.

① 꽃   ② 밖

③ 입   ④ 팥

04 다음에서 설명하는 품사에 해당하는 것은?

> • 사람이나 사물의 이름을 대신 나타낸다.
> • 상황에 따라 가리키는 대상이 달라진다.

① 너   ② 나무

③ 예쁘다   ④ 어머나

05 밑줄 친 부분의 문장 성분이 ㉠과 같은 것은?

> 아기가 ㉠ <u>방긋방긋</u> 웃는다.

① 물이 <u>얼음이</u> 되었다.

② 친구가 <u>빨리</u> 달린다.

③ 동생이 <u>새</u> 신발을 샀다.

④ 밤하늘에 <u>별이</u> 반짝거린다.

06 ㉠~㉣ 중 한글 맞춤법에 맞게 쓴 것은?

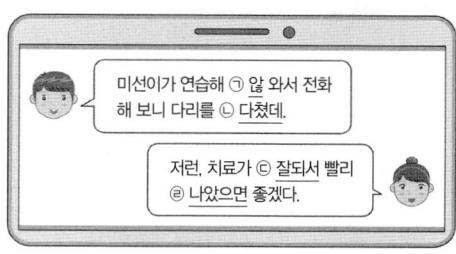

미선이가 연습해 ㉠ <u>않</u> 와서 전화해 보니 다리를 ㉡ <u>다쳤데.</u>

저런. 치료가 ㉢ <u>잘되서</u> 빨리 ㉣ <u>나았으면</u> 좋겠다.

① ㉠
② ㉡
③ ㉢
④ ㉣

07 다음에 해당하는 단어로 적절한 것은?

> 우리말에 본디부터 있던 말 또는 그것에 기초하여 새로 만들어진 말

① 구름
② 육지
③ 체온계
④ 바이올린

08 ㉠에 해당하는 예로 적절한 것은?

> 세종대왕은 발음 기관의 모양을 본떠 만든 자음 기본자에 획을 더하여 다른 자음자를 만들었다. 이러한 가획의 원리로 창제된 글자에는 ┌ ㉠ ┐이 있다.

① ㄴ
② ㅆ
③ ㅇ
④ ㅋ

09 다음 개요에서 ㉠에 들어갈 세부 내용으로 가장 적절한 것은?

처음	늘 함께 있지만 정작 잘 모르는 머리카락
중간	1. 머리카락의 정의 2. 머리카락의 구조 3. 머리카락의 기능 ········· ㉠
끝	우리 몸에 꼭 필요한 머리카락

① 개인에 따라 성장 속도가 다름.
② 모양에 따라 직모, 파상모, 축모로 나뉨.
③ 두피 온도를 유지할 수 있게 도움을 줌.
④ 모수질, 모피질, 모표피로 구성되어 있음.

10 ㉠~㉣에 대한 고쳐쓰기 방안으로 적절하지 <u>않은</u> 것은?

> ㉠ <u>한옥의 재료는</u> 나무, 흙, 돌 같은 자연에서 얻은 재료로 자연과 어울리게 지은 집이다. 옛 사람들은 집을 지을 때 함부로 산을 깎거나 물길을 막지 않았고 집을 짓는 재료를 지나치게 ㉡ <u>다듬지</u> 않았다. ㉢ <u>서구 문화가 들어오면서 우리나라의 주거 생활 양식도 크게 바뀌었다.</u> 집을 살아 있는 자연의 한 부분으로 여기고, 집이 자연과 조화를 이루어야 한다는 ㉣ <u>조상들에</u> 생각이 한옥에 고스란히 담겨 있는 것이다.

① ㉠: 문장 호응을 고려하여 '한옥은'으로 고친다.
② ㉡: 의미가 분명히 드러나도록 '다듬어지지'로 고친다.
③ ㉢: 글의 흐름에서 벗어난 내용이므로 삭제한다.
④ ㉣: 조사의 쓰임에 맞도록 '조상들의'로 바꾼다.

2023년 2회

[11~13] 다음 글을 읽고 물음에 답하시오.

"느 집엔 이거 없지."

하고 생색 있는 큰소리를 하고는 제가 준 것을 남이 알면은 큰일 날 테니 여기서 얼른 먹어 버리란다. 그리고 또 하는 소리가

"너 봄 ㉠ 감자가 맛있단다."

"난 감자 안 먹는다, 니나 먹어라."

나는 고개도 돌리려고 않고 일하던 손으로 그 감자를 도로 어깨 너머로 쑥 밀어 버렸다.

그랬더니 그래도 가는 기색이 없고 뿐만 아니라 쌔근쌔근 하고 심상치 않게 숨소리가 점점 거칠어진다. 이건 또 뭐야, 싶어서 그때에야 비로소 돌아다보니 나는 참으로 놀랐다. 우리가 이 동리에 들어온 것은 근 삼 년째 되어 오지만 여지껏 가무잡잡한 점순이의 얼굴이 이렇게까지 홍당무처럼 새빨개진 법이 없었다. ㉮ 게다가 눈에 독을 올리고 한참 나를 요렇게 쏘아보더니 나중에는 눈물까지 어리는 것이 아니냐. 그리고 바구니를 다시 집어 들더니 이를 꼭 악물고는 엎어질 듯 자빠질 듯 논둑으로 힝하게[1] 달아나는 것이다.

어쩌다 동리 어른이

"너 얼른 ㉡ 시집을 가야지?"

하고 웃으면

"염려 마세유. 갈 때 되면 어련히 갈라구……."

이렇게 천연덕스리 받는 점순이였다. 본시 부끄럼을 타는 계집애도 아니거니와 또한 분하다고 눈에 눈물을 보일 얼병이[2]도 아니다. 분하면 차라리 나의 등어리를 ㉢ 바구니로 한번 모지게 후려 쌔리고 달아날지언정.

그런데 고약한 그 꼴을 하고 가더니 그 뒤로는 나를 보면 잡아먹으려고 기를 복복 쓰는 것이다.

설혹 주는 감자를 안 받아먹은 것이 실례라 하면 주면 그냥 주었지 "느 집엔 이거 없지."는 다 뭐냐. 그렇잖아도 즈이는 마름[3]이고 우리는 그 손에서 배재[4]를 얻어 ㉣ 땅을 부치므로 일상 굽신거린다. 우리가 이 마을에 처음 들어와 집이 없어서 곤란으로 지날 제 집터를 빌리고 그 위에 집을 또 짓도록 마련해 준 것도 점순네의 호의였다. 그리고 우리 어머니 아버지도 농사 때 양식이 딸리면 점순네한테 가서 부지런히 꾸어다 먹으면서 인품 그런 집은 다시 없으리라고 침이 마르도록 칭찬하고 하는 것이다. 그러면서도 열일곱씩이나 된 것들이 수군수군하고 붙어 다니면 동리의 소문이 사납다고 주의를 시켜 준 것도 또 어머니였다. 왜냐하면 내가 점순이하고 일을 저질렀다가는 점순네가 노할 것이고 그러면 우리는 땅도 떨어지고 집도 내쫓기고 하지 않으면 안 되는 까닭이었다.

– 김유정, 「동백꽃」 –

────────────

1) 힝하게 : 지체하지 않고 매우 빨리 가는 모양
2) 얼병이 : 다부지지 못하여 어수룩하고 얼빠져 보이는 사람
3) 마름 : 지주를 대리하여 소작권을 관리하는 사람
4) 배재 : 땅을 소작할 수 있는 권리

11 윗글의 서술자에 대한 설명으로 가장 적절한 것은?

① 서술자가 작품 밖에 위치한다.
② 주인공이 직접 자신의 경험을 이야기한다.
③ 등장인물이 다른 인물의 속마음을 알려 준다.
④ 전지적 서술자가 인물의 심리와 상황을 제시한다.

12 ㉮에 나타난 '점순'의 심리 상태로 적절한 것은?

① 기쁨　　　　　② 분함
③ 고마움　　　　④ 지루함

13 ㉠~㉣ 중 다음 설명에 해당하는 것은?

> • '나'에 대한 '점순'의 애정과 관심
> • '나'와 '점순'이 갈등하게 되는 계기

① ㉠

② ㉡

③ ㉢

④ ㉣

③ 문답 구조를 반복하여 운율을 형성하고 있다.

④ 색채 대비를 통해 시적 분위기를 조성하고 있다.

[14~16] 다음 글을 읽고 물음에 답하시오.

> ㉠ 내 고장 칠월은
> 청포도가 익어 가는 시절
>
> 이 마을 전설이 주저리주저리 열리고
> 먼 데 하늘이 꿈꾸며 알알이 들어와 박혀
>
> 하늘 밑 푸른 바다가 ㉡ 가슴을 열고
> 흰 돛단배가 곱게 밀려서 오면
>
> ㉢ 내가 바라는 손님은 고달픈 몸으로
> 청포(靑袍)를 입고 찾아온다고 했으니
>
> 내 그를 맞아 이 포도를 따 먹으면
> ㉣ 두 손은 함뿍 적셔도 좋으련
>
> 아이야 우리 식탁엔 은쟁반에
> 하이얀 모시 수건을 마련해 두렴 ⎤[A]
>
> – 이육사, 「청포도」 –

14 윗글에 대한 설명으로 가장 적절한 것은?

① 계절의 변화에 따라 시상을 전개하고 있다.

② 모순된 표현을 통해 주제를 강조하고 있다.

15 ㉠~㉣ 중 함축적 의미가 밑줄 친 부분과 가장 유사한 것은?

> 이 시는 일제 강점기에 발표되었다. 당시 시대 상황을 고려할 때, 조국 광복을 기다리는 마음을 노래한 시라고 볼 수 있다.

① ㉠

② ㉡

③ ㉢

④ ㉣

16 [A]에 드러난 화자의 태도로 가장 적절한 것은?

① 두려움

② 부끄러움

③ 만족스러움

④ 정성스러움

[17~19] 다음 글을 읽고 물음에 답하시오.

하루는 길동이 부하들을 모아 놓고 의논했다.

"함경 감사가 탐관오리 짓을 하며 기름을 짜듯 착취를 일삼으니 백성이 견딜 수 없는 상태라고 한다. 더 이상 그대로 두고 지켜볼 수 없으니, 너희들은 나의 지휘대로 움직여라."

길동은 부하들에게 계책을 일러 주고 각자 따로 움직여서 아무 날 밤에 아무 곳에서 만나기로 기약했다. ㉠ 그러고는 그날 밤이 되자 성의 남문 밖에 불을 질렀다.

[중간 줄거리] 백성들이 모두 나와 불길을 잡을 때 길동의 무리는 돈과 곡식, 무기를 훔쳐 달아났다.

함경 감사는 홍길동이 감영[1]을 털었음을 깨닫고 군사를 모아 뒤를 쫓기 시작했다. ㉡ 길동은 날이 샐 즈음에 부하들과 함께 둔갑법[2]과 축지법을 써서 소굴로 돌아왔다. 함경 감영의 돈과 곡식을 많이 훔쳤으니, 행여 길에서 잡힐 수도 있다고 염려해서였다.

㉢ 하루는 길동이 여러 부하를 모아 놓고 의논했다.

"우리가 합천 해인사의 재물을 빼앗고, 함경 감영의 돈과 곡식을 훔쳐 냈다는 소문이 널리 퍼졌다. ㉣ 게다가 감영 곳곳에 내 이름을 붙이고는 찾고 있으니 오래지 않아 잡힐듯하다. 이에 ㉮ 대비책 을 준비했으니, 너희는 내 재주를 지켜보아라."

말을 마치자마자 길동은 풀로 허수아비 일곱을 만들더니, 주문을 외우고 혼백을 불어넣었다. 그러자 일곱 명의 길동이 새로 생겨나서 한곳에 모이더니 한꺼번에 뽐내며 크게 소리를 치고 야단스럽게 지껄이는 것이 아닌가. 부하들이 아무리 살펴보아도 누가 진짜 길동인지 알 수가 없었다. 여덟 길동이 조선 팔도에 하나씩 흩어져서 각각 부하 수백 명씩을 거느리고 다니니, 그중 어디에 진짜 길동이 있는지 모를 지경이었다.

– 허균, 「홍길동전」 –

1) 감영 : 조선 시대에 관찰사가 직무를 보던 관아
2) 둔갑법 : 마음대로 자기 몸을 감추거나 다른 것으로 변하게 하는 술법

17 윗글에 나타난 사회적 모습으로 가장 적절한 것은?

① 주변국과의 교류가 활발했다.
② 신분 차별이 없는 평등한 사회였다.
③ 탐관오리의 횡포로 백성들이 살기 어려웠다.
④ 물자가 풍족하여 남의 재물을 탐하지 않았다.

18 ㉠~㉣ 중 다음 설명에 해당하는 것은?

고전 소설에서는 현실 세계에서 일어날 수 없는, 신비롭고 기이한 일들이 일어나기도 한다.

① ㉠　　　　② ㉡
③ ㉢　　　　④ ㉣

19 ㉮의 내용으로 적절한 것은?

① 함경 감영으로 가서 죄를 자백함.
② 백성들에게 돈과 곡식을 나누어 줌.
③ 군사들에게 들키지 않게 밤에만 다님.
④ 가짜 길동들을 만들어 자신을 찾지 못하게 함.

[20~22] 다음 글을 읽고 물음에 답하시오.

> 우리 몸의 소화 과정에는 기계적 소화와 화학적 소화가 있다. 먼저, 기계적 소화는 물리적인 운동을 통해 음식물을 잘게 부수는 과정을 말한다. 사과를 먹는 과정을 예로 들어보자.
>
> 사과를 한 입 베어 문다. → 잘게 부서진 사과 조각들을 혀로 이리저리 섞으면서 부수는 걸 돕는다. → 잘게 부서진 사과 조각을 꿀꺽 삼킨다. → 사과 조각은 위를 거쳐 소장과 대장으로 내려가고, 장은 아래위로 움직이면서 사과 조각을 다진다. 이러한 일련의 작용을 바로 ___㉠___ 소화라 한다.
>
> 이와 반대로 ㉡ 화학적 소화란 우리 몸속의 소화 효소를 이용해 물질의 성분을 바꾸는 것을 말한다. 소화 효소는 소화 기관에서 분비되어 음식물의 소화를 돕는 효소인데, 입에서는 침, 위에서는 펩신, 이자에서는 트립신 등이 분비된다. 이러한 소화 효소들이 밖에서 들어온 음식물을 화학적으로 분해하고, 몸의 각 기관에 골고루 보내는 것이다.
>
> – 남종영, 「설탕 중독, 노예가 되어 버린 혀」 –

20 윗글을 읽고 나눈 대화에서 '언니'의 조언으로 적절하지 <u>않은</u> 것은?

> 동생: 효소, 이자, 펩신 등 생소한 단어가 많아서 글을 이해하기 어려운데 어떻게 하지?
> 언니: _____

① 사실과 의견을 구분하며 읽어 봐.
② 참고 자료를 읽으며 배경지식을 넓혀 봐.
③ 인터넷이나 도서관에서 모르는 것을 찾아 봐.
④ 단어의 의미를 추측해 본 뒤 사전에서 확인해 봐.

21 ㉠에 들어갈 말로 가장 적절한 것은?

① 기계적　　② 부분적
③ 전체적　　④ 화학적

22 ㉡과 유사한 설명 방법이 사용된 것은?

① 피지가 피부 밖으로 배출되지 못하면 먼지와 함께 굳어 모공 안에 쌓이게 된다.
② 생물은 식물과 동물로 나뉘고, 동물은 다시 절지동물, 연체동물, 척추동물로 나뉜다.
③ 갯벌이란 밀물과 썰물이 드나드는 곳에 펼쳐진 모래 점토질의 평탄한 땅을 말한다.
④ 남극은 거대한 얼음 대륙으로 이루어져 있는 반면, 북극은 거대한 얼음 바다로 되어 있다.

[23~25] 다음 글을 읽고 물음에 답하시오.

> 야간 경관 조명을 시의 정책으로 적극적으로 추진하여 성공한 대표적인 사례가 프랑스 리옹이다. 1989년 당선된 미셸 느와르 시장은 선거 ㉠ 공약대로 5년간 매년 시 재정의 5%를 야간 경관 조성 사업에 투자하여 150개 건물과 다리에 조명 기기를 설치함으로써 도시 전체를 커다란 조명 예술 작품으로 바꿔 놓았다. 이 계획은 컨벤션 산업과 연계되어 리옹을 세계적인 관광 도시와 국제회의 도시로 ㉡ 부상시키는 데 큰 역할을 하였고, 리옹은 '빛의 도시', '밤이 아름다운 도시'라는 명성을 갖게 되었다.

도시의 야간 조명은 단순히 어둠을 밝히기 위한 수단이 아니라 감성을 자극할 수 있어야 한다. 또한, 조명을 무조건 밝고 화려하게 한다고 좋은 것은 아니다. 요란한 색채의 조명을 서로 경쟁하듯이 밝게만 한다면 마치 테마파크와 같은 장면이 연출될 것이며 깊이 없고 ⓒ 산만한 경관이 만들어질 것이다. 강조할 곳, 연출이 필요한 부분에는 과감하게 조명 시설을 설치하고, 도시 전체적으로는 인공조명을 최소한으로 줄이는 등 적극적이면서 동시에 ㉣ 절제된 조명 계획이 적용되어야 한다. 우리나라 도시도 야간 조명을 이용하여 도시 전체를 하나의 예술 작품으로 만들어 나가는 노력이 필요하다.

– 이진숙, 「밤이 아름다운 도시」 –

23 윗글의 서술상 특징으로 가장 적절한 것은?

① 시각 자료를 활용하였다.
② 관련된 속담을 사용하였다.
③ 구체적 사례를 제시하였다.
④ 전문가의 의견을 인용하였다.

24 윗글에서 글쓴이가 말하고자 하는 바로 가장 적절한 것은?

① 조명은 어둠을 밝히기 위한 수단일 뿐이다.
② 도시 경관 사업에 들어가는 예산을 줄여야 한다.
③ 야간 조명은 밝고 화려한 색채를 사용해야 한다.
④ 조명을 이용하여 도시를 가꾸는 노력이 필요하다.

25 ㉠~㉣의 사전적 의미로 적절하지 <u>않은</u> 것은?

① ㉠: 개인적 다짐이나 목표
② ㉡: 어떤 대상이 더 좋은 위치로 올라섬.
③ ㉢: 어수선하여 질서나 통일성이 없음.
④ ㉣: 정도에 넘지 않게 알맞게 조절하여 제한함.

제2교시

수 학

정답 및 해설 455p

01 다음은 28을 소인수분해하는 과정을 나타낸 것이다. 28을 소인수분해한 것은?

$$
\begin{array}{r}
2\,\underline{)\,28} \\
2\,\underline{)\,14} \\
7
\end{array}
$$

① 2×7
② $2^2 \times 7$
③ 2×7^2
④ $2^2 \times 7^2$

02 $(-2) \times (+3)$을 계산하면?

① -6
② -1
③ 1
④ 6

03 $a = -3$일 때, $4 + a$의 값은?

① 1
② 2
③ 3
④ 4

04 일차방정식 $1 - 2x = -5$의 해는?

① 1
② 2
③ 3
④ 4

05 다음 좌표평면 위의 네 점 A, B, C, D의 좌표를 나타낸 것으로 옳은 것은?

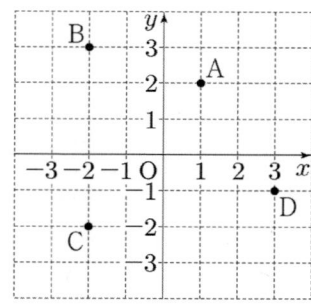

① $A(2, 1)$
② $B(-2, -2)$
③ $C(-2, 2)$
④ $D(3, -1)$

06 그림과 같이 원 O에서 $\widehat{AB} = 6\text{cm}$, $\widehat{CD} = 12\text{cm}$이고 $\angle COD = 80°$일 때, $\angle x$의 크기는?

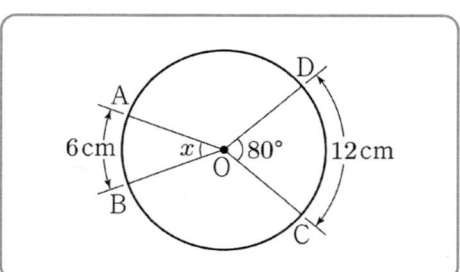

① $40°$
② $50°$
③ $60°$
④ $70°$

07 다음은 20가지 과자의 $10g$당 나트륨 함량을 조사하여 나타낸 도수분포표이다. $10g$당 나트륨 함량이 $70mg$ 이상인 과자의 수는?

나트륨 함량(mg)	과자의 수(가지)
$10^{이상} \sim 30^{미만}$	2
$30 \sim 50$	5
$50 \sim 70$	9
$70 \sim 90$	3
$90 \sim 110$	1
합계	20

① 3 ② 4
③ 12 ④ 13

08 분수 $\dfrac{x}{2^2 \times 3 \times 5}$를 유한소수로 나타낼 수 있을 때, x의 값이 될 수 있는 가장 작은 자연수는?

① 1 ② 2
③ 3 ④ 4

09 $(2a)^3$을 간단히 한 것은?

① $2a^3$ ② $4a^3$
③ $6a^3$ ④ $8a^3$

10 연립방정식 $\begin{cases} x+y=6 \\ x=2y \end{cases}$ 의 해는?

① $x=1,\ y=0$ ② $x=2,\ y=1$
③ $x=3,\ y=3$ ④ $x=4,\ y=2$

11 그림은 일차함수 $y=x-3$의 그래프이다. 이 그래프의 y절편은?

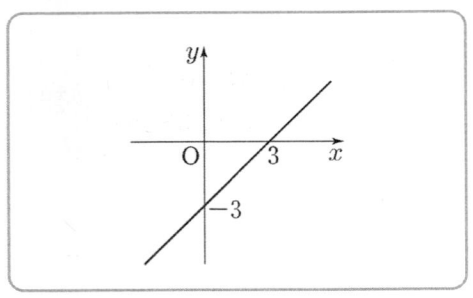

① -3 ② -1
③ 1 ④ 3

12 그림과 같이 삼각형 ABC에서 $\angle A = 100°$, $\angle B = 40°$이고 $\overline{AB} = 7$일 때, x의 값은?

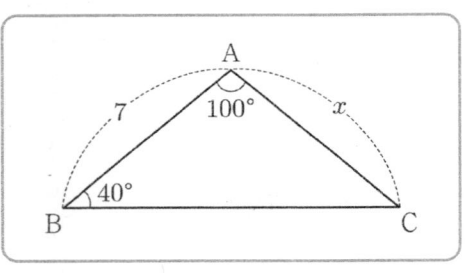

① 5 ② 6
③ 7 ④ 8

13 그림과 같이 $\overline{AC} = 24$, $\overline{BC} = 30$인 삼각형 ABC에서 변 BC에 평행한 직선이 두 변 AB, AC와 만나는 점을 각각 D, E라고 하자. $\overline{AE} = 8$일 때, x의 값은?

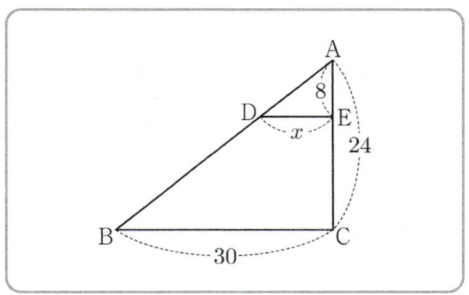

① 8   ② 9
③ 10   ④ 11

14 서로 다른 두 개의 주사위를 동시에 던질 때, 나오는 두 눈의 수의 합이 4가 되는 경우의 수는?

① 1   ② 3
③ 5   ④ 7

15 $\sqrt{(-5)^2}$의 값은?

① -10 ② -5
③ 5   ④ 10

16 이차방정식 $(x-1)(x+4)=0$의 한 근이 -4이다. 다른 한 근은?

① 1   ② 2
③ 3   ④ 4

17 이차함수 $y=\dfrac{1}{2}x^2$의 그래프에 대한 설명으로 옳은 것은?

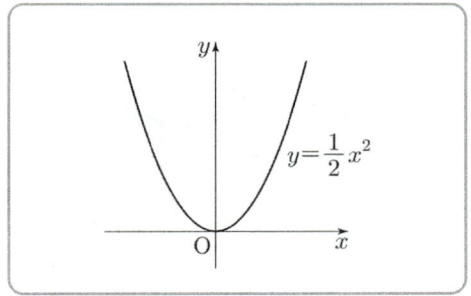

① 위로 볼록하다.
② 점 $(1, 1)$을 지난다.
③ 직선 $x=1$을 축으로 한다.
④ 꼭짓점의 좌표는 $(0, 0)$이다.

18 직각삼각형 ABC에서 $\overline{AB}=17$, $\overline{BC}=15$, $\overline{AC}=8$일 때, $\sin B$의 값은?

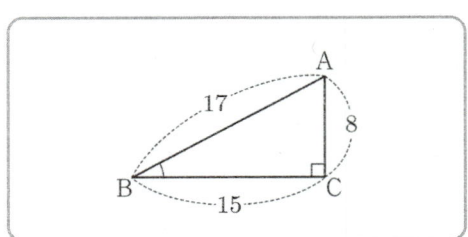

① $\dfrac{8}{15}$ ② $\dfrac{8}{17}$

③ $\dfrac{15}{8}$ ④ $\dfrac{15}{17}$

19 그림에서 두 점 A, B는 점 P에서 원 O에 그은 두 접선의 접점이다. ∠PAB＝65°일 때, ∠ABP의 크기는?

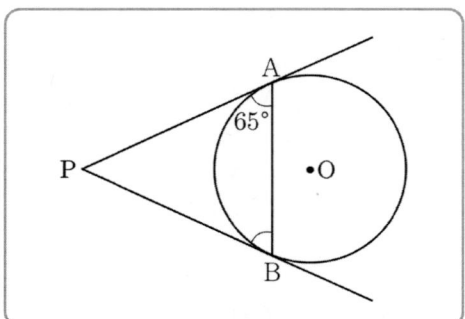

① 55°   ② 60°

③ 65°   ④ 70°

20 다음 자료는 학생 8명의 운동화 크기를 조사하여 나타낸 것이다. 이 자료의 최빈값은?

(단위 : mm)

230	270	265	250
250	250	230	265

① 230mm   ② 250mm

③ 265mm   ④ 270mm

제3교시

영 어

정답 및 해설 457p |

01 다음 밑줄 친 단어의 뜻으로 가장 적절한 것은?

> I love my friends. They're very
> <u>special</u> to me.

① 엄격한　　　② 용감한

③ 특별한　　　④ 현명한

02 다음 중 두 단어의 의미 관계가 나머지 셋과 다른 것은?

① fast −slow　　② large − big

③ late −early　　④ long − short

[03~04] 다음 빈칸에 들어갈 말로 가장 적절한 것을 고르시오.

03

> There _____ a big tree in
> front of my house.

① be　　　　② is

③ are　　　　④ were

04

> She didn't eat dessert _____
> she was too full.

① to　　　　② by

③ from　　　④ because

[05~06] 다음 대화의 빈칸에 들어갈 말로 가장 적절한 것을 고르시오.

05

> A : _____ do you think of my
> 　　new skirt?
> B : It looks good on you.

① Who　　　② What

③ Where　　④ Which

06

> A : I can't walk. I broke my leg
> 　　yesterday.
> B : _____.

① Yes, I am

② Nice to meet you

③ You're welcome

④ I'm sorry to hear that

07 다음 빈칸에 공통으로 들어갈 말로 가장 적절한 것은?

> • It's _____ outside. You should wear a coat.
> • He said he had a sore throat. Did he catch a _____?

① cold   ② soft
③ tall   ④ well

08 다음 대화에서 A가 찾아가려는 곳의 위치로 옳은 것은?

> A : Excuse me, how can I get to City Hall?
> B : Go straight one block and turn right. You'll find it on your left.
> A : Thank you.

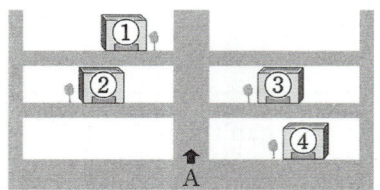

09 그림으로 보아 빈칸에 들어갈 말로 가장 적절한 것은?

> A : What is the boy doing?
> B : He is _____ a bike.

① riding   ② eating
③ singing   ④ cooking

10 다음 대화가 끝난 후 두 사람이 함께 갈 장소는?

> A : Where are you going, Minsu?
> B : I'm going to the school gym to play basketball.
> A : Really? Can I join you?
> B : Sure. Let's go together.

① 체육관   ② 보건실
③ 미술실   ④ 도서관

11 다음 대화의 빈칸에 들어갈 말로 가장 적절한 것은?

> A : You look so happy today. What's up?
> B : _____.
> A : Oh, where did you find your dog?
> B : He was in the park near my house.

① I failed the test
② I'm a Canadian
③ I found my missing dog
④ I don't like vegetables

12 다음 대화의 주제로 가장 적절한 것은?

> A : Boram, what's your plan for this vacation?
> B : I plan to take guitar lessons. How about you?
> A : I'm going to visit my grandparents in Jeju-do.

① 친구 관계　　② 방학 계획
③ 생일 선물　　④ 운동 추천

13 다음 홍보문을 보고 알 수 <u>없는</u> 것은?

> ### Robot Making Class
> • **Date** : August 25th, 2023
> • **Place** : Science Room
> • **Activities** : You will make a robot and learn how to control it.

① 수업 날짜　　② 수업 장소
③ 수업료　　④ 수업 활동

14 다음 방송의 목적으로 가장 적절한 것은?

> Hello, students. Tomorrow is Sports Day. Please remember to wear comfortable clothes and shoes. Keep the rules to play safely and fairly. Stay with your classmates during the events. Have fun!

① 지역 특산물 소개
② 체육 대회 유의 사항 설명
③ 백화점 행사 홍보
④ 학교 식당 공사 일정 안내

15 다음 대화에서 A가 Nepal로 여행 가고 싶은 이유는?

> A : I want to travel to Nepal someday.
> B : What makes you want to go there?
> A : I want to climb the wonderful mountains.

① 멋진 산을 오르고 싶어서
② 은하수 사진을 찍고 싶어서
③ 외국인 친구를 사귀고 싶어서
④ 새로운 문화를 경험하고 싶어서

16 White Winter Festival에 관한 다음 글의 내용과 일치하지 <u>않는</u> 것은?

> The White Winter Festival starts in the last week of January and goes on for five days. People can enjoy ice fishing. There is also a snowman building contest. Musicians play live music at night.

① 1월 마지막 주에 시작한다.
② 얼음낚시를 즐길 수 있다.
③ 눈사람 만들기 대회가 있다.
④ 음악가들이 오전에 공연을 한다.

17 다음 글에서 Elena에 대해 언급된 내용이 아닌 것은?

> I'm Elena from France. I want to be a fashion designer someday. I tried on a *hanbok* when I visited Korea in 2023. I loved the style of *hanbok*. My dream is to make such beautiful clothes in the future.

① 출신 국가　　② 장래 희망
③ 한국 방문 연도　　④ 반려동물

18 다음 글에서 Susan이 제안한 것으로 가장 적절한 것은?

> Susan and I walked home together yesterday. We saw that the walls around the school looked ugly. We wanted to make them pretty and colorful. Susan suggested that we paint pictures on the walls.

① 벽에 그림 그리기
② 밝게 인사하기
③ 청바지 재활용하기
④ 선생님 찾아뵙기

19 그래프로 보아 빈칸에 들어갈 말로 가장 적절한 것은?

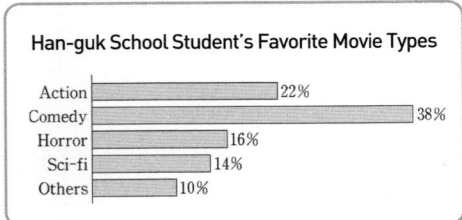

Han-guk School Student's Favorite Movie Types

Action 22%
Comedy 38%
Horror 16%
Sci-fi 14%
Others 10%

> Han-guk School students like _____ movies the most.

① action　　② comedy
③ horror　　④ sci—fi

20 다음 글의 흐름으로 보아 어울리지 않는 문장은?

> Jiho's father runs a small restaurant. ① He makes amazing spaghetti. ② Jiho wants to learn how to cook it. ③ So, he's going to practice cooking spaghetti with his father this week. ④ Burgers are his favorite food. He hopes to make delicious spaghetti like his father.

21 밑줄 친 them이 가리키는 것으로 가장 적절한 것은?

> I read the news about newly designed buses. It says people can get on these buses more easily. The buses have no steps and have very low floors. Even a person in a wheelchair can use them without any help.

① books   ② buses

③ people   ④ windows

22 캠핑 시 주의해야 할 사항으로 언급되지 <u>않은</u> 것은?

> • Don't put up a tent right next to the river.
> • Don't feed wild animals.
> • Don't leave your trash behind.

① 강 바로 옆에 텐트 치지 않기

② 야생 동물에게 먹이 주지 않기

③ 쓰레기 남겨 두지 않기

④ 텐트 안에서 요리하지 않기

23 다음 글의 주제로 가장 적절한 것은?

> Are you feeling down? Here are some tips to help you feel better. First, go outdoors. Getting lots of sunlight makes you feel happy. Another thing you can do is exercise. You can forget about worries while working out.

① 수면과 건강의 관계

② 다양한 호르몬의 역할

③ 지구 온난화의 원인

④ 기분이 나아지게 하는 방법

24 다음 글을 쓴 목적으로 가장 적절한 것은?

> Hello, Mr. Brown. The school concert is coming. My music club members are preparing for the concert. We need a place to practice together. Can we please use your classroom this week?

① 과제를 확인하기 위해서

② 봉사 활동에 지원하기 위해서

③ 교실 사용을 허락받기 위해서

④ 마을 축제에 초대하기 위해서

25 다음 글의 바로 뒤에 이어질 내용으로 가장 적절한 것은?

> Visiting markets is a good way to learn about the culture of a country. You can meet people, learn history, and taste local food. I'd like to introduce some famous markets around the world.

① 다양한 조리 방법 제안

② 용돈 관리의 중요성 강조

③ 세계의 유명한 시장들 소개

④ 외국어를 배워야 하는 이유 설명

제4교시

사 회

정답 및 해설 461p

01 ㉠에 들어갈 기후로 옳은 것은?

> • 단원 : 온대 기후 지역의 생활 모습
> • 주제 : (㉠)의 특징
> • 학습 내용
> – 분포 지역 : 이탈리아, 그리스, 미국 캘리포니아 연안 등
> – 주민 생활 : 수목 농업(여름), 곡물 농업 (겨울)

① 고산 기후 ② 스텝 기후

③ 지중해성 기후 ④ 열대 우림 기후

02 다음 설명에 해당하는 문화 지역으로 가장 적절한 것은?

> • 북반구의 툰드라 지역을 중심으로 분포한다.
> • 순록 유목과 사냥을 바탕으로 생활하는 지역이 있다.

① 건조 문화 지역 ② 인도 문화 지역

③ 북극 문화 지역 ④ 아프리카 문화 지역

03 ㉠, ㉡에 들어갈 지역을 지도의 A~D에서 고른 것은?

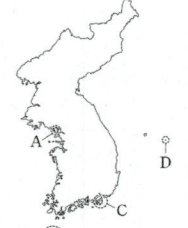

> • (㉠): 한라산, 성산 일출봉, 거문오름 용암동굴계가 유네스코 세계 자연 유산에 등재되었다.
> • (㉡): 우리나라에서 가장 동쪽에 위치한 섬으로, 동도와 서도 및 여러 개의 바위섬으로 이루어져 있다.

	㉠	㉡		㉠	㉡
①	A	B	②	A	C
③	B	D	④	C	D

04 ㉠, ㉡에 들어갈 내용으로 옳은 것은?

> • (㉠) 발전 : 강한 바람이 지속적으로 부는 곳에서 바람의 힘을 이용해 전기를 생산한다.
> • (㉡) 발전 : 밀물과 썰물 때의 바다 높이 차이를 이용하여 전기를 생산한다.

	㉠	㉡		㉠	㉡
①	풍력	조력	②	풍력	지열
③	지열	조력	④	지열	풍력

05 다음 설명에 해당하는 것은?

> 특정한 장소를 상품으로 인식하고, 그 장소의 이미지를 개발하는 지역화 전략이다.

① 역도시화
② 장소 마케팅
③ 임금 피크제
④ 자유 무역 협정

06 밑줄 친 ㉠에 해당하는 지형으로 옳은 것은?

> ○○에게,
> 나는 노르웨이에 여행을 왔어. 오늘 다녀온 곳은 ㉠ 빙하의 침식으로 생긴 골짜기에 바닷물이 들어오면서 형성된 만이야. 경치가 좋아서 여행 온 관광객이 많아.

① 고원
② 사막
③ 산호초
④ 피오르

07 다음 설명에 해당하는 것은?

> 기업이 성장하며 기업의 본사, 연구소, 공장 등이 각각의 기능을 수행하는 데 적합한 지역을 찾아 지리적으로 분산되는 것이다.

① 이촌 향도
② 공간적 분업
③ 인구 공동화
④ 지리적 표시제

08 ㉠에 들어갈 내용으로 가장 적절한 것은?

> (㉠)은/는 주로 석탄을 사용하는 화력 발전소와 노후 경유차의 운행 등으로 발생하며 호흡기에 나쁜 영향을 미칠 수 있다.

① 도시 홍수
② 미세 먼지
③ 지진 해일
④ 열대 저기압

09 다음 설명에 해당하는 사회화 기관은?

> • 사회화를 목적으로 만든 공식적인 기관이다.
> • 사회생활에 필요한 지식과 규범, 가치 등을 체계적으로 교육한다.

① 가정
② 직장
③ 학교
④ 대중 매체

10 다음 학생이 지닌 문화 이해의 태도는?

> 우리는 한 사회의 문화를 이해할 때, 그 사회가 처한 특수한 환경과 맥락 속에서 이해해야 합니다.

① 문화 사대주의
② 문화 상대주의
③ 문화 제국주의
④ 자문화 중심주의

11 다음 설명에 해당하는 정치 참여 주체는?

> • 의미: 사회 문제를 해결하고 집단의 특수 이익이 아닌 공익을 실현하기 위하여 시민들이 자발적으로 만든 집단
> • 기능: 정부 활동 감시 및 여론 형성, 시민의 정치 참여 유도 등

① 개인
② 기업
③ 이익 집단
④ 시민 단체

12 ㉠에 들어갈 내용으로 가장 적절한 것은?

> 우리나라는 (㉠)을/를 위해 선거구 법정주의와 선거 공영제를 시행하고, 선거 관리 위원회를 두고 있다.

① 공정한 선거 운영　② 합리적 자산 관리
③ 효과적 민간 외교　④ 국제 거래 활성화

13 ㉠에 들어갈 내용으로 옳은 것은?

> • 우리나라의 (㉠)은/는 국가의 대표이자 동시에 행정부 수반으로서의 권한을 갖는다.
> • 국민의 선거를 통해 선출된 우리나라의 (㉠)은/는 국회에서 의결된 법률안을 거부할 수 있다.

① 장관　　　　　② 대통령
③ 국무총리　　　④ 국회의원

14 다음의 권한을 가진 기관으로 옳은 것은?

> • 주로 3심 사건의 최종적인 재판을 담당한다.
> • 명령 · 규칙 또는 처분이 헌법이나 법률에 위반되는지 여부를 최종적으로 심사할 권한을 가진다.

① 감사원　　　　② 대법원
③ 가정 법원　　　④ 지방 의회

15 다음 내용에 해당하는 개념으로 옳은 것은?

> • 시장에서 수요와 공급의 상호 작용에 의해 형성된다.
> • 생산자와 소비자의 활동을 어떻게 조절할지 알려 주는 신호등 역할을 한다.

① 기대 수명　　　② 무역 장벽
③ 생애 주기　　　④ 시장 가격

16 ㉠에 들어갈 내용으로 옳은 것은?

> (㉠)은/는 한 나라의 생산 규모나 국민 전체의 소득을 파악하기에 유용하지만, 소득 분배 수준이나 빈부 격차의 정도를 파악하기 힘들다는 한계를 가지고 있어요.

① 실업률　　　　② 물가 지수
③ 인구 밀도　　　④ 국내 총생산

17 다음 유물이 처음 제작된 시대는?

> 역사 유물 카드
> • 명칭 : 주먹도끼
> • 발견 지역 : 경기 연천 전곡리
> • 용도 : 사냥, 나무 손질, 고기 자르기 등

① 구석기 시대　　② 신석기 시대
③ 청동기 시대　　④ 철기 시대

18 밑줄 친 '그'에 해당하는 고구려의 왕은?

> 그는 백제를 공격하여 한강 이북 지역을 차지하였으며, 신라에 침입한 왜를 물리쳤다. 또한 '영락'이라는 연호를 사용하고 스스로 '태왕'이라 칭하였다.

① 인종
② 현종
③ 지증왕
④ 광개토 대왕

19 ㉠에 들어갈 인물로 옳은 것은?

역사 스피드 퀴즈

불교 대중화를 위해 '나무아미타불'을 열심히 외우면 극락에 갈 수 있다고 한 신라의 승려는?

① 원효
② 만적
③ 강감찬
④ 조광조

20 고려 광종의 정책으로 옳은 것을 〈보기〉에서 고른 것은?

> ───〈보기〉───
> ㄱ. 서원 정리
> ㄴ. 과거제 실시
> ㄷ. 훈민정음 반포
> ㄹ. 노비안검법 시행

① ㄱ, ㄴ
② ㄱ, ㄷ
③ ㄴ, ㄹ
④ ㄷ, ㄹ

21 다음 설명에 해당하는 조선의 정치 세력은?

> • 훈구 세력의 비리를 비판함.
> • 성종 때 본격적으로 중앙 정계에 진출함.
> • 무오, 갑자, 기묘, 을사사화 등을 겪음.

① 사림
② 개화파
③ 권문세족
④ 진골 귀족

22 ㉠에 들어갈 전쟁으로 옳은 것은?

질문　　㉠에 대해 알려 주세요.

답변　청은 군사를 이끌고 조선을 침략하였습니다. 인조는 남한산성으로 들어가 항전하였지만, 청에 항복하였습니다. 소현 세자를 비롯한 많은 백성들이 청으로 끌려갔습니다.

① 병자호란
② 신미양요
③ 임진왜란
④ 살수 대첩

23 다음 설명에 해당하는 사건은?

> 1894년 고부에서 농민들이 부당한 세금 징수에 항의하며 봉기하였다. 농민군은 전라도 일대를 장악하고 전주성을 점령하였다. 외세가 개입하자 농민군은 정부와 전주 화약을 맺고 집강소를 설치하였다.

① 3·1 운동
② 국채 보상 운동
③ 서경 천도 운동
④ 동학 농민 운동

24 다음 정책을 시행한 조선의 왕은?

> • 화성 건설
> • 규장각 설치
> • 대전통편 편찬

① 세조   ② 정조

③ 장수왕   ④ 진흥왕

25 다음 설명에 해당하는 사건은?

> 1987년 박종철이 경찰의 고문으로 사망하는 사건이 발생하였다. 이에 국민들은 진상 규명을 요구하였으나 정부가 거부하였다. 그러자 국민들은 정권 퇴진과 대통령 직선제 개헌을 요구하며 전국적으로 시위를 벌였다.

① 북벌론

② 6월 민주 항쟁

③ 애국 계몽 운동

④ 광주 학생 항일 운동

제5교시

과 학

정답 및 해설 465p

01 그림과 같이 지구 위의 어느 위치에서 공을 놓더라도 공은 지구 중심 방향으로 떨어진다. 이 현상을 나타나게 하는 힘은?

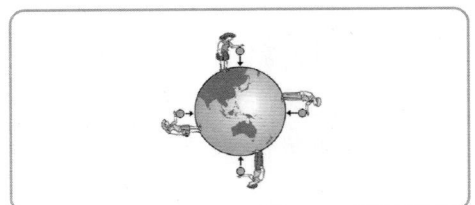

① 부력
② 중력
③ 마찰력
④ 탄성력

02 그림과 같이 흰색 종이 위에 빨간색, 초록색, 파란색 빛을 비추었을 때 합성되어 보이는 색 ㉠은?

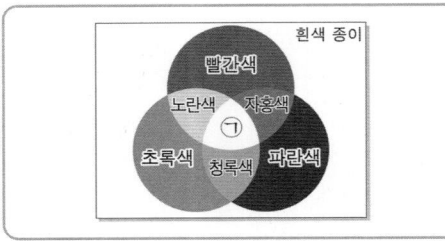

① 흰색
② 남색
③ 보라색
④ 주황색

03 그림은 니크롬선에 걸어 준 전압에 따른 전류의 세기를 나타낸 것이다. 이 니크롬선의 저항은?

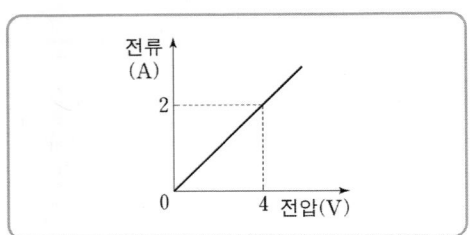

① 1 Ω
② 2 Ω
③ 3 Ω
④ 5 Ω

04 표는 여러 가지 물질의 비열을 나타낸 것이다. 각 물질 1kg에 같은 열량을 가했을 때 온도 변화가 가장 큰 물질은?

물체	철	콩기름	에탄올	물
비열(kcal/(kg·℃))	0.11	0.47	0.57	1.00

① 철
② 콩기름
③ 에탄올
④ 물

05 그림은 레일을 따라 운동하는 쇠구슬의 모습을 나타낸 것이다. 레일 위의 지점 A~D 중 쇠구슬의 운동 에너지가 가장 큰 곳은? (단, 공기 저항과 마찰은 무시한다.)

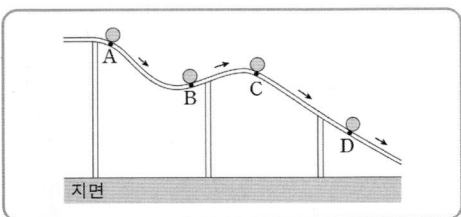

① A   ② B
③ C   ④ D

06 표는 물체가 일정한 속력으로 움직이는 동안 시간에 따른 출발점으로부터의 이동 거리를 나타낸 것이다. 이 물체의 속력은?

시간(s)	0	1	2	3	4
이동 거리(m)	0	1	2	3	4

① 1m/s   ② 5m/s
③ 10m/s   ④ 20m/s

07 그림과 같이 용기에 들어 있는 기체의 온도를 25℃에서 90℃로 높였을 때 기체의 부피 변화와 기체 입자의 운동 변화로 옳은 것은? (단, 외부 압력은 일정하고 기체의 출입은 없다.)

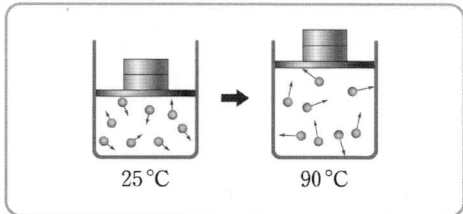

	부피	입자 운동
①	감소	빨라진다
②	감소	느려진다
③	증가	빨라진다
④	증가	느려진다

08 표는 1기압에서 물을 가열하면서 온도를 5분 간격으로 측정하여 기록한 것이다. 물의 끓는 점은?

시간(분)	0	5	10	15	20	25	30
온도(℃)	25	51	78	95	100	100	100

① 25℃   ② 51℃
③ 78℃   ④ 100℃

09 다음 설명에 해당하는 원소는?

- 불꽃 반응 색은 노란색이다.
- 염화 나트륨과 질산 나트륨에 공통으로 포함된 원소이다.

① 구리   ② 칼륨
③ 나트륨   ④ 스트론튬

10 그림은 여러 가지 고체 물질의 용해도 곡선이다. 다음 중 40℃의 물 100g에 가장 많이 녹을 수 있는 물질은?

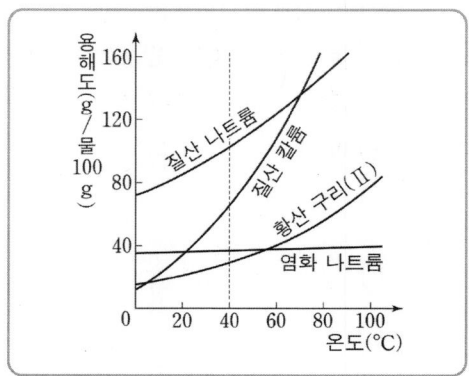

① 질산 나트륨   ② 질산 칼륨
③ 황산 구리(Ⅱ)   ④ 염화 나트륨

11 그림과 같이 구리 8g이 모두 산소와 반응하여 산화 구리(II) 10g이 생성되었다. 이때 반응한 산소의 질량 ㉠은?

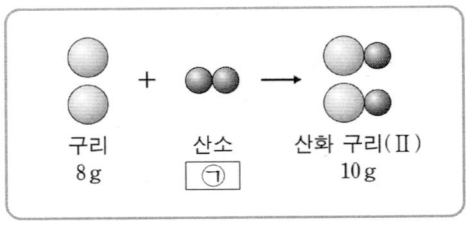

① 1g ② 2g
③ 3g ④ 4g

12 다음 중 동물계에 속하는 생물이 <u>아닌</u> 것은?

① 나비 ② 참새
③ 개구리 ④ 해바라기

13 그림은 질소(N_2) 기체와 수소(H_2) 기체가 반응하여 암모니아 (NH_3) 기체를 생성하는 반응의 부피 모형과 화학 반응식을 나타낸 것이다. ㉠에 알맞은 숫자는? (단, 온도와 압력은 일정하다.)

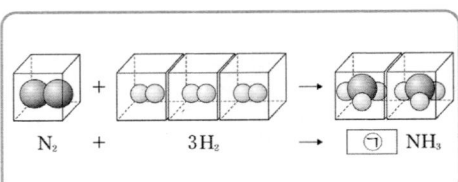

① 1 ② 2
③ 5 ④ 10

14 그림은 식물의 잎에서 일어나는 광합성 과정을 나타낸 것이다. 광합성 결과 생성된 물질 ㉠은?

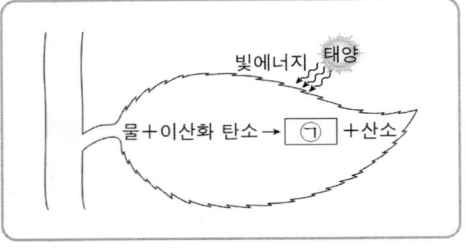

① 포도당 ② 무기염류
③ 바이타민 ④ 아미노산

15 그림은 동물의 구성 단계를 나타낸 것이다. 이 중 연관된 기능을 하는 기관들이 모여 특정한 역할을 하는 단계는?

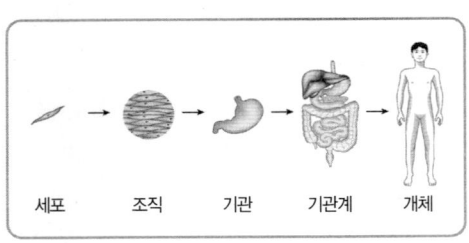

① 세포 ② 조직
③ 기관계 ④ 개체

16 그림은 녹말이 포도당으로 분해되는 과정을 나타낸 것이다. 이와 같이 음식물 속의 크기가 큰 영양소가 세포 안으로 흡수될 수 있도록 크기가 작은 영양소로 분해되는 과정은?

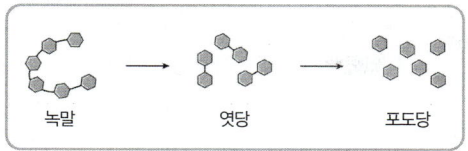

① 배설　　　　　② 순환

③ 소화　　　　　④ 호흡

17 다음 설명에 해당하는 혈관은?

> • 온몸에 그물처럼 퍼져 있는 매우 가느다란 혈관이다.
> • 혈관 벽이 한 겹의 세포층으로 되어 있어 물질 교환이 잘 일어난다.

① 대동맥　　　　② 대정맥

③ 폐동맥　　　　④ 모세 혈관

18 그림은 사람 눈의 구조를 나타낸 것이다. A~D 중 시각세포가 있으며 상이 맺히는 곳은?

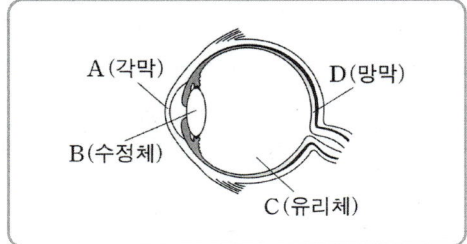

① A　　　　　　② B

③ C　　　　　　④ D

19 그림과 같이 순종인 둥근 완두(RR)와 순종인 주름진 완두(㉠)를 교배하여 자손 1대를 얻었다. 이때 유전자형 ㉠은? (단, 돌연변이는 없다.)

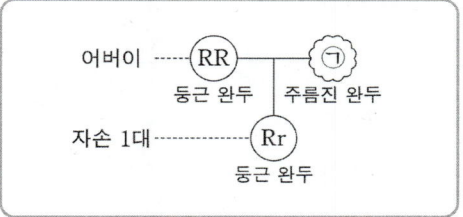

① RR　　　　　② Rr

③ rr　　　　　④ r

20 다음 중 지구를 둘러싸고 있는 대기이며 여러 가지 기체로 이루어져 있는 지구계의 구성 요소는?

① 기권　　　　　② 수권

③ 지권　　　　　④ 생물권

21 다음 설명에 해당하는 광물의 특성은?

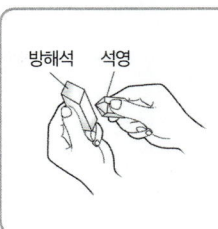

> • 광물의 단단한 정도이다.
> • 석영과 방해석을 서로 긁으면 방해석에 긁힌 자국이 남는다.

① 색　　　　　　② 굳기

③ 자성　　　　　④ 염산 반응

22 그림과 같이 지구가 태양 주위를 1년에 한 바퀴씩 도는 운동은?

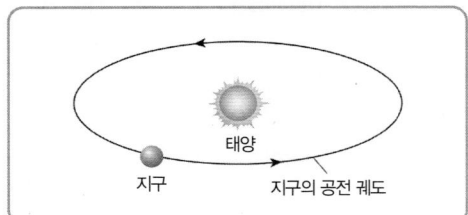

태양
지구
지구의 공전 궤도

① 일식   ② 월식
③ 지구의 공전   ④ 지구의 자전

23 다음 중 밀물과 썰물에 의해 해수면의 높이가 주기적으로 높아졌다 낮아졌다 하는 현상은?

① 장마   ② 조석
③ 지진   ④ 태풍

24 표는 우리나라에 영향을 주는 기단의 성질을 나타낸 것이다. 기단 A~D 중 춥고 건조한 겨울 날씨에 주로 영향을 주는 것은?

기단	A	B	C	D
성질	온난 건조	저온 다습	고온 다습	한랭 건조

① A   ② B
③ C   ④ D

25 그림은 지구에서 관측한 별의 연주 시차를 나타낸 것이다. 별 A~D 중 지구에서 가장 가까운 것은? (단, 초(″)는 연주 시차의 단위이다.)

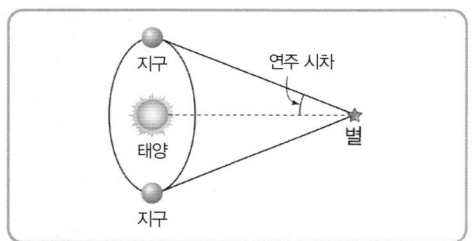

지구
연주 시차
태양
별
지구

별	연주 시차
A	0.13″
B	0.19″
C	0.38″
D	0.77″

① A   ② B
③ C   ④ D

제6교시 선택 과목 도 덕

정답 및 해설 468p

01 이웃 간 갈등 해결을 위한 올바른 자세는?

① 불신　　　　② 양보
③ 강요　　　　④ 협박

02 다음에서 설명하는 개념은?

- 한 번 잃으면 소생할 수 없기에 소중한 것
- 사람이 살아서 숨 쉬고 활동할 수 있게 하는 힘

① 해킹　　　　② 절망
③ 생명　　　　④ 중독

03 ㉠에 들어갈 대답으로 적절한 것은?

① 같은 잘못을 반복하기 위해서야.
② 인간은 이미 완벽한 존재이기 때문이야.
③ 마음의 건강은 중요하지 않기 때문이야.
④ 반성을 통해 더 나은 사람이 될 수 있기 때문이야.

04 다음 사례에 해당하는 국제 사회의 문제는?

지구 한편에서는 수많은 사람들이 먹을 것이 없어 죽어가고 있다. 오랫동안 굶주린 아이들은 영양실조에 걸려 건강이 위태롭다.

① 대기 오염　　　　② 빈곤과 기아
③ 오존층 파괴　　　　④ 사이버 폭력

05 ㉠에 들어갈 적절한 용어는?

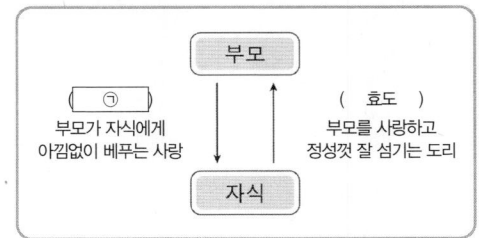

① 소외　　　　② 경쟁
③ 무시　　　　④ 자애

06 올바른 도덕적 신념으로 적절한 것을 〈보기〉에서 고른 것은?

〈 보기 〉
ㄱ. 어려운 사람을 도와야 한다.
ㄴ. 자신의 행동에 책임을 져야 한다.
ㄷ. 나보다 약한 사람을 때려도 된다.
ㄹ. 피부색에 따라 사람을 차별해도 된다.

① ㄱ, ㄴ　　　　② ㄱ, ㄷ
③ ㄴ, ㄹ　　　　④ ㄷ, ㄹ

2023년 2회

07 진정한 우정을 맺는 방법으로 가장 적절한 것은?

① 친구와 서로 배려하는 마음을 지닌다.
② 친구와 다투면 다시는 만나지 않는다.
③ 친밀한 사이일수록 예의를 지키지 않는다.
④ 경쟁에서 친구를 이기기 위해 반칙을 한다.

08 다음 대화 중 인권에 대한 설명으로 옳지 <u>않은</u> 것은?

누구에게나 있는 보편적인 권리야.
다른 사람의 인권도 소중히 해야 해.
인간이 존엄하게 살아가기 위해 존중해야 해.
인권을 보장 받을수록 개인은 불행해져.

학생 1 학생 2 학생 3 학생 4

① 학생 1   ② 학생 2
③ 학생 3   ④ 학생 4

09 바람직한 이성 교제의 자세로 적절하지 <u>않은</u> 것은?

① 서로의 인격을 존중한다.
② 책임감 있는 태도를 가진다.
③ 성별이 다르다는 이유로 차별한다.
④ 상대의 입장을 배려하여 행동한다.

10 다문화 사회에서의 올바른 태도를 〈보기〉에서 고른 것은?

─〈보기〉─
ㄱ. 우리 문화만을 최고로 여긴다.
ㄴ. 타 문화를 무조건적으로 수용한다.
ㄷ. 보편 규범에 근거하여 문화를 성찰한다.
ㄹ. 인권을 침해하는 문화는 비판적으로 검토한다.

① ㄱ, ㄴ   ② ㄱ, ㄷ
③ ㄴ, ㄹ   ④ ㄷ, ㄹ

11 ㉠에 들어갈 검색어로 옳은 것은?

통합 검색   ㉠

자신의 도덕적 행동이 나와 다른 사람에게 어떤 영향을 미칠지 상상해 보는 것

① 고정 관념   ② 권력 남용
③ 도덕적 상상력   ④ 지역 이기주의

12 사회적 약자의 권리를 보장하기 위한 방법으로 적절한 것은?

① 사회적 약자의 의견을 무시한다.
② 사회적 약자를 이유 없이 차별한다.
③ 사회적 약자에 대한 부정적인 편견을 가진다.
④ 사회적 약자의 생활을 지원할 수 있는 제도를 마련한다.

13 ㉠에 들어갈 대답으로 적절한 것은?

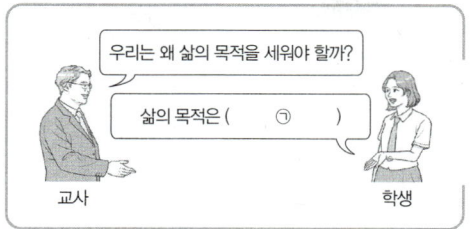

① 자신에게 좌절감을 주기 때문입니다.

② 어려운 일을 극복하는 힘이 되기 때문입니다.

③ 행복을 달성하는 데 방해가 되기 때문입니다.

④ 수동적인 삶의 태도를 갖도록 하기 때문입니다.

14 마음의 고통을 유발하는 원인이 <u>아닌</u> 것은?

① 욕심   ② 집착

③ 걱정   ④ 행복

15 다음 설명에 해당하는 것은?

> 두 가지 이상의 목표나 동기, 감정 등이 서로 충돌하고 대립하는 상태를 의미함.

① 화해   ② 협력

③ 갈등   ④ 평화

16 ㉠에 들어갈 용어로 가장 적절한 것은?

> 학생 : 선생님, 친구의 휴대 전화를 몰래 숨긴 것이 (㉠)인가요? 저는 그냥 장난이었어요.
> 선생님 : 그 친구의 기분을 생각해 보았니?

① 폭력   ② 칭찬

③ 경청   ④ 응원

17 다음에서 설명하는 올바른 갈등 해결의 방법은?

> • 제삼자가 개입하여 갈등을 해결함.
> • 갈등의 당사자들은 제삼자의 해결책을 따라야 함.

① 조롱   ② 중재

③ 비난   ④ 회피

18 교사의 질문에 바르게 답한 학생은?

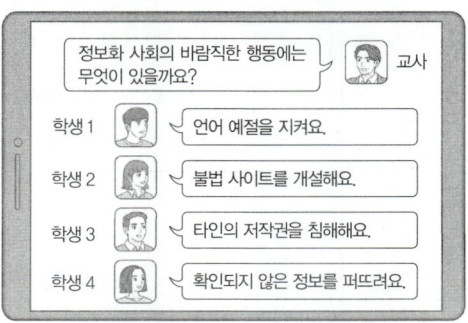

① 학생 1   ② 학생 2

③ 학생 3   ④ 학생 4

19 바람직한 애국심을 실천하는 자세로 적절한 것은?

① 자기 나라를 맹목적으로 추종한다.
② 국민으로서 권리와 의무를 실천한다.
③ 법을 어기고 사회 질서를 어지럽힌다.
④ 다른 나라의 문화를 무조건 헐뜯는다.

20 다음에서 설명하는 개념은?

• 의미 : 공정한 절차를 무시하고 부당한 방법으로 자기 이익을 챙기는 행위
• 사례 : 학연, 지연이 있는 사람에게 뇌물이나 친분, 권력 등을 악용하여 부당한 이익을 얻는 일

① 부패   ② 사랑
③ 인권   ④ 예절

21 평화 통일을 이루기 위한 자세로 적절하지 <u>않</u>은 것은?

① 화해와 공동 번영을 추구한다.
② 통일을 향한 공감대를 형성한다.
③ 상대방을 적대적 대상으로만 바라본다.
④ 상호 간 협력을 통해 신뢰를 회복한다.

22 다음 대화에서 알 수 있는 정의로운 국가가 추구해야 할 가치는?

정의로운 국가란 어떤 국가여야 한다고 생각해?

경제적 여건에 상관없이 최소한의 인간다운 생활을 보장하는 정책을 운영하는 국가라고 생각해.

① 차별   ② 복지
③ 억압   ④ 혼란

23 과학 기술의 활용으로 인한 문제점을 〈보기〉에서 고른 것은?

──── 〈보기〉 ────
ㄱ. 디지털 범죄가 일어난다.
ㄴ. 환경 파괴 문제를 가속화한다.
ㄷ. 인류의 건강 증진에 이바지한다.
ㄹ. 멀리 있는 사람과 대화가 가능하다.

① ㄱ, ㄴ   ② ㄱ, ㄷ
③ ㄴ, ㄹ   ④ ㄷ, ㄹ

24 도덕 추론 과정에서 ㉠에 들어갈 용어는?

• 도덕 원리: 절도는 옳지 않다.
  ↓
• (㉠) 판단: 남의 물건을 허락 없이 가져가는 것은 절도이다.
  ↓
• 도덕 판단: 남의 물건을 허락 없이 가져가는 것은 옳지 않다.

① 연대   ② 유희
③ 사실   ④ 양성

25 환경친화적 소비 생활의 실천 사례에 해당하는 것은?

① 과소비와 충동구매를 생활화하기

② 물품을 구매할 때 장바구니 사용하기

③ 가까운 거리를 이동할 때 자동차 타기

④ 다회용기 대신 일회용 종이컵 사용하기

2022년도

제1회

제1교시 국 어

제2교시 수 학

제3교시 영 어

제4교시 사 회

제5교시 과 학

제6교시 도 덕

제1교시

국 어

정답 및 해설 472p

01 다음 대화에 대한 설명으로 가장 적절한 것은?

> 사회자 : 우리 학교 화단이 허전하다는 의견이 많습니다. 이 문제를 해결할 수 있는 의견을 말해 주십시오.
> 학생 1 : 봄을 맞아 꽃들을 심는 건 어떨까요?
> 학생 2 : 동의합니다. 꽃 이름을 알려주는 팻말을 함께 붙이는 것도 좋겠습니다.
> 사회자 : 네, 좋은 의견 감사합니다. 다른 의견 있으십니까?

① 진로를 위한 상담이다.
② 문제 해결을 위한 토의이다.
③ 직업 선택을 위한 전문가 면담이다.
④ 전학 온 친구를 위한 학교 소개이다.

02 다음 말하기 상황을 고려할 때 ㉠의 의도로 가장 적절한 것은?

[민수의 생각]	[민수와 재희의 대화]
이 책들을 도서관으로 옮겨야 하는데 나 혼자 할 수가 없네.	내가 이 책들을 혼자 다 들 수 없어서 그러는데 ㉠너 시간 있어? 응, 있어.

① '재희'의 안부가 궁금하다.
② '재희'에게 도움을 요청한다.

③ '재희'의 잘못된 점을 지적한다.
④ '재희'와 학교 밖에서 만나고 싶다.

03 다음 규정에 맞지 <u>않는</u> 것은?

> ■ 표준 발음법 ■
> 【제5항】 'ㅢ'는 이중모음 [ㅢ]로 발음한다.
> 　　　다만 3. 자음을 첫소리로 가지고 있는 음절의 'ㅢ'는 [ㅣ]로 발음한다.

① 무늬[무니]　　② 의자[의자]
③ 희망[희망]　　④ 띄어쓰기[띠어쓰기]

04 다음 밑줄 친 낱말이 문장에서 바르게 쓰인 것은?

> • 반드시 : 틀림없이 꼭
> • 반듯이 : 작은 물체, 또는 생각이나 행동 등이 비뚤어지거나 기울거나 굽지 않고 바르게

① 겨울이 가면 **반듯이** 봄이 온다.
② 이번 시험에는 **반드시** 합격할 것이다.
③ 비가 오는 날이면 **반듯이** 허리가 쑤신다.
④ 큰 지진 뒤에는 **반듯이** 피해가 일어난다.

05 다음 밑줄 친 부분의 예로 적절하지 <u>않은</u> 것은?

> **[탐구 과제]**
>
> 관용 표현은 둘 이상의 낱말이 합쳐져 원래의 뜻과는 다른 특별한 뜻을 나타내는 관습적인 말입니다. 그중 <u>신체 부위와 관련한 관용 표현</u>을 찾아봅시다.

① 아이가 **눈이 작아서** 귀엽다.

② 그는 **귀가 얇아서** 남의 말을 잘 믿는다.

③ 이야기가 재미있어서 **배꼽 빠지게** 웃었다.

④ 그는 사회생활을 많이 해서인지 **발이 넓다.**

06 ㉠에 해당하는 것은?

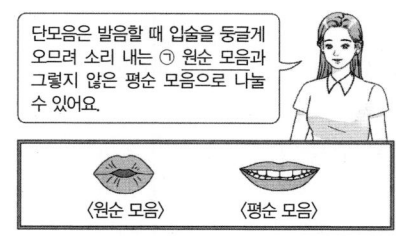

> 단모음은 발음할 때 입술을 둥글게 오므려 소리 내는 ㉠ 원순 모음과 그렇지 않은 평순 모음으로 나눌 수 있어요.

〈원순 모음〉　　〈평순 모음〉

① ㅏ　　　　② ㅗ

③ ㅡ　　　　④ ㅣ

07 밑줄 친 단어의 품사가 <u>다른</u> 것은?

① 그는 <u>매우</u> 착하다.

② 일을 <u>빨리</u> 끝내다.

③ <u>새</u> 옷을 꺼내 입다.

④ 선물을 <u>살며시</u> 건네주다.

08 ㉠에 해당하는 것은?

> ㉠ 홑문장은 주어와 서술어의 관계가 한 번만 나타나는 문장입니다.

[홑문장]

하늘이　　높다
주어　　　서술어

① 국화가 활짝 피었다.

② 민호가 소리도 없이 다가왔다.

③ 나는 노래하고 영희는 춤춘다.

④ 비가 그쳐서 지수는 외출했다.

09 (가)에 들어갈 내용으로 가장 적절한 것은?

근거 1	즉석식품을 자주 섭취할 경우 우리 몸에 필요한 여러 영양소가 결핍되기 쉽다.
근거 2	즉석식품에는 나트륨과 식품 첨가물이 과다하게 함유되어 있다.
	⇓
주장	(가)

① 즉석식품의 과도한 섭취는 건강에 해롭다.

② 즉석식품의 포장 관리를 철저히 해야 한다.

③ 즉석식품에서 발생하는 쓰레기를 줄여야 한다.

④ 즉석식품에는 우리 몸에 필요한 영양소가 들어 있다.

10 다음은 글쓰기 계획의 일부이다. ㉠에 해당하는 내용으로 가장 적절한 것은?

> ⊙ 우리 지역 축제 보고서 쓰기 계획 ⊙
>
> ○ 목적 : (㉠   )
> ○ 기간 : 2022년 ○월 ○일 ~ ○월 ○일
> ○ 방법 : 설문 조사
>   • 대상 : 축제 방문자
>   • 내용
>
> ◆ 축제의 만족도는?
>
> (□ 안에 체크하세요.)
>
> □ 매우 불만족 □ 불만족 □ 보통 □ 만족 □ 매우 만족
>
> | 〈매우 불만족/불만족〉
일 때 응답하세요. | 〈만족/매우 만족〉
일 때 응답하세요. |
> |---|---|
> | • 축제에 만족하지 못한 이유는?
• 축제에서 고쳐야 할 점은? | • 축제에서 좋았던 행사는?
• 다음 해에 참가하고 싶은 행사는? |

① 우리 지역 환경오염의 심각성을 알리기 위해

② 우리 지역 청소년 시설의 현황을 조사하기 위해

③ 우리 지역 축제의 문제점과 발전 방안을 찾기 위해

④ 전통 시장을 홍보해서 지역의 축제 예산을 늘리기 위해

[11~13] 다음 글을 읽고 물음에 답하시오.

위층의 소리는 멈추지 않았다. 드르륵거리는 ㉠소리에 머리털이 진저리를 치며 곤두서는 것 같았다. 철없고 상식 없는 요즘 젊은 엄마들이 아이들에게 집 안에서 자전거나 스케이트보드 따위를 타게도 한다는데, 아무래도 그런 것 같았다. 인터폰의 수화기를 들자, 경비원의 응답이 들렸다. 내 목소리를 알아채자마자 길게 말꼬리를 늘이며 지레 짐었다. 귀찮고 성가셔하는 표정이 눈앞에 역력히 떠올랐다.

"위층이 또 시끄럽습니까? 조용히 해 달라고 말씀드릴까요?"

잠시 후 인터폰이 울렸다.

"충분히 주의하고 있으니 염려 마시랍니다."

경비원의 전갈이었다. 염려 마시라고? 다분히 도전적인 저의(底意)[1]가 느껴지는 전언이었다. 게다가 드르륵드르륵 소리는 여전하지 않은가? 이젠 한판 싸워 보자는 얘긴가? 나는 인터폰을 들어 다짜고짜 909호를 바꿔 달라고 말했다. 신호음이 서너 차례 울린 후에야 신경질적인 젊은 여자의 응답이 들렸다.

"아래층인데요. 댁이 그런 식으로 말할 건 없잖아요? 나도 참을 만큼 참았다고요. 공동 주택에는 지켜야 할 규칙들이 있잖아요? 난 그 ㉡소리 때문에 병이 날 지경이에요."

"여보세요. 난 날아다니는 나비나 파리가 아니에요. 내 집에서 맘대로 움직이지도 못하나요? 해도 너무하시네요. 이틀 거리로 전화를 해대시니 저도 피가 마르는 것 같아요. 저더러 어쩌라는 거예요?"

"하여튼 아래층 사람 고통도 생각하시고 주의해 주세요."

나는 거칠게 수화기를 내려놓았다. "뻔뻔스럽긴. 이젠 순 배짱이잖아?" 소리 내어 욕설을 퍼부어도 화가 가라앉지 않았다. 그렇다고 언제까지 경비원을 사이에 두고 '하랍신다', '하신다더라' 하며 신경전을 펼 수도 없는 일이었다. 화가 날수록 침착하고 부드럽게 처신해야 한다는 것은 나이가 가르친 지혜였다. 지난겨울 선물로 받은, 아직 쓰지 않은 실내용 슬리퍼에 생각이 미친 것은 스스로도 신통했다. 선물도 무기가 되는 법. 발소리를 죽이는 푹신한 슬리퍼를 선물함으로써 ㉢소리를 죽이라는 메시지와 함께 소리 때문에 고통받는 내 심정을 간접적으로 나타낼 수 있으리라. 사려 깊고 양식 있는 이웃으로서 공동생활의 규범에 대해 조곤조곤

타이르리라.

위층으로 올라가 벨을 눌렀다. 안쪽에서 "누구세요?" 묻는 ⓔ 소리가 들리고도 십 분 가까이 지나 문이 열렸다. '이웃사촌이라는데 아직 인사도 없이……' 등등 준비했던 인사말과 함께 포장한 슬리퍼를 내밀려던 나는 첫마디를 뗄 겨를도 없이 우두망찰했다.[2] 좁은 현관을 꽉 채우며 휠체어에 앉은 젊은 여자가 달갑잖은 표정으로 나를 올려다보았다.

"안 그래도 바퀴를 갈아 볼 작정이었어요. 소리가 좀 덜 나는 것으로요. 어쨌든 죄송해요. 도와주는 아줌마가 지금 안 계셔서 차 대접할 형편도 안 되네요."

여자의 텅 빈, 허전한 하반신을 덮은 화사한 빛깔의 담요와 휠체어에서 황급히 시선을 떼며 나는 할 말을 잃은 채 부끄러움으로 얼굴만 붉히며 슬리퍼 든 손을 등 뒤로 감추었다.

1) 겉으로 드러나지 아니한, 속에 품은 생각.
2) 정신이 얼떨떨하여 어찌할 바를 몰랐다.

– 오정희, 「소음공해」 –

11 윗글의 내용으로 가장 적절한 것은?

① 경비원은 층간 소음 문제를 적극적으로 해결했다.
② 위층 여자는 아래층의 소음에 대해 여러 번 항의했다.
③ '나'는 위층 여자의 사정을 알고 나서 부끄러움을 느꼈다.
④ '나'는 위층 여자를 오해했던 것이 미안하여 사과의 선물을 전달했다.

12 윗글을 연극으로 공연하고자 할 때, 준비할 소품으로 볼 수 없는 것은?

① 화사한 빛깔의 담요
② 선물로 준비한 과일
③ 포장된 실내용 슬리퍼
④ 바퀴 소리가 큰 휠체어

13 ㉠~㉣ 중 성격이 다른 것은?

① ㉠ ② ㉡
③ ㉢ ④ ㉣

[14~16] 다음 글을 읽고 물음에 답하시오.

[A]
열무 삼십 단을 이고
㉠ 시장에 간 우리 엄마
안 오시네, 해는 시든 지 오래
나는 ㉡ 찬밥처럼 방에 담겨
아무리 천천히 숙제를 해도
엄마 안 오시네, ㉢ 배춧잎 같은 발소리 타박타박
안 들리네, 어둡고 무서워
금 간 ㉣ 창틈으로 고요히 빗소리
빈방에 혼자 엎드려 훌쩍거리던

아주 먼 옛날
지금도 내 눈시울을 뜨겁게 하는
그 시절, 내 유년[1]의 윗목[2]

– 기형도, 「엄마 걱정」 –

1) 나이가 어린 때.
2) 온돌방에서 아궁이로부터 먼 쪽의 방바닥. 불길이 잘 닿지 않아 아랫목보다 상대적으로 차가운 쪽이다.

14 윗글에 대한 설명으로 가장 적절한 것은?

① 어른이 된 화자가 어린 시절을 회상한다.

② 속마음을 반대로 표현하여 현실을 비판한다.

③ 의성어를 통해 어머니의 발소리를 경쾌하게 표현했다.

④ 감각적 표현을 통해 유년의 행복했던 기억을 생생하게 전달한다.

15 [A]에 나타난 화자의 정서와 거리가 먼 것은?

① 무서움   ② 외로움

③ 쓸쓸함   ④ 부끄러움

16 ㉠~㉣ 중 밑줄 친 '이것'에 해당하는 것은?

> 일하러 간 엄마를 기다리는 '나'의 모습을 이것에 빗대어 표현하였다.

① ㉠   ② ㉡

③ ㉢   ④ ㉣

[17~19] 다음 글을 읽고 물음에 답하시오.

규중 부인이 아침 단장을 마치매, 칠우가 모여 할 일을 함께 의논하여 각각 맡은 일을 이루어 내는지라. 하루는 칠우가 모여 바느질의 공을 의논하는데 ㉠ 척 부인이 긴 허리를 뽐내며 말하기를,

"여러 벗들은 들으라. 가는 명주, 굵은 명주, 흰 모시, 가는 실로 짠 천, 파랑, 빨강, 초록, 자주 비단을 다 내어 펼쳐 놓고 남녀의 옷을 마련할 때, 길이와 넓이며 솜씨와 격식을 내가 아니면 어찌 이루리오. 그러므로 옷 짓는 공은 내가 으뜸이 되리라."

㉡ 교두 각시가 두 다리를 빠르게 놀리며 뛰어나와 이르되, "척 부인아, 그대 아무리 마련을 잘한들 베어 내지 아니 하면 모양이 제대로 되겠느냐? 내 공과 내 덕이니 네 공만 자랑 마라."

세요 각시가 가는 허리를 구부리며 날랜 부리 돌려 이르되,

"두 벗의 말이 옳지 않다. 진주 열 그릇이라도 꿴 후에야 보배라 할 것이니, 재단에 두루 능하다 하나 내가 아니면 옷 짓기를 어찌하리오. 잘게 누빈 누비, 듬성하게 누빈 누비, 맞대고 꿰맨 솔기, 긴 옷을 지을 때 나의 날래고 빠름이 아니면 어찌 잘게 뜨며, 굵게 박아 마음대로 하리오.

척 부인이 재고 교두 각시가 옷감을 베어 낸다 하나, 나 아니면 공이 없으련만 두 벗이 무슨 공이라 자랑하느뇨."

㉢ 청홍흑백 각시가 얼굴이 붉으락푸르락하여 화내며 말하기를,

"세요야, 네 공이 내 공이라. 자랑 마라. 네 아무리 잘난 체 하나 한 솔기나 반 솔기인들 내가 아니면 네 어찌 성공하리오."

㉣ 감투 할미가 웃으며 이르되,

"각시님네, 웬만히 자랑하소. 이 늙은이 머리부터 발끝까지 온몸으로 아기씨네 손부리 아프지 아니하게 바느질 도와드리나니, 옛말에 이르기를 '닭의 입이 될지언정 소의 꼬리는 되지 말라'고 했소. ㉤ 청홍흑백 각시는 세요의 뒤를 따라다니며 무슨 말을 하시느뇨. 실로 얼굴이 아까워라.

나는 매양 세요의 귀에 찔렸으나, 낯가죽이 두꺼워 견딜만하여 아무 말도 아니하노라."

– 규중의 어느 부인, 「규중의 일곱 벗」 –

17 ㉠~㉣에 해당하는 내용이 적절한 것은?

	외적 특징		실제 사물
㉠	긴 허리	……	자
㉡	두 다리	……	다리미
㉢	두꺼운 낯	……	골무
㉣	붉으락푸르락한 얼굴	……	가위

① ㉠ ② ㉡
③ ㉢ ④ ㉣

18 윗글의 내용으로 보아 빈칸에 들어갈 말로 적절한 것은?

> 칠우가 모여 함께 이루어 내는 일은 (   )이다.

① 옷 만들기
② 집 안 정리하기
③ 규중 부인 깨우기
④ 규중 부인의 머리 꾸미기

19 ㉢의 의미로 가장 적절한 것은?

① 이야기를 좋아하는 규중 부인
② 바늘이 꽂혀 있는 골무의 모습
③ 화려하게 장식된 규중 부인의 방
④ 바늘귀에 꿰여 달려 있는 실의 모습

[20~22] 다음 글을 읽고 물음에 답하시오.

여름밤에 잠을 못 자게 하는 두 가지 공포는 밤새도록 더위가 가시지 않는 열대야 현상과 ㉠ 이다. 밤새 가로수에 매달려 우는 매미 때문에 창문을 열어 놓을 수가 없다. 도로를 지나다니는 차들의 경적도 시끄럽지만, 매미의 기세도 보통이 아니다.

하지만 매미는 원래 밝은 낮에만 울고 어두워지면 울지 않았다. 매미의 수컷이 내는 소리에는 세 가지 의미가 있는데, 첫째 주변에 있는 매미들에게 자신의 존재를 알리고, 둘째 자신의 영역을 침범하지 말라고 경고하고, 셋째 암컷을 유인해 짝짓기를 하는 것이다. 특히 매미의 울음소리는 수컷이 암컷 매미를 만나 짝짓기를 하여 종족을 번식하는 데 없어서는 안 될 신호인 셈이다. 그런데 가로등이나 상점 간판의 네온사인, 자동차의 전조등과 같은 인공 불빛으로 밤이 너무 밝아지자 낮이 아닌데도 매미들이 우는 것이다.

[A] 사람도 빛 공해의 피해를 입고 있다. 우리나라의 도시에 사는 아이들은 시골에 사는 아이들보다 안과를 자주 찾는다. 세계적으로 유명한 과학 잡지 「네이처」에서는 밤에 항상 불을 켜 놓고 자는 아이의 34퍼센트가 근시라는 조사 결과를 발표했다. 불빛 아래에서는 잠드는 데 ㉡걸리는 시간인 수면 잠복기가 길어지고 뇌파도 불안정해진다. 이 때문에 도시의 눈부신 불빛은 아이들의 깊은 잠을 방해하고 있는 것이다.

이와 같이 도시의 빛 공해로 인해 생물체들이 피해를 입고 있다. 생물체가 살아가려면 햇빛이 필요하듯이 어둠과 고요도 꼭 있어야 한다. 어둠 속에서 편히 쉬어야 다시 생기를 얻을 수 있기 때문이다. 생명을 위해 이제 도시의 밤하늘에 어둠과 고요를 돌려주자. 인공의 불빛이 아닌 자연의 별빛을 밝히자.

– 박경화, 「도시의 밤은 너무 눈부시다」 –

20 윗글의 ㉠에 들어갈 내용으로 가장 적절한 것은?

① 아파트 위층에서 들리는 세탁기 소리
② 운동장에서 들리는 아이들의 웃음소리
③ 집 안에서 키우는 반려견의 발자국 소리
④ 창밖에서 들리는 시끄러운 매미 울음소리

21 [A]에 대한 설명으로 가장 적절한 것은?

① 질문을 통해 화제에 집중하게 하고 있다.
② 속담을 이용하여 독자의 흥미를 불러일으키고 있다.
③ 과장된 수치를 사용하여 경각심을 불러일으키고 있다.
④ 세계적으로 유명한 과학 잡지를 인용하여 신뢰도를 높이고 있다.

22 ㉡과 같은 의미로 쓰인 것은?

① 감기에 걸리다.
② 그림이 벽에 걸리다.
③ 물고기가 그물에 걸리다.
④ 밥하는 시간이 오래 걸리다.

[23~25] 다음 글을 읽고 물음에 답하시오.

　남극과 북극 가운데 어디가 더 추울까? 남극이 훨씬 춥다. 육지는 바다에 비해 쉽게 데워지고 쉽게 식는다. 남극은 이러한 육지가 밑에 있어서 한겨울에 해당하는 8월 말 무렵이면 높은 곳에서는 기온이 영하 70℃ 가까이 내려간다고 한다. 역사상 최저 기온은 영하 89℃였다. 이러한 기후 조건 때문에 남극에는 연구를 목적으로 거주하는 사람들 외에는 원주민이 없다. ㉠ 남극의 추위를 견뎌 내기가 그만큼 어렵기 때문이다.
　북극은 주변에 있는 바다와 해류의 영향을 받는다. 얼음 덩어리보다 상대적으로 온도가 높은 바다에서 상승하는 따뜻한 공기 때문에 겨울에는 최저 기온이 영하 30~40℃까지 내려가지만, 여름에는 영상 10℃ 정도로 비교적 따뜻하다. 그리고 북극에는 우리가 에스키모라고 알고 있는 원주민인 이누이트인들이 살아가고 있다.

– 고현덕 외, 「살아있는 과학 교과서 1」 –

23 윗글의 내용과 일치하지 <u>않는</u> 것은?

① 북극이 남극보다 훨씬 춥다.
② 북극은 해류의 영향을 받는다.
③ 이누이트인이 북극에 살고 있다.
④ 육지는 바다에 비해 쉽게 데워진다.

24 다음 빈칸에 들어갈 말로 가장 적절한 것은?

　윗글은 남극과 북극의 (　　) 특징을 대비하여 설명하고 있다.

① 경제적　　　② 기후적
③ 문화적　　　④ 역사적

25 ㉠에 들어갈 말로 가장 적절한 것은?

① 또한　　　② 그러나
③ 왜냐하면　　④ 예를 들면

제2교시

수 학

정답 및 해설 475p

01 56을 소인수분해한 결과로 옳은 것은?

① $2^2 \times 7$ ② $2^3 \times 7$

③ 2×7^2 ④ $2^2 \times 7^2$

02 다음 중 수의 대소 관계가 옳은 것은?

① $-2 < 0$ ② $-1 < -2$

③ $3 < -1$ ④ $7 < 4$

03 $x = 3$, $y = -1$일 때, $2x + y$의 값은?

① -1 ② 1

③ 3 ④ 5

04 그림은 가로의 길이가 7cm, 세로의 길이가 $x\text{cm}$인 직사각형이다. 이 직사각형의 둘레의 길이가 24cm일 때, x의 값은?

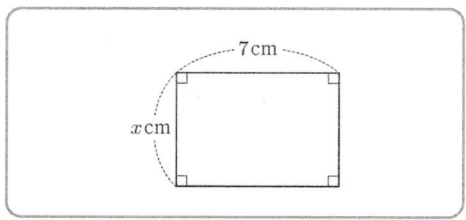

① 4 ② 5

③ 6 ④ 7

05 그림과 같이 평행한 두 직선 l, m이 다른 한 직선 n과 만날 때, $\angle x$의 크기는?

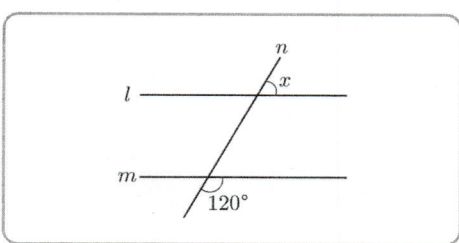

① $40°$ ② $60°$

③ $80°$ ④ $100°$

06 그림과 같이 원 O에서 $\angle \text{AOB} = 30°$, $\angle \text{COD} = 90°$, $\overset{\frown}{\text{CD}} = 12\text{cm}$일 때, x의 값은?

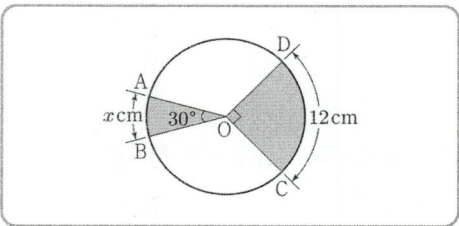

① 3 ② 4

③ 5 ④ 6

07 다음은 청소년 40명의 일일 평균 스마트폰 사용 시간을 조사하여 만든 도수분포표이다. 일일 평균 스마트폰 사용 시간이 3시간 이상인 청소년의 수는?

사용 시간(시간)	청소년 수(명)
$0^{이상}$ ~ $1^{미만}$	2
1 ~ 2	8
2 ~ 3	10
3 ~ 4	12
4 ~ 5	8
합계	40

① 16   ② 18
③ 20   ④ 22

08 $\frac{4}{9}$를 순환소수로 나타낸 것은?

① $0.\dot{1}$ ② $0.\dot{2}$
③ $0.\dot{3}$ ④ $0.\dot{4}$

09 $a \times a^2 \times a^3$을 간단히 한 것은?

① a^3 ② a^4
③ a^5 ④ a^6

10 연립방정식 $\begin{cases} x+y=1 \\ 2x-y=2 \end{cases}$의 해는?

① $x=-1, y=2$ ② $x=0, y=1$
③ $x=1, y=0$ ④ $x=2, y=-1$

11 일차함수 $y=ax$의 그래프를 y축의 방향으로 2만큼 평행이동하면 일차함수 $y=-2x+2$의 그래프와 일치한다. 상수 a의 값은?

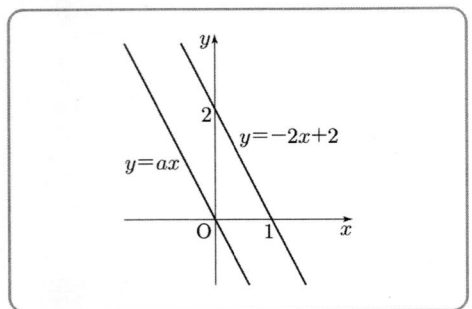

① -2 ② -1
③ 1 ④ 2

12 그림과 같이 평행사변형 $ABCD$에서 $\overline{AB}=5cm$, $\angle D=120°$일 때, x, y의 값은?

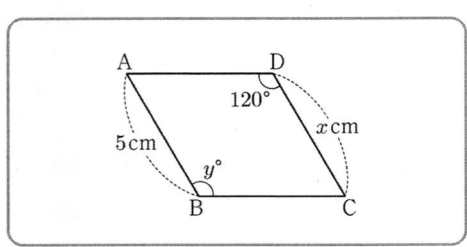

① $x=5, y=60$ ② $x=5, y=120$
③ $x=6, y=60$ ④ $x=6, y=120$

13 그림에서 △ABC∽△DEF일 때, △ABC와 △DEF의 닮음비는?

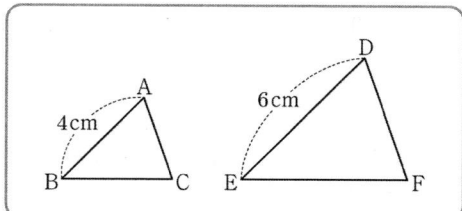

① 1 : 2   ② 1 : 3

③ 2 : 3   ④ 3 : 4

14 그림과 같은 주사위 한 개를 한 번 던질 때, 나오는 눈의 수가 3 이상일 확률은?

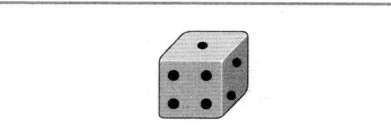

① $\dfrac{1}{6}$ ② $\dfrac{1}{3}$

③ $\dfrac{1}{2}$ ④ $\dfrac{2}{3}$

15 $3\sqrt{2}+\sqrt{2}$ 를 간단히 한 것은?

① $\sqrt{2}$ ② $2\sqrt{2}$

③ $3\sqrt{2}$ ④ $4\sqrt{2}$

16 이차방정식 $(x-1)(x-3)=0$ 의 한 근이 1이다. 다른 한 근은?

① 3   ② 4

③ 5   ④ 6

17 이차함수 $y=-2x^2$ 의 그래프에 대한 설명으로 옳은 것은?

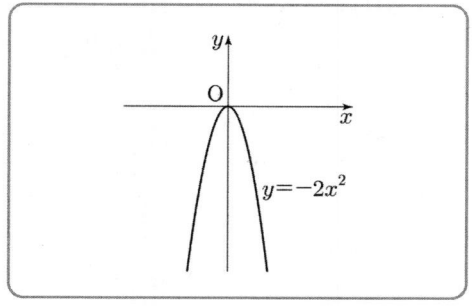

① 위로 볼록하다.

② x축에 대칭이다.

③ 점 $(1, 2)$를 지난다.

④ 꼭짓점의 좌표는 $(0, -2)$이다.

18 직각삼각형 ABC에서 $\overline{AB}=5$, $\overline{BC}=4$, $\overline{AC}=3$일 때, $\cos B$의 값은?

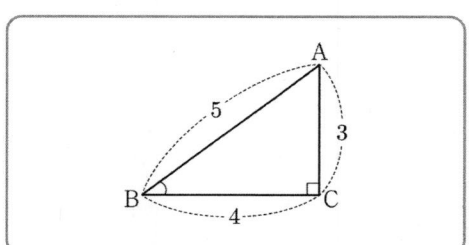

① $\dfrac{3}{5}$ ② $\dfrac{3}{4}$

③ $\dfrac{4}{5}$ ④ $\dfrac{5}{4}$

19 그림과 같이 원 O에서 호 AB에 대한 원주각 ∠APB의 크기가 35°일 때, 이 호에 대한 중심각 ∠AOB의 크기는?

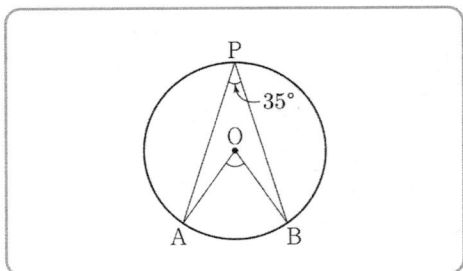

① 50°　　　② 60°

③ 70°　　　④ 80°

20 다음 중 음의 상관관계를 나타내는 산점도는?

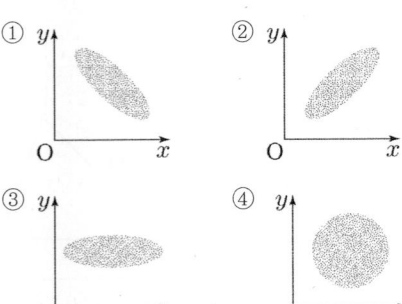

제3교시

영 어

정답 및 해설 477p |

01 다음 밑줄 친 단어의 뜻으로 가장 적절한 것은?

> I heard this movie is <u>boring</u>, so I don't want to watch it.

① 지루한   ② 즐거운
③ 무서운   ④ 놀라운

02 다음 중 두 단어의 의미 관계가 나머지 셋과 다른 것은?

① buy – sell   ② tell – speak
③ push – pull   ④ start – finish

03 다음 빈칸에 들어갈 말로 가장 적절한 것은?

> This _____ one of my favorite songs.

① be   ② is
③ am   ④ are

[04~06] 다음 대화의 빈칸에 들어갈 말로 가장 적절한 것을 고르시오.

04

> A : Excuse me, how _____ is this book?
> B : It's only five dollars.

① far   ② tall
③ long   ④ much

05

> A : Can you please _____ the dishes?
> B : I'm sorry, but I don't have time. I'll do it later.

① go   ② call
③ hear   ④ wash

06

> A : I like this jacket very much.
> B : Why do you like it?
> A : _____.

① I like the color
② They look so tired
③ Don't worry about it
④ I am reading a magazine

07 다음 빈칸에 공통으로 들어갈 말로 가장 적절한 것은?

> • You can't _____ your car here.
> • Let's go to the _____ for a picnic.

① fly   ② cook

③ park   ④ watch

08 다음은 Alice의 주간계획표이다. 목요일에 할 일은?

Thesday	Wednesday	Thursday	Friday
ride my bike	go swimming	make pizza	play soccer

① 자전거 타기   ② 수영하기

③ 피자 만들기   ④ 축구하기

09 그림으로 보아 빈칸에 들어갈 말로 가장 적절한 것은?

> A : What is the boy doing?
> B : He is _____ the violin.

① driving   ② playing

③ reading   ④ walking

10 다음 대화가 끝난 후 두 사람이 만날 장소는?

> A : Why don't we play badminton today?
> B : Sure. Where shall we meet?
> A : How about the school playground?
> B : O.K. See you there at 3 o'clock.

① 경찰서   ② 도서관

③ 운동장   ④ 주차장

11 다음 대화의 빈칸에 들어갈 말로 가장 적절한 것은?

> A : Mom, can I go to the movies?
> B : Who are you going to go with?
> A : _____.

① At 3 o'clock

② I'm going to go with Sora

③ We're going to see *The Planet*

④ We'll meet in front of the theater

12 다음 대화의 주제로 가장 적절한 것은?

> A : Which season do you like?
> B : I like summer because I can go to the beach.
> A : I love skiing, so I like winter.

① 새해 소망   ② 좋아하는 계절

③ 여행지 추천   ④ 외국인 친구 소개

13 다음 홍보문을 보고 알 수 <u>없는</u> 것은?

> **Learn from Artists**
> • Place : Modern Art Museum
> • Date : May 7th, 2022
> • Activity : Drawing pictures with artists

① 장소   ② 날짜
③ 참가비   ④ 활동 내용

14 다음 방송의 목적으로 가장 적절한 것은?

> Good afternoon. Welcome to the downtown library. We have a special event today. Julia Smith will talk about her new book, *Harry Botter*, in the main hall at 2 p.m. If you're a fan, please don't miss this event!

① 기부 방법 설명
② 화장실 고장 공지
③ 중고 서적 판매 광고
④ 도서관 특별 행사 안내

15 다음 대화에서 B가 긴장한 이유는?

> A : Hi, Judy. You look worried. What's wrong?
> B : I have to give a speech in English. I'm so nervous.
> A : Don't worry. You'll do a good job.

① 요리 대회에 출전해서
② 약속 시간에 늦어서
③ 좋아하는 배우를 만나서
④ 영어로 연설을 해야 해서

16 seahorse에 관한 다음 글의 내용과 일치하지 <u>않는</u> 것은?

> The seahorse is very interesting in many ways. It is a kind of fish, but it looks like a horse. It swims standing up. It moves slowly in the water. When it is in danger, it can change its color.

① 말처럼 생겼다.   ② 서서 헤엄친다.
③ 빠르게 이동한다.   ④ 색을 바꿀 수 있다.

17 주어진 말에 이어질 두 사람의 대화를 〈보기〉에서 찾아 순서대로 가장 적절하게 배열한 것은?

> Seho, where are you going?

〈보기〉
(A) To the library. I need to return these books.
(B) Yes, please. Thank you!
(C) They look heavy. Do you need any help?

① (A) – (B) – (C)   ② (A) – (C) – (B)
③ (B) – (A) – (C)   ④ (B) – (C) – (A)

18 다음 글에서 Minsu가 버스에서 내린 이유로 가장 적절한 것은?

> Yesterday, Minsu got on a bus. He put his card on the reader to pay the fare. But the machine said that there was not enough money on his card. So he had to get off the bus. He was embarrassed.

① 버스를 잘못 타서
② 목적지에 도착해서
③ 버스가 갑자기 고장 나서
④ 버스 카드 잔액이 부족해서

19 그래프로 보아 빈칸에 들어갈 말로 가장 적절한 것은?

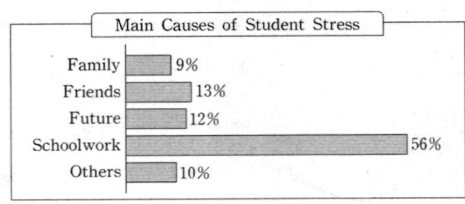

Main Causes of Student Stress

Family	9%
Friends	13%
Future	12%
Schoolwork	56%
Others	10%

> More than 50% of the students chose _____ as the main cause of their stress.

① family
② friends
③ future
④ schoolwork

20 Franz Liszt에 관한 다음 글에서 언급된 내용이 <u>아닌</u> 것은?

> Have you heard of Franz Liszt? He was born in Hungary in 1811. His father played the cello, so Liszt became interested in music. Liszt first started playing the piano when he was seven. He later became a great pianist, composer, and teacher.

① 작곡한 작품의 수
② 태어난 나라
③ 피아노를 치기 시작한 나이
④ 직업

21 다음 밑줄 친 they가 가리키는 것으로 가장 적절한 것은?

> The Sahara Desert is a very hot place. It is difficult for animals to survive there, but ants can live in this environment. How can <u>they</u> do that? Because their bodies can reflect the heat from the sun.

① ants
② bears
③ foxes
④ lions

22 수영장에서 지켜야 할 규칙으로 언급되지 않은 것은?

- Do not run.
- Do not eat food.
- Do not dive into the pool.

① 뛰지 않기
② 음식 먹지 않기
③ 다이빙하지 않기
④ 사진 촬영하지 않기

23 다음 글의 주제로 가장 적절한 것은?

There are many good things about using a smartphone. First, I can get in touch with my friends anywhere. Also, I can easily get the information I need. This is useful when I have a lot of homework to do.

① 다양한 원격 수업 방법
② 인터넷 중독의 위험성
③ 스마트폰 사용의 좋은 점
④ 학교 숙제가 필요한 이유

24 다음 글을 쓴 목적으로 가장 적절한 것은?

Hello, Dr. Brown. I have a problem. I keep buying things that I don't need. So I have a lot of unnecessary things. I really want to break this bad habit. What should I do?

① 조언을 구하기 위해서
② 환불을 요청하기 위해서
③ 주말 약속을 잡기 위해서
④ 전시회를 소개하기 위해서

25 다음 글의 바로 뒤에 이어질 내용으로 가장 적절한 것은?

Why do people dance? They dance to express feelings, give happiness to others, or enjoy themselves. Now, let's take a look at different kinds of dance around the world.

① 여러 나라의 인사법
② 세계의 다양한 춤 소개
③ 감정을 잘 표현하는 방법
④ 책을 많이 읽어야 하는 이유

제4교시

사 회

정답 및 해설 481p

01 다음에서 설명하는 것은?

> 어떤 장소나 지역에 대한 정보를 수치화하여 컴퓨터에 입력 · 저장한 후, 가공 · 분석 · 처리하여 다양하게 표현해 주는 체계

① 시차   ② 표준시
③ 랜드마크   ④ 지리 정보 시스템

02 다음 자료에서 (가)에 해당하는 기후는?

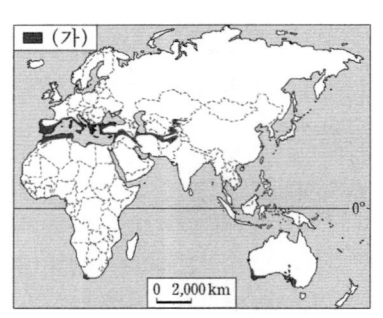

• 지도에 표시된 (가)는 여름에는 고온 건조하고, 겨울에는 온난 습윤하다.
• 이 지역은 주로 올리브, 포도 등의 수목 농업이 이루어진다.

① 고산 기후   ② 툰드라 기후
③ 지중해성 기후   ④ 열대 우림 기후

03 다음 내용에 해당하는 지형은?

> • 용암이 빠른 속도로 식어 굳으면서 다각형의 기둥 모양으로 쪼개짐.
> • 주로 제주도에 분포함.

① 갯벌   ② 모래사장
③ 석회동굴   ④ 주상절리

04 다음에서 설명하는 자연재해는?

> • 집중 호우에 의한 하천의 범람으로 발생
> • 가옥이나 농경지 등이 침수되어 재산 및 인명 피해 발생

① 홍수   ② 황사
③ 폭염   ④ 가뭄

05 다음 설명에 해당하는 자원은?

> • 자동차 보급의 확산으로 수요가 급증함.
> • 편재성이 매우 크고, 국제적 이동량이 많음.
> • 주요 수출국: 사우디아라비아, 러시아, 아랍 에미리트 등

① 구리   ② 석유
③ 석탄   ④ 철광석

06 다음에서 설명하는 것은?

> 푸드 마일리지를 줄이기 위한 대안으로 등장하였으며, 지역에서 생산된 먹거리를 해당 지역에서 직접 소비하는 것을 뜻한다.

① 공정 무역　　　② 로컬 푸드
③ 혼합 농업　　　④ 플랜테이션

07 개발 제한 구역의 설정 목적으로 가장 적절한 것은?

① 도시 내 시가지 개발
② 대규모 중공업 단지 조성
③ 도시의 무질서한 팽창 방지
④ 각종 건축물의 자유로운 건설

08 ㉠, ㉡에 들어갈 말로 옳은 것은?

> · 　㉠　은/는 국가의 주권이 미치는 해역이다.
> · 　㉡　은/는 국가의 주권이 미치는 육지와 바다의 수직 상공이다.

	㉠	㉡		㉠	㉡
①	영해	영공	②	영해	영토
③	영공	영해	④	영토	영공

09 다음 상황을 설명하는 용어로 적절한 것은?

> ○○은 신인 가수 그룹의 리더로서 중요한 오디션이 있던 날, 어머니의 건강이 위독하다는 연락을 받았다. 그는 오디션에 참가해야 할지 어머니에게 가야 할지 고민에 빠졌다.

① 외집단　　　② 재사회화
③ 역할 갈등　　④ 지역 갈등

10 다음 내용에 해당하는 문화의 속성은?

> 문화는 한 사회의 구성원들이 공통으로 가지는 생활 양식이다. 이를 통하여 사회 구성원들은 특정한 상황에서 서로의 행동을 쉽게 이해하고 예측할 수 있다.

① 공유성　　　② 선천성
③ 수익성　　　④ 일회성

11 ㉠에 들어갈 내용으로 적절한 것은?

> 우리나라의 지방 자치 단체는 의결 기관인 (　㉠　)와/과 집행 기관인 지방 자치 단체장으로 구성됩니다.

① 국회　　　② 대통령
③ 국무회의　④ 지방 의회

12 다음에서 설명하는 일반적인 정부 형태는?

> 국민이 선거를 통해 의회를 구성하고, 의회 다수당의 대표가 총리(수상)가 된다. 총리는 내각을 구성할 권한을 가진다.

① 대통령제
② 절대 왕정
③ 귀족 정치제
④ 의원 내각제

13 ㉠에 들어갈 국민의 기본권은?

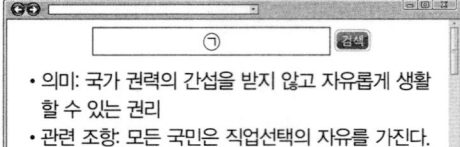

- 의미: 국가 권력의 간섭을 받지 않고 자유롭게 생활할 수 있는 권리
- 관련 조항: 모든 국민은 직업선택의 자유를 가진다. (헌법 제15조)

① 자유권
② 평등권
③ 참정권
④ 사회권

14 다음의 역할을 담당하는 국가 기관은?

- 선거와 국민 투표의 공정한 관리
- 정당 및 정치 자금에 관한 사무, 선거 참여 홍보 활동

① 감사원
② 선거 관리 위원회
③ 헌법 재판소
④ 국가 인권 위원회

15 ㉠에 들어갈 경제 개념은?

> (㉠)은/는 어떤 것을 선택함으로써 포기하게 되는 대안의 가치 중 가장 큰 것을 의미하며, 편익과 더불어 합리적 선택을 위해 고려해야 할 요소이다.

① 수요
② 실업
③ 기회비용
④ 물가 지수

16 ㉠에 해당하는 경제 주체는?

> 인플레이션 발생 시, (㉠)은/는 물가 안정을 위해 과도한 재정 지출을 줄이고, 공공요금 인상을 억제하며, 세금을 늘리는 정책을 집행한다.

① 가계
② 정부
③ 기업
④ 법원

17 다음 유물이 처음으로 제작된 시대는?

- 명칭 : 빗살무늬 토기
- 용도 : 식량을 저장하고 음식을 조리하는 데 사용함.

① 구석기 시대
② 신석기 시대
③ 청동기 시대
④ 철기 시대

18 다음 설명에 해당하는 고구려의 왕은?

> • '영락'이라는 독자적인 연호를 사용함.
> • 신라에 침입한 왜군을 물리치고 금관가야를 공격함.
> • 영토를 넓혀 만주와 한반도 중부에 걸치는 대제국을 건설함.

① 내물왕   ② 신문왕
③ 근초고왕   ④ 광개토 대왕

19 ㉠에 해당하는 국가는?

> 〈 ㉠ 의 발전 과정〉
> • 대조영 : 만주 동모산 근처에서 나라를 세움.
> • 무왕 : 장문휴를 보내 당의 산둥 반도를 공격함.
> • 선왕 : 당으로부터 '해동성국'이라 불리며 전성기를 이룸.

① 가야   ② 발해
③ 부여   ④ 백제

20 ㉠에 들어갈 내용으로 옳은 것은?

> 〈공민왕의 개혁 정치〉
> • 쌍성총관부를 공격하여 철령 이북의 땅을 되찾음.
> • 신돈을 등용하고 ㉠ .

① 삼국을 통일함
② 경복궁을 중건함
③ 훈민정음을 창제함
④ 전민변정도감을 설치함

21 다음 설명에 해당하는 전쟁은?

> • 원인 : 조선 인조 때 청의 군신 관계 요구 거부
> • 전개 : 청의 침략 → 남한산성에서 항전
> • 결과 : 조선이 삼전도에서 항복, 청과 군신 관계 체결

① 병자호란   ② 임진왜란
③ 살수 대첩   ④ 봉오동 전투

22 ㉠에 들어갈 내용으로 가장 적절한 것은?

> • 조선 후기 ㉠
> – 한글 소설, 사설시조 유행
> – 판소리와 탈춤 공연
> – 풍속화와 민화의 유행

① 성리학의 전래   ② 불교 예술의 발달
③ 서민 문화의 발달   ④ 서양 문물의 수용

23 다음 설명에 해당하는 사건은?

> 김옥균, 박영효 등의 급진 개화파가 정변을 일으켜 근대 국가 건설을 목표로 한 개혁을 추진하였으나, 청군의 개입으로 3일 만에 실패하였다.

① 3 · 1 운동   ② 갑신정변
③ 홍경래의 난   ④ 만민 공동회

2022년 1회

24 다음 대화 내용에 해당하는 제도는?

 이제부터 군포를 1년에 1필만 내는 법이 시행된다고 하네.

 정말인가? 군포를 반만 내도 되니 부담이 줄어들겠군.

① 균역법   ② 진대법

③ 호패법   ④ 유신 헌법

25 다음 설명에 해당하는 사건은?

• 신군부의 비상계엄 전국 확대에 반발하여 일어남.
• 광주에서 계엄군의 무력 진압으로 많은 사상자가 발생함.
• 1980년대 민주화 운동의 중요한 원동력이 됨.

① 6 · 10 만세 운동   ② 국채 보상 운동

③ 동학 농민 운동   ④ 5 · 18 민주화 운동

제5교시

과 학

정답 및 해설 484p

01 그림과 같이 용수철에 물체를 매달아 화살표 방향으로 잡아당겼다. 용수철이 원래 길이보다 늘어났을 때 물체에 작용하는 탄성력의 방향은?

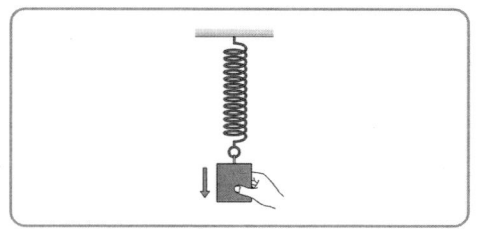

①    ② ←

③   ④ →

02 그림과 같이 레이저 빛이 입사각 70°로 평면거울에 입사할 때 반사각의 크기는?

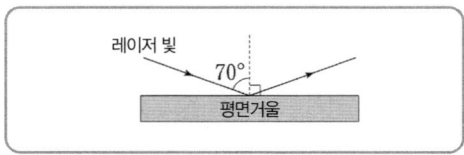

① 40°   ② 50°

③ 60°   ④ 70°

03 그래프는 온도가 다른 두 물체 A와 B를 접촉시켜 놓았을 때 시간에 따른 온도 변화를 나타낸 것이다. 열평형에 도달할 때까지 걸리는 시간은?

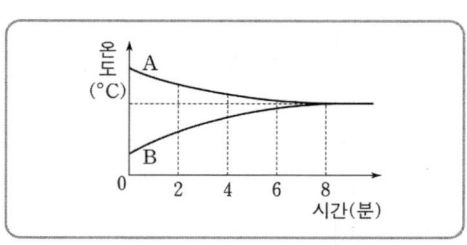

① 2분   ② 4분

③ 6분   ④ 8분

04 소비 전력이 20W인 전구를 4시간 동안 사용할 때 전구가 소비하는 전기 에너지의 양은?

① 70Wh   ② 80Wh

③ 90Wh   ④ 100Wh

05 그림은 전기 회로에 연결된 전류계의 모습을 나타낸 것이다. 전류의 세기는? (단, (−)단자가 5A에 연결되어 있다.)

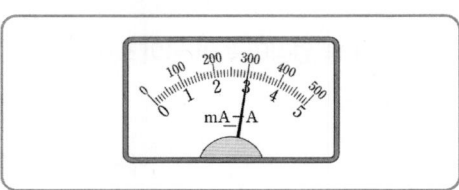

① 1 A   ② 2 A

③ 3 A   ④ 4 A

2022년 1회

06 그림은 사람이 물체에 5N의 힘을 가해 힘의 방향으로 4m 이동시킨 것을 나타낸 것이다. 이 사람이 물체에 한 일의 양은?

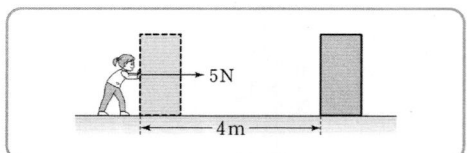

① 10J ② 20J
③ 30J ④ 40J

07 그림은 고무풍선을 씌운 삼각 플라스크를 가열할 때 풍선의 부피가 커지는 모습을 나타낸 것이다. 다음 중 풍선의 부피 변화에 영향을 준 것은? (단, 압력은 일정하다.)

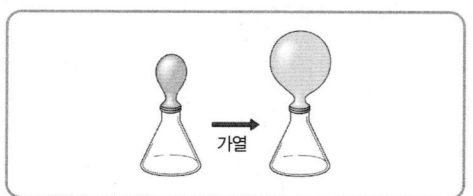

① 냄새 ② 색깔
③ 소리 ④ 온도

08 그림은 물질의 상태 변화를 나타낸 것이다. A~D 중 얼음이 녹아 물이 되는 과정은?

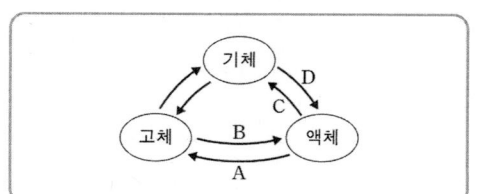

① A ② B
③ C ④ D

09 그림은 수소 원자가 전자를 잃는 과정을 나타낸 것이다. 다음 중 수소 이온식으로 옳은 것은?

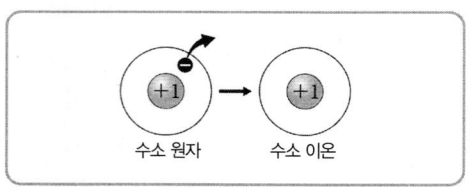

① H^- ② H
③ H^+ ④ H^{2+}

10 그림은 과산화 수소(H_2O_2)의 분자 모형을 나타낸 것이다. 수소와 산소의 원자 수의 비는?

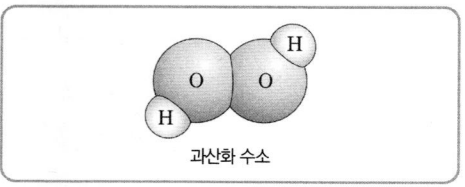

	수소	:	산소
①	1	:	1
②	1	:	2
③	1	:	3
④	1	:	4

11 그림은 원유를 가열하여 증류탑에서 분리하는 과정을 나타낸 것이다. 다음 중 원유를 증류할 때 이용한 물질의 특성은?

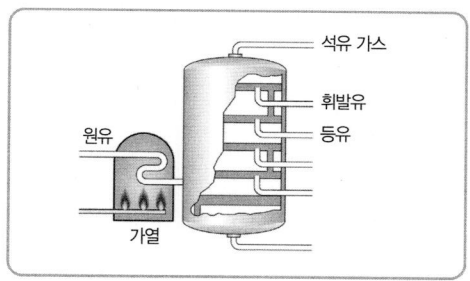

① 밀도   ② 끓는점
③ 어는점   ④ 용해도

12 다음은 구리와 산소가 반응하여 산화 구리(II)를 생성하는 화학 반응식이다. ㉠에 해당하는 것은?

$$2Cu + \boxed{㉠} \rightarrow 2CuO$$

① H_2 ② N_2
③ O_2 ④ Cl_2

13 다음 중 식물계에 속하는 생물이 <u>아닌</u> 것은?

① 민들레   ② 소나무
③ 옥수수   ④ 푸른곰팡이

14 다음은 빛에너지를 이용한 광합성 과정이다. ㉠에 해당하는 것은?

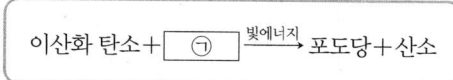

이산화 탄소 + ㉠ —빛에너지→ 포도당 + 산소

① 물   ② 녹말
③ 지방   ④ 단백질

15 다음 설명에 해당하는 것은?

- 두 개의 세포가 둘러싸서 식물 잎의 기공을 만든다.
- 기공을 열거나 닫아서 증산 작용을 조절한다.

① 물관   ② 열매
③ 뿌리털   ④ 공변세포

16 다음 설명에 해당하는 사람의 기관계는?

- 음식물의 소화와 흡수에 관여한다.
- 입, 식도, 위, 소장 등으로 구성되어 있다.

① 배설계   ② 소화계
③ 순환계   ④ 호흡계

17 그림은 귀의 구조를 나타낸 것이다. A~D 중 다음 설명에 해당하는 것은?

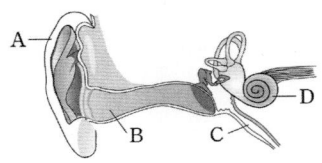

- 청각 세포가 분포하여 소리 자극을 받아들인다.
- 달팽이 모양의 구조이다.

① A
② B
③ C
④ D

18 그림과 같이 염색체가 세포의 중앙에 나란히 배열되는 체세포 분열 단계는?

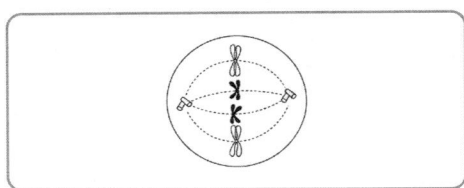

① 간기
② 전기
③ 중기
④ 말기

19 순종의 보라색 꽃 완두(AA)와 흰색 꽃 완두(aa)를 교배하여 얻은 잡종 1대의 유전자형은? (단, 돌연변이는 없다.)

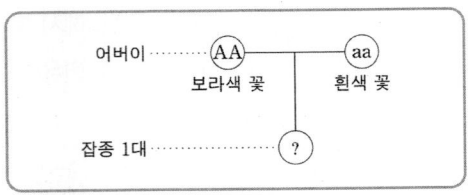

① AA
② Aa
③ aa
④ a

20 다음 설명에 해당하는 광물의 특성은?

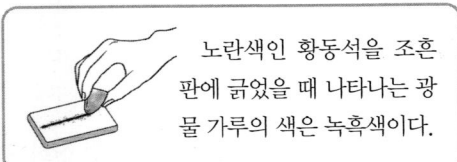

노란색인 황동석을 조흔판에 긁었을 때 나타나는 광물 가루의 색은 녹흑색이다.

① 밀도
② 자성
③ 조흔색
④ 염산 반응

21 그림은 판게아가 여러 대륙으로 분리되는 과정을 순서없이 나타낸 것이다. A~C를 시간 순서대로 나열한 것은?

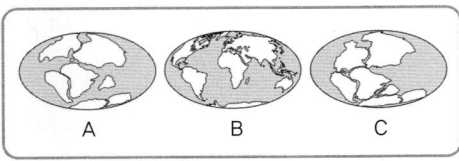

① A – C – B
② B – A – C
③ C – A – B
④ C – B – A

22 그림은 일식을 관측한 모습이다. 다음 중 태양을 가려 일식 현상을 일으키는 천체는?

개기 일식 　　　　부분 일식

① 달　　　　　　② 목성
③ 토성　　　　　④ 화성

23 염분이 35psu인 해수 2kg에 녹아 있는 염류의 총량은?

① 50g　　　　　② 60g
③ 70g　　　　　④ 80g

24 다음 설명에 해당하는 우리나라의 계절은?

• 주로 시베리아 기단의 영향을 받아 춥고 건조한 날씨가 나타난다.
• 북서 계절풍이 많이 분다.

① 봄　　　　　　② 여름
③ 가을　　　　　④ 겨울

25 다음 설명에 해당하는 우리은하의 구성 천체는?

• 성간 물질이 밀집되어 구름처럼 보인다.
• 주변의 밝은 별에서 오는 별빛을 반사하여 우리 눈에 보인다.

① 암흑 성운　　　② 반사 성운
③ 산개 성단　　　④ 구상 성단

2022년 1회

235

제6교시 선택 과목

도 덕

정답 및 해설 487p

01 다음에서 소개하는 사상가는?

◈ 도덕 인물 카드 ◈
- 고대 그리스의 사상가
- "성찰하지 않는 삶은 살 가치가 없다." 라고 주장하며 반성하는 삶을 강조함.

① 공자　　　　② 칸트
③ 석가모니　　④ 소크라테스

02 다음에서 설명하고 있는 용어는?

- 인간의 정신 활동으로 얻게 되는 가치
- 진(眞), 선(善), 미(美), 성(聖) 등

① 정신적 가치　　② 물질적 가치
③ 수단적 가치　　④ 도구적 가치

03 도덕적으로 살아야 하는 이유로 적절하지 않은 것은?

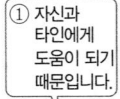 ① 자신과 타인에게 도움이 되기 때문입니다.

 ② 인간으로서 마땅히 따라야 할 의무이기 때문입니다.

 ③ 진정한 행복을 추구하기 위해서입니다.

 ④ 개인의 도덕성은 사회에 아무런 영향을 줄 수 없기 때문입니다.

04 ㉠에 공통으로 들어갈 개념으로 가장 적절한 것은?

(㉠)은/는 어떤 상황을 도덕 문제로 민감하게 느끼고 반응하는 마음의 상태를 말한다. (㉠)이/가 높은 사람일수록 도덕적 행동을 실천할 가능성이 높다.

① 자아 정체성　　② 정서적 건강
③ 비판적 사고　　④ 도덕적 민감성

05 참된 우정이 필요한 이유로 적절하지 않은 것은?

① 정서적 안정을 줄 수 있다.
② 성숙한 인격을 형성할 수 있다.
③ 공동체 의식을 훼손할 수 있다.
④ 타인과 관계를 맺는 능력을 기를 수 있다.

06 가족 간의 도리에 관한 설명으로 가장 적절한 것은?

① 우애는 자녀가 부모님을 잘 섬기는 것이다.
② 효도는 형제자매 간의 두터운 정과 사랑이다.
③ 자애는 부모가 대가없이 자녀에게 베푸는 사랑이다.
④ 부부 간에는 가깝고 편하기 때문에 예절을 생략해도 된다.

07 성(性)에 대한 바람직한 관점을 〈보기〉에서 고른 것은?

> ─────〈보기〉─────
> ㄱ. 성의 인격적 가치를 소중히 여긴다.
> ㄴ. 성의 쾌락적 측면만을 추구해야 한다.
> ㄷ. 성을 상품화하는 수단으로 생각해야 한다.
> ㄹ. 성에 대한 균형 잡힌 시각을 가져야 한다.

① ㄱ, ㄴ
② ㄱ, ㄹ
③ ㄴ, ㄷ
④ ㄷ, ㄹ

08 ㉠에 들어갈 대답으로 적절하지 않은 것은?

① 훌륭한 성품을 갖게 합니다.
② 긍정적인 자세를 갖게 합니다.
③ 건강한 삶을 살 수 있도록 합니다.
④ 외형적인 모습만 가꿀 수 있게 합니다.

09 바람직한 이웃 간의 자세로 적절한 것은?

① 배려
② 혐오
③ 해악
④ 무시

10 다음에서 설명하는 사이버 공간의 특성은?

> 사이버 공간에서는 자신이 누구인지 밝히지 않을 수 있다. 자신의 신분이나 정체성을 드러내지 않고 활동할 수 있기 때문에 무책임한 행동을 하기 쉽다.

① 개방성
② 익명성
③ 홍보성
④ 획일성

11 다음에 해당하는 정보화 시대의 도덕 문제는?

① 세대 갈등
② 악성 댓글
③ 저작권 침해
④ 사이버 따돌림

12 학교 폭력에 대처하는 방법으로 적절하지 않은 것은?

① 자신의 의사를 명확하게 표현해야 한다.
② 사소한 행동도 폭력이 될 수 있음을 알아야 한다.
③ 다른 사람에게 알리기보다 혼자 참고 견뎌야 한다.
④ 법과 제도 및 전문 기관을 적극적으로 활용해야 한다.

13 인권에 대한 설명으로 적절하지 <u>않은</u> 것은?

① 성인에게만 주어지는 권리이다.
② 누구나 누려야 하는 보편적 가치이다.
③ 모든 사람이 태어날 때부터 가지는 권리이다.
④ 인간으로서 마땅히 보장받아야 할 기본적 권리이다.

14 양성평등에 대한 설명으로 가장 적절한 것은?

① 성별에 따라 부당하게 차별하는 것이다.
② 성 역할에 대한 고정관념을 유지하는 것이다.
③ 항상 남성을 우대하고 여성을 배제하는 것이다.
④ 여성과 남성을 동등한 인격체로 존중하는 것이다.

15 다음에서 설명하고 있는 용어는?

> 각 문화의 다양성을 인정하고, 문화가 가진 독특한 환경과 역사적·사회적 상황에서 다른 문화를 바라보는 태도

① 연고주의   ② 사대주의
③ 문화 상대주의   ④ 자문화 중심주의

16 ㉠에 들어갈 개념으로 적절한 것은?

> (㉠)은/는 특정 국가의 국민으로서만이 아닌 지구공동체의 일원으로서 공동체 의식을 가지고 지구촌 문제 해결을 위해 협력하는 사람을 의미한다.

① 세계 시민   ② 특권 계층
③ 소수 민족   ④ 사회적 약자

17 다음 내용이 설명하는 개념은?

> • 사회적으로 옳고 그름을 판단하는 기준
> • 사회를 구성하고 유지하는 공정한 원리

① 인권 침해   ② 사회 정의
③ 부패 행위   ④ 시민 불복종

18 바람직한 국가의 역할로 적절한 것은?

① 국민의 삶을 불안하게 한다.
② 국민의 생명과 재산을 보호한다.
③ 국민 간의 갈등 상황을 방치한다.
④ 국민 간의 빈부격차를 심화시킨다.

19 다음에 해당하는 갈등 해결 방법은?

갈등 당사자까지 이렇게 합의하게 되어 기쁩니다.

① 협상
② 비난
③ 조롱
④ 협박

20 평화 통일을 이루기 위한 자세로 적절하지 않은 것은?

① 통일에 대한 관심을 가져야 한다.
② 올바른 안보 의식을 갖춰야 한다.
③ 북한 주민에 대한 편견을 가져야 한다.
④ 다름을 인정하고 포용하는 자세를 지녀야 한다.

21 다음 내용에 해당하는 통일의 필요성으로 가장 적절한 것은?

북에 계신 어머니와의 상봉을 마치고 돌아온 아들은 "불쌍한 나의 어머니! 가슴이 찢어져요. 함께 살자고 떨어질 줄 모르시던 어머니, 통일이 되기를 그토록 빌던 어머니의 모습이 눈앞에서 사라지지 않아요."라며 절절한 그리움을 편지글로 표현하였다.

① 군사적 긴장 완화   ② 경제적 이익 증대
③ 주변 국가의 원조   ④ 이산가족 고통 해소

22 다음 대화에서 을의 입장으로 가장 적절한 것은?

갑: 자연은 인간의 삶에 도움이 될 때 가치가 있습니다.
을: 자연은 인간의 이익과 관계없이 본래적 가치를 지닙니다.

① 인간은 자연의 지배자야.
② 자연은 그 자체로 소중해.
③ 자연을 보호할 필요는 없어.
④ 자연을 무분별하게 개발할 필요가 있어.

23 교사의 질문에 대한 대답으로 적절한 것은?

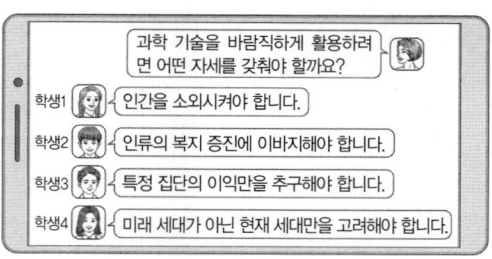

과학 기술을 바람직하게 활용하려면 어떤 자세를 갖춰야 할까요?

학생1 ─ 인간을 소외시켜야 합니다.
학생2 ─ 인류의 복지 증진에 이바지해야 합니다.
학생3 ─ 특정 집단의 이익만을 추구해야 합니다.
학생4 ─ 미래 세대가 아닌 현재 세대만을 고려해야 합니다.

① 학생1   ② 학생2
③ 학생3   ④ 학생4

24 도덕 추론의 과정에서 ㉠에 들어갈 용어는?

> • (㉠) : 타인에게 피해를 주는 행동을 하면 안 된다.
> • 사실 판단 : 부정행위는 타인에게 피해를 주는 행동이다.
> • 도덕 판단 : 부정행위를 하면 안 된다.

① 도덕 원리   ② 대중 문화
③ 진로 탐색   ④ 가치 전도

25 ㉠에 들어갈 조언으로 가장 적절한 것은?

삶을 주체적으로 의미 있게 살려면 어떻게 해야 할까?

㉠

① 마주치는 시련과 어려움을 무조건 피해야 해.
② 지금 해야 할 일을 나중으로 미루는 것이 좋아.
③ 주위 사람이 원하는 삶보다는 네가 원하는 삶을 살아.
④ 정신적 가치보다는 육체적 쾌락만을 추구하는 것이 나아.

2022년도

제2회

제1교시
국 어
정답 및 해설 492p

01 다음 대화에서 '민지'의 의도로 적절한 것은?

수철아, 좀 덥지 않니?

응, 민지야. 내가 창문 열게.

① 감사　　　　② 요청
③ 위로　　　　④ 칭찬

02 다음에 해당하는 예로 적절한 것은?

> '나 전달법'은 '너'를 주어로 하여 상대의 말과 행동을 표현하는 방법인 '너 전달법'과 달리, '나'를 주어로 하여 상대의 말과 행동에 대한 자신의 생각과 감정을 표현하는 방법이다.

① 누가 음악을 이렇게 크게 틀었니?
② 너는 어떻게 그런 말을 할 수가 있니?
③ 너한테 그런 말을 들으면 나는 속상해.
④ 너처럼 친구를 놀리는 건 나쁜 짓이야.

03 ㉠과 ㉡에 공통으로 들어갈 문장 성분은?

> • 동생이 (㉠) 먹었다.
> • 나는 어머니께 (㉡) 드렸다.

① 주어　　　　② 보어
③ 목적어　　　　④ 관형어

04 ㉠의 예로 적절하지 않은 것은?

> ■ 한글 맞춤법 ■
> 【제1항】한글 맞춤법은 표준어를 ㉠ 소리대로 적되, 어법에 맞도록 함을 원칙으로 한다.

① 꽃　　　　② 밤
③ 나무　　　　④ 하늘

05 밑줄 친 단어의 공통적인 특성으로 적절한 것은?

> • 나는 책을 읽었다.
> • 강아지가 빨리 달린다.

① 다른 말을 꾸며 준다.
② 문장에서 주로 주어로 쓰인다.
③ 부름, 응답, 놀람 등을 나타낸다.
④ 사람이나 사물의 움직임을 나타낸다.

06 다음에서 설명하는 언어의 특성은?

> 백(百)을 뜻하는 '온'이나 천(千)을 뜻하는 '즈믄'은 지금은 거의 쓰이지 않는다. 또 '어리다'라는 말은 '어리석다'라는 뜻에서 오늘날에는 '나이가 적다'라는 뜻으로 바뀌었다.

① 사회성　　　　② 역사성
③ 자의성　　　　④ 창조성

07 다음 자음의 공통적인 특성으로 알맞은 것은?

> ㅁ, ㅂ, ㅃ, ㅍ

① 두 입술 사이에서 나는 입술소리이다.
② 입안이나 코안이 울리면서 나는 울림소리이다.
③ 혀끝이 윗니의 잇몸에 닿으면서 나는 잇몸소리이다.
④ 성대 근육을 긴장시켜 숨이 거세게 나는 거센소리이다.

08 ㉠에 해당하는 자음이 아닌 것은?

> 훈민정음의 자음 글자는 '상형의 원리'를 기본으로 다섯 개의 ㉠ 기본 글자를 만들고, 이러한 기본 글자에 획을 더한 '가획의 원리'에 따라 'ㅋ, ㄷ, ㅌ, ㅂ, ㅍ, ㅈ, ㅊ, ㆆ, ㅎ'을 만들었다.

① ㄱ   ② ㄹ
③ ㅅ   ④ ㅇ

09 다음 계획서를 바탕으로 보고서를 작성할 때 유의할 점으로 적절하지 않은 것은?

> • 목적: 우리 고장의 문화재 조사하기
> • 조사 기간: 8월 1일부터 8월 10일까지
> • 조사 내용: 우리 고장 문화재의 종류와 특징
> • 조사 방법: 우리 고장 문화재 답사
>   인터넷과 책에서 관련 자료 조사
>   우리 고장 문화재 해설사 인터뷰

① 조사한 내용을 과장하거나 왜곡하지 않는다.
② 인터넷과 책에서 찾은 자료의 출처를 밝힌다.
③ 조사한 자료는 사실에 근거하지 않더라도 활용한다.
④ 인터뷰 내용은 문화재 해설사의 동의를 얻어 인용한다.

10 ㉠~㉣ 중 글의 통일성을 고려할 때 적절하지 않은 것은?

제목	자전거를 탈 때 안전모를 쓰자
처음	자전거 운행 시 안전모 착용 실태 – ㉠
중간	• 공유 자전거 이용 활성화 　– 자동차 이용률을 낮추어 친환경적임. ㉡ • 안전모 미착용에 따른 문제점 　– 사소한 사고에도 인명 피해가 커짐. ㉢ • 안전모의 착용률을 높이는 방법 　– 안전모의 필요성을 강조하는 광고를 함. ㉣
끝	자전거 운행 시 안전모 착용 당부

① ㉠   ② ㉡
③ ㉢   ④ ㉣

[11~13] 다음 글을 읽고 물음에 답하시오.

> 우리가 명선이한테서 순순히 얻어 낸 ㉠ 금반지는 두 번째 것으로 마지막이었다. 아버지와 어머니가 온갖 지혜를 짜내어 백방으로 숨겨 둔 장소를

2022년 2회

알아내려 안간힘을 다해 보았으나 금반지 근처에만 얘기가 닿아도 명선이는 입을 굳게 다문 채 침묵 속의 도리질로 완강히 버티곤 했다.

날이 가고 달이 갔다. 어느덧 초가을로 접어드는 날씨였다. 남쪽에서 쳐 올라오는 국방군에 밀려 ⓛ 인민군이 북쪽으로 쫓겨 가기 시작한다는 소문이 돌았다. 생각보다 전쟁이 일찍 끝나 남쪽으로 피란 갔던 명선이네 숙부가 어느 날 불쑥 마을에 다시 나타날 경우를 생각하면서 어머니는 딱할 정도로 조바심을 치기 시작했다. 내가 벌써 귀띔을 해 줘서 어른들은 명선이가 숙부에게 버림받은 게 아니라 스스로 도망쳤다는 사실을 이미 알고 있었다. 전쟁이 끝나기 전에 어떻게든 명선이의 입을 열게 하려고 아버지는 수단 방법을 안 가릴 기세였다.

그날도 나는 명선이와 함께 부서진 다리에 가서 놀고 있었다. 예의 그 위험천만한 곡예 장난을 명선이는 한창 즐기는 중이었다. 콘크리트 부위를 벗어나 그 애가 앙상한 철근을 타고 거미처럼 지옥의 가장귀를 향해 조마조마하게 건너갈 때였다. 그때 우리들 머리 위의 하늘을 두 쪽으로 가르는 굉장한 폭음이 귀뺨을 갈기는 기세로 갑자기 울렸다. 푸른 하늘 바탕을 질러 하얗게 호주기 편대가 떠가고 있었다. ⓒ 비행기의 폭음에 가려 나는 철근 사이에서 울리는 비명을 거의 듣지 못했다. 다른 것은 도무지 무서워할 줄 모르면서도 유독 비행기만은 병적으로 겁을 내는 서울 아이한테 얼핏 생각이 미쳐, 눈길을 하늘에서 허리가 동강이 난 다리로 끌어 내렸을 때, 내가 본 것은 강심을 겨냥하고 빠른 속도로 멀어져 가는 한 송이 ⓔ 쥐바라숭꽃이었다.

명선이가 들꽃이 되어 사라진 후 어느 날 한적한 오후에 나는 그때까지 한 번도 성공한 적이 없는 모험을 혼자서 시도해 보았다. 겁쟁이라고 비웃는 사람이 아무도 없으니까 의외로 용기가 나고 마음이 차갑게 가라앉는 것이었다.

― 윤흥길, 「기억 속의 들꽃」 ―

11 윗글의 서술상 특징으로 가장 적절한 것은?

① 작품 속에서 서술자가 계속 바뀌고 있다.
② 작품 밖 서술자가 등장인물을 관찰하고 있다.
③ 작품 속 인물이 경험한 내용을 서술하고 있다.
④ 작품 밖에서 서술자가 인물의 심리를 제시하고 있다.

12 '명선이'에 대한 설명으로 적절하지 않은 것은?

① 금반지를 숨겨 두고 있다.
② 숙부로부터 버림을 받았다.
③ 위험천만한 곡예 장난을 했다.
④ 비행기를 병적으로 무서워했다.

13 ⓛ~ⓔ 중 다음 설명에 해당하는 것은?

> 6·25 전쟁의 폭력으로 죽어 간 한 소녀를 상징한다.

① ⓛ   ② ⓒ
③ ⓒ   ④ ⓔ

[14~16] 다음 글을 읽고 물음에 답하시오.

> 내를 건너서 ㉠ 숲으로
> ㉡ 고개를 넘어서 마을로
>
> 어제도 가고 오늘도 갈
> 나의 길 새로운 길
>
> ㉢ 민들레가 피고 까치가 날고
> ㉣ 아가씨가 지나고 바람이 일고
>
> 나의 길은 언제나 새로운 길
> 오늘도…… 내일도……
>
> 내를 건너서 숲으로
> 고개를 넘어서 마을로 ⌐[A]
>
> — 윤동주, 「새로운 길」 —

14 윗글의 표현상 특징으로 가장 적절한 것은?

① 색채 대비를 통해 시상을 전개하고 있다.
② 소리를 흉내 내는 말로 생동감을 살리고 있다.
③ 동일한 시어를 반복하여 운율을 형성하고 있다.
④ 후각적 심상을 통해 시적 분위기를 조성하고 있다.

15 다음을 참고할 때, ㉠~㉣ 중 내의 함축적 의미와 가장 유사한 것은?

> 이 시에서 '길'이 인생을 상징한다고 보면, '내'는 인생에서 극복해야 할 시련이나 장애물로 해석할 수 있다.

① ㉠   ② ㉡
③ ㉢   ④ ㉣

16 [A]에 대한 설명으로 가장 적절한 것은?

① 계절의 변화로 화자의 심리를 드러낸다.
② 대상을 의인화하여 친근감을 느끼게 한다.
③ 과거와 현재를 대비하여 상실감을 표현한다.
④ 공간의 이동을 통해 화자의 지향을 보여 준다.

[17~19] 다음 글을 읽고 물음에 답하시오.

> "오늘 밤 새벽 때를 함지에다 머물게 하고, 내일 아침 돋는 해를 부상지에다 매어 두면 가련하신 우리 아버지 좀 더 모셔 보련마는, 날이 가고 달이 가니 뉘라서 막을쏘냐. 애고 애고, 설운지고."
> 천지가 사정없어 이윽고 닭이 우니 심청이 하릴없어,
> "닭아 닭아, 우지 마라. 제발 덕분에 우지 마라. 반야[1] 진관에서 닭 울음 기다리던 맹상군이 아니로다. 네가 울면 날이 새고, 날이 새면 나 죽는다. 죽기는 섦잖아도 의지 없는 우리 아버지 어찌 잊고 가잔 말이냐?"
> 어느덧 동방이 밝아 오니, 심청이 아버지 진지나 마지막 지어 드리리라 하고 문을 열고 나서니, 벌써 뱃사람들이 사립문 밖에서,
> "오늘이 배 떠나는 날이오니 수이 가게 해 주시오."
> 하니, 심청이 이 말을 듣고 ㉠ 얼굴빛이 없어지고 손발에 맥이 풀리며 목이 메고 정신이 어지러워 뱃사람들을 겨우 불러,

"여보시오 선인네들, 나도 오늘이 배 떠나는 날인 줄 이미 알고 있으나, 내 몸 팔린 줄을 우리 아버지가 아직 모르십니다. 만일 아시게 되면 지레 야단이 날 테니, 잠깐 기다리면 진지나 마지막으로 지어 잡수시게 하고 말씀 여쭙고 떠나게 하겠어요."

하니 뱃사람들이,

"그리하시지요."

하였다. 심청이 들어와 눈물로 밥을 지어 아버지께 올리고, 상머리에 마주 앉아 아무쪼록 진지 많이 잡수시게 하느라고 자반도 떼어 입에 넣어 드리고 김쌈도 싸서 수저에 놓으며,

"진지를 많이 잡수셔요."

심 봉사는 철도 모르고,

"야, 오늘은 반찬이 유난히 좋구나. 뉘 집 제사 지냈느냐."

그날 밤에 꿈을 꾸었는데, 부자간은 천륜지간[2]이라 꿈에 미리 보여 주는 바가 있었다.

"아가 아가, 이상한 일도 있더구나. 간밤에 꿈을 꾸니, 네가 큰 수레를 타고 한없이 가 보이더구나. 수레라 하는 것이 귀한 사람이 타는 것인데 우리 집에 무슨 좋은 일이 있을 란가 보다. 그렇지 않으면 장 승상 댁에서 가마 태워 갈란가 보다."

심청이는 저 죽을 꿈인 줄 짐작하고 둘러대기를,

"그 꿈 참 좋습니다."

하고 진짓상을 물려 내고 담배 태워 드린 뒤에 밥상을 앞에 놓고 먹으려 하니 간장이 썩는 눈물은 눈에서 솟아나고, 아버지 신세 생각하며 저 죽을 일 생각하니 정신이 아득하고 몸이 떨려 밥을 먹지 못하고 물렸다. 그런 뒤에 심청이 사당[3]에 하직하려고 들어갈 제, 다시 세수하고 사당 문을 가만히 열고 하직 인사를 올렸다.

— 작자 미상, 「심청전」 —

1) 반야 : 한밤중.
2) 천륜지간 : 천륜으로 맺어진 사이. '천륜'은 부모와 자식 간에 하늘의 인연으로 정하여져 있는 사회적 관계나 혈연적 관계를 뜻함.
3) 사당 : 조상의 신주를 모셔 놓은 집.

17 윗글에 대한 설명으로 가장 적절한 것은?

① 전통적인 효 사상이 반영되어 있다.
② 간결하고 건조한 문체를 사용하고 있다.
③ 시대적 배경을 구체적으로 묘사하고 있다.
④ 영웅적 인물이 등장하여 갈등을 해결하고 있다.

18 ㉠에서 짐작할 수 있는 '심청'의 심리와 거리가 먼 것은?

① 걱정   ② 긴장
③ 분노   ④ 불안

19 윗글에 대한 감상으로 가장 적절한 것은?

① '심 봉사'가 딸의 상황을 모르고 있어서 안타깝다.
② 뱃사람을 기다리게 하는 '심청'의 태도가 무례하다.
③ 새벽 닭 우는 장면을 떠올리니 희망찬 느낌이 든다.
④ '심청'의 부탁을 들어주지 않는 뱃사람들이 야속하다.

[20~22] 다음 글을 읽고 물음에 답하시오.

㉠'모두를 위한 디자인'은 노인이나 장애를 가진 사람도 사용하는 데 불편하지 않은 디자인을 말한다. 이 디자인은 처음에 장애인과 노약자 같은 사회적 약자를 위한 복지 차원에서 시작되었다. 그러

나 지금은 좀 더 보편적인 의미인 '모든 사람을 위한 디자인'이라는 의미로 통용되고 있으며, 개인이 사용하는 도구나 물건은 물론 공공시설 같은 환경으로까지 확대되고 있다.

이 디자인이 시작된 미국에서는 신체, 인종, 종교, 문화 차이에 따라 차별을 받지 않도록 규정하는 '동등한 기회' 정신이 보편화되어 있는데, 이러한 가치관이 디자인에도 적용되었다. 옆으로 긴 막대 모양의 문손잡이(옛날에 주로 쓰이던 동그란 문손잡이는 손이 불편하거나 악력이 약한 사람이 사용하기에는 힘들다.), 휠체어를 자유롭게 이용할 수 있는 지하철의 엘리베이터(지하철 계단에 설치된 휠체어 리프트보다 훨씬 유용하다.), 횡단보도에서 파란불이 켜질 때 나오는 소리, 공공장소나 대중교통에서 나오는 다국어 음성 안내 등을 '모두를 위한 디자인'이라 부를 수 있다. 이런 디자인은 사회적 약자뿐만이 아니라 사회적 약자가 아닌 사람에게도 유용하다.

'모두를 위한 디자인'의 원칙을 보면, 이와 같은 특징을 잘 이해할 수 있다.

㉮

이 외에도 비싸지 않아야 하고 내구성이 있어야 한다. 또한 품질이 좋고 심미적이어야 하며, 인체와 환경을 배려해야 함은 말할 것도 없다.

– 김신, 「모두를 위한 디자인」 –

20 윗글에서 '모두를 위한 디자인'이 적용된 예가 <u>아닌</u> 것은?

① 건물 출입구의 계단
② 지하철의 엘리베이터
③ 횡단보도의 신호등 소리
④ 긴 막대 모양의 문손잡이

21 ㉠과 같은 설명 방법이 사용된 것은?

① 동물은 척추동물과 무척추동물로 나뉜다.
② 발효 음식의 예로 김치와 간장, 된장이 있다.
③ 지구촌 곳곳의 폭염과 화재의 원인은 기후 변화이다.
④ 정삼각형은 변의 길이와 내각의 크기가 모두 같은 삼각형이다.

22 ㉮에 들어갈 원칙으로 적절하지 <u>않은</u> 것은?

① 누구나 쉽게 접근할 수 있어야 한다.
② 누가 쓰더라도 차별 받는 느낌이 없어야 한다.
③ 무리한 힘을 들이지 않아도 사용할 수 있어야 한다.
④ 잘못 다루었을 때 원래 상태로 되돌리기 어려워야 한다.

[23~25] 다음 글을 읽고 물음에 답하시오.

파스퇴르가 살던 시대 사람들은 미생물이 저절로 발생한다고 믿었습니다. 권위 있는 학자들도 예외는 아니어서 이러한 믿음을 학설로 굳혀 놓기까지 했습니다. [㉮] 파스퇴르는 권위에 따르지 않고 실험을 통해 반론을 폈습니다.

㉠ <u>파스퇴르</u>는 멸균하지 않은 육즙은 발효되었지만, 멸균한 육즙은 발효가 일어나지 않고 원래의 맛과 모습을 계속 유지한다는 사실을 알아냈습니다. 생명이 없는 육즙이 변형되어 생명체인 미생물

이 발생하는 것은 불가능하다는 사실을 보여준 것이지요. 미생물이 무생물로부터 자연적으로 발생하는 것이 아니라 사람처럼 생명을 지닌 고유한 존재라는 사실을 입증했습니다.

의심은 마법사의 물과 같습니다. 의심하는 순간 죽어 있던 진실이 생명을 얻고 살아나기 시작하니까요. 그렇다고 믿도 끝도 없이 의심만 해야 한다는 이야기는 아닙니다. ㉰ 모두가 옳다고 주장하는 이야기라도 틀릴 수 있다는 사실을 잊지 말아야 한다는 것입니다.

"자유 낙하를 하는 두 물체 중 더 무거운 것이 더 빨리 땅에 떨어진다."

㉠ 아리스토텔레스는 이렇게 주장하고, 대부분의 사람은 이 주장을 별 의심 없이 받아들였습니다. 하지만 ㉡ 갈릴레이는 이 주장에 의문을 품었습니다. 그리고 여러 번의 실험으로 모든 물체는 그 무게와 관계없이 똑같은 속도로 자유 낙하한다는 사실을 증명해 냈습니다.

㉢ 코페르니쿠스 역시 누구나 믿고 따르던 프톨레마이오스의 생각, 즉 우주의 중심이 지구라는 생각에 의심을 품었습니다. 그리고 지구가 태양을 중심으로 돈다는 지동설을 주장했습니다.

이처럼 탐구하는 것은 우리를 둘러싸고 있는 잘못된 믿음에 의심을 품고, 새로운 가설을 세우고 실험으로 입증하여 그 잘못을 바로잡는 일을 뜻합니다.

– 남창훈, 「생명을 불어넣는 마법사의 물」 –

23 윗글의 내용과 일치하는 것은?

① 멸균한 육즙에서는 발효가 일어난다.

② 미생물은 무생물로부터 자연적으로 발생한다.

③ 프톨레마이오스는 우주의 중심이 태양이라고 생각했다.

④ 모든 물체는 무게와 관계없이 같은 속도로 자유 낙하한다.

24 ㉮에 들어갈 말로 가장 적절한 것은?

① 그러나   ② 그리고

③ 따라서   ④ 왜냐하면

25 ㉠~㉣ 중 윗글에서 ㉰를 뒷받침하는 사례로 제시된 인물이 아닌 것은?

① ㉠   ② ㉡

③ ㉢   ④ ㉣

제2교시

수 학

정답 및 해설 495p

01 다음은 36을 소인수분해하는 과정을 나타낸 것이다. 36을 소인수분해한 것은?

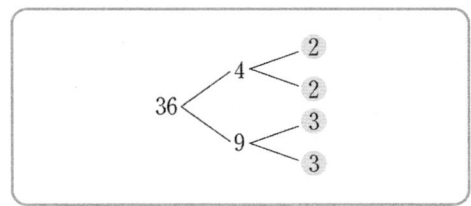

① 2×3 ② $2^2 \times 3$

③ 2×3^2 ④ $2^2 \times 3^2$

02 $(-3)+(+5)$를 계산하면?

① 2   ② 3
③ 4   ④ 5

03 다음을 문자를 사용한 식으로 바르게 나타낸 것은?

> 한 개에 500원인 막대 사탕 a개의 가격

① $(500+a)$원   ② $(500-a)$원
③ $(500 \times a)$원   ④ $(500 \div a)$원

04 일차방정식 $4x-3=6+x$의 해는?

① 3   ② 4
③ 5   ④ 6

05 다음 좌표평면 위에 있는 점 A의 좌표는?

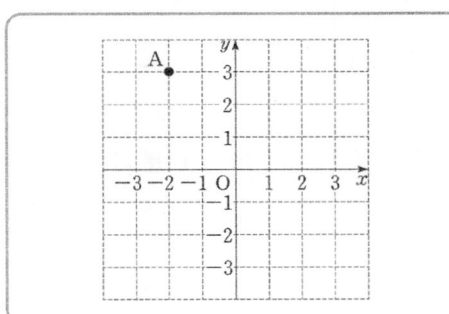

① $A(-2, -3)$ ② $A(-2, 3)$
③ $A(2, -3)$ ④ $A(2, 3)$

06 그림과 같이 원 O에서 $\angle AOB = 30°$, $\angle COD = 150°$이고, 부채꼴 AOB의 넓이가 5cm²일 때, 부채꼴 COD의 넓이는?

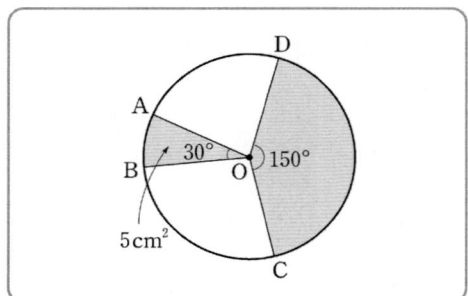

① 10cm²　　　　② 15cm²
③ 20cm²　　　　④ 25cm²

07 다음은 어느 반 학생 25명의 하루 평균 통화 시간을 조사하여 나타낸 히스토그램이다. 하루 평균 통화 시간이 40분 이상인 학생 수는?

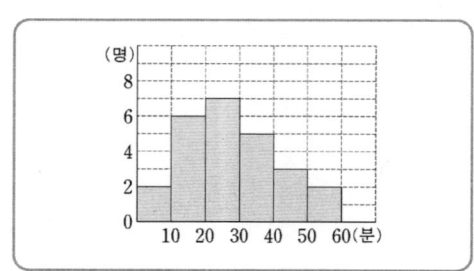

① 3　　　　② 5
③ 7　　　　④ 9

08 다음 분수 중 유한소수로 나타낼 수 있는 것은?

① $\dfrac{1}{3}$　　　　② $\dfrac{1}{5}$
③ $\dfrac{1}{7}$　　　　④ $\dfrac{1}{9}$

09 $-2x^2 \times 3x^5$을 간단히 한 것은?

① $-6x^7$　　　　② $-6x^{10}$
③ $5x^7$　　　　④ $5x^{10}$

10 일차부등식 $2x \leq 6$의 해를 수직선 위에 나타낸 것은?

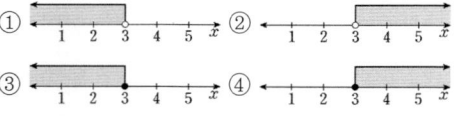

11 그림은 일차함수 $y = ax + 2$의 그래프이다. 상수 a의 값은?

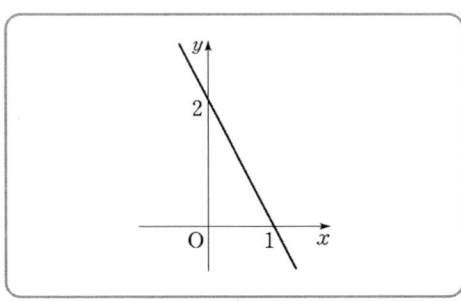

① −2   ② −1

③ 1   ④ 2

12 그림과 같이 $\overline{AB} = \overline{AC}$인 이등변삼각형 ABC에서 ∠B = 45°일 때, ∠x의 크기는?

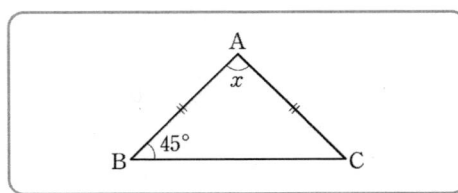

① 80°   ② 85°

③ 90°   ④ 95°

13 그림에서 □ABCD∽□EFGH이고 닮음비가 5 : 3이다. $\overline{BC} = 10\text{cm}$일 때, $\overline{FG}$의 길이는?

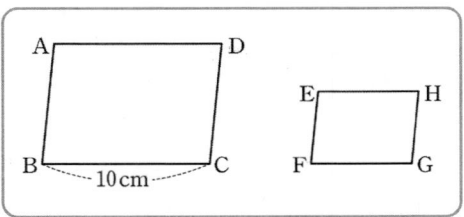

① 3cm   ② 4cm

③ 5cm   ④ 6cm

14 항아리에 1부터 9까지의 자연수가 각각 하나씩 적힌 공 9개가 들어 있다. 이 항아리에서 공 한 개를 꺼낼 때, 3의 배수가 적힌 공이 나올 경우의 수는?

① 1   ② 2

③ 3   ④ 4

15 $5\sqrt{3}-3\sqrt{3}$을 간단히 한 것은?

① $-2\sqrt{3}$ ② $-\sqrt{3}$

③ $\sqrt{3}$ ④ $2\sqrt{3}$

16 다항식 x^2+5x+6을 인수분해한 것은?

① $(x+2)(x+3)$ ② $(x+2)(x+4)$

③ $(x+3)^2$ ④ $(x+4)(x+5)$

17 이차함수 $y=x^2+1$의 그래프에 대한 설명으로 옳은 것은?

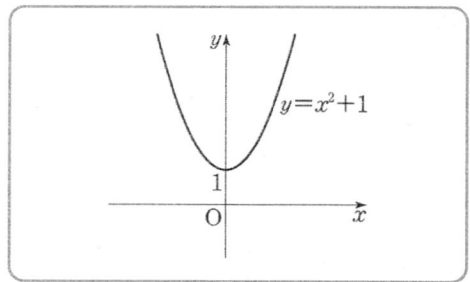

① 위로 볼록하다.

② 점 $(1, 1)$을 지난다.

③ 직선 $x=0$을 축으로 한다.

④ 꼭짓점의 좌표는 $(1, 0)$이다.

18 그림과 같이 반지름의 길이가 1인 사분원에서 $\sin 42°$의 값은? (단, 0.67, 0.74는 어림한 값이다.)

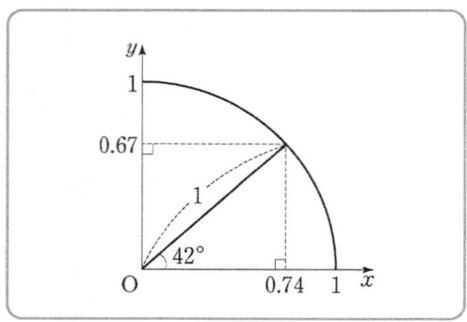

① 0 ② 0.67

③ 0.74 ④ 1

19 그림과 같이 원 O의 중심에서 두 현 AB, CD에 내린 수선의 발을 각각 M, N이라고 하자. $\overline{OM}=\overline{ON}=5\text{cm}$, $\overline{CD}=16\text{cm}$일 때, $\overline{AM}$의 길이는?

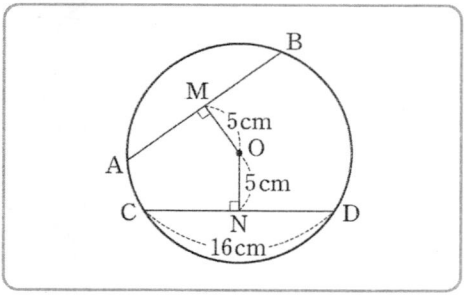

① 5cm ② 6cm

③ 7cm ④ 8cm

20 다음 자료는 학생 8명의 수학 퀴즈 점수를 조사하여 나타낸 것이다. 이 자료의 최빈값은?

(단위 : 점)

| 8 | 7 | 8 | 6 | 9 | 10 | 10 | 8 |

① 7점   ② 8점

③ 9점   ④ 10점

제3교시 영 어

정답 및 해설 497p

01 다음 밑줄 친 단어의 뜻으로 가장 적절한 것은?

He is a very <u>famous</u> singer and has a lot of fans.

① 독특한   ② 유명한

③ 친절한   ④ 편안한

02 다음 중 두 단어의 의미 관계가 나머지 셋과 다른 것은?

① rise – fall   ② win – lose

③ open – close   ④ end – finish

03 다음 빈칸에 들어갈 말로 가장 적절한 것은?

Kate is good at skating, but she _____ good at skiing.

① are   ② does

③ isn't   ④ don't

[04~06] 다음 대화의 빈칸에 들어갈 말로 가장 적절한 것을 고르시오.

04

A : How _____ do you play basketball?

B : Three times a week.

① tall   ② often

③ many   ④ pretty

05

A : Tom, what are you doing?

B : Mom, I'm _____ for my math textbook. I can't find it.

A : Why don't you check under the bed?

① putting   ② sleeping

③ looking   ④ wearing

06

A : Jessica, how about going to the flower festival today?

B : Sure, Dad. What time do you want to go?

A : _____ .

① I'll buy a cap

② That's a nice flower

③ I'm taking a taxi

④ Let's leave home at 2 o'clock

07 다음 빈칸에 공통으로 들어갈 말로 가장 적절한 것은?

> • He looks _____ his father.
> • What do you _____ to do during the vacation?

① try

② like

③ take

④ work

08 다음 대화에서 A가 찾아가려는 곳의 위치로 옳은 것은?

> A : Excuse me. How do I get to the post office?
> B : Go straight one block and turn left. It's on your right.
> A : Thank you.

09 그림으로 보아 빈칸에 들어갈 말로 가장 적절한 것은?

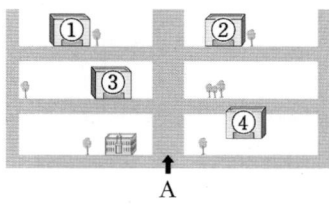

> A : What is the boy doing?
> B : He is _____ in the pool.

① flying

② writing

③ drawing

④ swimming

10 다음 대화가 끝난 후 두 사람이 주문할 음식은?

> A : What would you like to eat for dinner?
> B : What about hamburgers?
> A : Well, I had that for lunch. Why don't we order a pizza?
> B : Sounds great.

① 피자

② 샐러드

③ 스파게티

④ 스테이크

11 다음 대화의 빈칸에 들어갈 말로 가장 적절한 것은?

> A : Mr. Smith, can I go home early today?
> B : Oh, you don't look so good. What's wrong?
> A : _____.

① You're welcome

② I have a high fever

③ I'm happy to hear that

④ You should exercise more

12 다음 대화의 주제로 가장 적절한 것은?

A : What do you do in your free time?
B : I like to bake cookies. How about you?
A : I usually watch movies.

① 여가 활동　　② 장래 희망
③ 영화 추천　　④ 선호 음식

13 다음 홍보문을 보고 알 수 없는 것은?

Star Dance Club
• We practice K-pop dance every Friday.
• We need five new members.
★ To sign up, email the club president at dance@school.kr.

① 연습 요일　　② 활동 장소
③ 모집 인원　　④ 신청 방법

14 다음 방송의 목적으로 가장 적절한 것은?

Good morning, everyone. Let me tell you some safety rules for riding a bike in the park. First, put on a helmet to protect your head. Second, wear bright colors at night so that people can see you easily.

① 보건실 이전 공지
② 지역 관광 명소 홍보
③ 공원 내 편의 시설 소개
④ 자전거 운행 시 안전 수칙 안내

15 다음 대화에서 B가 늦은 이유는?

A : You're late. What happened?
B : I'm so sorry. I took the wrong subway.
A : That's terrible. I'm glad you're here before the game starts.

① 수업이 늦게 끝나서
② 지하철을 잘못 타서
③ 표를 구하지 못해서
④ 심부름을 해야 해서

16 Ocean Hotel에 관한 다음 글의 내용과 일치하지 않는 것은?

Ocean Hotel is next to the beach. Every room has a view of the sea. Guests can eat fresh seafood at the hotel restaurant. There are also free boat tours for all guests.

① 해변 옆에 있다.
② 모든 객실에서 바다를 볼 수 있다.
③ 식당에서 신선한 해산물을 먹을 수 있다.
④ 무료 버스 관광을 제공한다.

17 다음 글의 흐름으로 보아 어울리지 <u>않는</u> 문장은?

> I would like to introduce our new orchestra member, Sophie. ⓐ She plays the violin. ⓑ She has lots of experience playing in orchestras. ⓒ The violin is smaller than the guitar. ⓓ She has won many violin contests. Let's all welcome Sophie.

① ⓐ   ② ⓑ

③ ⓒ   ④ ⓓ

18 다음 글에서 Mike가 책을 빌리지 못한 이유로 가장 적절한 것은?

> Mike had to read some books for his science project. So, he went to the library yesterday. He found the books there. However, he couldn't borrow them because he left his library card at home.

① 이미 너무 많은 책을 빌려서

② 필요한 책이 도서관에 없어서

③ 도서관 카드를 집에 두고 와서

④ 도서관 공사로 대출이 중단되어서

19 그래프로 보아 빈칸에 들어갈 말로 가장 적절한 것은?

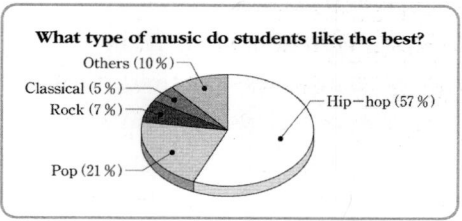

> More than half of the students like _____ the best.

① hip-hop   ② pop

③ rock   ④ classical

20 다음 글에서 언급된 내용이 <u>아닌</u> 것은?

> My name is David. This is my family photo. Here is my younger sister, Christine. She is in the third grade. Next to her, my parents are sitting in chairs. My father is a teacher, and my mother is a doctor. We are a happy family.

① 글쓴이의 이름   ② 여동생의 학년

③ 아버지의 직업   ④ 어머니의 나이

2022년 2회

21 다음 밑줄 친 them이 가리키는 것으로 가장 적절한 것은?

> Here's how to relax your eyes when they feel tired. Close your eyes and press them gently with your fingers. When you finish, cover your eyes with warm towels. This will make your eyes feel more relaxed.

① eyes ② hands
③ towels ④ glasses

22 영화관에서 지켜야 할 사항으로 언급되지 않은 것은?

> • Don't talk loudly.
> • Don't use cell phones.
> • Don't throw trash on the floor.

① 크게 말하지 않기
② 휴대폰 사용하지 않기
③ 앞좌석 발로 차지 않기
④ 바닥에 쓰레기 버리지 않기

23 다음 글의 주제로 가장 적절한 것은?

> These days robots play many different roles. Some robots take orders at restaurants. Others make coffee at cafés. They also work as guides at airports. They even talk to people as friends.

① 로봇의 다양한 역할
② 온라인 쇼핑의 장단점
③ 컴퓨터 교육의 필요성
④ 친구 간 대화의 중요성

24 다음 글을 쓴 목적으로 가장 적절한 것은?

> Hi, Sam. It's me, Chris. I know we were going to play soccer today. But it's raining now, and I heard that it will not stop until tonight. So, why don't we change the plan?

① 계획 변경을 제안하려고
② 경기 규칙을 설명하려고
③ 최신 스피커를 광고하려고
④ 공부에 관한 조언을 구하려고

25 다음 글의 바로 뒤에 이어질 내용으로 가장 적절한 것은?

> Do you like cheese? Making cheese at home is easy and fun. It takes only 30 minutes. And you just need some milk, lemon juice, and salt. Now, let's take a look at the steps to make cheese with these three things.

① 버터 활용 사례　②　캠핑 음식의 종류

③ 주요 소금 생산지　④ 치즈를 만드는 절차

제4교시

사 회

정답 및 해설 501p

01 ㉠, ㉡에 해당하는 것으로 옳은 것은?

> ⎡㉠⎤ 은/는 한 나라의 표준시를 정하는 기준이 되는 선이다. 지구는 24시간 동안 360°를 회전하기 때문에 ⎡㉡⎤ 15° 마다 1시간의 시차가 발생한다.

	㉠	㉡		㉠	㉡
①	적도	경도	②	적도	위도
③	표준 경선	경도	④	표준 경선	위도

02 다음 편지글에 나타난 지역의 기후는?

> ○○에게,
> ○○아 안녕, 나는 오늘 브라질의 아마존 강 근처를 탐험했어. 이곳은 덥고 습한 지역이지만, 다행히 한낮에는 스콜이라고 불리는 소나기가 내려서 그때는 조금 시원한 기분이 들기도 해.

① 스텝 기후　　② 사막 기후
③ 툰드라 기후　　④ 열대 우림 기후

03 다음에서 설명하는 지역으로 옳은 것은?

> 힌두교의 발상지로, 다양한 종교와 언어가 나타나고 소를 신성시한다.

① 인도 문화 지역
② 아프리카 문화 지역
③ 오세아니아 문화 지역
④ 라틴 아메리카 문화 지역

04 다음에서 설명하는 자연재해는?

> 오랜 기간 비가 오지 않아 땅이 메마르고 물이 부족해지는 재해로, 농업 활동에 지장을 초래한다.

① 가뭄　　② 태풍
③ 폭설　　④ 홍수

05 다음 설명에 해당하는 것은?

> • 도시의 중심부에 위치하여 접근성이 좋고 땅값이 비쌈.
> • 상업과 업무 기능이 밀집된 중심 업무 지구가 형성됨.

① 도심　　② 촌락
③ 주변지역　　④ 개발 제한 구역

06 우리나라의 영역 중 ㉠에 해당하는 것은?

> ⎡㉠⎤ 은/는 국가의 주권이 미치는 바다로, 기선으로부터 측정하여 그 바깥쪽 12해리의 선까지에 이르는 수역으로 한다.

① 영공   ② 영토
③ 영해   ④ 배타적 경제 수역

07 (가), (나)에 해당하는 것으로 옳은 것은?

> (가) 바람을 이용해 전력을 생산하며, 산지나
> 해안 등 바람이 강하고 지속적으로 부는
> 지역에서 유리하다.
> (나) 땅 속의 열을 이용해 전력을 생산하며,
> 아이슬란드, 뉴질랜드 등 화산 지대에서
> 볼 수 있다.

	(가)	(나)
①	조력 발전	지열 발전
②	풍력 발전	지열 발전
③	조력 발전	원자력 발전
④	풍력 발전	원자력 발전

08 ㉠에 들어갈 산맥으로 옳은 것은?

> ┌─㉠─┐ 에는 세계 최고봉인 에베레스
> 트 산이 위치한다. 이 산맥과 인접한 국가에
> 서는 등산객들을 대상으로 한 관광 산업이
> 발달하였다.

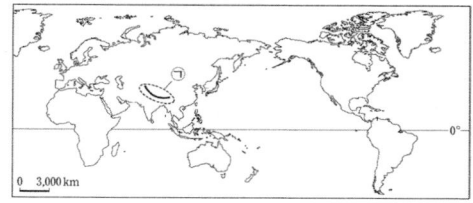

① 로키 산맥   ② 우랄 산맥
③ 안데스 산맥   ④ 히말라야 산맥

09 다음과 같은 사회적 지위의 공통적인 특성은?

> • 교사   • 대학생   • 회사원

① 귀속 지위에 해당한다.
② 태어날 때부터 자연적으로 주어진다.
③ 지위에 따라 기대되는 행동 양식이 없다.
④ 개인의 의지와 노력으로 얻게 되는 지위이
   다.

10 다음 내용에 해당하는 문화의 속성은?

> 문화는 언어와 문자 등을 통해 다음 세대
> 에 전승되면서 더욱 풍부하고 다양해진다.

① 축적성   ② 유동성
③ 안전성   ④ 수익성

11 다음에서 설명하는 민주 선거의 원칙은?

> 일정한 연령 이상의 국민이면 누구나 선
> 거권을 갖는 원칙이며 재산, 성별, 인종 등
> 을 이유로 선거권을 부당하게 제한하지 않는
> 것을 의미한다.

① 공개 선거   ② 대리 선거
③ 보통 선거   ④ 차등 선거

12 그래프와 같이 공급 곡선이 A에서 B로 이동했을 때, 균형 가격과 균형 거래량의 변화로 옳은 것은? (단, 다른 조건은 일정함.)

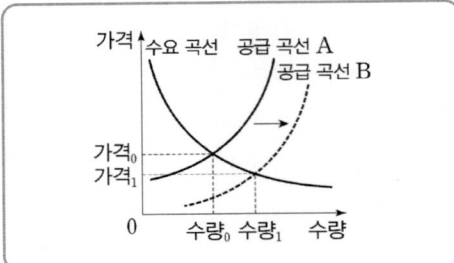

	균형 가격	균형 거래량
①	상승	증가
②	하락	증가
③	상승	감소
④	하락	감소

13 다음에서 설명하는 것은?

- 주민과 그들이 뽑은 대표들이 지역의 사무를 자율적으로 처리하는 제도
- '민주주의의 학교', '풀뿌리 민주주의'라고도 함.

① 심급 제도
② 문화 사대주의
③ 증거 재판주의
④ 지방 자치 제도

14 밑줄 친 ㉠에 해당하는 재판은?

경찰이 대형 마트에서 500만 원대의 전자 제품을 훔친 A 씨를 붙잡았다. 이 사건에 대하여 검사가 법원에 공소를 제기하면서 ㉠ 재판이 시작되었다.

① 가사 재판
② 선거 재판
③ 형사 재판
④ 행정 재판

15 ㉠에 해당하는 국가 기관으로 옳은 것은?

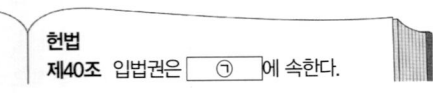

헌법
제40조 입법권은 ㉠ 에 속한다.

① 국회
② 감사원
③ 대법원
④ 헌법 재판소

16 다음 설명에 해당하는 자원의 특성은?

인간의 욕구는 무한하지만 이를 충족해 줄 자원이 상대적으로 부족한 상태

① 합리성
② 희소성
③ 효율성
④ 형평성

17 다음 유물이 처음 제작된 시기의 생활 모습으로 옳지 않은 것은?

〈빗살무늬 토기〉

① 움집을 짓고 살았다.
② 간석기를 사용하였다.
③ 철제 무기를 제작하였다.
④ 농경과 목축이 시작되었다.

18 다음에서 설명하는 고려의 왕은?

> 호족 세력을 포섭하기 위해 유력한 호족들과 혼인 관계를 맺었으며, 사심관 제도, 기인 제도를 실시하여 호족을 견제하였다. 또한 후손들에게 훈요 10조를 남겨 통치의 교훈으로 삼도록 하였다.

① 대조영　　② 장수왕
③ 박혁거세　　④ 태조 왕건

19 다음에서 설명하는 역사서는?

> 승려 일연은 단군 이야기를 포함하여 고대로부터 전해오는 역사와 설화 등을 담은 역사서를 저술하였다.

① 경국대전　　② 삼국유사
③ 동의보감　　④ 삼강행실도

20 ㉠에 들어갈 내용으로 옳은 것은?

> 〈진흥왕의 업적〉
> • 한강 유역으로 진출하여 영토 확장
> • ㉠ 을/를 통해 인재 양성
> • 황룡사를 건립하여 불교 진흥

① 별무반　　② 화랑도
③ 삼별초　　④ 훈련도감

21 ㉠에 들어갈 국가로 옳은 것은?

> 위화도 회군으로 권력을 장악한 이성계는 과전법을 실시한 후, 새 왕조 개창에 반대하던 정몽주 등을 제거하고 ㉠ 을/를 건국하였다.

① 백제　　② 신라
③ 조선　　④ 고구려

22 조선 정조의 업적으로 옳은 것을 〈보기〉에서 고른 것은?

> 〈보기〉
> ㄱ. 척화비 건립　　ㄴ. 규장각 설치
> ㄷ. 훈민정음 창제　　ㄹ. 수원 화성 건설

① ㄱ, ㄴ　　② ㄱ, ㄷ
③ ㄴ, ㄷ　　④ ㄴ, ㄹ

23 ㉠에 들어갈 내용으로 옳은 것은?

> 〈수행평가 보고서〉
> 주제 : ㉠
> • 전개 : 황토현 전투 → 전주 화약 체결 → 집강소 설치 → 우금치 전투

① 병인양요　　② 살수대첩
③ 동학 농민 운동　　④ 6월 민주 항쟁

24 ㉠에 들어갈 내용으로 옳은 것은?

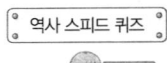

역사 스피드 퀴즈

3·1 운동 이후 중국 상하이에 수립되었고, 민주 공화제를 지향하였어.

① 청해진 ② 교정도감

③ 독립협회 ④ 대한민국 임시 정부

25 다음에서 설명하는 민주화 운동이 일어난 배경은?

> 1960년 4월 19일, 학생과 시민들은 이승만 정부의 퇴진을 요구하며 대규모 시위를 벌였다. 학생과 시민의 저항이 거세지자 이승만은 결국 대통령직에서 물러났다.

① 단발령 ② 금융 실명제

③ 새마을 운동 ④ 3·15 부정 선거

제5교시

과 학

정답 및 해설 504p

01 다음에서 설명하는 힘은?

> • 지구가 물체를 당기는 힘이다.
> • 힘의 방향은 지구 중심을 향한다.
> • 힘의 크기는 물체의 질량에 비례한다.

① 부력　　　　　② 중력
③ 마찰력　　　　④ 탄성력

02 암실에서 흰 종이 위에 놓인 빨간색 공에 파란색 빛을 비추었을 때 관찰되는 공의 색은?

① 검은색　　　　② 노란색
③ 빨간색　　　　④ 파란색

03 그림은 전류가 흐르는 원형 코일 옆에 놓인 나침반을 나타낸 것이다. 전류가 흐르는 방향이 반대일 때, 나침반의 모습은? (단, 전류에 의한 자기장만 고려한다.)

① 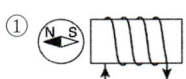　　②

③ 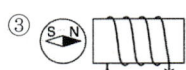　　④

04 다음 설명의 ㉠ 에 해당하는 것은?

> (　　㉠　　)은/는 열이 물질을 거치지 않고 직접 이동하는 현상이다.

① 단열　　　　　② 대류
③ 복사　　　　　④ 전도

05 표는 물체 A~D의 질량과 A~D를 들어 올린 높이를 나타낸 것이다. A~D 중 위치 에너지가 가장 많이 증가한 것은?

물체	질량(kg)	들어 올린 높이(m)
A	1	1
B	1	2
C	2	1
D	2	2

① A　　　　　　② B
③ C　　　　　　④ D

06 그림은 P 지점에서 가만히 놓은 쇠구슬이 운동하는 모습을 나타낸 것이다. 지점 A, B, C 에서 쇠구슬의 역학적 에너지 크기를 비교한 것으로 옳은 것은? (단, 공기 저항과 마찰은 무시한다.)

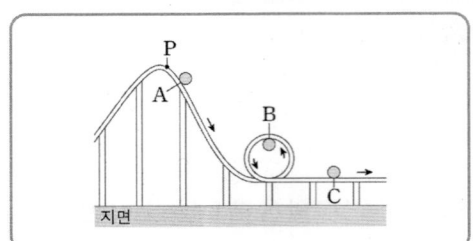

① A=B=C ② A>B>C
③ B>C>A ④ C>B>A

07 나트륨의 원소 기호는?

① na ② nA
③ Na ④ NA

08 그림은 어떤 물질의 상태 변화를 나타낸 것이다. 이에 대한 설명으로 옳은 것은?

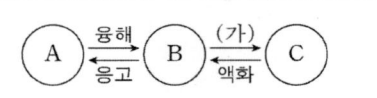

① A는 기체이다. ② B는 고체이다.
③ C는 액체이다. ④ (가)는 기화이다.

09 다음 중 순물질을 모두 고른 것은?

구리, 설탕, 우유, 소금물

① 구리, 설탕 ② 설탕, 우유
③ 구리, 소금물 ④ 우유, 소금물

10 그림은 일정량의 기체의 압력에 따른 부피 변화를 나타낸 것이다. 2기압일 때 기체의 부피(mL)는? (단, 온도는 일정하다.)

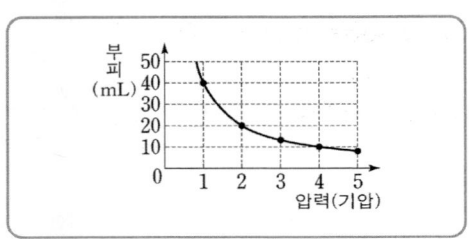

① 10 ② 20
③ 30 ④ 40

11 다음은 암모니아(NH_3) 기체가 생성되는 반응의 화학 반응식을 나타낸 것이다. 질소(N_2) 기체 1L와 수소(H_2) 기체 3L가 모두 반응할 때 생성되는 암모니아(NH_3) 기체의 부피(L)는? (단, 온도와 압력은 일정하다.)

$$N_2 + 3H_2 \rightarrow 2NH_3$$

① 1 ② 2
③ 3 ④ 4

12 다음 중 화학 변화에 해당하는 것은?

① 김치가 시어진다.
② 두부를 작게 자른다.
③ 아이스크림이 녹는다.
④ 물을 가열하면 수증기가 된다.

13 다음 중 생물 다양성의 감소 원인이 <u>아닌</u> 것은?

① 환경 오염　　　　② 서식지 파괴
③ 무분별한 남획　　④ 멸종 위기종 보호

14 다음 중 원생생물계에 속하는 생물이 <u>아닌</u> 것은?

① 김　　　　　　　② 소나무
③ 아메바　　　　　④ 짚신벌레

15 그림과 같이 순종의 황색 완두(YY)와 순종의 녹색 완두(yy)를 교배하여 얻은 잡종 1대를 자가 수분시켜 잡종 2대를 얻었을 때, 잡종 2대에서 황색 완두와 녹색 완두의 표현형의 비는?

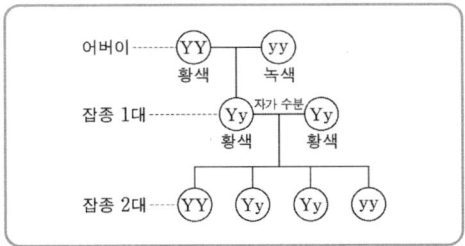

	황색 완두	:	녹색 완두
①	1	:	1
②	2	:	1
③	3	:	1
④	4	:	1

16 그림은 식물의 호흡 결과 생성된 기체를 확인하기 위한 실험 장치를 나타낸 것이다. 이 장치를 어두운 곳에 오래 두었더니 시험관 A의 석회수만 뿌옇게 흐려졌다. 석회수를 뿌옇게 만든 기체는?

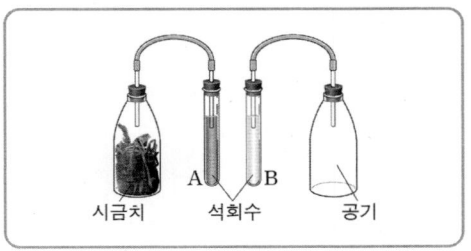

① 산소　　　　　　② 수소
③ 질소　　　　　　④ 이산화 탄소

17 그림은 사람의 소화 기관을 나타낸 것이다. A~D 중 쓸개즙을 생성하고, 요소를 합성하는 기관은?

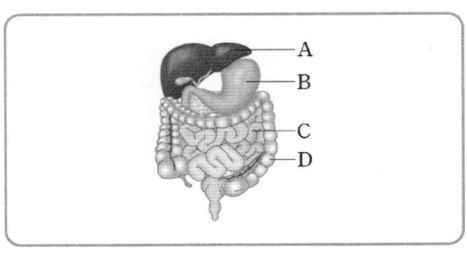

① A　　　　　　　② B
③ C　　　　　　　④ D

18 그림은 생식세포 분열 과정의 일부를 나타낸 것이다. 감수 1분열 전기 단계인 세포의 염색체 수가 4개일 때, 딸세포 **A**의 염색체 수는? (단, 돌연변이는 없다.)

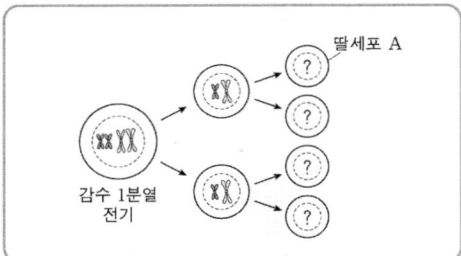

① 1개
② 2개
③ 4개
④ 8개

19 광합성에 영향을 주는 환경 요인으로 옳은 것만을 〈보기〉에서 모두 고른 것은?

〈 보기 〉
ㄱ. 온도
ㄴ. 빛의 세기
ㄷ. 이산화 탄소의 농도

① ㄱ, ㄴ
② ㄱ, ㄷ
③ ㄴ, ㄷ
④ ㄱ, ㄴ, ㄷ

20 다음 중 어두운색을 띠는 광물을 많이 포함하고 있는 화산암은?

① 대리암
② 석회암
③ 현무암
④ 화강암

21 다음 설명에 해당하는 태양계의 행성은?

• 주로 수소와 헬륨으로 이루어져 있다.
• 태양계의 행성 중 부피와 질량이 가장 크다.

① 수성
② 지구
③ 화성
④ 목성

22 그림은 태양의 표면을 나타낸 것이다. 주변보다 온도가 낮아 어둡게 보이는 **A**의 명칭은?

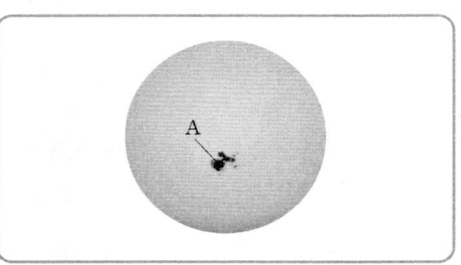

① 채층
② 흑점
③ 코로나
④ 플레어

23 다음 중 성층권의 특징으로 옳은 것은?

① 오존층이 존재한다.
② 공기의 대류가 활발하게 일어난다.
③ 높이 올라갈수록 기온이 낮아진다.
④ 비가 내리는 기상 현상이 나타난다.

24 표는 별 A~D의 겉보기 등급과 절대 등급을 나타낸 것이다. A~D 중 지구에서 가장 가까운 별은?

별 \ 등급	겉보기 등급	절대 등급
A	−1.5	1.4
B	0.5	−5.1
C	1.3	−8.7
D	2.1	−3.7

① A   ② B
③ C   ④ D

25 그림은 기온에 따른 포화 수증기량을 나타낸 것이다. 기온 A~D 중 포화 수증기량이 가장 적은 것은?

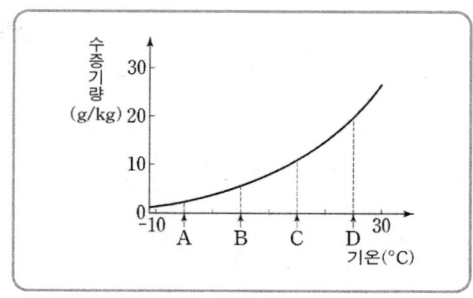

① A   ② B
③ C   ④ D

제6교시 선택 과목

도 덕

정답 및 해설 507p

01 다음 일기에서 알 수 있는 인간의 특성은?

> 20○○년 ○월 ○일
>
> 학교에서 집으로 돌아가다가 도움을 필요로 하는 할머니를 지나쳐 갔다. 처음에는 집에 가고 싶은 생각에 지나쳐 갔지만 양심의 가책을 느껴서 할머니를 도우러 갔다.

① 도구적 존재　　② 도덕적 존재

③ 문화적 존재　　④ 유희적 존재

02 다음 대화에서 교사가 사용한 비판적 사고의 방법은?

학생: 귀찮아서 쓰레기를 교실에 버렸어요.

교사: 모든 사람이 너처럼 귀찮다고 쓰레기를 버리면 교실은 어떻게 될까?

① 반증 사례 검사　　② 오류와 편견 검사

③ 보편화 결과 검사　　④ 사실적 판단 검사

03 도덕 추론 과정에서 ㉠에 들어갈 용어는?

> • 도덕 원리 : 다른 사람을 돕는 행위는 옳다.
>
> ↓
>
> • 사실 판단 : 봉사 활동은 다른 사람을 돕는 행위이다.
>
> ↓
>
> • (㉠) 판단 : 봉사 활동은 옳다.

① 관찰　　② 도덕

③ 의식　　④ 교차

04 도덕적 신념 형성에 필요한 보편적 가치로 옳은 것은?

① 평화　　② 맹목

③ 방종　　④ 환상

05 행복한 삶을 위해 필요한 것을 〈보기〉에서 고른 것은?

> 〈보기〉
>
> ㄱ. 좋은 습관　　ㄴ. 허례허식
>
> ㄷ. 정서적 건강　　ㄹ. 부정적 자아관

① ㄱ, ㄴ　　② ㄱ, ㄷ

③ ㄴ, ㄹ　　④ ㄷ, ㄹ

06 세계 시민으로서 할 수 있는 도덕적 실천으로 옳은 것은?

① 난민을 위해 기부하기

② 민족적 정체성만 강조하기

③ 잘못된 편견을 가지고 외국인을 대하기

④ 해외에서 일어나는 전쟁 소식에 무관심하기

07 현대 사회의 가정 윤리로 적절하지 <u>않은</u> 것은?

① 충분한 의사소통하기

② 서로의 가치를 존중하며 대화하기

③ 민주적 협의를 통해 집안일 나누기

④ 시대에 맞지 않는 전통 관습을 그대로 따르기

08 ㉠에 들어갈 덕목은?

◆ 덕목 탐구 보고서 ◆
- 덕목 : (㉠)
- 의미 : 상대방의 처지와 감정을 헤아려 보살펴 주고 도와 줌.
- 사례 : 몸이 아픈 친구의 입장에서 생각하여 도와 줌.

① 경건   ② 무지

③ 배려   ④ 탐욕

09 청소년기의 올바른 이성 교제 태도로 가장 적절한 것은?

① 서로를 존중하는 자세 갖기

② 잘못된 부탁이라도 무조건 들어주기

③ 이성에게 잘 보이기 위해 비싼 선물 주기

④ 이성 교제를 성적 욕구의 수단으로 생각하기

10 밑줄 친 ㉠에 들어갈 대답으로 적절하지 <u>않은</u> 것은?

인간에게 인권은 왜 필요할까요?

㉠ 필요합니다.

① 인간다운 삶을 살기 위해

② 차별받지 않는 삶을 위해

③ 인간 존엄성을 보장하기 위해

④ 개인의 자율성을 침해하기 위해

11 다음은 서술형 평가 문제와 학생 답안이다. 밑줄 친 ㉠~㉣ 중 적절하지 <u>않은</u> 것은?

문제 : 이웃 사이에 필요한 도덕적 자세는?

〈답안〉
　이웃과 함께 살아가기 위해서 나의 행동이 이웃에게 좋은 영향을 주는지 생각해야 한다. 구체적으로 ㉠ 늦은 저녁에 음악을 크게 트는 것, ㉡ 층간 소음을 일으키지 않는 것, ㉢ 예절을 지켜 인사하는 것, 그리고 ㉣ 어려울 때 서로 돕는 것이다.

① ㉠   ② ㉡

③ ㉢   ④ ㉣

12 바람직한 시민이 갖추어야 할 자질이 <u>아닌</u> 것은?

① 준법정신   ② 참여의식

③ 책임의식   ④ 이기주의

13 교사의 질문에 대한 대답으로 옳은 것은?

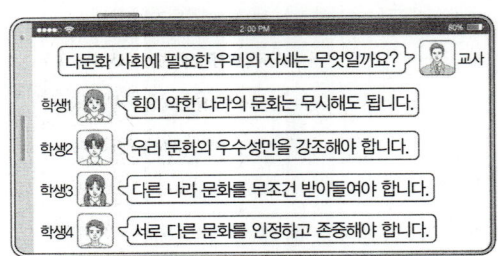

① 학생1
② 학생2
③ 학생3
④ 학생 4

14 정보화 시대의 도덕적 자세로 옳지 <u>않은</u> 것은?

① 타인의 사생활 존중
② 사이버 폭력 행위 금지
③ 자유로운 유언비어 유포
④ 다른 사람의 저작권 존중

15 일상생활에서 발생하는 갈등 원인을 〈보기〉에서 고른 것은?

─────〈보기〉─────
ㄱ. 가치관의 차이   ㄴ. 원활한 의사소통
ㄷ. 이해관계의 충돌 ㄹ. 공정한 분배 실현

① ㄱ, ㄴ
② ㄱ, ㄷ
③ ㄴ, ㄹ
④ ㄷ, ㄹ

16 다음에서 소개하는 인물은?

◈ 도덕 인물 카드 ◈
• 인도의 민족 운동 지도자
• 식민지 지배에 굴하지 않고 비폭력 불복종 운동을 실천하여 독립에 기여함.

① 김구
② 공자
③ 간디
④ 칸트

17 학교 폭력 피해자의 대처 방법으로 가장 적절한 것은?

① 일단 선생님께 알리고 함께 대책을 세운다.
② 괴롭히는 상대에게 싫다는 말을 하지 않는다.
③ 문제를 확대시키지 않도록 혼자 조용히 참는다.
④ 돈을 주어 더는 폭력을 행사하지 않도록 부탁한다.

18 정의로운 국가의 역할로 옳은 것은?

① 인간의 기본권 축소
② 국민의 거주권 제한
③ 공정한 법과 제도 마련
④ 자유로운 경제 활동 금지

19 밑줄 친 ㉠에 들어갈 사례로 가장 적절한 것은?

> 〈가치의 종류〉
> • 물질적 가치 : _____ ㉠
> • 정신적 가치 : ······

① 사랑　　　　　② 재물
③ 우정　　　　　④ 평화

20 부패가 발생하는 원인으로 옳지 <u>않은</u> 것은?

① 혈연, 학연을 강조하는 사회 분위기
② 부당하게 자신의 이익을 챙기려는 태도
③ 사회 구성원들 간에 공유된 청렴 의식
④ 뇌물 수수, 인사 청탁을 당연하게 생각하는 분위기

21 통일이 필요한 이유로 옳지 <u>않은</u> 것은?

① 민족 공동체를 회복하기 위해
② 이산가족의 고통을 해소하기 위해
③ 인류의 보편적 가치를 실현하기 위해
④ 남북 간의 문화 차이를 확대시키기 위해

22 인간 중심주의 자연관을 〈보기〉에서 고른 것은?

> 〈보기〉
> ㄱ. 인간이 자연의 주인이다.
> ㄴ. 인간이 자연을 통제해서는 안 된다.
> ㄷ. 자연을 인간을 위한 도구로 여긴다.
> ㄹ. 자연이 가진 본래적 가치를 존중한다.

① ㄱ, ㄴ　　　　② ㄱ, ㄷ
③ ㄴ, ㄹ　　　　④ ㄷ, ㄹ

23 환경친화적 삶을 위한 실천 태도로 옳은 것은?

① 쓰레기 분리배출 하기
② 일회용 종이컵 많이 사용하기
③ 물건을 살 때 장바구니 대신 비닐봉지 사용하기
④ 장기 외출 시 사용하지 않는 전기 플러그 꽂아 두기

24 과학 기술의 발달이 가져다 준 혜택으로 옳은 것은?

① 환경 오염　　　② 인간 소외
③ 새로운 질병 확산　④ 생활의 편리 증가

25 도덕적인 삶을 위한 노력을 〈보기〉에서 고른 것은?

> 〈보기〉
> ㄱ. 보람된 삶을 추구함.
> ㄴ. 가치 있는 목표를 설정함.
> ㄷ. 자신을 부정적으로 바라봄.
> ㄹ. 배타적인 삶의 태도를 가짐.

① ㄱ, ㄴ　　　　② ㄱ, ㄷ
③ ㄴ, ㄹ　　　　④ ㄷ, ㄹ

2021년도

제1회

국 어

제1교시

정답 및 해설 512p

01 다음 대화에서 '수연'의 말하기 목적으로 가장 적절한 것은?

민재야, 미술 시간에 쓰려는 데 물감 좀 빌려줄래?

응, 수연아. 찾아서 줄게.

① 격려
② 부탁
③ 사과
④ 조언

02 다음 질문 목록에 들어갈 내용으로 적절하지 <u>않은</u> 것은?

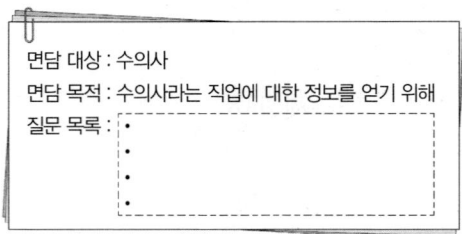

면담 대상 : 수의사
면담 목적 : 수의사라는 직업에 대한 정보를 얻기 위해
질문 목록 :
•
•
•

① 수의사의 가족 관계
② 수의사라는 직업의 장점
③ 수의사가 되기 위해 필요한 자격증
④ 수의사로 일하면서 느꼈던 직업적 보람

03 밑줄 친 단어의 품사가 <u>다른</u> 것은?

① 시험이 끝나서 <u>즐겁다</u>.
② 동생의 방은 <u>깨끗하다</u>.
③ 친구가 운동장을 <u>달린다</u>.
④ 가을 하늘이 맑고 <u>푸르다</u>.

04 밑줄 친 부분이 올바르게 쓰인 것은?

① 그 일은 내가 먼저 <u>할게</u>.
② 이 <u>설겆이</u>는 누가 할래?
③ 감기가 어서 <u>낳기</u>를 바라.
④ 좋아하는 사진을 벽에 <u>붙이자</u>.

05 다음 규정을 적용할 수 있는 단어는?

■ 표준 발음법 ■
【제12항】 받침 'ㅎ'의 발음은 다음과 같다.
　　3. 'ㅎ' 뒤에 'ㄴ'이 결합되는 경우에는, [ㄴ]으로 발음한다.

① 놓는
② 입학
③ 각하
④ 쌓으니

06 다음 설명에 해당하는 자음은?

> 입술소리는 '두 입술 사이에서 나는 소리'
> 이다.

① ㄱ   ② ㅂ

③ ㅇ   ④ ㅎ

07 밑줄 친 부분이 ㉠에 해당하는 것은?

> 문장을 이루는 데 필요한 주성분에는 주
> 어, ㉠목적어, 보어, 서술어가 있다.

① 소년은 어른이 되었다.

② 겨울에는 연을 날렸다.

③ 화단에 장미꽃이 피었다.

④ 강아지가 재채기를 하였다.

08 ㉠~㉢ 중 글의 통일성을 고려할 때 적절하지 않은 것은?

제목	건강을 위해 탄산음료 섭취를 줄이자.
처음	과도한 탄산음료 섭취 실태 ·········· ㉠
중간	• 과도한 탄산음료 섭취의 문제점 ······ ㉡ 　– 과도한 당류 섭취로 인해 비만의 우 　　려가 있다. • 탄산음료 섭취를 줄일 수 있는 방법··㉢ 　– 탄산음료 대신 물을 마신다. • 탄산음료 판매로 얻는 경제적 효과 ··㉣ 　– 자선 활동 비용을 충당할 수 있다.
끝	과도한 탄산음료 섭취를 줄여야 함.

① ㉠   ② ㉡

③ ㉢   ④ ㉣

09 ㉠~㉣에 대한 고쳐 쓰기 방안으로 적절하지 않은 것은?

> 독도에 살았던 희귀한 생물에는 독도 강
> 치가 있다. ㉠독도에는 다양한 암석과 지
> 형, 지질 구조가 있다. 독도 강치는 독도를
> 중심으로 동해 연안에 살았던 바다사자이
> 다. 덩치가 크고 지능이 좋았던 독도 강치는
> ㉡먹이가 풍부한 독도 주변에서 수만 마리
> 가 서식했다. 그러나 일제 강점기 때 무자비
> 한 포획으로 독도 강치는 ㉢멸망되었고 이
> 제는 박제로 밖에 ㉣볼수없다.

① ㉠ : 글의 흐름에서 벗어난 내용이므로 삭
　제한다.

② ㉡ : 조사의 쓰임이 맞지 않으므로 '먹이에
　게'로 바꾼다.

③ ㉢ : 문맥에 맞지 않으므로 '멸종'으로 바
　꾼다.

④ ㉣ : 띄어쓰기가 바르지 않으므로 '볼 수
　없다'로 고친다.

10 ㉠에 들어갈 내용으로 적절하지 않은 것은?

> **우리 고장 야생화를 조사하여 보고서 쓰기**
> • 목적 : 우리 고장의 야생화를 조사하여 보고서
> 　를 쓴다.
> • 조사 내용 : 우리 고장 야생화의 종류
> 　　　　　　　우리 고장 야생화의 특징
> 　　　　　　　우리 고장 야생화의 서식지
> • 조사 방법 : 야생화 애호가 인터뷰
> 　　　　　　　우리 고장 야생화 박물관 방문
> 　　　　　　　인터넷 및 관련 책 조사
> • 보고서를 쓸 때 유의할 점 : _____㉠_____

① 조사한 내용은 야생화 전문가에게 사실 여부를 확인한다.

② 야생화 애호가의 인터뷰 내용은 동의를 구하여 인용한다.

③ 야생화 박물관에서 찾은 자료는 재미를 위해 과장한다.

④ 인터넷 및 책에서 찾은 내용은 출처를 밝힌다.

[11~13] 다음 글을 읽고 물음에 답하시오.

> 형이 돈을 많이 벌어 오면 — 이런 기대에 온 집안 식구가 하루하루를 매달려 살았다. 어느 날 밤, 형은 돌아왔다. 옷과 운동화와 과자와 고기를 한 짐이나 되게 사 가지고. 형이 정말 돈을 벌어서 별의별 것을 다 사 가지고 온 것이었다. 아버지는 밤중이지만 동네 사람을 모아 큰 잔치를 벌이지 못해 안달을 했다.
>
> [가] ┌ 형이 험악한 얼굴을 하고 안 된다고 했다. 잔치는커녕 동생들이 좋아서 떠드는 것도 못하게 └ 윽박질렀다.
>
> 수남이는 지금도 그날 밤 일이 생생하다. 그날 밤 형의 ㉠ 누런 똥빛 얼굴은 정말로 못 잊겠다. 꼭 악몽 같다.
>
> 다음 날 형은 읍내에서 온 순경한테 수갑이 채워져 붙들려 갔다. 형은 악을 써서 변명을 하며 갔다.
>
> "2년 만에 빈손으로 집에 들어갈 수는 없었단 말이야. 도저히 그럴 수는 없었단 말이야."
>
> 그래서 읍내 ㉡ 양품점을 털어 돈과 물건을 훔친 것이다. 다음에 수남이가 형을 본 것은 읍내에 현장 검증인가를 나왔을 때다. 도둑질한 것을 다시 한번 되풀이해 보여 주는 것인데, 딴 ㉢ 구경꾼들 틈에 섞여 수남이는 몸서리를 치면서 그것을 봤다. 그 도둑놈과 형제간이란 게 두고두고 생각해도 몸서리가 쳐졌다.
>
> 아버지는 화병으로 몸져눕고 집안 형편은 말이 아니었다. 수남이는 드디어 어느 날 형이 그랬던 것처럼 서울 가서 돈 벌어 오겠다고 집을 나섰다. 아버지는 말리지 않았다.
>
> 문지방을 짚고 일어나 앉아서 띄엄띄엄 수남이를 타일렀다.
>
> "무슨 짓을 하든지 그저 도둑질을 하지 말아라, 알았쟈?"
>
> 그런데 도둑질을 하고 만 것이다. 하지만 수남이는 스스로 그것은 결코 도둑질이 아니었다고 변명을 한다.
>
> 그런데 왜 그때, 그렇게 떨리고 무서우면서도 짜릿하니 기분이 좋았던 것인가? 문제는 그때의 그 쾌감이었다. 자기 내부에 도사린 부도덕성이었다. 오늘 한 짓이 도둑질이 아닐지 모르지만 앞으로 도둑질을 할지도 모르겠다는 생각이 들었다. 형의 일이 자기와 정녕 무관한 일이 아니란 생각이 들었다.
>
> 소년은 아버지가 그리웠다. 도덕적으로 자기를 견제해 줄 어른이 그리웠다.
>
> 주인 영감님은 자기가 한 짓을 나무라기는커녕 손해 안 난 것만 좋아서 "오늘 운 텄다."고 좋아하지 않았던가.
>
> 수남이는 짐을 꾸렸다. 아아, 내일도 바람이 불었으면. 바람이 물결치는 보리밭을 보았으면.
>
> 마침내 결심을 굳힌 수남이의 얼굴은 누런 똥빛이 말끔히 가시고, 소년다운 ㉣ 청순함으로 빛났다.
>
> – 박완서, 「자전거 도둑」 –

11 윗글에서 알 수 있는 내용으로 적절하지 않은 것은?

① 아버지는 형이 돌아온 날 잔치를 벌이고 싶어 했다.

② 수남이는 형의 현장 검증 장면을 구경꾼들 틈에서 보았다.

③ 아버지는 서울로 돈 벌러 가겠다는 수남이를 말렸다.

④ 주인 영감님은 손해나지 않은 것을 좋아했다.

[14~16] 다음 글을 읽고 물음에 답하시오.

> 우리가 눈발이라면
> 허공에서 쭈빗쭈빗 흩날리는
> ㉠ 진눈깨비는 되지 말자
> 세상이 바람 불고 춥고 어둡다 해도
> 사람이 사는 마을
> 가장 낮은 곳으로
> 따뜻한 ㉡ 함박눈이 되어 내리자
> 우리가 눈발이라면
> 잠 못 든 이의 창문가에서는
> ㉢ 편지가 되고
> 그이의 깊고 ㉮ 붉은 상처 위에 돋는
> ㉣ 새살이 되자
>
> — 안도현, 「우리가 눈발이라면」 —

12 [가]에 나타난 '형'의 심리로 가장 적절한 것은?

① 동생들이 좋아하는 모습에 쑥스러워 한다.

② 자신에 대한 식구들의 기대가 충족되어 뿌듯해 한다.

③ 자신이 도둑질한 사실이 밝혀질 것 같아서 걱정한다.

④ 가지고 온 물건을 동네 사람들에게 빼앗길까 봐 두려워한다.

14 윗글에 대한 이해로 가장 적절한 것은?

① 청유형 문장을 사용하고 있다.

② 묻고 답하는 형식이 드러나 있다.

③ 사계절의 변화에 따라 시상을 전개하고 있다.

④ 직유법을 사용하여 화자의 정서를 표현하고 있다.

13 ㉠~㉣ 중 다음 설명과 가장 관련이 있는 것은?

> • 비양심적이고 부도덕한 태도를 상징함.
> • 형이 옳지 않은 일을 했다는 수남이의 생각을 드러냄.

① ㉠   ② ㉡

③ ㉢   ④ ㉣

15 ㉠~㉣ 중 시적 화자가 지향하는 대상이 아닌 것은?

① ㉠   ② ㉡

③ ㉢   ④ ㉣

16 ㉮와 같은 심상이 나타난 것은?

① 향기로운 꽃 냄새

② 짭조름한 소금 맛

③ 활짝 핀 노란 개나리

④ 개구리 소리 개굴개굴

[17~19] 다음 글을 읽고 물음에 답하시오.

용골대가 모든 장졸을 뒤로 물린 후, 왕비와 세자, 대군을 모시고 장안의 재물과 미녀를 거두어 돌아갈 채비를 꾸렸다. 오랑캐에게 잡혀가는 사람들의 슬픈 울음소리가 장안을 진동했다.

박 씨가 계화를 시켜 용골대에게 소리쳤다.

"무지한 오랑캐 놈들아! 내 말을 들어라. 조선의 운수가 사나워 은혜도 모르는 너희에게 패배를 당했지만, 왕비는 데려가지 못할 것이다. 만일 그런 뜻을 둔다면 내 너희를 몰살할 것이니 당장 왕비를 모셔 오너라."

하지만 용골대는 오히려 코웃음을 날렸다.

"참으로 가소롭구나. 우리는 이미 조선 왕의 항서를 받았다.

데려가고 안 데려가고는 우리 뜻에 달린 일이니, 그런 말은 입 밖에 내지도 마라."

오히려 욕설만 무수히 퍼붓고 듣지 않자 계화가 다시 소리쳤다.

"너희의 뜻이 진실로 그러하다면 이제 내 재주를 한 번 더 보여 주겠다."

계화가 주문을 외자 문득 공중에서 두 줄기 무지개가 일어나며 모진 비가 천지를 뒤덮을 듯 쏟아졌다. 뒤이어 얼음이 얼고 그 위로는 흰 눈이 날리니, 오랑캐 군사들의 말발굽이 땅에 붙어 한 걸음도 옮기지 못하게 되었다. 그제야 용골대는 사태가 예사롭지 않음을 깨달았다.

"당초 우리 왕비께서 분부하시기를 장안에 신인(神人)이 있을 것이니 이시백의 후원을 범치 말라

하셨는데, 과연 그것이 틀린 말이 아니었구나. 지금이라도 부인에게 빌어 무사히 돌아가는 편이 낫겠다."

용골대가 갑옷을 벗고 창칼을 버린 뒤 무릎을 꿇고 애걸하였다.

"소장이 천하를 두루 다니다 조선까지 나왔지만, 지금까지 무릎을 꿇은 적은 한 번도 없었습니다. 이제 부인 앞에 무릎을 꿇어 비나이다. 부인의 명대로 왕비는 모셔 가지 않을 것이니, 부디 길을 열어 무사히 돌아가게 해 주십시오."

무수히 애원하자 그제야 박 씨 가 발을 걷고 나왔다.

"원래는 너희의 씨도 남기지 않고 모두 죽이려 했었다. 하지만 내가 사람 목숨 죽이는 것을 좋아하지 않기에 용서하는 것이니, 네 말대로 왕비는 모셔 가지 마라. 너희가 부득이 세자와 대군을 모셔 간다면 그 또한 하늘의 뜻이기에 거역하지 못하겠구나. 부디 조심하여 모셔 가라. 그렇게 하지 않으면 신장과 갑옷 입은 군사를 몰아 너희를 다 죽인 뒤, 너희 국왕을 사로잡아 분함을 풀고 무죄한 백성까지 남기지 않을 것이다. 나는 앉아 있어도 모든 일을 알 수 있다. 부디 내 말을 명심하여라."

오랑캐 병사들은 황급히 머리를 조아리고 용골대는 다시 애원을 했다.

– 작자 미상, 「박씨전」 –

17 윗글에 대한 설명으로 적절한 것은?

① 말장난으로 웃음을 유발한다.

② 1인칭 서술자가 사건을 서술한다.

③ 신비롭고 기이한 일들이 일어난다.

④ 사람처럼 말하는 동물이 등장한다.

18 윗글의 내용과 일치하지 <u>않는</u> 것은?

① 용골대는 짐을 꾸려 돌아갈 준비를 했다.

② 계화가 주문을 외자 오랑캐 군사들은 꼼짝을 못했다.

③ 용골대는 박 씨에게 무릎을 꿇고 애원했다.

④ 용골대는 조선의 왕비를 조심해서 모셔 가겠다고 말했다.

19 윗글에 드러난 박 씨 의 태도로 가장 적절한 것은?

① 당당함   ② 비겁함

③ 공손함   ④ 나태함

[20~22] 다음 글을 읽고 물음에 답하시오.

우리 음식 생활에서 고추는 가장 기본적인 식재료로 사랑받고 있다. 붉은색 김치는 우리나라를 상징하는 음식 중 하나이다. 그래서 우리 조상들이 아주 오래전부터 고추를 먹은 것으로 잘못 알고 있는 사람이 많다. 인도와 동남아시아에도 우리처럼 고추의 원산지가 자기 나라라고 생각하는 사람들이 많다. 그러나 우리나라와 인도, 동남아시아 등지에서 고추를 먹기 시작한 것은 16세기에 들어서이다.

그렇다면 고추의 고향은 어디일까? 바로 중남미이다. 고추는 오랫동안 중남미인들이 먹어 온 음식 가운데 하나로 중남미 고대 국가의 ㉠ 유물 중에는 고추가 그려진 그릇들이 있다. 이 고추를 에스파냐와 포르투갈 사람들이 배에 실어 유럽으로 가지고 갔다. 그것이 인도양을 거쳐 인도와 동남아시아로 왔고, 뒤이어 우리나라에까지 들어온 것이다. 이렇듯 고추의 ㉡ 재배 지역은 나뭇가지처럼 ㉢ 사방으로 뻗어 나갔다.

우리나라에 고추가 들어오기 전까지 김치는 소금물에 절이기만 해서 ㉣ 발효시킨 것으로 흰색이었다. 고추가 들어온 다음 비로소 김치는 붉은색으로 바뀌었고, 고추 특유의 붉은 색깔과 매운맛이 더욱 식욕을 돋우게 되었다. 영양 면에서는 비타민 시(C) 등이 더 풍부해졌으며, 고추 속의 캡사이신 성분이 채소가 시어 문드러지는 것을 막아 음식을 더욱 오랫동안 보관할 수 있게 되었다. 수백 년 사이에 김치는 우리 삶에 더욱 중요한 음식이 되었고, 나아가 우리 음식 문화의 상징이 되었다.

– 전국지리교사모임, 「지리, 세상을 날다」 –

20 윗글에 대한 설명으로 가장 적절한 것은?

① 용어의 개념을 정의하고 있다.

② 설문 조사 자료를 활용하고 있다.

③ 전문가와 한 인터뷰 내용을 인용하고 있다.

④ 묻고 답하는 방식으로 정보를 전달하고 있다.

21 ㉠~㉣의 사전적 의미로 적절하지 <u>않은</u> 것은?

① ㉠ : 과거의 조상이 후세에 남긴 물건.

② ㉡ : 식물을 심어 가꿈.

③ ㉢ : 동, 서, 남, 북 네 방위를 통틀어 이르는 말.

④ ㉣ : 보람이나 효과를 나타냄.

22 윗글의 내용과 일치하지 <u>않는</u> 것은?

① 고추의 원산지는 우리나라이다.

② 우리나라는 16세기부터 고추를 먹기 시작했다.

③ 고추가 들어오기 전 우리나라 김치의 색깔은 흰색이었다.

④ 고추에는 음식을 오래 보관할 수 있게 하는 성분이 있다.

[23~25] 다음 글을 읽고 물음에 답하시오.

우리는 누구나 사람답게 살 권리, 즉 인권을 가지고 있다. 그런데 종종 다른 사람은 신경 쓰지 않고 자신의 권리만 내세우는 사람을 볼 수 있다. 이로 인해 인권을 침해받는 사람이 생기기도 한다. 이러한 사람 없이 모든 사람들의 인권을 지키기 위해서는 ㉠ 우리의 노력이 필요하다. 그렇다면 우리는 어떻게 해야 할까?

먼저 우리는 인권은 인간이 갖는 보편적인 권리로, 누구에게나 적용되어야 한다는 것을 인식해야 한다. 인권은 국적, 종교, 직업, 성별, 연령에 관계없이 인간이라면 누구나 가지는 권리이다. 그러므로 어떤 조건으로도 인권을 제한할 수 없다.

하지만 아직도 열악한 환경에서 인권을 침해받으며 고통을 겪는 사람들이 있다. 이런 약자들까지도 인권을 누려야 할 사람들이다. 그렇기 때문에 우리는 이들의 인권에 관심을 가져야 한다.

또한 우리는 인권이 책임을 동반한 권리라는 것을 명심해야 한다. 모든 사람이 인권을 가지고 있다는 것은 다른 사람의 인권을 존중할 책임 또한 가지고 있다는 뜻이다. 인간은 혼자 살아갈 수 없고 많은 사람들과 관계를 ㉡ 맺으며 살아가는 존재이기 때문이다.

인권은 누구에게나 적용되는 보편적인 권리이자 책임을 다할 때 누릴 수 있는 권리이다. 우리는 자신의 인권은 물론이고 다른 사람의 인권을 소중히 여겨 모든 사람들의 인권을 지키기 위해 노력해야 한다.

— 정용주, 「인권이 뭘까요」 —

23 윗글을 읽는 방법으로 가장 적절한 것은?

① 무대 공연을 상상하며 읽는다.

② 주장과 근거를 파악하며 읽는다.

③ 인물의 생애를 따라가며 읽는다.

④ 등장인물의 갈등에 유의하며 읽는다.

24 윗글의 내용으로 볼 때 ㉠으로 적절하지 <u>않은</u> 것은?

① 인권이 누구에게나 적용된다는 것을 인식한다.

② 인권을 침해받는 약자들에게 관심을 가져야 한다.

③ 인권이 책임을 동반한 권리라는 것을 명심한다.

④ 인권의 존중보다 경제적 이익을 더 중시한다.

25 밑줄 친 부분이 ㉡과 같은 의미로 쓰인 것은?

① 눈에는 눈물방울이 <u>맺어</u> 있었다.

② 열매를 <u>맺은</u> 나무를 찾아 나섰다.

③ 좋은 인연을 <u>맺었던</u> 소년을 만났다.

④ 하던 일의 끝을 <u>맺고</u> 점심을 먹었다.

제2교시

수 학

정답 및 해설 515p

01 다음은 두 수 24와 90을 소인수분해하여 최대공약수를 구하는 과정이다. ㉠에 알맞은 수는?

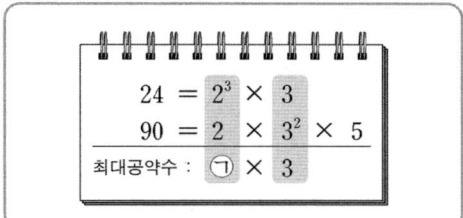

$24 = 2^3 \times 3$
$90 = 2 \times 3^2 \times 5$
최대공약수 : ㉠ $\times$ 3

① 2

② 2^2

③ 2^3

④ 2^4

02 다음 중 절댓값이 가장 큰 수는?

① -5

② -2

③ 1

④ 4

03 $a=3$일 때, $2a+1$의 값은?

① 3

② 5

③ 7

④ 9

04 일차방정식 $5x-2=3x+8$의 해는?

① -1

② 1

③ 3

④ 5

05 다음은 어느 학생이 집에서 출발하여 학교까지 갈 때, 시간에 따른 이동 거리를 나타낸 그래프이다. 이 학생이 출발한 후 30분 동안 이동한 거리는?

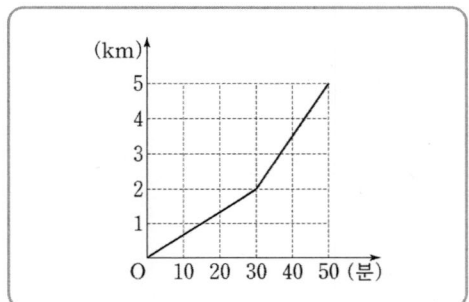

① 1km

② 2km

③ 3km

④ 4km

06 모든 면의 모양이 정사각형인 정다면체는?

① 정사면체

② 정육면체

③ 정팔면체

④ 정십이면체

07 다음은 어느 학급의 학생 20명을 대상으로 지난 일주일 동안 독서한 시간을 조사하여 나타낸 도수분포표이다. 이 학생들 중 일주일 동안 독서한 시간이 6시간 이상인 학생의 수는?

독서 시간(시간)	학생 수(명)
$0^{이상} \sim 2^{미만}$	2
2 ~ 4	7
4 ~ 6	6
6 ~ 8	4
8 ~ 10	1
합계	20

① 3명 ② 5명
③ 7명 ④ 9명

08 순환소수 $0.\dot{7}$을 기약분수로 나타낸 것은?

① $\frac{5}{9}$ ② $\frac{2}{3}$
③ $\frac{7}{9}$ ④ $\frac{8}{9}$

09 $2x \times x^2$을 간단히 한 것은?

① $2x$ ② $2x^2$
③ $2x^3$ ④ $2x^4$

10 연립방정식 $\begin{cases} y=2x \\ x+y=9 \end{cases}$ 의 해는?

① $x=-3, y=-6$ ② $x=-3, y=6$
③ $x=3, y=-6$ ④ $x=3, y=6$

11 일차함수 $y=x+2$의 그래프는 일차함수 $y=x$의 그래프를 y축의 방향으로 a만큼 평행이동한 것이다. 상수 a의 값은?

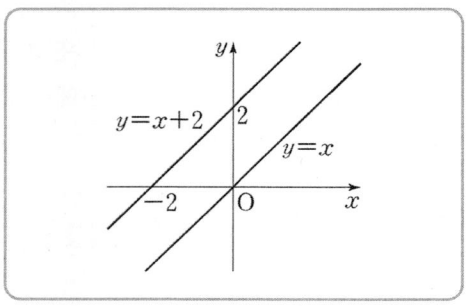

① -1 ② 0
③ 1 ④ 2

12 그림과 같이 $\triangle ABC$에서 $\angle B=50°$, $\angle C=50°$, $\overline{AB}=5cm$일 때, x의 값은?

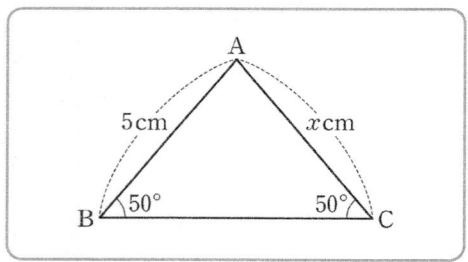

① 3 ② 4
③ 5 ④ 6

13 그림과 같이 직각삼각형 ABC에서 $\overline{AB}=$ 6cm, $\overline{BC}=8$cm일 때, x의 값은?

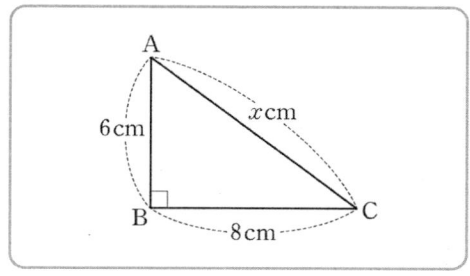

① 9   ② 10

③ 11   ④ 12

14 그림과 같이 포도 맛 사탕 3개, 딸기 맛 사탕 7개가 들어 있는 주머니가 있다. 이 주머니에서 한 개의 사탕을 임의로 꺼낼 때, 포도 맛 사탕이 나올 확률은?

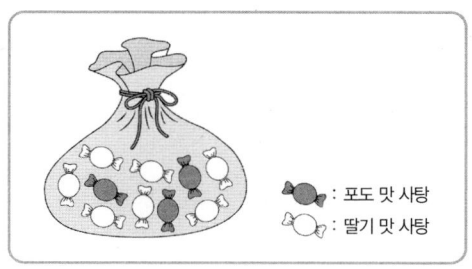

① $\dfrac{3}{10}$ ② $\dfrac{2}{5}$

③ $\dfrac{1}{2}$ ④ $\dfrac{3}{5}$

15 $6\sqrt{3}-2\sqrt{3}$을 간단히 한 것은?

① $\sqrt{3}$ ② $2\sqrt{3}$

③ $3\sqrt{3}$ ④ $4\sqrt{3}$

16 $(x+1)(x+3)$을 전개한 것은?

① x^2+2x-3 ② x^2+2x+3

③ x^2+4x-3 ④ x^2+4x+3

17 이차함수 $y=2x^2-2$의 그래프에 대한 설명으로 옳은 것은?

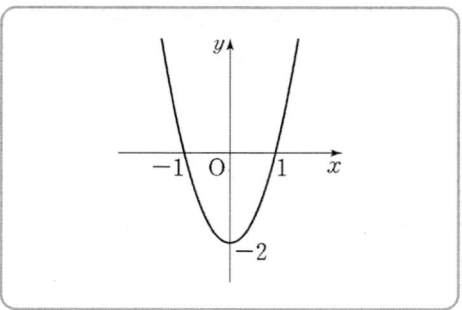

① 위로 볼록하다.

② 점 $(1, 1)$을 지난다.

③ 직선 $x=1$을 축으로 한다.

④ 꼭짓점의 좌표는 $(0, -2)$이다.

18 직각삼각형 ABC에서 $\overline{AB}=13$, $\overline{BC}=12$, $\overline{AC}=5$일 때, $\sin B$의 값은?

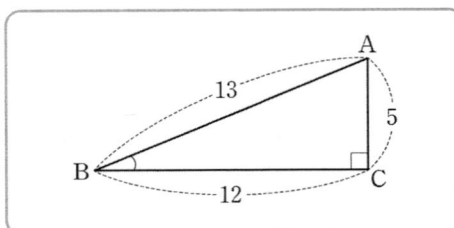

① $\dfrac{5}{13}$ 　　② $\dfrac{5}{12}$

③ $\dfrac{12}{13}$ 　　④ 1

19 그림에서 두 점 A, B는 점 P에서 원 O에 그은 두 접선의 접점이다. $\overline{PA}$와 $\overline{PB}$의 길이의 합이 12cm일 때, $\overline{PA}$의 길이는?

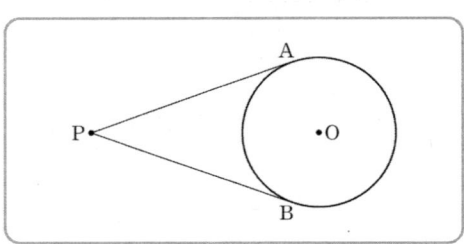

① 4cm 　　② 5cm

③ 6cm 　　④ 7cm

20 다음 중 양의 상관관계를 나타내는 산점도는?

①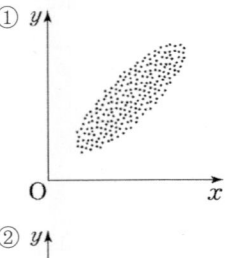

②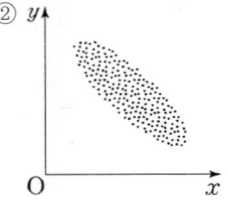

③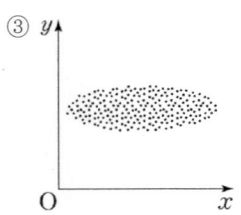

④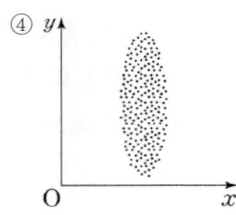

제3교시

영 어

정답 및 해설 517p

01 다음 밑줄 친 단어의 뜻으로 가장 적절한 것은?

> You should be <u>polite</u> to others.

① 공손한　　　② 명랑한
③ 성실한　　　④ 정직한

02 다음 밑줄 친 두 단어의 의미 관계와 <u>다른</u> 것은?

> A lion is <u>big</u> and a cat is <u>small</u>.

① fast —quick　　② high —low
③ light — heavy　　④ same —different

03 다음 빈칸에 들어갈 말로 가장 적절한 것은?

> These shoes _____ really expensive.

① is　　　② be
③ are　　　④ was

[04~06] 다음 대화의 빈칸에 들어갈 말로 가장 적절한 것을 고르시오.

04
> A : Can you sing well?
> B : _____, but I can dance well.

① Yes, I am　　② Yes, I do
③ No, I can't　　④ No, I didn't

05
> A : Excuse me. Where is the bank?
> B : Go straight two blocks and _____ left. It'll be on your right.

① push　　　② turn
③ use　　　④ write

06
> A : What is Alice good at?
> B : _____.

① She's having dinner
② She's good at drawing
③ She doesn't like music
④ She has a younger sister

07 다음 대화의 빈칸에 공통으로 들어갈 말로 가장 적절한 것은?

A : These plants look dry. You should _____ them.
B : You're right. They need a lot of _____.

① food
② show
③ tell
④ water

08 다음은 Tom의 여행 계획이다. 토요일에 할 일은?

Thursday	Friday	Saturday	Sunday
Go to the beach	Eat street food	Visit a museum	Ride a boat

① 해변에 가기
② 길거리 음식 먹기
③ 박물관 방문하기
④ 보트 타기

09 다음 그림으로 보아 빈칸에 들어갈 말로 가장 적절한 것은?

A : What is the boy doing?
B : He is _____.

① washing a car
② taking a walk
③ moving a desk
④ playing the drums

10 다음 대화가 끝난 후 A가 이용할 교통수단은?

A : Dad, can you give me a ride to school?
B : Sorry, David. I have to go to a business meeting.
A : That's okay. I'll go by bus.

① 버스
② 비행기
③ 승용차
④ 지하철

11 다음 대화의 빈칸에 들어갈 말로 가장 적절한 것은?

A : Which do you prefer, the mountains or the ocean?
B : _____ because I love swimming.

① I like the fresh air
② I like the ocean better
③ He likes to go hiking
④ Mountains are beautiful

12 다음 대화의 주제로 가장 적절한 것은?

> A : What do you want to be in the future?
> B : I want to be a writer. What about you?
> A : Well, I'm interested in taking pictures. So, I want to be a photographer.
> B : Great. That's the perfect job for you.

① 가족 소개　　② 공부 방법
③ 선물 구입　　④ 장래 희망

13 다음 방송의 목적으로 가장 적절한 것은?

> Attention, students. The new science room is open from today. Let me tell you the safety rules to follow. First, make sure to use safety glasses. Second, don't run around in the room. Be safe and have fun.

① 수업 변경 공지
② 학생의 날 행사 홍보
③ 과학실 안전 수칙 안내
④ 동아리 회원 모집 공고

14 다음 대화에서 B가 부산에 간 이유는?

> A : You went to Busan last week, didn't you?
> B : Yes, I went there to attend my uncle's wedding.

① 바다 야경을 보려고
② 맛있는 음식을 먹으려고
③ 삼촌 결혼식에 참석하려고
④ 할머니 생신을 축하하려고

15 다음 대화의 빈칸에 들어갈 말로 가장 적절한 것은?

> A : I went to the food festival yesterday.
> B : Good for you! What food did you try?
> A : _____.

① It was very comfortable
② I always cook for my friends
③ He usually goes there on foot
④ I tried the ice cream sandwich

16 다음 대화의 내용에 따라 (a)~(c)를 순서대로 배열한 것은?

> A : Excuse me. How can I use this ticket machine?
> B : First, choose the station you want to go to. Next, press the number of tickets. Then, put your card into the machine.

> (a) 카드를 넣는다.
> (b) 승차권 매수를 누른다.
> (c) 가고 싶은 역을 고른다.

① (a)-(c)-(b) ② (b)-(a)-(c)
③ (c)-(a)-(b) ④ (c)-(b)-(a)

17 다음 연극 초대장을 보고 알 수 <u>없는</u> 내용은?

> **Invitation for a Play**
> Title : The Wooden Toy
> When : June 16th 3 p.m.
> Where : School Gym
> Please come and enjoy the play.

① 연극 제목   ② 공연 일시
③ 공연 장소   ④ 주연 배우

18 다음 글의 내용과 일치하지 <u>않는</u> 것은?

> These days, we don't get many visitors to our town. This is because there is not enough information about our town on the internet. So we are planning to create a town homepage. We are also going to make a video introducing our town.

① 요즘 마을에 방문객이 많지 않다.
② 인터넷상에는 마을에 대한 충분한 정보가 있다.
③ 마을 홈페이지를 만들 계획이다.
④ 마을을 소개하는 비디오를 제작할 예정이다.

19 다음 글에서 코끼리가 발로 땅을 치는 이유로 가장 적절한 것은?

> Have you ever seen an elephant hit the ground with its feet? It does this to communicate with other elephants. Elephants can feel shaking with their feet, so they can get a message from far away.

① 운동을 하기 위해
② 소화를 촉진하기 위해
③ 발바닥 상태를 점검하기 위해
④ 다른 코끼리와 소통하기 위해

20 다음 그래프로 보아 빈칸에 들어갈 말로 가장 적절한 것은?

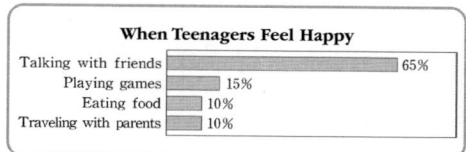

When Teenagers Feel Happy

Talking with friends	65%
Playing games	15%
Eating food	10%
Traveling with parents	10%

More than half of the teenagers feel happy when they _____.

① talk with friends

② play games

③ eat food

④ travel with parents

21 다음 글에서 언급된 내용이 <u>아닌</u> 것은?

Today, I saw the movie, *Move to Mars*. It is about a man who is trying to live on Mars. It is a science fiction movie made by my favorite director, Seho Lee. I think it is an interesting movie.

① 영화 제목   ② 영화 장르

③ 영화관 위치   ④ 감독 이름

22 다음 밑줄 친 <u>them</u>이 가리키는 것으로 가장 적절한 것은?

I have two goals this year. The first one is to get along with my new classmates. I hope they are nice. The second one is to read many books. I will read <u>them</u> as often as possible.

① books   ② classes

③ feelings   ④ goals

23 다음 글을 쓴 목적으로 가장 적절한 것은?

Hello, I'm Steve, and I would like to join your project, "No Unhappy Dogs." I love dogs and I'd be happy to do many things for them. I am sure I can be a big help to your project.

① 문화 센터 소개

② 도서관 공사 공지

③ 동물원 개장 안내

④ 프로젝트 참가 신청

2021년 1회

24 다음 글의 주제로 가장 적절한 것은?

> Do you want to make special *ramyeon*? This is my recipe. First, boil water and put in ramyeon and sauce. Add some carrots and *gimchi*. And put in some milk and cheese. Now, enjoy!

① 다양한 김치의 종류

② 특별한 라면 요리법

③ 라면이 인기 있는 이유

④ 김치가 건강에 미치는 영향

25 다음 글의 바로 뒤에 이어질 내용으로 가장 적절한 것은?

> The earth is dying because of trash. Think about all the plastic bags and paper boxes you throw away each day. We need to do something about this. Let me tell you how we can reduce trash in our daily lives.

① 지구 온난화가 생기는 원인

② 미세 먼지로 인한 피해 사례

③ 쓰레기를 줄일 수 있는 방법

④ 과학자들이 우주를 연구하는 이유

제4교시

사 회

정답 및 해설 521p

01 다음에서 ㉠에 들어갈 자연 재해는?

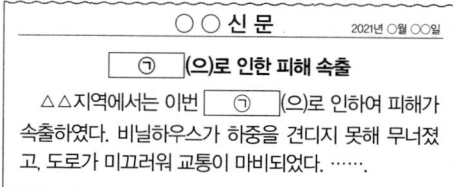

○ ○ 신 문   2021년 ○월 ○○일

┌──────────────────────┐
│ ㉠ (으)로 인한 피해 속출 │
└──────────────────────┘

△△지역에서는 이번 ㉠ (으)로 인하여 피해가 속출하였다. 비닐하우스가 하중을 견디지 못해 무너졌고, 도로가 미끄러워 교통이 마비되었다. ……

① 가뭄   ② 폭설

③ 폭염   ④ 황사

02 다음에서 설명하는 개념으로 가장 적절한 것은?

- 상품의 생산, 유통, 소비의 전 과정에서 생산자를 포함한 여러 경제 주체들에게 이익이 공정하게 분배되도록 하는 무역이다.
- 생산자의 노동에 정당한 대가를 지급하고자 한다.

① 랜드마크   ② 공정 무역

③ 원격 탐사   ④ 노예 무역

03 다음에서 ㉠에 들어갈 주제로 가장 적절한 것은?

주제 : ㉠
- 원인 : 육아 부담, 결혼 연령의 상승 등
- 대책 : 출산 장려금 지급, 양육 시설 확충 등

① 저출산   ② 난민 유입

③ 인종 차별   ④ 지역 분쟁

04 다음에서 ㉠에 들어갈 것은?

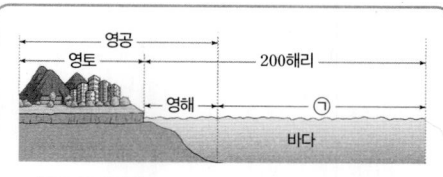

- ㉠ 은/는 영해 기선으로부터 200해리까지의 수역에서 영해를 제외한 수역이다.
- ㉠ 에서 연안국은 어업 활동과 천연 자원의 탐사 · 개발 · 이용 · 관리 등에 대한 독점적 권리를 갖는다.

① 백두대간

② 개발 제한 구역

③ 비무장 지대(DMZ)

④ 배타적 경제 수역(EEZ)

05 다음에서 설명하는 현상으로 가장 적절한 것은?

- 낮에는 업무나 쇼핑 등으로 도심에 사람이 모이지만 밤에는 도심 밖의 집으로 돌아가 도심이 텅 빈 것처럼 한산해지는 현상이다.
- 출·퇴근 시간대에 교통 혼잡을 불러일으키기도 한다.

① 슬럼화 ② 이촌 향도
③ 인구 공동화 ④ 성비 불균형

06 다음에서 설명하는 섬은?

- 우리나라에서 제일 큰 섬이며, 화산 활동으로 형성되었다.
- 대표적인 자연 경관으로 한라산, 성산 일출봉, 만장굴 등이 있다.

① 독도 ② 울릉도
③ 제주도 ④ 마안도

07 다음에서 설명하는 발전 방식은?

- 밀물과 썰물의 수위 차이를 이용하여 전기를 생산한다.
- 우리나라 시화호 발전소의 발전 방식이다.

① 화력 발전 ② 조력 발전
③ 지열 발전 ④ 원자력 발전

08 다음에서 설명하는 기후는?

- 가장 따뜻한 달의 평균 기온이 10℃ 미만이다.
- 전통적으로 주민들은 순록 유목, 수렵, 어로 활동을 한다.
- 얼었던 땅이 여름에 녹아 건물이 기울어지는 것을 막기 위해 고상 가옥을 짓기도 한다.

① 열대 기후 ② 건조 기후
③ 온대 기후 ④ 한대 기후

09 다음에서 설명하는 집단은?

- 구성원들 간에 직접적이고 친밀한 상호 작용이 이루어진다.
- 대표적인 예로 가족, 또래 집단 등을 들 수 있다.

① 외집단 ② 1차 집단
③ 2차 집단 ④ 이익 집단

10 다음에서 ㉠에 들어갈 주제는?

주제 : ㉠
- 의미 : 다른 사회의 문화는 우수한 것으로 여기고, 자신의 문화는 열등한 것으로 여기는 태도.
- 장·단점 : 선진 문물을 받아들이는 데 도움을 주기도 하지만, 자기 문화의 주체성을 잃을 수 있음.

① 문화 사대주의   ② 문화 상대주의

③ 문화 제국주의   ④ 자문화 중심주의

11 다음 중 '노동 3권'에 해당하지 <u>않는</u> 권리는?

① 단결권   ② 단체 교섭권

③ 단체 행동권   ④ 재판 청구권

12 다음에서 설명하는 법은?

> • 범죄의 종류와 처벌의 기준을 정한 법이다.
> • 공적인 생활 영역을 다루는 공법으로 분류된다.

① 민법   ② 형법

③ 상법   ④ 소비자 기본법

13 감사원의 기능으로 옳은 것은?

① 법률을 제정하거나 개정한다.

② 재판을 통해 분쟁을 해결한다.

③ 선거와 국민 투표를 공정하게 관리한다.

④ 행정 기관 및 공무원의 직무를 감찰한다.

14 다음에서 설명하는 금융 상품은?

> • 기업이 자본금을 마련하기 위해 발행한 것으로 이를 소유한 사람을 주주라고 한다.
> • 일반적으로 수익성이 높은 만큼 위험성도 높다.

① 주식   ② 보험

③ 적금   ④ 예금

15 그래프는 빵 시장의 수요·공급 곡선을 나타낸 것이다. 빵의 균형 가격과 균형 거래량은?

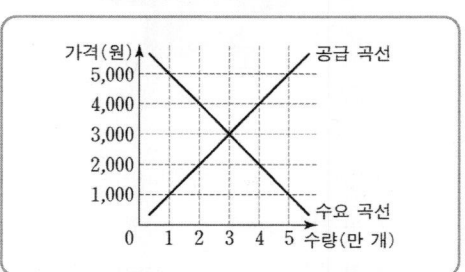

	균형 가격	균형 거래량
①	1,000원	1만 개
②	2,000원	4만 개
③	3,000원	3만 개
④	4,000원	2만 개

16 다음에서 설명하는 개념은?

> 한 개인이 가지는 둘 이상의 지위에 서로 다른 역할이 동시에 요구될 때, 어떤 역할을 우선적으로 수행해야 할지를 두고 느끼는 내적 고민이다.

① 재사회화   ② 역할 갈등

③ 귀속 지위   ④ 상호 작용

17 다음 유적이 처음으로 만들어진 시대의 생활 모습으로 가장 적절한 것은?

〈탁자식 고인돌〉

① 주로 동굴에서 생활하였다.

② 농경과 목축을 시작하였다.

③ 철제 농기구를 사용하였다.

④ 지배자인 군장이 등장하였다.

18 다음 정책을 시행한 고구려의 왕은?

> • 불교 수용   • 태학 설립   • 율령 반포

① 광종   ② 세종

③ 의자왕   ④ 소수림왕

19 조선 광해군의 정책으로 옳은 것은?

① 훈민정음 창제   ② 수원 화성 축조

③ 중립 외교 추진   ④ 노비안검법 시행

20 다음에서 ㉠에 들어갈 정책은?

> 조선 영조는 붕당 간의 대립을 완화하고자 ㉠ 을/를 실시하여 노론과 소론의 온건파를 중심으로 각 붕당의 인물들을 고르게 등용하였다.

① 탕평책   ② 진대법

③ 사창제   ④ 독서삼품과

21 다음에서 ㉠에 들어갈 내용은?

> **〈거란의 침략과 격퇴〉**
> • 1차 침략 : 서희의 외교 담판으로 ㉠ .
> • 2차 침략 : 양규 등의 활약으로 거란군을 물리침.
> • 3차 침략 : 강감찬 등이 귀주에서 거란군을 격퇴함.

① 우산국을 정복함

② 강동 6주를 획득함

③ 4군 6진을 개척함

④ 쓰시마 섬을 정벌함

22 다음 대화 내용에 해당하는 신라의 인물은?

나무아미타불만 외우면 극락에 갈 수 있다고 하여 불교 대중화에 힘썼어.

또 불교 종파 간의 사상적 대립을 조화시키려고 노력하였지.

① 원효   ② 김홍도

③ 이성계   ④ 정약용

23 다음에서 설명하는 단체는?

- 1907년 안창호, 양기탁 등이 조직한 비밀 결사
- 대성 학교, 오산 학교를 설립하여 민족 교육 실시
- 일제가 조작한 105인 사건으로 해체

① 삼별초   ② 화랑도

③ 신민회   ④ 별무반

24 다음에서 ㉠에 들어갈 사건은?

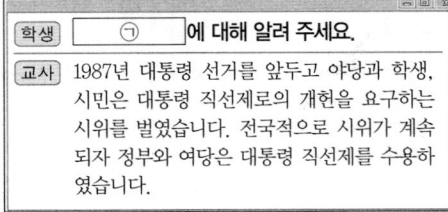

학생   ㉠   에 대해 알려 주세요.

교사 1987년 대통령 선거를 앞두고 야당과 학생, 시민은 대통령 직선제로의 개헌을 요구하는 시위를 벌였습니다. 전국적으로 시위가 계속되자 정부와 여당은 대통령 직선제를 수용하였습니다.

① 3·1 운동   ② 6·25 전쟁

③ 6월 민주 항쟁   ④ 동학 농민 운동

25 다음에서 ㉠에 들어갈 내용으로 가장 적절한 것은?

〈물산 장려 운동〉
- 평양에서 시작하여 전국으로 확산됨.
- '내 살림 내 것으로'라는 구호를 내세움.
-    ㉠   을/를 통해 민족 산업을 육성하고자 함.

① 대동법 실시   ② 국산품 애용

③ 표준어 제정   ④ 지계 발급 추진

제5교시

과 학

정답 및 해설 524p

01 그림과 같이 수평면에 놓여 있는 나무 도막을 화살표 방향으로 잡아당겼다. 용수철이 원래 길이보다 늘어났을 때 나무 도막에 작용하는 탄성력의 방향은?

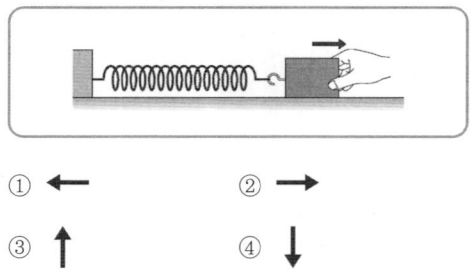

① ←   ② →

③ ↑   ④ ↓

02 다음 설명에 해당하는 것은?

- 매질의 한 점이 1초 동안 진동하는 횟수이다.
- 단위로 Hz(헤르츠)를 사용한다.

① 골   ② 마루

③ 반사   ④ 진동수

03 그림은 저항이 3Ω인 꼬마전구에 $3V$의 전압을 걸어 준 전기회로를 나타낸 것이다. 이때 전류계에 흐르는 전류의 세기는? (단, 꼬마전구를 제외한 모든 저항은 무시한다.)

① $1A$ ② $2A$

③ $4A$ ④ $5A$

04 그래프는 온도가 다른 두 물체 A와 B를 접촉시켜 놓았을 때 시간에 따른 온도 변화를 나타낸 것이다. 열평형 상태의 온도는? (단, 외부와의 열 출입은 없다.)

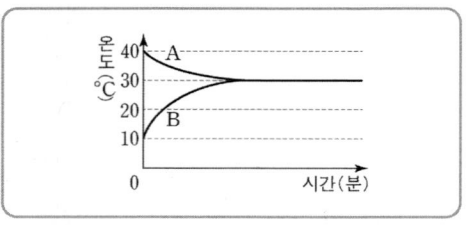

① 10℃   ② 20℃

③ 30℃   ④ 40℃

05 그림과 같이 무게가 $10N$인 물체를 지면으로부터 높이 $1m$까지 들어 올렸을 때 사람이 중력에 대하여 한 일은? (단, 공기의 저항은 무시한다.)

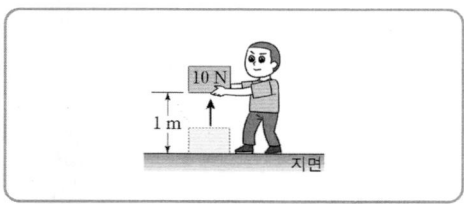

① 5J   ② 10J

③ 15J   ④ 20J

06 그림은 A에서 가만히 놓은 물체가 곡면을 따라 운동하는 모습을 나타낸 것이다. A∼D 중 속력이 가장 빠른 지점은? (단, 모든 마찰은 무시한다.)

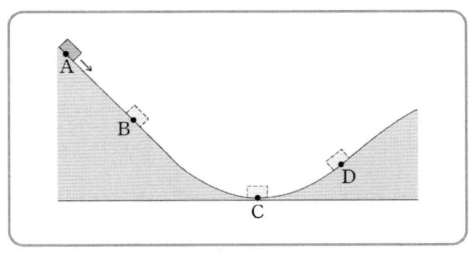

① A   ② B
③ C   ④ D

07 그림은 25℃의 물에 잉크를 넣었을 때 잉크가 확산되는 모습을 나타낸 것이다. 다음 중 25℃의 물과 비교하여 잉크가 더 빠르게 확산되는 물의 온도는?

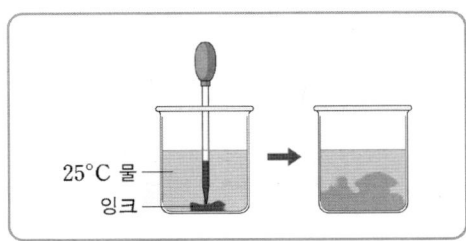

① 0℃   ② 10℃
③ 20℃   ④ 50℃

08 그림은 여름철 물놀이 후 물 밖으로 나왔을 때 몸에 묻은 물이 기화하여 추위를 느끼는 상황이다. 이때 물이 흡수하는 열에너지는?

① 기화열   ② 승화열
③ 액화열   ④ 융해열

09 그림은 리튬의 원자 모형을 나타낸 것이다. 리튬 원자의 전자 개수는?

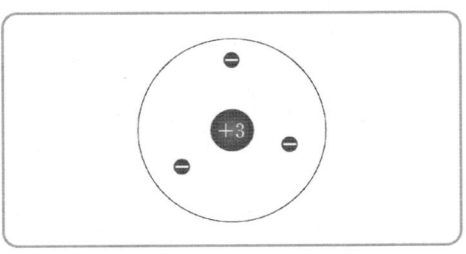

① 1개   ② 2개
③ 3개   ④ 4개

10 다음 중 원소 이름과 원소 기호를 옳게 짝지은 것은?

① 황 – He   ② 칼슘 – Ca
③ 나트륨 – Li   ④ 플루오린 – K

11 그림은 어떤 액체 물질의 가열 곡선이다. A~D 중 온도가 일정한 구간은?

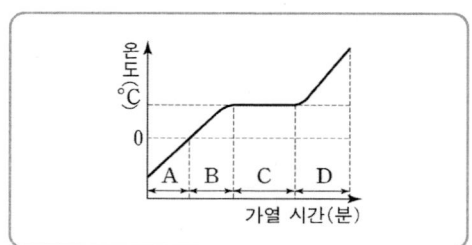

① A
② B
③ C
④ D

12 다음은 메테인(CH_4)이 산소와 반응하여 이산화 탄소와 물을 생성하는 화학 반응식이다. ㉠에 해당하는 물질은?

$$CH_4 + 2 \boxed{㉠} \rightarrow CO_2 + 2H_2O$$

① O_2(산소)
② H_2(수소)
③ N_2(질소)
④ CO(일산화 탄소)

13 다음은 식물이 빛에너지를 이용하여 이산화 탄소와 물을 원료로 양분을 만드는 광합성 과정이다. ㉠에 해당하는 것은?

$$이산화 탄소 + 물 \xrightarrow{\text{빛에너지}} \boxed{㉠} + 산소$$

① 메테인
② 포도당
③ 무기염류
④ 바이타민

14 다음 중 식물체 내의 물이 수증기 형태로 잎의 기공을 통해 공기 중으로 빠져 나가는 현상은?

① 생식
② 유전
③ 변이
④ 증산 작용

15 다음은 녹말이 침 속의 아밀레이스에 의해 소화되는 과정이다. 단맛이 나는 물질 ㉠은?

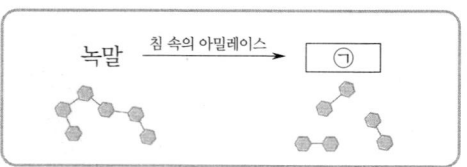

① 엿당
② 지방
③ 단백질
④ 쓸개즙

16 그림은 모형을 이용하여 호흡 운동 원리를 알아보기 위한 실험 과정이다. 고무 막을 아래로 당길 때 일어나는 변화는?

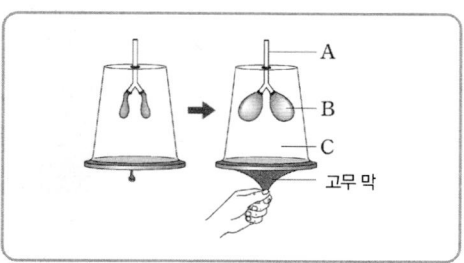

① A를 통해 공기가 나간다.
② B가 부풀어 오른다.
③ C의 부피가 감소한다.
④ C의 압력이 증가한다.

17 다음은 사람이 액체 상태의 화학 물질을 자극으로 받아 들여 단맛, 짠맛, 신맛 등을 느끼는 과정을 나타낸 것이다. ㉠에 해당하는 감각 기관은?

㉠ 의 맛세포 → 미각 신경 → 뇌

① 눈   ② 귀
③ 혀   ④ 피부

18 그림은 사람의 혈액을 구성하는 성분을 나타낸 것이다. A~D 중 가운데가 오목한 원반 모양이며 산소를 운반하는 것은?

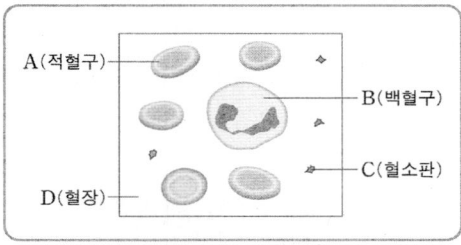

① A   ② B
③ C   ④ D

19 그림은 순종 황색 완두(YY)와 순종 녹색 완두(yy)를 교배하여 잡종 1대에서 황색 완두를 얻은 결과를 나타낸 것이다. ㉠의 유전자형은? (단, 돌연변이는 없다.)

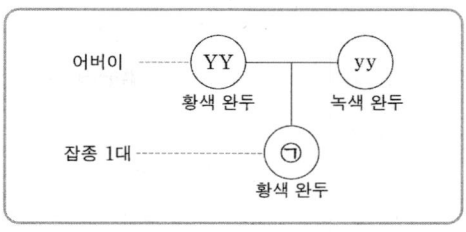

① YY   ② Yy
③ yy   ④ y

20 그림은 암석의 순환 과정을 나타낸 것이다. A~D 중 퇴적암에 해당하는 것은?

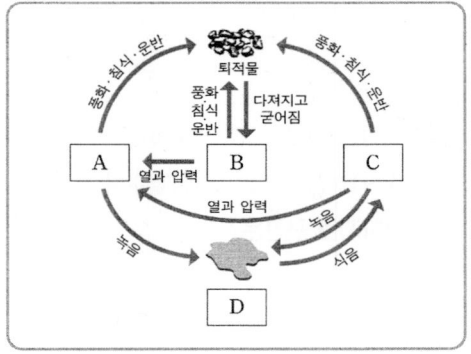

① A   ② B
③ C   ④ D

21 다음 중 지하 깊은 곳에서 형성된 마그마가 지각의 약한 틈을 뚫고 지표로 분출되는 현상은?

① 빙하   ② 성단
③ 화산 활동   ④ 석회 동굴

22 그림은 기온에 따른 포화 수증기량 곡선을 나타낸 것이다. A~D 공기 중 포화 수증기량이 가장 큰 것은?

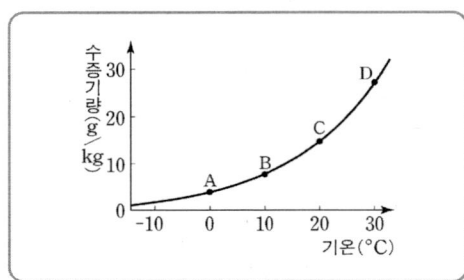

① A   ② B
③ C   ④ D

23 그림은 해수의 깊이에 따른 수온 분포이다. A~D 중 수심이 깊어질수록 수온이 급격히 낮아지는 구간은?

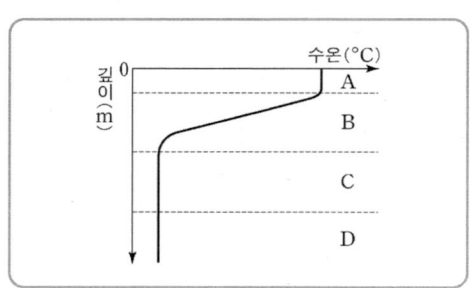

① A   ② B
③ C   ④ D

24 그림은 태양계 행성을 물리적 특성에 따라 지구형 행성과 목성형 행성으로 분류한 것이다. 다음 중 목성형 행성에 속하는 것은?

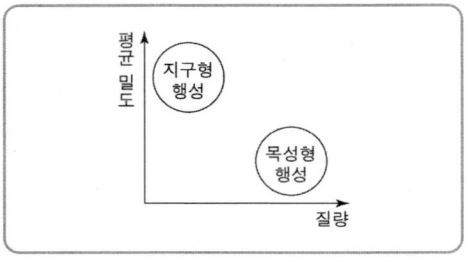

① 수성   ② 금성
③ 화성   ④ 목성

25 지구에서 바라본 우리은하의 일부로 그림과 같이 밤하늘에 희뿌연 띠 모양으로 관측되는 것은?

① 맨틀   ② 흑점
③ 오존층   ④ 은하수

제6교시 선택 과목

도 덕

정답 및 해설 526p

01 다음에서 설명하는 인간 본성에 대한 관점은?

> 모든 사람은 태어날 때부터 다른 사람을 불쌍히 여기고 자신의 잘못을 부끄러워하는 마음을 가지고 태어난다.

① 인간의 본성은 본래 선하다.
② 인간의 본성은 본래 악하다.
③ 인간의 본성은 본래 선하지도 악하지도 않다.
④ 인간의 본성은 환경에 의해 결정되는 것이다.

02 다음에서 설명하는 것은?

> 도덕적 추론의 과정에서 어떤 사실이나 주장의 타당성, 정확성 등을 합리적으로 검토하는 사고

① 독단적 사고
② 수동적 사고
③ 배타적 사고
④ 비판적 사고

03 ㉠에 들어갈 단어로 적절하지 <u>않은</u> 것은?

> 정신적 가치 : 사랑, 지혜, (㉠) 등

① 돈
② 봉사
③ 행복
④ 우정

04 다음에서 설명하는 용어는?

> 자신의 목표, 역할, 가치관 등을 통합적으로 이해하여 내가 누구인가를 일관되게 인식하는 것

① 가치 전도
② 자아 정체성
③ 도덕적 민감성
④ 도덕적 상상력

05 다음과 같은 갈등 해결 방법은?

> 얘들아, 계속 서로 말도 안 하고 지낼 거야?
> 내가 자리 마련할 테니까 함께 이야기해 보는 게 어때?
>
> 학생1 제3자 학생2

① 경쟁
② 조정
③ 강요
④ 비방

2021년 1회

06 도덕 공부의 올바른 목적을 〈보기〉에서 고른 것은?

〈보기〉
ㄱ. 타율적인 사람이 되기 위함
ㄴ. 올바른 인격을 형성하기 위함
ㄷ. 경제적 이익만을 추구하기 위함
ㄹ. 바람직한 삶의 목적을 설정하기 위함

① ㄱ, ㄴ　　　　② ㄱ, ㄷ
③ ㄴ, ㄹ　　　　④ ㄷ, ㄹ

07 다음에서 소개하는 사상가는?

◈ 도덕 인물 카드 ◈

• 고대 그리스 철학자
• 우리가 궁극적으로 추구하는 것은 행복이라고 함
• 행복은 도덕적 행동을 습관화할 때 얻을 수 있음을 강조함

① 니체　　　　② 홉스
③ 만델라　　　　④ 아리스토텔레스

08 세대 간의 올바른 소통 방법을 〈보기〉에서 고른 것은?

〈보기〉
ㄱ. 경청　ㄴ. 명령　ㄷ. 배려　ㄹ. 무시

① ㄱ, ㄴ　　　　② ㄱ, ㄷ
③ ㄴ, ㄹ　　　　④ ㄷ, ㄹ

09 사회적 약자를 지원하기 위한 방안으로 적절하지 <u>않은</u> 것은?

① 장애인 차별을 금지하는 법률을 제정한다.
② 저소득층을 위한 장학금 제도를 폐지한다.
③ 이주 노동자들에게 한국어 강좌를 주기적으로 제공한다.
④ 경제적으로 어려운 소외 계층을 위해 생계비를 지원한다.

10 다음은 어느 학생의 서술형 평가 내용이다. 밑줄 친 ㉠~㉣ 중 적절하지 <u>않은</u> 것은?

문제 : 다문화를 바라보는 올바른 자세를 서술하시오.
〈학생 답안〉
　㉠ 문화가 다르다는 이유로 차별하지 말아야 하며, ㉡ 다른 문화에 대한 편견과 고정관념을 가져야 한다. 그리고 ㉢ 문화상대주의적 태도를 가지며 ㉣ 다른 문화를 배려하고 존중하는 자세를 지녀야 한다.

① ㉠　　　　② ㉡
③ ㉢　　　　④ ㉣

11 다음에서 설명하는 인권의 특징은?

인간이라면 누구나 태어날 때부터 지니는 하늘로부터 부여받은 인간의 권리이다.

① 익명성　　　　② 특수성
③ 천부성　　　　④ 획일성

12 진정한 사랑을 실천하는 방법으로 적절한 것은?

① 자신의 욕망만을 채운다.
② 서로에게 지나치게 집착한다.
③ 서로의 부족한 면을 채워준다.
④ 상대방의 성공을 위해 무조건 희생한다.

13 과학 기술의 바람직한 활용 방향으로 적절한 것을 〈보기〉에서 고른 것은?

〈 보기 〉
ㄱ. 물질 만능주의를 조장한다.
ㄴ. 미래 세대에 미칠 영향을 고려한다.
ㄷ. 환경 오염과 생태계 파괴를 방치한다.
ㄹ. 인간 존중을 실천하는 방향으로 개발한다.

① ㄱ, ㄴ   ② ㄱ, ㄷ
③ ㄴ, ㄹ   ④ ㄷ, ㄹ

14 ㉠에 들어갈 대답으로 적절하지 <u>않은</u> 것은?

세계화 시대에 우리는 어떤 자세를 지녀야 할까요?
㉠

① 다른 문화를 무조건 수용해야 합니다.
② 외국인에 대해 개방적인 태도를 취해야 합니다.

③ 세계 시민으로서 보편적 가치를 추구해야 합니다.
④ 지구촌 문제에 적극적으로 관심을 가져야 합니다.

15 정의로운 국가가 추구하는 가치가 <u>아닌</u> 것은?

① 공정   ② 차별
③ 평등   ④ 복지

16 다음 사례에 해당하는 정보화 시대의 도덕적 문제는?

○○와 그의 친구들은 나를 단체 대화방으로 초대해 욕을 하며 괴롭히기 시작했다. 내가 대화방에서 퇴장하면 ○○는 바로 다시 나를 초대해 대화방에 가둔 채 끊임없이 조롱하고 욕설을 퍼부었다.

① 사이버 폭력   ② 저작권 침해
③ 바이러스 유포   ④ 인터넷 게임 중독

2021년 1회

17 다음에서 설명하는 것은?

> 1. 의미 : 성품과 행실이 깨끗하고 맑으며 탐욕이 없는 것
> 2. 실천 방법
>   - 맡은 일을 공정하게 처리하기
>   - 청탁 금지법을 준수하기

① 참여　　　　　② 분배
③ 청렴　　　　　④ 부패

18 ㉠에 들어갈 용어는?

> (　㉠　)은 주로 삶의 시련이나 고난을 겪더라도 곧 이겨 내고 본래 자리로 돌아오는 긍정적인 마음의 힘을 뜻한다.

① 황금률　　　　② 고정관념
③ 갈등 비용　　　④ 회복 탄력성

19 다음에서 자연을 바라보는 관점은?

> • 인간은 자연의 일부라고 여김
> • 자연의 본래적 가치를 중시함

① 생태 중심주의　　② 개발 중심주의
③ 물질 중심주의　　④ 인간 중심주의

20 ㉠에 공통으로 들어갈 용어는?

> 평화 감수성을 기르기 위해서는 폭력에 대한 민감성과 (　㉠　) 능력을 갖추어야 한다. 여기서 (　㉠　)(이)란 다른 사람의 감정을 함께 느끼고 이해하는 것이다.

① 공감　　　　　② 혐오
③ 방관　　　　　④ 억압

21 바람직한 시민의 자세로 가장 적절한 것은?

① 공직자의 잘못을 항상 용서한다.
② 시민 각자가 주인 의식을 가져야 한다.
③ 국가 구성원의 책임과 의무를 소홀히 한다.
④ 자신의 권리를 추구하기 위해 공익을 침해한다.

22 다음 내용에 해당하는 용어는?

> • 폭력이나 전쟁이 없는 상태
> • 고통과 갈등이 없는 안정된 마음의 상태

① 욕구　　　　　② 당위
③ 불안　　　　　④ 평화

23 북한 이탈 주민을 대하는 올바른 자세를 〈보기〉에서 고른 것은?

---〈보기〉---
ㄱ. 관계 맺기를 회피한다.
ㄴ. 필요한 도움을 주기 위해 노력한다.
ㄷ. 남한에 대한 부정적인 인식을 심어 준다.
ㄹ. 편견을 갖거나 차별하는 일이 없어야 한다.

① ㄱ, ㄴ　　　　② ㄱ, ㄷ
③ ㄴ, ㄹ　　　　④ ㄷ, ㄹ

24 교사의 질문에 대한 대답으로 적절하지 않은 것은?

바람직한 통일 국가를 이루기 위해 필요한 태도는 무엇이 있을까요?
① 평화를 지향하는 자세를 가져야 합니다.
② 통일을 궁극적인 시각으로 바라봐야 합니다.
③ 통일에 대해 적극적으로 관심을 가져야 합니다.
④ 수단과 방법을 가리지 않고 무조건 통일해야 합니다.

25 삶을 의미 있게 살아가기 위한 노력이 아닌 것은?

① 명확한 목표 설정하기
② 현재의 삶에 충실하기
③ 보람된 삶을 추구하기
④ 사회적 관계 단절하기

2021년 1회

2021년도

제2회

제1교시 국 어

제2교시 수 학

제3교시 영 어

제4교시 사 회

제5교시 과 학

제6교시 도 덕

제1교시

국 어

정답 및 해설 530p

01 공감하며 반응하는 대화로 ㉠에 들어가기에 가장 적절한 것은?

동아리 기타 연주회를 앞두고 있는데 연주가 잘 안 돼서 속상해.

㉠

① 동아리에서 배운 대로만 하는데 그게 어려워?

② 그럼 지금이라도 그만둬! 괜히 피해 주지 말고.

③ 거봐, 그럴 줄 알았다. 어쩐지 연습을 안 하더라.

④ 그렇구나! 연주회를 앞두고 있어서 걱정이 되는구나.

02 다음은 토론의 일부이다. ㉠에 들어갈 내용으로 가장 적절한 것은?

논제 : 학교 내 복도에 무인 방범 카메라를 설치하자.

찬성 측 : 교내의 모든 복도에 무인 방범 카메라가 설치되어야 합니다. 학교의 사각지대가 사라진다면 학생들이 자신의 행동을 스스로 조심하게 되어 학교 폭력이 줄어들 것입니다.

반대 측 : 저는 바로 그 점 때문에 교내 복도 무인 방범 카메라 설치에 반대합니다. 학교의 모든 복도에 카메라가 설치되어 학생들의 일거수일투족이 빠짐없이 촬영된다면 _____ ㉠

⋮

① 사생활 침해 우려가 크기 때문입니다.

② 초기 설치 비용이 많이 들기 때문입니다.

③ 유지 및 보수 관리가 어렵기 때문입니다.

④ 교내에 외부인 출입이 어려워지기 때문입니다.

03 다음 〈표준 발음법〉 규정에 맞지 <u>않는</u> 것은?

■ 표준 발음법 ■
【제9항】 받침 'ㄲ, ㅋ', 'ㅅ, ㅆ, ㅈ, ㅊ, ㅌ', 'ㅍ'은 어말 또는 자음 앞에서 각각 대표음 [ㄱ, ㄷ, ㅂ]으로 발음한다.

① 낮[낟] ② 밖[박]

③ 옷[옷] ④ 앞[압]

04 밑줄 친 단어의 품사가 <u>다른</u> 것은?

① 오늘은 <u>어느</u> 집에서 모이나요?

② <u>모든</u> 학생은 강당으로 모여 주세요.

③ 언제나 시작할 때의 <u>첫</u> 마음을 잊지 말자.

④ 엄마가 들려주신 이야기는 <u>매우</u> 흥미로웠다.

05 ㉠과 같은 어휘를 사용하는 이유로 가장 적절한 것은?

> **(엄마가 아들에게)** 당근은 가늘고 길게 채 썰어 줘.
> **(요리사들의 대화)** 당근은 ㉠쥘리엔*으로 썰어 주세요!
> *쥘리엔 : 채소나 고기를 길고 가는 모양으로 채 써는 것을 가리키는 요리 용어.

① 고유어를 사용하여 생생하게 표현하기 위해
② 지역 방언을 사용하여 동질감을 형성하기 위해
③ 전문어를 사용하여 소통을 효율적으로 하기 위해
④ 유행어를 사용하여 문화적 특징을 드러내기 위해

06 밑줄 친 문장 성분이 ㉠에 해당하는 것은?

> 문장을 이루는 데 필요한 주성분에는 주어, 목적어, ㉠보어, 서술어가 있다.

① 아침에 까치가 울었다.
② 내 동생이 반장이 되었다.
③ 형이 강가에서 산책을 한다.
④ 여름에는 수박을 많이 먹는다.

07 ㉠에 해당하지 않는 것은?

> 훈민정음의 자음 글자 'ㄱ, ㄴ, ㅁ, ㅅ, ㅇ'은 상형의 원리로 만들어진 기본 글자이다. ㉠이 기본 글자에 가획의 원리에 따라 획을 더하여 글자를 추가로 만들었다.

① ㅋ
② ㄲ
③ ㄷ
④ ㅈ

08 다음 개요에서 통일성을 고려할 때, 적절하지 않은 것은?

제목	지진의 피해와 대처 방안
처음	지진의 개념
중간	• 지진 피해 실태 　– 지진과 태풍의 원인 비교 …… ① 　– 각국의 지진 피해 사례 ……… ② • 지진 발생 시 대처 방안 　– 지진 발생 시 장소에 따른 대피 방법 …………………… ③ 　– 지진 강도에 따른 행동 요령 … ④
끝	당부의 말

09 (가)를 활용하여 표현하기에 적절한 것을 (나)의 ㉠~㉣에서 고른 것은?

> (가) | 속담 : 울며 겨자 먹기 |
>
> (나) 어제 아버지께서 등산을 가자고 하셨다. ㉠ 가기 싫었지만 억지로 따라갔다. 급하게 올라가려니 너무 힘들었다. 아버지께서 ㉡ 힘들면 내려가자고 하셨다. 그때는 ㉢ 포기하고 싶다는 생각이 들었다. 그런데 산 정상에 도착하니 눈앞에 펼쳐진 풍경에 ㉣ 올라갈 때의 고통이 사라지는 것 같았다.

① ㉠ ② ㉡
③ ㉢ ④ ㉣

10 ㉠~㉣에 대한 고쳐쓰기 방안으로 적절하지 않은 것은?

> 종묘는 1995년에 유네스코 세계 문화유산으로 지정된 우리나라의 대표적인 문화재이다. ㉠ 유네스코는 프랑스 파리에 본부를 두고 있다. 종묘는 조선 시대에 왕과 왕비의 위패를 모시고 제사를 지내던 공간이다. ㉡ 조상은 추모하는 장소이므로 화려한 단청 같은 장식은 없다. 모든 건축물이 단순하고 절제된 아름다움을 ㉢ 드러내고 있어서 방문한 사람들도 ㉣ 경박함을 느낄 수 있는 곳이다.

① ㉠ : 글의 흐름에서 벗어난 내용이므로 삭제한다.

② ㉡ : 조사의 쓰임이 맞지 않으므로 '조상을'로 바꾼다.

③ ㉢ : 문장의 호응을 고려하여 '드러나고'로 바꾼다.

④ ㉣ : 문맥에 맞지 않으므로 '경건함'으로 바꾼다.

[11~13] 다음 글을 읽고 물음에 답하시오.

> "이제부터 내가 노새다. 이제부터 내가 노새가 되어야지 별수 있니? 그놈이 도망쳤으니까 이제 내가 노새가 되는 거지."
>
> 기분 좋게 취한 듯한 아버지는 놀라는 나를 보고 히힝 한 번 웃었다. 나는 어쩐지 그런 아버지가 무섭지만은 않았다. 그러면 형들이나 나는 노새 새끼고, 어머니는 암노새고, 할머니는 어미 노새가 되는 것일까? 나도 아버지를 따라 히히힝 웃었다. 어른들은 이래서 술집에 오는 모양이었다. 나는 안주만 집어 먹었는데도 술 취한 사람마냥 턱없이 즐거웠다. 노새 가족…… . 노새 가족은 우리 말고는 이 세상에 또 없을 것이다.
>
> 그러나 그러한 생각은 아버지와 내가 집에 당도했을 때 무참히 깨어지고 말았다. ㉠ 우리를 본 어머니가 허둥지둥 달려 나와 매달렸다.
>
> "이걸 어쩌우, 글쎄 경찰서에서 당신을 오래요. 그놈의 노새가 사람을 다치고 ⓐ 가게 물건들을 박살을 냈대요.
>
> 이걸 어쩌지."
>
> "노새는 찾았대?"
>
> "찾고나 그러면 괜찮게요? 노새는 간데온데없고 사람들만 다치고 하니까, 누구네 노새가 그랬는지 수소문 끝에 우리 집으로 순경이 찾아왔지 뭐유."
>
> 오늘 낮에 지서에서 나온 사람이 우리 노새가 튀는 바람에 많은 피해를 입었으니 도로 무슨 법이라나 하는 ⓑ 법으로 아버지를 잡아넣어야겠다고 이르고 갔다는 것이었다. 아버지는 술이 확 깨는 듯 그 자리에 선 채 한동안 눈만 데룩데룩 굴리고 서 있더니 힝 하고 코를 풀었다. 그러고는 아무 말 없

이 스적스적 문밖으로 걸어 나갔다. 나는 '아버지' 하고 따랐으나 아버지는 돌아보지도 않고 어두운 골목길을 나가고 있었다. 나는 그 순간 또 한 마리의 노새가 집을 나가는 것 같은 착각을 일으켰다. 그러고는 무엇인가가 뒤통수를 때리는 것을 느꼈다. 아, 우리 같은 노새는 어차피 이렇게 비행기가 붕붕거리고, 헬리콥터가 앵앵거리고, ⓒ 자동차가 빵빵거리고, 자전거가 쌩쌩거리는 대처에서는 발붙이기 어려운 것인가 하는 생각이 들었다. 언젠가 남편이 택시 운전사인 칠수 어머니가 하던 말, '최소한도 자동차는 굴려야지 지금이 어느 땐데 노새를 부려.' 했다는 말이 생각났다. 그러나 그것은 잠깐 동안이고 나는 금방 아버지를 쫓았다. ⓓ 또 한 마리의 노새를 찾아 캄캄한 골목길을 마구 뛰었다.

– 최일남, 「노새 두 마리」 –

11 윗글에 대한 설명으로 가장 적절한 것은?

① '나'의 시각을 통해 이야기를 전개하고 있다.

② 구체적 지명을 제시하여 사실성을 높이고 있다.

③ 배경 묘사를 통해 향토적 분위기를 드러내고 있다.

④ 대화를 통해 등장인물 간 갈등 해소를 나타내고 있다.

12 ㉠의 이유로 가장 적절한 것은?

① 노새가 죽었다는 소식을 들었기 때문에

② 노새를 찾으러 나갔던 형이 다쳤기 때문에

③ 노새가 난동을 부려 순경이 찾아왔기 때문에

④ 경찰서에서 노새를 잡았다는 얘기를 들었기 때문에

13 ⓐ~ⓓ 중 다음 설명에 해당하는 것은?

> 산업화 · 도시화에 적응하지 못하는 '아버지'의 삶을 비유하는 소재

① ⓐ　　　　② ⓑ

③ ⓒ　　　　④ ⓓ

[14~16] 다음 글을 읽고 물음에 답하시오.

[A] 나는 나룻배
당신은 행인.

당신은 ㉠ 흙발로 나를 짓밟습니다.
나는 당신을 안고 물을 건너갑니다.
나는 당신을 안으면 깊으나 얕으나 급한 여울이나 건너갑니다.

만일 ㉡ 당신이 아니 오시면 나는 바람을 쐬고 눈비를 맞으며 밤에서 낮까지 당신을 기다리고 있습니다.
당신은 물만 건너면 ㉢ 나를 돌아보지도 않고 가십니다그려.
그러나 ㉣ 당신이 언제든지 오실 줄만은 알아요.
나는 당신을 기다리면서 날마다 날마다 낡아 갑니다.

나는 나룻배
당신은 행인.

– 한용운, 「나룻배와 행인」 –

14 윗글에 대한 설명으로 적절하지 <u>않은</u> 것은?

① 묻고 답하는 형식을 활용하고 있다.

② 비유적 표현을 통해 시상을 전개하고 있다.

③ 첫 연을 마지막 연에서 다시 제시하고 있다.

④ '-ㅂ니다'의 반복을 통해 운율을 살리고 있다.

15 ㉠~㉣ 중 다음 밑줄 친 부분이 가장 잘 드러난 것은?

> 일제 강점기라는 시대 배경을 고려할 때, 이 작품에는 조국 독립에 대한 확신이 담겨 있다.

① ㉠   ② ㉡

③ ㉢   ④ ㉣

16 [A]로 볼 때, '당신'에 대한 '나'의 태도로 적절하지 <u>않은</u> 것은?

① 인내하는 태도   ② 도전하는 태도

③ 희생하는 태도   ④ 헌신하는 태도

[17~19] 다음 글을 읽고 물음에 답하시오.

"여봐라, 사령들아. 너희 사또께 여쭈어라. 먼 데 있는 걸인이 마침 잔치를 만났으니 고기하고 술이나 좀 얻어먹자고 여쭈어라."

사령 하나가 뛰어나와 등을 밀쳐 낸다.

"어느 양반인데 이리 시끄럽소. 사또께서 거지는 들이지도 말라고 했으니 말도 내지 말고 나가시오."

운봉 수령이 그 거동을 지켜보다가 무슨 짐작이 있었는지 변 사또에게 청했다.

"㉠ <u>저 걸인이 옷차림은 남루하나 양반의 후예인 듯하니 저 끝자리에 앉히고 술이나 한잔 먹여 보내는 것이 어떻겠소?</u>"

"운봉 생각대로 하지요마는……."

마지못해 입맛을 다시며 허락을 한다. ㉡ <u>어사또 속으로,</u>

'오냐, 도적질은 내가 하마. 오랏줄은 ㉢ <u>네가</u> 져라.'

되뇌이며 주먹을 꽉 쥐고 있는데 운봉 수령이 사령을 부른다.

"㉣ <u>저 양반 드시라고 해라.</u>"

어사또 들어가 단정히 앉아 좌우를 살펴보니 마루 위의 모든 수령이 다과상을 앞에 놓고 진양조 느린 가락을 즐기는데, 어사또 상을 보니 어찌 아니 통분하랴. 귀퉁이가 떨어진 개다리소반에 닥나무 젓가락, 콩나물에 깍두기, 막걸리 한 사발이 놓였구나. 상을 발로 탁 차 던지며 운봉의 갈비를 슬쩍 집어 들고,

"갈비 한 대 먹읍시다."

"다리도 잡수시오."

하고 운봉이 하는 말이,

"이런 잔치에 풍류로만 놀아서는 맛이 적으니 운 자를 따라 시 한 수씩 지어 보면 어떻겠소?"

"그 말이 옳다."

다들 찬성을 했다. 운봉이 먼저 운을 낼 때 '높을 고(高)' 자, '기름 고(膏)' 자 두 자를 내놓고 차례로 운을 달아 시를 지었다. 앞사람이 끝나면 뒷사람이 받아 시를 지을 때 어사또 끼어들어 하는 말이,

"이 걸인도 어려서 글을 좀 읽었는데, 좋은 잔치를 맞아 술과 안주를 포식하고 그냥 가기가 염치가 아니니 한 수 하겠소이다."

운봉이 반갑게 듣고 붓과 벼루를 내주니, 백성들의 사정과 변 사또의 정체를 생각하여 시 한 편을 써 내려갔다.

[A]
> 금 술잔의 좋은 술은 수많은 사람의 피요
> 옥쟁반의 좋은 안주는 만백성의 기름이라
> 촛농이 떨어질 때 백성들 눈물도 떨어지고
> 노랫소리 높은 곳에 원망의 소리도 높구나

이렇게 시를 지어 보이니 술에 취한 변 사또는 무슨 뜻인지도 모르지만, 글을 받아 본 운봉은 속으로
'아뿔싸! 일 났다.'
가슴이 철렁 내려앉았다.

– 작자 미상, 「춘향전」 –

17 윗글의 인물에 대한 설명으로 일치하는 것은?

① '사령'은 '어사또'를 잔치에 몰래 들여보냈다.
② '운봉'은 '어사또'의 시가 의미하는 바를 파악하였다.
③ '어사또'는 자신의 지조를 자연물에 빗대어 표현하였다.
④ '변 사또'는 '어사또'의 정체를 알아보려고 시를 지었다.

18 ㉠~㉣ 중 가리키는 대상이 다른 것은?

① ㉠
② ㉡
③ ㉢
④ ㉣

19 [A]의 기능으로 가장 적절한 것은?

① 비유를 통해 대상을 비판하고 있다.
② 후렴구를 활용하여 흥을 돋우고 있다.
③ 과거에 즐거웠던 한때를 떠올리게 한다.
④ 헤어진 인물들이 서로의 사랑을 의심하게 한다.

[20~22] 다음 글을 읽고 물음에 답하시오.

겨울만 되면 정전기가 기승을 부린다. ㉠ 정전기란 전하[1]가 정지 상태로 있어 그 분포가 시간적으로 변화하지 않는 전기 및 그로 인한 전기 현상을 말한다.

정전기로 고생하는 정도는 사람마다 다르다. 정전기는 건조할 때 잘 ㉡ 생긴다. 습도가 높으면 공기 중의 수분이 전하가 흘러갈 수 있는 도체 역할을 하여 정전기가 수시로 방전된다. 따라서 습도가 높으면 정전기도 잘 생기지 않는다. 땀을 많이 흘리는 사람보다는 적게 흘리는 사람에게 정전기가 많이 생기는 것도 같은 까닭에서이다.

또한 정전기는 전자를 쉽게 주고받을 수 있는 마찰에 의해 잘 생긴다. 마찰할 때 전자를 쉽게 잃는 물체가 있고, 전자를 쉽게 얻는 물체가 있다. 예를 들면, 털가죽 종류는 전자를 쉽게 잃고, 플라스틱 종류는 전자를 쉽게 얻는다. 우리 몸은 전자를 잘 잃는 편이므로 전자를 쉽게 얻는 나일론, 아크릴, 폴리에스테르 같은 합성 섬유로 된 옷을 자주 입는

2021년 2회

사람은 정전기와 친할 수밖에 없다.

　정전기는 우리 생활을 편리하게 하는 데에도 이용되고 있다. 복사기는 정전기를 이용한 대표적인 제품이다. 복사기는 정전기를 이용해 토너의 잉크 가루를 종이에 붙인다. 식품을 포장할 때 쓰는 랩이 그릇에 잘 달라붙는 것도 정전기 때문이다.

　　　　　　　　　– 김정훈, 「정전기가 겨울로 간 까닭은?」 –

1) 전하 : 물체가 띠고 있는 정전기의 양.

20 윗글에서 알 수 있는 내용으로 가장 적절한 것은?

① 습도가 높으면 정전기가 잘 생긴다.
② 마찰에 의해 정전기를 줄일 수 있다.
③ 정전기는 포장용 랩이 그릇에 붙지 않게 한다.
④ 마찰할 때 털가죽 종류는 전자를 쉽게 잃는다.

21 ㉠에 사용된 설명 방법이 쓰인 예로 가장 적절한 것은?

① 시계는 태엽, 초침, 분침, 시침 등으로 구성되어 있다.
② 요구르트, 된장, 치즈는 발효 식품의 예로 들 수 있다.
③ 지구의 기온이 상승하면 남극과 북극의 빙하가 녹게 되어 해수면이 상승한다.
④ 마술이란 재빠른 손놀림이나 여러 장치 등을 써서 불가사의한 일을 해 보이는 것을 말한다.

22 밑줄 친 부분이 ㉡과 같은 의미로 쓰인 것은?

① 그녀는 이국적으로 생겼다.
② 비가 와서 무지개가 생겼다.
③ 은밀히 한 일이 발각되게 생겼다.
④ 그 약은 맛있는 사탕처럼 생겼다.

[23~25] 다음 글을 읽고 물음에 답하시오.

　옛날 우리 조상들이 겨울철에 저장한 얼음을 여름까지 보관할 수 있었던 방법은 무엇이었을까? 비밀은 석빙고에 있다.

　석빙고의 얼음 저장 과정은 냉각과 저온 ㉠ 유지의 두 단계로 나뉜다. 얼음을 넣기 전에 내부를 냉각하는 것이 첫 번째 단계이고, 얼음을 넣은 뒤 7~8개월 동안 내부 온도를 낮게 유지하는 것이 두 번째 단계이다.

　첫 번째 단계는 우선 겨울에 석빙고의 내부를 냉각하는 것부터 시작한다. 경주 석빙고의 겨울철 내부 온도는 평균 영상 3.9도 정도이다. 일반적으로 건물의 지하실 내부 평균 온도가 영상 15도 안팎이니 석빙고 내부가 얼마나 차가운지 쉽게 알 수 있다.

　우리 조상들은 어떻게 석빙고 ㉡ 내부를 냉각할 수 있었을까? 그 비밀은 석빙고 출입문 옆에 세로로 튀어나온 '날개벽'에 숨어 있다. 겨울에 부는 찬바람은 날개벽에 부딪히면서 소용돌이로 변한다. 이 소용돌이는 추진력이 있어 힘차게 석빙고 내부 깊은 곳까지 밀고 들어가게 되고, 석빙고 내부는 이렇게 ㉢ 냉각이 된다.

　두 번째 단계는 2월 말 무렵 얼음을 저장하고 나서 7~8개월 동안 석빙고 내부를 저온 상태로 유지하는 것이다. 저장한 얼음은 봄이 지나고 여름이 되어도 녹지 않아야 한다. 그렇다면 어떻게 한여름에도 저온 상태를 유지할 수 있었을까? 그 비밀은 석빙고의 절묘한 천장 구조에 있다. 석빙고의 천장은 1~2미터 ㉣ 간격을 두고 나란히 배치된 4~5개의 아치형 구조물로 되어 있다. 각각의 아치 사이에는 움푹 들어간 공간이 있는데, 이를 '에어 포켓'이라고 한다. 얼음이 저장된 후 조금씩 더워진 내부 공기가 위로 뜨면 그 공기는 에어 포켓에 갇혀 아래로는 내려올 수 없게 된다. 이곳에 갇힌 더운 공기는 에어 포켓 위쪽에 설치된 환기구를 통해 밖으로 배출된다. 이렇게 해서 석빙고 내부는 한여름에도 저온 상태를 유지할 수 있었다.

– 이광표, 「조상의 슬기가 낳은 석빙고의 비밀」 –

23 윗글의 내용 전개 방식으로 가장 적절한 것은?

① 가설을 통해 중심 화제를 검증하고 있다.
② 중심 화제의 원리를 단계별로 설명하고 있다.
③ 전문가의 견해를 인용하여 신뢰성을 높이고 있다.
④ 통계 자료를 통해 중심 화제의 장점을 부각하고 있다.

24 윗글의 내용과 일치하지 <u>않는</u> 것은?

① 얼음 저장은 석빙고 내부를 냉각하는 것부터 시작한다.
② 석빙고의 겨울철 내부 온도는 일반적인 건물의 지하실 내부 평균 온도보다 낮다.
③ 석빙고 내부의 '날개벽'은 더운 공기를 위로 뜨게 한다.
④ '에어 포켓' 위쪽에 설치된 환기구는 내부를 저온 상태로 유지하는 장치이다.

25 ㉠~㉣의 사전적 의미로 적절하지 <u>않은</u> 것은?

① ㉠ : 낮은 데서 위로 올라감.
② ㉡ : 안쪽의 부분.
③ ㉢ : 식어서 차게 됨.
④ ㉣ : 공간적으로 벌어진 사이.

수 학

정답 및 해설 533p

01 다음과 같이 40을 소인수분해하면 $2^a \times 5$이다. a의 값은?

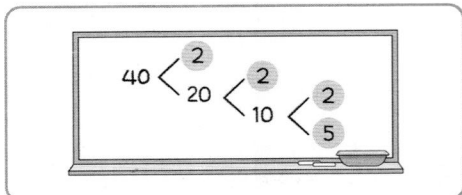

① 1   ② 2
③ 3   ④ 4

02 $a = 2$일 때, $5a - 1$의 값은?

① 1   ② 3
③ 6   ④ 9

03 일차방정식 $3x - 2 = 4$의 해는?

① 2   ② 4
③ 6   ④ 8

04 y가 x에 정비례할 때, ㉠에 알맞은 수는?

x	1	2	3	4	5
y	4	8	12	㉠	20

① 16   ② 17
③ 18   ④ 19

05 그림과 같이 두 직선 l과 m이 한 점에서 만날 때, $\angle a$의 크기는?

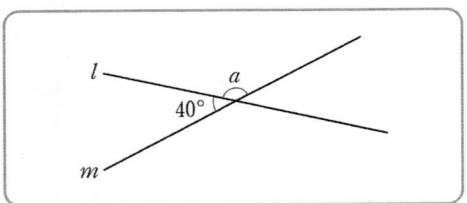

① $130°$ ② $140°$
③ $150°$ ④ $160°$

06 그림과 같이 직사각형 $ABCD$를 직선 l을 회전축으로 하여 1회전 시킬 때 생기는 입체도형은?

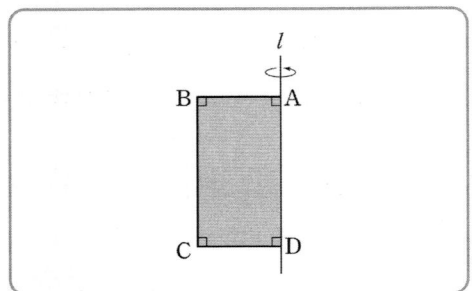

① 구   ② 원뿔
③ 원기둥   ④ 사각기둥

07 다음은 어느 학급의 학생 20명을 대상으로 지난 올림픽 기간의 경기 시청 시간을 조사하여 나타낸 도수분포표이다. 이 학급의 학생들 중 경기 시청 시간이 6시간 미만인 학생 수는?

사용 시간(시간)	학생 수(명)
$0^{이상}$ ~ $3^{미만}$	1
3 ~ 6	4
6 ~ 9	7
9 ~ 12	5
12 ~ 15	3
합계	20

① 5명 ② 6명
③ 7명 ④ 8명

08 분수 $\frac{1}{3}$을 순환소수로 나타낼 때, 순환마디는?

① 1 ② 3
③ 5 ④ 7

09 $x^4 \times x^3 \div x^2$을 간단히 한 것은? (단, $x \neq 0$)

① x^2 ② x^3
③ x^4 ④ x^5

10 일차부등식 $2x - 2 \leq 4$를 풀면?

① $x \leq 3$ ② $x \geq 3$
③ $x \leq 4$ ④ $x \geq 4$

11 함수 $f(x) = 3x$에 대하여 $f(-2)$의 값은?

① -6 ② -5
③ -4 ④ -3

12 그림과 같이 $\overline{AB} = \overline{AC}$인 이등변삼각형 ABC에서 $\angle A = 80°$일 때, $\angle x$의 크기는?

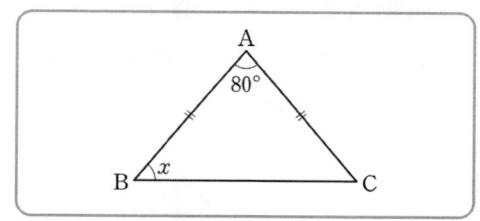

① $30°$ ② $40°$
③ $50°$ ④ $60°$

13 그림과 같이 삼각형 ABC에서 두 변 AB, AC의 중점을 각각 M, N이라고 하자. $\overline{BC}=12cm$일 때, $\overline{MN}$의 길이는?

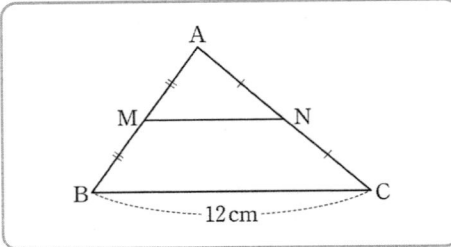

① 4cm   ② 6cm

③ 8cm   ④ 10cm

14 그림과 같이 집에서 학교까지 가는 길과 학교에서 도서관까지 가는 길은 각각 3가지이다. 집에서 출발하여 학교를 거쳐 도서관까지 가는 모든 경우의 수는? (단, 같은 지점은 두 번 이상 지나지 않는다.)

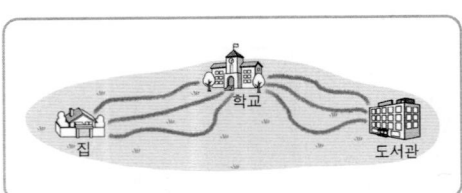

① 3   ② 5

③ 7   ④ 9

15 $3\sqrt{2}=\sqrt{a}$일 때, a의 값은?

① 17   ② 18

③ 19   ④ 20

16 다항식 x^2+2x+1을 인수분해하면?

① $(x-2)^2$ ② $(x-1)^2$

③ $(x+1)^2$ ④ $(x+2)^2$

17 이차방정식 $(x-2)(x+3)=0$의 한 근이 -3이다. 다른 한 근은?

① -2 ② -1

③ 1   ④ 2

18 이차함수 $y=2x^2$의 그래프에 대한 설명으로 옳은 것은?

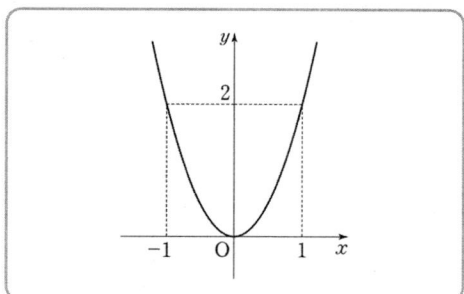

① 위로 볼록하다.

② 점 $(1, 0)$을 지난다.

③ 직선 $x=1$을 축으로 한다.

④ 꼭짓점의 좌표는 $(0, 0)$이다.

19 그림과 같이 원 O의 중심에서 현 AB에 내린 수선의 발을 M이라고 하자. $\overline{AM}=2cm$일 때, $\overline{AB}$의 길이는?

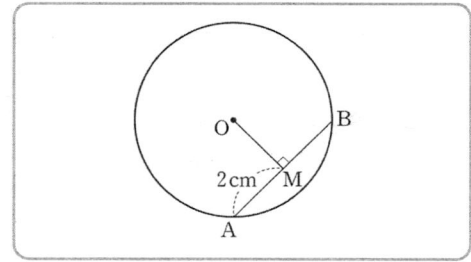

① 4cm   ② 5cm

③ 6cm   ④ 7cm

20 다음 자료는 어느 학급의 학생 5명이 1년 동안 이웃 돕기 행사에 참가한 횟수를 조사하여 나타낸 것이다. 이 자료의 중앙값은?

(단위 : 회)

> 3, 1, 2, 4, 6

① 1회   ② 2회

③ 3회   ④ 4회

2021년 2회

321

제3교시

영 어

정답 및 해설 535p

01 다음 밑줄 친 단어의 뜻으로 가장 적절한 것은?

> Tom is watching a <u>popular</u> Korean drama on TV.

① 예의 바른　　② 용기 있는
③ 인기 있는　　④ 전통적인

02 다음 밑줄 친 두 단어의 의미 관계와 <u>다른</u> 것은?

> I don't know who will <u>win</u> or <u>lose</u>.

① ask ― answer
② begin ― start
③ open ― close
④ forget ― remember

03 다음 빈칸에 들어갈 말로 가장 적절한 것은?

> He will _____ here for the interview tomorrow.

① be　　　　② am
③ is　　　　④ was

[04~06] 다음 대화의 빈칸에 들어갈 말로 가장 적절한 것을 고르시오.

04

> A : Is this salt from France?
> B : _____. It's from Korea.

① Yes, it is　　　② Yes, it does
③ No, it isn't　　④ No, it doesn't

05

> A : Who is the man wearing glasses?
> B : That's our new teacher. Let's _____ hello to him.

① come　　　② say
③ take　　　④ walk

06

> A : You look sad. _____?
> B : I broke my favorite watch.

① What happened
② How's the weather
③ Who did you go with
④ Where are you staying

07 다음 빈칸에 공통으로 들어갈 말로 가장 적절한 것은?

> • Why don't you _____ your bike to school?
> • I can give you a _____ after work.

① cost
② fall
③ live
④ ride

08 다음은 Tony가 집에서 할 일이다. 금요일에 할 일은?

Thursday	Friday	Saturday	Sunday
doing the dishes	making cookies	cleaning the room	throwing out the garbage

① 설거지하기
② 쿠키 만들기
③ 방 청소하기
④ 쓰레기 버리기

09 그림으로 보아 빈칸에 들어갈 말로 가장 적절한 것은?

The girl is _____ a tree.

① crying
② drawing
③ eating
④ planting

10 다음 대화의 마지막 말로 가장 적절한 것은?

> A : John, did you find your phone?
> B : Yes, Jane found it for me.
> A : _____.

① Not really
② That's too bad
③ You're welcome
④ Glad to hear that

11 다음 대화의 주제로 가장 적절한 것은?

> A : Did you see the movie, *The Higher*?
> B : No, I didn't. What is it about?
> A : It's about flying an airplane.

① 영화 내용
② 휴가 계획
③ 회원 가입
④ 병원 예약

12 다음 공연 포스터를 보고 알 수 <u>없는</u> 것은?

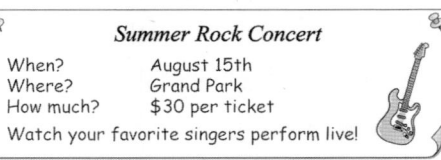

① 공연 날짜
② 가수 이름
③ 공연 장소
④ 티켓 가격

13 다음 방송의 목적으로 가장 적절한 것은?

> Welcome, visitors! When you go up the mountain, please keep these things in mind. First, watch out for wild animals. Second, come down before it gets dark. Lastly, take your trash back with you. Enjoy your hike!

① 관광 명소 홍보
② 일정 변경 공지
③ 멸종 위기 동물 소개
④ 등산 시 유의 사항 안내

14 다음 대화에서 Bora가 주말에 파티에 가지 못하는 이유는?

> A : Bora, let's go to a party this weekend.
> B : I'm sorry, but I can't. I'm going on a family trip.

① 친구와 약속이 있어서
② 가족 여행을 가야 해서
③ 남동생을 돌봐야 해서
④ 집 청소를 해야 해서

15 Star Flea Market에 관한 다음 글의 내용과 일치하지 <u>않는</u> 것은?

> Next to the Natural History Museum, you can find Star Flea Market. It opens every Saturday from 9 a.m. to 6 p.m. You can buy clothes, shoes, and toys at low prices. You can get more information on the website.

① 박물관 안에 위치한다.
② 매주 토요일에 열린다.
③ 옷, 신발, 장난감을 낮은 가격에 살 수 있다.
④ 웹사이트에서 더 많은 정보를 얻을 수 있다.

16 주어진 말에 이어질 두 사람의 대화를 〈보기〉에서 찾아 순서대로 가장 적절하게 배열한 것은?

> Would you like some cake?

〈보기〉
(A) Then, could I get you something to drink?
(B) A cup of coffee, please.
(C) No, thanks. I'm trying to lose weight.

① (A)-(C)-(B)　　② (B)-(A)-(C)
③ (C)-(A)-(B)　　④ (C)-(B)-(A)

17 다음 동아리 홍보문을 보고 알 수 <u>없는</u> 내용은?

> We are looking for new members!
> **English Book Club**
> ○ We read English books and talk about them after school on Wednesdays.
> ○ To sign up, come to the English classroom.

① 활동 내용   ② 신청 기간

③ 활동 요일   ④ 신청 장소

18 다음 글의 흐름으로 보아 어울리지 <u>않는</u> 문장은?

> Octopuses are very smart. ⓐ They use coconut shells for protection. ⓑ When they can't find a good hiding place, they hide under coconut shells. ⓒ Many people like to swim in the ocean. ⓓ Some octopuses even save coconut shells for later. Aren't they really smart?

① ⓐ   ② ⓑ

③ ⓒ   ④ ⓓ

19 다음 글에서 *haka*춤을 췄던 이유로 가장 적절한 것은?

> Have you heard of *haka*? It is a famous New Zealand dance. This dance was originally performed by the Maori before a fight. They used the dance to show their strength to the enemy.

① 힘을 보여 주려고

② 행복을 기원하려고

③ 손님을 맞이하려고

④ 아름다움을 표현하려고

20 그래프로 보아 빈칸에 들어갈 말로 가장 적절한 것은?

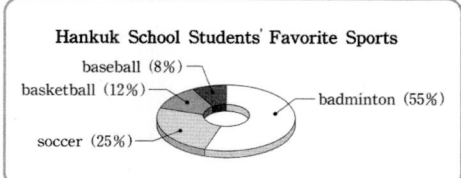

Hankuk School Students' Favorite Sports
baseball (8%)
basketball (12%)
badminton (55%)
soccer (25%)

> Hankuk School students like _____ the most.

① badminton   ② baseball

③ basketball   ④ soccer

21 Central Library에 관한 다음 글에서 언급된 내용이 <u>아닌</u> 것은?

> Central Library is located across from City Hall. It has a collection of about 400,000 books. It opened its doors in 2013. Since then, many people have visited this library.

① 위치

② 보유 도서 권수

③ 개관 연도

④ 일일 방문객 수

22 다음 밑줄 친 They가 가리키는 것으로 가장 적절한 것은?

> Eating vegetables and fruits is good for your health. If you want to have healthy skin, try some lemons. They contain a lot of vitamin C. If you want to have a healthy heart, eat more tomatoes.

① apples

② carrots

③ lemons

④ tomatoes

23 온라인상에서 지켜야 할 사항으로 언급되지 <u>않은</u> 것은?

> **<Online Manners>**
>
> ○ Don't use bad language.
> ○ Don't leave rude comments.
> ○ Don't post false information.

① 나쁜 언어 사용하지 않기

② 무례한 글 남기지 않기

③ 개인 정보 유출하지 않기

④ 거짓 정보 게시하지 않기

24 다음 글의 주제로 가장 적절한 것은?

> People in Vietnam love their traditional hat, non las, because it has various uses. In the summer, it protects the skin from the sun. When it rains, people use it as an umbrella. It can also be used as a basket.

① 베트남의 유명한 관광지

② 베트남과 한국의 공통점

③ 베트남 음식이 유행하는 이유

④ 베트남 전통 모자의 다양한 용도

25 다음 글의 바로 뒤에 이어질 내용으로 가장 적절한 것은?

> Living without smartphones is difficult these days. However, using smartphones too much can cause several problems. Let's talk about them in more detail.

① 올바른 스마트폰 사용 사례

② 스마트폰이 우리 생활에 주는 도움

③ 과도한 스마트폰 사용으로 인한 문제점

④ 스마트폰 중독에서 벗어날 수 있는 방법

제4교시

사 회

정답 및 해설 540p

01 다음에서 ㉠에 들어갈 것은?

> 지구의 경도를 결정할 때 기준이 되는 선으로, 영국의 그리니치 천문대를 지나는 경선을 [㉠](이)라 한다.

① 적도
② 북회귀선
③ 날짜 변경선
④ 본초 자오선

02 다음에서 ㉠에 들어갈 것은?

> • 건조 기후는 연 강수량 250mm를 기준으로 사막 기후와 [㉠]로 구분됨.
> • [㉠] 지역의 주민들은 염소, 양 등을 기르며 물과 풀을 찾아 이동하는 유목 생활을 함.

① 빙설 기후
② 스텝 기후
③ 툰드라 기후
④ 열대 우림 기후

03 다음에서 설명하는 지형은?

> • 산봉우리를 뜻하는 제주도 방언으로, 제주도 곳곳에 발달한 300여 개의 작은 화산체이다.
> • 큰 화산의 사면에 형성된 측화산 또는 기생 화산을 의미한다.

① 오름
② 피오르
③ 시 스택
④ 해식 동굴

04 다음에서 ㉠에 들어갈 것으로 가장 적절한 것은?

> [㉠]의 사례
> • 세계 여러 지역의 식생활과 전통을 반영한 햄버거
> • 외국에서 들어온 침대와 한국의 전통 온돌이 만나 새롭게 만들어진 돌침대

① 1차 집단
② 귀속 지위
③ 역할 갈등
④ 문화 변용

05 그래프를 통해 알 수 있는 현상으로 옳은 것은?

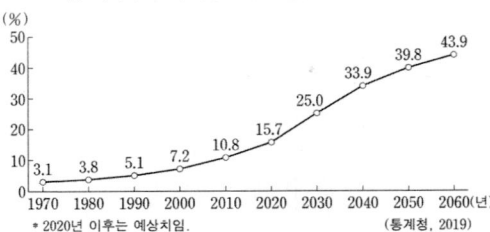

〈우리나라 65세 이상 인구 비율의 변화 추이〉

* 2020년 이후는 예상치임.
(통계청, 2019)

① 인플레이션 ② 인구 고령화
③ 다문화 사회 ④ 오존층 파괴

06 다음에서 설명하는 것은?

> 선진국의 대도시에서 주로 발생하며, 도시의 인구가 도시 이외의 지역이나 촌락으로 이동하는 현상

① 세계화 ② 정보화
③ 역도시화 ④ 이촌 향도

07 다음에서 설명하는 것은?

> • 밀과 함께 대표적인 식량 자원이다.
> • 아시아 계절풍 기후의 평야 지역에서 주로 생산된다.

① 쌀 ② 커피
③ 대추야자 ④ 사탕수수

08 다음에서 설명하는 것은?

> 기업의 본사, 연구소, 공장 등이 각각의 기능을 수행하는 데 적합한 지역으로 분산되는 현상

① 탈공업화 ② 공정 무역
③ 전자 상거래 ④ 공간적 분업

09 다음에서 ㉠에 들어갈 것은?

> 헌법 제1조 ① 대한민국은 민주공화국이다.
> ② 대한민국의 ㉠ 은/는 국민에게 있고, 모든 권력은 국민으로부터 나온다.

① 자유 ② 정치
③ 주권 ④ 평등

10 문화 상대주의에 대한 설명으로 적절하지 않은 것은?

① 문화의 다양성을 존중한다.
② 문화의 고유한 가치를 인정한다.
③ 문화를 비교하여 우열을 평가한다.
④ 문화가 형성된 배경 속에서 문화를 이해한다.

11 다음에서 설명하는 정치 주체는?

> • 정치적 의견이 같은 사람들이 모여서 만든 단체이다.
> • 정치권력 획득을 목적으로 한다.

① 법원   ② 정당
③ 감사원   ④ 헌법 재판소

12 다음에서 ㉠에 들어갈 기본권으로 가장 적절한 것은?

> 🔍 대한민국 국민의 [㉠]! 🔍
> • 국민이 선거에 참여해 대통령을 직접 뽑을 수 있어요.
> • 국가의 중요한 일을 결정하는 투표에 참여할 수 있어요.

① 노동권   ② 사회권
③ 참정권   ④ 청구권

13 다음에서 ㉠, ㉡에 들어갈 경제 활동을 알맞게 짝지은 것은?

> • [㉠] : 재화나 서비스를 만들거나 가치를 높이는 활동
> • [㉡] : 재화나 서비스를 구입하여 사용하는 활동

	㉠	㉡		㉠	㉡
①	분배	생산	②	분배	소비
③	생산	분배	④	생산	소비

14 표는 초콜릿의 수요량과 공급량을 나타낸 것이다. 이에 대한 설명으로 옳은 것은? (단, 다른 조건은 일정함.)

가격(원)	수요량(개)	공급량(개)
1,000	400	200
2,000	300	300
3,000	200	400
4,000	100	500

① 균형 가격은 4,000원이다.
② 균형 거래량은 300개이다.
③ 가격이 1,000원일 때, 초과 공급이 발생한다.
④ 가격이 3,000원일 때, 초과 수요가 발생한다.

15 다음에서 ㉠에 해당하는 것으로 가장 적절한 것은?

> 현대 사회에서 부각되고 있는 주요한 사회 문제로는 ㉠ 노동 문제, 인구 문제, 환경 문제 등이 있다.

① 노사 갈등   ② 영토 분쟁
③ 해양 오염   ④ 지구 온난화

16 퀴즈에 대한 정답으로 옳은 것은?

> 공정한 선거를 위해 국가가 선거를 관리하고, 국가나 지방 자치 단체가 비용 일부를 지원하는 제도는 무엇일까요?

① 심급 제도
② 게리맨더링
③ 선거 공영제
④ 보통 선거 제도

17 다음 유물이 처음으로 제작된 시대는?

〈주먹도끼〉

① 구석기 시대
② 신석기 시대
③ 청동기 시대
④ 철기 시대

18 고구려 장수왕의 업적으로 옳은 것은?

① 서원 철폐
② 과거제 실시
③ 경국대전 편찬
④ 한강 유역 차지

19 다음에서 설명하는 인물은?

> • 완도에 청해진을 설치해 해적을 소탕함.
> • 당과 신라, 일본을 연결하는 해상 무역을 장악하여 해상왕이라고 불림.

① 원효
② 혜초
③ 이차돈
④ 장보고

20 다음에서 ㉠에 들어갈 내용으로 옳은 것은?

> ⊙ 역사 인물 카드 ⊙
> • 재위 연도 : 918~943
> • 주요 활동 – 고려를 건국함.
>   – 사심관 제도와 기인 제도를 시행함.
>   – [㉠]을/를 남김.

① 동의보감
② 훈요 10조
③ 대동여지도
④ 몽유도원도

21 다음 중 조선 후기 서민 문화에 대한 설명으로 옳은 것을 〈보기〉에서 고른 것은?

〈보기〉

ㄱ. 판소리가 유행하였다.
ㄴ. 한글 소설이 보급되었다.
ㄷ. 상감 청자의 사용이 보편화되었다.
ㄹ. 커피와 케이크 등 서양 음식이 유행하였다.

① ㄱ, ㄴ
② ㄱ, ㄷ
③ ㄴ, ㄹ
④ ㄷ, ㄹ

22 다음에서 ㉠에 들어갈 내용으로 옳은 것은?

> 광해군 집권 당시 만주 지역에서 여진족이 세력을 키워 후금을 세웠다. 후금이 명과 대립하자 광해군은 두 나라 사이에서 ㉠ 을/를 추진하였다.

① 남진 정책　　② 대몽 항쟁
③ 중립 외교　　④ 나 · 제 동맹

23 다음에서 ㉠에 들어갈 내용으로 옳은 것은?

> 〈조선 세종의 업적〉
> • 측우기 제작
> • ㉠
> • 앙부일구와 자격루 제작

① 대동법 실시
② 훈민정음 창제
③ 노비안검법 실시
④ 팔만대장경 제작

24 일제의 식민지 지배 정책이 <u>아닌</u> 것은?

① 국채 보상 운동
② 산미 증식 계획
③ 토지 조사 사업
④ 헌병 경찰 제도

25 다음에서 ㉠에 들어갈 내용으로 옳은 것은?

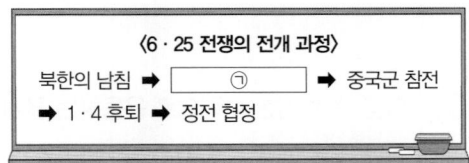

> 〈6 · 25 전쟁의 전개 과정〉
> 북한의 남침 ➡ ㉠ ➡ 중국군 참전
> ➡ 1 · 4 후퇴 ➡ 정전 협정

① 3 · 1 운동
② 4 · 19 혁명
③ 인천 상륙 작전
④ 부 · 마 민주 항쟁

제5교시

과 학

정답 및 해설 543p │

01 그림은 물 위에 배가 떠 있는 모습이다. 다음 중 물이 배를 밀어 올리는 힘은?

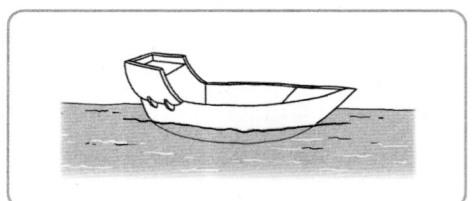

① 부력　　　　　② 마찰력

③ 자기력　　　　④ 탄성력

02 다음 중 일정한 속력으로 운동하는 물체의 시간에 따른 속력 그래프로 옳은 것은?

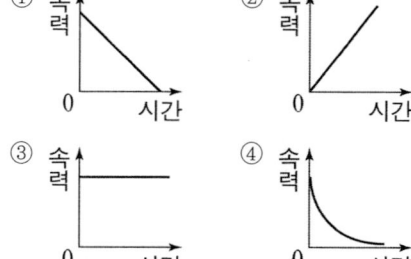

03 그림은 니크롬선에 걸어 준 전압에 따른 전류의 세기를 나타낸 것이다. 이 니크롬선의 저항은?

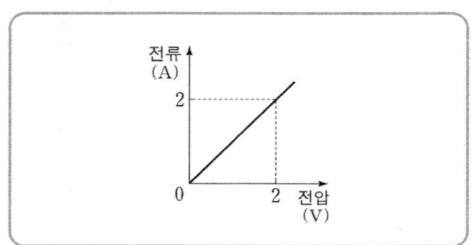

① 1Ω　　　　　② 3Ω

③ 5Ω　　　　　④ 7Ω

04 다음은 A 지점에서 공을 가만히 놓았을 때, A~D에서의 위치 에너지와 운동 에너지를 나타낸 것이다. ㉠의 크기는? (단, 공기 저항은 무시한다.)

지점	위치 에너지(J)	운동 에너지(J)
A	100	0
B	75	25
C	50	50
D	(㉠)	75

① 0　　　　　　② 25

③ 75　　　　　④ 100

05 그림과 같이 평면거울 면에 입사 광선을 비추었을 때 반사 광선의 진행 경로로 옳은 것은?

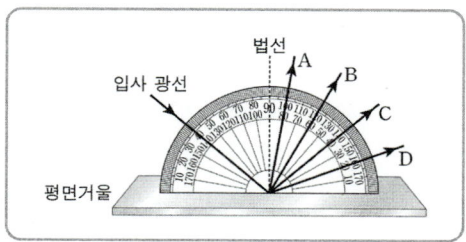

① A
② B
③ C
④ D

06 다음 중 대전된 풍선을 실에 매달았을 때의 모습으로 옳은 것은? (단, 풍선에 대전된 전하량의 크기는 모두 같다.)

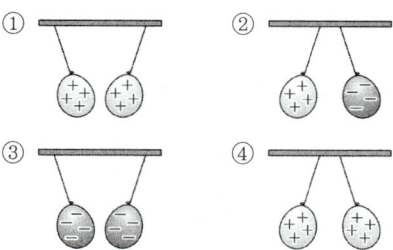

07 그림은 압력에 따른 기체의 부피 변화를 나타낸 것이다. 4기압 일 때의 부피 ㉠은? (단, 온도는 일정하고 기체의 출입은 없다.)

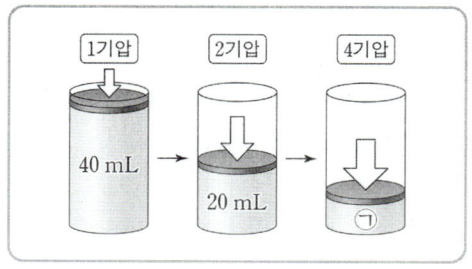

① 3mL
② 5mL
③ 10mL
④ 15mL

08 그림은 액체와 기체 사이의 상태 변화를 나타낸 것이다. A에 해당하는 상태 변화는?

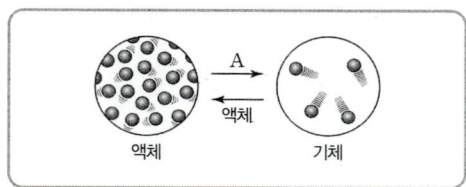

① 기화
② 승화
③ 융해
④ 응고

09 그림은 물(H_2O)의 분자 모형이다. 물 분자 1개를 구성하는 수소 원자의 개수는?

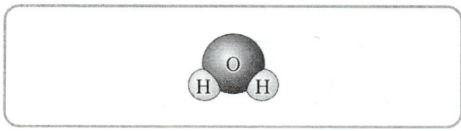

① 1개
② 2개
③ 3개
④ 4개

2021년 2회

10 그림은 베릴륨(Be) 원자가 전자 2개를 잃고 이온이 되는 과정을 나타낸 것이다. 베릴륨 이온의 이온식은?

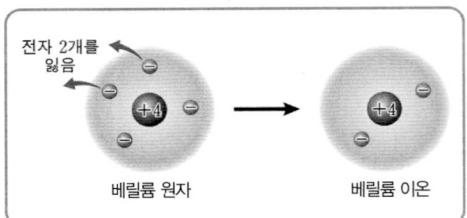

① Be^{3-}

② Be^-

③ Be^+

④ Be^{2+}

11 다음 설명에 해당하는 물질의 특성은?

- 액체가 고체로 될 때 일정하게 유지되는 온도이다.
- 1기압에서 순수한 물은 0℃에서 언다.

① 밀도

② 끓는점

③ 어는점

④ 용해도

12 다음은 구리 4g과 산소 1g이 모두 반응하여 산화 구리(II)가 생성된 것을 모형으로 나타낸 것이다. 질량 ㉠은?

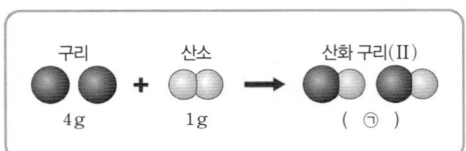

① 2g

② 3g

③ 4g

④ 5g

13 다음 설명에 해당하는 생물 분류의 단위는?

- 자연 상태에서 짝짓기하여 생식 능력이 있는 자손을 낳을 수 있는 생물 무리를 뜻한다.
- 생물을 분류하는 기본 단위이다.

① 종

② 속

③ 과

④ 목

14 그림은 생물을 5계로 분류한 것이다. 버섯이 속하는 계는?

① 균계

② 동물계

③ 원생생물계

④ 원핵생물계

15 다음 중 식물이 빛에너지를 이용하여 스스로 양분을 만드는 과정은?

① 생식

② 호흡

③ 광합성

④ 체세포 분열

16 다음 설명에 해당하는 사람의 기관계는?

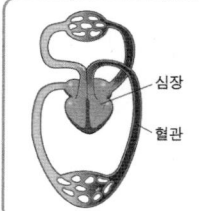

- 우리 몸에서 영양소와 산소 등의 순환을 담당한다.
- 심장, 혈관, 혈액이 포함된다.

① 배설계   ② 소화계
③ 순환계   ④ 신경계

17 그림은 서로 다른 뉴런을 연결한 모습이다. 감각 기관에서 받아들인 자극을 연합 뉴런으로 전달하는 A는?

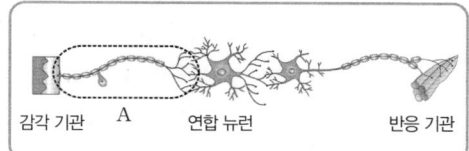

① 뇌   ② 척수
③ 네프론   ④ 감각 뉴런

18 다음 설명에 해당하는 과정은?

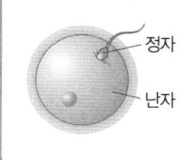

- 정자와 난자가 결합하는 것이다.
- 이를 통해 수정란이 만들어진다.

① 배설   ② 수정
③ 소화   ④ 유전

19 순종의 키 큰 완두(TT)와 순종의 키 작은 완두(tt)를 교배하여 얻은 잡종 1대의 유전자형은? (단, 돌연변이는 없다.)

① TT   ② Tt
③ tt   ④ t

20 다음 설명에 해당하는 지구 내부 구조 A는?

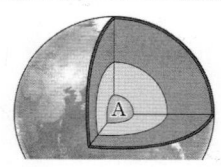

- 철과 니켈 등의 무거운 물질로 이루어져 있다.
- 지구의 가장 중심에 위치하며 고체 상태로 추정된다.

① 지각   ② 맨틀
③ 외핵   ④ 내핵

21 그림과 같이 우리나라에서 남동 계절풍의 영향을 받아 덥고 습한 날씨가 나타나는 계절은?

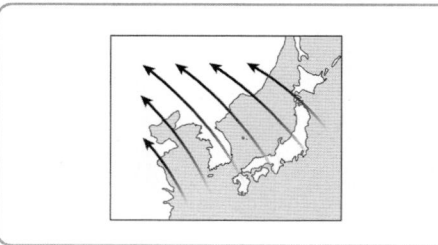

① 봄   ② 여름
③ 가을   ④ 겨울

22 그림은 지구의 수권에서 물의 부피를 비교한 것이다. 다음 중 가장 많은 양을 차지하는 것은?

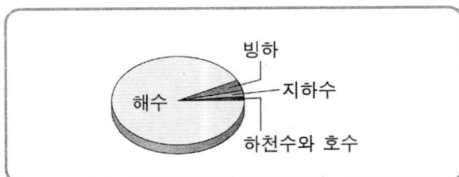

① 빙하　　　　　② 해수
③ 지하수　　　　④ 하천수와 호수

23 그림과 같이 태양의 표면에 쌀알을 뿌려 놓은 것처럼 보이는 모습의 명칭은?

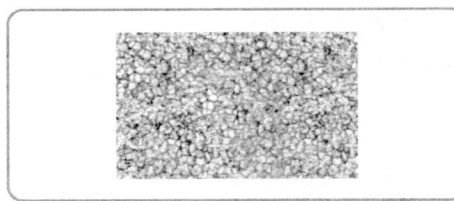

① 채층　　　　　② 홍염
③ 흑점　　　　　④ 쌀알 무늬

24 그림은 절대 등급이 같은 별 A~D의 위치를 나타낸 것이다. A~D 중 지구에서 가장 어둡게 보이는 별은? (단, pc은 거리 단위이다.)

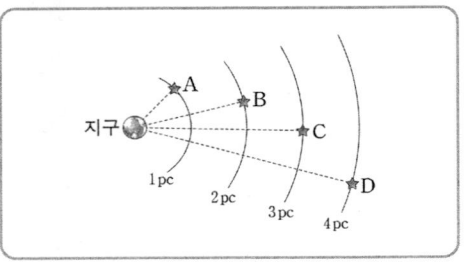

① A　　　　　　② B
③ C　　　　　　④ D

25 그림은 지구에서 관측한 별 S의 연주 시차를 나타낸 것이다. 별 A~D 중 연주 시차가 가장 큰 별은?

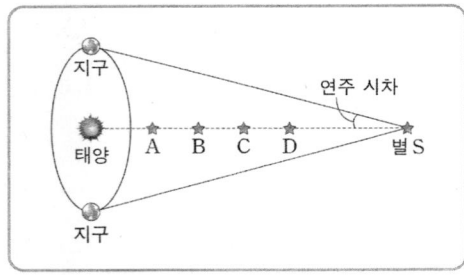

① A　　　　　　② B
③ C　　　　　　④ D

도 덕

제6교시 선택 과목

정답 및 해설 546p

01 다음 중 도덕이 필요한 이유로 가장 적절한 것은?

① 훌륭한 인격을 갖추기 위해서이다.
② 혼자서만 잘 살아가기 위해서이다.
③ 타인의 행복을 방해하기 위해서이다.
④ 사회적 혼란을 일으키기 위해서이다.

02 다음에서 설명하는 용어로 옳은 것은?

> 어떤 상황을 도덕적 문제로 민감하게 느끼고 도덕적으로 반응할 수 있는 마음 상태.

① 삼단 논법
② 비판적 사고
③ 도덕적 민감성
④ 결과 예측 능력

03 다음 중 법을 지켜야 할 도덕적 이유로 가장 적절한 것은?

① 사회 질서를 유지하기 위해서이다.
② 공익 실현을 저해하기 위해서이다.
③ 폭력의 악순환을 만들기 위해서이다.
④ 차별받는 사회를 만들기 위해서이다.

04 ㉠에 들어갈 말로 옳은 것은?

정신적 가치에는 어떤 것이 있을까?

(㉠)과 같은 것이 있어.

① 돈
② 음식
③ 우정
④ 스마트폰

05 이성 친구와 바람직한 관계를 형성하기 위한 자세로 옳은 것을 〈보기〉에서 고른 것은?

〈보기〉
ㄱ. 이성 친구를 외모로만 평가한다.
ㄴ. 이성 친구의 요구에 무조건 따른다.
ㄷ. 이성 친구의 공부를 방해하지 않는다.
ㄹ. 이성 친구를 존중하며 고운 말을 사용한다.

① ㄱ, ㄴ
② ㄱ, ㄷ
③ ㄴ, ㄹ
④ ㄷ, ㄹ

2021년 2회

06 다음에 해당하는 가족 간의 도리로 옳은 것은?

> 형은 동생을 사랑하고, 동생은 형을 공경해야 한다. 형제자매 간에 서로를 아끼고 사이를 돈독하게 해야 한다.

① 단절　　　　② 무지
③ 우애　　　　④ 방관

07 다음 중 부패 행위에 해당하지 <u>않는</u> 것은?

① 탈세 행위　　　　② 뇌물 수수
③ 권력 남용　　　　④ 자원 봉사

08 (가)에 들어갈 용어로 적절한 것은?

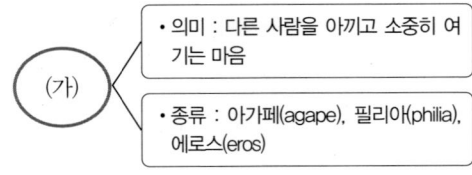

(가)
- 의미 : 다른 사람을 아끼고 소중히 여기는 마음
- 종류 : 아가페(agape), 필리아(philia), 에로스(eros)

① 욕구　　　　② 사랑
③ 양심　　　　④ 편견

09 다음 대화에서 공통으로 나타나는 삶의 자세는?

난 이번 방학에 물 공포증을 극복하기 위해 수영 강습을 신청했어.

그렇구나. 난 이번 방학에 어려운 수학 문제를 해결하기 위해 심화 학습을 듣기로 했어.

① 도전하는 삶의 자세
② 생명을 경시하는 삶의 자세
③ 수동적으로 살아가는 삶의 자세
④ 육체적 쾌락을 추구하는 삶의 자세

10 다음과 같은 문제를 해결하기 위해 필요한 도덕적 자세로 가장 적절한 것은?

> • 층간 소음으로 인한 갈등
> • 이웃 간 주차 문제로 인한 갈등

① 고집　　　　② 배려
③ 탐욕　　　　④ 효도

11 다음에서 설명하는 개념은?

> 1. 의미: 인간이라면 누구나 가지는 기본적인 권리.
> 2. 특징: 태어날 때부터 지니는 권리로 영원히 보장됨.

① 인권　　　　② 용기
③ 봉사　　　　④ 절제

12 ㉠에 공통으로 들어갈 말로 가장 적절한 것은?

> (㉠)(이)란 오랫동안 반복하는 과정에서 몸에 익은 행동 방식을 의미한다. 올바른 (㉠)을/를 형성하게 되면 자신의 인격을 향상할 수 있다.

① 존중   ② 습관
③ 성찰   ④ 평화

13 다음 중 남북한이 분단국가로서 겪는 문제점이 <u>아닌</u> 것은?

① 분단 비용 지출
② 세계 평화에 기여
③ 이산가족의 고통
④ 남북 주민 간 이질화 심화

14 다음 설명에 해당하는 용어는?

> 인간의 존엄성을 최고의 가치로 여기고 인종, 민족, 국가, 종교 등의 차이를 초월하여 인류의 안녕과 복지를 꾀하는 것을 이상으로 하는 사상이나 태도.

① 경쟁심   ② 타율성
③ 인도주의   ④ 이기주의

15 다음 중 갈등을 일으키는 원인으로 옳지 <u>않은</u> 것은?

① 이해관계 충돌
② 가치관의 차이
③ 잘못된 의사소통
④ 공감과 경청의 자세

16 ㉠에 공통으로 들어갈 용어로 가장 적절한 것은?

> 갈등을 평화롭게 해결하기 위해서는 (㉠)의 자세가 필요하다. (㉠)(이)란 입장 바꿔 상대방의 처지에서 생각해 보는 것을 의미한다.

① 억압   ② 복지
③ 역지사지   ④ 해악 금지

17 다음 설명에 해당하는 문화를 바라보는 태도는?

> 자기가 속한 사회의 문화만이 가장 우수하다고 생각하면서 다른 사회의 문화를 부정적으로 평가하는 태도.

① 개인주의   ② 문화 상대주의
③ 생태 중심주의   ④ 자문화 중심주의

18 다음 대화에서 여학생이 사용하고 있는 도덕 원리 검사 방법은?

① 사실 판단 검사   ② 편견과 오류 검사

③ 보편화 결과 검사   ④ 정보의 원천 검사

19 다음 사례에 해당하는 폭력의 유형으로 가장 적절한 것은?

> 친구가 듣기 싫어하는 별명을 부르거나 외모를 비하하는 말로 친구를 괴롭힌다.

① 금품 갈취   ② 언어 폭력

③ 신체 폭행   ④ 강제 심부름

20 다음에서 설명하는 것은?

> 정의롭지 못한 법이나 제도를 폐지하거나 바꾸기 위해 공개적이고 평화적인 방법으로 법을 위반하는 행위.

① 준법   ② 관용

③ 세금 납부   ④ 시민 불복종

21 다음 중 마음의 평화를 얻는 방법에 대한 조언으로 옳지 않은 것은?

22 과학 기술 발달에 따른 부작용으로 옳은 것을 〈보기〉에서 고른 것은?

> ─── 〈 보기 〉 ───
> ㄱ. 풍요롭고 편리한 삶
> ㄴ. 건강 증진과 생명 연장
> ㄷ. 환경 오염과 생태계 파괴
> ㄹ. 과학 기술에 대한 지나친 의존

① ㄱ, ㄴ   ② ㄱ, ㄷ

③ ㄴ, ㄹ   ④ ㄷ, ㄹ

23 ㉠에 들어갈 대답으로 적절하지 <u>않은</u> 것은?

① 사회적 약자의 고통을 외면해야 합니다.

② 사회적 약자를 제도적으로 지원해야 합니다.

③ 사회적 약자의 입장에서 생각해 보아야 합니다.

④ 사회적 약자에 대한 잘못된 편견을 버려야 합니다.

24 다음 중 교사의 질문에 적절한 대답을 한 학생은?

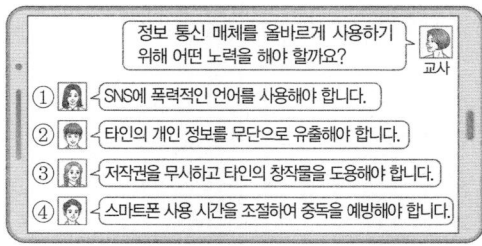

25 다음 중 환경 친화적 소비에 해당하는 것은?

① 자연과의 조화를 추구하는 소비

② 자신의 욕구를 과도하게 충족하는 소비

③ 미래 세대의 소비 기반을 훼손하는 소비

④ 물질적 만족을 최고의 가치로 여기는 소비

정답 및 해설

2025년도

제1회

국 어

▌정답

01 ②	02 ②	03 ③	04 ④	05 ③
06 ①	07 ①	08 ①	09 ③	10 ④
11 ①	12 ①	13 ②	14 ③	15 ④
16 ①	17 ④	18 ④	19 ②	20 ②
21 ④	22 ②	23 ①	24 ④	25 ③

▌해설

01 공감하는 말하기는 상대방의 처지에서 상대방의 생각과 감정을 이해하려고 노력하는 말하기이다. 남학생이 미술 시간에 인물화를 그렸는데 점수를 낮게 받아서 우울하다고 하였으므로, ㉠에는 남학생의 말에 공감하며 위로하는 말이 들어가야 한다. 그러므로 ㉠에 들어갈 여학생의 말은 ②의 '점수를 낮게 받아서 정말 많이 속상하겠다.'가 가장 적절하다.

> **TIP 공감하며 듣고 말하기의 유의점**
> • 상대방의 처지를 이해하고 배려한다.
> • 상대방의 말을 끝까지 경청한다.
> • 상대방의 인격을 존중한다.
> • 상대방의 신뢰를 잃거나 오해를 받지 않도록 관련된 사실은 진솔하게 이야기한다.

02 제시문에서 사회자가 토의 주제를 언급한 후 축제 프로그램 구성, 관광객 유치 방안, 주민 참여 활성화 방안을 논의하는 순서대로 토의가 진행될 거라고 설명하고 있다. 그러므로 사회자가 토의의 순서를 안내하는 역할을 하고 있음을 알 수 있다.

03 '돼'는 동사 '되다'의 활용형으로, 어간 '되–'에 연결 어미 '–어'가 붙어서 줄어든 말이므로 옳게 표기되었다.
① 낳아 → 나아
  '낳다'는 '배 속의 아이, 새끼, 알을 몸 밖으로 내놓다.'는 의미이므로, '병이나 상처 따위가 고쳐져 본래대로 되다.'의 의미인 '낫다'를 사용해야 한다. 그러므로 '낳아'를 '낫다'의 활용형 형태인 '나아'로 고쳐 써야 옳다.
② 떡볶기 → 떡볶이
  한글 맞춤법상 '떡볶기'는 '떡볶이'가 올바른 표기이다.

④ 김치찌게 → 김치찌개
  한글 맞춤법상 '김치찌게'는 '김치찌개'가 올바른 표기이다.

04 주어진 문장에서 사용된 '–가', '–로', '–에', '–와'는 모두 조사로, 체언 뒤에 붙어 그 말과 다른 말과의 문법적 관계를 나타내거나 특별한 뜻을 더해주는 말이다.
① 사람이나 사물의 이름을 나타낸다. → 명사
② 놀람, 느낌, 부름, 대답을 나타낸다. → 감탄사
③ 사람이나 사물의 움직임을 나타낸다. → 동사

05 '먹었다'는 앞의 주어 '우리는'의 동작을 나타내는 말이므로, 문장 성분은 서술어이다.
① '아기가'는 뒤의 서술어 '했다'의 주체에 해당하는 주어이다.
② '신발을'은 서술어 '샀다'의 대상이 되는 목적어이다.
④ '반장이'는 뒤의 서술어 '되었다'를 보충해주는 보어이다.

> **TIP 문장 성분**
>
> | | | |
> |---|---|---|
> | 주성분 | 주어 | 동작 또는 상태나 성질 등의 주체를 나타내는 문장 성분 |
> | | 서술어 | 주어의 동작 또는 상태나 성질 등을 풀이하는 기능을 하는 문장 성분 |
> | | 목적어 | 서술어의 동작 대상이 되는 문장 성분 |
> | | 보어 | '되다', '아니다'의 두 서술어가 주어 이외에 요구하는 문장 성분 |
> | 부속성분 | 관형어 | 체언을 꾸며 주는 문장 성분 |
> | | 부사어 | 보통 용언을 꾸며주거나 관형어나 다른 부사어 또는 문장 전체를 꾸며주는 문장 성분 |

06 새로운 단어나 문장을 끊임없이 만들어 내는 것은 언어의 특성 중 '창조성'에 해당한다.
② **자의성** : 언어의 의미와 말소리 사이에는 필연적인 관계가 없음
③ **사회성** : 언어는 그 언어를 사용하는 사람들 사이의 사회적 약속임
④ **분절성** : 언어는 여러 단위로 나누어지고 결합할 수 있음

07 꽃을: [꼬즐] → [꼬츨]

표준 발음법 제13항은 연음법칙에 해당한다. '꽃'이 홑받침이고 모음으로 시작된 조사와 결합되었으므로, [꼬츨]처럼 제음가대로 뒤 음절 첫소리로 옮겨 발음해야 한다.

② '낮'이 홑받침이고 모음으로 시작된 조사와 결합되었으므로 '낮이'를 [나지]로 발음한 것은 적절하다.

③ '밖'이 쌍받침이고 모음으로 시작된 조사와 결합되었으므로 '밖에'를 [바께]로 발음한 것은 적절하다.

④ '옷'이 홑받침이고 모음으로 시작된 조사와 결합되었으므로 '옷을'을 [오슬]로 발음한 것은 적절하다.

08

> 마당에(부사어) + 꽃이(주어) + 피었다(서술어).

'마당에 꽃이 피었다.'는 문장은 주어와 서술어의 관계가 한 번만 나타나는 홑문장이다.

② 윤지는(주어) + 웃었지만(서술어) / 민서는(주어) + 울었다(서술어). → 이어진 문장

③ 이것은(주어) + 감이며(서술어) / 저것은(주어) + 사과이다(서술어). → 이어진 문장

④ 동생은(주어) + 초등학생이고(서술어) / 형은(주어) + 중학생이다(서술어). → 이어진 문장

TIP 문장 성분

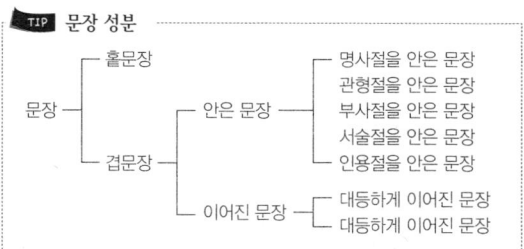

09 글의 '중간' 개요는 카페인의 과도한 섭취로 인한 부작용들에 대해 설명하고 있다. 그런데 ㉢의 '바른 언어 습관은 원만한 인간관계 형성에 도움이 된다.'는 내용은 바른 언어 습관이 주는 장점에 해당하므로, 글의 통일성을 깨뜨리고 있다.

10 ㉣의 '왜냐하면'을 포함한 문장이 두개골을 감싸 뇌가 받는 충격을 줄여주는 이유에 대해 설명하고 있으므로, 원인이나 이유를 나타내는 부사 '왜냐하면'을 사용한 것은 올바른 쓰임이다. 그러므로 '왜냐하면'을 '혹시 있을지도 모르는 뜻밖의 경우에'를 뜻하는 부사 '만일'로 고치는 것은 적절하지 않다.

㉠ '두피밖으로'에서 '밖'은 명사이다. 따라서 띄어쓰기 규정에 어긋나므로 '두피∨밖으로'로 고치는 것은 적절하다.

㉡ '중금속은 산업 발전의 원동력이다.'라는 내용은 중금속의 유용성에 대해 설명한 것이므로 전체적인 글의 흐름과 어울리지 않는다. 그러므로 ㉡을 삭제하는 것은 적절하다.

㉢ 머리카락이 두개골을 감싸 뇌가 받은 충격을 줄여주는 것이므로, '더해'를 '줄여'로 바꾼 것은 적절하다.

[11~13]

> 김소월, 「진달래꽃」
> • 갈래 : 자유시, 서정시
> • 성격 : 민요적, 향토적, 애상적
> • 운율 : 7·5조 3음보 율격
> • 제재 : 임과의 이별
> • 주제 : 임에 대한 사랑과 이별의 정한
> • 특징
>   – 반어적 표현과 역설적 표현으로 화자의 심리를 강조하고 있다.
>   – 이별의 상황을 가정하여 시상을 전개하고 있다.
>   – 수미상관식 구조를 통해 주제를 강조하고 구조적 안정감을 준다.

11 위 작품은 첫째 연과 마지막 연에 같은 구절을 반복하는 수미상관식 구조를 통해 주제를 강조하고 구조적 안정감을 주고 있다.

② 화자가 청자에게 같이 행동할 것을 요청하는 청유형 문장이 사용된 곳은 찾을 수 없다.

③ 맛을 떠올리는 미각적 감각을 사용한 곳은 찾을 수 없다.

④ 화자의 의지와 정서를 전달하고 있을 뿐, 문답 형식을 활용하고 있지는 않다.

12 위 작품은 '나 보기가 역겨워 가실 때에는'이라는 이별의 상황을 가정하여 시상을 전개하고 있다.

13 위 작품은 전통적인 7·5조 3음보의 율격을 형성하고 있으므로, 해당 문장은 다음과 같이 끊어 읽는 것이 좋다.

② 말 없이 고이 보내 드리우리다

> ⇒ 말 없이 / 고이 보내 / 드리우리다 //

[14~16]

주요섭, 「사랑손님과 어머니」
- 갈래 : 현대 소설, 단편 소설, 순수 소설
- 성격 : 서정적, 애상적
- 배경 : 시간 – 1930년대 / 장소 – 시골의 작은 마을
- 시점 : 1인칭 관찰자 시점
- 주제 : 어머니와 사랑손님의 사랑과 이별
- 특징
  – 대화와 행동을 통해 인물의 심리를 간접적으로 드러냄
  – 구어체, 경어체를 사용하여 부드러운 느낌을 줌
  – 통속적일 수 있는 사랑 이야기를 어린아이의 관점으로 순수하고 아름답게 전달함

14 '어머니의 손을 바라다보니 거기에는 지전 몇 장 외에 네모로 접은 하얀 종이가 한 장 잡혀 있는 것이었습니다.'라는 내용을 통해 어머니가 하얀 봉투를 열어 그 속에 있는 내용물을 확인하였음을 알 수 있다.
  ① 아저씨 방에서 놀다가 안방으로 들어가려고 할 때, 아저씨가 하얀 봉투를 서랍에서 꺼내어 내게 주었다는 내용을 통해 아저씨가 나에게 하얀 봉투를 주었음을 알 수 있다.
  ② '나는 그 봉투를 갖다가 어머니에게 드렸습니다.'라는 내용을 통해 나가 하얀 봉투를 어머니께 드렸음을 알 수 있다.
  ④ 어머니가 그 종이를 원래의 모양대로 네모지게 접어서 돈과 함께 봉투에 도로 넣어 반짇고리에 던졌다는 내용을 통해 어머니가 하얀 봉투를 반짇고리에 던졌음을 알 수 있다.

15 [A]에서는 얼굴이 파랬다 발갰다 하고 두 손이 와들와들 떨리는 어머니의 행동 묘사를 통해 어머니의 당황스러운 마음 상태를 표현하고 있다. 즉, 인물의 행동을 통해 심리가 드러나고 있다.

16 ㉠은 '나(옥희)'가 '어머니'의 모습을 관찰자의 입장에서 서술한 것이 아니라 '나'의 행동을 서술한 것이다. 즉, 어머니의 모습이 관찰되고 있지 않다.
  ㉡ · ㉢ · ㉣ '나(옥희)'가 '어머니'의 모습을 관찰자의 입장에서 서술하고 있다.

[17~19]

작자 미상, 「춘향전」
- 갈래 : 고전 수필, 판소리계 소설, 애정 소설
- 성격 : 해학적, 교훈적.
- 제재 : 암행 어사 출두
- 배경 : 시간 – 조선 시대 / 공간 – 남원
- 시점 : 전지적 작가 시점
- 주제 : 춘향이의 굳은 정절
  – 판소리 사설이 소설로 만들어진 판소리계 소설임
  – 해학적 표현과 웃음의 유발로 긴장감을 해소함
  – 언어유희와 반어적 표현이 사용됨
  – 봉건 사회의 결혼관을 탈피하여 남녀 간의 자유 연애 사상을 표출함

17 위 작품은 서술자가 인물에 대한 이야기를 전달하는 전지적 작가 시점으로, 서술자가 사건과 등장인물의 심리를 직접적으로 설명하고 있다.
  ① 이야기를 장과 막으로 전개하는 것은 연극의 대본인 희곡에 해당한다.
  ② 의인화된 사물의 일생을 기록하는 것은 사물을 의인화하여 전기(傳記) 형식으로 서술하는 가전체 소설에 해당한다.
  ③ 실제 경험한 일을 진솔하게 표현하는 것은 형식에 구애받지 않고 자유롭게 자신의 생각과 경험을 산문으로 표현하는 수필에 해당한다.

18 '얼씨구 좋구나, 지화자 좋구나.'라고 하며 월매가 울다 웃다 덩실덩실 어깨춤을 추었다는 내용에서 월매는 사위가 어사가 된 것을 알고 매우 기뻐하였음을 알 수 있다.
  ① 어사또는 동헌 마루에 높이 앉아 남원부 변 사또의 악행이 높으니 당장 포박하여 옥에 가두라고 분부하였다.
  ② 어사또는 옥을 지키는 형리에게 춘향이를 칼 벗겨 대령하라고 일렀다.
  ③ 옥고를 치른 춘향이의 참혹한 모습을 보고, 어사또는 눈에 눈물이 그렁그렁하여 혹 남에게 들킬까봐 부채로 얼굴을 가렸다.

19 '옥반지'는 춘향과 이몽룡의 사랑의 증표로, 춘향이가 이몽룡과 이별할 때 준 반지이다. 춘향이는 어사또가 건넨 옥반지를 보고 어사또가 이몽룡임을 알아차린다. 즉, 옥반지는 어사또의 정체를 드러내는 소재로 사용되었다.

[20~22]

20 두 번째 문단에서 일 년이면 3,848시간으로 2017년 기준 경제협력개발기구(OECD) 1인당 연간 평균 노동 시간 1,759시간의 두 배가 넘는다는 부분에서 구체적인 수치를 제시하고 있다. 또한 세 번째 문단에서 한 달에 약 350만 원 정도를 벌려면 25.3일을 일하면서 하루 평균 170개 가까운 물건을 배달해야 한다는 부분에서도 구체적인 수치를 제시하고 있다.

21 두 번째 문단의 두 번째 문장에서 택배 시장이 과열되면서 더 저렴한 가격을 내세운 가격 경쟁이 심해졌다고 서술되어 있다. 그러므로 '택배 시장이 과열되면서 더 비싼 가격을 내세운 가격 경쟁이 심해졌다.'는 ④의 설명은 제시문의 내용과 일치하지 않는다.
① 배달 산업에 참여하는 업체가 많아지면서 빠른 속도는 경쟁력이 되었다. → 첫 번째 문단의 두 번째 문장
② 배달 산업의 발달로 오전에 주문하면 오후에 받는 당일 배달도 가능해졌다. → 첫 번째 문단의 세 번째 문장
③ 우리나라 택배 기사들은 물건의 배송 시간을 지키려고 과도한 노동을 한다. → 두 번째 문단의 마지막 문장

22 ⓒ의 '과속'은 '자동차 따위의 주행 속도를 너무 빠르게 함. 또는 그 속도.'를 뜻하는 말로, '빠른 속도'를 의미한다. '느린 속도'를 의미하는 말은 '사람이나 차가 천천히 감.'을 뜻하는 '서행'이다.

[23~25]

23 첫 번째 문단의 두 번째 문장에서 미국은 지구 온난화로 북극의 바다 얼음이 줄어들어 북극곰의 서식지가 파괴되고 있는 현상을 확인하였다고 서술하고 있다. 그러므로 '지구 온난화로 북극의 바다 얼음이 늘어나고 있다.'는 ①의 설명은 제시문의 내용과 일치하지 않는다.
② 미국은 2008년에 알래스카에 사는 북극곰을 멸종 위기종으로 등록했다. → 첫 번째 문단의 두 번째 문장
③ 북극곰 멸종을 막기 위해 미국 정부는 온실가스 감축 계획을 세워야만 하게 되었다. → 두 번째 문단의 마지막 문장
④ 지구 온난화를 막기 위해서는 세계 각국의 관심과 진정한 협력이 필요하다. → 세 번째 문단의 두 번째 문장

24 ㉠의 '멸종이란 생물의 한 종류가 아주 없어지는 것을 의미한다.'에서 사용된 설명 방법은 '정의'이다. '정의'는 어떤 말이나 사물의 뜻을 명백히 밝혀 규정하는 것을 말한다. ④의 '삼각형은 세 개의 선분으로 둘러싸인 평면 도형이다.'에서도 동일한 '정의'의 설명 방법이 적용되었다.

① 동물은 척추동물과 무척추동물로 나뉜다. → 구분
② 발효 음식의 예로 김치, 간장, 된장이 있다. → 예시
③ 오늘 아침에 늦잠을 자서 학교에 지각을 했다. → 인과

TIP 문장 성분

정의	어떤 말 또는 사물의 뜻을 명백히 밝히는 설명 방법
예시	구체적인 예를 들어 설명하는 방법
비교	어떤 대상을 다른 것과의 공통점을 들어 설명하는 방법
대조	어떤 대상을 다른 것과의 차이점을 들어 설명하는 방법
분류	유사한 것끼리 묶는 설명 방법
구분	하나의 대상을 기준에 따라 나누어 설명하는 방법
분석	대상을 구성하는 하위 요소로 나누어 각각을 설명하는 방법
열거	여러 가지 사례들을 나열하는 설명 방법
인과	원인과 결과를 관련 지어 설명하는 방법

25 ㉡을 전후로, 각국에 온실가스 감축량을 할당하는 논의가 진행되었다는 내용과 강제적이고 실효성 있는 대책을 마련하는 데 아직 어려움을 겪고 있다는 내용이 서로 상반되어 진술되고 있다. 그러므로 ㉡에는 서로 일치하지 아니하거나 상반되는 사실을 나타내는 두 문장을 이어 줄 때 쓰는 접속 부사 '하지만'이 들어갈 말로 가장 적절하다.
① 결코 : '어떤 경우에도 절대로'라는 의미의 부사
② 그러면 : 앞의 내용이 뒤의 내용의 조건이 될 때 쓰는 접속 부사
④ 그러므로 : 앞의 내용이 뒤의 내용의 이유나 원인, 근거가 될 때 쓰는 접속 부사

제2교시

수 학

정답 및 해설

정답

01 ③	02 ②	03 ③	04 ②	05 ①
06 ②	07 ②	08 ④	09 ③	10 ②
11 ①	12 ①	13 ④	14 ①	15 ③
16 ①	17 ④	18 ③	19 ①	20 ④

해설

01 45의 소인수는 3과 5이고, 소인수분해하면 $45=3\times3\times5$이 므로, $3^2\times5$로 나타낼 수 있다.

02 $6+(-4)=6-4$
$\qquad\qquad\;\;=2$

03 한 송이에 2000원인 장미꽃 1송이의 가격은
(2000×1)원이므로,
한 송이에 2000원인 장미꽃 a송이의 가격은
$(2000\times a)$원이다.

04 일차방정식 $2x-3=5$를 정리하면,
$2x=5+3$
$2x=8,\;x=\dfrac{8}{2}$
$\therefore x=4$

05 그래프에서 가로 축은 시간(분), 세로 축은 이동 거리(km)
를 나타낸다. 학생이 출발한 후 10분부터 25분까지 이동한
거리는 25분일 때 이동한 거리에서 10분일 때 이동한 거리
를 뺀 값이다.
25분일 때 이동한 거리 → 4km
10분일 때 이동한 거리 → 2km
$\therefore$ 4km $-$ 2km $=$2km

06 $\angle COD=x$라 놓고,
중심각과 부채꼴의 면적을 비례식으로 정리하면,
$3:60=5:x$

비례식에서 내항의 곱과 외항의 곱은 같으므로,
$3\times x=60\times5$
$3x=300,\;x=\dfrac{300}{3}$
$\therefore x=100°$

07

상대도수 = 계급의 도수 / 전체 도수

통학 시간(분)	학생 수(명)	상대도수
$0^{이상}\sim10^{미만}$	2	$\dfrac{2}{20}=\dfrac{1}{10}=0.1$
$10\sim20$	12	a
$20\sim30$	6	$\dfrac{6}{20}=\dfrac{3}{10}=0.3$
합계	**20**	**1**

$\dfrac{12}{20}=\dfrac{6}{10}=0.6$
$\therefore a=0.6$

08 순환소수 $0.\dot{8}$을 x로 놓으면
$x=0.\dot{8}=0.88888\cdots$ $\qquad$ ········ ㉠
㉠의 양변에 10을 곱하면
$10x=8.88888\cdots$ $\qquad$ ········ ㉡
㉡ $-$ ㉠을 하면,
$10x-x=8+0.88888\cdots-0.88888\cdots$
$9x=8$
$\therefore x=\dfrac{8}{9}$

09 지수법칙에 따라
$a^2\times a^7\div a^3=a^{2+7-3}$
$\qquad\qquad\qquad\;=a^{9-3}$
$\qquad\qquad\qquad\;=a^6$

> **TIP 지수법칙**
> • $a^m\times a^n=a^{m+n}$
> • $a^m\div a^n=a^{m-n}$

10 $\begin{cases} x-y=1 & \cdots㉠ \\ 2x-y=3 & \cdots㉡ \end{cases}$이라 놓고, ㉡$-$㉠을 하면,

$$-\begin{array}{r}2x-y=3 \cdots \mathrel{\text{\textcircled{L}}}\\ x-y=1 \cdots \mathrel{\text{\textcircled{$\bigcirc$}}}\\ \hline x\quad=2\end{array} \Rightarrow \left(\begin{array}{c}2x-x=3-1\\ \therefore\ x=2\end{array}\right)$$

$x=2$를 ㉠에 대입하면,

$2-y=1,\ -y=1-2$

$\therefore\ y=1$

따라서 구하는 연립방정식의 해는

$x=2,\ y=1$

11 일차함수 $y=ax+b$에서 a는 기울기, b는 y절편을 의미한다.
그러므로 일차함수 $y=ax+4$에서 a는 기울기이다.

기울기$(a)=\dfrac{y값의\ 증가량}{x값의\ 증가량}$이므로

x값이 -2에서 0까지 2만큼 증가할 때,
y값은 0에서 4까지 4만큼 증가하였다.

$\therefore\ a=\dfrac{4}{2}=2$

> **TIP** 일차함수의 기울기
>
> 일차함수 $y=ax+b$의 그래프에서
> 기울기$(a)=\dfrac{y값의\ 증가량}{x값의\ 증가량}$

12 삼각형의 내각의 합은 180°이므로,

$\angle A+\angle B+\angle C=180°$

$\angle A=80°$이므로,

$80°+\angle B+\angle C=180°$에서

$\angle B+\angle C=180°-80°=100°$

이등변삼각형에서 두 밑각의 크기는 같으므로,

$\angle B=\angle C=50°$

$\angle C+x°=180°$에서

$50°+x°=180°$

$x°=180°-50°$

$\therefore\ x=130°$

13 그림에서 $\overline{DE}$와 $\overline{BC}$가 평행하므로

$\triangle ADE \backsim \triangle ABC$

두 삼각형의 변의 길이를 비례식으로 정리하면,

$6:8=6+3:8+x,\ 6:8=9:8+x$

비례식에서 내항의 곱과 외항의 곱은 같으므로,

$6(8+x)=9\times 8$

$48+6x=72$

$6x=72-48,\ 6x=24$

$\therefore\ x=4(\text{cm})$

14 상자 속에 1부터 10까지 자연수가 적힌 공 10개가 들어 있으므로 전체 경우의 수는 10이다. 5의 배수가 나올 경우의 수는 5와 10이 적힌 공이 나오는 경우이므로 2이다. 그러므로 상자에서 임의로 한 개의 공을 꺼낼 때, 5의 배수가 나올 확률은

$$\dfrac{5의\ 배수가\ 나올\ 경우의\ 수}{전체\ 경우의\ 수}=\dfrac{2}{10}=\dfrac{1}{5}$$

15 제곱근의 성질에 따라

$2\sqrt{5}=\sqrt{2^2\times 5}=\sqrt{4\times 5}=\sqrt{20}$

$\sqrt{20}=\sqrt{a}$이므로

$a=20$

16 이차방정식 $x^2-3x+2=0$을 인수분해하면,

$x^2-3x+2=(x-1)(x-2)=0$이고,

그 해는 $x=1,\ x=2$이다.

주어진 문제에서 한 근이 1이라고 했으므로,

다른 한 근은 2이다.

17 이차함수 $y=ax^2+q$의 그래프에서 꼭짓점의 좌표는 $(0,\ q)$이다. 그러므로 이차함수 $y=x^2+2$의 그래프에서 꼭짓점의 좌표는 $(0,\ 2)$이다.

① $a>0$이므로 아래로 볼록이다.

② $x=1$일 때 $y=3$이므로, 점 $(1,\ 4)$를 지나지 않는다.

③ 직선 $x=0$을 축으로 한다.

> **TIP** 이차함수 $y=ax^2+q$의 그래프
>
> • $a>0$이면 아래로 볼록
> • $a<0$이면 위로 볼록
> • 꼭짓점의 좌표 : $(0,\ q)$
> • 축의 방정식 : $x=0(y축)$

18 직각삼각형 ABC에서

$\sin B=\dfrac{높이}{빗변}$이므로

$\dfrac{\overline{CA}}{\overline{BC}}=\dfrac{15}{17}$

> **TIP** 삼각비
>
>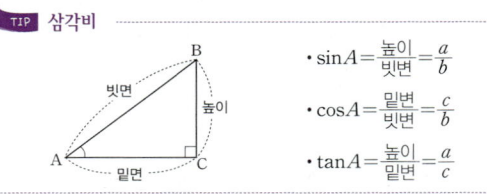
>
> • $\sin A=\dfrac{높이}{빗변}=\dfrac{a}{b}$
> • $\cos A=\dfrac{밑변}{빗변}=\dfrac{c}{b}$
> • $\tan A=\dfrac{높이}{밑변}=\dfrac{a}{c}$

19 　원 밖에서 그은 두 접선의 길이는 서로 같으므로,
　　△PAB에서 $\overline{PA}$와 $\overline{PB}$의 길이는 5cm로 같고,
　　∠PAB와 ∠PBA는 60°로 같다.
　　삼각형의 내각의 합은 180°이므로 ∠APB도 60°이다.
　　그러므로 △PAB는 세 각의 크기가 같은 정삼각형이므로
　　세 변의 길이도 또한 같다.
　　그러므로 $\overline{PA}=\overline{PB}=\overline{AB}$이고,
　　$\overline{AB}=5$cm이다.

20 　표준편차는 자료가 평균을 중심으로 얼마나 흩어져 있는지를
　　나타내는 척도이다. 따라서 다음의 도표에서 자료들이 가장
　　흩어져 있는 ④가 표준편차가 가장 크다.

　　① 1, 1, 1, 1, 1, 1

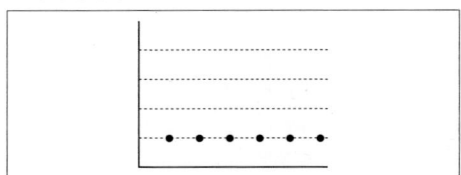

　　② 1, 2, 1, 2, 1, 2

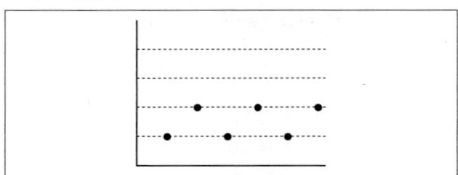

　　③ 2, 3, 2, 3, 2, 3

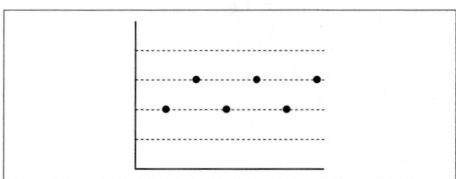

　　④ 2, 4, 2, 4, 2, 4

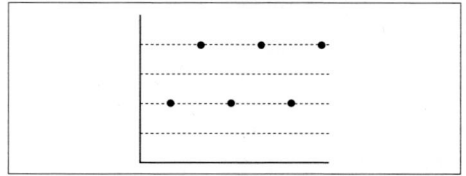

제3교시

영 어

정답 및 해설 |

▌정답

01 ④	02 ③	03 ①	04 ④	05 ②
06 ④	07 ①	08 ②	09 ③	10 ③
11 ①	12 ③	13 ④	14 ④	15 ①
16 ④	17 ③	18 ③	19 ③	20 ③
21 ③	22 ②	23 ②	24 ①	25 ④

▌해설

01 **해설** proud는 '자랑스러운'이라는 뜻이다.
해석 나의 부모님은 나를 정말 자랑스러워하신다.
어휘 parents 부모
be proud of ∼을 자랑스러워하다

02 **해설** 주어진 문장에서 'difficult(어려운)'와 'easy(쉬운)'은 반
어의 관계이다. 마찬가지로 ①, ②, ④도 모두 반의어
관계이나, ③의 'healthy(건강한)'과 'colorful(형형색색
의)'는 서로 관련이 없다.
① 넓은 – 좁은
② 현명한 – 어리석은
④ 값싼 – 값비싼
해석 이 질문은 어렵다. 쉬운 질문으로 하나 줘.
어휘 question 질문
difficult 어려운
easy 쉬운

03 **해설** 주어진 문장에서 주어 'Eric and I(에릭과 나)'가 복수이
므로, 빈칸에 들어갈 be동사의 형태도 복수형이어야
한다. ②, ③은 단수형 be동사이고, ①의 'are'는 복수형
be동사이다.
해석 에릭과 나는 좋은 친구이다.
어휘 friend 친구

04 **해설** 점심을 먹고 나서 양치질을 한 것이므로, 빈칸에는 후
순위의 시간을 나타내는 접속사 'after(후에)'가 들어갈
말로 적절하다.
해석 그는 점심을 먹은 후에 양치질을 했다.

어휘 brush one's teeth 이를 닦다, 양치질을 하다
have lunch 점심을 먹다

05 **해설** 뒤에 복수명사인 'tickets(표)'이 왔고, 표가 몇 장이 필
요하냐고 셀 수 있는 것의 수를 묻고 있으므로 'How
many∼?' 구문을 사용해야 한다. 그러므로 빈칸에 들
어갈 말은 'many'가 적절하다.

> **TIP**
> • How many + 복수명사
> 셀 수 있는 명사(복수 명사)와 함께 사용하여 사람, 동물, 책, 날짜
> 등 셀 수 있는 것의 수를 물을 때 사용한다.
> • How much + 단수명사
> 셀 수 없는 명사(단수 명사)와 함께 사용하여 물, 돈, 시간, 사랑 등
> 셀 수 없는 것의 양을 물을 때 사용한다.

해석 A : 몇 장의 표가 필요하세요?
B : 세 장 주세요.
어휘 ticket 표
need 필요하다

06 **해설** 오늘 오후에 뭐 할 거냐는 A의 물음에 B가 동생과 컴
퓨터 게임을 하려고 한다고 답하고 있다. 그러므로 빈
칸에는 ④의 'That sounds fun(재미있겠다)'는 표현이
들어갈 말로 적절하다.
① 아니, 없어
② 천만에
③ 물론 아니야
해석 A : 오늘 오후에 뭐 할 거니?
B : 동생과 컴퓨터 게임을 하려고 해.
A : 재미있겠다.
어휘 be going to 동사원형 ∼할 예정이다
this afternoon 오늘 오후
sound ∼하게 들리다, 생각되다
fun 즐거운, 재미있는
You're welcome 천만에

07 **해설** 첫 번째 문장에서는 음악의 종류를 묻고 있으므로, 명
사로 사용된 'kind(종류)'가 들어가야 한다. 두 번째 문
장에서는 그녀가 나를 많이 도와줄 만큼 매우 친절하

다는 내용이므로, 형용사로 사용된 'kind(친절한)'가 들어가야 한다.

② 지방, 뚱뚱한

③ 우물, 건강한

④ 빛, 가벼운

해석 • 너는 어떤 종류의 음악을 좋아하니?

• 그녀는 나를 많이 도와주었다. 내 생각에 그녀는 매우 친절하다.

어휘 help 돕다

a lot 많이

kind 종류, 친절한

08 해설 Mike의 여행 일정표를 보면, Mike가 오전 10시에 할 일은 '전통 시장 방문하기(visit the traditional market)'이다.

해석

오전 8시	오전 10시	오후 3시	오후 5시
호텔에서 아침 먹기	전통 시장 방문하기	공원에서 간식 먹기	극장에 가기

어휘 a.m. 오전

p.m. 오후

breakfast 아침 식사

visit 방문하다

traditional 전통적인

theater 극장

09 해설 소년이 물을 마시고 있으므로, 동사 'drink'를 써야 한다. 또한, '~을 하고 있는 중이다'의 표현인 현재진행형은 'be동사 + 현재분사(~ing)'이므로, 빈칸에 들어갈 말로는 ③의 'drinking water(물을 마시고 있는 중이다)'가 적절하다.

① TV를 보고 있는 중이다

② 운전을 하고 있는 중이다

④ 기타를 치고 있는 중이다

해석 A : 소년은 무엇을 하고 있는 중이니?

B : 그는 물을 마시고 있는 중이야.

어휘 drive a car 운전을 하다

play the guitar 기타를 치다

10 해설 스마트폰을 잃어버려서 분실물 센터에 먼저 가봐야겠다는 A의 말에 B가 좋은 생각이라며 같이 가겠다고 말하고 있다. 그러므로 대화가 끝난 후 두 사람이 함께 할 일은 ③의 '분실물 센터 가기'이다.

해석 A : 어머나! 내 스마트폰을 잃어버렸어.

B : 정말? 어디에 두었는지 기억할 수 있겠니?

A : 모르겠어. 우선 분실물 센터를 확인해야겠어.

B : 좋은 생각이야. 같이 가자.

어휘 lose 잃어버리다, 잃다

remember 기억하다

sure 확신하는

check 확인하다, 검사하다

the Lost and Found center 분실물 센터

11 해설 A가 여동생으로부터 선물 받은 가방이 어떠하냐고 묻고 있으므로, B는 가방의 좋고 나쁨에 대한 평가의 말을 해야 한다. 그러므로 빈칸에 들어갈 말로는 ①의 'It looks pretty(예뻐 보여)'가 적절하다.

② 나도 그렇게 생각해

③ 나는 의사가 되기를 원해

④ 전화하는 거 잊지 마

해석 A : 이 가방 어떻게 생각해?

B : 예뻐 보여. 산 거야?

A : 아니, 여동생이 선물로 줬어.

어휘 pretty 예쁜, 귀여운

buy 사다, 구입하다

gift 선물

forget 잊다, 잊어버리다

12 해설 B(Kevin)는 로봇 제작(making robots)에 관심이 있다고 하였고, A는 배드민턴 치기(playing badminton)를 좋아한다고 하였다. 그러므로 두 사람 사이의 대화 주제는 ①의 '관심 분야'이다.

해석 A : Kevin, 너는 무엇에 관심이 있니?

B : 나는 로봇 제작에 관심이 있어. 너는?

A : 나는 배드민턴 치는 것을 좋아해.

어휘 be interested in ~에 관심[흥미]가 있다

making robot 로봇 제작하기

playing badminton 배드민턴 치기

13 해설 ① 행사 일시: 2025년 5월 9일, 오전 9시~11시

② 행사 장소: 미래 중학교

③ 경기 종목: 야구, 농구, 배구

④ 신청 방법: 알 수 없음

해석

```
            운동회 날

• 날짜 : 2025년 5월 9일, 오전 9시~11시

• 장소 : 미래 중학교

• 종목 : 야구, 농구, 그리고 배구

        재미있게 보내세요!

        스포츠를 즐기세요!
```

어휘 school sports 운동회

May 5월

volleyball 배구

enjoy 즐기다

14 해설 학교 에어컨이 고장 나서 지금 고치고 있는 중이며, 2시간 정도 걸릴 거라고 학생들에게 안내 방송을 하고 있다. 그러므로 ④의 '에어컨 고장 안내'가 방송 목적으로 가장 적절하다.

해석 안녕하세요, 학생 여러분. 공지사항이 있습니다. 학교 에어컨에 문제가 생겼습니다. 고치려고 노력중이지만, 2시간 정도 걸릴 거 같습니다. 이해해 주셔서 감사합니다.

어휘 announcement 공지, 공표

problem 문제

air conditioner 에어컨

fit 고치다, 수정하다

take (시간이) 걸리다

understanding 이해

15 해설 왜 늦었느냐는 A의 물음에 B(Amy)가 버스를 놓쳤기 때문이라며 미안해하고 있다. 그러므로 대화에서 B가 수업에 늦은 이유는 ①의 '버스를 놓쳐서'이다.

해석 A : Amy, 왜 늦었나요?

　　B : 버스를 놓쳤습니다. 늦어서 죄송합니다.

　　A : 제시간에 오도록 노력하세요. 수업을 시작합시다.

어휘 late 늦은

miss 놓치다

on time 정시에, 제시간에

16 해설 제시문의 마지막 문장에서 그는 나쁜 아이들에게는 마늘과 양파를 준다고 설명하고 있다. 그러므로 '나쁜 어린이들에게는 아무것도 주지 않는다.'는 ④의 설명은 제시문의 내용과 일치하지 않는다.

해석 미스터 파파라 불리는 노인에 관한 이야기가 있다. 그는 황금으로 만든 모자를 쓴다. 그는 6월 5일에 용을 타고 날아다닌다. 그는 착한 아이들에게는 장난감과 사탕을 준다. 그러나 나쁜 아이들에게는 마늘과 양파를 준다.

어휘 made of ~으로 만들어진

fly on ~을 타고 날다

dragon 용

June 6월

garlic 마늘

onion 양파

kid 아이, 청소년

17 해설 제시문에 따르면 Julia Smith는 46세의 나이에 남편과 함께 로마로 이사했다는 내용이 있으나, 남편의 직업이 무엇인지는 밝히고 있지 않다.

　　① 재능 발견 시기 → 40대

　　② 이사한 도시 → 로마

　　④ 운영한 식당 → Julia's Trattoria

해석 Julia Smith는 40대에 진정한 재능을 발견했다. 46세의 나이에 그녀는 남편과 함께 로마로 이사했다. 그녀는 그곳에서 요리 학교를 다녔다. 공부를 하면서 그녀는 이탈리아 레스토랑인 Julia's Trattoria를 운영했는데 파스타로 유명하게 되었다.

어휘 find 발견하다

true 진정한, 정말의

talent 재능, 소질

in one's 40s 40대에

at the age of ~의 나이에

move to ~로 이사하다

husband 남편

become famous for ~으로 유명해지다

18 해설 엄마의 생일 선물로 무엇을 살지 고민하다가 Alex에게 조언을 구했는데, 엄마에게 편지를 써 볼 것을 제안했다. 그러므로 Alex가 제안한 것은 ②의 '편지 쓰기'이다.

해석 내일은 엄마의 생일이다. 그녀에게 무엇을 선물할지 고민하다가, Alex에게 조언을 구했다. 그는 내가 글을 잘 쓰기 때문에 엄마에게 편지를 써 볼 것을 제안했다.

어휘 think about ~에 관해 생각하다, 고민하다

ask A for B A에게 B를 묻다[요청하다]

advice 충고, 조언

suggest 제안하다

be good at ~에 능숙하다

19 해설 제시된 그래프에서 바다 중학교 학생들이 가장 좋아하는 과목은 체육이 40%로 가장 높다. 그러므로 빈칸에 들어갈 말은 ③의 체육(P.E.)이 적절하다.

해석

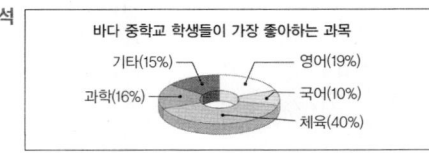

바다 중학교 학생들이 가장 좋아하는 과목

기타(15%) · 영어(19%)

과학(16%) · 국어(10%)

· 체육(40%)

바다 중학교의 학생들은 체육을 가장 좋아한다.

어휘 favorite 매우 좋아하는, 특히 잘하는
others 기타
P.E. physical education 체육

20 해설 제시문은 홍수가 났을 때 주의해야 할 행동 요령에 대해 설명하고 있다. 그런데 '식물에 정기적으로 물을 줘야 한다.'는 ③의 내용은 홍수가 났을 때의 주의사항과 연관성이 없으므로, 전체적인 글의 흐름상 어울리지 않는다.

해석 홍수 중에 기억해야 할 몇 가지 사항이 있습니다. ① 첫째, 모든 전기를 꺼야 합니다. ② 둘째, 흐르는 물을 피해야 합니다. ③ 식물에 정기적으로 물을 줘야 합니다. ④ 안전을 위해 더 높은 지대로 이동해야 합니다. 마지막으로 뉴스 보도를 계속해서 청취하세요.

어휘 several 몇의, 몇 개의
remember 기억하다
during 동안, 중에
flood 홍수
first of all 우선, 첫째로
turn off 끄다 ↔ turn on 켜다
electricity 전기
stay out of ~을 피하다
moving water 흐르는 물
regularly 규칙적으로, 정기적으로
ground 땅, 지대
safety 안전
finally 마침내, 마지막으로

21 해설 Jiho가 헌 옷으로 만든 필통을 학교에 가져와 급우들에게 주자 급우들이 그 선물을 받고 놀랐고 어떻게 만들었는지 궁금해 했다. 그러므로 they는 앞의 'classmates(급우)'를 가리키는 3인칭 복수형 대명사이다.
① 컵
② 선생님
④ 필통

해석 Jiho는 낡은 것으로 새 것을 만드는 것을 좋아한다. 어제 그는 헌 옷으로 만든 연필통을 학교에 가져왔다. 그는 급우들에게 그것들을 주었다. 그들은 지호의 선물을 받고 놀랐고 그것들을 만드는 방법을 알고 싶어 했다.

어휘 bring A to B A를 B로 가져오다
pencil case 연필통
make from ~를 (재료로 하여) 만들다
used clothes 헌 옷

classmate 급우
be surprised to ~에 놀라다
present 선물

22 해설 현대 미술관 이용 시 주의사항으로 ①, ③, ④는 언급되어 있으나, ②의 '낙서하지 않기'는 언급되어 있지 않다.

해석

현대 미술관 규칙
• 뛰지 않기
• 음식 먹지 않기
• 사진 찍지 않기

어휘 modern 현대의
art museum 미술관
rule 규칙
take picture 사진을 찍다

23 해설 제시문에서 독수리는 2.8킬로미터가 떨어진 곳에서도 아주 작은 동물들을 볼 수 있는 강력한 시력을 갖고 있기 때문에 위대한 사냥꾼이라고 설명하고 있다. 그러므로 ②의 '독수리의 시력'이 제시문의 주제로 가장 적절하다.

해석 독수리가 하늘 높이 나는 것을 본 적이 있는가? 독수리는 그 위에서 작은 개미들도 볼 수 있다. 독수리는 강력한 시력 때문에 위대한 사냥꾼이다. 독수리는 2.8킬로미터가 떨어진 곳에서도 아주 작은 동물들을 볼 수 있다. 놀랍지 않나요?

어휘 eagle 독수리
from up there
hunter 사냥꾼
because of ~ 때문에
powerful 강한, 강력한
tiny 아주 작은
away 떨어져
amazing 놀라운

24 해설 글의 서두에서 재킷을 팔고 있다며 글을 쓴 목적을 밝히고 있으며, 그 이후에는 팔려고 내놓은 제품의 특징과 구매가격 및 판매가격을 제시하고 있다. 그러므로 글을 쓴 목적은 ①의 '판매하려고'이다.

해석 재킷을 판매하고 있습니다. 흰 색이며 주머니가 많습니다. 작년에 구입했는데 꼭 새 것 같습니다. 80달러를 주고 샀습니다. 겨우 20달러에 판매하고 있습니다.

어휘 for sale 팔려고 내놓은

pay 내다, 지불하다

only 단지, 겨우

25 **해설** 제시문에서 Brian은 캐나다 사람이며 캐나다를 방문할 때 필요한 몇 가지 조언을 하려고 하고 있다. 그리고 마지막 문장에서 캐나다를 방문하기에 가장 좋은 시기부터 시작하겠다고 설명하고 있다. 그러므로 주어진 글의 바로 뒤에 이어질 내용으로는 ④의 '캐나다를 방문하기에 좋은 시기'가 가장 적절하다.

해석 안녕! 내 이름은 Brian이야. 나는 캐나다 사람이고 2년 동안 한국에서 살고 있어. 캐나다에 가 본 적이 있니? 오늘 나는 캐나다를 방문하기 위한 몇 가지 조언을 하려고 해. 그곳을 방문하기에 가장 좋은 시기부터 시작할 게.

어휘 have been to ～에 가 본 적이 있다

tip 조언

visit 방문하다

start with ～으로 시작하다

제4교시

사 회

▌정답

01 ④	02 ②	03 ④	04 ④	05 ②
06 ④	07 ②	08 ④	09 ①	10 ③
11 ①	12 ③	13 ①	14 ①	15 ③
16 ②	17 ③	18 ①	19 ④	20 ④
21 ③	22 ①	23 ①	24 ④	25 ①

▌해설

01 지리 정보를 수집하여 컴퓨터에 입력, 저장한 후 이를 사용자의 필요에 따라 가공, 분석하여 사용하는 종합적인 정보 시스템을 지리 정보 시스템(GIS)이라 한다.

① 랜드마크 : 어떤 지역을 대표하거나 다른 지역과 구별되는 지형이나 시설물

② 원격 탐사 : 관측 대상과의 접촉 없이 정보를 얻어내는 기술

③ 플랜테이션 : 유럽 식민지배 이후 유럽의 자본과 기술, 유리한 기후, 원주민의 노동력이 결합한 농업 형태

> **TIP 지리 정보 시스템(GIS)의 활용**
> • 도시 계획 수립과 시설 입지 선정
> • 환경오염과 자연재해 예방
> • 복지 분야
> • 내비게이션
> • 인터넷 등의 지도 서비스
> • 대중교통 경로 및 도착 시간 안내

02 위도는 지구 위의 위치를 나타내는 좌표축 중에서 가로로 된 것으로, 적도를 기준으로 하여 북쪽은 북위 0°~90°, 남쪽은 남위 0°~90°로 나타낸다. 지구는 둥글기 때문에 태양으로부터 지표면에 도달하는 일사량은 위도에 따라 차이가 난다.

① 경도 : 본초 자오선(경도 0°)을 기준으로 동경과 서경을 각각 0°~180°로 나타낸 것이다.

③ 날짜 변경선 : 날짜를 변경하기 위해 만들어 놓은 선으로, 동경 180도에 위치한다.

④ 본초 자오선 : 지구의 경도를 결정하는 데 기준이 되는 자오선으로, 영국의 그리니치 천문대를 지나는 자오선을 기준으로 삼는다.

03 열대 우림 기후에서 숲을 태워 만든 밭에서 카사바, 얌 등을 재배하고, 땅이 척박해지면 새로운 농경지를 만들기 위해 다른 장소로 이동하는 농업 방식은 이동식 화전 농업이다.

① 낙농업 : 소나 양 등을 길러 젖을 짜고 그것을 이용하여 우유, 치즈 등의 유제품을 생산하는 농업

② 수목 농업 : 포도, 올리브, 오렌지 등의 수목을 주된 농작물로 삼는 지중해성 기후의 농업

③ 오아시스 농업 : 건조 지역에서 외래 하천이나 용수, 지하수 등에서 지하수로 등에 의해 물을 끌어서 행해지는 농업

04 서안 해양성 기후는 주로 남북위 40°~60° 사이인 대륙 서안에서 나타나는 온난습윤한 기후로, 바다에서 불어오는 편서풍의 영향으로 연중 강수량이 고르고 기온의 연교차가 작다. 주로 곡물 재배와 가축 사육이 함께 이루어지는 혼합 농업이 발달하였다.

① 사막 기후 : 연중 강수량이 250mm 이하의 건조 기후 지역으로, 오아시스나 농업이나 지하수를 이용한 관개 농업이 발달하였다.

② 스텝 기후 : 연중 강수량이 250~500mm 미만의 건조 기후 지역으로, 유목과 목축업이 발달하였다.

③ 툰드라 기후 : 북극해를 중심으로 그린란드, 유라시아 및 북아메리카 대륙의 북부 지역으로 짧은 여름만 0° 이상인 한대 기후이다.

05 파도의 침식 작용을 받아 형성된 해안 절벽을 해식애라 하고, 기둥 모양의 바위를 시스택이라고 한다. 이는 모두 침식 작용에 의한 것이므로, ㉠에 들어갈 말은 침식이다.

① 습곡 : 지각변동이 일어날 때 지각과 지각이 충돌하여 끊어지지 않고 지층이 여러 겹 주름처럼 수직으로 솟아오르는 현상

③ 퇴적 : 물, 바람, 빙하 등 자연 현상에 의해 운반된 진흙, 모래, 자갈, 생물의 유해 등이 일정한 곳에 쌓이는 현상

④ 화산 : 지하 깊은 곳에서 있던 마그마가 지각의 갈라진 틈을 뚫고 분출하는 현상

06 도심의 주거 기능 약화로 나타나는 현상으로, 낮에는 업무나 쇼핑을 위해 이동해 온 사람들이 많지만 밤에는 도심 바깥쪽의 주거 지역으로 빠져나가는 현상은 인구 공동화이다.

① 스콜 : 풍속이 급격히 증가하면서 짧은 시간 동안 폭우와

뇌우, 우박, 폭설 등을 동반하는 기상 현상

② **기후 변화** : 지구 온난화처럼 지구의 평균 기온이 점진적으로 상승하면서 전지구적 기후 패턴이 급격하게 변화하는 현상

③ **성비 불균형** : 성의 불평등으로 인해 전체 인구나 특정 직종, 계층의 성비에 불균형이 발생하는 현상

07 다국적 기업이 여러 기능에 따라 서로 다른 지역에 입지하여 업무를 분담하는 것을 공간적 분업이라 하는데, 본사는 주로 자국의 대도시에 위치하고, 생산 공장은 대체로 노동비가 저렴한 국가에 위치한다.

① **공정 무역** : 불공정 무역 행위를 규제하고 상품의 전 과정에서 경제 주체들의 이익이 공정하게 분배되도록 하는 무역

③ **장소 마케팅** : 특정 장소의 고유한 매력과 이미지를 부각해 방문객, 투자자, 거주자를 유치하고 지역경제를 활성화하는 지역화 전략

④ **국제 비정부 기구(NGO)** : 국제 사회의 보편적 가치와 관련된 다양한 활동을 하는 국제 사회의 행위 주체(예) 그린피스, 국경 없는 의사회, 유니세프 등)

08 영해를 설정한 기선에서부터 200해리에 이르는 수역 중 영해를 제외한 바다의 구역을 배타적 경제 수역(EEZ)이라 한다. 배타적 경제 수역에서는 해양 자원을 탐사하고 개발하는 것이 가능하다.

① **영공** : 한 국가의 주권이 미치는 영토와 영해의 수직 상공으로, 대기권 내로 한정됨

② **영토** : 한 국가의 주권이 미치는 육지의 범위로, 국토 면적과 일치함

③ **중심 업무 지구** : 소매상점, 금융, 보험 등의 사무실, 일부 도매 상점 등 상업적 토지 이용이 집중적으로 이루어지고 있는 도시의 핵심 지구

09 자신이 소속되어 있어 소속감과 공동체 의식을 느끼는 집단을 내집단이라고 하고, 그렇지 못한 집단을 외집단이라고 한다. 내집단이 소속감과 '우리'라는 공동체 의식이 강한 집단인 반면, 외집단은 소속감이 없고 이질감과 적대감이 존재한다.

③ **1차 집단** : 가족, 또래 등 구성원들 간에 직접적이고 친밀한 상호작용이 이루어지는 집단

④ **2차 집단** : 목적 달성을 위한 인위적 집단으로, 사무적·형식적 인간관계를 지닌 집단(예) 회사, 학교, 학원 등)

10 선천적으로 타고나는 것이 아니라 자신이 속한 사회에서 성장하면서 후천적으로 배우는 문화의 특성은 학습성이다.

① **변동성** : 문화가 시간의 흐름에 따라 지속적으로 변하는 특성

② **전체성** : 문화의 각 요소가 밀접한 관련을 맺으며 전체 문화를 형성하는 특성

④ **획일성** : 문화가 다양한 계층의 취향을 충족시키지 못하고 사회적 동일성을 강요하는 특성

11 국가 권력을 입법권, 행정권, 사법권으로 분리하여 독립된 기관이 나누어 맡도록 하는 민주주의 원리는 권력 분립의 원리이다. 이는 국가 기관 간의 상호 견제와 균형을 통해 권력의 남용과 횡포를 막아 국민의 자유와 권리를 보장하기 위함이다.

① **입헌주의의 원리** : 국가 권력의 행사를 헌법에 의해 제한하고, 국민의 기본권과 자유를 보장하기 위해 모든 국가 활동이 헌법에 따라 이루어져야 한다는 원리

② **국민 자치의 원리** : 주권을 가진 국민이 스스로 국가를 다스려야 한다는 원리

③ **국민 주권의 원리** : 국가의 정치 형태와 구조를 최종적으로 결정하는 권력이 국민에게 있다는 원리

12 국민이 국가 기관의 형성과 국가의 정치적 의사 형성 과정에 참여할 수 있는 권리는 참정권이다(예) 선거권, 국민 투표권, 공무 담임권 등).

① **교육권** : 모든 국민이 능력에 따라 균등하게 교육을 받을 권리

② **사회권** : 모든 국민의 인간다운 생활을 보장하기 위한 권리

④ **환경권** : 모든 국민이 건강하고 쾌적한 환경에서 생활할 수 있는 권리

13 투표하는 방법에서 누구누구에게 투표했는지 외부에서 알지 못하도록 비밀을 보장하는 민주 선거의 원칙은 비밀 선거이다. 비밀 선거는 유권자가 다른 사람으로부터 압력을 받지 않고 본인의 의사에 따라 자유롭게 투표할 수 있도록 하기 위한 것이다.

TIP 민주 선거의 4원칙

보통 선거	일정 연령 이상의 모든 국민에게 선거권 부여(↔ 제한 선거)
평등 선거	모든 투표권의 개수와 가치를 동등하게 부여(↔ 차등 선거)
직접 선거	유권자가 대리인을 거치지 않고 직접 대표자 선출(↔ 간접 선거, 대리 선거)
비밀 선거	투표 내용을 알 수 없도록 하여 비밀을 보장(↔ 공개 선거)

14 법률은 입법부인 국회에 의해 의결·제정되는 법으로, 국회는 법률을 제정하고 개정할 수 있는 권한과 헌법 개정을 제안하고 의결할 수 있는 권한을 갖는다.
　① **도덕** : 인간이 양심에 따라 지켜야할 도리 또는 바람직한 행동 기준
　③ **조례** : 지방의 사무를 운영하기 위하여 각 지방자치단체의 의회가 제정하는 법규
　④ **행정** : 국가 통치 작용 가운데 입법 작용과 사법 작용을 제외한 국가 작용

15 수요법칙은 다른 모든 조건이 동일할 때 재화의 가격이 상승하면 수요량이 감소하고, 가격이 하락하면 수요량이 증가하는 반비례 관계를 의미한다. 그러므로 빵의 가격과 수요량 간의 관계를 나타낸 그래프에서 가격이 상승하면 수요량이 감소(㉠)하고, 가격이 하락하면 수요량이 증가(㉡)하는 수요법칙을 확인할 수 있다.

16 환율은 서로 다른 두 나라 화폐의 교환 비율을 말하며, 외국 화폐 1단위와 교환되는 자국 화폐의 가격으로 표시한다. 환율이 1달러에 1,300원에서 1,500원으로 올랐다는 것은 환율의 상승을 의미하며, 1달러를 매입하는 데 더 많은 원화를 필요로 한다는 것을 뜻한다. 따라서 환율의 상승은 원화 가치의 하락을 의미한다.

17 우리나라 역사상 최초의 국가는 고조선으로, 백성을 다스리기 위해 만민법인 8조법을 만들었다. 8조법은 8개의 조항으로 이루어진 법률로, '남을 다치게 한 사람은 곡식으로 갚는다.'는 내용도 담겨 있다.
　① **발해** : 698년 대조영이 고구려 유민과 말갈족을 규합해 건국한 나라
　② **고구려** : 기원전 37년 주몽이 만주 지역에서 건국한 고대 국가
　④ **대한 제국** : 1897년 고종 황제가 국가의 자주독립을 지키고 왕권을 강화하기 위해 선포한 근대 국가

18 화랑도를 국가적인 조직으로 정비하고, 영토 확장을 기념하여 정복한 지역에 순수비를 세운 왕은 신라의 전성기를 이끈 진흥왕이다.
　① **세종** : 독창적인 문자인 훈민정음의 창제와 과학기술을 발전시킨 조선의 왕
　② **공민왕** : 원 간섭기에 고려의 자주성을 회복하고자 강력한 개혁 정치를 전개한 고려의 왕
　④ **광개토 대왕** : 동아시아의 강대한 대제국을 건설하고 고구려의 전성기를 이끌었던 고구려의 왕

TIP 진흥왕의 업적
- 영토 확장 및 삼국 항쟁을 주도함
- 화랑도를 국가적인 조직으로 정비하고 공인함
- 거칠부로 하여금 국사를 편찬하게 함
- 황룡사, 흥륜사를 건립하여 불교를 부흥함

19 경상북도 경주시에 있는 석굴암 본존불은 통일 신라의 문화유산으로, 완벽한 비례로 안정감과 균형미를 자랑한다.

20 위화도 회군(1388)은 명나라의 요동을 공략하기 위해 출정했던 이성계가 위화도에서 군대를 돌려 되돌아온 사건이다. 이 사건을 계기로 권력을 장악한 이성계는 그 후 나라의 이름을 조선으로 정하고 수도를 한양으로 옮겼다.
　① **병자호란(1636)** : 조선 인조 때 청의 군신관계 요구를 거절하자 청이 조선을 침략한 전쟁으로, 결국 삼전도에서 청과 굴욕적인 화의를 맺었다.
　② **임진왜란(1592)** : 조선 선조 때 일본이 조선을 침략한 전쟁으로, 이순신 장군이 이끄는 조선 수군이 거북선을 이용하여 왜의 수군을 크게 무찔렀다.
　③ **살수 대첩(612)** : 수 나라가 대군을 이끌고 고구려를 침입하자 을지문덕이 살수에서 수의 군대를 크게 물리쳤다.

21 민족 산업의 발전을 통한 경제적 자립을 목표로 일제 강점기인 1920년에 평양에서 시작된 사건은 물산 장려 운동이다. 물산 장려 운동은 국산품 애용, '내 살림 내 것으로', '조선 사람 조선 것' 등을 주장하였다.
　① **6·10 만세 운동(1926)** : 일제의 수탈과 식민지 교육에 대한 반발로, 순종의 장례일에 학생들이 주도한 만세 시위 운동
　② **동학 농민 운동(1894)** : 고부 군수 조병갑의 탐학에 저항하여 전봉준이 농민들을 이끌고 고부 관아를 습격하면서 발발한 운동
　④ **서경 천도 운동(1135)** : 고려 인종 때 풍수지리설에 근거하여 묘청이 중심이 되어 서경 천도를 전개한 운동

22 갑오개혁은 1894년에 초정부적 정책 의결 기관인 군국기무처가 낡은 제도를 없애고 근대 국가로 발돋움하기 위해 실시한 개혁으로, 과거제와 신분제가 폐지되었다.
　② **무신 정변** : 고려 시대 때 정중부, 이의방 등의 무신들이 문벌 귀족들을 제거하고 정권을 장악한 사건
　③ **아관 파천** : 명성황후가 시해된 을미사변 이후 신변에 위협을 느낀 고종이 약 1년간 조선의 왕궁을 떠나 러시아 공사관에 옮겨 거처한 사건

④ **이자겸의 난** : 고려 인종 때 왕실 외척인 이자겸이 왕위를 찬탈하고자 일으킨 난

> **TIP** **갑오개혁**
> - 과거제와 신분제 폐지
> - 공 · 사 노비제 폐지
> - 조혼 금지 및 과부 개가 허용
> - 인신매매 금지
> - 고문과 연좌법의 폐지

23 중종반정을 주도한 훈구 세력이 정국을 주도하자, 이를 견제하기 위해 중종이 등용한 세력은 사림이다. 조광조를 비롯한 사림은 성리학을 바탕으로 훈구세력과 대립하고 서원과 향약을 기반으로 세력을 확대하였다.

② **호족** : 신라 말 고려 초의 사회변동을 주도적으로 이끈 지방 세력

③ **6두품** : 신라의 신분 제도인 골품제의 신분 계급 중 하나로, 신라 하대에 반신라 세력으로 변모함

④ **개화파** : 조선 말기 부국강병을 위해 문호를 개방하고 선진 문물을 받아들일 것을 주장한 세력

24 조선 성종은 학술 · 언론 기관인 홍문관을 개설하고 경연을 주관하였다. 또한 조선의 기본 법전으로, 조선 세조 때 편찬을 시작한 「경국대전」을 완성하였다.

① 훈요 10조를 남겼다. → 고려 태조 왕건

② 척화비를 건립하였다. → 조선 흥선 대원군

③ 탕평책을 실시하였다. → 조선 영조&정조

> **TIP** **조선 성종의 업적**
> - **사림 등용** : 김종직 등의 사림을 등용하여 의정부의 대신들을 견제함
> - **홍문관(옥당) 설치** : 학술 · 언론 기관
> - **경연 중시** : 학문 연마, 정책 및 토론 · 심의
> - **독서당(호당) 운영** : 관료의 학문 재충전
> - **관학의 진흥** : 성균관과 향교에 학전과 서적을 지급하여 관학을 진흥
> - **유향소의 부활** : 세조 때 이시애의 난으로 폐지되었으나, 성종 때 사림 세력의 정치적 영향력 확대에 따라 부활됨
> - **경국대전 반포** : 세조 때 착수해 성종 때 완성 · 반포
> - **토지 제도** : 직전법 하에서 관수관급제를 실시
> - **숭유억불책** : 도첩제 폐지
> - **문물 정비와 편찬 사업** : 경국대전, 삼국사절요, 고려사절요, 악학궤범, 동국통감, 동국여지승람, 동문선, 국조오례의 등 편찬

25 1919년에 일어난 독립 운동으로, 중국 상하이에 대한민국 임시 정부가 수립되는 계기가 된 것은 3 · 1 운동이다. 이 운동은 고종의 장례일에 민족 대표 33인의 이름으로 독립 선언서를 발표한 후 전국적으로 전개되었다.

② **새마을 운동** : 1970년대에 박정희 정부의 주도 아래 전국적으로 이루어진 지역 사회 개발 운동

③ **국채 보상 운동** : 1907년 일본에 진 빚을 국민들의 모금으로 갚기 위해 전개된 경제적 구국 운동

④ **금 모으기 운동** : 김대중 정부 때 IMF의 외환 위기 극복을 위해 전 국민이 참여한 금 모으기 운동

제5교시

과 학

정답 및 해설

정답

01 ③	02 ②	03 ①	04 ②	05 ①
06 ④	07 ②	08 ①	09 ①	10 ①
11 ④	12 ②	13 ①	14 ④	15 ③
16 ④	17 ④	18 ③	19 ②	20 ③
21 ④	22 ④	23 ③	24 ①	25 ③

해설

01 질량은 물체가 가지고 있는 고유한 양으로 장소에 따라 변하지 않는다. 따라서 지구에서 측정한 물체의 질량이 3kg이라면, 달에서 측정한 물체의 질량도 3kg이 된다

02 빛의 삼원색은 빨간색, 초록색, 파란색이다. 그리고 빨간색과 초록색 빛을 합성하면 노란색 빛이 된다. 그러므로 ㉠에 공통으로 들어갈 빛의 색은 빨간색이다.

03 주어진 그림의 회로는 병렬회로이므로, 스위치를 닫을 때 (가)에도 불에 켜진다.
② 스위치의 개폐 여부와 관계없이 (나)의 불은 항상 켜져 있다.
③ (나)의 밝기에는 영향을 미치지 않는다.
④ (가)와 (나)는 병렬연결이다.

04 열평형은 두 물체의 온도가 같아져 열이 더 이상 이동하지 않는 상태이다. 그래프에서 12분일 때 A와 B의 온도는 25℃로 동일하다.
① 열평형 온도는 25℃이다.
③ 열평형에 도달할 때까지 걸린 시간은 8분이다.
④ 4~8분 사이에 A를 구성하는 입자의 운동은 온도가 낮아지고 있으므로 점점 느려진다.

05

$$\text{속력} = \frac{\text{이동거리}}{\text{시간}}$$

속력은 시간에 따른 물체의 위치 변화로, 그림에서 물체가 1초 간격으로 5cm씩 이동하고 있으므로

$$\text{속력} = \frac{5cm}{1초} = 5cm/s$$

06

$$\text{역학적 에너지} = \text{운동 에너지} + \text{위치 에너지}$$

마찰이나 공기 저항을 무시할 때 물체의 역학적 에너지는 일정하게 보존되므로, A 지점에서의 역학적 에너지가 15J이었다면 B 지점에서의 역학적 에너지도 15J이다.

07

$$\text{보일의 법칙: 압력}(P) \times \text{부피}(V) = \text{일정}$$

보일의 법칙에 따라 기체의 압력과 부피의 곱은 일정해야 하므로, 2기압일 때 기체의 부피는 $2 \times ㉠ = 40$에서 ㉠은 20(mL)이다.

1기압	→	40mL	→	$1 \times 40 = 40$
2기압	→	㉠	→	$2 \times ㉠ = 40$
4기압	→	10mL	→	$4 \times 10 = 40$

08

$$\text{기화 : 액체} → \text{기체}$$

온도 A에서는 물이 끓어 수증기가 되는 구간에 해당한다. 즉, 액체가 기체로 변화하는 것이므로, 온도 A에서 일어나는 물질의 상태 변화는 '기화'에 해당한다.
② 승화 : 고체 → 기체
③ 융해 : 고체 → 액체
④ 응고 : 액체 → 고체

09 CH_4는 메테인의 분자식으로, 탄소(C)와 수소(H)의 원자 비율이 1:4이므로 큰 공 1개와 작은 공 4개의 분자 모형에 해당한다.
① $CH_4 → C : H$ ② $CO_2 → C : O$
           1 : 4   1 : 2
③ $H_2O → H : O$ ④ $NH_3 → N : H$
           2 : 1   1 : 3

10 분별깔때기에서 물과 식용유를 분리하기 위해 이용한 물질의 특성은 '밀도'이다. 물질이 뜨거나 가라앉는 것은 단위 부피에 대한 물질의 질량을 의미하는 밀도 때문이다.
② 끓는점 : 액체가 끓기 시작하여 기화할 때의 온도
③ 어는점 : 액체가 얼어 고체가 되는 동안 일정하게 유지되

는 온도

④ **용해도** : 일정한 온도에서 물 100g에 최대로 녹을 수 있는 물질의 양

11 질량 보존의 법칙에 따라 화학 반응이 일어날 때 반응 전 물질의 총 질량과 반응 후 생성된 물질의 총 질량은 같다. 주어진 그래프에서 구리 4g과 산소 1g이 반응하여 산화 구리(II)를 생성할 때, 산화 구리(II)를 구성하는 구리와 산소의 질량비는 4:1이다.

구리	+	산소	→	산화 구리(II)
(4g)		(1g)		(5g)

12 $2H_2 + O_2 \rightarrow 2H_2O$이므로, 각 기체 사이의 부피비는 기체 반응의 법칙에 따라 화학 반응 식의 계수비와 동일하다. 그러므로 수소(H_2) 기체 2L와 산소(O_2) 기체 1L가 모두 반응할 때, 생성되는 수증기(H_2O)의 부피는 2L이다.

$2H_2$	+	O_2	→	$2H_2O$
H_2	:	O_2	:	H_2O
2	:	1	:	2
2L	:	1L	:	2L

13 균계는 기생 생활을 하며 유기물을 분해하여 영양분을 흡수하는 생물로 포자에 의해 번식한다. 버섯은 균계에 속하는 생물이다.

② 아메바 → 원생생물계

③ 진달래 → 식물계

④ 코끼리 → 동물계

> **TIP** 생물의 5계 분류
> - **원핵생물계** : 크기가 매우 작고 핵을 가지지 않는 생물로 미생물 중 세균이 이에 속함
> - **원생생물계** : 핵을 가지는 진핵생물이며 짚신벌레, 아메바 등이 이에 속함
> - **식물계** : 광합성을 하는 생물로 세포벽을 가지며 광합성에 필요한 기관이 발달되어 있음
> - **균계** : 기생 생활을 하며 유기물을 분해하여 영양분을 흡수하는 생물로 포자에 의해 번식함
> - **동물계** : 핵을 가지는 진핵 생물이며 다세포성 생물로 세포벽이 없고, 다양한 기능을 하는 세포들로 구성되어 있음

14

물+이산화탄소	—빛에너지→	포도당+산소

광합성은 녹색 식물이 빛에너지를 이용해 물과 이산화탄소를 원료로 포도당과 산소를 만드는 과정이다. 따라서 광합성

의 원료로 사용되는 ㉠에 해당하는 기체는 이산화탄소이다.

15 세 개의 반고리관으로 이루어져 있으며, 몸의 회전에 대한 자극을 받아들이는 귀의 기관은 C(반고리관)이다.

① A(귓바퀴) : 소리를 모아 중이(가운데귀)로 전달함

② B(고막) : 공기의 진동을 속귀 쪽으로 전달하여 들을 수 있게 해 주는 타원형의 반투명 막

④ D(달팽이관) : 청각세포가 분포되어 있어 소리 자극을 받아들여 청각 신경을 통해 전달하는 곳

16 무조건 반사는 경험이나 학습 등에 의하지 않고 무의식중에 일어나는 반사이다. 무릎을 고무망치로 치면 저절로 다리가 들리는 것은 무의식중에 일어나는 반사이므로 무조건 반사에 해당한다.

① · ② · ③ 모두 대뇌에서 관여하는 의식 반응에 해당한다.

17 염색체가 두 가닥으로 분리되고, 분리된 염색 분체가 양쪽 끝으로 이동하는 체세포 분열 단계는 후기이다.

① 간기 : 세포가 성장하고 유전물질을 복제하는 시기로, 분열기 이전의 준비 단계이다.

② 전기 : 염색사가 염색체로 응축되고 핵막과 인이 사라지며 방추사가 형성되는 단계이다.

③ 중기 : 염색체가 세포 중앙의 적도면에 배열되고, 방추사가 염색체에 부착되는 단계이다.

18 우성인 둥근 완두 어버이가 100% 'R' 유전자를 전달하므로, 열성 유전자인 주름진 완두 어버이도 100% 'r' 유전자를 전달해야 한다. 그러므로 ㉠에 들어갈 유전자형은 'rr'이다. 또한 순종의 둥근 완두(RR)와 순종의 주름진 완두(rr)를 교배하게 되면 100% 'Rr'의 유전자 형을 가진 자손 1대가 나타나므로, ㉡에 들어갈 유전자형은 'Rr'이다.

19 위, 소장, 대장 등의 기관으로 구성되어 있으며, 크기가 큰 영양소를 작은 영양소로 분해하는 우리 몸의 기관계는 소화계이다.

① 배설계 : 노폐물을 몸 밖으로 내보내는 역할을 하는 기관계로, 콩팥 · 방광 · 요도 등으로 구성되어 있다.

③ 순환계 : 생명 활동에 필요한 물질 운반을 담당하는 기관계로, 혈액 · 심장 · 혈관 등으로 구성되어 있다.

④ 호흡계 : 세포의 호흡에 필요한 산소를 공기 중에서 흡수하고 호흡의 결과 발생한 이산화탄소를 몸 밖으로 내보내는 역할을 하는 기관계로, 코 · 기관지 · 폐 등으로 구성되어 있다.

20 규암, 대리암, 편마암은 모두 열과 압력을 받아 성질이 변한 변성암이다. 변성암은 변성 작용을 받아 압력에 수직인 방향으로 눌려 생기는 납작한 줄무늬인 '엽리'가 생기는 것이 특징이다.
　① 화석이 포함되어 있다. → 퇴적암
　② 마그마가 식어서 만들어졌다. → 화성암
　④ 퇴적물이 다져지고 굳어져서 만들어졌다. → 퇴적암

TIP 암석의 종류

화성암	마그마가 식어 굳어 형성된 암석(예) 현무암, 화강암, 안산암 등)
퇴적암	퇴적물이 쌓여 굳어진 암석(예) 역암, 사암, 셰일, 석회암, 이암, 백운암, 가력암 등)
변성암	기존 암석이 열·압력·화학적 변화로 성질이 변한 암석(예) 편암, 편마암, 대리석, 규암 등)

21 목성형 행성이며, 태양계 행성 중 두 번째로 큰 행성은 토성이다. 토성에는 암석과 얼음으로 된 뚜렷한 고리가 있다.
　① **수성** : 태양에 가장 가깝고 태양 주위를 가장 빨리 돌며, 크기가 가장 작음
　② **지구** : 태양으로부터 세 번째 행성이며, 현재까지 알려진 생명체가 탄생하고 서식하는 유일한 천체
　③ **화성** : 태양으로부터 네 번째 행성이며, 표면이 산화철이 많은 붉은색 암석과 흙으로 덮여 있음

22 별의 색깔은 표면 온도에 의해 결정되며, 표면 온도가 높을수록 푸른색을 띠고 낮을수록 붉은색을 띤다.

TIP 별의 표면 온도가 높은 순서

청색 > 청백색 > 백색 > 황백색 > 황색(노란색) > 주황색 > 붉은색

23 높이 올라갈수록 기온이 낮아지고, 수증기가 거의 없어 기상 현상이 발생하지 않는 기권은 C(중간권)이다.
　① **A(대류권)** : 위로 올라갈수록 기온이 낮아지며, 대류가 활발해 구름·비·눈 등 기상 현상이 발생한다.
　② **B(성층권)** : 오존층이 자외선을 흡수해 위로 올라갈수록 기온이 높아진다. 대류가 거의 일어나지 않아 비행기 항로로 이용된다.
　④ **D(열권)** : 태양 복사 에너지를 직접 받아 위로 올라갈수록 기온이 높아진다. 공기가 매우 희박해 낮과 밤의 기온 차가 크고, 오로라가 나타난다.

24 포화 수증기량은 포화 상태의 공기 1kg 속에 포함된 수증기

량(g)이고, 상대 습도는 기온에 따른 습하고 건조한 정도를 백분율로 나타낸 것이다. 기온이 증가할수록 포화 수증기량도 증가하고 상대 습도도 증가한다. 따라서 기온이 가장 높은 A에서 포화 수증기량이 가장 많고, 상대 습도도 가장 높다.

TIP 상대 습도

$$상대\ 습도(\%) = \frac{현재수증기량}{포화수증기량} \times 100$$

25 연주 시차는 지구의 공전 운동으로 인해 생기는 시차로, 시차의 $\frac{1}{2}$이다. 그러므로 주어진 그림에서 별 S의 연주 시차는 $\frac{0.6''}{2} = 0.3''$이다.

제6교시 선택 과목

도 덕

정답 및 해설 |

정답

01 ②	02 ③	03 ③	04 ②	05 ④
06 ④	07 ⑤	08 ⑤	09 ⑤	10 ③
11 ①	12 ①	13 ③	14 ①	15 ④
16 ①	17 ②	18 ④	19 ①	20 ③
21 ②	22 ④	23 ④	24 ③	25 ④

해설

01 사람은 생각하는 능력을 지닌 이성적 존재로, 자신의 행동을 이성에 근거하여 선택하고 도덕적 판단에 따라 행동할 수 있는 능력을 갖춘 존재이다.

> **TIP 인간의 특성**
> • **도구적 존재** : 불리한 신체 조건을 극복하기 위해 도구를 만들어 사용하는 존재
> • **사회적 존재** : 인간은 홀로 살 수 없고, 사회 안에서 언어와 가치관, 지식, 생활양식 등을 배움으로써 온전한 인간으로 성장하는 존재
> • **윤리적·이성적 존재** : 인간은 옳고 그름을 따지는 이성을 가진 존재로, 이성을 토대로 자신의 행동을 선택하고 반성함
> • **유희적 존재** : 인간은 유희를 통해 즐거움을 추구하는 존재

02 도덕적 성찰을 통해 자신의 삶을 객관적으로 깊이 살펴보고, 반성을 통해 더 나은 사람이 될 수 있다. 그러므로 충동적인 욕구를 실현하기 위해서가 아니라, 충동적인 욕구를 억제하고 조절하기 위해서 도덕적 성찰이 필요한 것이다.

03 사람이 도덕적으로 살아야 하는 이유는 사람으로서 마땅한 도리를 지키기 위해서이다. 도덕성이란 어떤 사물이나 상황 등에 대하여 옳고 그름을 판단하고 바르게 행동하는 능력이다.

04 ㄱ의 '사랑', ㄹ의 '평화'는 정신적 만족을 주는 정신적 가치에 해당하나, ㄴ의 '재물', ㄷ의 '주택'은 물질을 통해 만족감을 느끼는 물질적 가치에 해당한다.

> **TIP 가치의 구분**
>
> | 형태적 특징에 따른 구분 | 물질적 가치 | 특정 물질 또는 물질적 형태의 가치와 그것을 통해 느끼는 만족감 |
> |---|---|---|
> | | 정신적 가치 | 정신적 만족을 주는 가치(예 지적 가치, 도덕적 가치, 심미적 가치 등) |
> | 수단과 목적에 따른 구분 | 도구적 가치 | 다른 것 또는 다른 목적을 얻기 위한 수단이 되는 가치 |
> | | 본래적 가치 | 그 자체가 귀중하고 목적이 되는 가치(예 사랑, 생명 등) |

05 바람직한 이웃 관계를 맺기 위해서는 이웃에 대한 관심과 배려가 있어야 한다. 관심을 가져야 이웃을 알아보고 이웃을 이해할 수 있으며, 배려를 가져야 더욱 가까운 이웃 관계를 만들 수 있기 때문이다.

06 어려움이 닥쳤을 때 좌절하지 않고, 오히려 도약의 발판으로 삼아 더 높이 도전하는 마음의 힘을 '회복 탄력성'이라 한다. 회복 탄력성은 크고 작은 다양한 역경과 시련과 실패에 대한 인식을 도약의 발판으로 삼아 더 높이 뛰어 오를 수 있는 마음의 근력을 말한다.
① **개성** : 다른 사람이나 개체와 구별되는 고유의 특성
② **절제** : 정도에 넘지 아니하도록 알맞게 조절하여 제한함
③ **공동체 의식** : 개인이 자신이 속한 공동체의 일원임을 인식하고, 공동체의 목표와 가치를 공유하며, 서로의 복지와 발전을 위해 협력하려는 심리적 태도

07 인권은 인간이 인간답게 살아가기 위해 보장되어야 할 권리로 보편성, 불가침성, 천부성, 항구성의 특징을 갖는다.
① **감사** : 고마움을 표현하는 마음
② **관용** : 남의 잘못을 너그럽게 받아들이거나 용서함
④ **협동** : 서로의 마음과 힘을 하나로 합함

> **TIP 인권의 특성**
> • **보편성** : 누구나 동등하게 누릴 권리
> • **천부성** : 태어나면서 자연적으로 갖게 되는 권리
> • **항구성** : 영구적으로 보호되고 존중되어야 하는 권리
> • **불가침성** : 어떤 경우에도 침해할 수 없는 권리

08 화목한 가정을 이루기 위해서는 가족 간에 기본 예절을 갖추어 서로를 존중하고, 가족 구성원이 각자의 역할과 책임을 다해야 한다.

ㄴ. 강압적으로 자신만의 의사를 일방적으로 전달하는 것이 아니라, 상호 간의 의사소통을 통해 다른 가족 구성원의 의견과 생각을 존중해야 한다.

ㄹ. 갈등이 발생하면 소통을 회피하는 것이 아니라, 대화를 통해 갈등을 해결하려고 노력해야 한다.

09 진정한 친구의 모습은 믿음과 신뢰 그리고 도와주거나 보살펴 주는 배려의 마음에서 나온다. 다른 사람에게 내 험담을 하는 친구는 진정한 친구의 모습이 아니다.

10 양성평등은 성별에 따라 서로 차별하지 않고 남녀 모두의 인권을 동등하게 보장하는 것을 말한다. 따라서 성차별이 나타나는 사회 구조에 대해서는 비판적 관점을 갖고 이를 적극 개선하도록 노력해야 한다.

11 강압적인 폭력과 감정을 앞세운 비난하기는 평화적 갈등 해결 방법이 아니라 갈등을 키우는 요인에 해당한다. 갈등을 평화적으로 해결하기 위해서는 상대방의 입장에서 생각하고 대화를 통해 양보와 타협을 이끌어내야 한다.

> **TIP 평화적 갈등 해결 방법**
> • 대화와 토론
> • 협상
> • 양보와 타협
> • 다수결의 원칙
> • 조정과 중재

12 뇌물 수수, 부정 청탁, 공직자의 권력 남용은 부패 행위와 관련된 도덕적 문제이다.

> **TIP 부패의 종류**
> • **뇌물** : 공적인 일을 자신에게 더 유리하게 진행하게 하려고 제공하는 이익
> • **횡령** : 공적인 재산을 사사롭게 사용하는 것
> • **배임** : 자신의 책임을 다하지 않음으로써 누군가가 이익을 취하게 하는 것

13 문화 절대주의와 반대되는 입장은 문화 상대주의로, 문화가 발생한 역사적 맥락을 이해하고 문화를 판단한다.

① 문화 상대주의는 각 문화의 독특한 환경과 다양성을 인정하고 있으므로, 하나의 기준으로 문화를 평가하는 것은 아

니다.

② 자기 문화만 가장 우수하다고 여기는 것은 자문화 중심주의이다.

④ 타 문화를 동경하여 자신의 문화를 업신여기는 것은 문화 사대주의이다.

14 세계 시민은 지구 공동체의 일원으로서 공동체 의식을 가지고 지구촌의 문제를 인식하고 합리적으로 해결하려고 노력하는 사람을 의미한다. 따라서 경제적으로 이익이 되는 일만 하는 것은 바람직한 세계 시민의 자세로 볼 수 없다.

15 사이버 공간은 현실 세계가 아닌 컴퓨터, 인터넷 등으로 만들어진 가상의 공간을 의미한다. 따라서 개인 정보 유출, 불법 사이트 운영, 악성 프로그램 유포는 모두 사이버 공간에서 발생할 수 있는 도덕 문제에 해당한다. 그러나 층간 소음은 사이버 공간이 아닌 현실 공간에서 일어나는 도덕 문제로, 이웃 간의 갈등 유형 중 하나이다.

16 도덕적 신념은 도덕적으로 옳다고 여기는 것을 굳게 믿고, 그것을 실천하려는 의지이다. 따라서 물질적 욕심만을 추구하는 것은 도덕적 신념으로 볼 수 없다.

17 폭력은 타인에 대해 물리적 · 정신적 피해를 입히기 위해 가하는 공격적 행위로, 몸과 마음의 고통을 가져오고 사회 질서의 혼란을 초래하므로 비도덕적이다.

18 정의로운 국가는 모든 국민이 평등한 기회를 가지며 사회적 약자를 배려하는 국가로 평등, 공정, 복지 등의 보편적 가치를 지향한다.

> **TIP 정의로운 국가의 조건**
> • 인간의 존엄성 보장
> • 공정한 사회 제도 확립 및 운영
> • 보편적 가치 지향

19 교만이란 잘난 체하며 뽐내고 건방지게 행동하는 태도를 뜻하므로, 의미 있는 삶을 위해 필요한 가치로 볼 수 없다.

20 인간은 자연의 일부이고 자연은 인간의 이익과 상관없이 그 자체로 소중하며, 자연에 있는 모든 것이 상호 의존적으로 존재한다고 보는 관점은 생태 중심주의이다.

364

TIP **자연관의 유형**

- **인간 중심주의** : 인간을 가장 가치 있는 존재로 여기고, 인간과 자연의 관계에서 인간의 이익이나 행복을 먼저 고려하는 자연관
- **동물 중심주의** : 동물을 인간을 위한 수단으로 여기는 것에 반대하고 동물의 복지와 권리의 향상을 강조하는 자연관
- **생태 중심주의** : 인간을 자연의 일부분으로 간주하고 인간을 포함한 자연 전체의 균형과 안정을 중시하는 자연관
- **생명 중심주의** : 모든 생명체는 그 자체로서 가치를 지니므로 도덕적 고려의 범위를 모든 생명체로 확대해야 한다고 보는 자연관

21 남북의 분단 상태가 지속되는 동안 발생하는 비용은 분단 비용으로 안보 비용, 전쟁 가능성에 대한 공포 등이 이에 해당한다.

① **개발 비용** : 새로운 제품이나 기술, 또는 개발사업을 위해 실제로 지출한 비용

③ **통일 비용** : 분리되었던 두 체제의 통일 후 부담해야 할 비용

④ **통일 편익** : 남북한이 통일로 인하여 얻게 되는 모든 이익

22 환경 친화적인 삶이란 주변 환경에 미치는 영향을 생각하여 행동하는 삶이다. 예컨대 일회용 비닐봉지 대신 장바구니를 사용하는 것, 종이컵 대신 개인 컵을 사용하는 것, 사용하지 않는 가전제품의 플러그를 뽑아 두는 것 등은 모두 환경 친화적 삶에 해당한다.

23 과학자는 과학 기술의 잘못된 활용으로 발생하는 사회적 문제에 대해 경각심을 가져야 하므로, 이때 과학자에게 강조되는 덕목은 '책임' 의식이다.

① **독단** : 남과 상의하지 않고 혼자서 판단하거나 결정함

② **방관** : 어떤 일에 직접 나서서 관여하지 않고 곁에서 보기만 함

③ **은폐** : 특정 현상이나 물체를 가리는 행위

24 고통에 대처하기 위한 바람직한 자세는 고통을 있는 그대로 바라보고 적극적인 자세로 고통을 마주해야 한다. 즉, 고통을 극복할 수 있는 용기를 지녀야 한다.

TIP **고통에 올바르게 대처하는 방법**

- 고통을 있는 그대로 바라보아야 함.
- 불필요한 욕심과 집착을 줄여야 함.
- 환경과 상황을 변화시키기 위해 노력해야 함.
- 적극적인 자세로 고통을 마주해야 함.
- 다른 사람의 고통에 관심을 가지고 그들을 도와야 함.

25 마음의 평화는 외부의 환경이나 자극에 휘둘리지 않고 평온한 상태를 유지하는 것으로 독서, 명상, 산책을 통해 실천할 수 있다. ④의 '폭행'은 타인의 몸과 마음에 상처를 주는 행위이므로, 마음의 평화를 유지하기 위한 바람직한 실천 방법이라고 할 수 없다.

정답 및 해설

2025년도

제2회

제1교시 국 어

정답 및 해설

정답

01 ③	02 ①	03 ③	04 ②	05 ③
06 ④	07 ①	08 ②	09 ④	10 ④
11 ③	12 ①	13 ①	14 ③	15 ①
16 ④	17 ①	18 ④	19 ④	20 ③
21 ①	22 ④	23 ④	24 ②	25 ②

해설

01 사소한 일로 친구와 싸웠는데 화해를 못 하고 있어서 고민이라는 말에, 무슨 일로 싸웠느냐고 묻고 있다. 이는 상대방이 이야기를 이어 가도록 질문을 함으로써 상대방의 말을 끝까지 경청하려는 '공감하며 듣고 말하기'의 방법에 해당한다.

02 발표할 때 불안해하지 않으려면 충분한 연습과 마인드컨트롤, 그리고 발표 환경과의 사전 익숙함이 가장 효과적인 방법이다. 그러므로 '연습을 절대로 하지 마.'라는 ①의 설명은 ㉠에 들어갈 말로 적절하지 않다.

03 '🌳'를 한국어로는 '나무[나무]'라고 하지만 영어로는 'tree[트리]'라고 하는 것은 언어의 '자의성'과 관계된다. 자의성이란 언어의 의미와 말소리 사이에는 필연적인 관계가 없다는 언어의 특성이다.
① **사회성** : 언어는 그 언어를 사용하는 사람들 사이의 사회적 약속임
② **역사성** : 시간이 흐르면서 언어는 새로 생기기도 하고, 사라지기도 하며, 소리나 의미가 변하기도 함
④ **창조성** : 인간은 단어 또는 문장을 끊임없이 만들 수 있음

04 '여유'의 'ㅕ'와 'ㅠ'는 소리를 낼 때 입술의 모양이나 혀의 위치가 달라지는 이중모음에 해당한다.
① '미로'의 'ㅣ'와 'ㅗ'는 단모음에 해당한다.
③ '잔치'의 'ㅏ'와 'ㅣ'는 단모음에 해당한다.
④ '호수'의 'ㅗ'와 'ㅜ'는 단모음에 해당한다.

> **TIP 모음의 분류**
> • 단모음(10개): 발음할 때 입술이나 혀가 고정되어 움직이지 않음
>   예) ㅏ, ㅐ, ㅓ, ㅔ, ㅗ, ㅚ, ㅜ, ㅟ, ㅡ, ㅣ
> • 이중모음(11개): 발음할 때 입술 모양이 바뀌거나 혀가 움직임
>   예) ㅑ, ㅒ, ㅕ, ㅖ, ㅘ, ㅙ, ㅛ, ㅝ, ㅞ, ㅠ, ㅢ

05 주어진 문장에서 ㉠의 '새'는 뒤의 명사 '구두'를 수식하는 관형사이다. 마찬가지로 ③번 문장에서 '옛'은 뒤의 명사 '추억'을 수식하는 관형사로 쓰였다.
① '우아'는 느낌을 나타내는 단어이므로, 감탄사에 해당한다.
② '잡았다'는 사람의 움직임을 나타내는 말이므로, 동사에 해당한다.
④ '여기'는 뒤에 조사 '가'가 붙어 있고 장소를 대신하여 쓰인 말이므로 대명사에 해당한다.

> **TIP 단어의 분류(품사)**
> • **동사** : 사람이나 사물의 움직임을 나타내는 말
> • **형용사** : 사람이나 사물의 상태나 성질을 나타내는 말
> • **명사** : 물건이나 장소, 사건, 추상적 개념 등의 이름을 나타내는 말
> • **대명사** : 명사를 대신하는 말
> • **수사** : 사물의 수량이나 순서를 나타내는 말
> • **관형사** : 체언 앞에 놓여, 그 체언을 자세하게 꾸며 주는 말
> • **부사** : 용언(형용사, 동사)을 꾸며주는 말. 문장 전체나 관형사, 부사를 꾸미기도 함
> • **감탄사** : 부름이나 대답, 느낌 등을 나타내는 단어
> • **조사** : 체언 뒤에 붙어, 그 말과 다른 말과의 문법적 관계를 나타내거나 특별한 뜻을 더해주는 말

06 주어진 문장에서 ㉠의 '새근새근'은 의성어로써 뒤의 서술어 '잔다'를 꾸며주고 있으므로 부사어에 해당한다.
① **주어** : 동작 또는 상태나 성질 등의 주체를 나타내는 문장 성분
② **보어** : '되다', '아니다'의 두 서술어가 주어 이외에 요구하는 문장 성분
③ **목적어** : 서술어의 동작 대상이 되는 문장 성분

07 닭은 : [다근] → [달근]
표준 발음법 제14항에 따라 겹받침이 모음으로 시작된 조사나 어미, 접미사와 결합되는 경우에는, 뒤엣것만을 뒤 음절

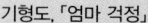

첫소리로 옮겨 발음해야 한다. '닭은'의 겹받침 'ㄹㄱ' 다음에 모음 'ㅇ'이 결합되었으므로 [달근]으로 발음해야 한다.

② '앉아서'의 겹받침 'ㄵ' 다음에 모음 'ㅇ'이 결합되었으므로 [안자서]로 발음한 것은 적절하다.

③ '넋'의 겹받침 'ㄳ' 다음에 모음 'ㅇ'이 결합되었고, 'ㅅ'은 된소리로 발음되므로 [넉쓸]로 발음한 것은 적절하다.

④ '핥아'의 겹받침 'ㄾ' 다음에 모음 'ㅇ'이 결합되었으므로 [할타]로 발음한 것은 적절하다.

08 '친구로서'에서 '−로서'는 신분이나 자격을 나타내는 격 조사로, 해당 문장에서 올바르게 사용되었다.

> • ~로서 : 신분이나 자격을 나타내는 격조사
> 　예 부모로서, 교사로서
> • ~로써 : 수단이나 도구를 나타내는 격조사
> 　예 법으로써, 쌀로써

① 된장찌게 → 된장찌개

한글 맞춤법상 '된장찌게'는 '된장찌개'가 올바른 표기이다.

③ 낳았으면 → 나았으면

'낳았으면'을 '낫다'의 활용 형태인 '나았으면'으로 고쳐 써야 옳다.

> • 낳다 : 배 속의 아이, 새끼, 알을 몸 밖으로 내놓다.
> • 낫다 : 병이나 상처 따위가 고쳐져 본래대로 되다.

④ 가던지 → 가든지

'가던지'를 선택이나 나열의 의미인 '가든지'로 고쳐 써야 옳다.

> • 가든지 : 여러 선택지 중 어느 것이든 상관없을 때, 즉, 선택이나 나열의 의미로 사용한다.
> 　예 어느 대학을 가든지 상관없다.
> • 가던지 : 과거의 경험이나 사건을 회상할 때 또는 막연한 의문을 표현할 때 사용한다.
> 　예 어제 얼마나 많은 사람이 지나가던지 정신이 하나도 없네.

09 글의 '중간' 개요에서 '3. 달맞이꽃의 쓰임새'는 달맞이꽃을 활용한 용도가 세부 내용으로 적절하다. 그러므로 ⓒ의 세부 내용으로 ④의 '달맞이꽃을 활용한 천연염료'가 가장 적절하다.

① '달맞이꽃 이름의 뜻'은 '처음' 개요인 '달맞이꽃 소개'의 세부 내용으로 적절하다.

② '달맞이꽃의 꽃잎 모양'은 '중간' 개요인 '1. 달맞이꽃의 생김새'의 세부 내용으로 적절하다.

③ '달맞이꽃이 잘 자라는 환경'은 '중간' 개요인 '2. 달맞이꽃

의 자생 환경'의 세부 내용으로 적절하다.

10 '결코'로 시작되는 ⓔ 다음의 문장이 앞 문장의 예시에 해당하므로, '결코'를 '예를 들어'로 바꾸는 것이 적절하다. '결코'는 '~하지 않다'는 부정어와 호응을 이루는 부사어이다.

⑤ '듣는' 행동이 미치는 대상을 가리키기 위해서 목적격 조사가 사용된 '사람을'을 부사격 조사가 사용된 '사람에게'로 바꾸는 것은 적절하다.

ⓒ '안는'은 기본형이 포옹하다의 의미를 지닌 '안다'이므로, 부정의 의미를 지닌 '않는'으로 고치는 것은 적절하다.

ⓒ 백색 소음이 백색광에서 유래됐다는 내용은 앞 문장에서 말한 소음의 기준이 주관적이라는 내용과 무관하다. 따라서 ⓒ은 글의 흐름에서 벗어난 내용이므로 삭제하는 것은 적절하다.

[11~13]

> 기형도, 「엄마 걱정」
> • 갈래 : 자유시, 서정시
> • 성격 : 회상적, 감각적, 묘사적
> • 제재 : 유년 시절의 기억
> • 주제 : 유년 시절을 떠올리며 느끼는 슬픔
> • 특징
> 　− 화자가 자신의 과거를 회상함
> 　− 비유를 활용하여 화자의 정서를 드러냄
> 　− 감각적 심상을 통해 외로웠던 유년기를 묘사함
> 　− 유사한 문장의 반복과 변조를 통해 리듬감을 형성함

11 위 작품에서 시적 화자는 아주 먼 옛날의 과거를 회상하며 가난한 유년시절의 외로움과 슬픔을 기억하고 있다.

① 봄, 여름, 가을, 겨울의 계절의 변화가 드러나 있지는 않다.

② 시각, 청각, 촉각적 이미지를 사용하고 있으나, 후각적 이미지를 사용한 곳은 없다.

④ 화자의 독백을 담담하게 표현한 시로, 묻고 답하는 형식을 사용하고 있지는 않다.

12 [A]에서 화자는 외롭고 쓸쓸했던 과거의 유년시절을 떠올리며, 지금도 눈시울을 붉히고 있다. 그러므로 [A]에 나타난 화자의 주된 정서는 '슬픔'이다.

13 ⑤의 '나는 찬밥처럼 방에 담겨'는 원관념인 '나'를 보조관념인 '찬밥'에 비유한 것으로 '~처럼, ~같이, ~듯이'의 연결어

를 사용하여 직접적으로 비유한 직유법에 해당한다. ⓘ의 '봄빛처럼 포근한 눈'도 '~처럼'을 사용하여 원관념인 '눈'을 보조관념인 '봄빛'에 비유하고 있으므로 직유법에 해당한다.

② 민들레가 피고 까치가 날고 → 열거법

③ 죽어도 아니 눈물 흘리우리다 → 반어법

④ 가난하다고 해서 외로움을 모르겠는가 → 설의법

[14~16]

황순원, 「소나기」

- **갈래** : 현대 소설, 단편 소설, 순수 소설
- **성격** : 서정적, 향토적, 상징적, 함축적
- **문체** : 산문체, 간결체
- **시점** : 3인칭 관찰자 시점(부분적인 전지적 작가 시점)
- **제재** : 소나기
- **주제** : 소년과 소녀의 순수한 사랑
- **특징**
  - 소설의 배경인 가을 농촌의 모습을 감각적으로 묘사함
  - 시간의 흐름에 따른 순행적 구성
  - 등장인물들의 심리가 주로 행동을 통해 간접적으로 드러남
  - 소년과 소녀의 순수하고 아름다운 사랑을 그림

14 내일 소녀네가 양평읍으로 이사 간다는 어른들의 말을 통해, '소년'이 아니라 '소녀'가 양평읍으로 이사를 갈 예정임을 알 수 있다.

① 마을 갔던 아버지가 돌아오셔서 한 말을 듣고 '소년'은 '소녀'의 죽음을 알게 되었다.

② 윤 초시 댁이 그 많던 전답을 다 팔아 버리고, 대대로 살아오던 집마저 남의 손에 넘기더니, 또 악상까지 당했다는 대목에서 '윤 초시 댁'에 불행한 일이 일어났음을 알 수 있다.

④ 소녀가 죽거든 자기가 입던 옷을 꼭 입혀서 묻어 달라고 했다는 말에, '아버지'는 '소녀'를 잔망스럽다고 여기고 있다.

15 소년은 밤에 누워 내일 소녀네가 이사하는 걸 보러 갈지 말지를 고민하고 있다. 그러므로 [A]는 인물(소년)의 내적 갈등을 드러내고 있는 것이다.

16 소녀가 자기가 죽거든 자기가 입던 옷을 꼭 그대로 입혀서 묻어 달라는 말을 통해 ⓔ의 '자기 입던 옷'이 죽어 가면서도 '소년'과의 추억을 간직하고 싶어 하는 '소녀'의 마음이 드러나는 소재로 쓰였음을 알 수 있다.

[17~19]

작자 미상, 「토끼전」

- **갈래** : 고전 수필, 판소리계 소설, 우화 소설
- **성격** : 풍자적, 우화적, 해학적, 교훈적
- **제재** : 용왕의 병과 토끼의 간
- **배경** : 시간 - 옛날 옛적 / 공간 - 용궁, 바닷가, 산속
- **시점** : 전지적 작가 시점
- **주제** : 고난을 극복하는 지혜(지배 계층에 대한 비판과 풍자)
  - 동물을 의인화한 우화적 수법으로 인간 사회를 풍자함
  - 용궁과 육지의 대립 구조를 통해 흥미를 유발하고 극적 효과를 증대함
  - 한자 성어와 속담, 한자어가 많이 사용됨
  - 봉건 사회에 대한 서민들의 비판 의식을 드러냄

17 [A]에서 토끼가 너구리와 오소리를 보고 타향에 가면 천대받는다는 옛말 하나 그른 것이 없다며 이사 생각을 절대로 하지 말라고 말하고 있다. 그러므로 토끼는 오소리에게 이사를 가지 말 것을 권하고 있다.

① 매끄러운 말솜씨로 용왕을 속여서 무사히 고향으로 돌아왔다는 토끼의 말을 통해, '토끼'는 '용왕'을 속이고 고향으로 돌아왔음을 알 수 있다.

③ 다행스럽게도 토끼가 준 토끼 똥의 효험이 있어 용왕의 병이 씻은 듯이 나았다는 대목에서 '용왕'은 '토끼'의 똥을 써서 병이 나았음을 알 수 있다.

④ 그토록 원하던 충신이 되어 어머니와 아내, 자식 모두 함께 평안한 여생을 누렸다는 대목에서 '별주부'는 자신이 원하던 충신이 되었음을 알 수 있다.

18 ⓘ의 '네 간'은 병에 걸린 용왕이 약으로 쓰기 위해 토끼에게 원하는 것이며, 토끼가 살기 위해 지켜야 하는 것이다. 또한 별주부가 충신이 되기 위해 병든 용왕에게 바치고 싶은 것이기도 하다. 그러나 토끼의 간이 숲속 너구리의 열을 내리기 위해 필요한 것은 아니다.

19 죽을 위기에서 빠져나온 토끼가 별주부에게 네 죄를 따지면 죽여도 아깝지 않지만 목숨만은 살려 보내 줄 테니 속히 궁으로 돌아가라고 명령하고 있다. 그러므로 ⓒ에는 '부하나 동물 따위를 지휘하여 명령함'을 뜻하는 단어인 '호령'이 들어갈 말로 적절하다.

① **아첨** : 남의 환심을 사거나 잘 보이려고 알랑거림. 또는 그런 말이나 짓.

② **축하** : 남의 좋은 일을 기뻐하고 즐거워한다는 뜻으로 인사함. 또는 그런 인사.

③ **충성** : 진정에서 우러나오는 정성. 특히, 임금이나 국가에 대한 것을 이름.

[20~22]

20   (다)의 첫 번째 문장에서 '아파트를 제외한 주택의 현관문은 문을 여닫는 방향을 결정하는 요인이 공간 활용인 측면이 강하다.'고 서술되어 있다. 그러므로 '문을 여닫는 방향은 공간의 활용과 관련이 없다.'는 ③의 설명은 (다)의 내용과 일치하지 않는다.
① (가) : 문은 기능의 측면과 상징의 측면을 함께 가지고 있다. → (가)의 세 번째 문장에서 확인 가능함
② (나) : 건물의 쓰임새에 따라 문을 여닫는 방향이 다르다. → (나)의 마지막 문장에서 확인 가능함
④ (라) : 은행은 도난으로부터의 안전을 위해 안여닫이를 단다. → (라)의 네 번째 문장에서 확인 가능함

21   ㉮에서 실내로 들어가는 외국과 달리 한국에서는 신을 벗고 실내로 들어간다는 설명은 어떤 대상을 다른 것과의 차이점을 들어 설명하는 방식인 '대조'에 해당한다.
② **분석** : 대상을 구성하는 하위 요소로 나누어 각각을 설명하는 방법
③ **인과** : 원인과 결과를 관련 지어 설명하는 방법
④ **정의** : 어떤 말 또는 사물의 뜻을 명백히 밝히는 설명 방법

22   ㉣의 '전제'는 '어떠한 사물이나 현상을 이루기 위하여 먼저 내세우는 것'을 의미한다. '어떤 일이나 사물이 생겨남.'을 뜻하는 말은 '발생'이다.

[23~25]

23   제시문은 프랑스의 철학자 미셸 세르의 저서 「호미네상스」와 2005년 12월 '새로운 기술들은 우리에게 무엇을 가져다 주는가'라는 제목의 강연 내용을 통해 인류의 진화 과정에 관한 흥미로운 내용을 요약하여 살펴보고 있다. 그러므로 글의 주제를 전달하기 위해 전문가의 견해를 제시하고 있음을 알 수 있다.

24   제시문은 '디지털 치매 현상'이 인류의 진화 과정과 역사를 돌아볼 때, 인간 진화의 양상 중 하나로 볼 수 있는지 독자들로 하여금 생각해보도록 질문을 던지고 있다. 그러므로 ②의 '디지털 치매 현상'이 제시문의 중심 소재로 가장 적절하다.

25   디지털 기술이 인간의 창조적인 능력을 향상시켰으므로, 그 결과 디지털 치매 현상은 인간 진화의 양상으로 볼 수 있다

며 ㉠ 앞뒤의 내용이 인과 관계로 연결되고 있다. 그러므로 ㉠에는 앞의 내용이 뒤의 내용의 이유나 원인, 근거가 될 때 쓰는 접속 부사 '그러므로'가 들어갈 말로 가장 적절하다.
① **그러나** : 앞의 내용과 뒤의 내용이 상반될 때 쓰는 접속 부사
③ **만약에** : 혹시 있을지도 모르는 뜻밖의 경우에
④ **왜냐하면** : 앞 내용에 대한 원인이나 이유를 뒤 내용에서 말할 때 쓰여 앞뒤 문장을 이어 주는 말

수 학

제2교시

정답 및 해설

정답

01 ③	02 ①	03 ②	04 ③	05 ④
06 ③	07 ①	08 ①	09 ②	10 ④
11 ①	12 ②	13 ④	14 ①	15 ②
16 ③	17 ④	18 ②	19 ③	20 ②

해설

01   90의 소인수는 2, 3, 5이고,
소인수분해하면 $90 = 2 \times 3 \times 3 \times 5$이므로,
$2 \times 3^2 \times 5$로 나타낼 수 있다.

> **TIP** 소인수분해
> • 소인수만의 곱으로 나타낸 것
> • 거듭제곱으로 표현함

02 $(+2) + (-5) = 2 - 5$
             $= -3$

03   빈 상자의 무게: 100g
토끼 인형 x개의 무게: $(300 \times x)$g
∴ 상자 전체의 무게 : $(300x + 100)$g

04   일차방정식 $3x - 1 = x + 7$을 정리하면,
$3x - x = 7 + 1$
$2x = 8$, $x = \dfrac{8}{2}$
∴ $x = 4$

05   좌표평면 위의 점 A는 원점$(0, 0)$을 기준으로 x축의 왼쪽
방향으로 2칸, y축의 아래쪽 방향으로 3칸 이동한 것이므로
A$(-2, -3)$이다.

06   평행한 두 직선 l, m이 다른 한 직선 n과 만날 때, 동위각의
크기는 45°로 같고, 그 맞꼭지각의 크기도 같다.
∴ $\angle x = 45°$

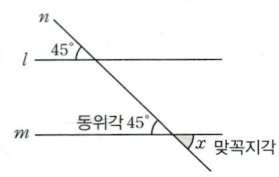

> **TIP** 각의 구분
> • **동위각** : 평행선과 한 직선이 만났을 때 같은 위치에 있는 각
> • **엇각** : 평행선과 한 직선이 만났을 때 엇갈린 위치에 있는 각
> • **맞꼭지각** : 두 직선이 만날 때 서로 꼭짓점이 마주보고 있는 각

07   다음의 도표에서 휴대 전화 통화 시간이 40분 이상인 학생의
수는 43분, 46분, 47분을 통화한 학생의 수이므로 총 3(명)이
다.

휴대 전화 통화 시간   (1|3은 13분)

줄기	잎							학생 수
1	3	5	6	7				4명
2	1	2	4	5	7	9		6명
3	2	4	5	6	8	9	9	7명
4	3	6	7					3명

08   순환소수 $0.\dot{4}$를 x라고 하면
$x = 0.444\cdots$ $\cdots$ ㉠
㉠의 양변에 10을 곱하면
$10x = 4.444\cdots$ $\cdots$ ㉡
이 때, ㉡에서 ㉠을 변끼리 빼면
$10x - x = 4.444\cdots - 0.444\cdots$에서
$9x = 4$
따라서 $x = \dfrac{4}{9}$이므로 $0.\dot{4} = \dfrac{4}{9}$이다.
그러므로 ☐ 안에 공통으로 들어갈 수는 9이다.

09   지수법칙에 따라
$7^5 \div 7^3 = 7^{5-3}$
          $= 7^2$

> **TIP** 지수법칙
> • $a^m \times a^n = a^{m+n}$
> • $a^m \div a^n = a^{m-n}$

10 $\begin{cases} y=2x & \cdots \text{㉠} \\ 3x-y=3 & \cdots \text{㉡} \end{cases}$ 이라 놓고, ㉠을 ㉡에 대입하면,

$3x-(2x)=3 \quad \therefore x=3$

$x=3$을 ㉠에 대입하면

$y=2 \times 3 \quad \therefore y=6$

따라서 구하는 연립방정식의 해는

$x=3, y=6$

11 일차함수 $y=x+1$의 그래프는 일차함수 $y=x$의 그래프를 y축의 방향으로 1만큼 평행이동한 것이다.

$\therefore b=1$

12 이등변삼각형에서 꼭지각의 이등분선은 밑변을 수직 이등분하므로, $\overline{BD}=\overline{DC}=8\text{cm}$

$\overline{BC}=\overline{BD}+\overline{DC}$이므로, $\overline{BC}=8\text{cm}+8\text{cm}=16\text{cm}$

> **TIP 이등변삼각형의 성질**
> • 이등변삼각형의 두 밑각의 크기는 같다.
> • 이등변삼각형의 꼭지각의 이등분선은 밑변을 수직 이등분한다.

13 $\triangle DEF$에서 $\overline{EF}$의 길이를 $x\text{cm}$로 놓으면,

두 삼각형이 서로 닮은꼴이므로,

$7:4=14:x$

비례식에서 내항의 곱과 외항의 곱은 같으므로,

$7x=56, \quad x=\dfrac{56}{7}$

$\therefore x=8\text{cm}$

14 상의 3벌과 하의 2벌 중 상의와 하의를 각각 하나씩 입는 경우의 수는 두 사건이 동시에 일어나는 경우에 해당하므로,

$3 \times 2=6$(가지)이다.

> **TIP 경우의 수에 적용되는 법칙**
> • 합의 법칙($m+n$) : 사건 A와 B가 동시에 일어나지 않는 경우의 수
> • 곱의 법칙($m \times n$) : 사건 A와 B가 동시에 일어나는 경우의 수

15 제곱근의 성질에 따라

$\sqrt{50}=\sqrt{5^2 \times 2}=5\sqrt{2}$

$5\sqrt{2}=a\sqrt{2}$이므로

$a=5$

16 곱셈 공식 $(x+a)(x+b)=x^2+(a+b)x+ab$에 의하여

$(x+2)(x+3)=x^2+(2+3)x+2 \times 3$

$=x^2+5x+6$

$x^2+mx+6=x^2+5x+6$이므로

$m=6$

> **TIP 곱셈 공식**
> • $(a+b)^2=a^2+2ab+b^2$
> • $(a-b)^2=a^2-2ab+b^2$
> • $(a+b)(a-b)=a^2-b^2$
> • $(x+a)(x+b)=x^2+(a+b)x+ab$
> • $(ax+b)(cx+d)=acx^2+(ad+bc)x+bd$

17 이차함수 $y=a(x-p)^2+q$의 그래프에서 꼭짓점의 좌표는 (p, q)이다.

그러므로 이차함수 $y=(x-1)^2-1$의 그래프에서 꼭짓점의 좌표는 $(1, -1)$이다.

① $a>0$이므로, 아래로 볼록하다.

② $x=1$일 때, $y=-1$이므로, 점 $(1, 0)$을 지나지 않는다.

③ 직선 $x=1$을 축으로 한다.

18 직각삼각형 ABC에서

$\cos B=\dfrac{\text{밑변}}{\text{빗변}}$이므로

$\dfrac{\overline{BC}}{\overline{AB}}=\dfrac{3}{5}$

> **TIP 삼각비**
> • $\sin A=\dfrac{\text{높이}}{\text{빗변}}=\dfrac{a}{b}$
> • $\cos A=\dfrac{\text{밑변}}{\text{빗변}}=\dfrac{c}{b}$
> • $\tan A=\dfrac{\text{높이}}{\text{밑변}}=\dfrac{a}{c}$

19 원의 성질에 따라 중심각의 크기는 원주각의 크기의 2배이므로,

$\angle AOB(\text{중심각})=2 \times \angle APO(\text{원주각})$

$\therefore \angle AOB=2 \times 50°=100°$

20 주어진 자료의 값을 순서대로 나열하면 다음과 같다.

| 3 | 4 | 5 | 7 | 8 | 9 | 15 |

그러므로 위 자료의 중앙값은 7이다.

> **TIP 평균값과 중앙값**
> • 평균값 : 모든 변량을 더해서 총 개수로 나눈 값
> • 중앙값 : 순서대로 나열한 후 가장 가운데 있는 값

제3교시

영어

정답 및 해설

정답

01 ④	02 ②	03 ②	04 ③	05 ③
06 ④	07 ①	08 ②	09 ④	10 ④
11 ①	12 ③	13 ②	14 ④	15 ④
16 ①	17 ②	18 ②	19 ①	20 ③
21 ③	22 ①	23 ③	24 ③	25 ④

해설

01 **해설** quiet는 '조용한'이라는 뜻이다.
① 가까운 close
② 건강한 healthy
③ 신나는 exciting
해석 학생들은 보통 도서관에서 조용하다.
어휘 usually 보통, 대개
library 도서관

02 **해설** 주어진 문장에서 'cold(추운)'와 'hot(뜨거운)'은 반의어 관계이다. 마찬가지로 ①, ③, ④도 모두 반의어 관계이나, ②의 'small(작은)'과 'little(작은)'은 서로 동의어 관계이다.
① 얇은 – 두꺼운
③ 약한 – 강한
④ 가벼운 – 무거운
해석 너무 추워. 나는 뜨거운 물이 좀 필요해.
어휘 cold 추운, 차가운
need 필요하다
hot 더운, 뜨거운

03 **해설** 주어진 문장에서 주어 'My math teacher(나의 수학 선생님)'가 3인칭 단수이므로, 빈칸에 들어갈 be동사의 형태는 'is'이다.
① am → 1인칭 be동사
③ are → 2인칭 be동사
④ were → 2인칭 be동사 'are'의 과거형
해석 나의 수학 선생님은 매우 현명하시다.
어휘 math 수학

smart 영리한, 현명한

04 **해설**

Amy has one brother, he is seven years old.
주어+동사   주어+동사

해당 문장은 2개의 '주어+동사'로 이루어진 중문이므로, 빈칸에 들어갈 말로는 문장을 연결해주는 접속사 'and'가 적절하다. 그러나 ①, ②, ④는 모두 전치사로서 뒤에 단어 형태의 구가 와야 한다.
해석 Amy는 한 명의 남자 형제가 있는데, 그는 일곱 살이다.
어휘 brother (남자) 형제

05 **해설** 'do ~ a favor'는 부탁을 하다는 의미이고, 빈칸에는 '~할 수 있니'라는 가능성 또는 능력을 나타내는 표현이 와야 하므로, 빈칸에는 조동사 can이 들어가야 한다.
해석 A : Harry, 부탁 하나 들어줄 수 있니?
B : 물론이지. 뭔데?
어휘 favor 호의, 부탁
sure 물론, 그럼

06 **해설** 이번 주말에 뭐 할 거냐는 A의 물음에 B가 하이킹을 할 거라며 같이 가자고 권유하고 있는 대화 내용이다. 여기서 'Do you~?'는 의문사 없는 의문문이므로, Yes나 No로 답해야 하며, you에 대응하여 I로 시작해야 한다. 그러므로 ④의 'Yes, I'd love to'가 빈칸에 들어갈 말로 가장 적절하다. 'I'd love to'는 'I would love to'의 줄임말로 'I want to'보다 공손한 표현이다.
해석 A : 이번 주말에 뭐 할 예정이세요?
B : 하이킹 가려고 합니다. 같이 가실래요?
A : 네, 그러고 싶어요.
어휘 be going to ~할 예정이다
this weekend 이번 주말
hiking 하이킹
tired 피곤한, 지친

07 **해설** 첫 번째 문장에서는 '전화를 걸다'는 의미로, to부정사의 동사원형에 해당하는 'call'이 들어가야 한다. 두 번째 문장에서는 '통화'의 의미로, 동사 miss의 목적어로

사용된 명사 'call'이 들어가야 한다.

② 건강한

③ 마시다

④ 여행하다

해석 • 그녀는 아들에게 전화를 하고 싶어 한다.

• 정말 죄송해요. 전화(통화)를 못 받았어요.

어휘 miss 놓치다, 그리워하다

08 **해설** John의 주중 계획표를 보면, John이 화요일(Thursday)에 할 일은 '자전거 타기(ride d bike)'이다.

해석

월요일	화요일	수요일	목요일
피아노 치기	자전거 타기	방 청소하기	박물관 가기

어휘 ride 타다

clean 청소하다, 깨끗이 하다

museum 박물관

09 **해설** 그림에서 소녀가 설거지를 하고 있으므로, 동사 'wash'를 써야 한다. 또한 '~을 하고 있는 중이다'의 표현인 현재진행형은 'be동사 + 현재분사(~ing)'이므로, 빈칸에는 'washing the dishes(설거지를 하고 있는)'가 적절하다.

① 차를 마시고 있는

② 요리를 하고 있는

③ 사과를 먹고 있는

해석 A : 그 소녀는 무엇을 하고 있니?

B : 그녀는 설거지를 하고 있어.

어휘 wash the dishes 설거지를 하다

10 **해설** 내일이 춤 경연대회라 춤 연습하는 것을 도와줄 수 있냐는 A의 물음에 B가 물론이라며 함께 연습하러 가자고 말하고 있다. 그러므로 대화가 끝난 후 두 사람이 함께 할 일은 '춤 연습하러 가기'이다.

해석 A : 오, 이런! 내일 춤 경연대회가 있어.

B : 내가 도울 수 있는 일이 있을까?

A : 춤 연습하는 것을 좀 도와줄 수 있어?

B : 물론이지. 같이 연습하러 가자.

어휘 contest 경연대회

practice 연습하다

11 **해설** 대화의 흐름상 A와 B 모두 마술쇼를 즐겁게 관람한 것이므로, 빈칸에는 마술쇼를 즐겁게 관람했다는 긍정적인 답변이 와야 한다. 그러므로 빈칸에는 ①의 'it was wonderful(정말 멋졌어)'이 들어갈 말로 가장 적절하다.

② 지루한 시간을 보냈어.

③ 그는 야채를 싫어한다

④ 나는 내 친구와 야구를 했다

해석 A : 마술쇼가 즐거웠니?

B : 응. 정말 멋졌어. 너는 어땠어?

A : 나도 정말 즐거웠어. 마술이 정말 놀라웠어.

어휘 enjoy 즐기다, 누리다

magic show 마술쇼

trick 마술, 트릭

amazing 놀라운

boring 지루한, 따분한

vegetable 채소, 야채

12 **해설** 내일 여행 준비가 다 되었냐는 A의 물음에 B가 선풍기가 없다고 걱정하고 있다. 그러자 B가 자기가 가져오겠다고 말하고 있다. 그러므로 ③의 '여행 준비'가 대화의 주제로 가장 적절하다.

해석 A : 내일 여행 준비는 됐니?

B : 응. 다 싸기는 했는데, 선풍기가 없어.

A : 걱정하지 마. 내가 가져올 게.

어휘 be ready for ~할 준비가 되다

pack 싸다, 꾸리다, 챙기다

fan 선풍기

worry 걱정하다

bring 가져오다

13 **해설** ① 영화 제목: 북금곰의 생애

② 관람 비용: 알 수 없음

③ 상영 장소: 드림 커뮤니티 센터

④ 상영 시간: 오후 7시부터 9시까지

해석

금주의 영화
• 제목 : 북극곰의 생애
• 장소 : 드림 커뮤니티 센터
• 시간 : 오후 7시부터 9시까지

어휘 title 제목

Polar Bears 북극곰

place 장소

p.m. 오후

14 **해설** 특별 이벤트로 50달러 이상을 구매하면 5%를 할인받을 수 있다는 내용을 쇼핑객에게 안내하고 있다. 그러므로 제시문의 방송 목적으로 ④의 '특별 할인 행사 안내'가 가장 적절하다.

해석 쇼핑객 여러분. 안내드립니다! 이번주에 고객을 위한 특별한 이벤트가 있습니다. 50달러 이상을 소비하시면, 5%를 할인 받으실 수 있습니다. 쇼핑에 감사드립니다.

어휘 attention 주의, 주목
shopper 쇼핑객
special 특별한
customer 고객
spend 쓰다, 소비하다
discount 할인

15 **해설** 학교 콘서트에 가고 싶다는 A의 말에 B가 그 이유를 묻자 A가 인기 있는 밴드가 공연을 하기 때문이라고 말하고 있다. 그러므로 A가 학교 콘서트에 가고 싶어하는 이유는 ④의 '인기 있는 밴드가 공연해서'이다.

해석 A : 난 학교 콘서트에 가고 싶어.
B : 왜? 올해 무슨 특별한 일이 있니?
A : 응. 인기 있는 밴드가 공연 중이래.

어휘 can't wait to ~하고 싶다. ~가 기대된다
special 특별한
popular band 인기 있는 밴드
perform 공연하다

16 **해설** 제시문의 첫 번째 문장에서 '숲의 모험'이란 책이 유명한 작가인 Anna Brwon에 의해 쓰였다고 설명하고 있다. 그러므로 '무명 작가에 의해 쓰였다.'는 ①의 설명은 제시문의 내용과 일치하지 않는다.

해석 이 책, '숲의 모험'은 유명 작가인 Anna Brown에 의해 쓰였다. 주인공은 소녀와 강아지이다. 이 책은 그들의 우정에 관한 이야기를 담고 있다. 10월에 서점에서 그 책을 구입할 수 있다.

어휘 forest 숲
adventure 모험
famous 유명한
main character 주인공
puppy 강아지
friendship 우정
bookstore 서점

17 **해설** 제시문에 따르면 작년에 돼지 축제를 방문한 사람, 주요 행사, 판매 음식 등에 관한 설명은 나타나 있으나, 주차장의 위치를 밝히고 있지는 않다.
① 작년 방문자 수 → 5,500명
③ 주요 행사 → 돼지 경주와 불꽃놀이
④ 판매 음식 → 핫도그와 솜사탕

해석 돼지 축제는 우리 마을에서 가장 큰 기념 행사이다. 작년에는 5,500명이 그 축제에 방문했다. 주요 행사는 돼지 경주와 불꽃놀이이다. 핫도그나 솜사탕 같은 맛있는 음식도 살 수 있다.

어휘 festival 축제
celebration 기념 행사
main 주요한
firework show 불꽃놀이
delicious 맛있는
cotton candy 솜사탕

18 **해설** 필요 없는 물건을 자주 사서 걱정하다가 Jiho에게 조언을 구했는데, Jiho가 사야 할 물품 목록을 만들 것을 제안했다. 그러므로 Jiho가 제안한 것은 ②의 '구매 목록 작성하기'이다.

해석 나는 필요 없는 물건을 자주 사서 걱정이다. 그래서 친구인 Jiho에게 조언을 구했다. 그는 사야 할 물품 목록을 만들자고 제안했다. 정말 좋은 생각인거 같다.

어휘 worry 걱정하다. 근심하다
advice 충고, 조언
suggest 제안하다
a list of things 물품 목록

19 **해설** 제시된 그래프에서 학생들이 가장 좋아하는 스포츠는 축구가 40%로 가장 높다. 그러므로 빈칸에 들어갈 말은 ①의 축구(soccer)가 적절하다.

해석

나의 급우들이 가장 좋아하는 스포츠

기타(10%)
배구(10%)
농구(15%)
야구(25%)
축구(40%)

우리 반 학생들은 축구를 가장 좋아한다.

어휘 favorite 가장 좋아하는
others 기타
volleyball 배구
soccer 축구

20 **해설** 제시문은 로봇이 수행하는 다양한 역할에 대해 설명하고 있다. 그런데 '커피 원두는 따뜻한 지역에서 재배된다.'는 ③의 내용은 로봇이 수행하는 다양한 역할과는 연관성이 없으므로, 전체적인 글의 흐름상 어울리지 않는다.

해석 요즘 로봇은 많은 다양한 역할을 수행한다. ① 몇몇 로

봇은 식당에서 주문을 받는다. ② 다른 로봇은 카페에서 커피를 만든다. ③ <u>커피 원두는 따뜻한 지역에서 재배된다.</u> ④ 로봇은 또한 공항에서 안내원 일을 수행하기도 한다. 로봇은 우리 주변 곳곳에 있다.

어휘 these days 요즘
play role 역할을 수행하다
different 다른, 다양한
take orders 주문을 받다
coffee beans 커피 원두
be grown 재배되다
warm 따뜻한
guide 안내, 안내원
all around 곳곳에, 사방에

21　**해설** 많은 사람들이 토마토를 좋아하지만, 그러나 모기는 <u>그것들</u>을 좋아하지 않는다. 그러므로 'them'은 앞의 'tomatoes'를 가리키는 복수형 3인칭 대명사이며, 'dislike'의 목적어로 사용되었다.
　　① 그릇
　　② 나무
　　④ 모기

해석 모기가 방 안을 날아다니고 있다고 상상해 보라. 무엇을 해야 하는가? 토마토가 도움이 될 수 있다. 많은 사람들이 토마토를 좋아하지만, 모기는 <u>그것들</u>을 싫어한다. 으깬 토마토 그릇은 이 곤충을 방에서 떠나게 할 수 있다.

어휘 imagine 상상하다
mosquito 모기
dislike 싫어하다
bowl 그릇
crushed 으깨진
insect 곤충
away from ～에서 떠나서

22　**해설** 극장 이용 시 주의사항으로 ②, ③, ④는 언급되어 있으나, ①의 '음식 먹지 않기'는 언급되어 있지 않다.

해석

극장 규칙
• 사진 찍지 않기
• 시끄럽게 하지 않기
• 앞 좌석 발로 차지 않기

어휘 theater 극장
rule 규칙
take picture 사진을 찍다
loud 시끄러운

noise 소리, 잡음
kick 차다
in front of ～앞쪽에

23　**해설** 제시문에서 휴대폰을 너무 많이 사용하면 안구 건조증이나 목 통증 등과 같은 해로운 영향을 미칠 수 있다고 설명하고 있다. 그러므로 ③의 '휴대폰 과다 사용의 악영향'이 제시문의 주제로 가장 적절하다.

해석 휴대폰을 너무 많이 사용하면 해로운 영향을 미칠 수 있다. 예를 들어, 안구 건조증을 유발할 수 있다. 또한 목 통증이 발생할 수도 있다. 이러한 부정적인 영향을 아는 것은 중요하다.

어휘 mobile phone 휴대폰
harmful 해로운
effect 영향
for example 예를 들면
cause 유발하다, 야기하다
dry eyes 안구 건조증
neck pain 목 통증
important 중요한
negative 부정적인

24　**해설** Bill이 자기 팀원 중 한 명이 감기에 걸려서 토론회에 참석할 수가 없어서 Steve에게 대신 토론회에 참석할 것을 요청하고 있다. 그러므로 글을 쓴 목적은 ③의 '부탁하려고'이다.

해석 안녕, Steve. 나는 Bill이야. 이번 주 금요일에 학생 토론회가 있어. 하지만 우리 팀원 중 한 명이 감기에 걸려서, 그 토론회에 참석할 수가 없어. 우리 팀에 합류해서 도와줄 수 있겠니? 곧 연락 주길 바래.

어휘 debate 토론, 논쟁
catch a cold 감기에 걸리다
join 합류하다

25　**해설** 글쓴이가 멕시코로 이사 온 후 멕시코와 한국 사이에 많은 문화적 차이가 있음을 발견했다며, 몇 가지 사례를 공유하고자 한다고 말하고 있다. 그러므로 주어진 글의 바로 뒤에 이어질 내용으로는 ④의 '멕시코와 한국의 문화적 차이 사례'가 가장 적절하다.

해석 다른 나라에서 사는 것이 항상 쉬운 것은 아니다. 나는 멕시코에서 3년 째 살고 있다. 가족이 여기로 이사 온 후, 나는 멕시코와 한국 사이의 많은 문화적 차이를 발견했다. 여기 여러분과 함께 공유하고 싶은 몇 가지 사례가 있다.

어휘 country 나라
since 이래로
cultural difference 문화적 차이
example 예, 사례
share with ~와 공유하다

제4교시

사 회

정답 및 해설 |

정답

01 ②	02 ③	03 ③	04 ④	05 ①
06 ②	07 ④	08 ④	09 ④	10 ③
11 ②	12 ③	13 ③	14 ①	15 ④
16 ①	17 ②	18 ①	19 ②	20 ④
21 ①	22 ②	23 ②	24 ④	25 ③

해설

01 짧은 여름 동안에만 기온이 0℃ 이상으로 올라가며, 농업이 거의 불가능하여 주민들이 순록을 유목하거나 물고기, 바다 표범 등을 사냥하며 생활하는 기후는 툰드라 기후이다. 북극해를 중심으로 그린란드, 유라시아 및 북아메리카 대륙의 북부 지역이 툰드라 기후 지역에 해당한다.
① **스텝 기후** : 연중 강수량이 250~500mm 미만의 건조 기후 지역으로, 유목과 목축업이 발달하였다.
③ **지중해성 기후** : 이탈리아와 그리스 등의 남부 유럽에 나타나는 기후로, 여름에는 고온건조하고 겨울에는 온난습윤하며 수목 농업이 발달하였다.
④ **서안 해양성 기후** : 주로 남북위 40°~60° 사이인 대륙 서안에서 나타나는 온난습윤한 기후로, 온화한 기온과 문화의 발달로 관광업이 발달하였다.

02 석회동굴은 석회암이 지하수에 의해 녹아 형성된 동굴로, 석순·석주·종유석 등이 형성되어 관광 자원으로 활용된다. 오름은 화산 중턱에 형성된 소규모 기생 화산을 말하는 것으로, 화산 지역에서 발달한다.

03 우리나라와 중국, 일본을 중심으로 유교, 불교, 한자, 젓가락 문화 등이 공통으로 나타나는 문화 지역은 동아시아 문화 지역이다.
① **건조 문화 지역** : 주민 대부분이 이슬람교를 믿고 아랍어를 사용하는 문화 지역으로, 건조 기후에 적합한 유목과 오아시스 농업이 발달했다.
② **유럽 문화 지역** : 북극권을 제외한 유럽과 시베리아에 이르는 문화 지역으로, 크리스트교가 정신적 바탕을 이루고 민주주의와 자본주의가 싹튼 곳이며 산업 혁명을 바탕으

로 가장 먼저 산업화와 근대화가 이루어진 지역이다.
④ **아프리카 문화 지역** : 사하라 사막 이남 지역으로 부족 단위의 공동체 생활을 하며, 다양한 종족 및 언어가 분포한다.

04 폭설은 비교적 짧은 시간에 많은 양의 눈이 오는 기상 현상으로, 내 집 앞 눈 치우기, 제설 도구 및 미끄럼 방지 장치 준비, 붕괴가 우려되는 건축물의 사전 점검 등은 모두 폭설과 관련된 행동 요령이다.
① **가뭄** : 강수량 부족과 대륙 내부의 건조 기후로 인해 땅이 메마르고 물이 부족한 현상
② **지진** : 서로 다른 지각판의 충돌로 지각이 흔들려 상하운동에 의해 건물 및 교량이 붕괴되고 해안 지역에서는 해일 등이 발생하는 자연 재해
③ **태풍** : 북태평양의 열대 해상에서 발생하는 저기압으로, 강한 바람과 많은 비를 동반함

05 쌀은 밀과 함께 인류의 대표적인 식량 자원으로, 고온 다습한 아시아 계절풍 기후의 평야 지역에서 주로 생산된다. 대체로 생산지에서 소비되므로 국제 이동량이 적은 편이고, 베트남의 국수와 인도네시아의 나시고렝은 쌀로 만든 대표적인 음식이다.

06 산업화와 도시화로 촌락의 인구가 도시로 이동하는 현상은 이촌 향도이다.
① **랜드마크** : 어떤 지역을 대표하거나 다른 지역과 구별되는 지형이나 시설물
③ **인구 밀도** : 일정지역 내의 인구를 해당 지역의 면적으로 나눈 수치로, 지역 내에 거주하는 인구의 과밀한 정도를 나타냄
④ **다국적 기업** : 생산비 절감, 해외 시장의 확대, 무역 규제 완화를 위해 다른 나라에 생산 공장을 건설하거나 지사를 설립·운영하는 기업

07 도시의 무질서한 팽창을 막고 녹지 공간을 확보하기 위해 일부 대도시 주변에 설정한 지역은 개발 제한 구역(greenbelt)이다.
① **부도심** : 부도심은 대도시에서 도심의 상업, 업무, 교통 기

능을 일부 분담하며 도심 집중화를 완화하는 중심지
② **위성 도시** : 중심 대도시의 주변에 위치해 해당 대도시의 인구를 수용하거나 업무기능을 분담하는 역할을 하는 도시
③ **중심 업무 지구(CBD)** : 소매상점, 금융, 보험 등의 사무실, 일부 도매 상점 등 상업적 토지 이용이 집중적으로 이루어지고 있는 도시의 핵심 지구

08
- 영해(㉠)는 영토 주변의 바다로, 그 범위는 일반적으로 기선으로부터 12해리까지이다
- 기선으로부터 200해리까지의 수역 중 영해를 제외한 바다를 배타적 경제 수역(㉡)이라 한다.
- **영공** : 한 국가의 주권이 미치는 영토와 영해의 수직 상공으로, 대기권 내로 한정됨

09 선거의 공정한 관리와 정당에 관한 사무 처리를 위하여 설치된 국가 기관은 선거 관리 위원회이다. 선거 관리 위원회는 선거 운동과 투표 및 개표를 관리하고 유권자의 투표 참여를 독려한다.
① **대법원** : 주로 3심 사건의 최종적인 재판을 담당하는 사법부의 최고 법원
② **특허 법원** : 특허심판원 심결에 대한 취소소송과 특허권·실용신안권·상표권·디자인권·품종보호권에 관한 민사소송의 1심 판결에 대한 항소사건을 관할하는 전문 법원
③ **국가 인권 위원회** : 모든 개인이 가지는 불가침의 기본적 인권을 보호·증진하여 민주적 기본질서를 확립하기 위한 인권 전담 기구

10 국가의 의사를 결정하는 최고 권력인 주권이 국민에게 있다는 국민 주권의 원리는 민주주의의 핵심 원리이다.
① **희소성** : 인간의 욕구는 무한하지만 이를 충족해 줄 자원이 상대적으로 부족한 상태
② **심급 제도** : 공정하고 정확한 재판을 위해 급이 다른 법원에서 여러 번 재판할 수 있는 제도(3심제가 원칙)
④ **권력 분립** : 국가권력을 나누어 각각 다른 기관에 분담시켜 서로 견제·균형하게 함으로써 국민의 자유와 권리를 보장하려는 자유주의적 조직 원리

11 대통령, 국무총리, 국무 위원으로 구성되는 행정부의 최고 심의 기관은 국무 회의이다. 국무 회의의 위원들은 행정부의 권한에 속하는 중요한 정책을 심의하는 역할을 수행한다.
① **국회** : 국민의 대표로 구성한 입법 기관
③ **노동조합** : 노동자들이 회사의 불합리한 대우에 대처하고 적법한 이익을 누리기 위해 결성한 단체
④ **헌법 재판소** : 헌법의 해석과 관련된 정치적 사건과 국회에서 만든 법률 등을 사법적 절차에 따라 심판하는 헌법 재판 기관

12 공적인 생활 영역을 다루는 법이자 우리나라의 최고의 법은 헌법이다. 헌법은 국민의 권리와 의무, 국가의 통치 조직과 운영 원리 등을 규정한다.
① **민법** : 일반인의 사적 생활관계와 가족관계를 규율하는 법
② **상법** : 상거래와 기업의 법률관계를 규율하는 법
④ **노동법** : 노동자의 권익 보호와 노사관계의 공정성을 보장하기 위해 노동관계를 규율하는 법

13 주어진 표에서 초콜릿의 가격이 6,000원일 때 수요량과 공급량이 18만 개로 일치하므로, 초콜릿의 균형 가격에 따른 균형 거래량은 18만 개이다.

14 물가가 지속적으로 상승하는 현상을 인플레이션이라고 하는데, 물가란 시장에서 거래되는 여러 상품의 가격을 종합한 평균적인 가격 수준을 의미한다.
② **분업** : 생산의 모든 과정을 여러 전문적인 부문으로 나누어 여러 사람이 분담하여 일을 완성하는 노동 형태
③ **신용** : 일정 기간 지급을 연기하고 재화나 서비스를 구입하고 갚을 수 있는 능력
④ **실업** : 일할 능력과 의사는 있으나 일자리가 없는 상태

15 비슷한 나이의 친구 집단으로, 소속감과 심리적 안정감을 추구하는 집단은 또래 집단이다. 또래 집단은 인간의 사회화에 영향을 미치는 집단으로, 놀이를 통해 공동체 생활에 필요한 규칙과 질서를 배운다.
① **정당** : 정치권력의 획득을 목적으로 정치적 견해를 같이 하는 사람들이 모인 단체
② **회사** : 상행위나 그 밖의 영리를 목적으로 설립된 법인
③ **이익 집단** : 특정 목적을 위해 의도적, 후천적으로 형성된 집단(예 회사, 정당 등)

16 한 사회의 구성원들이 주어진 환경에 적응하면서 만들어온 공통의 생활 양식을 문화라 하며 의식주, 예술, 종교 등이 포함된다.
② **본능** : 생물이 태어날 때부터 유전적으로 몸에 지니고 있는 행동 양식
③ **인종** : 신체적·사회적·문화적 특성을 들어 차이가 있다고 인식되는 인구집단을 임의로 나누어 분류한 것
④ **유전** : 부모의 유전형질이 자손에게 전달되는 것

17 주먹도끼는 대표적인 구석기 시대의 유물로 사냥, 나무 손질 등 다양한 용도로 사용되었다. 구석기 시대는 인류가 돌을 깨 뜨려 도구를 만들어 사용하던 시기이다.

18 웅진에서 사비로 수도를 옮기고 국호를 남부여로 바꾼 백제 의 왕은 성왕이다. 성왕은 신라 진흥왕과 연합하여 한강 일부 지역을 수복하였으나, 신라와 나·제 동맹이 결렬된 후 신라 를 공격하다 관산성 전투에서 전사하였다.
② 광종 : 과거제도와 노비안검법을 실시한 고려의 왕
③ 세조 : 계유정난을 일으켜 단종을 폐위하고 왕위에 오른 조선의 왕
④ 광개토 대왕 : 동아시아의 강대한 대제국을 건설하고 고구 려의 전성기를 이끌었던 고구려의 왕

TIP **백제 성왕(523~554)**
• 사비(부여)로 도읍을 옮기고, 국호를 남부여로 고침
• 중앙 관청을 22부로 확대하고, 행정 조직을 5부(수도) 5방(지방)으 로 정비
• 겸익을 등용하여 불교 진흥, 노리사치계를 통해 일본에 불교 전파
• 중국의 남조와 활발하게 교류 및 문물 수입
• 신라 진흥왕과 연합하여 한강 일부 지역 수복
• 나·제 동맹 결렬 후 신라를 공격하다 관산성 전투에서 전사

19 대조영이 고구려 유민과 말갈족을 이끌고 동모산에서 건국한 나라는 발해이다. 이 나라는 일본에 보낸 외교 문서에 '고려 국왕'이라 표현하며 고구려 계승 의식을 분명히 나타내었다.
① 가야 : 한반도 남쪽에 있었던 변한의 12개 작은 나라들을 통합해 세운 연맹 왕국
③ 신라 : 박혁거세를 시조로, 한반도 동남부 진한의 소국 중 하나인 사로국으로 시작해 삼국통일을 이룬 국가
④ 대한 제국 : 1897년 고종 황제가 국가의 자주독립을 지키 고 왕권을 강화하기 위해 선포한 근대 국가

20 원 간섭기에 친원 세력을 제거하고, 쌍성총관부를 공격하여 철령 이북의 땅을 되찾았으며, 전민변정도감을 설치하여 개 혁 정치를 전개한 고려의 왕은 공민왕이다.
① 영조 → 조선 후기의 중흥을 이끈 제21대 왕
③ 의자왕 → 백제의 마지막 왕
④ 선덕여왕 → 신라 최초의 여왕이자 27대 왕

21 조선이 청의 군신 관계 요구를 받아들이지 않자 청이 조선을 침략하여 일으킨 전쟁은 병자호란이다. 이 전쟁 당시 인조는 남한산성에서 항전하였으나, 결국 삼전도에서 청과 굴욕적인 화의를 맺었다.

② 귀주 대첩(1019) : 고려 현종 때 10만 대군의 소배압이 이 끄는 거란의 3차 침입에 맞서 강감찬이 귀주 대첩에서 대 승을 거두었다.
③ 살수 대첩(612) : 수 나라가 대군을 이끌고 고구려를 침입 하자 을지문덕이 살수에서 수의 군대를 크게 물리쳤다.
④ 삼국 통일(676) : 나·당 연합군이 백제와 고구려를 차례 대로 멸망시킨 후, 신라는 한반도의 지배 야욕을 보이던 당나라와의 전쟁에서 승리하여 삼국 통일을 이룩하였다.

22 정조의 뒤를 이어 어린 나이의 순조가 왕위에 오르자 안동 김씨 등 특정 가문이 권력을 잡고 국정을 장악하는 세도 정 치가 본격적으로 전개되었다.
① 골품제 : 신라의 신분 제도
③ 유신 헌법 : 1972년 박정희 정부가 영구 집권을 위해 공포 한 헌법
④ 화백 회의 : 국가의 중대사를 만장일치로 결정한 신라의 귀족 회의 기구

TIP **세도 정치기의 전개**
• **순조(1800~1834)** : 정순왕후의 수렴청정, 김조순의 안동 김씨 일 파의 세도 정치 전개
• **헌종(1834~1849)** : 헌종의 외척인 조만영·조인영 등의 풍양 조 씨 가문이 득세
• **철종(1849~1863)** : 김문근 등 안동 김씨 세력이 다시 권력 장악

23 ㄱ. 4군 6진 개척 → 조선 세종
조선 세종 때 여진족을 몰아내고 최윤덕은 압록강 유역에 4군을, 김종서는 두만강 유역에 6진을 설치하여 북방 영 토를 개척하였다.
ㄹ. 훈민정음 창제 → 조선 세종
조선 세종은 집현전 학자들과 독창적인 문자인 훈민정음 을 창제하였다.
ㄴ. 갑오개혁 실시 → 조선 고종
조선 고종 때 김홍집 친일 내각은 군국기무처를 설치하고 신분제 폐지, 공사 노비법 혁파 등의 개혁을 추진하였다.
ㄷ. 을사늑약 체결 → 조선 고종
조선 고종 때 일본이 대한 제국을 강압하여 을사늑약을 체결한 후 대한 제국의 외교권을 빼앗고 이토 히로부미를 초대 통감으로 하는 통감부를 설치하였다.

24 1910년부터 1918년까지 일제는 근대적 토지 소유권 확립을 명분으로 토지 조사 사업을 실시하였고, 빼앗은 국유지와 공 유지는 일본인에게 싼 값으로 넘겼다.
① 탕평책 : 조선 영조와 정조가 붕당 간 정쟁의 폐단을 막고 정국을 안정시키고자 실시한 정책

② **호패법** : 조선 태종 때 호구의 정확한 파악을 위해 16세 이상의 남자들에게 발급한 호패 제도

③ **노비안검법** : 고려 광종이 양인이었다가 불법으로 노비가 된 자를 조사하여 해방시키기 위해 시행한 법

25 1987년 대학생 박종철이 고문으로 인해 사망하자, 학생과 시민들이 이에 대한 진상 규명과 대통령 직선제 개헌을 요구하며 전개한 대규모 시위는 6월 민주 항쟁이다. 그 결과 집권당의 대통령 후보인 노태우가 6·29 선언을 통해 5년 단임의 대통령 직선제 개헌안을 수용하였다.

① **새마을 운동** : 박정희 정부 때의 농촌 근대화를 표방한 범국민적 지역 사회 개발 운동

② **위화도 회군** : 명나라의 요동을 공략하기 위해 출정했던 이성계가 4불가론을 들어 위화도에서 회군한 사건

④ **국채 보상 운동** : 일본에 진 빚을 국민들의 모금으로 갚기 위해 전개된 경제적 구국 운동

제5교시

과 학

정답 및 해설

▌정답

01 ①	02 ①	03 ③	04 ④	05 ④
06 ③	07 ④	08 ②	09 ④	10 ①
11 ②	12 ③	13 ②	14 ④	15 ①
16 ②	17 ②	18 ①	19 ②	20 ④
21 ④	22 ③	23 ②	24 ③	25 ①

▌해설

01 마찰력은 물체와 접촉면 사이에서 물체의 운동을 방해하는 힘으로, 물체의 운동 방향과 반대로 작용한다. 그러므로 물체의 바닥면에 작용하는 마찰력은 A 방향으로 작용한다.

02 물체의 실제 크기보다 상의 크기가 작고, 넓은 범위를 볼 수 있어 굽은 도로의 안전 거울로 사용되는 것은 볼록 거울이다.
② **오목 거울** : 거울의 반사면이 안쪽으로 오목하게 들어간 거울로 손전등, 자동차 전조등, 화장용 거울 등에 사용된다.
③ **볼록 렌즈** : 빛을 한 점으로 모으는 렌즈로, 망원경, 카메라, 현미경 등 광학 기구에 사용된다.
④ **오목 렌즈** : 빛을 퍼뜨리는 렌즈로, 근시용 안경에 주로 사용된다.

03 주어진 전기 회로는 병렬연결이므로 전압의 세기가 동일하다. 따라서 전구 ㉠에 걸리는 전압이 3V일 때, 전구 ㉡에 걸리는 전압도 3V이다.

> **TIP** **직렬연결 & 병렬연결**
> • 직렬연결은 전류(A)의 세기가 동일하다.
> • 병렬연결은 전압(V)의 세기가 동일하다.

04 물질을 가열하였을 때 부피가 커지는 현상은 열팽창이다. 열팽창으로 물체의 온도가 상승하면 원자들의 운동이 활발해지고 원자 간 거리가 늘어난다. 따라서 구리 공을 가열하여 구리 공의 부피가 커질 때 증가하는 것은 구리 입자 사이의 거리이다.

05
> 이동 거리 = 속력 × 시간

그래프에서 등속 운동을 하는 물체의 속력은 4m/s이므로, 5초 동안 이동한 거리는 $4 \times 5 = 20$(m)이다.

06
> 역학적 에너지 = 운동 에너지 + 위치 에너지

물체의 위치 에너지와 운동 에너지의 합을 역학적 에너지라고 한다. 따라서 ㉠에 들어갈 에너지는 '운동 에너지'이다. 마찰이나 공기 저항을 무시할 때 물체의 역학적 에너지는 일정하게 보존된다.

07 향수병의 뚜껑을 열어 두면 향수 입자가 멀리 퍼진다. 이처럼 물질을 이루는 입자가 스스로 운동하여 공기 중으로 퍼져 나가는 현상을 '확산'이라 한다.
① 액화 : 기체 → 액체
② 융해 : 고체 → 액체
③ 응고 : 액체 → 고체

08
> 기화 : 액체 → 기체

물이 끓어서 수증기가 되는 것은 액체가 기체로 변화하는 것이므로 기화에 해당한다. 따라서 A~D 중 물이 끓어서 수증기가 되는 과정은 B에 해당한다.
① A 고체 → 액체 : 융해
③ C 액체 → 고체 : 응고
④ D 기체 → 액체 : 응결

09 그림에서 보듯이 메테인(CH_4) 분자 1개는 탄소(C) 원자 1개와 수소(H) 원자 4개로 구성되어 있다. 그러므로 메테인 분자 1개를 구성하는 수소(H) 원자의 개수는 4개이다.

10 그림처럼 식용유가 물 위에 뜨는 이유는 식용유의 밀도가 물보다 작기 때문이다. 밀도란 단위 부피에 대한 물질의 질량을 의미한다.

11
> $3H_2 + N_2 \rightarrow 2NH_3$

그림에서 보듯이 반응 물질인 수소(H) 원자와 질소(N) 원자가 반응 후 생성 물질인 암모니아($2NH_3$)에서 그 배열이 달라졌음을 확인할 수 있다.

① 반응 물질인 수소(H) 원자 6개와 질소(N) 원자 2개가 반응 후 생성 물질인 암모니아($2NH_3$)의 원소 개수 8개와 동일하므로 원자의 개수는 달라지지 않았다.

③ 반응 물질인 수소(H) 원자와 질소(N) 원자가 생성 물질인 암모니아($2NH_3$)에 존재하므로 원자의 종류는 달라지지 않았다.

④ 질량 보존의 법칙에 따라 반응 물질의 원자의 질량은 반응 후 생성 물질의 원자의 질량과 동일하다.

12 화학 반응이 일어날 때 반응 물질의 총 질량과 생성 물질의 총 질량이 항상 같은 것은 질량 보존의 법칙에 해당한다.

① 보일 법칙 : 일정한 온도에서 기체의 부피는 압력에 반비례한다는 법칙

② 기체 반응 법칙 : 기체가 반응할 때 같은 온도와 압력에서 반응물과 생성물의 부피가 간단한 정수비로 성립한다는 법칙

④ 일정 성분비 법칙 : 한 화합물을 구성하는 성분 원소 사이에는 항상 일정한 질량비가 성립한다는 원칙

13 먹이를 섭취하여 양분을 얻는 생물 무리는 동물계로 참새, 개구리, 호랑이 등이 이에 포함된다. 동물계는 핵을 가지는 진핵 생물이며 다세포성 생물로 세포벽이 없고, 다양한 기능을 하는 세포들로 구성되어 있다.

① 균계 : 기생 생활을 하며 유기물을 분해하여 영양분을 흡수하는 생물로 포자에 의해 번식함

③ 식물계 : 광합성을 하는 생물로 세포벽을 가지며 광합성에 필요한 기관이 발달되어 있음

④ 원생생물계 : 핵을 가지는 진핵생물이며 짚신벌레, 아메바 등이 이에 속함

14

$$물 + 이산화탄소 \xrightarrow{\text{빛에너지}} 포도당 + 산소$$

광합성은 녹색 식물이 빛에너지를 이용해 물과 이산화탄소를 원료로 포도당과 산소를 만드는 과정이다. 따라서 광합성의 결과 생성된 ㉠에 해당하는 기체는 산소이다.

15 호흡계는 세포의 호흡에 필요한 산소를 공기 중에서 흡수하고 호흡의 결과 발생한 이산화탄소를 몸 밖으로 내보내는 역할을 하는 기관계로 코, 폐, 기관지 등으로 구성되어 있다. ① 의 위는 크기가 큰 영양소를 작은 영양소로 분해하는 소화계에 해당한다.

16 붉은색을 띠는 헤모글로빈이 들어 있고, 산소를 운반하는 역할을 하는 것은 적혈구이다.

① 백혈구 : 식균 작용

③ 혈소판 : 혈액 응고 작용

④ 암모니아 : 질소 원자 1개와 수소 원자 3개가 결합된 알칼리성 화합물

17 사람 눈의 구조 중 동공의 크기를 변화시켜 눈으로 들어오는 빛의 양을 조절하는 것은 홍채이다. 홍채는 동공을 둘러싸고 있는 얇은 원형의 막으로, 사람마다 그 색이 다르다.

① 고막 : 공기의 진동을 속귀 쪽으로 전달하여 들을 수 있게 해 주는 타원형의 반투명 막

③ 수정체 : 탄력적이고 투명하며 볼록렌즈 모양으로, 빛을 굴절시켜 망막에 상이 맺히도록 함

④ 달팽이관 : 청각세포가 분포되어 있어 소리 자극을 받아들여 청각 신경을 통해 전달하는 곳

18 혈당량 감소에 관여하는 호르몬은 인슐린으로, 내분비샘 중 이자에서 분비된다.

② 쓸개즙 : 간에서 만들어지는 소화 효소로, 쓸개에 저장되었다가 십이지장으로 분비되어 지방을 분해함

③ 아밀레이스 : 침 속에 들어 있는 소화 효소로, 녹말을 더 작은 입자인 엿당으로 분해함

④ 에스트로젠 : 여성의 2차 성징에 관여하는 호르몬으로, 여성의 난소에서 주로 생성됨

19 아버지(AA)가 만드는 혈액형의 유전자형은 A형이고 어머니(BB)가 만드는 혈액형의 유전자형은 B형이다. 그러므로 딸에게 나타나는 혈액형의 유전자형은 AB형이다.

20 마그마가 천천히 식어서 굳어진 것으로, 주로 밝은색 광물로 구성된 암석은 화강암이다.

① 사암 : 주로 모래 입자들이 쌓여서 만들어진 퇴적암

② 역암 : 자갈과 모래, 점토 등의 입자가 한데 엉켜 만들어진 퇴적암

③ 현무암 : 거무스름한 색과 기공이 특징인 화산 활동으로 생성된 암석

21 자성이 있어 쇠못이나 클립과 같은 작은 쇠붙이가 달라붙는 성질이 있는 광물은 자철석이다. 자철석은 대표적인 철의 산화광물이다.

① 금 : 빛나는 노란색의 무른 금속으로 연성과 가단성이 있는 전이 금속

② 석영 : 이산화규소(SiO_2)로 이루어진 규산염 광물

③ **방해석** : 탄산칼슘을 주성분으로 하는 탄산염 광물

22 태양과 가장 가까운 거리에 있으며, 대기가 거의 없어 표면에
운석 구덩이가 많은 태양계 행성은 수성이다.
① **금성** : 태양계의 두 번째 행성으로, 고온, 고압, 부식성 대
기 등의 극한 환경을 가진 행성
② **목성** : 태양계의 다섯 번째 행성으로, 태양계 행성 중 부피
가 가장 크며 수소와 헬륨으로 이루어진 행성
④ **화성** : 태양계의 네 번째 행성으로, 표면에 산화철이 많은
붉은색 암석과 흙으로 덮여 있는 행성

23 지구의 수권에서 해수는 97.2%로 가장 큰 부피를 차지한다.
지구의 수권에서 차지하는 부피는 해수 > 빙하 > 지하수
> 하천수와 호수 순이다.

24 시베리아 기단은 우리나라의 한겨울 날씨에 영향을 미치는
대륙에서 발생한 한랭 건조한 기단이다.
① 고온 다습 → 북태평양 기단
② 온난 건조 → 양쯔강 기단
④ 한랭 다습 → 오오츠크해 기단

25 수만에서 수십만 개의 별들이 공 모양으로 **빽빽**하게 모여 있
는 우리은하의 구성 천체는 구상 성단이다. 구상 성단에는 붉
은색을 띠는 저온의 별이 많다.
② **산개 성단** : 하나의 성간구름에서 수백만 년 정도의 비교
적 짧은 시간 내에 태어난 수십에서 수천 개 별들로 구성
된 별의 집단이다.
③ **반사 성운** : 자체적으로 빛을 내지 않으나 주위의 고온 항
성으로부터 받은 빛을 반사하여 마치 스스로 빛을 내는
것처럼 보이는 가스와 먼지로 이루어진 성운을 말한다.
④ **방출 성운** : 중심에 있는 뜨거운 별이 방출하는 자외선이
나 고에너지 복사선에 의해 가스가 이온화되어 빛을 내는
성운이다.

제6교시 선택 과목

도 덕

정답 및 해설

정답

01 ④	02 ①	03 ③	04 ④	05 ③
06 ①	07 ④	08 ③	09 ①	10 ①
11 ②	12 ④	13 ①	14 ③	15 ②
16 ③	17 ③	18 ②	19 ②	20 ④
21 ②	22 ②	23 ④	24 ④	25 ①

해설

01 사람의 특성 중 사회적 존재는 다른 사람과 동떨어져 고립되어 살아가는 것이 아니라, 다른 사람과 도움을 주고받으며 더불어 살아가는 존재를 의미한다.

02 유교의 대표적 사상가인 맹자는 사람은 누구나 타인을 측은히 여기는 선한 마음을 가지고 태어난다는 성선설을 주장하였다.
② 순자 : 성악설을 주장하며 예치를 강조함
③ 장자 : 만물의 평등함과 정신의 자유로움을 강조함
④ 석가모니 : 고대 인도(네팔)의 불교 창시자

03 통일 한국이 지향해야 할 가치는 평화, 자유, 인권, 정의 등의 보편적 가치이다. ③의 '혐오'는 싫어하고 미워하는 마음이므로, 통일 한국이 추구해야 할 가치로 적절하지 않다.

> **TIP 통일 한국이 지향해야 할 가치**
> • 평화 : 전쟁의 공포가 사라진 평화로운 국가를 지향해야 함
> • 자유 : 자신의 신념과 선택에 따른 자유로운 삶이 보장되는 국가를 지향해야 함
> • 인권 : 모든 사람의 존엄과 가치가 존중되는 인권 국가를 지향해야 함
> • 정의 : 모두가 합당한 대우를 받는 정의로운 국가를 지향해야 함

04 A가 친구의 컵을 실수로 깨뜨렸을 때, A가 거짓말을 하지 말아야 한다고 알고 있는 것은 도덕적 지식을 겸비했다는 의미이다. 그러나 누가 컵을 깨뜨렸냐는 친구의 물음에 A가 솔직하게 답하지 못한 것은 용기가 부족할 때 발생하므로, A에게 필요한 것은 도덕적 실천 의지이다.

① 고정관념 : 사람들의 행동을 결정하는 잘 변하지 않는 굳은 생각
② 생명 존중 : 모든 생명의 가치를 인정하고, 생명을 소중히 여기는 태도
③ 책임 전가 : 자기가 져야 할 책임을 고의적으로 남에게 미루는 태도

05 친한 친구 사이이기 때문에 욕을 했다는 학생의 말에 교사가 그 친구도 너와 친하다는 이유로 너에게 욕을 해도 괜찮겠냐고 묻고 있다. 이처럼 입장을 바꿔서 도덕 원리를 적용하는 것은 상대와 입장을 바꾸어 판단하는 역할 교환 검사에 해당한다.
① 반증 사례 검사 : 상대가 제시한 도덕 원리에 반대되는 사례를 제시해 보는 방법
② 사실 판단 검토 : 제시된 정보가 신뢰할 만한 근거를 바탕으로 했는지, 그리고 논리적 오류나 편견이 없는지 비판적으로 분석하는 방법
④ 정보의 출처 평가 : 신뢰할 수 있는 정보의 출처를 식별하는 방법

06 사이버 공간이 누구에게나 열려 있고, 자신이 원하는 정보에 쉽게 접근할 수 있으며, 다양한 정보나 의견을 주고받을 수 있는 것은 사이버 공간의 개방적 특성 때문이다.

> **TIP 사이버 공간의 특성**
> • 익명성 : 자신을 감출 수 있으며, 상대방이 누구인지도 알지 못함
> • 개방성 : 일정한 자격과 권한이 있는 사람은 누구나 정보를 검색할 수 있음
> • 평등성 : 차별 없는 수평적 의사소통이 가능
> • 자율성 : 정보의 종류와 활용 방향에 대해 스스로 결정할 수 있음
> • 쌍방향성 : 정보를 생산하고 소비하는 성격이 혼재되어, 서로 영향을 주고받음
> • 비동시성 : 시간에 구애받지 않고 일을 처리
> • 광역성 : 국경이나 언어를 초월하여 광범위한 영향을 미침
> • 신속성 : 정보의 전파 속도가 무척 빠름

07 사랑, 지혜, 아름다움 등 인간의 정신적 활동을 통해 얻는 가치는 정신적 가치이다.

TIP 가치의 구분

형태적 특징에 따른 구분	물질적 가치	특정 물질 또는 물질적 형태의 가치와 그것을 통해 느끼는 만족감
	정신적 가치	정신적 만족을 주는 가치(예 지적 가치, 도덕적 가치, 심미적 가치 등)
수단과 목적에 따른 구분	도구적 가치	다른 것 또는 다른 목적을 얻기 위한 수단이 되는 가치
	본래적 가치	그 자체가 귀중하고 목적이 되는 가치(예 사랑, 생명 등)

08 죽음에 대한 도덕적 성찰이 필요한 이유는 현재 우리가 살아가고 있는 삶의 매 순간이 얼마나 소중하고 값진 것인지를 깊이 깨닫게 되는 것이 가장 핵심적인 목적이다.

09 (가) 자애 : 부모가 자녀에게 베푸는 헌신적인 사랑
(나) 우애 : 형제자매가 서로 아끼고 정답게 지내는 것
• 경로 : 노인을 공경함
• 효도 : 부모를 잘 섬기는 도리

10 봉사 활동은 이웃 사랑을 실천하고 더불어 사는 사회를 만드는 데 기여하는 순수한 활동이다. 그러므로 금전적인 대가를 바라지 않고, 이웃에 대한 사랑을 기반으로 실시해야 한다.

ㄷ. 공공의 이익보다 자신의 이익만을 추구해야 한다. → 봉사 활동은 자신의 이익보다 공공의 이익을 추구해야 한다.
ㄹ. 자발적으로 하는 것이 아니라 남이 시킬 때 해야 한다. → 봉사 활동은 남이 시켜서가 아니라 자발적이어야 한다.

11 친구가 행복할 때 같이 기뻐해 주는 마음, 친구에 대한 선행과 친구와 함께하는 생각과 행동을 강조하는 덕목은 우정이다.
① 경쟁 : 같은 목적에 대하여 서로 이기거나 앞서려고 다툼
③ 복종 : 남의 명령이나 의사를 그대로 따라서 좇음
④ 위선 : 겉으로만 착한 체하는 것

12 타인에게 공감하는 능력을 키우거나 폭력 예방 교육에 적극적으로 참여하는 것은 폭력을 예방하는 올바른 방법이다.
• 강압적으로 문제를 해결하는 습관 기르기 → 강압적인 방법이 아니라 대화와 타협을 통해 문제를 해결하는 습관을 길러야 한다.

13 북한은 경계의 대상이면서 다른 한편으로는 교류하고 협력해야 하는 대상이다. 그러므로 북한을 올바르게 이해하기 위해서는 북한에 대한 균형적인 시각을 가져야 한다.
② 배타적 : 남을 배척하는 것
③ 일방적 : 어느 한쪽으로 치우친 것
④ 편향적 : 한쪽으로 치우친 경향이 있는 것

14 국가 공동체를 소중히 여기고, 국가의 정책 결정 과정에 자발적으로 참여하는 것은 바람직한 시민의 태도이다.
ㄱ. 타인의 권리를 경시하는 태도 → 타인의 권리를 존중하는 태도
ㄷ. 다른 민족과 국가를 배척하는 태도 → 다른 민족과 국가를 포용하는 태도

15 정의로운 사회는 모든 구성원이 차별받지 않고 공정한 대우를 받으며 자유와 평등이 보장되는 사회로, 사회 구성원의 인간다운 삶을 보장하기 위해 필요하다.
① 비도덕적 공동체를 형성하기 위해 → 도덕적 공동체를 형성하기 위해
② 불합리한 사회 제도를 만들기 위해 → 합리적인 사회 제도를 만들기 위해
④ 일부 구성원에게만 유리한 사회를 만들기 위해 → 모든 구성원에게 이익이 되는 사회를 만들기 위해

16 국민의 인간다운 삶을 보장하기 위해 국가가 적극적인 역할을 해야 한다는 국가관은 '적극적 국가관'이다. 적극적 국가관은 국가가 의료나 교육 등 다양한 복지를 국민에게 제공할 것을 요구한다.

TIP 국가관의 유형

분류	소극적 국가관	적극적 국가관
내용	국가의 역할은 국민의 생명과 안전을 보장하는 최소한의 공공사업에 그침	국가가 개인의 생활에 적극적으로 개입해야 함
역할	개인의 자유와 권리 강조 (축소)	국민의 인간다운 삶 실현을 위한 국가의 역할 강조 (확대)
장점	국가의 개입을 최소화하고, 개인의 자유를 최대한 보장	불평등 완화 및 광범위한 복지 혜택
단점	빈부격차를 해결하거나 공동선을 실현하기 어려움	개인의 자유 침해와 세금 부담이 커짐
학자	애덤 스미스	케인즈

17 갈등을 평화적으로 해결하면 서로가 만족할 수 있는 해결책을 찾을 수 있고, 서로를 이해하고 존중하는 기회가 될 수 있다. 그러므로 ㉠에 들어갈 용어는 '평화'이다.

> **TIP 평화적 갈등 해결 방법**
> • 대화와 토론
> • 협상
> • 양보와 타협
> • 다수결의 원칙
> • 조정과 중재

18 일회성 → 항구성
인권은 인간이 인간답게 살아가기 위해 보장되어야 할 권리로 보편성, 불가침성, 천부성, 항구성의 특징을 갖는다.

> **TIP 인권의 특성**
> • **보편성** : 누구나 동등하게 누릴 권리
> • **천부성** : 태어나면서 자연적으로 갖게 되는 권리
> • **항구성** : 영구적으로 보호되고 존중되어야 하는 권리
> • **불가침성** : 어떤 경우에도 침해할 수 없는 권리

19 건강한 삶과 생명 연장에 기여하는 것은 현대 과학 기술의 발전으로 인한 긍정적 측면에 해당한다.
① 자연환경을 훼손한다. → (나) 부정적 측면
③ 교통의 발달로 생활권이 확대된다. → (가) 긍정적 측면
④ 생활을 풍요롭고 편리하게 해 준다. → (가) 긍정적 측면

20 일반적으로 즐거움이나 만족감을 느끼는 상태를 행복이라고 하며, 진정한 행복을 위해서는 좋은 습관이 필요하다. 좋은 습관은 사람이 훌륭한 성품, 긍정적인 자세, 건강한 삶을 형성하고 행복한 삶을 유지하는 데 도움을 준다.

21 성 윤리는 성적인 문제에 있어서 남녀 사이에 마땅히 지켜야 할 윤리로, 성에 대한 상대방의 의사를 존중하고 배려하는 것이 바람직한 성 윤리이다.

22 자신에게 잘못한 사람을 향한 분노와 같은 감정을 버리고, 그 사람을 너그럽게 대하는 것을 용서라고 한다.
① **미움** : 미워하는 일이나 미워하는 마음
③ **질투** : 다른 사람이 잘되거나 좋은 처지에 있는 것 따위를 공연히 미워하고 깎아내리려 함
④ **충동** : 순간적으로 어떤 행동을 하고 싶은 욕구를 느끼게 하는 마음속의 자극

23 식량 부족으로 인한 빈곤과 기아, 기후 위기나 전쟁 등으로 인한 난민 증가 등 세계 시민이 겪는 도덕 문제를 해결하기 위해 필요한 태도는 '인류애'이다. 인류애는 인류 전체에 대한 차별 없는 사랑을 의미하며, 평화, 평등, 행복, 자유 등 긍정적인 가치와 밀접하게 연결된 개념이다.
① · ② · ③ 세계 시민은 지구 공동체의 일원으로서 공동체 의식을 가지고 지구촌의 문제를 인식하고 합리적으로 해결하려고 노력하는 사람을 의미하므로 방관, 불신, 무관심은 바람직한 세계 시민의 태도로 볼 수 없다.

24 자아는 자기 자신에 대한 의식이나 관념으로, 나를 알아가는 과정에서 확인하는 자신의 모습이다.
① 내가 보는 타인의 모습을 자아라고 한다. → 내가 보는 자신의 모습을 자아라고 한다.
② 자아는 개인적인 특징, 능력, 성격과 무관하다. → 자아는 개인적인 특징, 능력, 성격과 깊은 관련이 있다.
③ 자아는 영원히 변할 수 없고 고정되어 있는 것이다. → 자아는 자신을 탐색하고 다양한 경험을 통해 성장하면서 끊임없이 변화하고 발전한다.

25 보편 규범에 근거하여 문화를 성찰하는 것은 다양한 문화를 바라보는 바람직한 태도이다.
② 다양한 문화가 지닌 고유한 의미를 존중해야 한다.
③ 우리 문화보다 다른 문화를 열등하게 여기는 것은 자문화 중심주의로 지양해야 할 태도이다.
④ 문화 사대주의는 다른 문화를 더 좋은 것으로 생각하고 자신의 문화를 과소평가하거나 무시하는 것이므로 지양해야 한다.

정답 및 해설

2024년도

제1회

제1교시

국 어

정답 및 해설 |

▌정답

01 ②	02 ④	03 ④	04 ③	05 ③
06 ①	07 ③	08 ③	09 ④	10 ①
11 ③	12 ②	13 ②	14 ①	15 ①
16 ④	17 ②	18 ①	19 ④	20 ②
21 ③	22 ①	23 ①	24 ②	25 ④

▌해설

01 공감하는 말하기는 상대방의 처지에서 상대방의 생각과 감정을 이해하려고 노력하는 말하기이다. 요즘 노래 실력이 늘지 않아서 걱정이라는 여학생의 말에, '많이 속상하겠다.'라고 여학생의 말에 공감하며, '힘내.'라고 위로하고 있다. 그러므로 '민재'의 말하기 의도는 '공감하며 위로하기'이다.

> **TIP 공감하며 듣고 말하기의 유의점**
> • 상대방의 처지를 이해하고 배려한다.
> • 상대방의 말을 끝까지 경청한다.
> • 상대방의 인격을 존중한다.
> • 상대방의 신뢰를 잃거나 오해를 받지 않도록 관련된 사실은 진솔하게 이야기한다.

02 면담 목적이 커피 전문가라는 직업에 대한 정보를 얻는 것이므로 ①의 커피 전문가의 전망, ②의 커피 전문가가 하는 일, ③의 커피 전문가가 되기 위한 방법 등은 면담의 질문 내용으로 적절하다. 그러나 ④의 커피 전문가가 가장 좋아하는 운동은 커피 전문가라는 직업에 대한 정보가 아니므로 면담의 질문 내용으로 적절하지 않다.

03 흙은[흐근] → [흘근]
표준 발음법 제14항의 규정(연음법칙)에 따라 '흙은'은 겹받침 'ㄺ'이 모음으로 시작된 조사 '-은'과 결합되었으므로, 뒤엣것만을 뒤 음절 첫소리로 옮겨 [흘근]으로 발음해야 한다.
① 값이[갑씨] : '값이'는 겹받침 'ㅄ'이 모음으로 시작된 조사 '-이'와 결합되었으므로, 뒤엣것만을 뒤 음절 첫소리로 옮겨 [갑시]로 발음하되 'ㅅ'은 된소리로 발음되므로 [갑씨]로 발음한 것은 옳다.
② 넓은[널븐] : '넓은'은 겹받침 'ㄼ'이 모음으로 시작된 어미 '-은'과 결합되었으므로, 뒤엣것만을 뒤 음절 첫소리로 옮겨 [널븐]으로 발음한 것은 옳다.
③ 읊어[을퍼] : '읊어'는 겹받침 'ㄿ'이 모음으로 시작된 조사 '-어'와 결합되었으므로, 뒤엣것만을 뒤 음절 첫소리로 옮겨 [을퍼]로 발음한 것은 옳다.

04 '영월'의 'ㅕ'와 'ㅝ'는 소리를 낼 때 입술의 모양이나 혀의 위치가 달라지는 이중모음에 해당한다.
① '강진'의 'ㅏ'와 'ㅣ'는 단모음에 해당한다.
② '부산'의 'ㅜ'와 'ㅏ'는 단모음에 해당한다.
④ '전주'의 'ㅓ'와 'ㅜ'는 단모음에 해당한다.

> **TIP 모음의 분류**
> • 단모음(10개) : 발음할 때 입술이나 혀가 고정되어 움직이지 않음
> 예 ㅏ, ㅐ, ㅓ, ㅔ, ㅗ, ㅚ, ㅜ, ㅟ, ㅡ, ㅣ
> • 이중모음(11개) : 발음할 때 입술 모양이 바뀌거나 혀가 움직임
> 예 ㅑ, ㅒ, ㅕ, ㅖ, ㅘ, ㅙ, ㅛ, ㅝ, ㅞ, ㅠ, ㅢ

05 '바다', '사탕', '엄마', '연필'은 모두 사람이나 사물의 이름을 나타내는 명사에 해당한다.
① 수량이나 순서를 나타낸다. → 수사
② 대상의 동작이나 작용을 나타낸다. → 동사
④ 대상의 성질이나 상태를 나타낸다. → 형용사

> **TIP 단어의 분류(품사)**
> • 동사 : 사람이나 사물의 움직임을 나타내는 말
> • 형용사 : 사람이나 사물의 상태나 성질을 나타내는 말
> • 명사 : 물건이나 장소, 사건, 추상적 개념 등의 이름을 나타내는 말
> • 대명사 : 명사를 대신하는 말
> • 수사 : 사물의 수량이나 순서를 나타내는 말
> • 관형사 : 체언 앞에 놓여, 그 체언을 자세하게 꾸며 주는 말
> • 부사 : 용언(형용사, 동사)을 꾸며주는 말. 문장 전체나 관형사, 부사를 꾸미기도 함
> • 감탄사 : 부름이나 대답, 느낌 등을 나타내는 단어
> • 조사 : 체언 뒤에 붙어, 그 말과 다른 말과의 문법적 관계를 나타내거나 특별한 뜻을 더해주는 말

06 국어사전에서 동사와 형용사를 찾을 때는 활용할 때 변하지 않는 부분인 어간에 '-다'를 붙인 기본형으로 찾아야 한다고 하였으므로, ①의 '작은'의 기본형은 '작다'이다.

② '서니'의 기본형은 '섰다'가 아니라 '서다'이다.

③ '많은'의 기본형은 '많았다'가 아니라 '많다'이다.

④ '먹는'의 기본형은 '먹는다'가 아니라 '먹다'이다.

07 ⊙의 '연구원이'는 뒤의 서술어 '되었다'를 보충해 주는 말이 므로 문장 성분은 보어이다. 마찬가지로 ③의 '연예인이'는 뒤의 서술어 '아니다'를 보충해 주는 말이므로 문장 성분은 보어이다.

① '분다'는 앞의 주어 '바람이'의 동작을 나타내는 서술어이다.

② '활짝'은 뒤의 서술어 '피었다'를 꾸며주는 부사어이다.

④ '아기가'는 뒤의 서술어 '걷는다'의 주체에 해당하는 주어이다.

08 '반드시'는 '틀림없이 꼭'이라는 부사로, 해당 문장에서 뒤의 서술어 '참여할 거야'를 수식하고 있으므로 옳게 사용되었다.

① 부치지 → 붙이지

'부치지'는 '맞닿아 떨어지지 않게 하다'라는 의미인 '붙이지'로 고쳐 써야 한다.

② 낳아서 → 나아서

'낳아서'는 '병이나 상처 따위가 고쳐져 본래대로 되다'라는 의미인 '나아서'로 고쳐 써야 한다.

④ 마쳤다 → 맞혔다

'마쳤다'는 '문제에 대한 답을 틀리지 않게 하다'의 의미인 '맞혔다'로 고쳐 써야 한다.

09 글의 제목으로 볼 때 해당 글은 동물원의 부정적 기능에 대해 설명한 글이다. 그런데 동물원이 야생 동물을 보호하는 기능을 한다는 ②의 내용은 동물원의 긍정적 기능에 해당하므로, 해당 글의 통일성을 깨트리고 있다.

10 ⊙의 '습지를'은 서술어 '삼아'의 목적어에 해당하므로 옳게 사용되었다. 그러므로 조사의 쓰임을 고려하여 '습지의'로 바꾸는 것은 고쳐쓰기 방안으로 적절하지 않다.

② ⓒ의 '결코'는 가정을 나타내는 서술어 '사라진다면'과 문장의 호응이 맞지 않는다. 그러므로 '혹시 있을지도 모르는 뜻밖의 경우에'를 뜻하는 부사 '만일'로 고친 것은 적절하다.

③ 주어진 글은 습지의 소멸에 관한 내용인데, ⓒ은 습지의 역할에 대해 설명하고 있다. 그러므로 글의 흐름에서 벗어난 ⓒ을 삭제하는 것은 적절하다.

④ ②의 '영원이'를 '끝없이 이어지는 상태로 또는 시간을 초월하여 변하지 아니하는 상태로'의 의미인 부사 '영원히'로 고친 것은 적절하다.

[11~13]

> 현덕, 「하늘은 맑건만」
> - 갈래 : 현대 소설, 단편 소설, 성장 소설
> - 성격 : 사실적, 동화적
> - 배경 : 시간 – 일제 강점기(1930년대) / 장소 – 어느 마을
> - 시점 : 3인칭 전지적 작가 시점
> - 제재 : 잘못 받은 거스름돈과 문기의 거짓말
> - 주제 : 정직하게 사는 삶의 중요성
> - 특징
>   – 인물의 심리를 사실적이고 구체적으로 묘사함
>   – 성격이 대조적인 인물을 등장시켜 주인공의 갈등을 심화시킴
>   – 시간의 흐름에 따라 주인공 마음의 변화가 섬세하게 표현됨

11 위 작품은 전지적 작가 시점으로, 서술자가 사건과 등장인물의 심리를 직접적으로 설명하고 있다.

① 서술자인 '나'가 자신이 겪은 사건을 서술하는 것은 1인칭 주인공 시점이다.

② 서술자가 바뀌지 않고 이야기가 전개되고 있다.

④ 서술자인 '나'가 주변 인물의 사건을 간접적으로 전달하는 것은 1인칭 관찰자 시점이다.

12 거스름돈을 더 받은 문기의 잘못된 행동으로 이웃집 점순이가 누명을 쓰고 쫓겨난다. 이에 양심의 가책을 느낀 문기가 떳떳이 하늘을 쳐다보고, 떳떳이 남을 대할 수 있는 마음을 갖고 싶다며 괴로워한다. 그러므로 위 작품은 정직하고 떳떳하게 사는 태도가 중요함을 독자들에게 일깨우고 있다.

13 두 번째 문단에서 '아랫집 심부름하는 아이 점순이 음성이었다.'는 내용을 통해 점순이가 아랫집에서 심부름을 하며 살았음을 알 수 있다.

① 첫 번째 문단에서 '양심의 가책을 느낀 문기가 남은 돈을 고깃집 마당에 던지고 샀던 물건들을 버린다.'라는 내용과 세 번째 문단에서 '그럴 때마다 문기는 가슴이 뜨끔뜨끔해진다.'라는 내용을 통해 문기는 자신의 행동이 정당하지 못하다고 생각했음을 알 수 있다.

③ 세 번째 문단에서 '그만치 선생님은 제 속을 다 들여다보고 하는 말인 듯싶었다.'라는 내용을 통해 선생님이 문기의 잘못을 이미 알고 있었던 것은 아님을 알 수 있다.

④ 두 번째 문단에서 '숙모가 직접 그 집에 가서 무슨 말을 한 것은 아니로되'라는 내용을 통해 숙모가 직접 아랫집에 가서 주인 여자에게 점순이가 돈을 훔쳤다고 말한 것은 아님을 알 수 있다.

[14~16]

김상옥, 「사향(思鄕)」
• 갈래 : 정형시, 연시조, 현대시조
• 성격 : 회상적, 낭만적, 회화적, 향토적
• 제재 : 고향의 모습
• 주제 : 고향에 대한 향수
• 특징
 – 현재-과거-현재의 역순행적 구성을 취함
 – 사투리를 사용하여 토속적 정취를 형상화함
 – 고향의 모습을 다양한 감각적 심상을 활용하여 나타냄

14   시적 화자가 떠올린 고향의 모습은 개울물과 초가집 그리고
      진달래가 피어 있는 전형적인 산골 마을의 풍경이다. 즉, 고
      깃배가 나란히 들어선 항구의 모습을 담은 어촌 마을의 풍경
      은 아니다.
      ② 2연의 '송아지 몰고 오며 바라보던 진달래도 저녁노을처
        럼 산을 둘러 퍼질 것을'에서 온 산을 둘러 피어 있는 진
        달래의 모습을 확인할 수 있다.
      ③ 2연의 '어마씨 그리운 솜씨에 향그러운 꽃지짐'에서 어머
        니의 맛있고 향긋한 꽃지짐의 모습을 확인할 수 있다.
      ④ 3연의 '어질고 고운 그들 멧남새 캐어 오리'에서 산나물을
        캐서 돌아오는 마을 사람들의 모습을 확인할 수 있다.

15   눈을 가만 감으면 고향 마을과 어머니 그리고 마을 사람들의
      모습이 떠오르고, 감았던 그 눈을 뜨면 마음이 애젓하다며 고
      향에 대한 향수를 표현하고 있다. 그러므로 위 작품에서 느낄
      수 있는 시적 화자의 주된 정서는 고향에 대한 '그리움'이다.

16   ⊙의 '굽이 잦은 풀밭 길'은 초록색의 색채 이미지를 사용한
      시각적 심상이 나타나 있다. 마찬가지로 ④의 '노랗게 물든
      황금 들판'에서도 노란색의 색채 이미지를 사용한 시각적 심
      상이 나타나 있다.
      ① 구수한 청국장 냄새 → 후각적 심상
      ② 하늘에 울리는 종소리 → 청각적 심상
      ③ 달콤한 사랑의 추억 → 미각적 심상

[17~19]

작자 미상, 「흥부전」
• 갈래 : 판소리계 소설, 국문 소설
• 성격 : 풍자적, 해학적, 교훈적
• 배경 : 시간 – 조선 후기 / 장소 – 경상도와 전라도 경계
• 시점 : 전지적 작가 시점
• 주제 : 형제 간의 우애와 권선징악(표면적)
       빈농과 부농의 갈등, 지배층과 피지배층 사이의 갈등
       (이면적)
• 특징
 – 선악의 대립 구조와 모방담 구조
 – 서민적인 등장인물과 토속적 어휘의 사용
 – 과장된 표현 사용
 – 비극적 상황을 웃음으로 극복함

17   놀부가 흥부에게 화를 내며 '쌀이 아무리 많다고 해도 너를
      주려고 섬을 헐며, 벼가 많다고 하여 너 주려고 노적을 헐며,
      돈이 많이 있다 한들 너 주자고 돈꿰미를 헐며~'라고 말한
      대목에서 '놀부'는 돈이 많으면서도 남을 전혀 돕지 않는 사
      람임을 알 수 있다.

18   흥부가 아내에게 "양식을 좀 꾸어서라도 얻어 와야 저 자식
      들을 먹이지."라고 말한 대목에서 흥부는 가족의 생계를 걱
      정하고 있음을 알 수 있다. 그러므로 '가족의 생계에 대해 전
      혀 관심이 없다.'는 ①의 설명은 적절하지 않다.
      ② "읍내는 무엇 하려요?"라는 아내의 말에 흥부가 "양식을
        좀 꾸어서라도 얻어 와야 저 자식들을 먹이지."라고 말한
        대목에서 흥부가 자식을 먹이기 위해 읍내로 가려고 한다
        는 사실을 알 수 있다.
      ③ 흥부가 "가장이 나서는데 그게 무슨 소리! 어찌 될지는 가
        봐야 아는 일이지~."라고 말한 대목에서 아내의 판단과
        충고를 받아들이지 않고 있음을 알 수 있다.
      ④ 흥부의 아내가 "여보 영감, 그 모양에 곡식 먹고 도망한다
        고 안 줄 테니 가 보아야 소용없는 일입니다."라고 말한
        대목에서 흥부는 양식을 빌리러 가기 어려울 정도로 행색
        이 초라함을 알 수 있다.

19   [A]에서는 읍내에 양식을 꾸러 가는 흥부의 외양을 익살스럽
      게 묘사하고 있다. 즉, 헌 망건을 물렛줄로 삼고, 박 조각으로
      관자를 달고, 노끈을 갓끈으로 삼아 달고, 고의적삼은 구멍이
      뚫려 살점이 보이고, 헌 버선은 뻥 뚫린 채 목만 남았다며 의
      관을 갖춘 흥부의 우스꽝스러운 모습을 해학적으로 표현하고
      있다.

[20~22]

20 두 번째 문단에서 직접세를 걷는 입장에서는 모든 사람의 소득이나 재산을 일일이 조사하여 그에 따라 세금을 거두어야 한다는 번거로움이 있다고 하였고, 네 번째 문단에서 간접세를 걷는 입장에서는 편리하게 세금을 걷을 수 있다고 하였다. 그러므로 간접세가 직접세보다 세금을 걷는 입장에서 걷기 편하다.

① 두 번째 문단에서 직접세는 소득이 많은 사람이 세율이 높아 세금을 많이 내고 소득이 적은 사람이 세율이 낮아 세금을 적게 내는 식이므로, 직접세는 소득 격차 감소와 소득 재분배의 효과가 있다고 설명하고 있다.

③ 네 번째 문단의 첫 번째 문장에 간접세는 소득이나 재산에 상관없이 모두에게 똑같이 적용된다고 서술되어 있다.

④ 네 번째 문단의 마지막 문장에서 간접세는 같은 액수의 세금이라도 소득이 적은 사람에게는 소득에 비해 내야 할 세금의 비율이 높아지기 때문에 소득이 적은 사람일수록 세금에 대한 부담감이 커진다는 문제점이 있다고 설명하고 있다.

21 ⓐ처럼 세금을 그것을 납부하는 방식에 따라 직접세와 간접세로 나누어 설명하는 방법은 '구분'이다. 마찬가지로 소설을 길이에 따라 단편, 중편, 장편 소설로 나누는 것도 '구분'에 해당한다.

① 김 교수는 "백색 소음이 집중력을 높인다."라고 말했다.
　　→ 인용

② 원통형 기둥은 위아래 지름이 일정한 기둥을 뜻한다.
　　→ 정의

④ 젖산은 약한 산성이어서 유해균 증식을 억제할 수 있다.
　　→ 인과

22 ⓑ의 앞 문장에서는 직접세가 소득 격차를 줄이고 소득을 재분배하는 효과가 있다고 직접세의 긍정적 효과에 대해 서술하고 있다. 반면에 ⓑ의 뒤 문장에서는 직접세를 걷는 입장에서는 모든 사람의 소득이나 재산을 일일이 조사하여야 하는 번거로움이 있다고 직접세의 부정적 효과에 대해 설명하고 있다. 그러므로 ⓑ에는 앞의 내용과 뒤의 내용이 상반될 때 쓰는 접속 부사 '그러나'가 들어갈 말로 가장 적절하다.

[23~25]

23 제시문은 어린아이들이 어른들보다 더 많은 양의 소금을 섭취하는 것은 심각한 문제라며 그 근거들을 차례대로 제시하고 있다. 이처럼 논설문은 글쓴이의 주장과 근거를 파악하며 읽어야 한다.

② 상징적 의미를 추론한다. → 시를 읽는 방법

③ 경험과 깨달음을 구분한다. → 수필을 읽는 방법

④ 갈등의 해결 과정을 분석한다. → 소설을 읽는 방법

24 제시문의 마지막 문단에서 소금을 너무 많이 섭취하면 우리의 세포를 죽이고 건강을 위협하므로, 건강을 생각한다면 지금이라도 당장 소금 섭취를 줄여야 한다고 권고하고 있다. 그러므로 '건강을 위해 소금 섭취를 줄여야 한다.'는 ④의 설명이 글쓴이가 말하고자 하는 바로 가장 적절하다.

25 ⓒ의 '부추길'의 기본형 '부추기다'는 '감정이나 상황 따위가 더 심해지도록 영향을 미치다'라는 뜻이다. '남의 의견을 판단 없이 믿고 따르다.'라는 의미의 단어는 '복종하다'이다.

제2교시

수 학

정답 및 해설

▌ 정답

01 ③	02 ③	03 ④	04 ②	05 ①
06 ①	07 ④	08 ②	09 ④	10 ②
11 ③	12 ②	13 ③	14 ①	15 ①
16 ④	17 ③	18 ②	19 ①	20 ③

▌ 해설

01 24의 소인수는 2와 3이고, 소인수분해하면 $24 = 2 \times 2 \times 2 \times 3$이므로, $2^3 \times 3$으로 나타낼 수 있다.

02 음수는 절댓값이 클수록 작으므로 $-5 < -\frac{2}{3}$이다.
그러므로 주어진 수를 작은 수부터 차례대로 나열하면
$-5, -\frac{2}{3}, 3, 4, 11$의 순서이다.
따라서 구하는 세 번째 수는 3이다.

03 '직사각형의 넓이 = 가로 × 세로'이므로
$4\text{cm} \times a\text{cm} = (4 \times a)\text{cm}^2$

04 $a = 5$를 $2a + 3$에 대입하면
$2(5) + 3 = 10 + 3 = 13$

05 좌표평면 위의 점 A는 원점 $(0, 0)$을 기준으로 x축의 오른쪽 방향으로 3칸, y축의 아래쪽 방향으로 2칸 이동한 것이므로 $A(3, -2)$이다.

06 평행한 두 직선 l, m이 다른 한 직선 n과 만날 때, 동위각의 크기는 같으므로 $\angle x = 40°$이다.

> **TIP 각의 구분**
> • 동위각 : 평행선과 한 직선이 만났을 때 같은 위치에 있는 각
> • 엇각 : 평행선과 한 직선이 만났을 때 엇갈린 위치에 있는 각
> • 맞꼭지각 : 두 직선이 만날 때 서로 꼭짓점이 마주보고 있는 각

07 하루 수면 시간이 6시간 미만인 학생 수는 도수분포표에서 4~5시간의 학생 수가 5명이고, 5~6시간의 학생 수가 3명이므로 이들을 합하면 된다.
∴ $5 + 3 = 8$(명)

08 순환소수 $0.\dot{2}$를 x로 놓으면
$x = 0.\dot{2} = 0.22222 \cdots$ ········ ㉠
㉠의 양변에 10을 곱하면
$10x = 2.22222 \cdots$ ········ ㉡
㉡ $-$ ㉠을 하면,
$10x - x = 2 + 0.22222 \cdots - 0.22222 \cdots$
$9x = 2$
∴ $x = \frac{2}{9}$

09 $2a \times 3a^2 = (2 \times 3) \times (a \times a^2)$
$= 6 \times a^{1+2} = 6 \times a^3$
$= 6a^3$

10 일차부등식 $20x \geq 40$의 양변을 20으로 나누면, $\frac{20x}{20} \geq \frac{40}{20}$
∴ $x \geq 2$

11 일차함수 $y = ax + b$에서 a는 기울기, b는 y절편을 의미한다.
그러므로 일차함수 $y = -\frac{3}{2}x + 3$에서 y절편은 3이다.
즉, y절편은 그래프와 y축이 만나는 점을 의미한다.

12 이등변삼각형에서 꼭지각의 이등분선은 밑변을 수직 이등분하므로, $\overline{BD} = \overline{DC} = 4\text{cm}$
$\overline{BC} = \overline{BD} + \overline{DC}$이므로, $\overline{BC} = 4\text{cm} + 4\text{cm} = 8\text{cm}$

> **TIP 이등변삼각형의 성질**
> • 이등변삼각형의 두 밑각의 크기는 같다.
> • 이등변삼각형의 꼭지각의 이등분선은 밑변을 수직 이등분한다.

13 $\triangle DEF$에서 $\overline{DE}$의 길이를 $x\text{cm}$로 놓으면,
두 삼각형이 서로 닮은꼴이므로,
$8 : 5 = x : 10, 5x = 80$
∴ $x = 16\text{cm}$

14 주머니 속에 흰 공 3개, 검은 공 5개가 들어 있으므로 전체 경우의 수는 8이고, 흰 공이 나올 경우의 수는 3이다. 그러므로 주머니에서 임의로 한 개의 공을 꺼낼 때, 흰 공이 나올 확률은

$$\frac{\text{흰 공이 나올 경우의 수}}{\text{전체 경우의 수}} = \frac{3}{8}$$

15

> 제곱근의 덧셈 : $m\sqrt{a} + n\sqrt{a} = (m+n)\sqrt{a}$

$2\sqrt{5} + 3\sqrt{5} = (2+3)\sqrt{5}$
$= 5\sqrt{5}$

16 이차방정식 $(x-7)^2 = 0$을 인수분해하면,
$(x-7)^2 = (x-7)(x-7) = 0$이고,
그 해는 $x=7$로 하나의 중근을 갖는다.
그러므로 $(x-7)^2 = 0$의 근은 7이다.

17 주어진 이차함수 $y = \frac{1}{4}x^2$의 그래프에서 축의 방정식은
$x = 0$이므로 y축을 축으로 한다.
① $a > 0$이므로 아래로 볼록하다.
③ $y = \frac{1}{4}x^2$에서 $x = -1$일 때 $y = \frac{1}{4}$이므로, 점 $(-1, 2)$를 지나지 않는다.
④ 꼭짓점의 좌표는 $(0, 0)$이다.

> **TIP** 이차함수 $y = ax^2 (a \neq 0)$의 그래프
> • 꼭짓점의 좌표 : $(0, 0)$
> • 축의 방정식 : $x = 0$(y축)
> • $a > 0$이면 아래로 볼록
> • $a < 0$이면 위로 볼록
> • $|a|$의 값이 클수록 y축에 가까워진다.

18 직각삼각형 ABC에서
$\cos B = \dfrac{\text{밑변}}{\text{빗변}}$이므로

$\dfrac{\overline{BC}}{\overline{AB}} = \dfrac{12}{13}$

> **TIP** 삼각비
>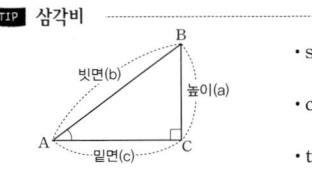
> • $\sin A = \dfrac{\text{높이}}{\text{빗변}} = \dfrac{a}{b}$
> • $\cos A = \dfrac{\text{밑변}}{\text{빗변}} = \dfrac{c}{b}$
> • $\tan A = \dfrac{\text{높이}}{\text{밑변}} = \dfrac{a}{c}$

19

> 원의 두 현의 길이가 같으면, 원의 중심에서 두 현까지의 길이도 같다.

원의 두 현 $\overline{AB} = \overline{CD} = 8$cm로 그 길이가 같다.
원의 두 현의 길이가 같으면, 원의 중심에서 두 현까지의 길이도 같으므로, $\overline{OM} = \overline{ON} = 5$cm

20 주어진 자료의 값을 순서대로 나열하면 다음과 같다.

> 75, 80, 85, 90, 95,

그러므로 위 자료의 중앙값은 85이다.

> **TIP** 평균값과 중앙값
> • 평균값 : 모든 변량을 더해서 총 개수로 나눈 값
> • 중앙값 : 순서대로 나열한 후 가장 가운데 있는 값

2024년 1회

영 어

제3교시

정답 및 해설 |

해설

01
해설 delicious는 '맛있는'이라는 뜻이다.
해석 누구나 아이스크림을 맛있다고 생각한다.
어휘 delicious 맛있는

02
해설 ①, ②, ③은 모두 반의어 관계이나, ④의 'tall(키가 큰)'
과 'high(높은)'는 유의어 관계이다.
① 큰 – 작은
② 마른 – 젖은
③ 늙은 – 젊은

03
해설 주어진 문장에서 주어 'A lot of students(많은 학생들)'
는 복수이므로, 빈칸에 들어갈 be동사의 형태도 복수
형이어야 한다. ①, ②, ③은 모두 단수형 be동사이고,
④의 'were'는 복수형 be동사이다.
해석 많은 학생들이 줄을 섰다.
어휘 a lot of 많은
stand in line 일렬로 서다, 줄을 서다

04
해설 길이나 시간이 얼마나 걸리는지 물어보는 표현에는
'How long~?'을 사용한다.
② 많은
③ 자주
④ 키가 큰
해석 기차역까지 가는 데 얼마나 걸리나요?
어휘 train station 기차역

05
해설 A의 질문에 B가 보통 7시에 일어난다고 답하고 있으
므로, 빈칸에 들어갈 말은 시간을 나타내는 의문사

'When(언제)'이 가장 적절하다.
해석 A : 너는 보통 언제 일어나니?
B : 나는 보통 7시에 일어나.
어휘 usually 대개, 보통
get up 일어나다

06
해설 조동사 Can을 사용한 의문문에 대한 대답은 긍정이면
'Yes, 주어 + can', 부정이면 'No, 주어 + can't'라고 답
해야 한다. A가 자전거를 탈 수 있냐고 물어보았으므
로, 빈칸에 들어갈 B의 대답은 긍정적 답변이면 'Yes, I
can', 부정적 답변이면 'No, I can't'이다.
해석 A : 너는 자전거를 탈 수 있니?
B : 응, 나는 탈 수 있어(긍정).
아니, 나는 탈 수 없어(부정).
어휘 ride a bike 자전거를 타다

07
해설 첫 번째 문장에는 '여가 시간'이라는 의미에서 'free(여
가의, 한가한)'가 들어가야 하며, 두 번째 문장에는 '공
짜로'라는 의미에서 'free(공짜의, 무료의)'가 들어가야
한다.
① 바쁜
② 가까운
④ 힘든
해석 • 나는 여가 시간에 피아노를 연주한다.
• 너는 이 사탕을 공짜로 먹을 수 있다.
어휘 play the piano 피아노를 연주하다
free time 여가 시간
for free 공짜로, 무료로

08
해설 Tom이 주말에 할 일은 'do the laundry(빨래하기)'이다.

해석
아버지	어머니	Tom	Emma
식물 물 주기	창문 닦기	빨래하기	쿠키 굽기

어휘 laundry 세탁물, 빨래
bake 굽다

09
해설 소녀가 그림을 그리고 있으므로, 동사 'draw'를 써야
한다. 또한, '~을 하고 있는 중이다'의 표현인 현재진

행형은 'be동사 + 현재분사(~ing)'이므로, 빈칸에는 'drawing a picture(그림을 그리고 있는 중이다)'가 적절하다.

① 책을 읽고 있는 중이다

③ 음악을 듣고 있는 중이다

④ 농구를 하고 있는 중이다

해석 A : 소녀는 무엇을 하고 있는 중이니?

B : 그녀는 <u>그림을 그리고 있는 중이야.</u>

어휘 draw a picture 그림을 그리다

play basketball 농구를 하다

10 **해설** 다리가 아파서 걸을 수가 없다는 A의 말에 B가 병원에 갈 것을 권유하였다. 그러자 A가 같이 가자고 하였고, B가 이를 수락하였다. 그러므로 대화가 끝난 후 두 사람이 함께 갈 장소는 병원이다.

해석 A : 다리가 걱정돼. 편하게 걸을 수가 없어.

B : 병원에 가보는 게 어때?

A : 그래야 할 것 같아. 지금 같이 갈 수 있어?

B : 그럼.

어휘 worry about ~에 대해 걱정하다

leg 다리

easily 쉽게, 편하게

see a doctor 진찰을 받다, 병원에 가다

sure 그럼, 물론이지

11 **해설** B의 질문에 A가 'No, I don't(아니오).'로 답하고 있으므로, 빈칸에는 Do 의문문이 와야 한다. 또한 글의 내용상 A가 없어서 하나 사야만 한다고 답하고 있으므로, 빈칸에는 ④의 'Do you have an umbrella(우산 가지고 있니)'가 들어갈 말로 가장 적절하다.

① 몇 시니?

② 어떻게 지냈어?

③ 어디서 구했니?

해석 A : 밖에 날씨가 어때?

B : 비가 내리고 있어. <u>우산 가지고 있니?</u>

A : 아니, 하나 사야 해.

어휘 weather 날씨

outside 바깥의, 외부의

How have you been? 어떻게 지냈니?

umbrella 우산

12 **해설** 회의 시간이 너무 일러서 변경하자는 A의 말에 B가 찬성하며 오전 10시로 하자고 제안하고 있다. 그러므로 두 사람 간 대화의 주제는 ①의 '회의 시간 변경'이다.

해석 A : 회의 시간을 변경해야 합니다. 너무 이릅니다.

B : 동의합니다. 오전 10시는 어떨까요?

A : 훨씬 좋습니다.

어휘 need to ~할 필요가 있다

change 바꾸다, 변경하다

agree 동의하다, 찬성하다

What about~? ~하는 게 어때?

much better 훨씬 나은, 훨씬 좋은

13 **해설** ① 행사 날짜 : 4월 13일 ~ 14일

② 행사 시간 : 오전 11시 ~ 오후 4시

③ 행사 장소 : 해변 공원

④ 행사 참가비 : 알 수 없음

해석

세계 음식 축제
• 날짜 : 4월 13일 ~ 14일
• 시간 : 오전 11시 ~ 오후 4시
• 장소 : 해변 공원
와서 즐기세요!
전 세계 음식을 맛보세요!

어휘 food festival 음식 축제

seaside 해변, 바닷가

all over the world 세계 도처의, 전 세계의

14 **해설** 원래 메뉴는 스파게티, 케이크, 오렌지 주스였는데, 오렌지 주스 대신 우유가 제공된다고 알리고 있다. 그러므로 ④의 '점심 메뉴 변경 공지'가 제시문의 방송 목적으로 가장 적절하다.

해석 안녕하세요, 여러분. 내일 점심 메뉴에 관해 말씀드릴 것이 있습니다. 원래 메뉴는 스파게티, 케이크, 오렌지 주스였습니다. 하지만 오렌지 주스 대신 우유를 제공할 예정입니다. 변경한 것에 대해 죄송합니다.

어휘 original 원래의, 본래의

spaghetti 스파게티

serve 봉사하다, 제공하다

instead of ~대신에

change 바꾸다, 변경하다

15 **해설** 수영장에 같이 가자는 A의 제안에, B가 가족과 함께 여행을 가기로 했다며 거절하고 있다. 그러므로 B가 수영장에 가지 못하는 이유는 ②의 '가족 여행을 가야 해서'이다.

해석 A : 스티브와 나는 이번 주 토요일에 수영장에 갈 예정이야. 같이 갈래?

B : 미안하지만, 나는 이번 주말에 가족과 함께 여행을

가기로 했어.

A : 알았어. 다음에 같이 가자.

어휘 be going to ~할 예정이다

take a trip 여행을 가다

next time 다음에, 다음번에

16 **해설** 제시문에 따르면 Moai는 대부분 키가 약 4미터이고, 가장 키가 큰 것은 약 20미터라고 하였다. 그러므로 대부분 높이가 약 20미터라는 ③의 설명은 제시문의 내용과 일치하지 않는다.

해석 Moai에 대해 들어본 적이 있습니까? 그것들은 이스터 섬에 있다. 그것들은 키가 큰 사람 모양의 돌이다. 대부분 키가 약 4미터이고, 가장 키가 큰 것은 약 20미터이다. 그것들은 주로 마을 쪽을 향하고 있으며, 일부는 바다를 바라보고 있다.

어휘 human-shaped 사람 모양의

around 약, 대략

mainly 주로, 대개

face toward ~쪽으로 향하다

village 마을

17 **해설** ① 열리는 요일 : 매주 토요일

② 열리는 장소 : 역사박물관 앞

③ 주차 정보 : 언급되지 않음

④ 판매 품목 : 옷, 신발, 책, 장난감

해석 도심 벼룩시장은 많은 쇼핑객에게 아주 좋은 장소이다. 그것은 매주 토요일마다 열린다. 그것은 역사박물관 앞에 있다. 이 시장에서 옷, 신발, 책, 장난감들을 싼 가격에 살 수 있다.

어휘 flea market 벼룩시장

shopper 쇼핑객

in front of ~앞에

History Museum 역사박물관

clothes 옷, 의류

at low prices 저렴한 가격에, 싼 가격에

18 **해설** 시험 성적이 좋지 않아 Jimin에게 조언을 구했는데, 그는 스터디 그룹을 만들어 함께 공부하자고 하였다. 그러므로 Jimin이 제안한 것은 ①의 '친구들과 함께 공부하기'이다.

해석 수업 중 나의 가장 큰 문제는 시험 성적이 좋지 않다는 것이다. 나는 시험을 잘 보지 못한다. 그래서 Jimin에게 조언을 구했다. Jimin은 스터디 그룹을 만들자고 제안했다. 그는 친구들과 함께 공부를 하면 시험을 더 잘

보는 데 도움이 될 수 있다고 말했다.

어휘 problem 문제

poor grades 안 좋은 성적

do well on ~을 잘하다, 잘 보다

ask A for B A에게 B를 요청[요구]하다

advice 충고, 조언

suggest 제안하다, 추천하다

19 **해설** 그래프에서 40% 이상을 차지한 것은 'Playing sports(45%)'이다. 그러므로 빈칸에 들어갈 말로 가장 적절한 것은 ①의 'playing sports(운동하기)'이다.

② 컴퓨터 게임하기(25%)

③ 음악 듣기(15%)

④ 책 읽기(10%)

해석

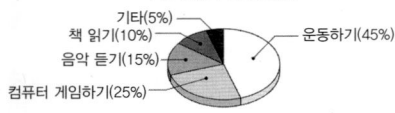

우리 반 친구들의 관심사

기타(5%)

책 읽기(10%)

운동하기(45%)

음악 듣기(15%)

컴퓨터 게임하기(25%)

> 우리 반 학생의 40% 이상이 <u>운동하기</u>에 관심이 있다.

어휘 classmate 급우, 반 친구

interest 관심, 흥미

others 기타

more than ~이상

be interested in ~에 관심이 있다

20 **해설** 제시문은 글쓴이가 작년에 등산을 가서 경험한 내용들을 서술하고 있다. 그러므로 'My father bought a new car(아버지는 새 차를 샀다).'는 ②의 내용은 전체적인 글의 흐름과 어울리지 않는다.

해석 작년에 나는 등산을 갔다. ① 나는 산 중턱까지 케이블카를 타고 갔다. ② 아버지는 새 차를 샀다. ③ 그런 다음 나는 정상까지 하이킹을 했다. ④ 정상에서 나는 나무들이 울긋불긋한 것을 보았다. 아름다운 단풍을 보는 것은 놀랍고 신나는 일이었다.

어휘 to the middle of the mountain 산 중턱까지

hike 하이킹을 하다

at the top 정상에서, 산꼭대기에서

red and yellow 울긋불긋한

amaze 놀라다

autumn leaves 단풍

21 **해설** 제시문에서 걷기는 전 연령대의 사람들에게 건강상의 많은 이점을 제공한다고 하였다. 즉, 그것은 특정 질병

을 예방하는 데 도움이 되며, 특별한 장비를 필요로 하지 않는다고 하였다. 그러므로 It은 앞의 'walking(걷기)'을 가리키는 지시대명사이다.

해석 걷기를 좋아하세요? 하루에 몇 걸음을 걸으세요? 걷기는 전 연령대의 사람들에게 건강상의 많은 이점을 제공할 수 있다. 그것은 특정 질병을 예방하는 데 도움이 될 수 있으므로, 오래 살 수도 있다. 그것은 또한 특별한 장비가 필요하지 않으므로 어디서든지 할 수 있다.

어휘 step 걸음, 걸음걸이
in a day 하루에
offer 제안하다, 제의하다
benefit 이점, 혜택
of all ages 전 연령대의, 모든 시대의
prevent 막다, 예방하다
certain 어떤, 특정한
disease 병, 질병
require 필요하다, 요구하다
special 특별한, 특수한
equipment 장비, 장치
anywhere 어디든, 아무데나

22 해설 도서관 이용 시 주의해야 할 사항으로 ①, ②, ③은 언급되어 있으나, ④의 '책에 낙서하지 않기'는 언급되어 있지 않다.

해석
> 도서관 규칙:
> • 제시간에 책을 반납하세요.
> • 큰 소리를 내지 마세요.
> • 음식을 먹지 마세요.

어휘 library 도서관
rule 규칙, 원칙
return 돌려주다, 반납하다
on time 정시에, 정각에, 제때
loud 소리가 큰, 시끄러운
noise 소리, 잡음

23 해설 제시문에서는 불이 났을 때 어떻게 행동해야 하는지 자세히 안내하고 있다. 그러므로 제시문의 주제로 ③의 '화재 발생 시 행동 요령'이 가장 적절하다.

해석 불이 났을 때 어떻게 해야 하는지 아세요? "불이야!"라고 외쳐야 합니다. 젖은 수건으로 얼굴을 가려야 합니다. 몸을 낮추고 밖으로 나가야 합니다. 엘리베이터가 아닌 계단을 이용하는 것을 잊지 마세요. 또한 가능한 한 빨리 119에 신고해야 합니다.

어휘 shout 외치다, 소리치다
cover 덮다, 가리다
wet 젖은
stay 계속 있다[머무르다/남다]
get out 나가다
remember 기억하다, 잊지 않다
stairs 계단
elevator 엘리베이터, 승강기
as soon as possible 가능한 한 빨리

24 해설 John Brown이란 사람이 신호등이 고장나서 사고가 날 수도 있으므로 빨리 와서 확인해 보라고 요청하고 있다. 그러므로 제시문은 신호등이 고장난 것을 신고하기 위해 쓴 글이다.

해석 제 이름은 John Brown입니다. 메인 스트리트에 한 가지 문제가 있어 신고하려고 합니다. 오늘 아침에 신호등이 고장난 것을 보았습니다. 사고가 날까 봐 염려됩니다. 지금 바로 와서 확인해 주세요.

어휘 report 알리다, 신고하다
traffic lights 신호등
broke 고장나다
afraid 두려워하는, 염려하는
cause 야기하다, 원인이 되다
accident 사고
right away 바로, 즉시

25 해설 글의 후반부에 요가에는 여러 가지 유형이 있다며, 다양한 유형의 요가를 살펴보자고 제안하고 있다. 그러므로 주어진 글의 바로 뒤에 이어질 내용으로 ②의 '다양한 요가의 유형'이 가장 적절하다.

해석 요가는 힘과 균형을 갖추도록 몸과 마음을 다스리는 것이다. 그것은 통증을 관리하고 스트레스를 줄이는 데도 도움이 될 수 있다. 요가에는 여러 가지 유형이 있다. 다양한 유형의 요가를 살펴보도록 하자.

어휘 yoga 요가
mind and body 심신, 몸과 마음
practice 훈련, 연습, 단련
strength 힘
balance 균형
manage 관리하다, 처리하다
pain 고통, 아픔, 통증
reduce 줄이다, 감소하다
type 종류, 유형
take a look 살펴보다
various 다양한, 여러 가지의

제4교시

사 회

▌ 정답

01 ③	02 ②	03 ①	04 ②	05 ①
06 ④	07 ②	08 ①	09 ①	10 ①
11 ①	12 ④	13 ①	14 ③	15 ①
16 ③	17 ③	18 ③	19 ②	20 ②
21 ①	22 ①	23 ③	24 ④	25 ④

▌ 해설

01 희토류는 첨단 산업에 꼭 필요한 희귀 원소로 원자 번호 21번 스칸듐(Sc), 39번 이트륨(Y), 57~71번까지의 총 17개의 원소 그룹을 말한다. 스마트폰, 반도체, 태양광 전지, 전기차 배터리 등을 만드는 데 없어서는 안 될 중요 자원이지만 생산 지역이 한정되어 있고 생산량도 매우 적다.

02 어떤 지역을 대표하거나 다른 지역과 구별되는 지형이나 시설물을 랜드마크라고 한다. 주변 경관 중에서 눈에 가장 잘 띄기 때문에 사람들이 자신의 위치를 파악하는 데 도움을 준다.
① **위도** : 지구 위의 위치를 나타내는 좌표축 중에서 가로로 된 것으로, 적도를 중심으로 하여 남북으로 평행하게 그은 위선으로 표현되는 각도이다.
③ **행정 구역** : 행정기관의 권한이 미치는 일정한 구역으로, 행정 편의를 위해 인위적으로 획정한 것이다.
④ **날짜 변경선** : 날짜를 변경하기 위해 만들어 놓은 선으로, 동경 180도에 위치한다.

03 북부 아프리카, 서남아시아, 중앙아시아 일대에 나타나는 건조 문화 지역은 주민 대부분이 이슬람교를 믿고 아랍어를 사용하는 문화 지역으로, 건조 기후에 적합한 유목과 관개 농업이 발달하였다.
② **북극 문화 지역** : 북반구의 툰드라 지역을 중심으로 순록 유목이나 사냥과 같이 추운 기후에 적응하며 생활하는 지역이다.
③ **유럽 문화 지역** : 북극권을 제외한 유럽과 시베리아에 이르는 문화 지역으로, 크리스트교가 정신적 바탕을 이루고 민주주의와 자본주의가 싹튼 곳이며 산업 혁명을 바탕으로 가장 먼저 산업화와 근대화가 이루어진 지역이다.

④ **오세아니아 문화 지역** : 오스트레일리아와 뉴질랜드 그리고 태평양 제도 지역에 유럽 문화의 이식과 정착으로 형성된 문화 지역이다.

04 안데스 산맥 중턱에 위치한 도시인 에콰도르의 키토는 고산 기후 지역이다. 고산 기후는 적도 부근의 해발 고도가 높은 고산 지대에 나타나는 기후로, 연중 봄과 같은 온화한 기후를 보인다.
① **건조 기후** : 강수량이 500mm 미만의 사막과 스텝 기후 지역
③ **열대 기후** : 적도 인근의 연중 고온다습하고 강수량이 2,000mm 이상인 열대 우림 및 사바나 기후 지역
④ **한대 기후** : 고위도에 있기 때문에 저온으로 수목이 자라지 않으며 최난월 평균기온이 영상 10도 미만인 한대 지방의 기후로 빙설 기후와 툰드라 기후로 나뉨

05 우리나라에서 가장 동쪽에 위치한 영토는 독도로, 섬 전체가 천연기념물로 지정되어 있다
② **마라도** : 대한민국 최남단에 위치한 섬이며 복합용암류로 겹겹이 쌓여 현무암으로 되어 있다.
③ **울릉도** : 우리나라에서 제일 눈이 많이 내리는, 동해에 위치한 섬이다.
④ **제주도** : 우리나라에서 제일 큰 섬으로, 한라산, 성산 일출봉, 거문오름 용암동굴계가 유네스코 세계 자연 유산에 등재되어 있다.

06 열대 기후 지역에서 유럽 선진국의 자본과 기술, 원주민의 노동력이 결합된 대규모 상품작물 재배 농업이다. 주요 작물로는 천연고무, 카카오, 바나나 등이 있다.
① **낙농업** : 소나 양 등을 길러 젖을 짜고 그것을 이용하여 우유, 치즈 등의 유제품을 생산하는 농업
② **수목 농업** : 포도, 올리브, 오렌지 등의 수목을 주된 농작물로 삼는 지중해성 기후의 농업
③ **혼합 농업** : 농작물 재배와 가축의 사육을 유기적으로 결합한 농업

07 제시된 웹문서의 검색 내용은 지진이 발생했을 때의 행동 요령이다. 지진은 서로 다른 지각판의 충돌로 지각이 흔들려 상하운동에 의해 건물 및 교량이 붕괴되고 해안 지역에서는 해

일 등이 발생하는 재해를 말한다.
① 가뭄 : 강수량 부족과 대륙 내부의 건조 기후로 인해 땅이 메마르고 물이 부족한 현상
③ 폭설 : 비교적 짧은 시간에 많은 양의 눈이 오는 기상 현상
④ 홍수 : 여름철 장마나 태풍 등 집중 호우에 의한 하천의 범람으로 발생하는 자연재해 현상

08 조류가 운반하는 모래나 점토가 잔잔한 해안에 퇴적되어 형성된 지형은 갯벌이다. 밀물 때 바닷물에 잠기고 썰물 때 수면 위로 드러나며 양식장이나 염전, 생태 학습장이나 관광지로 활용된다.
② 고원 : 높고 평탄한 지형과 침식에 의한 평탄 지형
③ 피오르 : 빙하의 침식으로 생긴 U자형 골짜기에 바닷물이 유입되어 생긴 좁고 긴 만
④ 용암 동굴 : 화산활동으로 인해 굳은 용암의 표면 아래에 형성된 동굴

09 환율은 서로 다른 두 나라 화폐의 교환 비율을 말하며, 외국 화폐 1단위와 교환되는 자국 화폐의 가격으로 표시한다.
② 실업률 : 경제 활동 인구 중 실업자가 차지하는 비율
③ 경제 성장률 : 실질 국내총생산(GDP)의 연간 증가율을 백분율로 나타낸 것
④ 물가 상승률 : 소비자가 구입하는 상품과 서비스의 가격변동을 측정하는 지표인 소비자물가지수의 전년 대비 변화율

10 한번 만들어진 문화가 고정되는 것이 아니라 시간이 흐름에 따라 끊임없이 변화하는 문화의 속성을 '변동성'이라 한다. 휴대 전화가 급속하게 보급되면서 공중전화가 점차 사라져 가고 있는 것은 문화 변동성의 한 예이다.
② 수익성 : 기업이 경제 활동의 대가로 얻는 경제적 가치의 정도
③ 일회성 : 단 한 번만 일어나는 성질
④ 희소성 : 인간의 욕구는 무한하지만 이를 충족해 줄 자원이 상대적으로 부족한 상태

TIP 문화의 속성
• 학습성 : 문화는 후천적으로 학습을 통해 습득함
• 축적성 : 문화는 학습능력과 상징체계 등을 통해 다음 세대로 전승됨
• 공유성 : 문화는 특정 사회집단에서 공유하는 생활양식으로, 다른 문화와 구별됨
• 변동성 : 문화는 시간의 흐름에 따라 지속적으로 변함
• 전체성 : 문화는 각 요소가 밀접한 관련을 맺으며 전체 문화를 형성함

11 여성이 결혼을 이유로 사표를 강요당하여 회사를 그만두게 되는 경우는 부당해고에 해당한다. 이처럼 사용자가 근로자를 정당한 이유 없이 해고하는 것을 부당 해고라 한다.
① 권력 분립 : 국가권력을 나누어 각각 다른 기관에 분담시켜 서로 견제·균형하게 함으로써 국민의 자유와 권리를 보장하려는 자유주의적 조직원리 또는 그 제도
③ 임금 체불 : 사용자가 근로자에게 노무를 제공받고도 그 대가인 임금 등을 지불하지 않는 행위
④ 국민 투표 : 직접민주정치의 한 형태로, 국가의 중대한 사항을 주권자인 국민의 의사를 물어 결정하기 위한 투표

12 선거구를 법에 따라 미리 획정하는 것을 선거구 법정주의라고 한다. 이는 특정 정당이나 특정 후보에게 유리하도록 임의로 선거구를 변경하는 것을 막아 선거가 공정하게 치러지도록 보장한다.
① 심급 제도 : 공정하고 정확한 재판을 위해 급이 다른 법원에서 여러 번 재판할 수 있는 제도(3심제가 원칙)이다.
② 지역화 전략 : 지역화를 통해 지역의 경쟁력을 강화하고 지역 경제를 활성화시키기 위한 것으로, 대표적인 지역화 전략으로는 지역 브랜드, 장소 마케팅, 지리적 표시제 등이 있다.
③ 사법부의 독립 : 공정한 재판을 위해서는 사법부가 입법부와 행정부로부터 독립되어 있어야 한다.

13 정부는 정치 과정에 참여하는 국가 기관으로, 국회에서 제정한 법률에 근거하여 구체적인 정책을 수립하고 이를 실행에 옮기는 역할을 한다.
① 언론 : 매체를 통하여 어떤 사실을 밝혀 알리거나 어떤 문제에 대하여 여론을 형성하는 집단
② 정당 : 정치권력의 획득을 목적으로 정치적 견해를 같이하는 사람들이 모인 단체
④ 이익 집단 : 특정 목적을 위해 의도적, 후천적으로 형성된 집단(예 회사, 정당 등)

14 헌법 재판소는 헌법의 해석과 관련된 정치적 사건과 국회에서 만든 법률 등을 사법적 절차에 따라 심판하는 헌법 재판 기관으로 위헌 법률 심판, 헌법 소원 심판, 탄핵 심판, 권한 쟁의 심판, 정당 해산 심판 등의 권한을 갖는다.
① 국회 : 국민의 대표로 구성한 입법 기관
② 지방 법원 : 민사 및 형사 소송을 처리하는 1심 법원
④ 선거 관리 위원회 : 선거와 투표의 공정한 관리를 위해 설치된 독립적 국가기관

헌법 재판소의 권한

- **위헌 법률 심판** : 법원의 위헌 심사 제청이 있는 경우 법률의 위헌 여부를 심판
- **탄핵 심판** : 국회의 탄핵소추가 있는 경우 고위공직자 등에 대한 탄핵심판을 담당
- **정당 해산 심판** : 정당의 목적이나 활동이 민주적 기본 질서에 위배될 때 정부는 헌법재판소에 그 정당의 해산을 제소 할 수 있음
- **권한 쟁의 심판** : 국가 기관 상호간이나 국가 기관과 지방 자치 단체 간에 권한과 의무에 관해 다툼이 있는 경우 헌법 재판소가 이를 조정하기 위해 행하는 심판
- **헌법 소원 심판** : 법률이나 공권력으로 기본권을 침해당한 국민이 권리의 구제를 위해 제기

15 부동산은 아파트나 빌딩 등과 같이 움직여 옮길 수 없는 자산으로, 개인이나 단체가 소유한 경제적 가치가 있는 실물 자산을 말한다.
   ① **예금** : 일정한 계약에 의하여 은행이나 우체국 따위에 돈을 맡기는 일
   ② **적금** : 금융 기관에 일정 금액을 일정 기간 동안 불입한 다음에 찾는 저금
   ③ **현금** : 정부나 중앙은행에서 발행하는 지폐나 주화

16 시장의 균형 가격은 수요량과 공급량이 일치하는 곳에서 결정되는데, 그래프에서 아이스크림의 수요량과 공급량이 200개로 일치하는 가격인 2,000원에서 균형 가격이 결정된다. 그러므로 아이스크림 시장의 균형 가격은 2,000원이고, 균형 거래량은 200개이다.

17 주로 지배자의 무덤으로 사용된 탁자식 고인돌은 청동기 시대의 대표적 유물이다. 청동기 시대에는 사유재산 제도와 계급이 발생하였고, 지배자인 군장이 등장하였다.

18 실학은 조선 후기에 등장한 새로운 사상으로 실사구시의 학문 태도를 강조하였다. 대표적인 실학자인 정약용, 박지원, 박제가 등은 현실 문제를 해결하기 위해 토지 제도 개혁, 상공업 발전 등을 주장하였다.
   ① **불교** : 인도의 석가모니가 창시한 후 동양 여러 나라에 전파된 종교
   ② **도교** : 신선사상을 기반으로 노장사상, 유교, 불교와 여러 신앙 요소들을 받아들여 형성된 종교
   ④ **풍수지리설** : 산세 · 지세 · 수세 등을 판단하여 이것을 인간의 길흉화복에 연결시키는 사상

19 조선 시대에 영조와 정조가 붕당의 대립을 줄이고 왕권을 강

화하고자 실시한 정책은 탕평책이다.
   ① **호패법** : 조선 태종 때 호구의 정확한 파악을 위해 16세 이상의 남자들에게 발급한 호패 제도
   ③ **과전법** : 고려 말 관리에게 등급에 따라 수조권(토지로부터 조세를 거둘 수 있는 권리)을 지급했던 토지 제도
   ④ **위화도 회군** : 명나라의 요동을 공략하기 위해 출정했던 이성계가 위화도에서 회군한 사건

20 통일 신라의 신문왕은 국학을 설립하여 유학 교육을 진흥시키고 지방 행정 조직의 9주 5소경을 완비하였다. 또한 관리들에게 관료전을 지급하고 귀족의 경제 기반이었던 녹읍을 폐지하였다.
   ① **세조** : 계유정난을 일으켜 단종을 폐위하고 왕위에 오른 조선의 제7대 국왕이다.
   ③ **유형원** : 조선 중기의 실학자로 사회 개혁을 위해 반계수록을 저술하였다.
   ④ **흥선 대원군** : 조선 고종의 아버지로 경복궁을 중건하고 쇄국정책을 주도하였다.

21 병자호란 이후 조선 효종 때 조선을 도운 명에 대한 의리를 내세우며 청에 당한 치욕을 갚고자 추진한 운동이다.
   ② **화랑도 조직** : 씨족 공동체의 전통을 가진 신라의 청소년 집단으로, 진흥왕은 화랑도를 국가적인 조직으로 개편하였다.
   ③ **별무반 편성** : 고려 숙종 때 윤관은 신기군, 신보군, 항마군으로 조직된 별무반을 편성하여 여진족의 침입에 대비하였다.
   ④ **광주 학생 항일 운동** : 광주에서 발생한 한 · 일 학생 간의 충돌을 일본 경찰이 편파적으로 처리하여 광주 학생 항일 운동이 촉발되었다.

22 나 · 당 연합군이 백제와 고구려를 차례대로 멸망시킨 후 신라는 한반도의 지배 야욕을 보이던 당나라와의 전쟁에서 승리하여 삼국 통일을 이룩하였다.

23 몽골의 침입에 맞서 싸운 나라는 고려이다.
   - **강화도 천도** : 몽골의 무리한 조공 요구와 내정 간섭에 반발한 고려의 최우가 다루가치를 사살하고 강화도로 천도하여 방비를 강화하였다.
   - **삼별초의 항쟁** : 강화도에 반몽정권이 수립된 후 배중손은 삼별초를 이끌고 대몽 항쟁을 펼쳤다.
   - **팔만대장경 완성** : 몽골의 침입으로 초조대장경이 소실된 후 부처의 힘으로 이를 극복하고자 고려 고종 때 강화도에 대장도감을 설치하여 팔만대장경을 완성하였다.

24 한 · 일 국교 정상화, 새마을 운동, 베트남 파병, 유신 헌법 선포는 모두 박정희 정부 때에 추진되었다.
- **한 · 일 국교 정상화** : 박정희 정부 때에 김종필과 오히라 간의 한 · 일 회담에서 한국과 일본의 국교 정상화가 이루어졌다.
- **새마을 운동** : 박정희 정부 때의 농촌 근대화를 표방한 범국민적 지역 사회 개발 운동이다.
- **베트남 파병** : 박정희 정부 때에 미국의 요청에 따라 국군의 전력 증강과 차관 원조를 약속받고 베트남 전쟁에 참전하였다.
- **유신 헌법 선포** : 박정희 정부 시기에 장기 집권을 위해 대통령의 권한을 강화한 유신 헌법을 선포하였다.

25 1938년 일제는 인력과 물자를 수탈하기 위해 국가 총동원법을 제정하였고, 이를 근거로 근로 정신대와 일본군 '위안부' 등으로 한국 여성을 강제 동원하였다.
① **병자호란** : 조선이 청의 군신 관계 요구를 거절하자 청이 조선을 침략한 전쟁으로, 인조는 남한산성에서 항전하다 결국 삼전도에서 굴욕적인 강화를 맺었다.
② **과거제 시행** : 고려 광종 때 인재를 등용하기 위해 한림학사 쌍기의 건의로 시행된 제도이다.
③ **서경 천도 운동** : 고려 인종 때 묘청이 풍수지리설에 근거하여 서경 천도를 주장한 운동이다.

제5교시

과 학

정답 및 해설 |

정답

01 ①	02 ③	03 ④	04 ③	05 ①
06 ①	07 ④	08 ②	09 ③	10 ④
11 ②	12 ④	13 ③	14 ④	15 ③
16 ①	17 ②	18 ①	19 ①	20 ③
21 ①	22 ④	23 ③	24 ①	25 ②

해설

01 물이 배를 밀어 올려 배가 물에 뜨는 것처럼 액체나 기체 속에서 물체를 밀어 올리는 힘은 부력이다. 부력의 크기는 액체나 기체에 잠긴 물체의 부피가 클수록 크다.
② 중력 : 지구가 물체를 끌어당기는 힘
③ 마찰력 : 물체와 접촉면 사이에서 물체의 운동을 방해하는 힘
④ 탄성력 : 변형된 물체가 원래의 모양으로 돌아가려는 힘

02

반사 법칙 : 입사각 = 반사각

빛이 반사할 때 입사광선, 반사광선, 법선은 한 평면 위에 있고 입사각과 반사각의 크기는 항상 같다. 그러므로 그림에서 레이저 빛의 반사각이 60°이므로 입사각의 크기도 60°이다.

03 그림과 같이 (+)대전체를 알루미늄 막대에 가까이 하였을 때, 대전체와 가까운 쪽은 다른 종류의 전하로 대전되므로 ㉠은 (−)로 대전되고, 대전체와 먼 쪽은 같은 종류의 전하로 대전되므로 ㉡은 (+)로 대전된다.

04 전류가 흐르는 방향이 반대가 되면 자기장의 방향도 반대가 되므로, 나침반의 방향도 반대가 된다.

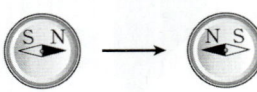

05

$$속력 = \frac{이동거리}{시간}$$

속력은 시간에 따른 물체의 위치 변화로, 그래프에서 물체가 2초 동안 4m를 이동하였으므로,
$$속력 = \frac{4m}{2초} = 2m/s$$

06 위치 에너지는 질량이 클수록 그리고 높이가 높을수록 커진다. 그러므로 질량이 같은 A~D의 물체 중 중력에 의한 위치 에너지가 가장 큰 것은 지면을 기준으로 물체가 가장 높은 곳에 위치한 A이다.

07 향수병 마개를 연 채로 놓아두면 향수 입자는 사방으로 퍼진다. 이처럼 물질을 이루는 입자가 스스로 운동하여 퍼져 나가는 현상을 '확산'이라 한다.
① 융해 : 고체 → 액체
② 응결 : 기체 → 액체
③ 응고 : 액체 → 고체

08

기화 : 액체 → 기체

B는 액체가 기체로 변화하는 것이므로 기화에 해당한다.
① A(융해) : 고체 → 액체
③ C(응고) : 액체 → 고체
④ D(응결) : 기체 → 액체

09 암모니아의 분자식이 NH_3이므로 분자 1개를 구성하는 질소(N) 원자의 개수는 1개이고, 수소 원자(H)의 개수는 3개이다.

10 물질이 뜨거나 가라앉는 것은 단위 부피에 대한 물질의 질량을 의미하는 밀도 때문이다. 따라서 밀도의 크기는 질량의 크기에 따라 가라앉은 순서이므로, D > C > B > A 순이다. 그러므로 밀도가 가장 큰 것은 D이다.

11 과산화 수소를 분해하여 물과 산소가 생성되는 반응의 화학 반응식은 다음과 같다.

$$2H_2O_2 \quad \rightarrow \quad 2H_2O \quad + \quad O_2$$
(과산화 수소)　　　　(물)　　　　(산소)

그러므로 ㉠에 해당하는 것은 H_2O(물)이다.

12 질량 보존의 법칙에 따라 화학 반응이 일어날 때 반응 전 물질의 총 질량과 반응 후 생성된 물질의 총 질량은 같다. 주어진 그래프에서 마그네슘 3g을 모두 연소시켰을 때 생성된 산화 마그네슘의 질량은 5g이고, 이를 화학 반응식으로 나타내면 다음과 같다.

마그네슘	+	산소	→	산화 마그네슘
(3g)		(2g)		(5g)

13 무궁화는 광합성을 하여 스스로 양분을 만들고 뿌리, 줄기, 잎, 꽃이 발달한 다세포 생물이므로, 생물의 분류 중 식물계에 해당한다.
① **균계** : 기생 생활을 하며 유기물을 분해하여 영양분을 흡수하는 생물로 포자에 의해 번식함
② **동물계** : 핵을 가지는 진핵 생물이며 다세포성 생물로 세포벽이 없고, 다양한 기능을 하는 세포들로 구성되어 있음
④ **원생생물계** : 핵을 가지는 진핵생물이며 짚신벌레, 아메바 등이 이에 속함

14
포도당 + 산소 → ㉠(이산화 탄소) + 물 + 에너지

생물의 호흡은 영양소(포도당)를 분해하여(산소와 반응시켜) 이산화 탄소와 물을 배출하고 에너지를 얻는 과정이다. 그러므로 ㉠에 해당하는 것은 이산화 탄소이다.

15 소화계는 음식물의 소화와 흡수에 관여하는 기관계로 입, 식도, 간, 위, 소장 등이 포함된다. ③의 폐는 호흡계에 해당한다.

16 판막은 사람 심장의 심방과 심실 사이 또는 심실과 동맥 사이에서 혈액이 거꾸로 흐르지 않고 한 방향으로만 흐르게 하는 역할을 한다.
① **융털** : 흡수 면적을 넓히기 위해 소장 점막에 촘촘하게 손가락같이 접혀 있는 구조물
③ **폐포** : 보통 허파꽈리라고 부르며 기도의 맨 끝부분에 있는 포도송이 모양의 작은 공기주머니
④ **혈구** : 적혈구, 백혈구, 혈소판으로 구성된 혈액 속의 세포 성분

TIP 심장의 구조
• **심방** : 심방은 심장으로 들어오는 혈액을 받아들이는 곳으로, 정맥과 연결되어 있다.
　– **좌심방** : 폐에서 온 혈액을 받아들이며, 폐정맥과 연결된다.
　– **우심방** : 온몸에서 온 혈액을 받아들이며, 대정맥과 연결된다.
• **심실** : 심실은 혈액을 내보내는 곳으로, 동맥과 연결되어 있다. 심방보다 두꺼운 근육으로 이루어져 있어 혈액을 내보내기에 알맞다.
　– **좌심실** : 온몸으로 혈액을 내보내며, 대동맥과 연결된다. (가장 두꺼운 근육으로 이루어진다)
　– **우심실** : 폐로 혈액을 내보내며, 폐동맥과 연결된다.
• **판막** : 혈액이 거꾸로 흐르는 것(역류)을 막는 역할을 한다.

17 호르몬은 내분비샘에서 만들어져 혈액을 따라 이동하는 화학 물질이다. 혈당량을 조절하는 인슐린, 글루카곤 등은 이자에서 분비되는 호르몬이다.
① **물** : 산소와 수소가 결합된 무색무취의 액체 물질이다.
③ **무기 염류** : 인체에 필요한 미량의 무기질 영양소로 칼슘, 인, 나트륨, 구리, 아연 등을 말한다.
④ **바이타민(비타민)** : 주영양소나 무기 염류는 아니지만 물질대사나 신체 기능을 조절하는 데 필수적인 영양소

18 1개의 모세포가 분열을 해서 4개의 딸세포로 분열하는 것은 생식세포 분열이며, 정자는 생식세포이므로 이러한 생식세포 분열에 의해 형성된다. ②의 간 세포, ③의 심장 세포, ④의 이자 세포는 모두 체세포 분열에 의해 형성된다.

19 아버지(AA)가 만드는 혈액형의 유전자형은 A형이고 어머니(OO)가 만드는 혈액형의 유전자형은 O형이다. 그러므로 딸에게 나타나는 혈액형의 유전자형은 AO형이다(A형이 O형보다 우성이므로 결국 딸에게 발현되는 혈액형의 유전자형은 A형임).

20 지진이 발생할 때 생긴 진동을 분석하여 지구의 내부 구조를 연구하는 방법은 지진파 연구이다.

21 열과 압력을 받아 성질이 변한 암석은 변성암으로, 변성 작용을 받아 압력에 수직인 방향으로 눌려 생기는 납작한 줄무늬인 '엽리'가 생기는 것이 특징이다.
② **심성암** : 마그마가 지각 아래 깊은 곳에서 굳어 결정의 크기가 큰 조립질의 암석
③ **퇴적암** : 퇴적물이 풍화·침식·운반에 의해 다져지고 굳어 만들어진 암석
④ **화산암** : 화산 활동에 의한 마그마가 식어서 생성된 암석

22   월식은 달이 지구 주위를 공전하는 동안 지구의 그림자 속으로 들어가 어둡게 보이는 현상으로, ④처럼 태양－지구－달의 순서로 일직선이 되었을 때 나타난다.

23   태양계 행성을 물리적 특성에 따라 분류할 때 금성, 수성, 화성은 지구형 행성에 해당한다. ③의 목성은 목성형 행성에 해당한다.

> **TIP 행성의 분류**
> • **지구형 행성** : 수성, 금성, 지구, 화성
> • **목성형 행성** : 목성, 토성, 천왕성, 해왕성

24   온난 전선은 전선 중에서 따뜻한 기단이 찬 기단 쪽으로 이동하는 전선으로, 온난 전선이 접근하면 기온과 이슬점 온도는 점차 높아지고 기압은 급강하한다.
    ② **정체 전선** : 거의 이동하지 않고 일정한 자리에 머물러 있거나 움직여도 매우 느리게 움직이는 전선(예 장마 전선)
    ③ **폐색 전선** : 한랭 전선과 온난 전선이 겹쳐진 전선
    ④ **한랭 전선** : 세력이 강한 찬 공기와 더운 공기가 만나면서 찬 공기가 더운 공기 아래쪽으로 파고들면서 만드는 전선

25   연주 시차는 지구의 공전 운동으로 인해 생기는 시차로, 별이 지구에 가까울수록 연주 시차가 크고 별이 지구에서 멀수록 연주 시차는 작다.

제6교시 선택 과목

도 덕

정답 및 해설 |

▌ 정답

01 ②	02 ①	03 ②	04 ①	05 ④
06 ①	07 ②	08 ③	09 ③	10 ④
11 ①	12 ③	13 ②	14 ③	15 ①
16 ②	17 ④	18 ②	19 ③	20 ③
21 ①	22 ④	23 ④	24 ③	25 ②

▌ 해설

01 인간은 홀로 살 수 없고, 사회 안에서 언어와 가치관, 지식, 생활양식 등을 배움으로써 온전한 인간으로 성장하는 사회적 존재이다. 즉, 사람은 혼자서는 살아가기 어려우므로 다른 사람과 도움을 주고받으며 더불어 살아가고자 한다.

> **TIP 인간의 특성**
> - **도구적 존재** : 불리한 신체 조건을 극복하기 위해 도구를 만들어 사용하는 존재
> - **사회적 존재** : 인간은 홀로 살 수 없고, 사회 안에서 언어와 가치관, 지식, 생활양식 등을 배움으로써 온전한 인간으로 성장하는 존재
> - **윤리적 · 이성적 존재** : 인간은 옳고 그름을 따지는 이성을 가진 존재로, 이성을 토대로 자신의 행동을 선택하고 반성함
> - **유희적 존재** : 인간은 유희를 통해 즐거움을 추구하는 존재

02 도덕 원리는 도덕 판단의 근거가 되는 인간 존중이나 자유 · 평등 등과 같은 인류 공통의 보편적 가치 또는 행위의 규칙을 말한다. ①의 '정직해야 한다.'는 사람의 인격에 해당하는 도덕 판단의 대상이 되므로 도덕 원리에 해당한다.
② 장미꽃은 아름답다. → 가치 판단
③ 해는 동쪽에서 뜬다. → 사실 판단
④ 서울은 대한민국의 수도이다. → 사실 판단

> **TIP 판단의 종류**
> - **사실 판단** : 사실에 대한 확인을 통해 참과 거짓을 구분할 수 있는 판단
> - **가치 판단** : 어떤 사실이나 대상의 의의나 중요성에 대한 개인의 주관적 판단
> - **도덕 판단** : 사람의 인격이나 행위 등 도덕 원리를 기준으로 내리는 판단

03 불교의 핵심 원리로서 남을 깊이 사랑하고 가엾게 여기는 마음은 '자비'이다. 자비는 무아(無我) 사상을 바탕으로 즐거움을 주고 고통을 제거해주는 지극한 사랑이다.
① **분노** : 자신의 욕구 실현이 저지당하거나 어떤 일을 강요당했을 때, 이에 저항하기 위해 생기는 부정적인 정서 상태
③ **준법** : 헌법이나 법률 또는 규칙을 따르는 일
④ **쾌락** : 인간의 감정 상태 중 재미와 만족을 느끼는 상태 혹은 그 감정

04 이웃 간의 갈등을 해결하기 위해서는 자기 입장만을 주장하지 않고 상호 배려와 양보하는 자세가 필요하다. 이기심, 사생활 침해 등은 모두 이웃 간의 갈등을 유발하는 요인이다.

05 '자신의 참된 모습'을 의미하는 자아는 개인적 자아와 사회적 자아로 구분된다. 개인적 자아는 개인의 내적인 경험과 자아 성찰에 초점을 두는 자아로 소망, 능력, 가치관 등을 포함한다. ④의 '사회적 관습'은 타인과의 상호작용과 사회적 관계에서 나타나는 사회적 자아에 해당한다.

06 공장의 매연과 자동차의 배기가스로 대기가 오염되고, 공장 폐수와 생활 하수로 물이 오염되는 것은 지구 공동체의 환경 문제에 해당한다.
② **종교 문제** : 개인이나 집단 사이에서 종교적 이념이 달라 서로 적대시하거나 충돌하는 종교 간 갈등이 일어나고 심지어 종교 문제로 인해 전쟁이 유발되기도 한다.
③ **인종 차별** : 인종 집단에 따라 행동 특성의 차이나 우열이 존재한다는 생각이나 이에 기반한 행위로, 흔히 특정 인종에 대한 적대감을 드러내는 배타주의의 형태로 나타난다.
④ **아동 학대** : 아동의 건강 또는 복지를 해치거나 정상적 발달을 저해할 수 있는 신체적 · 정신적 · 성적 폭력이나 가혹 행위를 말한다.

07 ①의 '사랑', ③의 '감사', ④의 '진리'는 정신적 만족을 주는 정신적 가치에 해당하나, ②의 '용돈'은 물질을 통해 만족감을 느끼는 물질적 가치에 해당한다.

TIP **가치의 구분**

형태적 특징에 따른 구분	물질적 가치	특정 물질 또는 물질적 형태의 가치와 그것을 통해 느끼는 만족감
	정신적 가치	정신적 만족을 주는 가치(지적가치, 도덕적 가치, 심미적 가치 등)
수단과 목적에 따른 구분	도구적 가치	다른 것 또는 다른 목적을 얻기 위한 수단이 되는 가치
	본래적 가치	그 자체가 귀중하고 목적이 되는 가치 (사랑, 생명 등)

08 스마트폰에 너무 많은 시간을 빼앗겨 학교생활까지 지장을 받을 뿐만 아니라 중독으로 이어지는 경우 필요한 덕목은 '절제'이다. 절제는 방종에 빠지지 않도록 이성으로 감정을 조절하고 자기 자신을 다스리는 것을 의미한다.
① **방관** : 어떤 일에 직접 나서서 관여하지 않고 곁에서 보기만 함
② **자애** : 윗사람이 아랫사람에게 베푸는 두터운 사랑
④ **정직** : 마음에 거짓이나 꾸밈이 없이 바르고 곧음.

09 봉사 활동은 다른 사람의 명령에 따라 억지로 참여하는 것이 아니라, 스스로 다른 사람을 돕고자 하는 마음에서 나오는 '자발적 참여'가 바람직한 자세이다.
㉠ 봉사 활동은 자기의 이익보다는 공익을 추구해야 한다.
　→ 이타적 행위
㉡ 봉사 활동은 보수나 대가를 바라지 않아야 한다.
　→ 무대가성
㉢ 봉사 활동은 일회성으로 끝나지 않고 꾸준히 참여해야 한다.
　→ 지속성과 실천성

TIP **봉사 활동의 특성**
• **자발적 참여** : 스스로 다른 사람을 돕고자 하는 마음에서 나온 행위
• **이타적 행위** : 다른 사람을 도우려는 이타적 행위
• **무대가성** : 대가를 바라지 않는 순수한 실천 행위
• **공동체 중시** : 공동체 전체를 위한 행위
• **지속성과 실천성** : 한결같은 마음으로 지속적으로 실천하는 행위

10 우정은 친구 간에 형성되는 친밀한 감정으로, 진정한 우정을 맺기 위해서는 친구의 어려움을 외면하지 않고 도와주려는 배려의 자세가 필요하다.

11 모든 사람이 인종, 피부색, 언어, 종교 등과 관계없이 누구나 동등하게 권리를 누려야 하는 것은 인권의 특성 중 '보편성'에 해당한다.

TIP **인권의 특성**
• **보편성** : 누구나 동등하게 누릴 권리
• **천부성** : 태어나면서 자연적으로 갖게 되는 권리
• **불가침성** : 어떤 경우에도 침해할 수 없는 권리

12 어려움에 처한 사람을 도와야 한다는 것을 알면서도 그냥 지나치는 것은 공감, 관심, 용기가 부족할 때 발생하므로 이러한 도덕적 실천 의지를 기르도록 노력해야 한다.
독단은 남과 상의하지 않고 혼자서 판단하거나 결정하는 것으로, 함양해야 할 도덕적 실천 의지의 대상이 아니다.

13 정의로운 국가는 모든 국민이 평등한 기회를 가지며 사회적 약자를 배려하는 국가로 평등, 공정, 복지 등의 보편적 가치를 지향한다. ②의 '혐오'는 싫어하고 미워하는 마음이므로, 정의로운 국가가 지향하는 보편적 가치에 해당하지 않는다.

14 이산가족의 고통과 남북 간의 문화·역사적 이질감은 남북한 간의 오랜 분단 상황으로 인해 발생한 폐해로, 이를 극복하기 위해 통일이 필요한 것이다.
ㄱ. 분단 비용 지출을 늘리기(→ 줄이기) 위해서
ㄷ. 군사적 긴장 관계를 심화시키기(→ 완화시키기) 위해서

TIP **민족 통일의 필요성**
• 분단의 폐해 극복
• 민족적 동질성 극복
• 경제 발전과 복지 사회의 건설
• 인권의 보장
• 한반도 평화의 정착

15 문화 상대주의는 세계 문화의 다양성을 인정하고, 각 문화의 독특한 환경과 역사적·사회적 상황에서 그 나라의 문화를 이해해야 한다는 관점이다.
② **문화 절대주의** : 문화의 다양성과 상대성을 부정하는 태도
④ **자문화 중심주의** : 자기 문화만을 가장 우수한 것으로 생각하고 다른 문화를 무시하거나 부정하는 태도

16 환경 친화적인 삶이란 주변 환경에 미치는 영향을 생각하여 행동하는 삶인데, '일회용품 애용하기'는 쓰레기 배출을 증가시켜 환경을 오염시키므로 환경 친화적인 삶이라고 볼 수 없다.

17 길이 보이지 않더라도 좌절하거나 포기하지 말고 새로운 길을 개척하자는 내용이므로, 그림에서 전달하고자 하는 것은

회복 탄력성이다. 회복 탄력성은 크고 작은 다양한 역경과 시련과 실패에 대한 인식을 도약의 발판으로 삼아 더 높이 뛰어 오를 수 있는 마음의 근력을 말한다.

① **익명성** : 어떤 행위를 한 사람이 누구인지 드러나지 않는 특성

② **가치 전도** : 높은 가치보다 낮은 가치를 추구하는 태도

③ **시민 불복종** : 기본권을 침해하는 부당한 법이나 제도에 대항하여 이를 폐기 또는 개정하기 위해 그것을 의도적으로 위반하는 행위

18 인간의 본성상 자연스럽게 어울려 가족을 이루고, 마을을 이루며, 마을이 커지면서 국가가 형성되었다는 자연발생설을 주장한 사상가는 아리스토텔레스이다.

① **칸트** : 근대 계몽주의를 정점에 올려놓았고 독일 관념철학의 기반을 확립한 철학자

② **롤스** : 공정한 사회를 이룩하기 위한 하나의 체계적이고 규범적인 이론인 정의론을 제시한 미국의 사회철학자

③ **슈바이처** : 아프리카 의료 봉사로 생명에 대한 경외라는 그의 철학을 실천에 옮긴 의사이자 노벨평화상 수상자

19 생태 중심주의는 인간을 자연의 일부로 여기고 자연이 가진 본래적 가치를 중시하는 자연관으로, 생태계 전체에 대한 배려를 강조한다.

ㄱ. 자연의 무분별한 개발을 강조한다. → (X)

ㄹ. 인간은 자연을 지배할 권리를 지닌 존재라고 본다. → 인간 중심주의

20 언어폭력은 말로 협박이나 욕설을 해서 상대방에게 상처를 주는 것으로, 외모를 비하하는 별명을 부르거나 거짓 소문으로 상대방을 괴롭히는 것이 이에 해당한다. 꼬집거나 고의로 밀치는 것은 신체폭력에 해당한다.

21 국가의 정책과 법을 만드는 과정에 자발적으로 참여하는 시민의 자질은 주인 의식이다. 시민은 한 국가의 주권을 가진 국가의 구성원이므로, 시민 각자가 주인 의식을 갖고 국가에 대한 권리와 의무를 다하는 것이 바람직한 시민의 자세이다.

> **TIP** 바람직한 시민의 자세
>
> • **주인 의식과 참여 의식** : 공공선을 위해 책임 의식을 가지고 참여, 민주적 절차의 존중
> • **준법정신** : 법과 기본 질서의 준수
> • **애국심** : 건전한 애국심의 형성
> • **공동체 의식, 관용 정신, 연대 의식** : 모두 인권에 대한 존중이 바탕이 됨

22 부모와 자녀가 서로를 이해하기 위해 상대방의 처지에서 생각해 보려고 노력하는 세대 간 소통 방법은 역지사지이다. 역지사지는 상대편의 처지나 형편에서 생각해보고 이해하는 것을 뜻한다.

① **청렴** : 성품과 행실이 깨끗하고 맑으며 탐욕이 없는 것

② **차별** : 둘 이상의 대상을 차이를 두어서 구별하는 것

③ **자아도취** : 스스로에게 황홀하게 빠지는 일

23 부패는 공정한 절차를 무시하고 부당한 방법으로 자기 이익을 편취하는 행위로 다른 사람의 권익이 훼손될 수도 있다. 부패 행위의 대표적인 사례로 탈세 행위, 뇌물 수수, 권력 남용 등이 해당한다.

① 비합리적인 관행이 감소(→ 증가)한다.

② 국가의 투명도가 향상(→ 저하)된다.

③ 사회 공동체 의식이 높아(→ 낮아)진다.

24 과학 기술의 유용성은 과학 기술을 통해 만들어진 제품이나 서비스의 사용 편의성을 의미한다. 그런데 과학 기술이 사용의 편의성만을 추구하다 보면 과학 기술로 인한 부작용을 간과하기 쉬우므로, 유용성만을 추구하는 것은 과학 기술의 바람직한 활용 방안이라고 볼 수 없다.

25 부정적인 생각과 감정은 마음을 혼란스럽게 하고 평정심을 잃게 하므로, 마음의 평화를 얻기 위해서는 긍정적인 마음을 갖기 위해 노력해야 한다.

정답 및 해설

2024년도

제2회

제1교시

국 어

정답

01 ②	02 ④	03 ③	04 ④	05 ④
06 ②	07 ②	08 ①	09 ④	10 ①
11 ④	12 ③	13 ③	14 ②	15 ②
16 ①	17 ③	18 ①	19 ③	20 ④
21 ①	22 ②	23 ④	24 ①	25 ②

해설

01 격려의 말하기는 상대방이 용기나 의욕이 솟아나도록 북돋워 주는 것이다. 첫 출전이라 팀에 방해가 되거나 실수를 하지 않을까 걱정된다는 지후의 말에 민재가 긴장하지 말고 평소처럼 하라고 의욕을 북돋아 주고 있다. 그러므로 '민재'의 말하기 의도는 '격려'에 해당한다.

02 일기의 내용을 보면, 평소 말하기에는 자신이 있었기 때문에 별다른 준비를 하지 않았지만 막상 토론을 해 보니, 상대방의 주장에 반박할 타당한 근거가 떠오르지 않아 당황스러웠다고 기록되어 있다. 그러므로 일기를 쓴 '나'가 보완해야 할 점은 상대방의 주장에 반박할 타당한 근거를 미리 마련하는 것이다.

03 '버스'를 '가방'으로, '사람'을 '토끼'로, '책상'을 '비행기'로 바꾸어 말하면 다른 사람들이 잘 알아들을 수 없는 것은 언어의 '사회적' 특성 때문이다. 즉, 언어는 같은 언어를 사용하는 사람들 사이의 사회적 약속이다.
① 언어는 시간의 흐름에 따라 끊임없이 변화한다. → 역사성
② 언어의 의미와 말소리 사이에는 필연적인 관계가 없다. → 자의성
④ 언어를 사용하여 새로운 단어나 문장을 끊임없이 만들어 낼 수 있다. → 창조성

04 '부쳤어'의 기본형 '부치다'는 '편지나 물건 따위를 일정한 수단이나 방법을 써서 상대에게로 보내다'라는 의미로, 한글 맞춤법에 따라 맞게 표기되었다.
① 된장찌게 → 된장찌개
'된장찌게'는 '된장을 풀어 넣고 끓인 찌개'를 뜻하는 명사 '된장찌개'로 고쳐 써야 옳다.
② 맞히고 → 마치고
'맞히고'는 '어떤 일이나 과정, 절차 따위가 끝나다 또는 그렇게 하다'라는 의미의 동사 '마치고'로 고쳐 써야 옳다.
③ 웬지 → 왠지
'웬지'는 '왜 그런지 모르게 또는 뚜렷한 이유도 없이'를 뜻하는 부사 '왠지'로 고쳐 써야 옳다.

05 허끝과 윗잇몸이 닿아서 나는 소리인 '잇몸소리'에는 'ㄴ, ㄹ, ㄷ, ㄸ, ㅌ, ㅅ, ㅆ'의 자음들이 있다.
① ㄱ – 여린입천장소리
② ㅁ – 울림소리
③ ㅈ – 센입천장소리

> **TIP 자음 체계**
>
> | 소리 나는 위치 / 소리의 성질 | | 입술소리 | 잇몸소리 | 센입천장소리 | 여린입천장소리 | 목청소리 |
> |---|---|---|---|---|---|---|
> | 안울림소리 | 예사소리 | ㅂ | ㄷ | ㅅ | ㅈ | ㄱ | ㅎ |
> | | 된소리 | ㅃ | ㄸ | ㅆ | ㅉ | ㄲ | |
> | | 거센소리 | ㅍ | ㅌ | | ㅊ | ㅋ | |
> | 울림소리 | | ㅁ | ㄴ, ㄹ | | | ㅇ | |

06 맑게[막께] → [말께]
'맑게'의 겹받침 'ㄺ'은 어말 또는 자음 앞에서 [ㄱ]으로 발음해야 하나, 용언의 어간 말음 'ㄺ'은 'ㄱ' 앞에서 [ㄹ]로 발음되므로 [말께]라고 발음해야 옳다.
① 굵고[굴:꼬] : '굵고'의 겹받침 'ㄺ'은 어말 또는 자음 앞에서 [ㄱ]으로 발음해야 하나, 용언의 어간 말음 'ㄺ'은 'ㄱ' 앞에서 [ㄹ]로 발음되므로 [굴:꼬]라고 발음한 것은 옳다.
③ 읊고[읍꼬] : '읊고'의 겹받침 'ㄿ'은 어말 또는 자음 앞에서 [ㅂ]으로 발음해야 하므로, [읍꼬]라고 발음한 것은 옳다.
④ 젊지[점:찌] : '젊지'의 겹받침 'ㄻ'은 어말 또는 자음 앞에서 [ㅁ]으로 발음해야 하므로, [점:찌]라고 발음한 것은 옳다.

07 ㉠의 '아름답다'는 사람이나 사물의 상태나 성질을 나타내는 말인 형용사이다. 마찬가지로 ②의 '작다'도 '정하여진 크기에 모자라서 맞지 아니하다'라는 뜻의 형용사이다.
① 정말 → 부사
③ 옛 → 관형사
④ 운동장 → 명사

08

> 토끼가(주어) + 들판에서(부사어) + 풀을(목적어) + 뜯는다(서술어).

① 주어와 서술어의 관계가 한 번만 나타나는 홑문장이다.
② 바람이(주어) + 불고(서술어) / 나무가(주어) + 흔들린다(서술어). → 겹문장
③ 나는(주어) + {겨울이(주어) + 오기를(서술어)} + 기다린다(서술어). → 겹문장
④ 비가(주어) + 와서(서술어) / 우리는(주어) + 소풍을(목적어) + 연기했다(서술어). → 겹문장

09 타인과의 유대감을 강화하는 것은 '웃음의 사회적 효과'에 해당하므로, ㉢에 들어갈 세부 내용으로 가장 적절하다.
① → 웃음의 신체적 효과
② → 웃음의 정신적 효과
③ → 웃음의 신체적 효과

10 '했다'의 주어인 '가장 기억에 남는 일은'은 과거의 일이므로, 문장의 호응을 고려하여 '했던 것이다'로 고쳐 써야 옳다. 그러므로 ㉠의 '했다'를 미래의 의미를 지닌 '할 것이다'로 바꾼 것은 적절한 고쳐쓰기 방안이 아니다.
② ㉡의 '발각'을 '여러 사람 가운데서 쓸 사람을 뽑음'을 뜻하는 '발탁'으로 바꾼 것은 적절하다.
③ 주어진 글은 화자가 축구를 그만둔 이유를 설명하는 내용인데, ㉢은 우리나라 축구 대표 팀이 월드컵에서 좋은 성과를 거둔 소식을 전하고 있다. 그러므로 글의 흐름에서 벗어난 ㉢을 삭제하는 것은 적절하다.
④ ㉣ 다음의 '나는 축구를 그만두게 되었다.'는 원인이 아닌 결론에 해당하므로, ㉣의 '왜냐하면'을 문장이 자연스럽게 연결되도록 '결국'으로 바꾼 것은 적절하다.

[11~13]

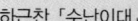

> 하근찬, 「수난이대」
> • 갈래 : 단편 소설, 전후 소설
> • 성격 : 사실적, 상징적
> • 배경 : 시간 – 일제 강점기부터 6 · 25 전쟁 직후까지 / 장소 – 경상도 어느 시골 마을
> • 시점 : 전지적 작가 시점(부분적 관찰자 시점)
> • 제재 : 만도 부자의 2대에 걸친 수난
> • 주제 : 민족의 수난과 이를 극복하려는 의지
> • 특징
> – 현대사의 굴곡으로 인한 개인의 상처와 상실을 사실적으로 묘사함
> – 역사적 시련을 극복하기 위한 방안을 제시함
> – 인물의 대사에 방언을 사용하여 사실감을 부여함

11 만도가 진수를 업고 외나무다리가 놓여 있는 시냇물을 건너고 있는 모습에서 알 수 있듯이 만도는 진수를 외면하고 있지는 않다. 또한 진수는 만도의 등에 업힐 때 차라리 자신이 죽어 버렸으면 나았을 거라고 말한 대목에서 만도에게 미안해하고 있음을 알 수 있다.
① '그 순간 만도의 두 눈은 ~ 입은 딱 벌어졌다.'에서 만도는 처음에 진수의 모습을 보고 매우 놀랐음을 알 수 있다.
② 아버지의 등에 업힌 진수가 곧장 미안스러운 얼굴을 하며, '나꺼정 이렇게 되다니 ~ 나았을 낀데……'에서 진수는 만도가 자신을 업는 것에 대해 미안해하고 있음을 알 수 있다.
③ '세상을 잘못 만나서 진수 니 신세도 참 똥이다. 똥!'에서 만도는 현재 진수의 상황에 대해 안타까워하고 있음을 알 수 있다.

12 '진수는 지팡이와 고등어를 각각 한 손에 쥐고, 아버지의 등어리로 가서 슬그머니 업혔다.'에서 진수가 지팡이를 내려놓고 만도의 등에 업힌 것은 아님을 알 수 있다.
① "아부지!"하고 진수가 만도를 부르는 모습에서 만도는 진수의 아버지임을 알 수 있다.
② 외나무다리가 놓여 있는 시냇물의 밑바닥이 모래흙이어서 지팡이를 짚고 건너가기가 만만치 않고, 그렇다고 지팡이를 짚고 외나무다리 위로 건너기는 무리였으므로, 진수가 외나무다리를 보고 난감해 했을 것이라고 짐작할 수 있다.
④ '만도는 등어리를 아들 앞에 갖다 대고 하나밖에 없는 팔을 뒤로 버쩍 내밀며'에서 만도는 한쪽 팔이 없음을 알 수 있고, '스쳐 가는 바람결에 한쪽 바짓가랑이가 펄럭거리는 것이 아닌가'에서 진수는 한쪽 다리가 없음을 알 수 있다.

13   한쪽 팔이 없는 아버지 만도가 한쪽 다리를 잃은 아들 진수를 업고 외나무다리를 건너는 모습에서 등장인물이 주어진 난관을 회피하는 것이 아니라 적극적으로 극복해 나가고 있음을 엿볼 수 있다.

[14~16]

김소월, 「먼 후일」
- 갈래 : 자유시, 서정시
- 성격 : 민요적, 여성적, 애상적
- 제재 : 떠난 임
- 주제 : 떠난 임에 대한 간절한 그리움
- 특징
    – 여성적 어조의 사용
    – 민족적 정서인 이별의 한을 다룸
    – 가정법을 통해 임과의 재회 상황을 가정함
    – 반어적 표현의 반복을 통해 임에 대한 그리움 강조

14   '찾으시면', '나무라면' 등에서 가정법을 사용하여 임과의 재회 상황을 표현하고 있다.
    ① 사람이 아닌 것을 사람에 빗대어 표현한 의인화의 소재들은 보이지 않는다.
    ③ 의문문의 형식을 사용한 설의법의 표현은 보이지 않는다.
    ④ 화자의 감정을 자연물에 이입시키는 '감정이입'의 기법은 보이지 않는다.

15   1연은 '먼 훗날', 2연은 '당신이', 3연은 '그래도', 4연은 '오늘도'로 시작하고 있으므로, 각 연을 동일한 글자로 시작하고 있는 것은 아니다.
    ① '먼 훗날 / 당신이 / 찾으시면'처럼 각 행을 세 마디로 끊어 읽을 수 있는 3음보의 율격을 보이고 있다.
    ③ '당신이', '잊었노라' 등의 동일한 시어를 반복적으로 사용하고 있다.
    ④ '~한다면 ~했노라'라는 유사한 문장 구조가 여러 번 나타나고 있다.

16   '잊었노라'고 반어적 표현의 사용을 통해 잊지 못한 임에 대한 그리움을 표현하고 있다. 그러므로 화자의 주된 정서는 떠난 임에 대한 간절한 그리움이다.

[17~19]

박지원, 「호질」
- 갈래 : 한문소설, 단편소설, 우화소설, 풍자소설
- 성격 : 풍자적, 비판적, 우의적
- 배경 : 시간 – 중국 춘추 시대 / 장소 – 정(鄭)나라 어느 고을
- 시점 : 전지적 작가 시점
- 제재 : 양반의 허위의식
- 주제 : 양반의 위선적인 삶과 인간 사회의 부도덕성 비판
- 특징
    – 범을 의인화하여 인간의 부도덕함을 비판함
    – 조선 후기 양반에 대한 부정적인 생각을 드러냄
    – 인물의 행동을 우스꽝스럽게 표현하여 풍자함

17   "이제 사정이 급해지니까 면전에서 낯간지러운 아첨을 하는구나. 그래, 누가 네 말을 곧이듣겠느냐?"라고 말한 대목에서 범이 북곽 선생의 말을 곧이곧대로 받아들이지 않고 있음을 알 수 있다.
    ① '혹 사람들이 자기를 알아볼까 ~ 귀신 웃음소리를 내었다.'에서 북곽 선생이 귀신 춤을 추며 달아났음을 알 수 있다.
    ② 똥 속에 빠진 북곽 선생을 만난 범이 "선비, 어이구. 지독한 냄새로다."라고 말한 장면에서 북곽 선생의 몸에서 지독한 냄새가 풍겼음을 알 수 있다.
    ④ '두렵기도 하고 ~ 범은 이미 가 버렸다.'에서 범이 북곽 선생에게 인사도 없이 사라져 버렸음을 알 수 있다.

18   범 앞에서 머리를 조아렸던 북곽 선생이 아침에 김을 매러 가는 농부에게 그 상황을 들켰을 것을 창피하게 생각하여 「시경」의 구절을 인용하여 이를 모면하려고 하고 있다. 그러므로 [A]에서 허세를 부리고 있는 북곽 선생의 태도를 엿볼 수 있다.

19   ㉠의 '자기', ㉡의 '선비', ㉣의 '이 천한 신하'는 모두 '북곽 선생'을 가리키나 ㉢의 '내'는 '범'을 가리킨다.

[20~22]

20   제시문의 말단 부분에서 글쓴이는 플라스틱을 전혀 사용하지 않고 생활하기는 어렵겠지만 줄일 수 있다면 줄여 보되, 특히 짧은 시간 사용하고 버리는 일회용 플라스틱 제품은 더더욱 선택하지 말 것을 주문하고 있다. 그러므로 '플라스틱 사용을 줄이려고 노력하자.'는 ④의 설명이 글쓴이의 핵심 주장으로 가장 적절하다.

21 　제시문의 [A]는 해양 쓰레기 중 플라스틱 쓰레기로 인한 다양한 문제점에 대해 설명하고 있다. 그런데 '쉽게 분해되어 토양을 오염시킨다.'는 ①의 설명은 플라스틱의 토양 오염에 대해 설명하고 있으므로, ㉮에 들어갈 내용으로 부적절하다. 이에 덧붙여 본문에서 플라스틱은 '다시 수백 년 동안 분해되지 않은 쓰레기'라고 하였으므로, '쉽게 분해되어'라는 내용 또한 잘못된 설명이다.

22 　[A]는 해양 쓰레기 중 플라스틱 쓰레기로 인한 다양한 문제점을 열거하고 있다. 그러므로 ㉠에는 앞 내용에 추가되는 말이 이어질 때 쓰는 첨가의 부사어 '또한'이 들어갈 말로 가장 적절하다.
　① 결코 → '아니다', '없다', '못하다' 등의 부정어와 호응을 이루어 부정적 내용의 글이 이어져야 한다.
　③ 그렇지만 → 앞의 내용과 대립되는 말이 이어져야 한다.
　④ 왜냐하면 → 앞 내용의 원인이 되는 말이 이어져야 한다.

[23~25]

23 　제시문의 마지막 문단에서 캘리포니아의 집, 수영장의 수평선, 다이빙 보드의 대각선이 야자수 줄기의 수직선과 대비를 이룬다고 하였다. 그러므로 '수영장의 수평선이 야자수 줄기의 수직선과 대비를 이룬다.'는 ④의 설명은 적절하다.
　① 수영장에서 다이빙할 때 들리는 '풍덩' 소리를 그림에 표현했다.
　② 아크릴 물감을 사용하여 색을 선명하게 표현했다.
　③ 물보라가 일어나는 부분만 붓으로 흰색을 거칠게 칠하고, 다른 부분은 롤러를 사용해 파란색으로 매끈하게 칠했다.

24 　호크니가 귀로 듣는 '풍덩' 소리를 눈으로 보는 그림으로 표현할 수 있었던 것은 색채, 기법, 구도의 3가지 요소가 조화를 이루어 가능했다고 하며 이후 각 요소에 대해 차례대로 설명하고 있다. 그러므로 ㉠에 첫 번째 요소인 '색채'가 들어갈 말로 적절하다.

25 　㉡의 물보라가 '일어나다'는 '위로 솟거나 부풀어 오르다.'의 의미로 쓰였다. 마찬가지로 ②의 거품이 '일어났다'도 같은 의미로 사용되었다.
　① '잠에서 깨어나다.'의 의미로 쓰였다.
　③ '누웠다가 앉거나 앉았다가 서다.'의 의미로 쓰였다.
　④ '병을 앓다가 낫다.'의 의미로 쓰였다.

> **TIP** **[동사] 일어나다**
>
> 1. 누웠다가 앉거나 앉았다가 서다.
>   **예** 자리에서 일어나다.
> 2. 잠에서 깨어나다.
>   **예** 아침 일찍 일어나다.
> 3. 어떤 일이 생기다.
>   **예** 싸움이 일어나다.
> 4. 어떤 마음이 생기다.
>   **예** 욕심이 일어나다.
> 5. 약하거나 희미하던 것이 성하여지다.
>   **예** 집안이 일어나다.
> 6. 몸과 마음을 모아 나서다.
>   **예** 학생들이 학생회 문제를 들고 일어났다.
> 7. 위로 솟거나 부풀어 오르다.
>   **예** 뽀얗게 일어나는 물보라.
> 8. 자연이나 인간 따위에게 어떤 현상이 발생하다.
>   **예** 산불이 일어나다.
> 9. 소리가 나다.
>   **예** 기쁨으로 환호성이 일어나다.
> 10. 종교나 사조 따위가 발생하다.
>   **예** 불교가 일어나다.
> 11. 병을 앓다가 낫다.
>   **예** 제 사내가 계집을 얻었다는 바람에 강샘을 하고 생병이 난 것인데 며칠만 꽁꽁 앓으면 툭툭 털고 일어나겠지그려.

제2교시

수 학

정답 및 해설 |

▍정답

01 ③	02 ②	03 ②	04 ④	05 ③
06 ③	07 ①	08 ④	09 ④	10 ②
11 ④	12 ③	13 ①	14 ③	15 ①
16 ②	17 ③	18 ④	19 ①	20 ②

▍해설

01 84의 소인수는 2와 3과 7이고, 소인수분해하면
84$=2\times2\times3\times7$이므로, $2^2\times3\times7$로 나타낼 수 있다.

02 양수는 음수보다 크므로, $-\dfrac{1}{2}<\dfrac{5}{2}$는 옳다.
① 음수는 절대값이 클수록 작다.
그러므로 $-4>-3\Rightarrow-4<-3$
③ $(-3)^2=9$이다.
그러므로 $0>(-3)^2\Rightarrow0<(-3)^2$
④ 양수는 절대값이 클수록 크다.
그러므로 $5<4\Rightarrow5>4$

03
직각삼각형의 넓이 $=\dfrac{1}{2}\times$ 밑변 $\times$ 높이

'직각삼각형의 넓이 $=\dfrac{1}{2}\times$ 밑변 $\times$ 높이'이므로
$\dfrac{1}{2}\times6\text{cm}\times a\text{cm}=\dfrac{(6\times a)}{2}\text{cm}^2$

04 일차방정식 $3x-5=3+x$를 정리하면,
$3x-x=3+5$
$2x=8,\ x=\dfrac{8}{2}$
$\therefore\ x=4$

05 그래프에서 가로 축은 시간, 세로 축은 거리를 나타낸다. 10분 동안 이동한 거리는 10분에 해당하는 가로 축과 만나는 세로 축의 점이므로 3km이다.

06
평행한 두 직선의 동위각 + 엇각 $=180°$

평행한 두 직선의 동위각 + 엇각 $=180°$이므로
$35°+\angle x=180°$

$\angle x=180°-35°$
$\therefore\ \angle x=145°$

07 통학 시간이 30분 미만인 학생 수는 주어진 히스토그램에서 0~10분의 학생 수가 2명이고 10~20분의 학생 수가 6명이며 20~30분의 학생 수가 10명이므로 그 합과 같다.
$\therefore$ 2명 + 6명 + 10명 = 18명

08 유한소수는 소수점 아래의 0이 아닌 숫자가 유한개인 소수로, 분모의 소인수가 2나 5뿐이면 유한소수이다. 그러므로 분수 $\dfrac{x}{2^2\times7}$를 유한소수로 나타내려면, 분모의 2를 제외한 7을 약분할 수 있어야 한다.
따라서 x의 값이 될 수 있는 가장 작은 자연수는 7이다.

09 $(2x^3)^2=2^2\times(x^3)^2$
$=(2\times2)(x^{3\times2})$
$=4x^6$

10 $(5a-2b)+(2a+3b)$
$=5a-2b+2a+3b$
$=5a+2a-2b+3b$
$=(5+2)a+(-2+3)b$
$=7a+b$

11 $5x-20\geq0,\ 5x\geq20$
양변을 5로 나누면, $\dfrac{5x}{5}\geq\dfrac{20}{5}$
$\therefore\ x\geq4$
x는 4보다 크므로 수직선이 오른쪽으로 향하고, 등호가 있으므로 (●)로 표시해야 한다.

12 연립방정식 $\begin{cases}x+y=3\\3x-y=1\end{cases}$ 의 해는 두 일차방정식의 그래프를 좌표평면 위에 나타냈을 때, 두 직선이 만나는 교점의 좌표와 같다.
그러므로 구하는 해는 $x=1,\ y=2$이다.

13 그림에서 $\overline{DE}$와 $\overline{BC}$가 평행하므로
$\triangle ADE \backsim \triangle ABC$

두 삼각형의 변의 길이를 비례식으로 정리하면,

$4 : (4+x) = 6 : 15$

비례식에서 내항의 곱과 외항의 곱은 같으므로,

$6(4+x) = 4 \times 15$, $24+6x = 60$

$6x = 60-24$, $6x = 36$

$\therefore x = 6$

14 1에서 10까지의 자연수가 각각 적힌 공 10개가 들어 있는 주머니에서 공 한 개를 꺼낼 때,

4의 배수가 나오는 경우의 수는 4, 8의 2가지이다.

6의 배수가 나오는 경우의 수는 6의 1가지이다.

그러므로 4의 배수 또는 6의 배수가 나오는 경우의 수는

$2+1 = 3$(가지)이다.

15

> 제곱근의 뺄셈 : $m\sqrt{a} - n\sqrt{a} = (m-n)\sqrt{a}$

$7\sqrt{5} - 4\sqrt{5} = (7-4)\sqrt{5}$

$\quad\quad\quad\quad = 3\sqrt{5}$

16 이차방정식 $(x-2)(x+5)=0$을 만족시키는 해는

$x=2$, $x=-5$이다.

그런데 주어진 문제에서 한 근이 -5라고 했으므로,

다른 한 근은 2이다.

17 이차함수 $y=(x-2)^2$의 그래프에서 꼭짓점의 좌표는

$(2, 0)$이다.

① 아래로 볼록하다.

② 점 $(4, 0)$을 지나지 않는다.

④ 직선 $x=2$를 축으로 한다.

18 직각삼각형 ABC에서

$\tan B = \dfrac{높이}{밑변}$이므로

$\dfrac{\overline{AC}}{\overline{BC}} = \dfrac{8}{6}$

$\therefore \tan B = \dfrac{4}{3}$

19 원 O에서 호 AB에 대한 원주각의 크기는 모두 같으므로,

$\angle ADB = \angle ACB$

$\therefore \angle ADB = 40°$

20 주어진 자료의 평균은 모든 수를 더한 후 총 개수로 나눈 값이다.

그러므로 평균 $= \dfrac{4+5+7+8}{4} = \dfrac{24}{4} = 6$(시간)

제3교시 영 어

정답

01 ④	02 ②	03 ①	04 ①	05 ③
06 ①	07 ②	08 ④	09 ③	10 ④
11 ③	12 ①	13 ③	14 ①	15 ①
16 ③	17 ②	18 ④	19 ①	20 ④
21 ②	22 ②	23 ④	24 ③	25 ④

해설

01 **해설** shy는 '부끄러운, 수줍은'이라는 뜻이다.
해석 나는 사람들 앞에서 말할 때 부끄럽다.
어휘 speak 말하다
in front of ~앞에서

02 **해설** 'loud(시끄러운)'와 'quiet(조용한)'은 반의어 관계이다. 마찬가지로 ①, ③, ④는 모두 반의어 관계이나, ②의 'kind(친절한)'와 'nice(좋은)'은 유의어 관계이다.
① 부유한 – 가난한
③ 깨끗한 – 더러운
④ 가득한 – 빈
해석 조용한 공간에서 시끄러운 소리를 내지 마세요.
어휘 noise 소리, 잡음
area 지역, 공간

03 **해설** There + be동사는 '~이 있다'는 표현으로 뒤에 오는 명사의 수에 따라 be동사의 형태가 결정된다. 주어진 문장에서 빈칸 다음에 'many wonderful places'라는 복수 명사가 왔으므로, There 다음의 빈칸에는 be동사 'are'가 적절하다.

> **TIP** **There + be동사 구문(~이 있다)**
> • There is(was) + 단수 명사
> • There are(were) + 복수 명사

해석 한국에는 멋진 곳이 많다.
어휘 wonderful 멋진, 놀라운
place 곳, 장소

04 **해설** 전화를 걸었지만 그가 전화를 받지 않은 것이므로, 역접의 접속사 'but(그러나)'가 빈칸에 들어갈 말로 가장 적절하다.
해석 나는 어제 그에게 전화를 걸었지만, 그는 받지 않았다.
어휘 call 부르다, 전화를 걸다
yesterday 어제
answer 대답하다, 응답하다

05 **해설** 'yellow(노란색)'와 'blue(파란색)' 중 어느 색을 더 좋아하냐고 묻고 있으므로, 의문사 'Which'로 시작하는 'Which~, A or B?'의 선택의문을 사용해야 한다.
해석 A : 노란색과 파란색 중 어느 색을 더 좋아하니?
B : 나는 노란색보다 파란색을 더 좋아한다.
어휘 prefer A to B B보다 A를 더 좋아하다, 선호하다

06 **해설** 상자를 들어 올리다 허리를 다쳤다는 A의 말에 'That's too bad.(그것 참 안됐구나.)'라며 위로의 말을 건네는 것이 대화의 흐름상 자연스럽다.
② 미안하지만 안 돼.
③ 그것을 고대하고 있어.
④ 물을 잠가라.
해석 A : 무슨 일이야, John? 괜찮아?
B : 어제 상자를 들어 올릴 때 허리를 다쳤어.
A : 그것 참 안됐구나.
어휘 matter 문제, 일
hurt 다치다
lift 들어 올리다
afraid 걱정하는, 불안한
look forward to ~을 기대[고대]하다
turn off 끄다, 잠그다

07 **해설** 첫 번째 문장에는 '~을 살펴보다'라는 의미의 숙어 'take a look at'에서 명사 'look'이 들어가야 하며, 두 번째 문장에는 '~을 돌보다'라는 의미의 숙어 'look after(돌보다)'에서 동사 'look'이 들어가야 한다.
① 사다
③ 말하다
④ 입다
해석 • 이 사진을 살펴봐 주세요.

• 나와 떨어져 있을 때 그가 내 개를 돌봐줄 것이다.

어휘 picture 사진, 그림

away 떨어져, 자리에 없는

08 **해설** Julia가 내일 오후 8시에 할 일은 'do English homework(영어 숙제 하기)'이다.

해석

오전 8시	오후 12시	오후 4시	오후 8시
체육관에서 운동하기	Mike와 점심 먹기	Mary와 쇼핑 하기	영어 숙제 하기

어휘 exercise 운동하다

gym 체육관

lunch 점심

do homework 숙제하다

09 **해설** 소녀가 공을 던지고 있으므로, 동사 'throw'를 써야 한다. 또한, '~을 하고 있는 중이다'의 표현인 현재진행형은 'be동사 + 현재분사(~ing)'이므로, 빈칸에는 'throwing'이 적절하다.

① 사고 있는

② 차고 있는

④ 씻고 있는

해석 A : 그 소녀는 무엇을 하고 있니?

B : 그녀는 공을 던지고 있어.

어휘 buy 사다, 구매하다

kick 차다

throw 던지다

wash 씻다

10 **해설** 도서관에 가서 함께 공부할까 생각 중이라는 A의 말에 B가 좋은 계획인거 같다며 호응하고 있다. 그러므로 대화가 끝난 후 오후에 두 사람이 함께 할 일은 '도서관에서 공부하기'이다.

해석 A : 오늘 오후에 시간 있어?

B : 응, 왜?

A : 도서관에 가서 함께 공부할까 생각 중이야.

B : 좋아. 좋은 계획인거 같아.

어휘 free 여가의, 한가한

library 도서관

sound like ~처럼 들리다

plan 계획, 약속

11 **해설** 제인의 생일을 위해 무엇을 할 거냐는 A의 물음에 B가 그녀가 좋아하는 식당에서 저녁 식사를 하자고 제안하고 있다. 그러므로 A의 답변은 동의 또는 거절의 의사

표시가 와야 한다. 따라서 동의의 의사표시인 'That's a good idea(좋은 생각이야)'는 빈칸에 들어갈 말로 적절하다.

① 그는 피곤함에 틀림없어.

② 만나서 반가워.

④ 그건 네 잘못이 아니야.

해석 A : Jane의 생일을 위해 무엇을 할까?

B : 그녀가 좋아하는 식당에서 저녁 식사를 하자.

A : 좋은 생각이야.

어휘 dinner 저녁 식사

favorite 가장 좋아하는

restaurant 식당, 레스토랑

must be ~임에 틀림없다

tired 피곤한, 지친

fault 잘못, 단점

12 **해설** 여가 시간에 무엇을 하냐는 A의 질문에 B는 영화를 본다고 하였고, A는 기타를 친다고 하였다. 그러므로 대화의 주제로 ①의 '여가 활동'이 가장 적절하다.

해석 A : Sam, 여가 시간에 뭐 하니?

B : 나는 영화 보는 것을 좋아해. 너는?

A : 나는 기타 치는 걸 좋아해.

어휘 free time 여가 시간

enjoy 즐기다, 누리다

play the guitar 기타를 치다[연주하다]

13 **해설** ① 행사 장소 : 국립 과학 박물관

② 행사 날짜 : 2024년 8월 10일부터 11일까지

③ 참가 인원 : 알 수 없음

④ 신청 방법 : 홈페이지 방문해서 등록하기

해석

> **여름 과학 캠프**
> • 장소 : 국립 과학 박물관
> • 날짜 : 2024년 8월 10일부터 11일까지
> • www.sciencecamp.org를 방문해서 등록하세요.
> 실제 과학자들을 만나 배워보세요!

어휘 National Science Museum 국립 과학 박물관

sign up 가입하다, 등록하다

visit 방문하다

real 진짜의, 실제의

14 **해설** 뮤지컬이 곧 시작되니 휴대폰을 끄고, 공연 중에는 사진 촬영을 자제해 달라고 요청하고 있다. 그러므로 ①의 '관람 예절 안내'가 제시문의 방송 목적으로 가장 적절하다.

해석 안녕하세요, 신사 숙녀 여러분. 뮤지컬이 곧 시작됩니다. 휴대폰을 꺼주세요. 또한 공연 중에는 사진 촬영을 자제해 주세요. 그럼 즐거운 시간 되세요!

어휘 musical 뮤지컬
be going to ~할 예정이다
turn off 끄다
avoid 피하다, 자제하다
take photo 사진을 찍다, 촬영하다

15 해설 오늘 동아리 모임에 갈 수 없을 것 같다는 A의 말에 B가 그 이유를 물어보자 A가 독감에 걸렸다고 말하고 있다. 그러므로 A가 동아리 활동에 참여하지 못하는 이유는 ①의 '감기에 걸려서'이다.

해석 A : 오늘 동아리 모임에 갈 수 없을 것 같아.
B : 이런, 그 말을 들으니 안타깝네. 왜 못 오지?
A : 독감에 걸렸어.

어휘 be able to ~할 수 있다(= can)
make it to ~에 이르다[도착하다]
club meeting 동아리 모임
a bad cold 독감

16 해설 제시문에 따르면 태국의 큰 축제인 Songkran은 축제 기간 동안 큰 물싸움을 즐길 수 있다고 설명하고 있다. 그러므로 '축제 기간 동안 소싸움을 즐길 수 있다.'는 ③의 설명은 제시문의 내용과 일치하지 않는다.

해석 태국의 큰 축제인 Songkran은 4월에 열린다. 이 축제는 태국의 전통적인 새해를 기념한다. 축제에서는 큰 물싸움을 즐길 수 있다. 태국의 전통 음식도 또한 맛볼 수 있다.

어휘 festival 축제
be held 개최되다, 열리다
celebrate 기념하다
traditional 전통적인
fight 싸움, 경기

17 해설 ① 서식지 : 러시아 동부의 추운 곳
② 수명 : 언급되지 않음
③ 털 무늬 : 검은색 줄무늬가 있는 주황색 털
④ 먹이 : 사슴과 같은 큰 동물

해석 시베리아 호랑이는 세계에서 가장 큰 고양이이다. 그것은 러시아 동부의 추운 곳에서 살고 있다. 검은색 줄무늬가 있는 주황색 털을 가지고 있다. 사슴과 같은 큰 동물을 먹는 것을 좋아한다. 굶주린 호랑이는 하룻밤에 거의 30킬로그램을 먹어 치울 수 있다.

어휘 Siberian tiger 시베리아 호랑이
eastern 동부의, 동쪽의
Russia 러시아
orange 주황색의, 오렌지색의
fur 털, 모피
stripe 줄무늬
animal 동물
deer 사슴
hungry 굶주린, 배고픈
almost 거의

18 해설 요즘 해야 할 일을 종종 잊어버리는 것 같아서 Yumi에게 조언을 구했더니, Yumi가 해야 할 일을 목록으로 만들자고 제안했다. 그러므로 Yumi가 제안한 것은 ④의 '할 일 목록 작성하기'이다.

해석 요즘 나는 해야 할 일을 종종 잊어버린다. 예를 들어, 오늘 축구 유니폼을 가져오는 것을 잊어버렸다. 나는 Yumi에게 조언을 구했다. 그녀는 해야 할 일을 목록으로 만들자고 제안했다. 그게 도움이 될 수도 있다.

어휘 these days 요즘
forget 잊다, 잊어버리다
for example 예를 들면
bring 가져오다
soccer uniform 축구 유니폼
ask A for B A에게 B를 요청하다[부탁하다]
advice 충고, 조언
suggest 제안하다
make a list 목록을 만들다, 명단을 작성하다
helpful 도움이 되는

19 해설 그래프에서 스마트폰으로 '동영상 보기(25%)'보다 더 높은 비율을 차지하는 것은 '소셜 미디어 이용하기(41%)'이다. 그러므로 빈칸에 들어갈 말로 가장 적절한 것은 ①의 'using social media(소셜 미디어 이용하기)'이다.
② 친구에게 전화하기(알 수 없음)
③ 게임하기(23%)
④ 친구와 문자하기(11%)

해석
우리 학생들이 가장 좋아하는 스마트폰 활동
친구와 문자 하기(11%) / 소셜 미디어 이용하기(45%) / 게임 하기(23%) / 동영상 보기(25%)

> 우리 학교 학생들은 스마트폰으로 동영상을 보는 것보다 소셜 미디어를 이용하는 것을 더 좋아한다.

어휘 favorite 마음에 드는, 가장 좋아하는

activity 움직임, 활동

texting 문자 메시지 주고받기

20 **해설** 제시문은 글쓴이가 가장 좋아하는 계절인 여름을 보내는 방법에 대해 설명하고 있다. 그러므로 'Earth's ice is melting fast(지구의 얼음이 빠르게 녹고 있다).'는 ④의 내용은 전체적인 글의 흐름과 어울리지 않는다.

해석 내가 가장 좋아하는 계절은 여름이다. ① 나는 해변에 가서 모래밭에서 노는 것을 좋아한다. ② 바다에서 수영하는 것은 아주 기분이 좋다. ③ 나는 더위를 식히기 위해 아이스크림을 먹는 것도 좋아한다. ④ 지구의 얼음이 빠르게 녹고 있다. 여름은 즐거운 시간을 보내기에 가장 좋은 때이다.

어휘 favorite 마음에 드는, 가장 좋아하는

beach 해변, 바닷가

sand 모래

cool down 더위를 식히다

melt 녹다

fast 빠르게, 빨리

21 **해설** 제시문에서 독수리가 훌륭한 사냥꾼이 된 것은 강력한 시력 덕분이며, 3.2킬로미터까지 떨어진 토끼도 볼 수 있다고 하였다. 그러므로 밑줄 친 'They'가 가리키는 것은 'eagles(독수리)'이다.

① 개미

③ 토끼

④ 킬로미터

해석 10층에 있다고 생각해 보라. 길 위에 있는 개미를 볼 수 있을까? 물론 아니다. 하지만 독수리는 볼 수 있다. 그것들은 강력한 시력 덕분에 훌륭한 사냥꾼이다. 그것들은 3.2킬로미터까지 떨어진 토끼를 볼 수 있다.

어휘 imagine 상상하다, 생각하다

floor 층, 바닥

ant 개미

on the street 거리에서

eagle 독수리

hunter 사냥꾼

because of ~때문에, ~덕분에

powerful 강력한, 강한

rabbit 토끼

up to ~까지

away 떨어져, 자리에 없는

22 **해설** 동물원 안전 수칙으로 ①, ③, ④는 언급되어 있으나, ②의 '사진 찍지 않기'는 언급되어 있지 않다.

해석

> 동물원 안전 수칙:
> • 동물에게 먹이를 주지 마세요.
> • 우리에 들어가지 마세요.
> • 목소리를 낮추세요.

어휘 safety 안전

rule 규칙, 수칙

feed 먹이를 주다

enter 들어가다, 입장하다

cage 우리, 새장

keep down 낮게 유지하다

voice 목소리

23 **해설** 제시문은 글쓴이가 스트레스를 줄이기 위해 어떻게 했는지 그 방법들을 공유하고 있다. 그러므로 제시문의 주제로 ④의 '스트레스를 줄이는 방법'이 가장 적절하다.

해석 스트레스를 줄이는 방법에 대한 몇 가지 조언을 공유하고자 한다. 우선 산책을 하기 위해 밖으로 나간다. 신선한 공기를 마시면, 기분이 더 나아진다. 또한 좋아하는 음악을 듣는다. 그것은 긴장을 푸는 데 도움이 된다. 이러한 조언이 스트레스를 줄이는 데 도움이 되기를 바란다.

어휘 share 공유하다, 나누다

tip 조언, 충고

reduce 줄이다, 감소시키다

stress 스트레스

relax 긴장을 풀다, 휴식을 취하다

less 더 적게, 덜하게

24 **해설** 제시문은 글쓴이가 검은색 모자를 주문했는데 갈색 모자가 와서 반품을 하니까 받는 즉시 환불해 달라는 내용이다. 그러므로 제시문은 환불을 요청하기 위해 쓴 글이다.

해석 저는 7월 3일에 귀하의 웹사이트에서 검은색 모자를 주문했습니다. 하지만 제가 받은 모자는 검은색이 아닌 갈색입니다. 잘못된 모자를 다시 보내드립니다. 갈색 모자를 받을 때 제 돈을 환불해주세요.

어휘 order 주문하다

brown 갈색의

send 보내다, 전하다

wrong 잘못된, 틀린

return money 환불하다
receive 받다, 수령하다

25

해설 글의 후반부에서 어떤 종류의 책들을 읽어야 할지 적절한 책을 고르는 방법을 알아보자고 제안하고 있다. 그러므로 주어진 글의 바로 뒤에 이어질 내용으로 ④의 '적절한 책을 고르는 방법'이 가장 적절하다.

해석 우리는 독서를 통해 많은 유용한 것을 배울 수 있다. 좋은 책을 읽으면 사고력을 키우고 다른 사람의 감정을 이해하는 데 도움이 된다. 그렇다면 어떤 종류의 책들을 읽어야 할까? 적절한 책을 고르는 방법은 다음과 같다.

어휘 useful 유용한, 쓸모 있는
build 짓다, 키우다
thinking skill 사고력
understand 알다, 이해하다
kind 종류, 유형
choose 고르다, 선택하다

제4교시   사 회

정답 및 해설 |

▍정답

01 ①	02 ④	03 ②	04 ④	05 ④
06 ①	07 ③	08 ③	09 ①	10 ③
11 ③	12 ②	13 ②	14 ③	15 ②
16 ④	17 ②	18 ②	19 ②	20 ②
21 ②	22 ①	23 ①	24 ④	25 ②

▍해설

01 미국의 실리콘 밸리와 인도가 약 12시간의 시차가 나는 것은 지구의 자전으로 인해 15°마다 1시간의 차이가 발생하는 경도 때문이다. 경도는 본초 자오선(경도 0°)을 기준으로 동경과 서경을 각각 0°~180°로 나타낸 것이다.
② 기온 : 대기의 온도로, 백엽상 안에 설치된 온도계로 관측됨
③ 해류 : 바람, 밀도차, 경사 등의 다양한 원인에 의하여 바닷물이 일정한 방향으로 흐르는 것
④ 강수량 : 어떤 곳에 일정 기간 동안 내린 비, 눈, 우박, 안개 등의 물의 총량

02 가장 추운 달의 평균 기온이 18℃ 이상이고 연중 덥고 습하며 스콜이 내리는 기후는 열대 우림 기후이다. 브라질의 아마존처럼 강수량이 2,000mm 이상인 연중 고온다습한 적도 부근의 지역이다.
① 냉대 기후 : 북반구에만 나타나는 기후로, 겨울이 길고 추우며 여름은 짧고 비교적 기온이 높은 대륙성 기후
② 한대 기후 : 고위도에 있기 때문에 저온으로 수목이 자라지 않으며 최난월 평균기온이 영상 10도 미만인 한대 지방의 기후로 빙설 기후와 툰드라 기후로 나뉨
③ 지중해성 기후 : 이탈리아와 그리스 등의 남부 유럽에 나타나는 기후로, 여름은 고온 건조하고 겨울에는 온난 습윤하며 올리브, 포도 등의 작물을 재배하는 수목 농업이 발달함

03 (가) 지역은 우리나라에서 가장 큰 섬인 제주도이다. 제주도는 화산섬이므로 용암 동굴인 만장굴이 있고 작은 화산체인 오름이 분포한다. 또한 화산 지형인 성산 일출봉이 관광지로 유명하다. 설악산은 강원도 백두대간에 위치한 산지이다.

04 건조 기후 지역은 강수량보다 증발량이 많아 물 자원 부족 현상이 나타난다. 물 자원, 즉 수자원은 지구 상에 있는 물 중에서 우리가 자원으로 이용할 수 있는 물로 국제 하천 주변의 일부 국가들은 용수 확보를 위해 물 자원을 둘러싼 갈등을 겪고 있다
① 슬럼 : 거대 도시 내에서 빈민이 밀집하고 주거 및 생활 환경이 극히 불량한 지구
② 해식애 : 파도, 조류, 해류 등의 침식으로 깎여 해안에 형성된 절벽
③ 현무암 : 화산 활동에 의한 마그마가 식어서 생성된 화산암 중 어두운 색을 띠는 광물을 많이 포함하고 있는 화산암

05 국경을 넘어 제품 기획과 생산, 판매 활동을 하는 기업은 다국적 기업으로 두 개 이상의 국가에서 자회사, 영업소, 생산 공장을 운영한다.
① 노동조합 : 노동자들이 회사의 불합리한 대우에 대처하고 적법한 이익을 누리기 위해 결성한 단체
② 민주주의 : 국가의 주권이 국민에게 있고 국민이 권력을 가지고 그 권력을 스스로 행사하며 국민을 위하여 정치를 행하는 제도이자 사상
③ 석회동굴 : 석회암이 지하수에 의해 녹아 형성된 동굴로, 종유석·석순·석주 등이 형성되어 관광 자원으로 활용됨

06 도시의 중심부로, 교통이 편리하고 유동인구가 많으며 지가가 최고인 중심 업무 지구는 '도심'이다. 도심은 접근성이 좋아 행정 기관과 기업의 본사가 밀집되어 있다.
② 비무장 지대(DMZ) : 국제조약이나 협약에 의해서 무장이 금지된 지역 또는 지대
③ 개발 제한 구역(그린벨트) : 도시의 무질서한 팽창을 방지하고 환경을 보전하기 위해 설정된 녹지 지대
④ 세계 자연 유산 : 유네스코가 인류의 미래를 위해 보호해야 할 가치가 있다고 판단하여 지정·등재하는 자연 지역

07 대기 중에 온실가스의 양이 많아지면서 온실 효과가 과도하게 나타나 지구의 평균 기온이 높아지는 현상은 지구 온난화이다. 이러한 지구 온난화의 주범인 온실가스에는 이산화탄소, 메탄, 아산화질소 등이 있다.

① **인구 공동화** : 도심의 지가 상승으로 주거 기능이 도심 외곽으로 빠져나가 주간 인구는 높으나 야간 인구가 적어지는 현상

② **전자 쓰레기** : 더 이상 가치가 없는 낡고 수명이 다한 여러 형태의 전자폐기물

④ **해양 쓰레기** : 해양으로 유입·배출되어 해양환경에 악영향을 미치는 쓰레기

08 특정 상품을 생산지의 기후와 지형, 토양 등 지역의 자연환경과 독특한 재배 방법으로 생산하고 품질이 우수했을 때 원산지의 지명을 상표권으로 인정하는 지역화 전략은 지리적 표시제이다. 보성 녹차, 성주 참외, 의성 마늘 등이 이에 해당한다.

① **인플레이션** : 물가가 일정 기간 지속적으로 상승하는 현상

② **생태 발자국** : 개인, 단체, 기업이 다양한 활동을 통해 소비하는 토지, 물, 에너지, 식량, 자원 등의 생태자원을 토지면적으로 환산해 나타내는 지표

④ **기후 변화 협약** : 지구의 온난화를 규제하고 방지하기 위해 맺은 국제 협약

09 지위나 사회 환경의 변화로 다시 새로운 지식과 기술, 생활양식 등을 배우는 것은 재사회화이다. 직장이 바뀌어서 새로운 지식과 기술을 익히거나 우리나라에 이민 온 외국인이 한국 문화를 배우는 것 등이 재사회화에 해당한다.

② **귀속 지위** : 태어날 때부터 자연적으로 주어지는 선천적 지위

③ **역할 갈등** : 한 개인이 여러 역할을 수행하는 과정에서 역할 간에 갈등이 발생하는 현상

④ **지방 자치 제도** : 지역 주민이 구성한 지방 자치 단체가 지방의 행정사무를 자율적으로 처리하는 제도

10 한국 사람이 한국어로 말할 수 있는 것은 후천적으로 한국어를 배웠기 때문인데, 이처럼 선천적으로 타고나는 것이 아니라 후천적으로 배우는 문화의 속성은 학습성이다.

① **수익성** : 기업이 경제 활동의 대가로 얻는 경제적 가치의 정도

② **안전성** : 위험이 없어서 피해를 입지 않을 확실함의 정도

④ **희소성** : 인간의 욕구는 무한하지만 이를 충족해 줄 자원이 상대적으로 부족한 상태

> **TIP 문화의 속성**
>
> • **학습성** : 문화는 후천적으로 학습을 통해 습득함
> • **축적성** : 문화는 학습능력과 상징체계 등을 통해 다음 세대로 전승됨
> • **공유성** : 문화는 특정 사회집단에서 공유하는 생활양식으로, 다른 문화와 구별됨
> • **변동성** : 문화는 시간의 흐름에 따라 지속적으로 변함
> • **전체성** : 문화는 각 요소가 밀접한 관련을 맺으며 전체 문화를 형성함

11 국회는 국민이 직접 뽑은 대표들로 구성된 국민의 대표 기관으로, 법률을 제정 및 개정하는 입법 기관이다.

① **관습** : 한 사회에서 오랫동안 반복해온 행동 양식

② **도덕** : 인간이 양심에 따라 지켜야할 도리 또는 바람직한 행동 기준

④ **종교 규범** : 종교 사회에서 지켜야 할 계율이나 의식

12 민주 선거의 4대 기본 원칙

• **보통 선거** : 일정한 나이가 된 모든 국민에게 선거권이 있는 원칙

• **평등 선거** : 모든 유권자에게 동등하게 1인 1표의 투표권을 보장하는 선거

• **직접 선거** : 다른 사람이 대신할 수 없고 선거권을 가진 사람이 직접 투표를 하는 원칙

• **비밀 선거** : 누구에게 투표했는지 다른 사람이 알지 못하게 비밀이 보장되는 원칙

13 급을 달리하는 법원에서 여러 번 재판을 받을 수 있도록 하는 제도는 심급 제도이다. 우리나라는 일반적으로 하나의 사건에 대해 세 번까지 재판을 받을 수 있는 3심제를 보장하고 있다.

② **선거 공영제** : 공정성 확보를 위해 선거 과정을 국가기관이 관리하는 제도(선거 비용을 국가가 부담)

③ **선거구 법정주의** : 선거구를 법에 따라 미리 확정하는 제도(선거구가 특정 정당이나 인물에 유리하도록 하는 게리맨더링을 방지하는 제도)

④ **국민 참여 재판 제도** : 국민이 배심원으로서 형사재판에 참여하는 제도

14 시장의 균형 가격은 수요량과 공급량이 일치하는 곳에서 결정되는데, 그래프에서 라면의 수요량과 공급량이 150개로 일치하는 가격인 3,000원에서 균형 가격이 결정된다. 그러므로 라면 시장의 균형 가격은 3,000원이고, 균형 거래량은 150개이다.

15 일할 능력과 의사는 있으나 일자리가 없어서 일을 하지 못하는 상태를 실업이라 한다. 그리고 경제 활동 인구 중 실업자가 차지하는 비율을 실업률이라 한다.
  ① **신용** : 채권 · 채무 관계를 내용으로 하는 인간관계를 가리키는 경제 용어
  ③ **환율** : 서로 다른 두 나라 화폐의 교환 비율
  ④ **물가 지수** : 물가의 움직임을 알아보기 쉽게 수치로 표현한 지표

16 노동 3권에는 단결권, 단체 교섭권, 단체 행동권이 있다. 이 중 단체 행동권은 협정이 원만하게 이루어지지 않아 일정한 절차를 거쳐 파업이나 합법 시위를 할 수 있는 권리를 말한다.
  ① **자유권** : 국가의 간섭을 받지 않고 자신의 의사에 따라 행동할 수 있는 권리
  ② **평등권** : 법 앞의 평등 및 성별, 종교, 사회적 신분에 의해 차별받지 않을 권리
  ③ **국민 투표권** : 대한민국 국적을 가진 일정 연령 이상의 국민이 국정의 중요한 사항에 대하여 투표할 수 있는 권리

  TIP 노동 3권
  • **단결권** : 근로자가 근로 조건 개선을 위하여 노동조합을 결성하고 가입하여 활동할 수 있는 권리
  • **단체 교섭권** : 근로자가 노동조합을 통해 사용자와 자주적으로 근로 조건에 관하여 협의할 수 있는 권리
  • **단체 행동권** : 협정이 원만하게 이루어지지 않아 일정한 절차를 거쳐 파업이나 합법 시위를 할 수 있는 권리

17 뗀석기의 일종인 주먹도끼는 대표적인 구석기 시대의 유물로, 이 시대에는 주로 동굴이나 강가의 막집에 거주하면서 사냥과 채집 생활을 하였다. 철제 농기구를 제작하여 사용한 것은 철기 시대이다.

18 조선 순조, 헌종, 철종의 3대 60여 년 간에 걸쳐 일부 유력 가문이 외척의 지위를 이용하여 정치 권력을 독점한 것은 세도 정치이다. 세도 정치로 인해 국가 재정 수입의 3대 요소인 삼정, 즉 전정 · 군정 · 환정이 부패로 문란하였다.
  ① **골품제** : 신라의 신분 제도
  ③ **제가 회의** : 국가의 중대사를 결정한 고구려의 귀족 회의체
  ④ **병참 기지화 정책** : 일제가 조선을 일본의 대륙 침략 및 태평양전쟁을 위한 전쟁 및 군수물자의 공급기지로 이용한 식민지 정책

19 고이왕 때 주변의 마한 소국을 병합하고 무령왕 때 22담로를 설치하였으며 성왕 때 웅진에서 사비로 천도한 것은 백제의 역사이다.
  ① **고려** : 왕건에 의해 건국된 나라
  ③ **옥저** : 함경도의 동해안 지방에 있었던 고대의 부족 국가
  ④ **고조선** : 단군왕검이 세운 나라

20 옛 고구려 장군 출신으로 고구려 유민과 말갈인 일부를 이끌고 지린성 동모산 근처에 도읍을 정하고 발해를 건국한 인물은 대조영이다.
  ① **원효** : 일심과 화쟁 사상을 중심으로 몸소 아미타 신앙을 전개하고 불교 대중화를 위해 노력한 신라의 승려
  ③ **정약용** : 실학 사상을 집대성한 조선 최고의 실학자
  ④ **흥선 대원군** : 조선 고종의 아버지로 경복궁을 중건하고 쇄국정책을 주도함

21 고려 인종의 명을 받아 김부식이 유교적 입장에서 편찬한 역사서는 삼국사기로, 주로 신라, 고구려, 백제에 대한 역사를 기록하고 있다.
  ① **천마도** : 경주 천마총에서 발굴된 말의 안장 양쪽에 달아 늘어뜨리는 장니에 그려진 말 그림
  ② **농사직설** : 조선 세종 때 정초 · 변효문 등이 우리 풍토에 맞는 농법을 소개한 농업서
  ④ **대동여지도** : 조선 철종 때 김정호가 제작한 우리나라 대축척 지도

22 조선 시대 세종은 경연의 활성화를 위해 집현전을 설치하였다. 또한 집현전 학자들과 독창적인 문자인 훈민정음을 창제 및 반포하였다.
  ② 화랑도 조직 → 신라 진흥왕
  ③ 유신 헌법 제정 → 박정희 정부
  ④ 한국 광복군 창설 → 충칭 임시 정부의 지청천

23 대한 제국이 칙령 제41호를 공포하여 울릉도를 울도군으로 개칭하고 독도를 관할하게 하였다. 또한 1877년 일본 메이지 정부는 태정관 지령에서 독도가 일본과 무관한 지역임을 명시하였다.

TIP **독도의 역사**

• **우산국 복속** : 신라 지증왕은 이사부를 파견하여 우산국(울릉도)을 복속(512)
• **세종실록 지리지** : 우산과 무릉 2섬이 울진현 정동 바다 가운데 있다고 하면서 울릉도와 독도를 조선 영토로 관리하고 있음을 보여줌(1454)
• **안용복의 일본 도해** : 조선 숙종 때 동래의 어민인 안용복은 울릉도에 출몰하는 일본 어민들을 쫓아내고, 일본에 2차례 건너가 울릉도와 독도가 조선의 영토임을 확인받고 돌아옴(1696)
• **동국문헌비고** : 조선 영조 때 홍봉한 등이 정리한 한국학 백과사전인 동국문헌비고에 울릉과 독도는 모두 우산국의 땅이라고 명확하게 기록됨(1770)
• **심흥택 보고서** : 울도 군수 심흥택이 독도가 울도군 관할이라는 내용이 들어간 문서를 정부에 보고함(1906)

24 임진왜란 때 삼도수군통제사가 되어 한산도, 명량, 노량 등에서 수군의 승리를 이끈 장군은 이순신이다.
① **강감찬** : 귀주대첩에서 거란의 침략을 물리친 고려의 장수
② **김유신** : 삼국통일에 공을 세운 신라의 장군
③ **윤봉길** : 상하이 홍커우 공원에서 열린 일본군 축하 기념식에서 폭탄을 투척한 독립운동가

25 이승만 정부 때 3·15 부정선거 규탄 시위에 대한 유혈 진압에 항거하여 4·19 혁명이 발발하였고, 결국 이승만이 대통령직에서 물러났다.
① **3·1 운동** : 대한민국 임시 정부 수립의 계기가 된 일제 강점기 최대 규모의 민족 운동
③ **6·25 전쟁** : 수많은 민간인이 사망하고 이산가족이 발생한 동족상잔의 비극
④ **광주 학생 항일 운동** : 광주에서 발생한 한·일 학생 간의 충돌을 일본 경찰이 편파적으로 처리하여 촉발된 항일 학생 운동

제5교시 과 학

정답 및 해설

▌정답

01 ③	02 ②	03 ③	04 ②	05 ④
06 ④	07 ④	08 ③	09 ①	10 ④
11 ①	12 ②	13 ④	14 ①	15 ①
16 ①	17 ③	18 ③	19 ②	20 ②
21 ②	22 ②	23 ②	24 ②	25 ①

▌해설

01 수평면에서 물체를 끌어당겨 움직일 때 접촉면에서 물체의 운동 방향과 반대 방향으로 작용하는 힘은 마찰력이다. 마찰력은 물체와 접촉면 사이에서 물체의 운동을 방해하는 힘이다.
① 부력 : 물과 같은 유체에 잠겨 있는 물체가 중력에 반하여 밀어 올려지는 힘
② 중력 : 지구가 물체를 끌어당기는 힘
④ 탄성력 : 변형된 물체가 원래의 모양으로 돌아가려는 힘

02 그림에서 ㉠은 진동의 중심에서 마루까지의 높이에 해당하므로 진폭이다. 진폭은 진동의 중심에서 마루까지의 높이 또는 진동의 중심에서 골까지의 높이를 말한다.

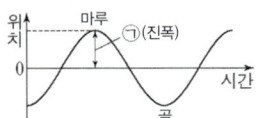

① 주기 : 1개의 파장이 만들어지는 데 걸리는 시간
③ 파장 : 마루에서 마루 또는 골에서 골까지의 거리, 즉 파동이 한 주기 동안 진행한 거리
④ 진동수 : 1초 동안 진동하는 횟수(Hz)

03 옴의 법칙에 따라 전류의 세기는 전압에 비례하고 저항에 반비례한다.

$$R(저항) = \frac{V(전압)}{I(전류)}$$

니크롬선에 걸리는 전압을 2V씩 높이면서 측정한 전류의 세기에서 저항은 다음과 같이 모두 동일하다.

$$\therefore R(저항) = \frac{2V}{1A} = \frac{4V}{2A} = \frac{6V}{3A} = 2\Omega$$

04 에어컨을 틀면 방 전체가 시원해지는 것은 공기나 물이 순환하면서 열이 전달되는 대류이다. 대류는 액체나 기체 입자가 직접 이동하여 열을 전달한다.
① 단열 : 물체 사이에서 열의 전달을 막는 것 예 보온병, 아이스박스, 방한복 등
③ 복사 : 열이 물질을 거치지 않고 직접 이동하는 열의 이동 현상 예 태양과 지구 사이의 복사
④ 전도 : 이웃한 분자들 간의 충돌에 의해 분자 운동이 전달되면서 열이 이동하는 현상 예 뜨거운 국에 담긴 숟가락이 뜨거워짐

05

$$중력에 대해 한 일의 양(J) = 무게(N) \times 높이(m)$$

물체를 들어 올릴 때 중력에 대하여 한 일의 양은 물체의 무게(N)와 들어 올린 높이(m)의 곱이므로,
20N × 5m = 100J

06

$$역학적 에너지 = 운동 에너지 + 위치 에너지$$

물체의 위치 에너지와 운동 에너지의 합을 역학적 에너지라고 하며, 공기의 저항이 없으면 자유 낙하는 물체의 역학적 에너지는 일정하다.

07 밀폐된 주사기의 피스톤을 누르면 주사기 속 공기에 작용하는 압력이 증가하고 입자들 사이의 거리가 가까워지므로 부피가 줄어든다. 즉, 주사기 속 기체의 압력은 증가하고 입자 사이의 거리는 감소한다.

08

$$응고 : 액체 \rightarrow 고체$$

쇳물이 식어 단단한 철이 되는 현상은 액체에서 고체가 되는 C(응고)에 해당한다.
① A(융해) : 고체 → 액체
② B(기화) : 액체 → 기체
④ D(응결) : 기체 → 액체

09 물질을 이루는 기본 성분은 원소이며, 일부 금속 원소는 특정한 불꽃 반응 색을 나타낸다. 예를 들어 나트륨(Na) 원소의 불꽃 반응 색은 노란색이며, 칼륨(K) 원소의 불꽃 반응 색은 보라색이다.

② **분자** : 원자의 결합체 중 성질을 잃지 않고 분리될 수 있는 독립적인 입자

③ **혼합물** : 두 가지 이상의 순물질이 섞여 있는 물질

④ **화합물** : 두 가지 이상의 원소가 화학적으로 결합하여 만들어진 순물질

10

$$밀도 = \frac{질량}{부피}$$

밀도는 단위 부피에 대한 물질의 질량을 의미하므로,

A의 밀도 $= \frac{10}{10} = 1$

B의 밀도 $= \frac{20}{10} = 2$

C의 밀도 $= \frac{30}{20} = 1.5$

D의 밀도 $= \frac{50}{20} = 2.5$

그러므로 밀도의 크기는 D > B > C > A순이다.

11

(반응물질)			(생성물질)
$3H_2$	$+$ N_2	$\rightarrow$	$2NH_3$
(수소)	(질소)		(암모니아)

위의 화학 반응식에서 알 수 있는 것처럼 수소 분자(H_2) 3개와 질소 분자(N_2) 1개가 반응하여 암모니아 분자(NH_3) 2개가 생성된다.

12 일정 성분비 법칙에 따라 한 화합물을 구성하는 각 구성 원소의 질량비는 일정하므로, 구리 (g)와 산화 구리(II)(g)의 질량비는 다음과 같이 일정하다.

구리(g) : 산화 구리(II)(g) = 4 : 5 = 8 : ⊙ = 12 : 15

즉, 구리는 4, 8, 12로 4g씩 증가하고, 산화 구리는 5, ⊙, 15로 5g씩 증가한다. 그러므로 ⊙은 10g이다.

13

⊙ + 물 $\xrightarrow{빛에너지}$ 포도당 + 산소

광합성은 녹색 식물이 빛에너지를 이용해 물과 이산화 탄소를 원료로 포도당과 산소를 만드는 과정이다. 따라서 광합성을 하기 위해 물 외에 필요한 ⊙의 물질은 이산화 탄소이다.

14 다른 생물로부터 양분을 얻는 생물 무리로, 버섯과 곰팡이가 포함되는 생물계는 균계이다. 균계는 기생 생활을 하며 유기물을 분해하여 영양분을 흡수하는 생물로 포자에 의해 번식을 한다.

② **동물계** : 핵을 가지는 진핵 생물이며 다세포성 생물로 세포벽이 없고, 다양한 기능을 하는 세포들로 구성되어 있음

③ **식물계** : 광합성을 하는 생물로 세포벽을 가지며 광합성에

필요한 기관이 발달되어 있음

④ **원핵생물계** : 핵을 가지는 진핵생물이며 짚신벌레, 아메바 등이 이에 속함

15 생명체를 구성하는 기본 단위는 세포이며, 모양과 기능이 비슷한 세포가 모여 조직을 이룬다.

② **기관** : 여러 조직이 모여 통합된 구조를 형성하고 특정 기능을 수행하는 조직들의 묶음

③ **기관계** : 연관된 기능을 하는 기관들이 모여 특정한 역할을 하는 기관들의 묶음

④ **개체** : 모든 기관계가 연결되어 생존의 최소 단위를 구성하는 하나의 생물체

TIP 개체의 형성

세포 < 조직 < 기관 < 기관계 < 개체

16 좌우 두 개의 반구로 이루어져 있으며 기억, 추리, 판단, 학습 등의 정신 활동을 담당하는 중추는 A의 대뇌이다. 대뇌는 뇌에서 가장 많은 용량을 차지하며 주름이 많다.

② **B(간뇌)** : 체온과 물질 대사 등을 관리하는 중추

③ **C(중간뇌)** : 시각, 청각, 움직임 제어, 수면과 각성, 온도 조정에 대한 역할을 담당하는 중추

④ **D(연수)** : 심장 박동과 호흡, 소화 운동을 조절하는 중추

17 폐를 구성하는 얇은 공기 주머니로 모세 혈관이 표면을 둘러싸고 있는 것은 폐포이다. 보통 허파꽈리라고 부르며 기도의 맨 끝부분에 있는 포도송이 모양의 작은 공기주머니이다.

① **융털** : 흡수 면적을 넓히기 위해 소장 점막에 촘촘하게 손가락같이 접혀 있는 구조물

② **이자** : 인슐린과 소화 효소를 분비해 혈당을 조절하고 장내 음식물을 분해하는 소화기관의 일종

④ **네프론** : 소변을 만들어내는 콩팥의 구조와 기능의 기본 단위

18 체세포 분열은 한 개의 체세포가 두 개의 딸세포로 나뉘는 분열로, 염색체의 수에는 변화가 없다. 그러므로 세포 1개 당 염색체 수가 4개일 때, 1개의 딸세포 A의 염색체 수는 4개로 동일하다.

19 아버지(TT)가 만드는 특정 형질에 대한 유전자형은 T이고, 어머니(tt)가 만드는 특정 형질에 대한 유전자형은 t이다. 그러므로 아들에게 나타나는 특정 형질에 대한 유전자형은 Tt이다.

20 지구 내부의 지각과 외핵 사이에 존재하는 맨틀은 지구 내부 구조에서 가장 두꺼운 층이고 지구 전체 부피의 약 80%를 차지한다.
  ① **지각** : 암석으로 이루어진 지구의 겉 부분
  ③ **외핵** : 액체 상태로 존재하는 핵의 바깥쪽 부분
  ④ **내핵** : 고체 상태로 존재하는 지구의 가장 중심 부분

21 북극성을 중심으로 북두칠성이 시계 반대 방향으로 30° 정도 이동한 것은 별의 일주 운동 때문이다. 별의 일주 운동은 지구의 자전에 의해 나타나는 현상이다.
  ① **달의 공전** : 초승달에서 그믐달로 변화는 달의 위상 변화는 달의 공전 때문에 나타나는 현상이다.
  ② **달의 자전** : 달의 자전 주기와 공전 주기가 같으므로 지구에서 달의 한 쪽 면만을 볼 수 있다.
  ③ **지구의 공전** : 별과 태양의 연주 운동, 계절의 변화, 계절에 따른 별자리 변화, 별의 시차 등은 지구의 공전 때문에 나타나는 현상이다.

22 화성은 태양계의 네 번째 행성으로, 표면이 산화철이 많은 붉은색 암석과 흙으로 덮여 있다. 과거에 물이 흘렀던 흔적이 있으며 얼음과 드라이아이스로 된 극관이 있다.
  ① **금성** : 태양계의 두 번째 행성으로, 자전 주기가 공전 주기보다 길며 달에 이어 두 번째로 밝은 천체이다.
  ③ **목성** : 태양계의 다섯 번째 행성으로, 부피와 질량이 가장 크며 주로 수소와 헬륨으로 이루어져 있다.
  ④ **토성** : 태양계의 여섯 번째 행성으로, 목성에 이어 두 번째로 크며 대부분 기체로 이루어져 밀도가 낮다.

23 ㉠은 해수의 염류 비율 중 가장 많은 부분을 차지하고 있는 염류이다. 그러므로 ㉠은 소금, 즉 염화 나트륨($NaCl$)이다.

24 기온에 따른 포화 수증기량 곡선에서 포화 수증기량 곡선 위의 점들이 포화 상태에 있는 공기들이다. 그러므로 공기 A~D 중 포화 상태인 것은 A, D이다. B와 C는 불포화 상태의 공기이다.

25 맨눈에 보이는 별의 밝기를 나타낸 등급은 겉보기 등급이고, 겉보기 등급이 작은 별일수록 우리 눈에 밝게 보인다. 그러므로 지구에서 맨눈으로 보았을 때 가장 밝게 보이는 별은 겉보기 등급이 '-2.0'으로 가장 작은 A별이다.

TIP 별의 밝기 등급

겉보기 등급	절대 등급
• 맨눈에 보이는 별의 밝기를 나타낸 등급이다. • 별까지의 실제 거리는 고려하지 않고 지구에서 보이는 대로 정한 등급이다. • 겉보기 등급이 작은 별일수록 우리 눈에 밝게 보인다.	• 별이 10pc의 거리에 있다고 가정했을 때의 밝기 등급이다. • 별의 실제 밝기를 비교할 수 있다. • 절대 등급이 작을수록 실제로 밝은 별이다.

제6교시 선택 과목

도 덕

정답 및 해설

정답

01 ②	02 ④	03 ③	04 ①	05 ③
06 ④	07 ③	08 ④	09 ②	10 ③
11 ③	12 ④	13 ①	14 ④	15 ①
16 ①	17 ②	18 ④	19 ②	20 ①
21 ④	22 ③	23 ③	24 ④	25 ②

해설

01 도덕은 인간이 양심에 따라 지켜야할 도리 또는 바람직한 행동 기준으로, 옳고 그름을 판단할 수 있는 기준을 제공한다. 또한 옳은 일을 자발적으로 실천할 수 있도록 돕는다.
① 강요 : 억지로 또는 강제로 요구함
③ 본능 : 생물이 선천적으로 타고나는 경향성
④ 욕망 : 부족을 느껴 무엇을 가지거나 누리고자 하는 마음

02 도덕 원리를 모든 사람에게 보편적으로 적용했을 때 나타나는 결과를 예측하여 비판하는 사고 방법은 보편화 결과 검사에 해당한다. 제시된 학생과 교사의 대화에서 교사는 '바쁘다고 모든 사람(보편성)'이 '새치기를 한다면 어떤 결과가 따르겠니?(결과의 예측)'라면서 학생을 비판하고 있다.

> **TIP** 도덕 원리 검사
> • **역할 교환 검사** : 상대와 입장을 바꾸어 판단하는 방법(도덕 원리를 자신에게 적용했을 때 결과를 수용할 수 있는지를 알아보는 방법)
> • **보편화 결과 검사** : 도덕 원리를 모든 사람에게 보편적으로 적용했을 때 나타나는 결과를 예측하여 결과를 검토하는 방법
> • **포섭 검사** : 선택한 도덕 원리를 더 일반적인 상위의 도덕 원리에 포함시켜 판단하는 방법
> • **반증 사례 검사** : 상대가 제시한 도덕 원리에 반대되는 사례를 제시해 보는 방법

03 좋은 습관은 오랫동안 되풀이해서 익숙해진 바람직한 행동이나 생각으로, 독서를 생활화하거나 건강을 위해 꾸준히 운동을 하는 것은 좋은 습관에 해당한다.
ㄱ. 시간을 낭비한다. → 나쁜 습관
ㄷ. 사소한 일에도 금방 화를 낸다. → 나쁜 습관

04 인권은 인종, 성별에 따라 차별할 수 있는 권리가 아니라, 모든 사람이 차별 받지 않고 동등하게 누려야 하는 권리이다.
• 인간이라면 누구나 누려야 하는 권리 → 보편성
• 누구도 절대 침해해서는 안 되는 권리 → 불가침성

05 삶의 목적은 사람이 살면서 실현하고자 하는 목표나 일을 말하고, 바람직한 삶은 도덕적으로 올바른 삶을 실천하는 것이다. 그런데 돈을 많이 벌기 위해 법을 어기는 것은 도덕적으로 올바른 삶을 실천하는 것이 아니므로, 바람직한 삶의 목적을 설정할 때 고려해야 할 점이 아니다.

06 수치심을 느끼게 하는 사진, 동영상을 인터넷이나 사회관계망 서비스(SNS)에 퍼뜨리는 행위는 폭력의 유형 중 사이버 폭력에 해당한다.

> **TIP** 정보화 시대의 도덕 문제
> • **사이버 폭력** : 사이버 공간에서 상대방이 원하지 않는 언어, 사진 등을 사용하여 상대방의 명예를 침해하거나 피해를 주는 모든 행위
> • **사생활 침해** : 자신의 의사와 상관없이 사이버 공간에서 개인 정보가 다른 사람에게 공개되어 피해를 받는 현상
> • **인터넷 중독** : 일상생활과 인간관계를 외면하고 가상 세계에 지나치게 몰두하는 행동
> • **지적 재산권 침해** : 저작권법에 의해 보호되는 저작물을 무단으로 이용하여 타인의 권리를 침해하는 행위
> • **해킹이나 바이러스 유포** : 불특정 다수의 정보기기에 침입하여 피해를 주는 행동
> • **정보 격차** : 정보기기, 양질의 정보 확보, 정보를 다루는 능력을 보유한 사람과 그렇지 못한 사람 사이에 사회적·경제적 격차가 심화되는 현상

07 도덕 추론은 도덕 판단의 근거를 제시하고 그것이 옳다고 주장하는 과정이다. 그러므로 ㉠에 들어갈 용어는 '도덕 판단'이다.

도덕 원리 (도덕 판단의 근거)	법을 어기는 행동은 옳지 않다.
↓	
사실 판단 (구체적 사실)	무임승차는 법을 어기는 행동이다.
↓	
도덕 판단 (주장)	무임승차는 옳지 않다.

08 아리스토텔레스는 고대 그리스의 철학자로서 우리가 궁극적으로 추구하는 것은 행복이며, 그것은 도덕적 행동을 습관화할 때 얻을 수 있다고 강조하였다.
① **순자** : 성악설을 주장하며 예치를 강조한 중국의 사상가
② **로크** : 백지설과 사회계약론을 주장한 영국의 경험주의 철학자
③ **슈바이처** : 아프리카 의료 봉사로 생명에 대한 경외라는 그의 철학을 실천에 옮긴 의사이자 노벨평화상 수상자

09 우정은 친구 사이에서 느끼는 따뜻하고 친밀한 정서적 유대감으로, 진정한 우정을 맺기 위해서는 신의와 상호 배려의 자세가 필요하다.
① **효** : 부모에 대한 공경을 바탕으로 어버이를 잘 섬기는 일
③ **경로** : 노인을 공경함
④ **자애** : 윗사람이 아랫사람에게 베푸는 두터운 사랑

10 세계 시민은 지구 공동체의 일원으로서 공동체 의식을 가지고 지구촌의 문제를 인식하고 합리적으로 해결하려고 노력하는 사람으로 인류애, 연대 의식, 평화 의식 등의 도덕적 가치를 갖추어야 한다.

11 이웃과의 관계에서는 서로 대화하고 소통하며 양보하는 도덕적 자세가 필요하다. 자신의 이익만을 내세우거나 사생활을 침해하는 것은 이웃 간 갈등의 원인이 된다.

12 해악은 남에게 해를 끼치는 일이므로, 정보 통신 매체의 활용을 위한 덕목으로 적절하지 않다.
① **절제** : 중독을 예방하기 위해 자기 절제를 통해 사용 시간을 조절해야 한다.
② **존중** : 상대방의 인격을 존중해야 한다.
③ **책임** : 자신의 행동에 대해 책임을 져야 한다.

13 인도의 민족 운동 지도자로, 식민지 지배에 굴하지 않고 비폭력적 불복종 운동을 실천하여 인도 독립에 기여한 인물은 간디이다.
② **공자** : 유교를 체계화 하고 인(仁)과 예(禮)의 실천을 강조

한 중국 춘추시대의 사상가
③ **노자** : 무위자연을 추구하며 도(道)와 조화를 이루는 삶을 강조함
④ **칸트** : 근대 계몽주의를 정점에 올려놓았고 독일 관념철학의 기반을 확립한 철학자

14 다양한 문화를 향유하는 사람들이 함께 생활하는 다문화 사회에서는 인간 존중이나 자유 · 평등 등과 같은 인류의 보편적 가치를 추구해야 한다.
① · ③ · ④ 우리 문화만을 고집하거나 문화가 다르다는 이유로 다른 문화를 차별하는 것은 자문화 중심주의로 우리가 극복해야 할 문화적 편견들이다.

15 '미움과 원한 표출하기'와 같은 부정적인 생각과 감정은 마음을 혼란스럽게 하고 평화를 방해하므로, 마음의 평화를 얻기 위해서는 긍정적인 생각과 감정을 갖기 위해 노력해야 한다.

16 평화 통일은 무력을 사용하지 않고 상호 합의 하에 이루는 평화적 통일로, 우선적으로 남북한 간의 신뢰를 형성해야 한다.
② 남북한 간의 이질성을 강조(→ 극복)해야 합니다.
③ 남북한 간의 군사적 긴장을 강화(→ 완화)해야 합니다.
④ 남북한 간의 경제적 불평등을 심화(→ 약화)시켜야 합니다.

17 평화적 갈등 해결 방법에는 협상, 중재, 조정, 다수결 등의 방법이 있다.
ㄴ. **방관** : 어떤 일에 직접 나서서 관여하지 않고 곁에서 보기만 함
ㄷ. **회피** : 꾀를 부려 마땅히 져야 할 책임을 지지 아니함

> **TIP 평화적 갈등 해결 방법**
> · **협상** : 갈등 당사자 간의 대면적 협상으로 합의점을 찾아 갈등을 해결하는 방법
> · **중재** : 제3자를 중재자로 세워 협상함으로써 갈등을 중립적 태도로 해결하는 방법
> · **조정** : 제3자가 조정안을 제시하고 당사자끼리 합의하도록 도와주는 갈등 해결 방법
> · **다수결** : 가장 많은 사람들이 동의하는 의견을 따라 갈등을 해결하는 방법

18 과학 기술은 개발뿐만 아니라 활용에 대해서도 책임 의식을 가지고 미래 세대에 대한 책임까지도 고려해야 한다. 즉, 미래 세대를 제외하고 현재 세대에 미치는 영향만을 고려해서는 안 된다.

2024년 2회

19 성품과 행실이 높고 맑아 탐욕이 없는 상태를 청렴이라고 하며, 특히 공직자에게 강조되는 바람직한 덕목이다. 맡은 일을 공정하게 처리하거나 청탁 금지법을 준수하는 하는 것은 청렴의 실천 방법에 해당한다.
① 배려 : 도와주거나 보살펴 주려고 마음을 씀
③ 부패 : 공정한 절차를 무시하고 부당한 방법으로 자기 이익을 편취하는 행위
④ 소외 : 인간이 자기의 본질을 상실하여 비인간적 상태에 놓이는 일

20 독재는 하나 또는 소수에 의해 권력이 독점되어 있는 전제주의와 같은 정치적 형태로, 통일 한국이 추구해야 할 가치에 해당하지 않는다.

TIP 통일 한국의 미래상
- **자주적 민족 국가** : 우리 민족만의 자주성을 유지하며 열린 민족 공동체를 형성
- **자유로운 민주 국가** : 모두의 자유와 평등, 인권을 보장하는 민주주의 국가를 형성
- **정의로운 복지 국가** : 노력한 만큼 혜택이 구성원 모두에게 골고루 배분됨
- **문화 일류 국가** : 세계 평화와 인류 공영에 이바지하는 수준 높은 문화 국가를 형성

21 세계 각국이 지구 온난화 방지를 위해 온실가스 배출량을 제한하고, 해로운 쓰레기가 국제적으로 이동하는 것을 규제하는 협약을 체결한 것은 환경 파괴라는 국제 사회의 문제를 해결하기 위한 조치이다.
① 빈부 격차 : 부유한 사람과 가난한 사람의 경제적 차이
② 성 상품화 : 인간의 성을 이용해 이윤을 추구하는 것
③ 종교 갈등 : 개인이나 집단 사이에 종교적 이념이 달라 서로 적대시하거나 충돌하는 일

22 시민은 한 국가의 주권을 가진 국가의 구성원이므로, 국가의 정책과 법을 만드는 과정 등에 자발적인 참여 의식을 보이는 것은 바람직한 시민의 자질이다.
① 무관심 : 관심이나 애정이 없는 상태
② 혐오감 : 어떠한 것을 증오, 불결함 등의 이유로 싫어하거나 기피하는 감정
④ 특권 의식 : 사회 · 정치 · 경제적으로 특별한 권리를 누리고자 하는 태도

TIP 바람직한 시민의 자세
- **주인 의식과 참여 의식** : 공공선을 위해 책임 의식을 가지고 참여, 민주적 절차의 존중
- **준법정신** : 법과 기본 질서의 준수
- **애국심** : 건전한 애국심의 형성
- **공동체 의식, 관용 정신, 연대 의식** : 모두 인권에 대한 존중이 바탕이 됨

23 도덕적 성찰은 자신의 삶을 객관적으로 깊이 살펴보고 도덕적 관점에서 반성하며 바람직한 삶의 방안을 모색하는 것이다. 그런데 자신의 나쁜 습관을 반복하는 것은 깊이 있는 반성이 이루어지지 않은 것이므로, 도덕적 성찰의 방법으로 적절하지 않다.

TIP 성찰의 필요성
- 인간의 불완전성을 극복하고 도덕적 성찰을 통해 자신의 잘못을 바로잡아 보다 나은 삶을 살도록 함
- 올바른 가치관과 인격형성이 가능해짐
- 개인의 성찰이 사회에 바람직한 영향을 미쳐, 보다 나은 사회로 나아가는 기회를 제공함

24 공정한 법과 제도 마련, 국민의 생명과 재산 보호, 인간다운 삶을 위한 복지 제도 운영은 모두 바람직한 국가의 역할이다.
ㄷ. 사회적 차별과 갈등을 조장하는 것이 아니라 해소하는 것이 국가의 바람직한 역할이다.

25 환경 친화적인 삶이란 주변 환경에 미치는 영향을 생각하여 행동하는 삶인데, '식사 후 음식 많이 남기기'는 음식 쓰레기 배출을 증가시켜 환경을 오염시키므로 환경 친화적인 삶이라고 볼 수 없다.

정답 및 해설

2023년도

제1회

제1교시

국어

정답 및 해설

정답

01 ②	02 ②	03 ④	04 ④	05 ①
06 ③	07 ④	08 ④	09 ②	10 ④
11 ③	12 ③	13 ④	14 ①	15 ①
16 ①	17 ④	18 ②	19 ③	20 ②
21 ②	22 ③	23 ③	24 ②	25 ①

해설

01 바자회 행사 참가 필요성에 대한 강현의 의문에 나윤이가 바자회 행사의 의의를 설명하며 바자회 참가에 대해 긍정적인 생각을 밝히고 있다. 그러므로 ㉠은 바자회에 참가 하는 게 좋겠다고 강현을 설득하는 나윤이의 의도가 담긴 말이다.

02 시험을 못 봤다고 속상해 하는 친구에게 '그랬구나'라고 공감하며 '너무 속상하겠다'라고 친구의 처지와 감정을 존중해 주고 있다.

03 주어진 지문은 언어의 본질 중 언어의 역사성에 대한 설명이다. ①은 언어의 역사상 중 생성, ②는 변화, ③은 소멸에 해당하나, ④는 언어의 의미와 말소리 사이에 필연적 관계가 없다는 언어의 자의성에 대한 예시이다.

> **TIP 언어의 본질**
> • **자의성** : 언어의 의미와 말소리 사이에는 필연적인 관계가 없음
> • **사회성** : 언어는 그 언어를 사용하는 사람들 사이의 사회적 약속임
> • **역사성** : 시간이 흐르면서 언어는 새로 생기기도 하고, 사라지기도 하며, 소리나 의미가 변하기도 함
> • **창조성** : 인간은 단어 또는 문장을 끊임없이 만들 수 있음

04 '예의'의 'ㅖ'와 'ㅢ'는 발음할 때 입술 모양이 바뀌거나 혀가 움직이는 이중모음에 해당한다.

> **TIP 모음의 분류**
> • **단모음(10개)** : 발음할 때 입술이나 혀가 고정되어 움직이지 않음
> 예 ㅏ, ㅐ, ㅓ, ㅔ, ㅗ, ㅚ, ㅜ, ㅟ, ㅡ, ㅣ
> • **이중모음(11개)** : 발음할 때 입술 모양이 바뀌거나 혀가 움직임
> 예 ㅑ, ㅒ, ㅕ, ㅖ, ㅘ, ㅙ, ㅛ, ㅝ, ㅞ, ㅠ, ㅢ

05 표준 발음법 제10항의 규정에 따라 겹받침 'ㄼ'은 어말 또는 자음 앞에서 [ㄹ]로 발음되므로, '넓다'는 [넙따]가 아니라 [널따]로 발음되어야 한다.

06 밑줄 친 '파랗다', '예쁜', '즐겁게'를 기본형으로 바꾸면 '파랗다', '예쁘다', '즐겁다'가 되며, 이들은 모두 대상의 상태나 성질을 나타내는 형용사의 특성에 해당한다.
① 명사의 특성
② 동사의 특성
④ 감탄사의 특성

07 ㉠의 '하얀'은 뒤에 오는 체언인 '꽃잎'을 꾸며주는 관형어이다. '독서의' 또한 뒤에 오는 체언인 '계절'을 꾸며주는 관형어에 해당한다.
① '활짝'은 뒤의 서술어 '피었다'를 꾸며주는 부사어이다.
② '우유를'은 뒤의 서술어 '마신다'의 대상이 되는 목적어이다.
③ '어른이'는 뒤의 서술어 '되었다'를 보충해주는 보어이다.

08 '메고'의 기본형 '메다'는 '어깨에 걸치거나 올려놓다'는 뜻으로, 해당 문장에서 배낭을 '메고'는 바르게 표기되었다.
① 오십시요 → 오십시오
② 깨끗히 → 깨끗이
③ 몇일 → 며칠

[09~10]

09 '힘없는 강아지 소리'는 영상의 구성 요소 중 '효과음'에 해당한다. '효과음'은 장면의 실감을 더하기 위하여 넣는 소리이다.

10 '절대' → '결국'
㉣의 '절대'는 '어떠한 경우에도 반드시'라는 의미로 부정어와 호응한다. 그런데 해당 문장은 처음에는 병아리를 키우는 것을 반대했던 엄마가 나의 간절한 요청에 허락해 주셨다는 내용이므로, '일의 마무리에 이르러서'를 의미하는 '결국'으로 바꾸어 쓰는 것이 적절하다.

[11~13]

김애란, 「두근두근 내 인생」
• **갈래** : 장편 소설, 성장 소설
• **성격** : 성찰적, 묘사적, 자기 고백적
• **배경** : 시간 – 현대 / 장소 – 병원과 집
• **시점** : 1인칭 주인공 시점
• **주제** : 죽음을 앞둔 소년이 겪은 삶에 대한 소망과 가족 간의 사랑
• **특징**
  – 다양한 표현을 사용하여 주인공의 심리를 참신하게 묘사함
  – 부모보다 늙은 아들, 아들보다 젊은 부모라는 독특한 설정을 통해 인생의 의미를 성찰함
  – 난치병을 앓는 소년의 삶을 유쾌한 시간으로 그려 냄으로써 삶의 가치와 가족의 의미를 생각해 보게 함

11 해당 작품은 1인칭 주인공 시점으로, 서술자인 '나'가 작품 속 주인공으로 등장하여 '나'의 감정을 직접 드러내고 생각을 이야기 한다.
① 이야기가 진행되어도 서술자가 달라지지 않고, '나'로 동일하다.
② 서술자가 모든 인물의 속마음을 알고 있는 것은 전지적 작가 시점에 해당한다.
④ 작품 밖 서술자가 인물의 행동을 관찰하는 것은 3인칭 관찰자 시점에 해당한다.

12 해당 작품에서 '카메라에 비친 내 모습이 실제보다 못해 억울하고 섭섭한 거였다.'라는 말을 통해 '아름'이가 영상 속 자신의 모습에 만족하지 못하고 있음을 알 수 있다.

13 퀴즈 프로그램에 출연하여 방송 시작 전까지 긴장되고 설레기도 했던 자신의 경험을 바탕으로 본방송을 앞둔 아름이의 마음이 이해된다며 아름이의 마음에 공감하고 있다.

[14~16]

정호승, 「봄 길」
• **갈래** : 자유시, 서정시
• **성격** : 역설적, 의지적, 희망적
• **운율** : 내재율
• **소재** : 봄 길
• **주제** : 시련을 극복하고 스스로 사랑을 찾기 위해 노력하는 삶의 태도

• **특징**
  – 의지적이고 단정적인 어조를 사용함
  – 비슷한 시구를 반복하여 주제를 강조함

14 해당 작품에서 색채 이미지를 나타내는 시어가 없으므로, 색채 대비를 통한 선명한 이미지를 제시하고 있지 않다.
② '강물', '새', '꽃잎' 등의 여러 자연물에 빗대어 현실 상황을 표현하고 있다.
③ '길이 끝나는 곳에서도 ~있다'라는 비슷한 문장 구조를 반복하여 의미를 강조하고 있다.
④ '~있다'라는 단정적인 어조를 통해 화자의 강한 믿음을 드러내고 있다.

15 ⓒ, ⓒ, ⓔ이 여러 자연물에 빗대어 부정적이고 절망적인 현실 상황을 표현하고 있는 반면, ⓐ의 '스스로 봄 길이 되어'는 그러한 절망적인 상황 속에서도 포기하지 않는 희망을 드러낸다.

16 [A]에는 모순되고 이치에 맞지 않지만 그 속에 진리를 내포하고 있는 역설법이 사용되었다. 유치환의 「깃발」에 표현된 '이것은 소리 없는 아우성'에서도 '소리가 없다'는 것과 '아우성'은 논리적으로 모순되지만, 아우성을 소리가 없다고 표현함으로써 시인이 나타내려는 깃발의 몸부림을 강조하고 있다.
② 직유법, 의인법
③ 은유법
④ 설의법

[17~19]

박지원, 「허생전」
• **갈래** : 고전 소설, 한문 소설
• **성격** : 풍자적, 비판적
• **배경** : 시간 – 조선 효종(17세기 후반) / 공간 – 한반도 전역
• **시점** : 전지적 작가 시점
• **제재** : 조선의 현실을 꿰뚫고 있는 지식인 '허생'
• **주제** : 무능한 양반 계층에 대한 비판과 새로운 삶의 각성 및 실천 촉구
• **특징**
  – 실학사상과 북학사상을 바탕으로 당대의 현실을 비판함
  – 미완의 결말 구조로, 일반적인 고전 소설의 결말과 다름

17 해당 작품에서 '당신은 평생 과거도 보러 가지 않으면서 대체 글은 읽어 뭘 하시렵니까?'라는 아내의 핀잔을 통해 허생이 글을 읽는 목적이 과거 시험을 보기 위한 것이 아님을 알 수 있다. 그러므로 허생은 과거 시험을 본 적이 없고 따라서 과거 시험에 떨어진 적도 없다.

18 아내가 허생에게 역정을 내는 이유는 아내가 삯바느질을 해서 그날그날 겨우 입에 풀칠하는 처지임에도 불구하고, 허생이 글공부 외에는 경제적 활동에 무관심하고 무능력해서 돈을 벌어 오지 않기 때문이다.

19 허생이 서울에서 가장 부자인 변 씨에게 빌린 만 냥으로 과일을 몽땅 사들인 후, 처음 값의 열 배를 받고 되팔 만큼 조선 경제의 형편이 취약함을 ㉠에서 비판적으로 드러내고 있다.

[20~22]

20 2문단에서 '우리나라의 전통 발효 식품을 중심으로 발효 식품의 우수성을 자세히 알아보자'라고 제시문의 주제가 드러나 있다. 그러므로 '발효 식품의 우수성'이 윗글의 중심 내용으로 가장 적절하다.

21 ㉠은 부패와 발효의 차이점에 대해 설명하고 있으므로, 둘 이상의 대상들을 견주어 공통점이나 차이점을 중심으로 설명하는 '대조'의 방식이다.

> **TIP** 글의 전개 방식의 종류
>
> • **정의** : 어떤 말이나 사물의 뜻을 명백히 밝혀 규정하여 설명하는 전개 방식
> • **과정** : 순서나 작용, 절차나 단계, 일련의 행동들이 어떻게 일어났는가를 서술해 나가는 전개 방식
> • **분류** : 어떤 대상들이나 생각들을 공통적인 특성에 근거하여 종류별로 묶는 전개 방식
> • **대조** : 둘 또는 그 이상의 대상들을 견주어 공통점이나 차이점을 중심으로 설명하는 전개 방식
> • **유추** : 두 개의 사물이 여러 면에서 비슷하다는 것을 근거로 다른 속성도 유사할 것이라고 추론하는 전개 방식
> • **예시** : 상위 개념에 대하여 구체적인 특칭 대상으로 예를 들어 보이는 전개 방식

22 3문단에서 발효의 개념을 언급한 후 발효와 부패의 차이점을 대조하여 발효의 우수성에 대해 설명하고 있다. 그리고 마지막 문단에서 발효를 거쳐 만들어지는 전통 음식의 사례로 김치를 들고 있다. 그러므로 ㉡에 들어갈 말로는 글의 문맥상 '그렇다면'이 가장 적절하다.

[23~25]

23 제시문은 기후 변화로 인한 인류 생존의 위험성을 경고하고, 독자들에게 자원을 아껴 사용할 것을 설득하는 논설문이다. 이러한 글은 주장과 근거를 중심으로 내용을 파악한 후, 그 주장과 근거가 타당한지 비판하며 읽는다.

24 제시문의 2문단에서 '지구 생태 용량 과용의 날'을 언급하며, 자원이 모두 소모되는 날이 점점 앞당겨지고 있음을 독자들에게 알리고 있다. 그러므로 글의 맥락 상 ㉠에는 '에너지의 사용량과 그 증가량이 심하다'는 내용이 들어가는 것이 가장 적절하다.

25 글쓴이는 마지막 문단에서 더위에 대응하는 근본적인 대책으로 기후 변화의 위험성 인식, 지구 자원의 절약, 지속 가능한 녹색 성장을 제시하고 있다.

제2교시

수 학

정답 및 해설 |

▌ 정답

01 ③	02 ③	03 ③	04 ②	05 ④
06 ④	07 ④	08 ③	09 ①	10 ①
11 ③	12 ②	13 ①	14 ④	15 ②
16 ①	17 ④	18 ②	19 ②	20 ③

▌ 해설

01　54의 소인수는 2와 3이고, 소인수분해하면
　　$54 = 2 \times 3 \times 3 \times 3$이므로, 2×3^3으로 나타낼 수 있다.

$$
\begin{array}{r}
2\ )\underline{\,54\,} \\
3\ )\underline{\,27\,} \\
3\ )\underline{\ \ 9\ } \\
3
\end{array}
$$

02　음수는 절댓값이 클수록 작으므로 $-7 < -1$이다.
　　분수인 $\frac{1}{2}$를 소수로 변환하면 $\frac{1}{2} = \frac{1 \times 5}{2 \times 5} = \frac{5}{10} = 0.5$이다.
　　그러므로 주어진 수를 작은 수부터 차례대로 나열하면
　　$-7,\ -1,\ \frac{1}{2},\ 1,\ 3$의 순서이다.
　　따라서 구하는 네 번째 수는 1이다.

03　$a=2$를 $3a+1$에 대입하면
　　$3(2) + 1 = 6 + 1 = 7$

04　일차방정식 $4x - 4 = x + 2$를 정리하면,
　　$4x - x = 4 + 2$
　　$3x = 6,\ x = \frac{6}{3}$
　　$\therefore x = 2$

05　순서쌍 $(2,\ -3)$을 좌표평면 위에 나타내면 원점$(0,\ 0)$을
　　기준으로 x축의 오른쪽으로 2칸, y축의 아래쪽으로 3칸 이
　　동하면 되므로 점 D에 해당한다.
　　① A → $(2,\ 3)$
　　② B → $(-3,\ 2)$
　　③ C → $(-3,\ -2)$

06　두 직선이 평행하면 동위각과 맞꼭지각의 크기도 같으므로,
　　$\angle x = 60°$이다.

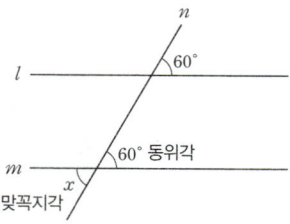

> **TIP** **각의 구분**
> • **동위각** : 평행선과 한 직선이 만났을 때 같은 위치에 있는 각
> • **엇각** : 평행선과 한 직선이 만나을 때 엇갈린 위치에 있는 각
> • **맞꼭지각** : 두 직선이 만날 때 서로 꼭짓점이 마주보고 있는 각

07　도표에서 윗몸 일으키기 기록이 40회 이상인 학생의 수는
　　45, 47, 49, 49, 53, 56, 59이므로 총 7명이다.

08　순환소수 $0.\dot{5}$를 x로 놓으면
　　$x = 0.\dot{5} = 0.55555\cdots$ 　……㉠
　　㉠의 양변에 10을 곱하면
　　$10x = 5.55555\cdots$ 　……㉡
　　㉡－㉠을 하면,
　　$10x - x = 5 + 0.55555\cdots - 0.55555\cdots$
　　$9x = 5$
　　$\therefore x = \frac{5}{9}$

09　지수법칙에서 $a^m \times a^n = a^{m+n}$
　　$\therefore a^2 \times a^2 \times a^3 = a^{2+2+3} = a^7$

10　한 권에 700원인 공책 x권의 가격은 $700 \times x$이고,
　　그 가격이 3500원 이상이라고 했으므로,
　　이를 부등식으로 나타내면
　　$700x \geq 3500$

> **TIP** **부등식의 표현**
> • a는 b 초과이다. → $a > b$
> • a는 b 미만이다. → $a < b$
> • a는 b 이상이다. → $a \geq b$
> • a는 b 이하이다. → $a \leq b$

11 일차함수 $y=ax+b$에서 a는 기울기, b는 y절편을 의미한다.
그러므로 일차함수 $y=2x+k$에서 k는 y절편.
즉 그래프와 y축이 만나는 점을 의미하므로
$k=4$

12 이등변삼각형에서 꼭지각의 이등분선은 밑변을 수직 이등분하므로,
$$\overline{BD}=\frac{1}{2}\times10=5\text{cm}$$

> **TIP 이등변삼각형의 성질**
> • 이등변삼각형의 두 밑각의 크기는 같다.
> • 이등변삼각형의 꼭지각의 이등분선은 밑변을 수직이등분한다.

13 원기둥 B의 높이를 $x$cm로 놓으면,
두 원기둥이 서로 닮은꼴이므로,
$2:3=4:x$, $2x=12$
$\therefore x=6(\text{cm})$

14 1~10까지의 자연수 중 짝수는 2, 4, 6, 8, 10의 5가지이므로,
$$\text{확률}=\frac{\text{짝수가 나오는 경우의 수}}{\text{전체 경우의 수}}=\frac{5}{10}=\frac{1}{2}$$

15 제곱근의 성질에 따라
$\sqrt{8}=\sqrt{4\times2}=\sqrt{4}\times\sqrt{2}=2\sqrt{2}$이므로
$2\sqrt{2}=a\sqrt{2}$
$\therefore a=2$

16 이차방정식 $x^2-5x+6=0$을 인수분해하면,
$x^2-5x+6=(x-2)(x-3)=0$이고,
그 해는 $x=2$, $x=3$이다.
주어진 문제에서 한 근이 2라고 했으므로,
다른 한 근은 3이다.

17 이차함수 $y=a(x-p)^2+q$의 그래프에서 꼭짓점의 좌표는 (p, q)이다.
그러므로 이차함수 $y=-(x-1)^2+1$의 그래프에서 꼭짓점의 좌표는 $(1, 1)$이다.
① $a<0$이므로, 위로 볼록하다.
② 점 $(2, 0)$을 지난다.
③ 직선 $x=1$을 축으로 한다.

18 직각삼각형 ABC에서
$\tan B=\dfrac{\text{높이}}{\text{밑변}}$이므로
$$\frac{\overline{AC}}{\overline{BC}}=\frac{3}{4}$$

> **TIP 삼각비**
>
>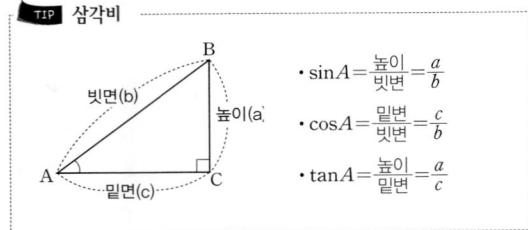
>
> • $\sin A=\dfrac{\text{높이}}{\text{빗변}}=\dfrac{a}{b}$
> • $\cos A=\dfrac{\text{밑변}}{\text{빗변}}=\dfrac{c}{b}$
> • $\tan A=\dfrac{\text{높이}}{\text{밑변}}=\dfrac{a}{c}$

19 원의 성질에 따라 한 호에 대한 원주각의 크기는 그 호에 대한 중심각의 크기의 $\frac{1}{2}$이다.
원 O에서 호 AB 대한 중심각 $\angle AOB=80°$일 때,
호 AB에 대한 원주각 $\angle APB=80°\times\frac{1}{2}=40°$이다.

20 주어진 자료의 값을 순서대로 나열하면 다음과 같다.

0,	1,	2,	3,	3,

그러므로 위 자료의 중앙값은 2이다.

> **TIP 평균값과 중앙값**
> • 평균값 : 모든 변량을 더해서 총 개수로 나눈 값
> • 중앙값 : 순서대로 나열한 후 가장 가운데 있는 값

제3교시

영 어

정답 및 해설 |

▌정답

01 ④	02 ③	03 ③	04 ③	05 ①
06 ①	07 ①	08 ②	09 ②	10 ④
11 ③	12 ①	13 ①	14 ④	15 ④
16 ②	17 ③	18 ④	19 ③	20 ②
21 ②	22 ①	23 ②	24 ①	25 ④

▌해설

01 **해설** funny는 '우스운, 재미있는'이라는 뜻이다.
해석 내 여동생(언니, 누나)은 정말 재미있다. 그녀는 나를 많이 웃게 만든다.
어휘 laugh 웃다

02 **해설** ①, ②, ④는 모두 반의어 관계이나, ③의 'say(말하다)'와 'tell(말하다)'은 유의어 관계이다.
① 합격하다 – 실패하다
② 앉다 – 서다
④ 시작하다 – 끝나다

03 **해설** Mr. Kim이 3인칭 단수 주어이고 last year(작년)가 과거를 나타내므로, be 동사의 3인칭 단수 과거형인 'was'가 빈칸에 들어갈 말로 적절하다.
해석 Mr. Kim은 작년에 나의 한국어 선생님이셨다.
어휘 last year 작년

04 **해설** 비가 와서 우산을 가져간 것이므로, 결과를 나타내는 접속사 'so(그래서)'가 빈칸에 들어갈 말로 가장 적절하다.
해석 비가 오는 중이었다. 그래서 나는 내 우산을 가져갔다.
어휘 umbrella 우산

05 **해설** B에서 'Because(때문에)'를 사용하여 버스를 놓쳤기 때문이라고 이유를 밝히고 있으므로, A의 빈칸에는 이유를 나타내는 의문사 'Why(왜)'가 들어갈 말로 가장 적절하다.

해석 A : 왜 너는 학교에 늦었니?
B : 내가 버스를 놓쳤기 때문이야.
어휘 miss 놓치다

06 **해설** 감기에 걸려서 몸 상태가 안 좋다는 A의 말에 'That's too bad.(그것 참 안됐구나.)'라며 위로의 말을 건네는 것이 대화의 흐름상 자연스럽다.
② 응, 그러고 싶어.
③ 천만에.
④ 도와줘서 고마워.
해석 A : 나는 몸이 좀 안 좋아. 내 생각에 감기에 걸린 것 같아.
B : 그것 참 안됐구나.
어휘 have a cold 감기에 걸리다

07 **해설** 첫 번째 문장에는 '가게 문을 닫다'라는 의미에서 동사 'close(닫다)'가 들어가야 하며, 두 번째 문장에는 '우체국이 가까이 있다'는 의미에서 형용사 'close(가까운)'가 들어가야 한다.
① 무료의
② 다음의
④ 중에서
해석 • 몇몇 가게들은 일요일마다 문을 닫는다.
• 나의 학교는 우체국과 매우 가깝다.
어휘 shop 가게, 상점
post office 우체국

08 **해설** 도서관의 위치를 묻는 A의 질문에 B가 곧장 두 블록을 가서 오른쪽으로 돈 후 왼편에 있다고 했으므로, 도서관의 위치는 ②가 적절하다.
해석 A : 실례지만, 도서관으로 가려면 어떻게 해야 하나요?
B : 곧장 두 블록을 가서 오른쪽으로 도세요. 그것은 당신의 왼편에 있습니다.
A : 감사합니다.
어휘 library 도서관
go straight 똑바로 가다
turn right 오른쪽으로 돌다
on one's left 왼편에

09 **해설** 소년이 사진을 찍고 있으므로, '사진을 찍다'는 표현인 'take a picture'를 사용해야 한다. 또한 시제가 be동사 'is'와 함께 현재 진행형이므로 'taking'이 빈칸에 들어갈 말로 가장 적절하다.
① 사고 있는
③ 앉고 있는
④ 놀고 있는

해석 A : 그 소년은 무엇을 하고 있니?
B : 그는 사진을 찍고 있다.

어휘 take a picture 사진을 찍다

10 **해설** 운동회 날 무엇을 할 거냐는 A의 물음에 B가 축구를 할 거라고 하였고 B도 마찬가지라고 하였으므로, 두 사람이 공통적으로 할 운동은 'soccer(축구)'이다.

해석 A : 운동회 날 너는 무엇을 할 거니?
B : 나는 축구를 할 거야.
A : 나도 그래. 정말 기대하고 있어.
B : 행운을 빌어. 우리 최선을 다하자.

어휘 sports day 운동회 날
soccer 축구
look forward to ~을 기대하다
do one's best 최선을 다하다

11 **해설** 교복이 마음에 드냐는 A의 질문에 B가 답한 후 A가 마음에 안 드는 이유를 다시 묻고 있으므로, 'No, I'm not very happy with it.(아니, 마음에 안 들어.)'가 빈칸에 들어갈 말로 가장 적절하다.
① 응, 정말 좋아.
② 네 덕택에 정말 행복해.
④ 너의 점심을 직접 가져와야 해.

해석 A : Jane, 교복이 마음에 드니?
B : 아니, 마음에 안 들어.
A : 왜 마음에 안 드는데?
B : 나는 그 색깔이 싫어.

어휘 be happy with ~에 만족하다
school uniform 교복
bring 가져오다
own 자신의

12 **해설** A가 아버지의 생신 선물로 무엇을 사야할지 물었고 B가 넥타이를 제안했다. 그 제안에 A도 좋다며 호응하였으므로, '생일 선물'이 대화의 주제로 가장 적절하다.

해석 A : 아버지 생신이 다가오고 있어. 그를 위해 무엇을 사야 할까?

B : 멋진 넥타이는 어때?
A : 그거 좋겠다. 내 생각에 아버지께 그게 필요하셔.

어휘 birthday 생일
get for ~을 위해 사다
a nice tie 멋진 넥타이
That sounds good. 그거 좋겠군.
need 필요하다

13 **해설** 홍보문을 통해 행사 일시(Date & Time), 행사 장소(Place), 활동 내용(Activities)은 알 수 있지만 참가 인원에 대한 사항은 알 수 없다.

해석

시립 도서관 북캠프
날짜 : 2023년 5월 6일(토요일) 시간 : 오전 9시 – 오전 11시 장소 : 시립 도서관 활동 – 독서 토론 – 작가와의 만남

어휘 City Library 시립 도서관
activity 활동
author 작가

14 **해설** 화재가 발생한 경우 젖은 천으로 입을 가리고 엘리베이터 대신 계단을 이용하라는 방송 내용이므로, '화재 안전 수칙 안내'가 해당 방송의 목적으로 가장 적절하다.

해석 여러분, 좋은 아침입니다. 화재가 발생한 경우를 대비해 몇 가지 안전수칙을 알려드리겠습니다. 반드시 젖은 천으로 입을 가리세요. 또한 엘리베이터 대신 계단을 이용하세요.

어휘 safety tips 안전수칙
in case of ~의 경우
make sure 반드시 ~ 하다
cover 가리다
wet 젖은
cloth 옷감, 천
stair 계단
instead of ~대신에

15 **해설** A가 내일 회의 시간이 너무 일러서 변경해야 한다고 제안했고, 이에 B가 10시쯤이 어떠냐며 회의 시간 변경에 동의했다. 그러므로 회의 시간을 바꾸려는 이유는 너무 이른 시간이어서이다.

해석 A : 우리는 내일 회의 시간을 변경해야 합니다. 너무 일러서요.

B : 동의합니다. 오전 10시쯤이 어떤가요?

A : 그게 훨씬 좋군요.

어휘 need to ~할 필요가 있다

change 바꾸다, 변경하다

tomorrow 내일

agree 동의하다

16 **해설** 두 번째 문장에서 '그것은 컵 모양으로 만들어진 쿠키'라고 하였으므로, cookie cup은 유리로 만든 것이 아니라 쿠키로 만든 컵임을 알 수 있다.

해석 여기 친환경 제품이 있다! 그것은 쿠키컵이다. 그것은 컵 모양으로 만들어진 쿠키이다. 그 컵을 사용한 후, 그것을 버리는 대신 그냥 먹을 수 있다. 이렇게 함으로써, 당신은 쓰레기를 덜 만들 수 있다.

어휘 eco-friendly 친환경적인

item 물품, 품목

in the shape of ~의 형태로

instead of ~대신에

throw away 버리다

trash 쓰레기

17 **해설** 노래 부르는 것을 좋아하고 좋은 목소리를 가졌지만 많은 사람들 앞에서 노래 부르는 것을 부끄러워한다는 내용이므로, 실력 없는 테니스 선수라는 ⓒ의 내용은 전체적인 글의 흐름과 어울리지 않는다.

해석 나는 학교 노래 대회에서 우승하고 싶다. ⓐ 나는 노래 부르는 걸 좋아한다. ⓑ 그리고 나는 좋은 목소리를 가지고 있다고 생각한다. ⓒ 나는 정말 실력 없는 테니스 선수이다. ⓓ 그러나, 나는 많은 사람들 앞에서 노래를 부르는 것이 너무 부끄럽다. 어떻게 내가 무대 위에서 더욱 편하게 노래를 부를 수 있을까?

어휘 win 이기다, 우승하다

singing contest 노래 대회

voice 목소리

poor 잘 못하는, 실력 없는

shy 수줍은, 부끄러운

in front of ~앞에서

comfortable 편안한

stage 무대

18 **해설** 학교 가는 길에 다리가 부러진 작은 개를 보았고, Gina는 그 개를 수의사에게 데려가자고 제안했다.

해석 Gina와 나는 학교 가는 길에 작은 개를 보았다. 그 개는 다리가 부러진 것처럼 보였고, 우리는 그 개가 걱정이 되었다. Gina가 그 개를 수의사에게 데려가자고 제안했다.

어휘 on one's way to ~로 가는 도중에

seem to ~처럼 보이다

broken 부러진

worry about ~에 대해 걱정하다

suggest 제안하다

an animal doctor 수의사

19 **해설** 대한 학교 학생들 사이에서 가장 인기 있는 동아리 활동은 전체 동아리 활동 중 30%를 차지한 '쿠키 굽기(baking cookies)'이다.

해석

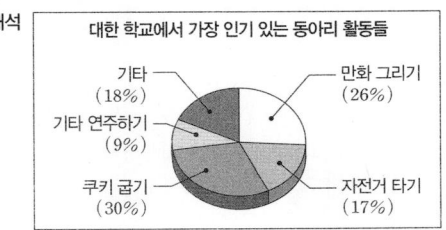

대한 학교 학생들에게 가장 인기 있는 동아리 활동은 쿠키 굽기이다.

어휘 favorite 매우 좋아하는, 마음에 드는

club activity 동아리 활동

cartoon 만화

popular 인기 있는, 대중적인

among ~중에서, ~사이에

20 **해설** ① 잘하는 것 – 그림 그리기

② 출신 학교 – 알 수 없음

③ 장래 희망 – 유명한 화가

④ 가장 좋아하는 그림 –「별이 빛나는 밤」

해석 제 이름은 David입니다. 저는 그림을 잘 그립니다. 저는 빈센트 반 고흐와 같은 유명한 화가가 되고 싶습니다. 제가 가장 좋아하는 그림은「별이 빛나는 밤」입니다. 제 블로그를 방문해서 제 작품을 확인해 보세요.

어휘 be good at ~을 잘하다, ~에 능숙하다

famous 유명한

starry 별이 빛나는, 별같이 반짝이는

visit 방문하다

check out ~을 확인하다

21 **해설** 제시문에서 벌들이 우리에게 주는 꿀은 정말 훌륭한 음식이며, 건강에도 좋고 맛도 좋다고 하였다. 그러므로 It은 앞의 honey(꿀)을 가리키는 지시대명사이다.

해석 벌들은 인간들에게 매우 도움이 된다. 첫째, 벌들은 우리에게 꿀을 준다. 꿀은 정말 훌륭한 음식이다. 그것은 우리의 건강에도 좋고 맛도 좋다. 둘째, 벌은 사과와 복숭아와 같은 많은 과일들을 생산하는 데 도움을 준다.

어휘 bee 벌

helpful 도움이 되는

honey 꿀

truly 정말로

be good for ~에 좋다

health 건강

taste 맛이 나다

produce 생산하다

peach 복숭아

22 **해설** 제시된 수업 규칙으로 '서로 도와주기, 수업 중 필기하기, 교과서 가져오기'는 언급되어 있으나, ①의 '활동 시간 지키기'는 언급되어 있지 않다.

해석

수업 규칙
– 서로 도와주기
– 수업 중 필기하기
– 교과서 가져오기

어휘 rule 규칙

each other 서로

take notes 필기하다

bring 가져오다

textbook 교과서

23 **해설** 제시문은 무엇이 좋은 리더를 만드는지에 관한 세 가지 사항을 차례대로 열거하고 있다. 그러므로 '좋은 리더의 특징'이 제시문의 주제로 가장 적절하다.

해석 오늘, 저는 무엇이 좋은 리더를 만드는지에 관해 이야기하겠습니다. 첫째, 좋은 리더는 친절하고 말하기가 쉽습니다. 둘째, 좋은 리더는 사람들에게 조언을 줍니다. 마지막으로, 좋은 리더는 다른 사람들의 말을 주의 깊게 듣습니다.

어휘 talk about ~관해 이야기하다

friendly 친절한, 다정한

easy 쉬운

advice 충고, 조언

carefully 주의 깊게, 신중하게

24 **해설** 지난 금요일 집에 초대해 줘서 고맙다는 내용이므로, '감사'의 편지글이다.

해석 지난 금요일 너의 집에 나를 초대해 줘서 고마워. 나는

정말 좋은 시간을 보냈고 음식도 훌륭했어. 불고기는 매우 맛있었어. 또한 떡볶이 만드는 방법도 알려줘서 고마워

어휘 invite 초대하다

Friday 금요일

delicious 맛있는

show 보여주다

cook 요리하다

25 **해설** 글의 전반부에 스마트폰의 사용으로 인한 건강상 문제점들에 대해 설명하고 있다. 마지막 문장에서 그러한 문제들을 해결하기 위한 몇 가지 조언들이 있다고 하였다. 그러므로 주어진 글 다음에는 '스마트폰 사용으로 인한 건강 문제 해결 방법'이 이어질 내용임을 짐작할 수 있다.

해석 스마트폰은 몇 가지 건강 문제를 야기할 수 있다. 한 가지 문제는 우리가 스마트폰을 사용할 때 눈을 자주 깜빡거리지 않기 때문에 눈이 건조하다는 것이다. 또 다른 문제는 목 통증이다. 스마트폰을 내려다보는 것은 목 통증을 유발할 수 있다. 여기 이러한 문제점들을 해결하기 위한 몇 가지 조언들이 있다.

어휘 cause 야기하다, 유발하다

problem 문제

dry 건조한

often 자주, 흔히

blink 깜빡거리다

pain 아픔, 통증

look down 내려다보다

tip 조언

solve 풀다, 해결하다

제4교시 사 회

정답 및 해설 |

정답

01 ②	02 ①	03 ④	04 ②	05 ④
06 ①	07 ④	08 ③	09 ①	10 ②
11 ③	12 ①	13 ③	14 ②	15 ③
16 ④	17 ③	18 ②	19 ④	20 ①
21 ④	22 ①	23 ①	24 ③	25 ④

해설

01 적도를 기준으로 북위 0°~90°, 남위 0°~90°로 나타내는 것은 위도이다. 위도는 지구 위의 위치를 나타내는 좌표축 중에서 가로로 된 것으로, 적도를 중심으로 하여 남북으로 평행하게 그은 위선으로 표현되는 각도이다.
① **경도** : 본초 자오선(경도 0°)을 기준으로 동경과 서경을 각각 0°~180°로 나타낸 것이다.
③ **랜드마크** : 어떤 지역을 대표하거나 다른 지역과 구별되는 지형이나 시설물을 말한다.
④ **도로명 주소** : 도로명, 건물번호 및 상세주소로 표기하는 주소를 말한다.

02 건조 기후 중 스텝 기후 지역보다 강수량이 적으며, 오아시스 농업이나 지하수를 이용한 관개 농업이 발달한 지역은 사막 기후이다.
② **툰드라 기후** : 북극해를 중심으로 그린란드, 유라시아 및 북아메리카 대륙의 북부 지역으로 짧은 여름만 0° 이상인 한대 기후이다.
③ **열대 우림 기후** : 연중 고온다습하며 강수량 2,000mm 이상의 적도 부근 지역으로, 스콜이 내린다.
④ **서안 해양성 기후** : 주로 남북위 40°~60° 사이인 대륙 서안에서 나타나는 온난습윤한 기후로, 온화한 기온과 문화의 발달로 관광업이 발달하였다.

03 석회동굴은 석회암이 지하수에 의해 녹아 형성된 동굴로, 종유석·석순·석주 등이 형성되어 관광 자원으로 활용된다.
① **갯벌** : 조류에 의해 진흙이 쌓인 해안 습지로, 밀물 때 바닷물에 잠기고 썰물 때 수면 위로 드러난다.
② **오름** : 제주도 전역에 분포하는 단성화산으로, 화산 중턱에 형성된 소규모 기생 화산을 말한다.

③ **주상 절리** : 용암이 급격하게 식어서 굳을 때 육각기둥 모양으로 굳어져 생긴 지형이다.

04 자원이 지구상에 고르게 분포하지 않고 일부 지역에 집중되어 분포하는 특성은 '편재성'으로, 자원에 대한 생산자와 소비자가 일치하지 않게 되는 이유이다.

> **TIP** **자원의 특성**
> • **유한성** : 매장량이 한정되어 고갈 위험이 있는 특성
> • **편재성** : 일부 지역에 치우쳐 분포하며, 생산자와 소비자가 일치하지 않는 특성
> • **가변성** : 자원의 가치가 시대와 장소, 경제 상황, 기술 발달 등에 따라 달라지는 특성

05 여성 100명에 대한 남성의 수를 '성비'라고 하며, 일부 국가에서는 남아 선호 사상 등으로 심각한 성비 불균형이 나타나기도 한다.
① **관습** : 한 사회에서 오랫동안 반복해온 행동 양식
② **도덕** : 인간이 양심에 따라 지켜야할 도리 또는 바람직한 행동 기준
③ **문화** : 한 사회의 구성원들이 만들어 낸 모든 생활 양식과 행동 양식의 총체

06 내집단은 자신이 소속된 집단으로, 소속감과 '우리'라는 공동체 의식이 강한 집단을 말한다.
② **외집단** : 자신이 속하지 않은 집단으로, 소속감이 없고 이질감과 적대감이 존재한다.
③ **역할 갈등** : 한 개인이 여러 역할을 수행하는 과정에서 역할 간에 갈등이 발생하는 현상으로, 역할 간에 조화를 이루지 못해 발생한다.
④ **역할 행동** : 자신에게 주어진 역할을 수행하는 구체적인 행동을 말한다.

07 이해관계를 같이하는 사람들이 자신들의 특수한 이익을 실현하기 위해 만든 단체는 이익집단이다.
① **개인** : 국가나 사회, 단체 등을 구성하는 낱낱의 사람
② **대통령** : 국민에 의해 선출되며 5년 임기의 단임제, 행정부의 수반이자 국가 원수
③ **감사원** : 대통령 직속의 헌법 기구로서 행정부 내 최고 감사기관, 직무 감찰 및 결산업무 등을 담당

08 태풍은 북태평양의 열대 해상에서 발생하는 저기압으로, 강한 바람과 많은 비를 동반한다.
 ① 황사 : 봄철에 중국 내륙에서 발생한 흙먼지와 모래먼지가 편서풍을 타고 이동하는 현상
 ② 가뭄 : 강수량 부족과 대륙 내부의 건조 기후로 인해 땅이 메마르고 물이 부족한 현상
 ④ 폭설 : 비교적 짧은 시간에 많은 양의 눈이 오는 기상 현상

09 ⊙ 영토와 영해의 수직 상공을 ⓒ 영공이라고 하며 대기권 내로 한정된다. 배타적 경제 수역은 영해를 설정한 기준선으로부터 200해리까지의 바다 중 영해를 제외한 바다를 말한다.

> **TIP** 영역의 구성
> • **영토** : 한 국가의 주권이 미치는 육지의 범위로, 국토 면적과 일치함
> • **영해** : 주권이 미치는 해역으로, 최저 조위선으로부터 12해리
> • **영공** : 영토와 영해의 수직 상공으로, 대기권 내로 한정됨

10 사회화란 자신이 속한 사회 내에서 지속적 상호 작용을 통해 행동양식과 규범, 가치관 등을 배우는 과정으로 사회화를 통해 개인은 사회적 존재로 성장한다.
 ① 선거 : 국민의 대표를 규칙에 따라 선출하는 과정으로, '민주주의의 꽃'이라 불린다.
 ③ 심급 제도 : 공정하고 정확한 재판을 위해 급이 다른 법원에서 여러 번 재판할 수 있는 제도(3심제가 원칙)이다.
 ④ 빈부 격차 : 부유한 사람과 가난한 사람의 경제적 차이를 말한다.

11 도시의 수나 면적, 그리고 도시 거주 인구가 증가하는 현상을 ⊙ 도시화라고 하며, 도시의 무분별한 팽창을 막고 녹지를 확보하기 위해 설정하는 것은 ⓒ 개발 제한 구역이다.
 • **도심** : 도시의 중심부로, 교통이 편리하고 유동인구가 많으며 지가가 최고인 중심 업무 지구
 • **인구 공동화** : 도심의 지가 상승으로 주거 기능이 도심 외곽으로 빠져나가 주간 인구는 높으나 야간 인구가 적어지는 현상

12 분쟁의 해결 과정에서 법을 해석·적용·판단하는 사법의 권한을 담당하는 국가 기관은 법원이다.
 ② 국세청 : 내국세의 부과·감면·징수 업무를 담당하는 중앙 행정 기관
 ③ 기상청 : 대기를 관측하고 예보하며, 기후 정보를 생산하고 연구하는 중앙 행정 기관
 ④ 금융 감독원 : 은행, 증권사, 보험사 등 금융 기관을 감시하고 감독하는 업무를 주력으로 하는 특수기관

13 개인과 개인 사이에서 일어난 법률관계에 관한 다툼을 해결하기 위한 재판은 민사 재판이다.
 ① 선거 재판 : 선거와 관련된 위법 사실에 대한 재판
 ② 행정 재판 : 행정 기관의 권리 침해 여부를 결정하는 재판
 ④ 형사 재판 : 범죄의 유무와 형벌의 정도를 결정하는 재판

14 그래프와 같이 수요 곡선이 오른쪽으로 이동했을 때, 균형 가격은 가격$_0$에서 가격$_1$로 상승하고, 균형 거래량은 수량$_0$에서 수량$_1$로 증가한다.

15 선거 공영제는 공정성 확보를 위해 선거 과정을 국가기관이 관리하는 제도로, 선거 비용을 국가가 부담한다.
 ① 의원 내각제 : 의회 다수당이 내각(행정부)을 구성하여 정책을 수행하는 정부 형태
 ② 주민 투표제 : 지방자치단체의 중요한 정책사항 등을 주민이 직접 투표로 결정하는 제도
 ④ 주민 소환제 : 주민들이 지방자치체제의 행정처분이나 결정에 심각한 문제점이 있다고 판단할 경우, 단체장을 통제할 수 있는 제도

> **TIP** 공영 선거를 위한 제도
> • **선거 공영제** : 공정성 확보를 위해 선거 과정을 국가기관이 관리하는 제도(선거 비용을 국가가 부담)
> • **선거구 법정주의** : 선거구를 법에 따라 미리 확정하는 제도(선거구가 특정 정당이나 인물에 유리하도록 하는 게리맨더링을 방지하는 제도)
> • **선거 관리 위원회** : 선거와 투표의 공정한 관리를 위해 설치된 독립적 국가기관

16 필요한 재화나 서비스를 만들어 내거가 그 가치를 높이는 활동은 ⊙ 생산이고, 필요한 재화나 서비스를 구매하여 사용하는 활동은 ⓒ 소비이다.

> **TIP** 경제 활동의 종류
> • **생산** : 새로운 가치의 창출 및 가치 증대 행위(재화나 서비스를 만드는 것)를 말하며, 생산 요소에는 토지·노동·자본(경영)이 있음
> • **분배** : 생산 요소를 제공하고 그 대가를 받는 것으로, 토지 제공의 대가인 지대, 노동력 제공의 대가인 임금, 자본 제공의 대가인 이자와 배당금, 경영의 대가인 이윤이 있음
> • **소비** : 필요한 재화나 서비스를 구매하거나 사용하여 효용(만족감)을 높이는 행위

17 비파형 동검은 청동기 시대의 대표적 유물이다. 청동기 시대에는 사유재산 제도와 계급이 발생하였고, 벼농사가 시작되었다.

18 광개토 대왕의 아들로 수도를 평양으로 옮기고 남진 정책을 추진하였으며, 백제의 수도 한성을 함락한 고구려의 왕은 장수왕이다.

19 고려 말 공민왕의 개혁 정치에 힘입어 등장하였으며, 성리학을 바탕으로 권문세족을 비판한 정몽주, 정도전 등의 정치 세력을 신진 사대부라고 한다.
   ① 사림 : 조선 중기 성리학을 바탕으로 훈구세력과 대립하고 서원과 향약을 기반으로 세력을 확대함
   ② 진골 : 신라의 신분제인 골품제의 한 계급으로 성골 다음의 귀족 계급
   ③ 6두품 : 신라 중대에는 왕권과 결합하여 진골에 대항하는 세력이었으나, 하대에는 반신라 세력으로 변모함

20 대조영이 만주 동모산에서 세운 나라는 발해로, 선왕 때에는 전성기를 이루어 당으로부터 해동성국이라 불리었다.

21 조선 태조에서 철종까지의 역사적 사실을 기록한 책은 조선왕조실록으로, 1997년 유네스코 세계 기록 유산에 등재되었다.
   ① 농사직설 : 조선 세종 때 정초·변효문 등이 우리 풍토에 맞는 농법을 소개한 농업서
   ② 동의보감 : 조선 광해군 때 허준이 편찬한 동양 최고의 의학 백과사전
   ③ 고려사절요 : 조선 문종 때 김종서 등이 고려 시대 전반을 편년체로 정리한 역사서

22 3·1 운동은 일제 강점기 최대 규모의 민족 운동으로, 대한민국 임시 정부가 수립되는 계기가 되었다.
   ② 새마을 운동 : 1970년대 박정희 정부의 주도 아래 전국적으로 이루어진 지역 사회 개발 운동
   ③ 국채 보상 운동 : 1907년 일본에 진 빚을 국민들의 모금으로 갚기 위해 전개된 경제적 구국 운동
   ④ 물산 장려 운동 : 일제 강점기인 1920년대에 국산품을 사용하여 우리 민족 경제의 자립을 이루자는 운동

23 조선 광해군 시기에 공납의 폐단을 극복하고 국가 재정을 확보하고자 경기도에서 처음 시행한 법은 대동법이다. 토산물 대신 토지 결수에 따라 쌀, 포목, 동전으로 납부하였다.
   ② 유신 헌법 : 1972년 박정희 정부가 영구 집권을 위해 공포한 헌법
   ③ 노비안검법 : 고려 광종 때 양인이었다가 노비가 된 사람을 조사하여 다시 양인이 될 수 있도록 조처한 법
   ④ 국가 총동원법 : 1938년 일제 강점기 때 일본이 국가의 모든 역량을 전쟁에 집중시키기 위해 공포한 전시 통제 체제하의 법

24 임진왜란(1592)은 조선 선조 때 일본이 조선을 침략한 전쟁으로, 이순신 장군이 이끄는 조선 수군이 한산도 대첩과 옥포해전 등에서 왜의 수군을 크게 무찔렀다.
   ① 병자호란(1636) : 조선 인조 때 청의 군신관계 요구를 거절하자 청이 조선을 침략한 전쟁으로, 삼전도에서 항복하고 군신 관계를 수립하였다.
   ② 신미양요(1871) : 제너럴셔먼호 사건을 빌미로 미국 함대가 강화도를 침략하였으나 어재연 등이 격퇴하였다.
   ④ 정묘호란(1627) : 서인의 친명배금 정책과 이괄의 난을 구실로 후금이 조선을 침략한 전쟁으로, 형제 관계를 맺고 화의가 성립되었다.

25 분단 이후 최초로 남과 북의 정상이 평양에서 만나 6·15 남북 공동 선언을 발표한 것은 김대중 정부 때의 일이다.

제5교시

과 학

정답 및 해설

▌정답

01 ③	02 ④	03 ①	04 ②	05 ③
06 ②	07 ③	08 ①	09 ②	10 ①
11 ①	12 ②	13 ①	14 ②	15 ④
16 ②	17 ④	18 ①	19 ③	20 ④
21 ④	22 ③	23 ①	24 ④	25 ③

▌해설

01 용수철이 늘어난 길이와 매단 추의 무게는 서로 비례하므로, 추 A를 매달았을 때 3cm가 늘어났다면 추 A의 무게는 3N 이다.

1N → 1cm	☐N → 3cm

02 파동의 진동수는 매질의 한 점이 1초 동안 진동하는 횟수로, ④의 파동이 진동수가 2Hz으로 가장 크다.

① 3초 동안 3회 진동 → 진동수 : 1Hz

② 3초 동안 1회 진동 → 진동수 : $\frac{1}{3}$Hz

③ 3초 동안 3회 진동 → 진동수 : 1Hz

④ 3초 동안 6회 진동 → 진동수 : 2Hz

03 열평형은 온도가 같아져 열이 더 이상 이동하지 않는 상태이므로, 3분이 경과한 뒤 열평형 온도가 20℃로 유지되고 있다.
② 1분일 때 열은 A에서 B로 이동한다.
③ 2분일 때 A의 온도가 B의 온도보다 높다.
④ 열평형에 도달할 때까지 걸린 시간은 3분이다.

04

소비된 전기 에너지(Wh)=전력(W)×사용시간(h)

• 선풍기에 소비된 전기 에너지=50W × 1h=50Wh
• 텔레비전에 소비된 전기 에너지=100W × 1h=100Wh
그러므로 두 가전제품에 소비된 총 전기 에너지
=50Wh+100Wh=150Wh

05

역학적 에너지=운동 에너지+위치 에너지

마찰이나 공기 저항을 무시할 때 물체의 역학적 에너지는 일

정하게 보존되므로, 감소한 위치 에너지가 10J이라면 증가한 운동 에너지 또한 10J이다.

06 밀폐된 주사기의 피스톤을 누르면 주사기 속 공기에 작용하는 압력이 증가하고 입자들 사이의 거리가 가까워지므로 부피가 줄어든다.
① 질량은 변하지 않는다.
③ 입자 수는 변하지 않는다.
④ 입자들 사이의 거리가 가까워진다.

07

액화 : 기체 → 액체

차가운 음료가 담긴 컵의 표면에 물방울이 맺히거나 추운 겨울날 실내에 들어가면 안경이 뿌옇게 흐려지는 것은 기체가 열을 방출하여 액체로 변하는 현상인데, 이를 액화라고 한다.
① 기화 : 액체 → 기체
② 응고 : 액체 → 고체
④ 융해 : 고체 → 액체

08 3개의 전자를 가진 리튬 원자(Li)가 2개의 전자를 가진 리튬 이온(Li$^+$)이 되었으므로, 리튬 원자(Li)가 잃은 전자의 개수는 1개이다.

> **TIP 이온의 종류**
> • **양이온** : 원자가 전자를 잃어서 (+)전하를 띠는 입자
> • **음이온** : 원자가 전자를 얻어서 (−)전하를 띠는 입자

09 녹는점은 고체가 녹아 액체가 되는 동안 일정하게 유지되는 온도를 말하므로, 그래프에서 고체인 팔미트산의 녹는점은 B(℃)이다.

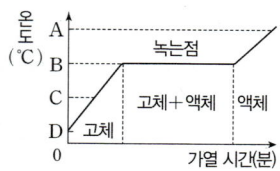

10

밀도=$\frac{질량}{부피}$

물질이 뜨거나 가라앉는 것은 단위 부피에 대한 물질의 질량

을 의미하는 밀도 때문이다. 문제에서 밀도는 쇠구슬 > 물 > 식용유 > 스타이로폼 공 순이다.

② **녹는점** : 고체가 녹아 액체가 되는 동안 일정하게 유지되는 온도

③ **어는점** : 액체가 얼어 고체가 되는 동안 일정하게 유지되는 온도

④ **끓는점** : 액체가 끓기 시작하여 기화할 때의 온도

11 $2H_2 + O_2 \rightarrow 2H_2O$이므로, 각 기체 사이의 부피비는 기체 반응의 법칙에 따라 화학 반응 식의 계수비와 동일하다. 그러므로 수소(H_2) 기체 2L를 반응시켰을 때 생성되는 수증기(H_2O)의 부피는 2L이다.

$2H_2$	+	O_2	→	$2H_2O$
H_2	:	O_2	:	H_2O
2	:	1	:	2
2L	:	1L	:	2L

12 생물의 5계 분류 중 식물계는 광합성을 하는 생물로, 소나무가 이에 해당한다.

① 대장균 → 원핵생물계

③ 아메바 → 원생생물계

④ 호랑이 → 동물계

13

물 + 이산화탄소 $\xrightarrow{\text{빛에너지}}$ 포도당 + 산소

광합성은 녹색 식물이 빛에너지를 이용해 물과 이산화 탄소를 원료로 포도당과 산소를 만드는 과정이다. 따라서 광합성을 통해 검정말이 생성한 기체는 산소이다.

14 백혈구는 몸속에 침입한 세균을 잡아먹는 식균 작용을 하며, 병균에 감염되면 그 수가 증가한다.

① **혈장** : 영양분이나 이산화 탄소 운반

③ **적혈구** : 산소 운반

④ **혈소판** : 혈액 응고 작용

15 사람의 소화 기관 중 이자액을 만들어 십이지장으로 분비하는 기관은 D(이자)이다.

① **A(간)** : 쓸개즙 생성

② **B(쓸개)** : 쓸개즙을 저장한 후 십이지장으로 분비

③ **C(위)** : 단백질 분해

16 노폐물을 몸 밖으로 내보내는 역할을 하는 배설계에는 콩팥, 오줌관, 방광, 요도 등이 속한다. 심장은 혈액을 순환시키는

순환계에 해당한다.

17 순종의 황색 완두와 순종의 녹색 완두를 교배하게 되면 100% Yy의 유전자 형을 가진 자손 1대가 나타난다. 이때 Y는 우성, y는 열성이므로 모두 황색인 완두이고, 따라서 황색 완두의 개수는 100개이다.

18 단세포 생물은 한 개의 세포가 둘로 나누어지는 분열법(이분법)으로 생식한다. 그러므로 단세포 생물인 짚신벌레 1마리가 한 번의 체세포 분열을 하면 2마리의 개체가 된다.

19

이동 거리 = 속력 × 시간

그래프에서 등속 운동을 하는 물체의 속력은 5m/s이므로, 4초 동안 이동한 거리는 $5 \times 4 = 20(m)$이다.

20 방해석은 묽은 염산을 떨어뜨리면 거품(이산화탄소)이 발생하는 염산 반응의 특성이 있다.

① **광택** : 표면이 빛을 얼마나 잘 반사하는지의 정도

② **굳기** : 광물의 단단하고 무른 정도

③ **자성** : 철이나 철가루를 끌어당기는 성질

21 보름달은 태양 – 지구 – 달의 순서로 배열된 (라) 위치에서 볼 수 있다.

① (가) – 하현달

② (나) – 삭(신월)

③ (다) – 상현달

④ (라) – 망(보름달)

22 목성형 행성 중 반지름이 가장 크고 대적점이 있는 행성은 목성이다.

> **TIP 행성의 분류**
> - **지구형 행성** : 수성, 금성, 지구, 화성
> - **목성형 행성** : 목성, 토성, 천왕성, 해왕성

23 해수의 층상 구조 중 A는 혼합층으로, 해양의 표층에서 흡수된 태양복사에너지가 바람에 의한 혼합작용으로 깊이에 따른 수온이 일정한 층이다.

② **B(수온약층)** : 대류 현상이 거의 일어나지 않아 안정된 층이다.

③ · ④ **C · D(심해층)** : 모든 위도와 바다에서 비슷한 온도를 가지고 있으며, 수온이 가장 낮은 깊은 바다이다.

24 우리나라의 한여름 날씨에 주로 영향을 미치는 고온다습한 기단은 D(북태평양 기단)이다.

① A(시베리아 기단) : 우리나라의 한겨울 날씨에 영향을 미치는 대륙에서 발생한 한랭 건조한 기단

② B(오호츠크해 기단) : 우리나라 초여름 날씨에 영향을 미치는 해양에서 발생한 한랭 다습한 기단

③ C(양쯔강 기단) : 우리나라 봄·가을 날씨에 영향을 미치는 대륙에서 발생한 온난 건조한 기단

25 지구로부터 거리가 10pc에 있는 별의 겉보기 등급과 절대 등급은 같으므로, 1.0으로 겉보기 등급과 절대 등급이 같은 C이다.

TIP **별의 밝기 등급**

겉보기 등급	절대 등급
• 맨눈에 보이는 별의 밝기를 나타낸 등급이다.	• 별이 10pc의 거리에 있다고 가정했을 때의 밝기 등급이다.
• 별까지의 실제 거리는 고려하지 않고 지구에서 보이는 대로 정한 등급이다.	• 별의 실제 밝기를 비교할 수 있다.
• 겉보기 등급이 작은 별일수록 우리 눈에 밝게 보인다.	• 절대 등급이 작을수록 실제로 밝은 별이다.

제6교시 선택 과목 — 도 덕

정답 및 해설

▋ 정답

01 ①	02 ②	03 ①	04 ③	05 ④
06 ③	07 ①	08 ④	09 ③	10 ③
11 ①	12 ③	13 ③	14 ①	15 ④
16 ②	17 ④	18 ②	19 ①	20 ②
21 ③	22 ②	23 ②	24 ④	25 ④

▋ 해설

01 인간으로서 마땅히 지켜야 할 도리는 도덕으로, 옳고 그름에 대한 기준을 제시한다.
② **도구** : 어떤 목적을 이루기 위한 수단이나 방법
③ **욕구** : 무엇을 얻거나 무슨 일을 하고자 바라는 일
④ **혐오** : 싫어하고 미워하는 마음

02 비난은 남의 잘못이나 결점을 책잡아서 나쁘게 말하는 것으로, 세대 간 갈등을 해결하기 보다는 오히려 유발하는 자세이다.

03 세계화는 삶의 전 영역에서 자본과 기술, 문화 등 다양한 가치들이 국경을 넘어 자유롭게 교류하는 현상을 의미한다.

04 입장을 바꿔서 도덕 원리를 적용하는 것은 상대와 입장을 바꾸어 판단하는 역할 교환 검사에 해당한다.

> **TIP 도덕 원리 검사**
> - **역할 교환 검사** : 상대와 입장을 바꾸어 판단하는 방법(도덕 원리를 자신에게 적용했을 때 결과를 수용할 수 있는지를 알아보는 방법)
> - **보편화 결과 검사** : 도덕 원리를 모든 사람에게 보편적으로 적용했을 때 나타나는 결과를 예측하여 결과를 검토하는 방법
> - **포섭 검사** : 선택한 도덕 원리를 더 일반적인 상위의 도덕 원리에 포함시켜 판단하는 방법
> - **반증 사례 검사** : 상대가 제시한 도덕 원리에 반대되는 사례를 제시해 보는 방법

05 촬영 장비의 발달로 불법 촬영이 증가하는 것은 과학 기술의 발달로 인한 문제점에 해당하며, 개인의 사생활을 침해하는 행위이다.

06 인간 존엄성은 인간이 인간이라는 이유만으로 존엄하게 대우받아야 하는 존재임을 의미하며, 수단이 아닌 목적으로 대우받아야 하는 소중한 존재이다.

07 부패는 사적 이익을 위해 공적 권력을 남용하는 사회현상으로, 뇌물 수수는 전형적인 부패 행위이다.

08 정보화 사회는 컴퓨터와 통신 기술의 발달로 정보의 가치가 중시되고 다양한 정보 교류가 가능해진 사회를 말한다.
① **농업 사회** : 토지를 이용하여 동식물을 길러 생산물을 얻어내는 사회
② **중세 사회** : 고대사회 이후 지속되고 근세사회에 선행하는 역사적 사회
③ **산업화 사회** : 자본과 노동에 의한 제품의 생산을 중심으로 사회나 경제가 운영되고 발전되어 가는 사회

09 진정한 친구의 모습은 믿음과 신뢰 그리고 도와주거나 보살펴 주는 배려의 마음에서 나타난다.

10 이웃은 가까운 곳에 사는 동네 사람들로 존중과 배려의 자세가 필요하며, 밤늦은 시간에 시끄럽게 노래를 부르는 것은 이웃에게 방해가 되는 갈등의 원인이 된다.

11 폭력은 타인에 대해 물리적 · 정신적 피해를 입히기 위해 가하는 공격적 행위로, 타인에게 고통을 주기 때문에 비도덕적이다.

12 폭력은 평화적 갈등 해결 방법이 아니라 갈등을 키우는 요인이 되며, 폭력을 통한 갈등의 해결은 다시 폭력을 부르는 악순환을 낳는다.

> **TIP 평화적 갈등 해결 방법**
> - 대화와 토론
> - 협상
> - 양보와 타협
> - 다수결의 원칙
> - 조정과 중재

13 정의로운 사회란 모든 구성원이 차별받지 않고 공정한 대우를 받으며 자유와 평등이 보장되는 사회이다.

14 부모를 공경하고 사랑하는 자녀의 도리는 효도이다. 반면에 자녀에 대한 부모의 무조건적 사랑은 자애이며, 형제간에 지켜야 할 도리는 우애이다.

15 꽃, 타인, 자신을 비롯한 만물의 생명을 소중히 여기는 것은 생명 존중 사상이다.

16 무한한 인간의 욕구에 비해 자원은 한정되어 있어 경쟁은 불가피하지만, 공정한 조건에 따른 경쟁은 개인과 사회 전체의 발전을 위해 그리고 서로 신뢰할 수 있는 사회를 만들기 위해 꼭 필요하다.

> **TIP 공정한 경쟁의 조건**
> • 기회의 균등성
> • 과정의 공정성
> • 결과의 정당성

17 인간을 자연의 일부로 보는 생태 중심주의에서 인간은 자연과 더불어 살아가며 서로 공생하는 관계이며, 자연은 모든 생명체가 유기적으로 연결된 거대한 생태계이다.

18 모든 국민의 인권을 보장하는 것은 통일 한국의 바람직한 모습이다.

> **TIP 통일 한국의 미래상**
> • **자주적 민족 국가** : 우리 민족만의 자주성을 유지하며 열린 민족 공동체를 형성
> • **자유로운 민주 국가** : 모두의 자유와 평등, 인권을 보장하는 민주주의 국가를 형성
> • **정의로운 복지 국가** : 노력한 만큼 혜택이 구성원 모두에게 골고루 배분됨
> • **문화 일류 국가** : 세계 평화와 인류 공영에 이바지하는 수준 높은 문화 국가를 형성

19 환경 친화적 소비는 환경과 함께 공존하며 높은 삶의 질을 추구하는 소비 생활로, 물건을 과대 포장하는 것은 쓰레기 배출을 증가시키므로 환경을 오염시키는 소비 행태이다.

20 자신의 생각과 의지대로 살아갈 수 있는 권리는 자유이며, 국가는 국민들이 직업이나 종교 등 삶의 방식을 스스로 선택할 수 있도록 자유를 보장해야 한다.

21 양심은 자기 행위의 옳고 그름, 선악을 분별하는 마음의 명령, 또는 도덕적으로 올바른 행동을 하도록 하는 마음의 명령을 말한다. 그러므로 나쁜 일을 행하면 죄책감이 들고 양심의 가책을 느낀다.

22 삶의 목적은 사람이 살면서 실현하고자 하는 목표나 일을 말하는데, 올바른 삶의 방향에 대한 구체적 목표 설정을 통해 의미 있는 삶을 추구할 수 있다. 또한 잘못된 삶의 모습을 반성하여 더 바람직한 삶의 방향을 제시하고, 이를 위해 자신의 행동에 대해 책임을 지는 자세가 필요하다.

23 다문화 사회는 다양한 문화를 향유하는 사람들이 함께 생활하는 사회이다.

24 도덕적으로 옳다고 여기는 것을 굳게 믿고, 그것을 실천하려는 의지는 도덕적 신념이다.

25 희망은 현재보다 더 나은 미래를 바라고 믿는 마음으로, 앞으로 뜻하는 일이 더 잘 이루어질 것이라는 긍정적인 생각을 갖게 한다.

정답 및 해설

2023년도

제2회

제1교시

국 어

정답 및 해설

정답

01 ③	02 ④	03 ③	04 ①	05 ②
06 ④	07 ①	08 ④	09 ③	10 ②
11 ②	12 ②	13 ①	14 ①	15 ④
16 ④	17 ①	18 ②	19 ④	20 ①
21 ①	22 ③	23 ③	24 ④	25 ①

해설

01 ① · ② · ④는 동아리 첫 모임에서 자기소개를 해야 하는 여학생의 말하기 불안의 대처 방안으로 적절하나, 동아리에 가입하는 방법을 찾으라는 ③의 조언은 적절하지 않다.

02 별다른 면담 준비를 하지 않아 엉뚱한 질문만 하게 되었다고 하였으므로, 면담을 원활하게 진행하기 위해 면담 목적에 맞는 질문을 준비하는 것이 적절하다.
① 면담 대상자 : 간호사
② 면담 일정 : 면담 전 방문 날짜와 시간을 정함
③ 면담 장소 : 병원

03 '입'은 표준 발음법 제8항에 따라 [입]으로 발음되어 표기와 발음이 일치한다.
① 꽃 : 표준 발음법 제9항에 따라 받침소리 'ㅊ'이 'ㄷ'으로 바뀌어 [꼳]으로 발음된다.
② 밖 : 표준 발음법 제9항에 따라 받침소리 'ㄲ'이 'ㄱ'으로 바뀌어 [박]으로 발음된다.
④ 팥 : 표준 발음법 제9항에 따라 받침소리 'ㅌ'이 'ㄷ'으로 바뀌어 [팓]으로 발음된다.

04 사람이나 사물의 이름을 대신 나타내는 품사는 대명사이다.
①의 '너'는 대명사로 상황에 따라 가리키는 대상이 달라진다.
② 나무 → 명사
③ 예쁘다 → 형용사
④ 어머나 → 감탄사

05 ㉠의 '방긋방긋'은 뒤의 서술어 '웃는다'를 수식하는 부사어이다. ②의 '빨리'도 뒤의 서술어 '달린다'를 수식하는 부사어이다.

① '얼음이'는 뒤의 서술어 '되었다'를 보충해 주는 보어이다.
③ '새'는 뒤의 체언인 '신발'을 꾸며주는 관형어이다.
④ '별이'는 뒤의 서술어 '반짝거린다'의 주체에 해당하는 주어이다.

TIP 문장 성분

주성분	주어	동작 또는 상태나 성질 등의 주체를 나타내는 문장 성분
	서술어	주어의 동작 또는 상태나 성질 등을 풀이하는 기능을 하는 문장 성분
	목적어	서술어의 동작 대상이 되는 문장 성분
	보어	'되다', '아니다'의 두 서술어가 주어 이외에 요구하는 문장 성분
부속 성분	관형어	체언을 꾸며 주는 문장 성분
	부사어	보통 용언을 꾸며주나 관형어나 다른 부사어 또는 문장 전체를 꾸며주는 문장 성분

06 ㉢의 '나았으면'은 '병이나 상처 따위가 고쳐져 본래대로 되다'의 의미인 '낫다'의 활용형으로 한글 맞춤법에 따라 옳게 사용되었다.
㉠ 않 → 안
㉡ 다쳤데 → 다쳤대
㉢ 잘되서 → 잘돼서

07 우리말에 본디부터 있던 말 또는 그것에 기초하여 새로 만들어진 말은 '고유어'로 '구름'이 이에 해당한다.
② 육지 → 한자어
③ 체온계 → 한자어
④ 바이올린 → 외래어

TIP 어휘의 유형

구분	내용
고유어	우리말에 본디부터 있었거나 우리말에 기초하여 만들어진 말 예 항아리, 개나리, 무지개 등
한자어	한자에 기초하여 만들어진 말 예 학교, 언어, 자유 등
외래어	영어, 불어 등의 외국어에 뿌리를 두고 있으나 우리말의 일부로 수용된 말 예 버스, 커피, 피아노 등

존대어	사람이나 사물을 높여서 이르는 말
유행어	비교적 짧은 어느 한 시기에 널리 쓰이는 말 ⑩ 엄친아, 훈녀
전문어	학술 또는 기타 전문 분야에서 특별한 의미로 쓰이는 말 ⑩ 바이털 사인(vital sign), 노멀 레인지(normal range)
은어	어떤 계층이나 부류의 사람들이 다른 사람들이 알아듣지 못하도록 자기네 구성원끼리만 빈번하게 사용하는 말

08 'ㅋ'은 기본자 'ㄱ'에 획을 더한 가획의 원리에 의해 만들어진
자음이다.
① 'ㄴ' → 기본자
② 'ㅆ' → 병서의 원리
③ 'ㅇ' → 기본자

09 두피 온도를 유지할 수 있게 도움을 주는 것은 머리카락의
기능에 해당하므로, ㉠에 들어갈 세부 내용으로 가장 적절하다.
① → 머리카락의 특징
② → 머리카락의 종류
④ → 머리카락의 구조

10 해당 문장에서 다듬지 않은 행위의 주체가 '옛 사람들'이고
그 대상이 '재료'이므로, '다듬지'를 피동 표현의 '다듬어지지'
로 고치는 것은 적절한 고쳐쓰기 방안이 아니다.

[11~13]

> **김유정, 「동백꽃」**
> • 갈래 : 단편 소설, 농촌 소설
> • 성격 : 향토적, 토속적, 해학적
> • 배경 : 시간 – 1930년대 / 공간 – 강원도 산골 마을
> • 시점 : 1인칭 주인공 시점
> • 주제 : 산골 마을 소년 소녀의 순박한 사랑
> • 특징
> – '과거-현재-과거'의 역순행적 구성 방식을 통해 이야기가
>   전개됨
> – 대조적인 성격의 인물을 통해 해학성이 드러남

11 해당 작품은 1인칭 주인공 시점으로, 소설 속 주인공인 '나'가
직접 자신의 경험을 이야기하고 있다.
① 서술자가 작품 밖에 위치 → 3인칭 시점
③ 다른 인물의 속마음을 알려 줌 → 전지적 작가 시점
④ 전지적 서술자가 인물의 심리와 상황을 제시 → 전지적
   작가 시점

12 ㉑에서는 점순이가 건넨 감자를 '나'가 거절하자 호의를 무시
당하여 눈에 독이 오르고 눈물까지 어리는 점순이의 '분한'
심리 상태를 엿볼 수 있다.

13 점순이가 '나'에게 건넨 ㉠의 '감자'는 '나'에 대한 점순이의
애정과 관심을 나타내는 소재이며, 동시에 '나'가 점순이의
호의를 거절함으로써 '나'와 점순이가 갈등하게 되는 계기가
되기도 한다.

[14~16]

> **이육사, 「청포도」**
> • 갈래 : 자유시, 서정시
> • 성격 : 감각적, 상징적, 향토적
> • 어조 : 의지적, 남성적
> • 제재 : 청포도
> • 주제 : 조국 광복과 평화로운 세계에 대한 소망
> • 특징
> – 시각적 이미지, 음성 상징어를 통해 고향이라는 공간을 감
>   각적으로 형상화 함
> – '청포도', '손님' 등 상징적 시어를 사용하여 주제를 효과적
>   으로 나타냄
> – 푸른빛과 흰 빛의 선명한 색채 대비를 통해 화자의 의지와
>   희망을 드러냄

14 해당 작품은 '청포도, 하늘, 푸른 바다' 등의 푸른빛과 '흰 돛단
배, 은쟁반, 하이얀 모시' 등의 흰 빛의 선명한 색채 대비를 통
해 시적 분위기를 조성하고 있다.
① '칠월'을 통해 계절이 여름임을 알 수 있으나, 계절의 변화
   는 나타나고 있지 않다.
② 모순된 표현을 통해 주제를 강조하는 '역설법'의 사용은 나
   타나 있지 않다.
③ 문답 구조가 아닌 시적 화자의 독백 구조로 시상을 전개하
   고 있다.

15 일제 강점기에 발표된 해당 작품이 당시의 시대 상황을 고려
할 때, '조국 광복'은 시적 화자가 간절히 기다리고 있는 대상
인 ㉢의 '내가 바라는 손님'에 그 의미가 가장 잘 함축되어 있
다.

16 [A]에는 '내가 바라는 손님'을 맞이하기 위해 '은쟁반'에 '하이
얀 모시 수건'을 마련해 두는 경건하고 정성스러운 시적 화자
의 태도가 잘 드러나 있다.

[17~19]

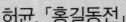

허균, 「홍길동전」
- 갈래 : 국문 소설, 사회 소설, 영웅 소설
- 성격 : 현실 비판적, 영웅적, 전기적
- 배경 : 시간 – 조선 시대 / 장소 – 조선과 율도국
- 시점 : 전지적 작가 시점
- 제재 : 적서차별
- 주제 : 모순된 사회 제도의 개혁과 이상국의 건설
- 특징
  - 우리나라 최초의 국문 소설임
  - 영웅의 일대기가 묘사된 전기적 요소가 강함
  - 불합리한 사회 제도에 대한 저항 정신이 반영된 현실 참여 문학임

17 길동이 부하들을 모아 놓고 '함경 감사가 탐관오리 짓을 하며 기름을 짜듯 착취를 일삼으니 백성이 견딜 수 없는 상태'라고 말한 데에서 '탐관오리의 횡포로 백성들이 살기 어려운' 사회적 모습을 엿볼 수 있다.

18 ⓒ에서 길동이 둔갑법과 축지법을 써서 소굴로 돌아온 것은 현실 세계에서 일어날 수 없는 신비롭고 기이한 고전 소설의 비현실적인 특성을 잘 보여주고 있다.

19 길동은 붙잡힐 것에 대한 '대비책'으로 풀로 일곱의 가짜 허수아비 길동을 만들었고, 누가 진짜 길동인지 알 수 없도록 함으로써 자신을 찾지 못하게 하였다.

[20~22]

20 생소한 단어가 많아서 글을 이해하는 데 어려움을 겪고 있는 '동생'에 대한 '언니'의 조언으로 ② · ③ · ④는 적절하나, ①의 '사실과 의견을 구분하여 읽는 것'은 생소한 단어의 의미를 파악하는 방법으로 적절하지 않다.

21 제시문에서 사과를 먹는 과정을 예로 들어 설명한 것은 물리적인 운동을 통해 음식물을 잘게 부수는 과정인 '기계적' 소화에 해당한다.

22 ⓒ은 화학적 소화가 무엇인지 그 개념에 대해 밝히고 있으므로, 글의 설명 방법 중 '정의'에 해당한다. ③도 갯벌의 개념에 대해 밝히고 있으므로 ⓒ과 마찬가지로 '정의'의 설명 방법에 해당한다.

① 원인과 결과를 관련지어 설명하는 방법 → 인과
② 생물과 동물을 각각 나누어 설명하는 방법 → 분류
④ 남극과 북극의 차이점을 설명하는 방법 → 대조

[23~25]

23 제시문은 야간 조명을 시의 정책으로 적극적으로 추진하여 성공한 프랑스 리옹의 사례를 들어 야간 조명의 정책 필요성에 대해 서술하고 있다.

24 제시문의 마지막 단락에서 "우리나라 도시도 야간 조명을 이용하여 도시 전체를 하나의 예술 작품으로 만들어 나가는 노력이 필요하다."며 조명을 이용하여 도시를 가꾸는 노력의 필요성에 대해 밝히고 있다.

25 '공약'은 '정부, 정당, 입후보자 등이 어떤 일에 대하여 국민에게 실행할 것을 약속함'을 뜻하며, '개인적인 다짐이나 목표'는 '각오' 또는 '맹세'에 해당한다.

제2교시 수 학

정답 및 해설

▌정답

01 ②	02 ①	03 ①	04 ③	05 ④
06 ①	07 ②	08 ③	09 ④	10 ④
11 ①	12 ③	13 ③	14 ②	15 ④
16 ①	17 ④	18 ②	19 ③	20 ②

▌해설

01 28의 소인수는 2와 7이고, 소인수분해하면
28 $=2\times2\times7$ 이므로, $2^2\times7$ 으로 나타낼 수 있다.

$$\begin{array}{r} 2\,)\underline{\,28\,} \\ 2\,)\underline{\,14\,} \\ 7 \end{array}$$

02 $(-2)\times(+3)=-(2\times3)=-6$

03 $a=-3$을 $4+a$에 대입하면
$4+(-3)=4-3=1$

04 일차방정식 $1-2x=-5$를 정리하면,
$-2x=-5-1$
$-2x=-6,\ x=\dfrac{-6}{-2}$
$\therefore x=3$

05 점 $(3,\ -1)$의 좌표를 좌표평면 위에 나타내면
원점$(0,\ 0)$을 기준으로 x축의 오른쪽으로 3칸, y축의 아래
쪽으로 1칸 이동한 것이므로 점 D에 위치한다.
① A$(1,\ 2)$
② B$(-2,\ 3)$
③ C$(-2,\ -2)$

06 중심각과 호의 길이를 비례식으로 정리하면,
$x:80=6:12$
비례식에서 내항의 곱과 외항의 곱은 같으므로,
$x\times12=80\times6$
$12x=480,\ x=\dfrac{480}{12}$

$\therefore x=40°$

07 10g당 나트륨 함량이 70mg 이상인 과자의 수는 도수분포
표에서 70~90mg의 과자의 수가 3가지이고, 90~100mg
의 과자의 수가 1가지이므로 이들을 합하면 된다.
$\therefore 3+1=4$(가지)

08 유한소수는 소수점 아래의 0이 아닌 숫자가 유한개인 소수
로, 분모의 소인수가 2나 5뿐이면 유한소수이다.
그러므로 분수 $\dfrac{x}{2^2\times3\times5}$를 유한소수로 나타내려면,
분모의 2와 5를 제외한 3을 약분할 수 있어야 한다.
따라서 x의 값이 될 수 있는 가장 작은 자연수는 3이다.

09 $(2a)^3=(2a)\times(2a)\times(2a)$
$=(2\times2\times2)(a\times a\times a)$
$=8a^3$

10 $\begin{cases} x+y=6\cdots\text{㉠} \\ x=2y\ \ \cdots\text{㉡} \end{cases}$ 이라 놓고, ㉡을 ㉠에 대입하면,
$(2y)+y=6,\ 3y=6$
$\therefore y=2$
$y=2$를 ㉠에 대입하면
$x+2=6,\ x=6-2$
$\therefore x=4$
따라서 구하는 연립방정식의 해는
$x=4,\ y=2$

11 일차함수 $y=ax+b$에서 a는 기울기고 b는 y절편이므로,
$y=x-3$의 그래프에서 y절편은 -3이다.
또는
y절편은 $x=0$일 때 y의 값이므로, $y=x-3$에서
$x=0$을 대입하면, $y=0-3,\ y=-3$
그러므로 y절편은 -3이다.

12 삼각형의 내각의 합은 $180°$이므로,
$100°+40°+\angle\text{C}=180°$
$\angle\text{C}=180°-100°-40°$

$$\therefore \angle C = 40°$$

두 밑각의 크기가 같으므로 삼각형 ABC는 이등변삼각형이고, 두 변의 길이가 같다.

즉, $\overline{AB} = \overline{AC}$

$$\therefore x = 7$$

13 그림에서 $\overline{DE}$와 $\overline{BC}$가 평행하므로

$$\triangle ADE \sim \triangle ABC$$

두 삼각형의 변의 길이를 비례식으로 정리하면,

$$x : 30 = 8 : 24$$

비례식에서 내항의 곱과 외항의 곱은 같으므로,

$$x \times 24 = 30 \times 8, \quad 24x = 240$$

$$\therefore x = 10$$

14 두 주사위에서 나오는 눈의 수를 순서쌍으로 나타냈을 때, 두 눈의 합이 4가 되는 경우는 $(1, 3)$, $(2, 2)$, $(3, 1)$의 3가지이다.

15
$$\sqrt{(-5)^2} = \sqrt{(-5) \times (-5)}$$
$$= \sqrt{25} = 5$$

16 이차방정식 $(x-1)(x+4) = 0$에서

$$x - 1 = 0 \text{ 또는 } x + 4 = 0$$

$$\therefore x = 1 \text{ 또는 } x = -4$$

한 근이 -4라고 하였으므로,

다른 한 근은 1이다.

17 주어진 이차함수 $y = \frac{1}{2}x^2$의 그래프에서 꼭짓점의 좌표는

원점인 $(0, 0)$이다.

① $a > 0$이므로 아래로 볼록하다.

② 점 $\left(1, \frac{1}{2}\right)$을 지난다.

③ 직선 $x = 0$을 축으로 한다.

> **TIP** **이차함수 $y = ax^2 (a \neq 0)$의 그래프**
> - **꼭짓점의 좌표** : $(0, 0)$
> - **축의 방정식** : $x = 0$(y축)
> - $a > 0$이면 아래로 볼록
> - $a < 0$이면 위로 볼록
> - $|a|$의 값이 클수록 y축에 가까워진다.

18 직각삼각형 ABC에서

$$\sin B = \frac{높이}{빗변} \text{이므로}$$

$$\frac{\overline{AC}}{\overline{AB}} = \frac{8}{17}$$

19 원에 접하는 두 접선의 길이는 서로 같으므로, $\triangle PAB$는 $\overline{PA}$와 $\overline{PB}$가 같은 이등변삼각형이다.

이등변삼각형은 두 밑각의 크기가 같으므로,

$$\angle PAB = \angle ABP = 65°$$

20 최빈값은 자료의 값 중에서 가장 많이 나타나는 값이다. 주어진 자료에서 250mm가 3명으로 가장 많으므로, 최빈값은 250mm이다.

> - 230mm → 2명
> - 250mm → 3명
> - 265mm → 2명
> - 270mm → 1명

제3교시 영 어
정답 및 해설 |

▌정답

01 ③	02 ②	03 ②	04 ④	05 ②
06 ④	07 ①	08 ③	09 ①	10 ①
11 ③	12 ②	13 ③	14 ②	15 ①
16 ④	17 ④	18 ①	19 ②	20 ④
21 ②	22 ④	23 ④	24 ③	25 ③

▌해설

01 **해설** special은 '특별한, 특수한'이라는 뜻이다.
해석 나는 내 친구들을 사랑한다. 그들은 나에게 매우 <u>특별</u><u>하다</u>.
어휘 friend 친구
special 특별한, 특수한

02 **해설** ①, ③, ④는 모두 반의어 관계이나, ②의 'large(큰)'와 'big(큰)'은 유의어 관계이다.
① 빠른 – 느린
③ 늦은 – 이른
④ 긴 – 짧은

03 **해설** There + be동사는 '~이 있다'는 표현으로 뒤에 오는 명사의 수에 따라 be동사의 형태가 결정된다. 주어진 문장에서 빈칸 다음에 'a big tree'라는 단수 명사가 왔으므로, There 다음의 빈칸에는 be동사 'is'가 적절하다.

> **TIP** **There + be동사 구문(~이 있다)**
> • There is(was) + 단수 명사
> • There are(were) + 복수 명사

해석 우리 집 앞에 큰 나무가 <u>있</u>다.
어휘 friend 친구
in front of ~의 앞에

04 **해설** 그녀가 배가 불러서 디저트를 먹지 않은 것이므로, 원인을 나타내는 접속사 'because(~ 때문에)'가 빈칸에 들어갈 말로 가장 적절하다.
해석 그녀는 너무 배가 불렀기 <u>때문</u>에 디저트를 먹지 않았다.

어휘 eat 먹다
desert 디저트
full 배부른, 가득한

05 **해설** '~에 관해 어떻게 생각해?'라고 물을 때 의문사 'what'을 사용하여 'What do you think of ~ ?'라고 표현한다.
해석 A : 내 새 치마에 관해 <u>어떻게</u> 생각해?
B : 너한테 잘 어울려.
어휘 skirt 치마
look good on ~에게 어울리다

06 **해설** 어제 다리가 부러져서 걸을 수 없다는 A의 말에 B의 응답은 위로의 말이 와야 하므로, 빈칸에는 'I'm sorry to hear that.(그것 참 안됐구나.)'가 가장 적절하다.
① 응, 그래.
② 만나서 반가워.
③ 천만에.
해석 A : 나는 걸을 수가 없어. 어제 내 다리가 부러졌어.
B : <u>그것 참 안됐구나.</u>
어휘 walk 걷다
break one's leg 다리가 부러지다

07 **해설** 첫 번째 문장에는 '밖이 춥다'는 의미에서 형용사 'cold(추운)'가 들어가야 하며, 두 번째 문장에는 '감기에 걸리다'는 의미에서 명사 'cold(감기)'가 들어가야 한다.
② 부드러운
③ 키가 큰
④ 건강한
해석 • 밖이 <u>추워</u>. 너는 코트를 입어야만 해.
• 그는 목이 아프다고 말했다. 그는 <u>감기</u>에 걸렸니?
어휘 outside 밖의, 외부의
wear 입다
sore 아픈
throat 목구멍
catch a cold 감기에 걸리다

08 **해설** 시청의 위치를 묻는 A의 질문에 B가 곧장 한 블록을 가서 오른쪽으로 돈 후 왼편에 있다고 했으므로, 시청의 위치는 ③이 적절하다.

해석 A : 실례지만, 시청으로 가려면 어떻게 해야 하나요?
B : 곧장 한 블록을 가서 오른쪽으로 도세요. 당신의 왼편에 시청이 있을 거예요.
A : 감사합니다.

어휘 City Hall 시청
go straight 똑바로 가다
turn right 오른쪽으로 돌다
on one's left 왼편에

09 **해설** 소년이 자전거를 타고 있으므로, '자전거를 타다'는 표현인 'ride a bike'를 사용해야 한다. 또한 시제가 be 동사 'is'와 함께 현재 진행형이므로 'riding'이 빈칸에 들어갈 말로 가장 적절하다.
② 먹고 있는
③ 노래 부르고 있는
④ 요리하고 있는

해석 A : 그 소년을 무엇을 하고 있니?
B : 그는 자전거를 타고 있다.

어휘 ride a bike 자전거를 타다

10 **해설** 민수가 농구를 하러 학교 체육관에 간다는 말에 A도 함께 가자고 하였으므로, 두 사람이 함께 갈 장소는 학교 '체육관'이다.

해석 A : 어디를 가고 있니, 민수야?
B : 나는 농구를 하러 학교 체육관에 가고 있어.
A : 정말? 나도 함께 갈까?
B : 그럼. 같이 가자.

어휘 gym 체육관
play basketball 농구를 하다
join 함께 하다, 합류하다

11 **해설** 강아지를 어디서 찾았냐는 A의 물음에 B가 집 근처 공원에서 찾았다고 하였으므로, ③의 'I found my missing dog.(나는 잃어버린 강아지를 찾았어.)'가 빈칸에 들어갈 말로 가장 적절하다.
① 나는 시험에 떨어졌어.
② 나는 캐나다인이야.
④ 나는 야채를 싫어해.

해석 A : 너는 오늘 아주 행복해 보여. 무슨 일이니?
B : 나는 잃어버린 강아지를 찾았어.
A : 오, 너는 강아지를 어디서 찾았니?
B : 그 강아지는 우리 집 근처 공원에 있었어.

어휘 What's up? 무슨 일이야?
find 찾다
missing 없어진, 잃어버린
vegetable 채소, 야채

12 **해설** 이번 방학에 무엇을 할 계획이냐는 A의 물음에 B는 기타 레슨을 받을 계획이라고 하였고, 반대로 B의 물음에 A는 제주도에 계시는 조부모님을 방문할 거라고 하였다. 그러므로 두 사람 간의 대화 주제는 '방학 계획'이다.

해석 A : Boram아, 너는 이번 방학에 무엇을 할 계획이니?
B : 나는 기타 레슨을 받을 계획이야. 너는?
A : 나는 제주도에 계시는 조부모님을 방문할 거야.

어휘 vacation 방학, 휴가
visit 방문하다

13 **해설** 홍보문을 통해 수업 날짜(Date), 수업 장소(Place), 수업 활동(Activities)은 알 수 있지만 수업료가 얼마인지는 알 수 없다.

해석

로봇 만들기 수업
날짜 : 2023년 8월 25일 시간 : 과학실 장소 : 시립 도서관 활동 : 로봇을 만들고 그것을 조정하는 법을 배울 것이다.

어휘 science 과학
activity 활동
control 조정하다, 통제하다

14 **해설** 내일 있을 체육 대회에 편안한 옷과 신발을 착용하고, 안전하고 공정하게 규칙을 지키고, 반 친구들과 함께 지내라는 방송 내용이므로, '체육 대회 유의 사항 설명'이 해당 방송의 목적으로 가장 적절하다.

해석 안녕하세요, 학생 여러분. 내일은 체육 대회 날입니다. 편안한 옷과 신발을 착용하는 것을 기억하세요. 안전하고 공정하게 경기를 하기 위해 규칙을 지켜주세요. 행사 기간 동안 반 친구들과 함께 지내세요. 즐겁게 보내세요.

어휘 remember 기억하다
comfortable 편안한, 편리한
keep the rule 규칙을 지키다
safely 안전하게
fairly 공정하게
have fun 즐거운 시간을 보내다

15

해설 네팔로 여행을 가고 싶은 이유가 무엇 때문이냐는 B의 물음에 A가 멋진 산을 오르고 싶어서라고 답하고 있으므로, A가 네팔로 여행을 가고 싶은 이유는 '멋진 산을 오르고 싶어서'이다.

해석 A : 나는 언젠가 네팔로 여행을 가고 싶어.
B : 무엇 때문에 그곳에 가고 싶니?
A : 나는 멋진 산을 오르고 싶어.

어휘 travel 여행하다
someday 언젠가
climb 오르다, 등반하다

16

해설 제시문의 마지막 문장에서 음악가들은 밤에 라이브 음악을 연주한다고 했으므로, '음악가들이 오전에 공연을 한다.'는 ④의 설명은 글의 내용과 일치하지 않는다.

해석 화이트 윈터 페스티벌은 1월 마지막 주에 시작해서 5일 동안 계속된다. 사람들은 얼음낚시를 즐길 수 있다. 또한 눈사람 만들기 대회도 있다. 음악가들은 밤에 라이브 음악을 연주한다.

어휘 go on 계속하다
ice fishing 얼음낚시
snowman building 눈사람 만들기
musician 음악가

17

해설 ① 출신 국가 – 프랑스
② 장래 희망 – 패션 디자이너
③ 한국 방문 연도 – 2020년
④ 반려동물 – 알 수 없음

해석 나는 프랑스에서 온 Elena이다. 나는 언젠가 패션 디자이너가 되고 싶다. 나는 2020년에 한국을 방문했을 때 한복을 입어보았다. 나는 한복 스타일을 좋아했다. 내 꿈은 미래에 그러한 아름다운 옷을 만드는 것이다.

어휘 try on 입어보다
dream 꿈
such 그러한
in the future 미래에, 장래에

18

해설 Susan과 내가 어제 집으로 가는 길에 학교 주변의 벽이 더러운 것을 보았고, Susan은 그 벽에 그림을 그릴 것을 제안했다. 그러므로 Susan이 제안한 것은 '벽에 그림 그리기'이다.

해석 Susan과 나는 어제 함께 집으로 걸어갔다. 우리는 학교 주변의 벽이 더러운 것을 보았다. 우리는 그것을 예쁘고 화려하게 만들고 싶었다. Susan은 우리가 그 벽에 그림을 그릴 것을 제안했다.

어휘 ugly 추한, 더러운
pretty 예쁜, 귀여운
colorful 화려한, 다채로운
suggest 제안하다

19

해설 한국 학교 학생들이 가장 좋아하는 영화 종류는 전체 영화 종류 중 38%를 차지한 '코미디(Comedy)' 영화이다.

해석

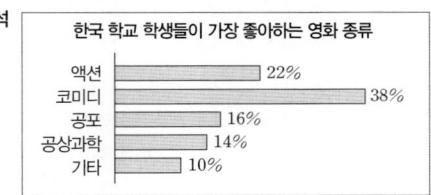

한국 학교 학생들이 가장 좋아하는 영화 종류

액션	22%
코미디	38%
공포	16%
공상과학	14%
기타	10%

한국 학교 학생들은 <u>코미디</u> 영화를 가장 좋아한다.

어휘 favorite 매우 좋아하는, 마음에 드는
type 유형, 종류
horror 공포
sci–fi 공상과학(science fiction)

20

해설 Jiho가 아버지로부터 스파게티 요리하는 법을 배워 아버지처럼 맛있는 스파게티를 만들기를 희망한다는 내용이므로, 햄버거가 그가 가장 좋아하는 음식이라는 ④의 내용은 전체적인 글의 흐름과 어울리지 않는다.

해석 Jiho의 아버지는 작은 식당을 운영한다. ① 그는 놀라운 스파게티를 만든다. ② Jiho는 그것을 요리하는 법을 배우고 싶다. ③ 그래서, 그는 이번 주에 아버지와 함께 스파게티 요리 연습을 할 예정이다. ④ 햄버거는 그가 가장 좋아하는 음식이다. 그는 자기 아버지처럼 맛있는 스파게티를 만들기를 희망한다.

어휘 run 운영하다
amazing 놀라운
spaghetti 스파게티
practice 연습, 실행
delicious 맛있는

21

해설 휠체어를 탄 사람들도 어떤 도움 없이 이용할 수 있는 것이므로, 밑줄 친 'them'이 가리키는 것은 'buses(버스들)'이다.
① 책들
③ 사람들
④ 창문들

해석 나는 새롭게 설계된 버스에 관한 기사를 읽었다. 그것은 사람들이 이 버스들을 더 쉽게 탈 수 있다고 말한다. 그 버스들은 계단이 없고 바닥이 매우 낮다. 심지어

휠체어를 탄 사람들도 어떤 도움 없이 <u>그것들</u>을 이용
할 수 있다.

어휘 newly 새로

designed 설계된

get on (버스에) 타다

easily 쉽게

low 낮은

floor 층, 바닥

wheelchair 휠체어

22 **해설** 캠핑 시 주의해야 할 사항으로 '강 바로 옆에서 텐트
치지 않기', '야생 동물에게 먹이 주지 않기', '쓰레기 남
겨 두지 않기'는 제시문에 언급되어 있으나, ④의 '텐트
안에서 요리하지 않기'는 언급되어 있지 않다.

해석

수업 규칙
• 강 바로 옆에 텐트를 치지 마라.
• 야생 동물들에게 먹이를 주지 마라.
• 쓰레기를 남겨 두지 마라.

어휘 put up a tent 텐트를 치다

right next to ~ 바로 옆에

feed 먹이를 주다

trash 쓰레기

23 **해설** 제시문은 기분이 안 좋을 때 야외로 나가 햇빛을 받고
운동을 하라고 조언하고 있다. 그러므로 '기분이 나아
지게 하는 방법'이 제시문의 주제로 가장 적절하다.

해석 기분이 안 좋은가요? 여기에 여러분의 기분이 더 좋아
지도록 도와줄 몇 가지 조언들이 있습니다. 첫째, 야외
로 나가세요. 햇빛을 많이 받는 것은 여러분을 행복하
게 만듭니다. 여러분이 할 수 있는 또 다른 것은 운동
입니다. 여러분은 운동을 하는 동안 걱정을 잊을 수 있
습니다.

어휘 feel down 기분이 안 좋다

tip 조언, 충고

sunlight 햇빛

exercise 운동

forget 잊다

worry 근심, 걱정

work out 운동하다

24 **해설** Brown 선생님에게 다가올 콘서트 준비를 위해 동아리
회원들이 함께 연습할 교실을 사용하도록 허락해 달라
는 내용이므로, 글을 쓴 목적은 '교실 사용을 허락받기

위해서'이다.

해석 안녕하세요, Brown 선생님. 학교 콘서트가 다가오고
있습니다. 제 음악 동아리 회원들이 콘서트를 준비하고
있습니다. 우리는 함께 연습할 장소가 필요합니다. 이
번 주에 당신의 교실을 사용할 수 있을까요?

어휘 prepare for ~를 준비하다

practice 연습하다, 실습하다

25 **해설** 글의 전반부에 시장을 방문하는 것이 한 나라의 문화
를 배우는 좋은 방법이라고 하였고, 마지막 문장에서
세계의 몇몇 유명한 시장들을 소개하고자 한다고 하였
다. 그러므로 주어진 글 다음에는 '세계의 유명한 시장
들에 대한 소개'가 이어질 것임을 짐작할 수 있다.

해석 시장을 방문하는 것은 한 나라의 문화에 관해 배울 수
있는 좋은 방법이다. 여러분은 사람들을 만나고, 역사
를 배우고, 현지 음식을 맛볼 수 있다. 나는 세계의 몇
몇 유명한 시장들을 소개하려고 한다.

어휘 market 시장

a good way 좋은 방법

culture 문화

country 나라

taste 맛보다

local 지역의, 현지의

introduce 소개하다

famous 유명한

제4교시

사 회

정답 및 해설 |

▌정답

01 ③	02 ③	03 ③	04 ①	05 ②
06 ④	07 ②	08 ②	09 ③	10 ②
11 ④	12 ①	13 ③	14 ②	15 ④
16 ④	17 ①	18 ④	19 ①	20 ③
21 ①	22 ①	23 ④	24 ②	25 ②

▌해설

01 이탈리아와 그리스 등의 남부 유럽에 나타나는 기후는 지중 해성 기후로, 여름에는 고온건조하고 겨울에는 온난습윤하며 수목 농업이 발달하였다.

① **고산 기후** : 적도 부근의 해발 고도가 높은 고산 지대에 나타나는 기후로, 연중 봄과 같은 온화한 기후를 보인다.

② **스텝 기후** : 연중 강수량이 250~500mm 미만의 건조 기후 지역으로, 유목과 목축업이 발달하였다.

④ **열대 우림 기후** : 강수량이 2,000mm 이상인 연중 고온다 습한 적도 부근 지역의 기후로, 스콜이 내린다.

02 북극 문화 지역은 북반구의 툰드라 지역을 중심으로 순록 유 목과 사냥과 같이 추운 기후에 적응하며 생활하는 지역이다.

① **건조 문화 지역** : 주민 대부분이 이슬람교를 믿고 아랍어 를 사용하는 문화 지역으로, 건조 기후에 적합한 유목과 오아시스 농업이 발달했다.

② **인도 문화 지역** : 불교와 힌두교의 발상지로 사회 전반에 카스트 제도의 영향이 남아 있다.

④ **아프리카 문화 지역** : 사하라 사막 이남 지역으로 부족 단 위의 공동체 생활을 하며, 다양한 종족 및 언어가 분포한다.

03 ㉠ **B(제주도)** : 한라산, 성산 일출봉, 거문오름 용암동굴계가 유네스코 세계 자연 유산에 등재되어 있는 지역이다.

㉡ **D(독도)** : 우리나라에서 가장 동쪽에 위치한 섬으로, 동도 와 서도 및 여러 개의 바위섬으로 이루어진 지역이다.

04 ㉠ **풍력 발전** : 강한 바람이 지속적으로 부는 곳에서 바람의 힘을 이용해 전기를 생산한다.

㉡ **조력 발전** : 밀물과 썰물 때의 바다 높이 차이를 이용하여

전기를 생산한다.

05 특정한 장소를 상품으로 인식하고, 그 장소의 이미지를 개발 하는 지역화 전략은 장소 마케팅으로, 랜드마크 활용, 특구 지정 등이 이에 해당한다.

① **역도시화** : 쾌적한 환경을 찾아 도시에서 주변으로 이동하 는 인구 유턴(U-turn) 현상

③ **임금 피크제** : 일정 연령이 지난 장기근속 직원의 임금을 줄여서 고용을 유지하는 제도

④ **자유 무역 협정(FTA)** : 특정 국가 간의 상호 무역증진을 위해 물자나 서비스 이동을 자유화시키는 협정

> **TIP** **다양한 지역화 전략**
> • 장소 마케팅
> • 지역 브랜드
> • 지리적 표시제

06 피오르는 빙하의 침식으로 생긴 U자형 골짜기에 바닷물이 유 입되어 생긴 좁고 긴 만을 말한다.

① **고원** : 높고 평탄한 지형과 침식에 의한 평탄 지형

② **사막** : 연강수량 250mm 미만의 식생 발달이 어려운 건조 지역

③ **산호초** : 산호의 석회질과 그 분비물인 탄산칼슘이 퇴적되 어 형성된 암초

07 기업이 성장하며 기업의 본사, 연구소, 공장 등이 각각의 기 능을 수행하는 데 적합한 지역을 찾아 지리적으로 분산되는 것을 공간적 분업이라고 한다.

① **이촌 향도** : 산업화 · 도시화 등으로 인해 농촌의 인구가 도시로 이동하는 현상

③ **인구 공동화** : 도심의 지가 상승으로 주거 기능이 도심 외 곽으로 빠져나가 주간 인구는 높으나 야간 인구가 적어지 는 현상

④ **지리적 표시제** : 품질이나 명성 등이 드러나는 지역 상품 에 대해 지역 생산품임을 표시하는 제도

08 미세 먼지는 대기 중에 떠다니는 눈에 보이지 않을 정도의 작은 먼지로, 주로 석탄을 사용하는 화력 발전소와 노후 경유 차의 운행 등으로 발생한다.

461

2023년 2회

① 도시 홍수 : 도시의 배수 시설이 처리할 수 있는 양 이상으로 많은 비가 내려 지표 유출이 되면서 주차장, 도로, 지하실 따위를 침수시키는 홍수
③ 지진 해일 : 해저에서의 지진, 해저 화산 폭발, 단층 운동 같은 급격한 지각변동 등으로 발생하는 해일
④ 열대 저기압 : 지구의 열대 지역에서 발생하는 저기압으로, 발생 지역에 따라 태풍, 허리케인, 사이클론 등으로 불림

09 학교는 사회화를 목적으로 만든 공식적인 기관으로, 사회생활에 필요한 지식과 규범, 가치 등을 체계적으로 교육한다.
① 가정 : 기초적 사회화 기관으로, 기본 인격과 생활 습관 형성에 영향
② 직장 : 성인기 중요한 사회화 기관으로, 직장 업무와 관련된 지식과 기술 습득
④ 대중 매체 : 현대 사회에서 영향력이 큰 사회화 기관

TIP 사회화 기관의 분류
• 1차적 사회화 기관 : 가정, 또래집단, 지역사회
• 2차적 사회화 기관 : 학교, 직장, 대중 매체, 정당, 군대 등

10 사회가 처한 특수한 환경과 맥락을 고려하여 문화를 판단하는 것은 문화 상대주의이다. 이는 세계 문화의 다양성을 인정하고 각 문화는 문화의 독특한 환경과 역사적·사회적 상황에서 이해해야 한다는 견해이다.
① 문화 사대주의 : 다른 문화를 더 좋은 것으로 생각하고 자신의 문화를 과소평가하거나 무시하는 태도
② 문화 제국주의 : 단순히 자문화를 우월하게 보는 것을 넘어서 다른 나라에까지 적용시키려는 태도
③ 자문화 중심주의 : 자기 문화만을 가장 우수한 것으로 생각하고 다른 문화를 무시하거나 부정하는 태도

11 시민단체는 공동체 이념의 실현을 위해 시민이 자발적으로 만든 단체로, 정부 활동 감시 및 여론 형성, 시민의 정치 참여 유도 등의 기능을 담당한다.

TIP 정치 참여 주체
• 정당 : 정치적 견해를 같이 하는 사람들이 모인 단체
• 이익집단 : 이해관계를 같이 하는 사람들이 모인 단체
• 시민단체 : 공동체 이념의 실현을 위해 시민이 자발적으로 만든 단체

12 우리나라는 공정한 선거 운영을 위해 선거구 법정주의와 선거 공영제를 시행하고, 선거 관리 위원회를 두고 있다.

TIP 공정 선거를 위한 제도
• 선거 공영제 : 공정성 확보를 위해 선거 과정을 국가기관이 관리하는 제도
• 선거구 법정주의 : 선거구를 법에 따라 미리 확정하는 제도
• 선거관리위원회 : 선거와 투표의 공정한 관리를 위해 설치된 독립적 국가 기관

13 국가의 대표이자 동시에 행정부의 수반인 대통령은 국민의 선거를 통해 선출된 5년 임기의 단임제 선출직으로, 국회에서 의결한 법률안을 거부할 수 있다.
① 장관 : 국무를 나누어 맡아 처리하는 행정 각부의 수장을 말한다.
③ 국무총리 : 대통령이 국회 동의를 얻어 임명하며, 대통령을 보좌하고 행정 각부를 총괄한다.
④ 국회의원 : 선거를 통해 선출된 국민의 대표로서, 국회에서 법률을 제정하고 국정을 심의한다.

14 대법원은 주로 3심 사건의 최종적인 재판을 담당하는 사법부의 최고 법원으로, 명령·규칙 또는 처분이 헌법이나 법률에 위반되는지의 여부를 최종적으로 심사할 권한을 갖는다.
① 감사원 : 대통령 직속의 헌법 기구로서 행정부 내 최고 감사기관, 직무 감찰 및 결산업무 등을 담당한다.
③ 가정 법원 : 이혼, 상속 등 가사에 관한 사건과 소년에 관한 사건을 처리하기 위해 설치된 법원이다.
④ 지방 의회 : 지방주민에 의하여 선출된 의원을 구성원으로 하여 성립하는 지방자치단체의 합의제 의결기관이다.

15 시장에서 수요와 공급의 상호 작용에 의해서 결정되는 가격은 시장 가격이며, 생산자와 소비자의 활동을 어떻게 조절할지 알려 주는 신호등 역할을 한다.
① 기대 수명 : 0세의 출생아가 향후 생존할 것으로 기대되는 평균 생존연수를 말한다.
② 무역 장벽 : 국가 간의 자유무역을 제약하는 인위적인 조치를 말한다.
③ 생애 주기 : 사람의 생애를 개인이나 가족의 생활에서 발생하는 커다란 변화를 기준으로 하여 일정한 단계로 구분한 과정이다.

16 국내 총생산(GDP)은 일정 기간(1년) 동안 한 나라 안에서 새롭게 생산된 재화·서비스 등의 최종 생산물의 시장 가치를 모두 합한 것을 의미한다. 국내 총생산은 한 나라의 생산 규모나 국민 전체의 소득을 파악하기에는 유용하지만, 소득 분배 수준이나 빈부 격차의 정도를 파악하기 힘들다는 한계를 가지고 있다.

① **실업률** : 경제 활동 인구 중 실업자가 차지하는 비율
② **물가 지수** : 물가의 움직임을 알아보기 쉽게 수치로 표현한 지표
③ **인구 밀도** : 일정지역 내의 인구를 해당 지역의 면적으로 나눈 수치로, 지역 내에 거주하는 인구의 과밀한 정도를 나타냄

17 연천 전곡리에서 출토된 주먹도끼는 대표적인 구석기 시대의 유물로, 이 시대에는 주로 동굴이나 강가의 막집에 거주하면서 사냥과 채집 생활을 하였다.

18 '영락'이라는 독자적인 연호를 사용한 광개토 대왕은 백제를 공격하여 한강 이북 지역을 차지하였으며, 신라에 침입한 왜를 낙동강 유역에서 물리쳤다.

> **TIP 광개토 대왕(391~413)**
> • 남쪽으로 백제의 위례성을 공격하여 임진강 · 한강선까지 진출
> • 서쪽으로 선비족의 후연(모용씨)을 격파하여 요동 지역 확보
> • 신라에 침입한 왜를 낙동강 유역에서 토벌함으로써 한반도 남부에까지 영향력 행사
> • 우리나라 최초로 '영락'이라는 독자적 연호를 사용하여 중국과 대등함을 과시

19 불교 대중화를 위해 노력한 신라의 승려는 원효이다. 그는 일심과 화쟁 사상을 중심으로 몸소 아미타 신앙을 전개하였다.

20 ㄱ. 서원 정리 → 조선 흥선 대원군
조선 고종의 아버지인 흥선 대원군은 국가 재정을 좀먹고 백성을 수탈하던 서원을 47개소만 남긴 채 모두 정리하였다.
ㄴ. 과거제 실시 → 고려 광종
고려 광종은 인재를 등용하기 위해 후주 출신 쌍기의 건의를 받아들여 과거제를 실시하였다.
ㄷ. 훈민정음 반포 → 조선 세종대왕
조선 세종은 집현전 학자들과 독창적인 문자인 훈민정음을 창제 · 반포하였다.
ㄹ. 노비안검법 시행 → 고려 광종
고려 광종은 노비안검법을 실시하여 양인이었다가 불법으로 노비가 된 자를 조사하여 해방시켜 주었다.

21 사림은 조선 중기 성종 때 본격적으로 중앙 정계에 진출하였으며 성리학을 바탕으로 훈구세력과 대립하고 무오사화, 갑자사화, 기묘사화, 을사사화 등을 겪었다.
② **개화파** : 조선 말기 부국강병을 위해 문호를 개방하고 선진 문물을 받아들일 것을 주장

③ **권문세족** : 고려의 무신정변 이후 원 간섭기에 지배층으로 등장한 세력
④ **진골 귀족** : 신라의 신분제인 골품제의 한 계급으로 성골 다음의 귀족 계급

22 병자호란(1636)은 조선 인조 때 청의 군신관계 요구를 거절하자 청이 조선을 침략한 전쟁으로, 인조는 남한산성으로 들어가 항전하였지만 삼전도에서 굴복하고 소현 세자를 비롯한 많은 백성이 청에 인질로 끌려갔다.
② **신미양요(1871)** : 제너럴셔먼호 사건을 빌미로 미국 함대가 강화도를 침략하였으나 어재연 등이 격퇴하였다.
③ **임진왜란(1592)** : 조선 선조 때 일본이 조선을 침략한 전쟁으로, 이순신 장군이 이끄는 조선 수군이 거북선을 이용하여 왜의 수군을 크게 무찔렀다.
④ **살수 대첩(612)** : 수 나라가 대군을 이끌고 고구려를 침입하자 을지문덕이 살수에서 수의 군대를 크게 물리쳤다.

23 동학 농민 운동(1894)은 고부 군수 조병갑의 탐학에 저항하여 전봉준이 농민들을 이끌고 고부 관아를 습격하면서 발발한 사건이다. 동학 농민군은 전라도 일대를 장악하고 전주성을 점령하였으나, 일본과 청의 개입으로 정부와 전주 화약을 맺고 개혁을 위해 집강소를 설치하였다.
① **3 · 1 운동(1919)** : 대한민국 임시 정부 수립의 계기가 된 일제 강점기 최대 규모의 민족 운동
② **국채 보상 운동(1907)** : 일본에 진 빚을 국민들의 모금으로 갚기 위해 전개된 경제적 구국 운동
③ **서경 천도 운동(1135)** : 고려 인종 때 풍수지리설에 근거하여 묘청 등이 중심이 되어 서경 천도를 전개한 운동

24 조선 정조는 수원 화성을 건설하였으며, 규장각을 설치하고 능력 있는 서얼을 등용하였다. 또한 통치 체제의 정비를 위해 대전통편을 편찬하였다.

> **TIP 조선 정조의 업적**
> • 규장각 설치와 서얼 등용
> • 초계문신제 시행
> • 왕의 친위 부대인 장용영 설치
> • 수원 화성 건설
> • 서양 문물 수용 및 실학 장려
> • 신해통공 단행
> • 대전통편, 동문휘고, 제언절목 등 편찬

25 1987년 박종철 고문치사와 전두환 정부의 4 · 13 호헌 조치 발표로 호헌 철폐와 독재 타도 등의 구호를 내세운 6월 민주 항쟁이 촉발되었다

① **북벌론** : 병자호란 이후 조선 효종은 조선을 도운 명에 대한 의리를 내세우며 청에 당한 치욕을 갚자는 북벌을 추진하였다.

③ **애국 계몽 운동** : 대한제국 말기에 교육과 산업 등을 통해 국민의 실력을 키워 일본에게 빼앗긴 권리를 되찾고 독립을 보전해 가고자 한 사회 운동을 말한다.

④ **광주 학생 항일 운동** : 광주에서 발생한 한 · 일 학생 간의 충돌을 일본 경찰이 편파적으로 처리하여 광주 학생 항일 운동이 촉발되었다.

제5교시 과 학

정답 및 해설 |

▌ 정답

01 ②	02 ①	03 ②	04 ①	05 ④
06 ①	07 ③	08 ④	09 ③	10 ①
11 ②	12 ④	13 ②	14 ①	15 ④
16 ③	17 ④	18 ④	19 ③	20 ①
21 ②	22 ③	23 ②	24 ④	25 ④

▌ 해설

01 지구 위의 어느 위치에서 공을 놓더라도 공이 지구 중심 방향으로 떨어지게 하는 힘은 중력이다. 중력은 지구가 물체를 끌어당기는 힘이다.
① **부력** : 물과 같은 유체에 잠겨 있는 물체가 중력에 반하여 밀어 올려지는 힘
③ **마찰력** : 물체와 접촉면 사이에서 물체의 운동을 방해하는 힘
④ **탄성력** : 변형된 물체가 원래의 모양으로 돌아가려는 힘

02 빨간색, 초록색, 파란색은 빛의 삼원색으로, 이 빛이 합성되어 나타나는 색은 흰색이다.

03 옴의 법칙에 따라 전류의 세기는 전압에 비례하고 저항에 반비례한다.

$$I(\text{전류}) = \frac{V(\text{전압})}{R(\text{저항})}, \ R(\text{저항}) = \frac{V(\text{전압})}{I(\text{전류})}$$

$$\therefore R(\text{저항}) = \frac{4V}{2A} = 2\Omega$$

04 비열은 어떤 물질 1kg의 온도를 1℃ 높이는데 필요한 열량으로, 비열이 작은 물질일수록 온도가 잘 변하고, 큰 물질일수록 온도가 잘 변하지 않는다. 도표에서 철의 비열이 0.11로 가장 낮으므로 온도 변화가 가장 큰 물질이다.

05
역학적 에너지=운동 에너지+위치 에너지

마찰이나 공기 저항을 무시할 때 물체의 역학적 에너지는 일정하게 보존되므로, 쇠구슬의 위치 에너지가 가장 낮은 D에서 쇠구슬의 운동 에너지가 가장 크게 나타난다.

06
$$\text{속력} = \frac{\text{이동거리}}{\text{시간}}$$

속력은 시간에 따른 물체의 위치 변화로, 도표에서 물체가 1초 동안 1m를 이동하였으므로,

$$\text{속력} = \frac{1m}{1\text{초}} = 1m/s$$

07 용기에 들어 있는 기체의 온도를 25℃에서 90℃로 높였을 때, 기체 입자들의 운동이 빨라짐에 따라 부피는 증가하게 된다.

08 끓는점은 액체가 끓기 시작하여 기화할 때의 온도로, 물이 끓어 수증기의 기화가 일어나는 구간에서는 온도가 일정하게 유지된다. 도표의 20~30분의 구간에서 100℃로 일정하게 온도가 유지되므로, 물의 끓는점은 100℃이다.

09 나트륨(Na)의 불꽃 반응 색은 노란색이며, 염화나트륨($NaCl$)과 질산나트륨($NaNO_3$)에 공통으로 포함된 원소이다.

> **TIP** 원소의 불꽃 반응

종류	불꽃색
리튬(Li), 스트론튬(Sr)	빨간색
나트륨(Na)	노란색
칼륨(K)	보라색
칼슘(Ca)	주황색
구리(Cu)	청록색

10 용해도는 일정한 온도에서 물 100g에 최대로 녹을 수 있는 물질의 양이므로, 그래프에서 40℃의 물 100g에 가장 많이 녹을 수 있는 물질은 질산나트륨이다.

11 질량 보존의 법칙에 따라 화학 반응이 일어날 때 반응 전 물질의 총 질량과 반응 후 생성된 물질의 총 질량은 같다.
구리 8g+산소 ㉠g=산화 구리(II) 10g
∴ 산소의 질량(㉠)=10g−8g=2g

12 생물의 5계 분류 중 나비, 참새, 개구리는 동물계이고, 해바라기는 광합성을 하고 세포벽을 가진 식물계이다.

> **TIP 생물의 5계 분류**
> - **원핵생물계** : 크기가 매우 작고 핵을 가지지 않는 생물로 미생물 중 세균이 이에 속함
> - **원생생물계** : 핵을 가지는 진핵생물이며 짚신벌레, 아메바 등이 이에 속함
> - **식물계** : 광합성을 하는 생물로 세포벽을 가지며 광합성에 필요한 기관이 발달되어 있음
> - **균계** : 기생 생활을 하며 유기물을 분해하여 영양분을 흡수하는 생물로 포자에 의해 번식함
> - **동물계** : 핵을 가지는 진핵 생물이며 다세포성 생물로 세포벽이 없고, 다양한 기능을 하는 세포들로 구성되어 있음

13

$$N_2 + 3H_2 \rightarrow 2NH_3$$

그림에서 반응 전 질소(N_2) 원자는 2개이고 수소(H_2) 원자는 6개이다. 반응 후 암모니아의 원자 수는 8개로 동일하며, 각각 4개의 원자씩 2개의 분자를 구성한다. 그러므로 ㉠은 2이다.

14

$$\text{물} + \text{이산화탄소} \xrightarrow{\text{빛에너지}} \text{포도당} + \text{산소}$$

광합성은 녹색 식물이 빛에너지를 이용해 물과 이산화 탄소를 원료로 포도당과 산소를 만드는 과정이다. 따라서 광합성 결과 생성된 ㉠의 물질은 포도당이다.

15 동물의 구성 단계에서 연관된 기능을 하는 기관들이 모여 특정한 역할을 하는 단계는 기관계이다.
① 세포 : 생물체를 구성하는 기본 단위
② 조직 : 모양과 기능이 비슷한 세포들의 모임
④ 개체 : 모든 기관계가 연결되어 생존의 최소 단위를 구성하는 하나의 생물체

16 소화란 녹말이 포도당으로 분해되는 과정처럼 섭취한 음식물이 체내로 흡수될 수 있도록 작게 분해하는 과정을 말한다.
① 배설 : 세포 호흡의 결과 생성된 노폐물을 몸 밖으로 내보내는 과정
② 순환 : 생명 활동에 필요한 물질을 운반하는 과정
④ 호흡 : 산소를 이용해 영양소를 분해하여 에너지를 얻는 과정

17 모세 혈관은 온몸에 그물처럼 퍼져 있는 매우 가느다란 혈관으로, 혈관 벽이 한 겹의 세포층으로 되어 있어 산소나 영양소를 전달하고 이산화탄소나 노폐물을 받아오는 물질 교환이

잘 일어난다.

18 D의 망막은 눈의 가장 안쪽에 있는 막으로 시각세포와 시각 신경이 분포하여 물체의 상이 맺히는 곳이다.
① A(각막) : 수정체 앞에 위치하며 공막과 연결된 얇고 투명한 막으로, 홍채의 바깥을 감쌈
② B(수정체) : 탄력적이고 투명하며 볼록렌즈 모양으로, 빛을 굴절시켜 망막에 상이 맺히도록 함
③ C(유리체) : 눈 속의 투명한 액체로, 눈의 형태를 유지함

19 자손 1대의 둥근 완두 유전자형이 'Rr'이므로 어버이에게서 각각 'R'과 'r'의 유전자를 받아야 한다. 우성 유전자인 둥근 완두 어버이는 100% 'R' 유전자를 전달하므로, 열성 유전자인 주름진 완두 어버이도 100% 'r' 유전자를 전달해야 한다. 그러므로 ㉠에 들어갈 유전자형은 'rr'이다.

20 지구를 둘러싸고 있는 대기이며 산소, 질소, 이산화탄소 등 여러 가지 기체로 이루어져 있는 지구계의 구성 요소는 기권이다.

> **TIP 지구계의 구성 요소**
> - **지권** : 지구 환경에서 가장 큰 부피를 차지하는 지표와 지구 내부의 암석과 토양, 물
> - **수권** : 기권의 수증기를 제외한 지구의 모든 물
> - **기권** : 지구를 둘러싼 공기층
> - **생물권** : 지구에 사는 모든 생명체로 지구계의 넓은 영역에 분포
> - **외권** : 지구 기권의 바깥 영역인 우주 공간

21 광물의 단단하고 무른 정도를 굳기라고 하며, 석영과 방해석을 서로 긁으면 굳기의 차이에 의해 방해석에 긁힌 자국이 남는다.
① 색 : 빛을 흡수하고 반사하는 결과로 나타는 사물의 특성
③ 자성 : 철이나 철가루를 끌어당기는 성질
④ 염산 반응 : 염산과 반응하여 거품(이산화 탄소)을 발생하는 성질

22 지구가 태양 주위를 1년에 한 바퀴씩 도는 운동은 지구의 공전이다.
① 일식 : 달이 지구와 태양 사이에 들어와 지구에 도달하는 태양빛을 차단할 때 나타나는 현상
② 월식 : 달이 지구 주위를 공전하다 태양―지구―달이 일직선으로 되어 지구 그림자 안으로 들어오는 현상
④ 지구의 자전 : 지구가 자전축을 중심으로 하루에 한 바퀴씩 도는 운동

23 달과 태양의 인력에 의해 해수면이 하루 두 번씩 주기적으로 높아졌다 낮아지는 현상을 조석이라고 한다.

24 D(시베리아 기단)는 대륙에서 발생한 한랭 건조한 기단으로, 우리나라의 한겨울 날씨에 영향을 미친다.

① A(양쯔강 기단) : 대륙에서 발생한 온난 건조한 기단으로, 우리나라 봄·가을 날씨에 영향을 미친다.

② B(**오호츠크해 기단**) : 해양에서 발생한 한랭 다습한 기단으로, 우리나라 초여름 날씨에 영향을 미친다.

③ C(북태평양 기단) : 해양에서 발생한 고온 다습한 기단으로, 우리나라의 한여름 날씨에 영향을 미친다.

25 연주 시차는 지구의 공전 운동으로 인해 생기는 시차로, 연주 시차가 클수록 별이 지구에 가깝다. 그러므로 연주 시차가 0.77″로 가장 큰 D별이 지구에 가장 가깝다.

제6교시 선택 과목

도 덕

정답 및 해설 |

▌정답

01 ②	02 ③	03 ④	04 ②	05 ④
06 ①	07 ①	08 ④	09 ③	10 ④
11 ④	12 ④	13 ④	14 ④	15 ③
16 ①	17 ②	18 ①	19 ②	20 ①
21 ③	22 ②	23 ①	24 ③	25 ②

▌해설

01 이웃 간의 갈등을 해결하기 위해서는 자기 입장만을 주장하지 않고 상호 배려와 양보하는 자세가 필요하다. 불신, 강요, 협박은 모두 이웃 간의 갈등을 유발하는 요인이다.

02 생명은 사람이 살아서 숨 쉬고 활동할 수 있게 하는 힘으로, 한 번 잃으면 소생할 수 없기에 소중한 것이다.

> **TIP 생명의 소중함**
> • 일회성 : 누구나 생명은 한 번뿐임
> • 절대성 : 무엇으로도 대체하거나 돌이킬 수 없음
> • 유한성 : 누구나 언젠가 죽음을 맞이함

03 도덕적 성찰을 통해 자신의 삶을 객관적으로 깊이 살펴보고, 반성을 통해 더 나은 사람이 될 수 있기 때문이다.

04 빈곤은 물적 자원이 부족한 상태이고, 기아는 식량 부족으로 인한 굶주림을 의미한다. 지구상의 수많은 사람들이 먹을 것이 없어 굶주리거나 영양실조에 걸려 건강이 위태로운 국제 사회의 문제는 바로 빈곤과 기아이다.

05 부모를 사랑하고 정성껏 잘 섬기는 도리는 효도이고, 반면에 부모가 자식에게 아낌없이 베푸는 사랑은 자애이다. 또한 형제간에 지켜야 할 도리는 우애이다.

06 도덕적 신념은 도덕적으로 옳다고 여기는 것을 굳게 믿고 그것을 실천하려는 의지이다. 어려운 사람을 돕거나 자신의 행동에 책임을 지는 것은 올바른 도덕적 신념에 해당한다.

07 우정은 친구 간에 형성되는 친밀한 감정으로, 진정한 우정을 맺기 위해서는 신의와 상호 배려의 자세가 필요하다.

08 인권은 인간다운 삶을 위해 보장되어야 하는 기본적 권리로, 인권을 보장받을수록 개인의 존엄성이 증대되므로 불행해지는 것이 아니라 행복해진다.

> **TIP 인권의 특성**
> • 보편성 : 누구나 동등하게 누릴 권리
> • 천부성 : 태어나면서 자연적으로 갖게 되는 권리
> • 불가침성 : 어떤 경우에도 침해할 수 없는 권리

09 이성 교제 시 남녀의 차이를 인식하고 상호 존중과 배려의 자세가 필요하나, 성별이 다르다는 이유로 차별하는 것은 바람직한 이성 교제의 자세가 아니다.

10 다양한 문화를 향유하는 사람들이 함께 생활하는 다문화 사회에서는 보편적 규범에 근거하여 문화를 비판하고 수용·개선해야 하며, 인권을 침해하는 문화는 비판적으로 검토해야 한다. ㄱ과 ㄴ은 우리가 극복해야 할 문화적 편견들이다.
ㄱ → 자문화 중심주의
ㄴ → 문화 사대주의

11 도덕적 상상력은 타인의 입장을 헤아려 도움이 되는 행동을 상상하고 결과를 예측하는 능력으로 도덕적 민감성, 공감 능력, 도덕적 문제의 결과 예측이 상상력을 발휘하는 요소이다.

12 사회적 약자란 신체적·문화적 특성으로 인해 사회에서 차별 대우를 받거나 불리한 위치에 있는 사람으로, 약자를 배려하는 사회적 환경과 제도적 지원이 필요하다.

13 삶의 목적은 사람이 살면서 실현하고자 하는 목표나 일을 말하는데, 올바른 삶의 방향에 대한 구체적 목표 설정은 그 목표를 달성하기 위해 어려운 일도 극복하는 힘이 된다.

14 마음의 고통은 정신적으로 불쾌하거나 괴로운 심리적 고통으로 욕심, 집착, 걱정 등의 내적 요인에 의해 유발된다. 행복은

만족감과 기쁨을 느끼는 감정으로 고통의 대상이 아니다.

15 갈등은 목표나 이해관계의 차이로 서로 충돌하거나 적대시하는 상태를 말한다.
① **화해** : 갈등을 극복하는 과정
② **협력** : 갈등을 극복하고 서로 돕는 상태
④ **평화** : 갈등 없이 평온한 상태

16 장난으로 친구의 휴대 전화를 몰래 숨긴 것도 친구에게 정신적 피해를 주는 행위이므로 폭력에 해당한다.

17 중재는 제삼자를 중재자로 세워 협상함으로써 갈등을 중립적인 태도로 해결하는 방법으로, 갈등의 당사자들은 제삼자의 해결책을 따라야 한다.

18 정보화 사회는 컴퓨터와 통신 기술의 발달로 정보의 가치가 중시되고 다양한 정보 교류가 가능해진 사회로, 사이버 공간에서는 욕설이나 비속어 등을 사용하지 않고 언어 예절을 지켜야 한다.

19 애국심은 자신이 속한 나라를 사랑하고 국가에 헌신하려는 마음으로, 국민으로서의 권리와 의무를 실천하는 것은 바람직한 애국심이다.

> TIP **잘못된 애국심**
> • 무조건적이고 배타적인 애국심
> • 다른 나라를 배척하는 국수주의와 자문화 중심주의
> • 인간의 존엄성을 훼손하거나 세계 평화를 위협하는 애국심

20 부패는 공정한 절차를 무시하고 부당한 방법으로 자기 이익을 편취하는 행위로, 뇌물 수수는 전형적인 부패 행위이다.

21 평화 통일은 무력을 사용하지 않고 상호 합의 하에 이루는 평화적 통일로, 상대방을 적대적 대상으로 바라보는 것은 갈등과 전쟁의 원인이 된다.

22 모두가 최소한의 인간다운 삶을 누리는 건강하고 행복한 국가는 복지 국가의 모습이다.

23 과학 기술의 발달은 인류의 수명 연장과 원거리 통신 등을 가능하게 하였으나, 정보통신 기술의 발달에 따른 디지털 범죄의 증가와 자원 고갈로 인한 환경 파괴를 가속화하는 문제를 낳기도 한다.

24 사실 판단은 사실에 대한 확인을 통해 참과 거짓을 구분할 수 있는 판단으로, '남의 물건을 허락 없이 가져가는 것은 절도'라는 판단은 사실 판단에 해당한다.

> TIP **판단의 종류**
> • **사실 판단** : 사실에 대한 확인을 통해 참과 거짓을 구분할 수 있는 판단
> • **가치 판단** : 어떤 사실이나 대상의 의의나 중요성에 대한 개인의 주관적 판단
> • **도덕 판단** : 사람의 인격이나 행위 등 도덕 원리를 기준으로 내리는 판단

25 환경 친화적 소비 생활은 환경과 함께 공존하며 높은 삶의 질을 추구하는 소비 생활로, 물품을 구매할 때 장바구니를 사용하는 것은 환경에 유해한 비닐봉지의 사용을 줄일 수 있으므로 환경 친화적 소비 생활에 해당한다.

정답 및 해설

2022년도

제1회

제1교시

국 어

▌정답

01 ②	02 ②	03 ③	04 ②	05 ①
06 ②	07 ③	08 ①	09 ①	10 ③
11 ③	12 ②	13 ④	14 ①	15 ④
16 ②	17 ①	18 ①	19 ④	20 ④
21 ④	22 ④	23 ①	24 ②	25 ③

▌해설

01 사회자가 학교 화단이 허전하다는 의견을 근거로 학생들에게 이 문제를 해결할 수 있는 의견을 구하고 있고, 학생들은 각자가 생각하는 문제 해결 방안을 제시하고 있다. 그러므로 해당 대화는 문제 해결을 위한 토의이다.

02 민수가 책들을 도서관으로 옮겨야 하는데 혼자 할 수가 없다며, 재희에게 시간이 있냐고 묻고 있다. 그러므로 민수가 재희에게 "너 시간 있어?"라고 묻는 ㉠의 의도는 재희에게 도움을 요청하기 위해서이다.

03 희망 : [희망] → [히망]
표준 발음법 제5항에 따르면 'ㅢ'는 이중모음 [ㅢ]로 발음하나, 자음을 첫소리로 가지고 있는 'ㅢ'는 [ㅣ]로 발음한다고 하였다. 그러므로 '희망'은 '희'가 자음 'ㅎ'을 첫 소리로 가지고 있으므로 [히망]으로 발음해야 한다.
① '무늬'는 '늬'가 자음 'ㄴ'을 첫소리로 가지고 있으므로, [무니]로 발음하는 것이 옳다.
② '의자'는 '의'가 모음 'ㅇ'을 첫소리로 가지고 있으므로, [의자]로 발음하는 것이 옳다.
④ '띄어쓰기'는 '띄'가 자음 'ㄸ'을 첫소리로 가지고 있으므로, [띠어쓰기]로 발음하는 것이 옳다.

04 '이번 시험에는 반드시 합격할 것이다.'라는 문장에서 '반드시'는 '틀림없이, 꼭'의 의미이므로 '반드시'로 쓴 것은 적절하다.
① · ③ · ④ 모두 문장의 내용상 '틀림없이, 꼭'의 의미이므로, '반듯이'를 '반드시'로 고쳐 써야 옳다.

05 '아이가 눈이 작아서 귀엽다.'라는 문장에서 '눈이 작아서'는 신체의 일부인 눈의 크기가 작다는 사실적 의미이므로, 관용 표현이 아니다.
② '귀가 얇다'는 '남의 말을 쉽게 받아들이다'는 의미의 관용 표현이다.
③ '배꼽 빠지다'는 '몹시 우습다'는 의미의 관용 표현이다.
④ '발이 넓다'는 '사귀어 아는 사람이 많아 활동하는 범위가 넓다'는 의미의 관용 표현이다.

06 원순 모음은 발음할 때 입술을 둥글게 오므려 내는 소리로 'ㅟ, ㅚ, ㅜ, ㅗ'가 있다. ① · ③ · ④는 모두 평순 모음에 해당한다.

TIP 모음 체계

혀의 위치 / 입술 모양 / 혀의 높이	앞(전설 모음)		뒤(후설 모음)	
	평순	원순	평순	원순
고모음	ㅣ	ㅟ	ㅡ	ㅜ
중모음	ㅔ	ㅚ	ㅓ	ㅗ
저모음	ㅐ		ㅏ	

07 '새'는 뒤의 체언 '옷'을 꾸며주는 관형사이다.
① '매우' → 부사 : 뒤의 형용사 '착하다'를 꾸며줌
② '빨리' → 부사 : 뒤의 동사 '끝내다'를 꾸며줌
④ '살며시' → 부사 : 뒤의 동사 '건네주다'를 꾸며줌

08
> 국화가(주어) + 활짝(부사어) + 피었다(서술어).

주어와 서술어의 관계가 한 번만 나타나는 홑문장이다.
② 민호가(주어) + {소리도(주어) + 없이(서술어)} + 다가왔다(서술어). → 겹문장
③ 나는(주어) + 노래하고(서술어) / 영희는(주어) + 춤춘다(서술어). → 겹문장
④ 비가(주어) + 그쳐서(서술어) / 지수는(주어) + 외출했다(서술어). → 겹문장

09 근거1에서는 즉석식품을 자주 섭취할 경우의 문제점에 대해서, 근거2에서는 즉석식품에 과다하게 함유되어 있는 성분에 대해 서술하고 있다. 그러므로 '즉석식품의 과도한 섭취는 건강에 해롭다.'는 주장이 (가)에 들어갈 내용으로 가장 적절하다.

10 해당 보고서는 축제 방문자를 대상으로 우리 지역 축제의 만족도에 대해서 조사하고 있다. 그러므로 해당 보고서를 쓰는 목적은 우리 지역 축제의 문제점과 발전 방안을 찾기 위해서이다.

[11~13]

오정희, 「소음공해」
• **갈래** : 현대 소설, 단편 소설
• **성격** : 비판적, 교훈적
• **배경** : 시간 – 현대 / 장소 – 아파트
• **시점** : 1인칭 주인공 시점
• **제재** : 소음공해
• **주제** : 이웃에 대한 진정한 관심과 배려의 필요성
• **특징**
　– 수필의 성격을 지닌 소설
　– 앞부분에서 궁금증을 불러일으키다가 절정 부분에서 반전을 통해 궁금증이 해소됨
　– 이웃과 단절된 채 인터폰을 통해 대화하는 현대인의 모습

11 해당 작품의 마지막 문장을 통해 '나'는 위층의 이웃을 방문했을 때, 위층 여자가 휠체어를 타고 있는 것을 보고 위층에서 소음이 날 수 밖에 없었던 사정에 부끄러움을 느꼈다.
　① 경비원은 귀찮고 성가셔하며 층간 소음 문제에 소극적이었다.
　② 아래층의 '나'가 위층의 소음에 대해 여러 번 항의했다.
　④ '나'는 선물로 가져간 슬리퍼 든 손을 등 뒤로 감추고 전달하지 못했다.

12 '나'가 준비한 선물은 지난겨울 선물로 받은, 아직 쓰지 않은 실내용 슬리퍼이다.
　① 여자의 텅 빈, 허전한 하반신을 덮은 '화사한 빛깔의 담요'
　③ '나'가 위층 이웃사람에게 선물하기 위해 '포장한 실내용 슬리퍼'
　④ 위층에서 나는 소음의 원인이었던 '바퀴 소리가 큰 휠체어'

13 ㉠㉡㉢의 '소리'는 '나'를 고통스럽게 했던 위층에서 나는 소음이고, ㉣의 '소리'는 '나'의 벨 누르는 소리에 누구냐고 묻는 위층 여자의 말소리이다.

[14~16]

기형도, 「엄마 걱정」
• **갈래** : 자유시, 서정시
• **성격** : 회상적, 감각적
• **어조** : 엄마를 걱정하고 기다리는 애틋한 어조
• **제재** : 가난했던 어린 시절
• **주제** : 장에 간 엄마를 걱정하고 기다리던 어린 시절의 외로움
• **특징**
　– 감각적 심상을 통해 외롭고 두려웠던 어린 시절의 가난 체험을 드러냄
　– 상황 제시를 통해 심리를 섬세하게 묘사함
　– 유사한 문장의 반복과 변조를 통해 리듬감을 형성하고 의미를 심화함

14 2연의 '아주 먼 옛날', '그 시절', '내 유년' 등의 시어를 통해 현재 어른이 된 시적 화자가 시장에 간 엄마를 외롭게 기다리던 어린 시절을 회상하고 있음을 알 수 있다.
　② 장에 간 엄마가 안 오신다며 걱정하는 속마음을 그대로 표현하고 있을 뿐, 현실을 비판하고 있지는 않다.
　③ '타박타박'은 어머니의 지친 발걸음 소리이지 경쾌한 발소리는 아니다.
　④ 감각적 표현을 통해 외롭고 두려웠던 유년 시절의 기억을 생생하게 전달하고 있다.

15 [A]의 '어둡고 무서워'라는 시구를 통해 시장에 간 엄마를 기다리던 시적 화자의 무섭고, 외롭고, 쓸쓸한 정서를 느낄 수 있다.

16 1연의 '나는 찬밥처럼 방에 담겨'라는 표현에서 일하러 간 엄마를 기다리는 '나'의 모습을 '찬밥'에 빗대어 표현하고 있음을 알 수 있다.
　㉠ 시장 → 엄마가 일하러 간 공간
　㉢ 배춧잎 → 엄마의 지친 발걸음 소리
　㉣ 창틈 → 화자의 쓸쓸하고 외로운 마음

[17~19]

> 규중의 어느 부인, 「규중의 일곱 벗」
> • 갈래 : 고전 수필, 내간체 수필
> • 성격 : 풍자적, 교훈적, 우화적
> • 제재 : 바느질 도구의 공치사와 불평
> • 주제 : 자신의 처지를 망각하고 공치사만 일삼는 세태 풍자
> • 특징
> – 사물을 의인화하여 세태를 풍자함
> – 3인칭 시점에서 객관적 관찰에 따라 서술됨
> – 봉건 사회 속에서 변해가는 여성 의식 반영

17 '척 부인'이 긴 허리를 뽐내며 '길이와 넓이며 솜씨와 격식을 내가 아니면 어찌 이루리오.'라는 말에서 '척 부인'은 길이와 넓이를 측정하는 사물인 '자'임을 알 수 있다.
ⓒ 교두 각시 : 두 다리 → 가위
ⓒ 청홍흑백 각시 : 붉으락푸르락한 얼굴 → 바늘
ⓔ 감투 할미 : 두꺼운 낯 → 골무

18 규중의 일곱 벗은 자, 가위, 바늘, 실, 골무, 인두, 다리미를 의인화한 것으로 모두 바느질을 하는데 필요한 도구들이다. 그러므로 칠우가 모여 함께 이루어 내는 일은 '옷 만들기'이다.

19 '청홍흑백 각시'는 실을 의인화한 것이고 '세요'는 바늘을 의인화한 것이므로, ㉮는 바늘귀에 꿰여 달려 있는 실의 모습을 형상화한 것이라고 볼 수 있다.

[20~22]

20 ㉠의 다음 문장에서 차들의 경적도 시끄럽지만 매미의 기세도 보통이 아니라는 말에서, 매미 울음소리가 열대야 현상과 함께 여름밤에 잠을 못 자게 하는 두 가지 공포 중 하나임을 알 수 있다.

21 [A]에서는 세계적으로 유명한 과학 잡지인 「네이처」가 발표한 조사 결과를 인용함으로써 도시의 눈부신 불빛이 아이들의 깊은 잠을 방해한다는 필자의 주장에 대한 신뢰도를 높이고 있다.

22 ㉡의 '걸리는'은 '잠드는 데 걸리는 시간'이므로, '시간이 들다'라는 의미로 사용되었다. 마찬가지로 ④의 '걸리다'도 '밥 하는 데 걸리는 시간'이므로 ㉡과 같은 의미로 쓰였다.
① 감기에 걸리다. → '병이 들다'
② 그림이 벽에 걸리다. → '어떤 물체가 떨어지지 않고 벽

이나 못 따위에 매달리다'
③ 물고기가 그물에 걸리다. → '막히거나 잡히다'

[23~25]

23 글의 서두에 '남극과 북극 가운데 어디가 더 추울까?'라는 물음에 '남극이 훨씬 춥다.'고 단언하고 있다.
② 북극은 주변에 있는 바다와 해류의 영향을 받는다.
③ 북극에는 우리가 에스키모라고 알고 있는 원주민인 이누이트인들이 살아가고 있다.
④ 육지는 바다에 비해 쉽게 데워지고 쉽게 식는다.

24 글의 첫 번째 단락에서는 남극이 북극보다 훨씬 추운 이유를 설명하고 있고, 두 번째 단락에서는 북극이 남극보다 따뜻한 이유를 설명하고 있다. 그러므로 윗글은 남극과 북극의 기후적 특징을 대비하여 설명하고 있다.

25 남극에는 연구를 목적으로 거주하는 사람들 외에는 원주민이 없는데, 그 이유가 남극의 추위를 견뎌 내기가 어렵기 때문이라고 서술하고 있다. 그러므로 ㉠에는 '~ 때문이다'라는 서술어와 호응하는 부사어 '왜냐하면'이 들어갈 말로 가장 적절하다.

제2교시

수 학

정답 및 해설 |

▍정답

01 ②	02 ①	03 ④	04 ②	05 ②
06 ②	07 ③	08 ④	09 ④	10 ③
11 ①	12 ②	13 ③	14 ④	15 ④
16 ①	17 ①	18 ③	19 ③	20 ①

▍해설

01 56의 소인수는 2와 7이고, 소인수분해하면,

$56 = 2 \times 2 \times 2 \times 7$이므로, $2^3 \times 7$로 나타낼 수 있다.

$$\begin{array}{r} 2\,)\,56 \\ 3\,)\,28 \\ 2\,)\,14 \\ \hline 7 \end{array}$$

02 음수는 0보다 작으므로 $-2 < 0$은 옳다.

② 음수는 절대값이 클수록 작다.

$-1 < -2 \Rightarrow -1 > -2$

③ 양수는 음수보다 크다.

$3 < -1 \Rightarrow 3 > -1$

④ 양수는 절대값이 클수록 크다.

$7 < 4 \Rightarrow 7 > 4$

03 $x = 3$, $y = -1$을 $2x + y$에 각각 대입하면,

$2x + y = 2 \times 3 + (-1) = 6 - 1 = 5$

04

$2 \times (가로 + 세로) = 직사각형의 둘레$

$2 \times (7 + x) = 24$

$14 + 2x = 24$, $2x = 24 - 14$

$2x = 10$, $x = \dfrac{10}{2}$

$\therefore x = 5(\text{cm})$

05

평행한 두 직선의 동위각 + 엇각 $= 180°$

두 직선이 평행할 때 동위각의 크기는 같으므로,

$x + 120° = 180°$

$x = 180° - 120°$

$\therefore x = 60°$

06 중심각과 호의 길이를 비례식으로 정리하면,

$x : 12 = 30 : 90$

비례식에서 내항의 곱과 외항의 곱은 같으므로,

$x \times 90 = 12 \times 30$

$90x = 360$, $x = \dfrac{360}{90}$

$\therefore x = 4(\text{cm})$

07 일일 평균 스마트폰 사용 시간이 3시간 이상인 청소년의 수는 도수분포표에서 3~4시간의 청소년 수가 12명이고, 4~5시간의 청소년 수가 8명이므로 이들을 합하면 된다.

$\therefore 12 + 8 = 20(\text{명})$

08 $\dfrac{4}{9} = 4 \div 9 = 0.4\cdots$

그러므로 $\dfrac{4}{9}$를 순환소수로 나타내면 $0.\dot{4}$

09 지수법칙에서 $a^m \times a^n = a^{m+n}$

$\therefore a \times a^2 \times {}^3 a = a^{1+2+3} = a^6$

10

$$\begin{array}{r} x + y = 1 \cdots\cdots ㉠ \\ +)\ 2x - y = 2 \cdots\cdots ㉡ \\ \hline 3x = 3 \end{array}$$

$\therefore x = 1$

$x = 1$를 ㉠에 대입하면

$1 + y = 1$

$\therefore y = 0$

따라서 구하는 연립방정식의 해는

$x = 1$, $y = 0$

11 일차함수 $y = ax$의 그래프를 y축의 방향으로 2만큼 이동하면 $y = ax + 2$가 된다.

또한, $y = ax + 2$가 $y = -2x + 2$의 그래프와 일치하므로, $a = -2$이다.

12 평행사변형의 대변의 길이는 같으므로,

$\overline{DC} = \overline{AB} = 5 \text{ cm}$

$\therefore x = 5$

평행사변형의 대각의 크기는 같으므로,

2022년 1회

$\angle B = \angle D = 120°$

$\therefore y = 120$

13 △ABC ∽ △DEF이므로

$\overline{AB} : \overline{DE} = 4 : 6$

$\therefore$ △ABC와 △DEF의 닮음비 = 2 : 3

14 주사위 한 개를 한 번 던질 때 나오는 전체 경우의 수는 6이고, 눈의 수가 3 이상인 경우는 3, 4, 5, 6이므로 경우의 수는 4이다.

따라서

눈의 수가 3 이상일 확률 = $\dfrac{3이상이 나올 경우의 수}{전체경의 수}$

$\therefore \dfrac{4}{6} = \dfrac{2}{3}$

15 | 제곱근의 덧셈 : $m\sqrt{a} + n\sqrt{a} = (m+n)\sqrt{a}$ |

$3\sqrt{2} + \sqrt{2} = (3+1)\sqrt{2}$
$= 4\sqrt{2}$

16 이차방정식 $(x-1)(x-3) = 0$에서

$x - 1 = 0$ 또는 $x - 3 = 0$

$\therefore x = 1$ 또는 $x = 3$

한 근이 1이라고 하였으므로, 다른 한 근은 3이다.

17 이차함수 $y = ax^2 (a \neq 0)$의 그래프에서

$a > 0$이면 아래로 볼록하고, $a < 0$이면 위로 볼록하다.

주어진 이차함수 $y = -2x^2$의 그래프는 $a < 0$이므로 위로 볼록하다.

② y축에 대칭이다.

③ 점 $(1, -2)$를 지난다.

④ 꼭짓점의 좌표는 $(0, 0)$이다.

18 직각삼각형 ABC에서

$\cos B = \dfrac{밑변}{빗변}$이므로

$\dfrac{\overline{BC}}{\overline{AB}} = \dfrac{4}{5}$

19 원의 성질에 따라 중심각의 크기는 원주각의 크기의 2배이므로,

$\angle AOB(중심각) = 2 \times \angle APB(원주각)$

$\therefore \angle AOB = 2 \times 35° = 70°$

20 산점도 그래프는 x, y의 순서쌍 (x, y)를 좌표평면 위에 점으로 나타낸 그림으로, 음의 상관관계는 x의 값이 증가함에 따라 y의 값이 반대로 감소하는 관계이다. 그러므로 음의 상관관계를 나타내는 산점도 그래프는 ①이다.

② 양의 상관관계를 나타낸다.

③ · ④ 상관관계가 없다.

TIP 상관관계

• 양의 상관관계 : x의 값이 증가함에 따라 y의 값이 함께 증가하는 관계

• 음의 상관관계 : x의 값이 증가함에 따라 y의 값이 반대로 감소하는 관계

• 상관관계가 없다 : x의 값이 증가 또는 감소함에 따라 y의 값이 증가하는지 감소하는지 분명하지 않은 관계

제3교시

영 어

정답 및 해설 |

█ 정답

01 ①	02 ②	03 ②	04 ④	05 ④
06 ①	07 ③	08 ③	09 ②	10 ③
11 ②	12 ②	13 ③	14 ④	15 ④
16 ③	17 ②	18 ④	19 ④	20 ①
21 ①	22 ④	23 ③	24 ①	25 ②

█ 해설

01 **해설** boring은 '지루한, 재미없는'이라는 뜻이다.
해석 나는 이 영화가 <u>지루하</u>다고 들었고, 그래서 나는 그것을 보고 싶지 않다.
어휘 movie 영화
watch 보다

02 **해설** ①, ③, ④는 모두 반의어 관계이나, ②의 'tell(말하다)'과 'speak(말하다)'는 유의어 관계이다.
① 사다 – 팔다
③ 밀다 – 당기다
④ 시작하다 – 끝나다

03 **해설** 'This'는 3인칭 단수 지시대명사로 해당 문장에서 주어로 쓰였고, 따라서 함께 쓸 수 있는 be동사는 'is'이다.
해석 이것은 내가 가장 좋아하는 노래 중 하나<u>이다</u>.
어휘 one of ~중 하나
favorite 매우 좋아하는, 마음에 드는

04 **해설** 얼마인지 가격을 물을 때는 'how much ~'를 쓴다.
해석 A : 실례합니다만, 이 책은 <u>얼마인가요?</u>
B : 5달러밖에 안 해요.
어휘 only 단지, 겨우
dollar 달러

05 **해설** '설거지를 하다'는 표현은 동사 wash를 사용하여 'wash the dishes'라고 쓴다.
해석 A : <u>설거지</u> 좀 해 줄 수 있어요?
B : 미안하지만, 시간이 없어요. 나중에 할게요.
어휘 wash the dishes 설거지하다
later 후에, 나중에

06 **해설** A는 그 재킷이 마음에 든다고 하였고, B는 그 재킷이 마음에 드는 이유를 A에게 묻고 있다. 그러므로 빈칸에는 'I like the color. (색상이 마음에 든다.)'는 말이 대화의 흐름 상 자연스럽다.
② 그들은 너무 피곤해 보여.
③ 걱정하지 마.
④ 나는 잡지를 읽고 있는 중이야.
해석 A : 나는 이 재킷이 너무 마음에 들어.
B : 왜 그것이 마음에 드니?
A : <u>나는 그 색상이 좋아.</u>
어휘 jacket 재킷
tired 지친, 피곤한
worry about ~관해 걱정[근심]하다
magazine 잡지

07 **해설** 첫 번째 문장에는 '차를 주차하다'는 의미에서 동사 'park(주차하다)'가 들어가야 하며, 두 번째 문장에는 '공원으로 소풍가다'는 의미에서 명사 'park(공원)'가 들어가야 한다.
① 날다
② 요리하다
④ 보다
해석 ㅇ 여기에 <u>주차하</u>시면 안 됩니다.
ㅇ <u>공원</u>으로 소풍 가자.
어휘 picnic 소풍

08 **해설** Alice가 목요일(Thursday)에 한 일은 '피자 만들기(make pizza)'이다.
해석

화요일	수요일	목요일	금요일
자전거 타기	수영하러 가기	피자 만들기	축구 하기

어휘 ride a bike 자전거를 타다
go swimming 수영하러 가다
play soccer 축구를 하다

2022년 1회

09 **해설** 바이올린 등 악기를 연주한다고 할 때에는 동사 'play'를 쓴다. 또한, '~을 하고 있는 중이다'의 표현인 현재진행형은 'be동사 + 현재분사(~ing)'이므로, 빈칸에는 'playing'이 적절하다.

① 운전하고 있는
③ 읽고 있는
④ 걷고 있는

해석 A : 그 소년은 무엇을 하고 있니?
B : 그는 바이올린을 연주하고 있어.

어휘 violin 바이올린

10 **해설** 배드민턴을 치자는 A의 제안에 B가 좋다며 장소를 물었고, A와 B가 학교 운동장에서 3시에 보기로 약속했다. 그러므로 대화가 끝난 후 두 사람이 만날 장소는 '운동장(playground)'이다.

해석 A : 우리 오늘 배드민턴 치는 게 어때?
B : 그래. 우리 어디서 만날까?
A : 학교 운동장은 어때?
B : 좋아. 3시에 그곳에서 보자.

어휘 Why don't ~ ? ~하는 게 어때?
badminton 배드민턴
sure 그래, 물론이지
playground 운동장

11 **해설** A가 영화 보러 가도 되냐고 B(엄마)에게 허락을 구하자, B가 누구랑 같이 가냐고 되물었다. 그러므로 빈칸에 들어갈 말은 'I'm going to go with Sora. (Sora와 같이 가려고요.)'가 대화의 흐름상 가장 적절하다.

① 3시에요.
③ 우리는 「The Planet(혹성)」을 볼 거예요.
④ 우리는 극장 앞에서 만날 거예요.

해석 A : 엄마, 영화 보러 가도 돼요?
B : 누구랑 같이 갈 건데?
A : Sora와 같이 가려고요.

어휘 go with ~와 함께 가다
planet 혹성, 행성
in front of ~앞에서
theater 극장

12 **해설** 어느 계절을 좋아하냐는 A의 물음에 B는 여름을 좋아하고 A는 겨울을 좋아한다고 하였다. 그러므로 '좋아하는 계절'이 대화의 주제로 가장 적절하다.

해석 A : 너는 어느 계절을 좋아하니?
B : 나는 해변에 갈 수 있기 때문에 여름을 좋아해.

A : 나는 스키 타는 것을 좋아해. 그래서 나는 겨울이 좋아.

어휘 season 계절
summer 겨울
beach 해변
skiing 스키 타기
winter 겨울

13 **해설** 홍보문을 통해 장소(Place), 날짜(Date), 활동 내용(Activity)은 알 수 있지만 참가비가 얼마인지는 알 수 없다.

해석

화가로부터 배우기
• 장소 : 현대미술관
• 날짜 : 2022년 5월 7일
• 활동 : 화가와 함께 그림 그리기

어휘 learn 배우다
artist 화가, 예술가
activity 활동
drawing 그리기

14 **해설** 시내 도서관에서 오늘 있을 특별 행사에 대한 내용을 안내하고 있다. 그러므로 '도서관 특별 행사 안내'가 해당 방송의 목적으로 가장 적절하다.

해석 안녕하세요. 시내 도서관에 오신 걸 환영합니다. 오늘 특별한 행사가 있습니다. Julia Smith가 오후 2시에 중앙 홀에서 그녀의 새 책 「Harry Botter」에 대해 이야기할 것입니다. 팬이라면, 이번 행사를 놓치지 마세요!

어휘 downtown 시내, 도심지
library 도서관
special 특별한, 특수한
event 사건, 행사
main hall 중앙 홀
fan 팬
miss 놓치다

15 **해설** 무슨 걱정거리가 있냐는 A의 질문에 B가 영어로 연설을 해야 돼서 너무 긴장된다고 말하고 있다. 그러므로 B가 긴장한 이유는 '영어로 연설을 해야 해서'이다.

해석 A : 안녕, Judy. 너는 걱정스러워 보여. 무슨 일이 있니?
B : 나는 영어로 연설을 해야 해. 너무 긴장돼.
A : 걱정하지 마. 너는 잘할 수 있을 거야.

어휘 look ~처럼 보이다
worried 걱정되는

have to ~해야만 한다
give a speech 연설하다
nervous 불안한, 긴장된
do a good job 잘 하다

16 **해설** 제시문에서 'It moves slowly in the water. (그것은 물속에서 천천히 움직인다.)'라고 했으므로, 'seahorse(해마)'가 빠르게 이동한다는 ③의 설명은 제시문의 내용과 일치하지 않는다.

해석 해마는 여러 면에서 매우 흥미롭다. 그것은 물고기의 일종이지만, 말처럼 보인다. 그것은 선 채로 헤엄친다. 그것은 물속에서 천천히 움직인다. 위험에 처했을 때, 그것은 색깔을 바꿀 수 있다.

어휘 seahorse 해마
interesting 재미있는, 흥미로운
in many ways 여러 면에서
a kind of ~의 일종
look like ~처럼 보이다
stand up 서 있다
in danger 위험에 처한

17 **해설** 주어진 문장에서 Seho에게 어디 가냐고 묻고 있다. 그러므로 그에 대한 답변은 장소가 나와야 하므로, 도서관에 간다는 (A)가 주어진 문장 다음에 와야 한다. 다음으로 도움이 필요하냐는 (C)의 제안에 (B)에서 고맙다고 응하였으므로, (C) 다음에 (B)가 와야 한다. 그러므로 주어진 문장 다음에 (A) – (C) – (B)의 순서대로 배열되어야 한다.

해석 Seho야, 어디 가고 있니?
(A) 도서관에. 나는 이 책들을 돌려줘야 해.
(B) 응, 부탁해. 고마워!
(C) 그것들은 무거워 보인다. 도와줄까?

어휘 library 도서관
need to ~할 필요가 있다
return 돌려주다, 반환하다
heavy 무거운

18 **해설** Minsu는 어제 버스를 탔지만, 요금을 내기 위한 카드에 돈이 부족해서 버스에서 내려야만 했다. 그러므로 Minsu가 버스에서 내린 이유는 '버스 카드 잔액이 부족해서'이다.

해석 어제, Minsu는 버스를 탔다. 그는 요금을 내기 위해 카드 단말기에 그의 카드를 댔다. 그러나 그 기계는 그의 카드에 돈이 충분하지 않다고 말했다. 그래서 그는 버

스에서 내려야만 했다. 그는 당황했다.

어휘 yesterday 어제
get on a bus 버스에 타다
put A on B A를 B에 놓다[두다, 대다]
reader 리더기, 카드 단말기
pay 내다, 지불하다
fare 요금
machine 기계
enough 충분한
get off 내리다
embarrassed 당황스러운

19 **해설** 그래프에서 학생 스트레스의 주요 원인들 중 학업이 56%이므로, 'schoolwork(학업)'이 빈칸에 들어갈 말로 가장 적절하다.

해석

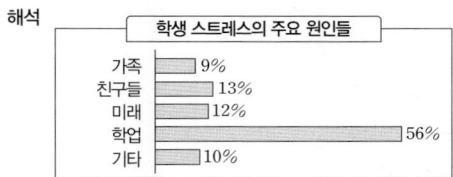

학생 스트레스의 주요 원인들	
가족	9%
친구들	13%
미래	12%
학업	56%
기타	10%

학생들의 50% 이상이 그들 스트레스의 주요 원인으로 학업을 선택했다.

어휘 main 주요한
cause 원인, 이유
stress 스트레스
future 미래, 장래
schoolwork 학업
chose choose(선택하다)의 과거형

20 **해설** ① 작곡한 작품의 수 : 알 수 없음
② 태어난 나라 : 헝가리
③ 피아노를 치기 시작한 나이 : 7살
④ 직업 : 피아니스트이자 작곡가이자 선생님

해석 Franz Liszt에 관해 들어본 적이 있는가? 그는 1811년 헝가리에서 태어났다. 그의 아버지는 첼로를 연주했고, 그래서 Liszt는 음악에 관심을 가지게 되었다. Liszt는 그가 7살이었을 때 처음 피아노를 연주하기 시작했다. 그는 후에 훌륭한 피아니스트이자 작곡가, 그리고 선생님이 되었다.

어휘 hear of ~에 관해서 듣다
be born 태어나다
Hungary 헝가리
cello 첼로

2022년 1회

interested in ~에 관심이 있는

later 후에, 나중에

composer 작곡가

21 **해설** 앞에서 사하라 사막에서 동물들이 생존하기는 어렵지만, 개미들은 살 수가 있다고 하였다. 그리고 해당 문장에서 그들이 어떻게 그렇게 할 수 있는지 묻고 있으므로, 밑줄 친 'they'는 'ants(개미들)'를 가리킨다.

해석 사하라 사막은 매우 더운 곳이다. 동물들이 그곳에서 생존하기는 어렵지만, 개미들은 이러한 환경에서 살 수가 있다. 그들은 어떻게 그렇게 할 수 있는가? 왜냐하면 그들의 몸은 태양으로부터 열을 반사할 수 있기 때문이다.

어휘 desert 사막

difficult 어려운

survive 살아남다, 생존하다

environment 환경

reflect 비추다, 반사하다

heat 열

22 **해설** 수영장에서 지켜야 할 규칙으로, 뛰지 않기, 음식 먹지 않기, 다이빙하지 않기는 언급되어 있으나, ④의 사진 촬영하지 않기는 언급되어 있지 않다.

해석 ○ 뛰지 마세요.

○ 음식을 먹지 마세요.

○ 수영장에서 다이빙하지 마세요.

어휘 dive 다이빙하다

pool 수영장

23 **해설** 제시문의 첫 문장에서 스마트폰을 사용하는 것은 많은 좋은 점들이 있다며 언급한 후, 그 이후의 문장에서 좋은 점들에 대해 설명하고 있다. 그러므로 '스마트폰 사용의 좋은 점'이 해당 글의 주제로 가장 적절하다.

해석 스마트폰은 사용하는 것에 대해 많은 좋은 점들이 있다. 첫째, 나는 어디서든지 내 친구들과 연락할 수 있다. 또한, 나는 내가 필요한 정보를 쉽게 얻을 수 있다. 이것은 내가 해야 할 숙제가 많을 때 유용하다.

어휘 get in touch with ~와 연락하다

anywhere 어디서든지

easily 쉽게

information 정보

useful 유용한, 쓸모 있는

a lot of 많은

homework 숙제

24 **해설** 해당 글은 불필요한 물건을 계속해서 구매하는 나쁜 소비 습관을 고치기 위해 Brown 박사님에게 의견을 구하는 내용이므로, 글을 쓴 목적은 '조언을 구하기 위해서'이다.

해석 안녕하세요, Brown 박사님. 저에게는 고민거리가 하나 있습니다. 제게 필요 없는 물건들을 계속 사고 있습니다. 그래서 저는 불필요한 물건들이 많습니다. 저는 정말로 이 나쁜 습관을 깨고 싶습니다. 어떻게 하면 될까요?

어휘 problem 문제, 고민거리

keep ~ ing 계속 ~하다

a lot of 많은

unnecessary 불필요한

break 깨다, 부수다

habit 습관

25 **해설** 글의 전반부에서 사람들이 춤을 추는 이유에 대해 설명하고 있고, 마지막 문장에서 전세계의 다른 종류의 춤들을 살펴보자고 제안하고 있다. 그러므로 주어진 글 다음에는 '세계의 다양한 춤 소개'가 이어질 내용임을 짐작할 수 있다.

해석 왜 사람들은 춤을 출까? 그들은 감정을 표현하고, 다른 사람들에게 행복을 주거나 혹은 즐기려고 춤을 춘다. 이제 전 세계의 다른 종류의 춤을 살펴봅시다.

어휘 dance 춤을 추다

express 표현하다

feeling 감정

happiness 행복

enjoy oneself 즐기다, 즐겁게 하다

take a look 살펴보다

different 다른

제4교시 사 회
정답 및 해설

정답

01 ④	02 ③	03 ④	04 ①	05 ②
06 ②	07 ③	08 ①	09 ③	10 ①
11 ②	12 ③	13 ①	14 ②	15 ③
16 ②	17 ③	18 ④	19 ③	20 ④
21 ①	22 ③	23 ②	24 ①	25 ④

해설

01 어떤 지역에 관한 지리적 정보를 입력·저장·처리·분석하는 정보 처리 시스템을 '지리 정보 시스템'이라고 한다.
 ① **시차** : 지구의 자전으로 인해 경도 15°마다 1시간의 차이가 발생하는 것
 ② **표준시** : 각 나라의 표준이 되는 시간
 ③ **랜드마크** : 어떤 지역을 대표하거나 다른 지역과 구별되는 지형이나 시설물

> **TIP** **지리 정보 시스템(GIS)의 활용**
> • 도시 계획 수립과 시설 입지 선정
> • 환경오염과 자연재해 예방
> • 복지 분야
> • 내비게이션
> • 인터넷 등의 지도 서비스
> • 대중교통 경로 및 도착 시간 안내

02 여름에는 고온 건조하고 겨울에는 온난 습윤하며 주로 올리브, 포도 등의 수목 농업이 발달한 지역은 지중해성 기후로, 이탈리아와 그리스 등의 남부 유럽에 나타난다.
 ① **고산 기후** : 적도 부근의 해발 고도가 높은 고산 지대에 나타나는 기후로, 연중 봄과 같은 온화한 기후를 보인다.
 ② **툰드라 기후** : 북극해를 중심으로 그린란드, 유라시아 및 북아메리카 대륙의 북부 지역으로 짧은 여름만 0° 이상인 한대 기후이다.
 ④ **열대 우림 기후** : 강수량이 2,000mm 이상인 연중 고온다습한 적도 부근 지역의 기후로, 스콜이 내린다.

03 용암이 빠른 속도로 식어서 굳을 때 육각기둥 모양으로 굳어져 생긴 지형은 주상절리로, 우리나라의 경우 주로 제주도에

분포한다.
 ① **갯벌** : 조류에 의해 진흙이 쌓인 해안 습지로, 밀물 때 바닷물에 잠기고 썰물 때 수면 위로 드러난다.
 ② **모래사장** : 파도에 의해 운반된 모래가 해안선의 만을 따라 퇴적된 지형으로, 해수욕장으로 이용된다.
 ③ **석회동굴** : 석회암이 지하수에 의해 녹아 형성된 동굴로, 종유석·석순·석주 등이 형성되어 관광 자원으로 활용된다.

04 집중 호우에 의한 하천의 범람으로 발생하는 자연재해는 홍수이다. 우리나라에서는 주로 여름철 장마나 태풍의 영향으로 발생하며, 가옥이나 농경지 등이 침수되어 많은 재산 및 인명 피해가 발생하기도 한다.
 ② **황사** : 봄철에 중국 내륙에서 발생한 흙먼지와 모래먼지가 편서풍을 타고 이동하는 현상
 ③ **폭염** : 낮 최고기온이 섭씨 35도를 넘어서는 매우 더운 날씨
 ④ **가뭄** : 강수량 부족과 대륙 내부의 건조 기후로 인해 땅이 메마르고 물이 부족한 현상

05 석유는 오늘날 가장 많이 사용되는 중요 에너지 자원으로 자동차 등의 운송수단의 확산으로 수요가 급증하였다. 우리나라는 대표적인 석유 수입국이며, 사우디아라비아, 러시아, 아랍 에미리트 등이 석유를 수출하는 산유국들이다.

06 로컬 푸드는 소비자 인근에서 생산된 농산물 소비를 촉진하기 위한 운동으로, 푸드 마일리지를 줄이기 위한 대안으로 등장하였다.
 ① **공정 무역** : 불공정 무역 행위를 규제하고 상품의 전 과정에서 경제 주체들의 이익이 공정하게 분배되도록 하는 무역
 ③ **혼합 농업** : 농작물 재배와 가축의 사육을 유기적으로 결합한 농업 형태
 ④ **플랜테이션** : 유럽 식민지배 이후 유럽의 자본과 기술, 유리한 기후, 원주민의 노동력이 결합한 농업 형태

> **푸드 마일리지**
> 먹거리가 생산지에서 소비자에게까지 이동한 거리에 수송량을 곱한 값으로, 식품의 신선도와 방부제 사용 정도 및 온실가스 배출량 파악이 가능하다.

07 개발 제한 구역은 도시의 무질서한 팽창을 방지하고 환경을 보전하기 위해 설정된 녹지 지대로, 그린벨트(greenbelt)라고도 한다.

08 ㉠ **영해** : 한 국가의 주권이 미치는 해역으로, 최저 조위선으로부터 12해리이다.
ⓒ **영공** : 한 국가의 주권이 미치는 영토와 영해의 수직 상공으로, 대기권 내로 한정된다.

> **TIP 영역의 구성**
> • **영토** : 한 국가의 주권이 미치는 육지의 범위로, 국토 면적과 일치함
> • **영해** : 주권이 미치는 해역으로, 최저 조위선으로부터 12해리
> • **영공** : 영토와 영해의 수직 상공으로, 대기권 내로 한정됨

09 신인 가수 그룹의 리더로서의 역할과 어머니에 대한 자식으로서의 역할에 대한 갈등은 역할 갈등이다. 이는 한 개인이 여러 역할을 수행하는 과정에서 역할 간에 갈등이 발생하는 현상으로, 역할 간에 조화를 이루지 못해 발생한다.
① **외집단** : 자신이 속하지 않은 집단으로, 소속감이 없고 이질감과 적대감이 존재한다.
② **재사회화** : 새로운 사회 변화에 적응하기 위해 새로운 지식, 행동양식, 규범 등을 학습하는 과정이다.
④ **지역 갈등** : 둘 이상의 지역에서 여러 가지 이해관계가 상충되어 나타나는 갈등 관계를 말한다.

10 한 사회의 구성원들이 공통으로 가지는 생활양식으로서의 문화 속성은 '공유성'으로, 이를 통해 사회 구성원들은 특정한 상황에서 서로의 행동을 쉽게 이해하고 예측할 수 있으며 다른 문화와 구별되기도 한다.

> **TIP 문화의 속성**
> • **학습성** : 문화는 후천적으로 학습을 통해 습득함
> • **축적성** : 문화는 학습능력과 상징체계 등을 통해 다음 세대로 전승됨
> • **공유성** : 문화는 특정 사회집단에서 공유하는 생활양식으로, 다른 문화와 구별됨
> • **변동성** : 문화는 시간의 흐름에 따라 지속적으로 변함
> • **전체성** : 문화는 각 요소가 밀접한 관련을 맺으며 전체 문화를 형성함

11 지방 의회는 지방주민에 의하여 선출된 의원을 구성원으로 하여 성립하는 지방자치단체의 합의제 의결기관이다.
① **국회** : 국민의 대표로 구성한 입법 기관
② **대통령** : 국민에 의해 선출되며 5년 임기의 단임제, 행정부의 수반이자 국가 원수

③ **국무회의** : 정부의 권한에 속하는 주요 정책을 심의하는 최고 정책 심의 기관

12 국민이 선거를 통해 구성한 의회 다수당이 내각(행정부)을 구성하여 정책을 수행하는 정부 형태는 의원 내각제이다.

> **TIP 정부 형태**
> • **대통령제** : 국민이 선출한 대통령이 행정부의 수반이 되어 정책을 수행하는 정부 형태
>   ㉑ 대한민국, 미국, 러시아, 브라질 등
> • **의원내각제** : 의회 다수당이 내각을 구성하여 정책을 수행하는 정부 형태
>   ㉑ 영국, 일본, 독일, 네덜란드 등

13 국가 권력의 간섭을 받지 않고 자유롭게 생활할 수 있는 국민의 기본권은 자유권으로 신체의 자유, 정신적 자유, 직업선택의 자유 등이 이에 해당한다.
② **평등권** : 법 앞의 평등 및 성별, 종교, 사회적 신분에 의해 차별받지 않을 권리
③ **참정권** : 국민이 능동적으로 정치에 참여할 수 있는 적극적 권리
④ **사회권** : 모든 국민의 인간다운 생활을 보장하기 위한 권리

14 선거와 투표의 공정한 관리를 위해 설치된 독립적 국가기관은 선거 관리 위원회로, 정당 및 정치 자금에 관한 사무 및 선거 참여 홍보 등의 활동을 한다.
① **감사원** : 대통령 직속의 헌법 기구로서 행정부 내 최고 감사기관, 직무 감찰 및 결산업무 등을 담당
③ **헌법 재판소** : 헌법의 해석과 관련된 정치적 사건과 국회에서 만든 법률 등을 사법적 절차에 따라 심판하는 헌법 재판 기관
④ **국가 인권 위원회** : 모든 개인이 가지는 불가침의 기본적 인권을 보호·증진하여 민주적 기본질서를 확립하기 위한 인권 전담 기구

15 기회비용은 하나의 선택에 따라 포기된 가치 중 경제적 가치가 가장 큰 것을 의미하며, 편익과 더불어 합리적 선택을 위해 고려해야 할 경제 요소이다.
① **수요** : 경제 주체가 주어진 가격에서 재화나 서비스를 구매하고자 하는 욕구
② **실업** : 일할 능력과 의사는 있으나 일자리가 없는 상태
④ **물가 지수** : 물가의 움직임을 알아보기 쉽게 수치로 표현한 지표

16 인플레이션은 물가가 일정 기간 지속적으로 상승하는 현상으로, 정부는 과도한 재정 지출을 억제하고, 공공요금 인상을 억제하며, 세금을 늘리는 정책을 집행한다.

TIP 경제 주체별 인플레이션 대책
• 정부 : 과도한 재정 지출 억제, 세율 인상, 공공요금 인상 억제
• 중앙은행 : 이자율 인상을 통한 저축 유도, 시중의 통화량 축소
• 기업 : 기술혁신을 통한 생산 비용 절감, 효율적 경영
• 근로자 : 생산성 향상을 위한 노력, 과도한 임금 인상 요구 자제
• 가계 : 저축의 증가, 과소비 및 충동구매 자제

17 빗살무늬 토기는 신석기 시대의 대표적 유물로, 식량을 저장하고 음식을 조리하는 데 사용하였다. 신석기 시대에는 농경과 정착 생활이 시작되었다.

18 '영락'이라는 독자적인 연호를 사용한 고구려의 왕은 광개토 대왕으로, 신라에 침입한 왜군을 물리치고 금관가야를 공격하였으며, 만주와 한반도 중부까지 영토를 넓혀 대제국을 건설하였다.
① 내물왕 : 신라 내물왕은 김씨에 의한 왕위 세습을 확립하고 중앙 정부의 통제력을 강화하였으며, 최고 지배자의 칭호도 대군장을 뜻하는 마립간으로 바꾸었다.
② 신문왕 : 통일 신라의 신문왕은 김흠돌의 반란을 진압하고 왕권을 강화하였으며, 관료전을 지급하고 귀족의 경제 기반이었던 녹읍을 폐지하였다.
③ 근초고왕 : 백제의 근초고왕은 고구려의 평양성을 공격하고 마한의 나머지 세력을 정복하여 백제 최대의 영토를 확보하는 등 백제의 전성기를 이끌었다.

19 대조영이 만주 동모산에서 세운 나라는 발해로, 무왕 때에는 장문휴를 보내 당의 산둥 반도를 공격하였고, 선왕 때에는 전성기를 이루어 해동성국이라 불렸다.

20 고려 말 공민왕은 쌍성총관부를 공격하여 철령 이북의 땅을 되찾았으며, 권문세족을 견제하기 위해 신돈을 등용하고 전민변정도감을 설치하였다.
① 삼국 통일 : 신라 – 문무왕
② 경복궁 중건 : 조선 – 흥선 대원군
③ 훈민정음 창제 : 조선 – 세종

21 병자호란(1636)은 조선 인조 때 청의 군신관계 요구를 거부하자 청이 조선을 침략한 전쟁으로, 남한산성에서 항전하였으나 결국 삼전도에서 항복하고 청과 군신 관계를 체결하였다.
② 임진왜란(1592) : 조선 선조 때 일본이 조선을 침략한 전쟁으로, 이순신 장군이 이끄는 조선 수군이 거북선을 이용하여 왜의 수군을 크게 무찔렀다.
③ 살수 대첩(612) : 수 나라가 대군을 이끌고 고구려를 침입하자 을지문덕이 살수에서 수의 군대를 크게 물리쳤다.
④ 봉오동 전투(1920) : 홍범도의 대한 독립군 등이 간도 지역을 기습한 일본군을 봉오동으로 유인하여 크게 무찔렀다.

22 조선 후기에는 한글 소설과 사설시조가 유행하고 판소리와 탈춤 공연이 성행하였으며 풍속화와 민화가 유행하는 등 서민 문화가 크게 발달하였다.

23 김옥균, 박영효 등의 급진 개화파가 우정총국 개국 축하연을 이용해 갑신정변을 일으키고 근대 국가 건설을 목표로 개혁을 추진하였으나, 청군의 개입으로 3일 만에 실패하였다(1884).
① 3·1 운동(1919) : 대한민국 임시 정부 수립의 계기가 된 일제 강점기 최대 규모의 민족 운동
③ 홍경래의 난(1811) : 조선 후기 세도 정치기에 수탈과 서북민에 대한 지역 차별에 반발하여 홍경래가 일으킨 난
④ 만민 공동회(1898) : 독립 협회가 개최한 우리나라 최초의 근대적 민중 대회

24 조선 영조 때 군역의 부담을 줄이기 위해 1년에 군포 2필을 부담하던 것을 1필로 경감하는 균역법이 제정되었다.
② 진대법 : 고구려 고국천왕 때 을파소의 건의로 백성들에게 곡식을 빌려주는 빈민 구휼 제도
③ 호패법 : 조선 태종 때 호구의 정확한 파악을 위해 16세 이상의 남자들에게 발급한 호패 제도
④ 유신 헌법 : 1972년 박정희 정부가 영구 집권을 위해 공포한 헌법

25 전두환·노태우 등의 신군부 세력이 쿠데타를 일으켜 권력을 장악하고 비상계엄을 전국으로 확대하자 이에 저항하여 5·18 민주화 운동이 전개되었다(1980).
① 6·10 만세 운동(1926) : 일제의 수탈과 식민지 교육에 대한 반발로, 순종의 장례일에 학생들이 주도한 만세 시위 운동
② 국채 보상 운동(1907) : 대한 제국 때 일본에 진 빚을 국민들의 모금으로 갚기 위해 전개된 경제적 구국 운동
③ 동학 농민 운동(1894) : 고부 군수 조병갑의 탐학에 저항하여 전봉준이 농민들을 이끌고 고부 관아를 습격하면서 발발한 운동

제5교시

과 학

▌정답

01 ①	02 ④	03 ④	04 ②	05 ③
06 ②	07 ④	08 ②	09 ③	10 ①
11 ②	12 ③	13 ④	14 ①	15 ④
16 ②	17 ④	18 ④	19 ②	20 ③
21 ①	22 ①	23 ③	24 ④	25 ②

▌해설

01 탄성력은 변형된 물체가 원래의 모양으로 되돌아가려는 힘으로, 물체의 변형을 일으킨 힘의 방향과 반대 방향으로 작용한다. 그러므로 그림에서 용수철을 아래쪽으로 잡아 당겼을 때 작용하는 탄성력의 방향은 그와 반대 방향인 위쪽이다.

02
> 반사 법칙 : 입사각＝반사각

빛이 반사할 때 입사광선, 반사광선, 법선은 한 평면 위에 있고 입사각과 반사각의 크기는 항상 같다. 그러므로 그림에서 레이저 빛의 입사각이 70°이므로 반사각의 크기도 70°이다.

03 열평형은 온도가 같아져 열이 더 이상 이동하지 않는 상태이므로, 그래프의 두 물체 A와 B가 8분이 경과한 뒤 열평형 온도가 동일하게 유지되고 있다.

04
> 소비된 전기 에너지(Wh)＝전력(W)×사용시간(h)

전구가 소비하는 전기 에너지의 양은 소비 전력과 사용시간의 곱이므로,
$20W \times 4h = 80Wh$

05 전류계에서 전류의 세기는 바늘이 위치한 값이다. 주어진 조건에서 (—)단자가 5A에 연결되어 있으므로, 전류의 세기는 3A이다.

06
> 일의 양(J)＝힘(N)×이동 거리(m)

물체에 한 일의 양은 물체에 가한 힘과 그 힘의 방향으로 이동시킨 거리의 곱이므로,
$5N \times 4m = 20J$

07 고무풍선을 씌운 삼각 플라스크를 가열하면 기체 입자들의 운동이 빨라짐에 따라 풍선의 부피는 증가하게 된다. 그러므로 압력이 일정할 때 풍선의 부피 변화에 영향을 준 요인은 온도이다.

08
> 융해 : 고체 → 액체

얼음이 녹아 물이 되는 과정은 고체인 얼음이 액체인 물로 변화는 과정이므로 B(융해)에 해당한다.
① A(응고) : 액체 → 고체
③ C(기화) : 액체 → 기체
④ D(액화) : 기체 → 액체

09 원자가 전자를 잃으면 (＋)전하를 띠는 양이온이 되므로, 해당 그림에서 수소 원자가 전자 1개를 잃으면 H^+ 수소 이온이 된다.

10 그림을 통해 과산화 수소(H_2O_2)는 수소 원자 2개와 산소 원자 2개로 구성되어 있음을 알 수 있다. 그러므로 수소와 산소의 원자 수의 비는, 2 : 2＝1 : 1이다.

11 증류탑에서 원유를 가열하면 석유 가스, 휘발유, 등유 등으로 분리되는 데, 이것은 액체의 끓는점이 다른 것을 이용한 증류 방법이다. 끓는점은 액체가 끓기 시작하여 기화할 때의 온도를 의미한다.
① 밀도 : 단위 부피에 대한 물질의 질량
③ 어는점 : 액체가 얼어 고체가 되는 동안 일정하게 유지되는 온도
④ 용해도 : 일정한 온도에서 물 100g에 최대로 녹을 수 있는 물질의 양

12 구리와 산소가 반응하여 산화 구리(II)를 생성할 때, 화학 반응이 일어나도 원자는 변하지 않으므로 산화 구리(II)는 구리 원자와 산소 원자를 포함한다. 그러므로 ㉠에 해당하는 것은 산소 원자 O_2이다.

13 생물의 5계 분류 중 민들레, 소나무, 옥수수는 광합성을 하고 세포벽을 가진 식물계이다. 푸른곰팡이는 기생 생활을 하며

유기물을 분해하여 영양분을 흡수하는 생물로, 포자에 의해 번식하는 균계이다.

14

$$물+이산화탄소 \xrightarrow{\text{빛에너지}} 포도당+산소$$

광합성은 녹색 식물이 빛에너지를 이용해 물과 이산화 탄소를 원료로 포도당과 산소를 만드는 과정이다. 따라서 광합성을 하기 위해 이산화 탄소 외에 필요한 ㉠의 물질은 물이다.

15 두 개의 세포가 둘러싸서 식물 잎의 기공을 만드는 세포는 공변세포이다. 공변세포는 표피세포의 일부가 변한 것으로, 엽록체가 있어 광합성이 발생한다.

16 입, 식도, 위, 소장 등으로 구성되어 음식물의 소화와 흡수에 관여하는 사람의 기관계는 소화계이다.

① 배설계 : 노폐물을 몸 밖으로 내보내는 역할을 하는 기관계로, 콩팥 · 방광 · 요도 등으로 구성되어 있다.

③ 순환계 : 생명 활동에 필요한 물질 운반을 담당하는 기관계로, 혈액 · 심장 · 혈관 등으로 구성되어 있다.

④ 호흡계 : 세포의 호흡에 필요한 산소를 공기 중에서 흡수하고 호흡의 결과 발생한 이산화탄소를 몸 밖으로 내보내는 역할을 하는 기관계로, 코 · 기관지 · 폐 등으로 구성되어 있다.

17 청각세포가 분포되어 있어 소리 자극을 받아들여 청각 신경을 통해 전달하는 곳은 D(달팽이관)이다.

① A(귓바퀴) : 소리를 모아 중이(가운데귀)로 전달함

② B(외이도) : 귓바퀴에서 모은 소리를 고막까지 전달해주는 이동 통로

③ C(귀인두관) : 중이의 압력을 외부와 같게 조절함

18 염색체가 세포의 중앙에 나란히 배열된 체세포 분열 단계는 중기이다.

19 보라색 꽃 완두(AA)가 만드는 생식 세포는 A이고 흰색 꽃 완두(aa)가 만드는 생식 세포는 a이므로, 두 종을 교배하여 얻은 잡종 1대의 유전자형은 돌연변이가 없다면 100% Aa이다.

20 초벌구이한 자기판인 조흔판에 긁었을 때 나타나는 광물 가루의 색을 조흔색이라고 한다.

① 밀도 : 단위 부피에 대한 물질의 질량

② 자성 : 철이나 철가루를 끌어당기는 성질

④ 염산 반응 : 염산과 반응하여 거품(이산화 탄소)을 발생하는 성질

21 대략 3억 년 전에 하나였던 판게아가 분리되고 이동하여 현재와 같은 분포를 이루게 되었다는 학설은 대륙이동설이다. 이 학설에 따라 판게아를 순서대로 나열한 것은 대륙이 하나의 판게아였던 A, 그리고 조금 더 분리된 C, 마지막으로 현재의 모습으로 분리된 B의 순이다(A – C – B순).

22 일식은 달이 지구와 태양 사이에 들어와 지구에 도달하는 태양빛을 차단할 때 나타나는 현상이므로, 일식 현상을 일으키는 천체는 달이다.

2022년 1회

23 35psu는 해수 1kg에 염분 35g이 녹아 있는 것을 의미한
다. 그러므로 35psu인 해수 2kg에 녹아 있는 염분의 총량
은 70g이다.

24 시베리아 기단은 대륙에서 발생한 한랭 건조한 기단으로, 우
리나라의 한겨울 날씨에 영향을 미치며, 주로 북서 계절풍이
많이 분다.

25 반사 성운은 자체적으로 빛을 내지 않으나 주위의 고온 항성
으로부터 받은 빛을 반사하여 마치 스스로 빛을 내는 것처럼
보이는 가스와 먼지로 이루어진 성운을 말한다.
  ① 암흑 성운 : 밀도가 매우 높아 입사하는 빛을 흡수·산란
    하기 때문에 가시광선에서 주변보다 어둡게 보이는 성간
    물질이다.
  ③ 산개 성단 : 하나의 성간구름에서 수백만 년 정도의 비교
    적 짧은 시간 내에 태어난 수십에서 수천 개 별들로 구성
    된 별의 집단이다.
  ④ 구상 성단 : 적게는 수만 개, 많게는 수백만 개의 별이 매
    우 좁은 영역에 역학적으로 묶여 있는 별들의 집단이다.

제6교시 선택 과목

도 덕

정답 및 해설 |

▌정답

01 ④	02 ①	03 ④	04 ④	05 ③
06 ③	07 ②	08 ④	09 ①	10 ②
11 ③	12 ③	13 ③	14 ④	15 ③
16 ①	17 ②	18 ②	19 ①	20 ③
21 ④	22 ②	23 ②	24 ①	25 ③

▌해설

01 "성찰하지 않는 삶은 살 가치가 없다."라고 주장하며 반성하는 삶을 강조한 고대 그리스의 사상가는 소크라테스이다.
① 공자 – 중국의 사상가
② 칸트 – 독일의 철학자
③ 석가모니 – 고대 인도(네팔)의 불교 창시자

02 정신적 가치는 진(眞), 선(善), 미(美), 성(聖) 등 인간의 정신 활동으로 얻게 되는 가치로, 사람에게 정신적 만족을 준다.

> **TIP 가치의 구분**

형태적 특징에 따른 구분	물질적 가치	특정 물질 또는 물질적 형태의 가치와 그것을 통해 느끼는 만족감
	정신적 가치	정신적 만족을 주는 가치(지적가치, 도덕적 가치, 심미적 가치 등)
수단과 목적에 따른 구분	도구적 가치	다른 것 또는 다른 목적을 얻기 위한 수단이 되는 가치
	본래적 가치	그 자체가 귀중하고 목적이 되는 가치 (사랑, 생명 등)

03 도덕성이란 어떤 사물이나 상황 등에 대하여 옳고 그름을 판단하고 바르게 행동하는 능력으로, 개인의 도덕성은 다른 사람과 사회에 영향을 미친다.

04 어떤 상황을 도덕 문제로 민감하게 느끼고 반응하는 마음의 상태를 도덕적 민감성이라고 한다. 도덕적 민감성이 높은 사람은 문제 상황에서 무엇이 도덕적으로 문제가 되는 지를 민감하게 느끼므로, 도덕적 행동을 실천할 가능성이 높다.
① **자아 정체성** : 자신을 시간의 흐름에 따라서 본질적으로

불변하는 실체로 인식하는 개인의 느낌
② **정서적 건강** : 감정을 건설적이고 긍정적인 방식으로 인식하고 관리하는 능력
③ **비판적 사고** : 어떤 기준에 근거하여 주장이나 행동, 신념 등의 옳고 그름을 판단하는 사고

05 우정은 친구 간에 형성되는 친밀한 감정으로, 우정을 통해 사회성 함양과 사랑의 실천을 가능하게 함으로써 공동체 의식을 형성하는 데 도움을 준다.

06 부모가 자식에게 아낌없이 베푸는 사랑은 자애이다
① 자녀가 부모님을 잘 섬기는 것은 효도이다.
② 형제자매 간의 두터운 정과 사랑은 우애이다.
④ 가깝고 편한 부부 간에도 예절은 지켜져야 한다.

07 성(性)은 인격 형성의 요소로서 수단이나 도구가 될 수 없으며, 성의 가치에 대한 균형적 시각이 필요하다. 그러므로 ㄱ과 ㄹ이 성에 대한 바람직한 관점이다.

08 좋은 습관은 사람이 훌륭한 성품, 긍정적인 자세, 건강한 삶을 형성하고 행복한 삶을 유지하는 데 도움을 준다. 좋은 습관이 외형적인 모습만 가꿀 수 있게 하는 것은 아니다.

09 이웃은 가까운 곳에 사는 동네 사람들로 존중과 배려의 자세가 필요하다. 배려는 다른 사람을 돕거나 보살피려는 이타적인 마음이다.
② **혐오** : 미워하고 싫어하는 마음
③ **해악** : 해롭고 악한 마음
④ **무시** : 남을 깔보거나 업신여기는 마음

10 사이버 공간에서 자신의 신분이나 정체성을 드러내지 않고 활동할 수 있는 특성은 익명성이다.

> **TIP 사이버 공간의 특성**
> • **익명성** : 자신을 감출 수 있으며, 상대방이 누구인지도 알지 못함
> • **개방성** : 일정한 자격과 권한이 있는 사람은 누구나 정보를 검색할 수 있음
> • **평등성** : 차별 없는 수평적 의사소통이 가능

- **자율성** : 정보의 종류와 활용 방향에 대해 스스로 결정할 수 있음
- **쌍방향성** : 정보를 생산하고 소비하는 성격이 혼재되어, 서로 영향을 주고받음
- **비동시성** : 시간에 구애받지 않고 일을 처리
- **광역성** : 국경이나 언어를 초월하여 광범위한 영향을 미침
- **신속성** : 정보의 전파 속도가 무척 빠름

11 저작권은 자신이 창작한 저작물에 대해 갖는 권리로, 극장에서 상영 중인 영화를 불법으로 내려 받아 공짜로 보는 것은 저작권 침해에 해당하는 행위이다.

12 학교 폭력을 당한 피해자 학생은 혼자 참고 견디는 것이 아니라, 친구, 선생님, 부모님 등 도움을 받을 수 있는 사람들에게 빨리 알리고 적극 대처해야 한다.

13 인권은 인간다운 삶을 위해 보장되어야 하는 기본적 권리로, 성인에게만 주어지는 권리가 아니라 누구나 동등하게 누릴 권리이다.

> **TIP 인권의 특성**
> - **보편성** : 누구나 동등하게 누릴 권리
> - **천부성** : 태어나면서 자연적으로 갖게 되는 권리
> - **불가침성** : 어떤 경우에도 침해할 수 없는 권리

14 양성평등은 성차별을 제거하고 남성과 여성을 사회적·법률적으로 동등하게 대우하는 것으로, 여성과 남성을 존중한 인격체로 존중해야 한다.
① 성별의 차이를 인정하되, 부당하게 차별하지 않는다.
② 성 역할에 대한 고정관념과 편견을 탈피한다.
③ 항상 남성을 우대하고 여성을 배제하는 것은 성차별이다.

15 각 문화의 다양성을 인정하고, 문화가 가진 독특한 환경과 역사적·사회적 상황에서 다른 문화를 바라보는 태도는 문화 상대주의이다. 이는 사회가 처한 특수한 환경과 맥락을 고려하여 문화를 판단하는 것이다.
① **연고주의** : 혈연, 지연, 학연이라는 전통적 사회관계를 우선시하거나 중요하게 여기는 사고방식
② **사대주의** : 다른 문화를 더 좋은 것으로 생각하고 자신의 문화를 과소평가하거나 무시하는 태도
④ **자문화 중심주의** : 자기 문화만을 가장 우수한 것으로 생각하고 다른 문화를 무시하거나 부정하는 태도

16 세계 시민은 지구 공동체의 일원으로서 공동체 의식을 가지고 지구촌의 문제를 인식하고 합리적으로 해결하려고 노력하는 사람을 의미한다.
② **특권 계층** : 정치적·사회적·경제적으로 특별한 권리를 누리는 사람들
③ **소수 민족** : 여러 민족으로 구성된 다민족 국가에서 지배적 세력을 가진 민족과 비교하여 상대적으로 인구수가 적고 언어와 관습 등이 다른 민족
④ **사회적 약자** : 사회적 약자란 신체적·문화적 특성으로 인해 사회에서 차별 대우를 받거나 불리한 위치에 있는 사람

17 사회적으로 옳고 그름을 판단하는 기준이며, 사회를 구성하고 유지하는 공정한 원리는 사회 정의이다.

18 국민의 생명과 재산을 보호하는 것은 국가의 바람직한 역할이다. 이외의 국가의 일반적인 역할은 국가 안전보장, 치안 및 질서 유지, 사회정의와 복지 실현, 환경 보호 등이다.

19 갈등 당사자끼리의 합의에 의한 갈등 해결 방법은 협상이다.

> **TIP 평화적 갈등 해결 방법**
> - **협상** : 갈등 당사자 간의 대면적 협상으로 합의점을 찾아 갈등을 해결하는 방법
> - **중재** : 제3자를 중재자로 세워 협상함으로써 갈등을 중립적 태도로 해결하는 방법
> - **조정** : 제3자가 조정안을 제시하고 당사자끼리 합의하도록 도와주는 갈등 해결 방법
> - **다수결** : 가장 많은 사람들이 동의하는 의견을 따라 갈등을 해결하는 방법

20 평화 통일은 무력을 사용하지 않고 상호 합의 하에 이루는 평화적 통일로, 북한 주민에 대한 편견을 버리고 상호 존중과 배려의 자세를 갖는 것이 바람직하다.

21 해당 내용은 북한과의 분단으로 이산가족이 되어 북에 계신 어머니와 떨어져 살아야 하는 자식의 고통을 이야기 하고 있다. 그러므로 '이산가족의 고통 해소'를 위해서라도 통일은 반드시 필요하다.

22 자연은 인간의 이익과 관계없이 본래적 가치를 지닌다는 을의 입장은 자연은 그 자체로서 생명력을 지닌 가치 있는 존재라는 생태주의적 자연관이다. 반면에, 자연은 인간의 삶에 도움이 될 때 가치가 있다는 갑의 입장은 인간 중심적 자연관에 해당한다.

23   과학 기술은 개발뿐만 아니라 활용에 대해서도 책임 의식을
      가지고 미래 세대에 대한 책임까지도 고려해야 한다. 또한 과
      학 기술은 긍정적이든, 부정적이든 사회로부터 일정한 영향
      을 받고 사회적 요구에 의해 만들어지므로 인류의 복지 증진
      에 이바지해야 한다.

24   도덕 원리는 도덕 판단의 근거가 되는 인간 존중이나 자유 ·
      평등 등과 같은 인류 공통의 보편적 가치 또는 행위의 규칙
      을 말한다. 도덕 원리는 도덕 추론 과정에서 도덕 판단의 근
      거가 되는 대전제이다.

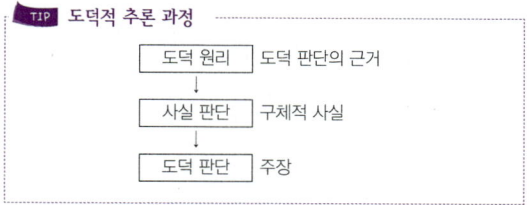

TIP **도덕적 추론 과정**

      도덕 원리 │ 도덕 판단의 근거
          ↓
      사실 판단 │ 구체적 사실
          ↓
      도덕 판단 │ 주장

25   주위 사람이 원하는 삶보다는 자신이 원하는 삶을 사는 것이
      주체적인 삶의 자세이다.

2022년 1회

정답 및 해설

2022년도

제2회

제1교시

국 어

정답 및 해설 |

정답

01 ②	02 ③	03 ③	04 ①	05 ④
06 ②	07 ①	08 ④	09 ③	10 ②
11 ③	12 ④	13 ④	14 ③	15 ②
16 ④	17 ①	18 ③	19 ①	20 ①
21 ④	22 ④	23 ④	24 ①	25 ②

해설

01 민지가 수철에게 '좀 덥지 않니?'라고 말한 것은 집 안이 좀 더운 것 같으니 창문을 좀 열어 달라는 '요청'과 부탁의 의도가 담긴 말이다.

02 '나 전달법'은 '나'를 주어로 하여 상대의 말과 행동에 대한 자신의 생각과 감정을 표현하는 방법이다. ③의 '너한테 그런 말을 들으면 나는 속상해.'는 '속상하다'의 주체인 '나'가 상대방인 '너'의 말에 '나'의 감정을 표현한 것이므로 '나 전달법'에 해당한다. 그러나 ①, ②, ④는 모두 '너'를 주어로 하는 '너 전달법'에 해당한다.

03 ○ **먹었다** : 기본형 '먹다'는 주어와 목적어를 필요로 하는 두 자리 서술어이므로, ㉠에는 '무엇을'에 해당하는 목적어가 들어가야 한다.
　　○ **드렸다** : 기본형 '드리다'는 주어, 목적어, 부사어를 필요로 하는 세 자리 서술어이므로, ㉡에는 '무엇을'에 해당하는 목적어가 들어가야 한다. 앞의 '어머니께'는 부사어이다.

04 ㉠의 '소리대로 적되'는 표준어를 소리 나는 대로 표기하는 표음주의를 의미한다. '밤'은 [밤], '나무'는 [나무], '하늘'은 [하늘]로 표기하므로 소리대로 적은 예에 해당하나, ①의 '꽃'은 [꼳]이라고 소리대로 적지 않았으므로 ㉠의 예로 적절하지 않다.

05 '읽었다'의 기본형 '읽다'와 '달린다'의 기본형 '달리다'는 모두 사람이나 사물의 움직임을 나타내는 '동사'에 해당한다.
　　① 관형사, 부사어
　　② 체언

③ 감탄사

06 '온'이나 '즈믄'은 지금은 거의 쓰이지 않는 단어이며, '어리다'는 '어리석다'는 뜻에서 '나이가 적다'는 뜻으로 바뀌었다. 이처럼 시간이 흐르면서 언어가 새로 생기기도 하고, 사라지기도 하며, 소리나 의미가 변하기도 하는 언어의 특성은 '역사성'이다.
　　① **사회성** : 언어는 그 언어를 사용하는 사람들 사이의 사회적 약속임
　　③ **자의성** : 언어의 의미와 말소리 사이에는 필연적인 관계가 없음
　　④ **창조성** : 인간은 단어 또는 문장을 끊임없이 만들 수 있음

07 'ㅁ, ㅂ, ㅃ, ㅍ'은 모두 두 입술 사이에서 나는 입술소리이다.
　　② 울림소리 – ㅁ, ㄴ, ㅇ, ㄹ
　　③ 잇몸소리 – ㄴ, ㄹ, ㄷ, ㄸ, ㅌ, ㅅ, ㅆ
　　④ 거센소리 – ㅋ, ㅌ, ㅍ, ㅊ

08 훈민정음의 자음 중 '상형의 원리'를 기본으로 만든 다섯 개의 '기본 글자'는 'ㄱ, ㄴ, ㅁ, ㅅ, ㅇ'이다. 'ㄹ'은 기본자 'ㄴ'에 획을 더하였지만 가획의 의미가 없는 이체자에 해당한다.

09 보고서는 어떤 목적을 가지고 실시한 관찰, 조사, 실험의 결과를 정리하여 쓴 글로, 보고서를 작성할 때 조사한 자료는 사실에 근거해 활용해야 한다.

> **TIP 보고서의 요건**
> • **객관성** : 주관적이거나 한 쪽에 치우치지 않고 사실과 맞아야 한다.
> • **정확성** : 조사, 관찰, 실험의 결과를 정확하게 반영해야 한다.
> • **신뢰성** : 사실적 정보 또는 자료 등을 제시하거나 해당 분야 전문가의 의견을 제시해야 한다.

10 글의 제목으로 볼 때 해당 글은 '자전거를 탈 때 안전모를 쓰자'고 당부한 글이다. 그런데 ㉡의 '공유 자전거 이용 활성화'는 안전모의 착용과는 거리가 먼 내용이므로, 해당 글의 통일성을 깨트리고 있다.

[11~13]

> 윤흥길, 「기억 속의 들꽃」
> • **갈래** : 단편 소설, 전후 소설
> • **성격** : 비극적, 회상적, 풍자적
> • **배경** : 시간 – 6·25 전쟁이 한창인 한여름
>   장소 – 전북 만경강 근처의 어느 시골 마을
> • **시점** : 1인칭 관찰자 시점
> • **주제** : 전쟁으로 인한 비극성과 비인간성
> • **특징**
>   – 과거 회상의 형식을 취함
>   – 어린아이의 시선을 통해 전쟁의 비극성과 비인간성을 드러냄
>   – 사투리와 비속어의 사용으로 향토적인 분위기를 형성하고 사실감을 높임
>   – 상징적인 제목을 통해 주인공 명선이의 비극적인 삶의 모습을 나타냄

11 해당 작품은 주인공의 행동을 관찰자가 서술하는 1인칭 관찰자 시점으로, 작품 속 인물이 경험한 내용을 서술하고 있다.
① 작품 속에서 서술자가 달라지지 않는다.
② 3인칭 관찰자 시점에 대한 설명이다.
④ 전지적 작가 시점에 대한 설명이다.

12 두 번째 단락을 통해 명선이는 숙부로부터 버림을 받은 것이 아니라 스스로 도망친 것임을 알 수 있다.

13 '6·25 전쟁의 폭력으로 죽어 간 한 소녀'는 작품 속 등장인물인 명선이를 말한다. 마지막 단락에서 '명선이가 들꽃이 되어 사라진 후'에서 '들꽃'은 @의 '쥐바라숭꽃'을 가리키므로, '쥐바라숭꽃'은 명선이를 상징하는 대상임을 알 수 있다.
㉠ 금반지 : 명선이의 생존 수단으로 쓰인 사건 소재의 중심 소재
㉡ 인민군 : 시대적 배경이 6·25 전쟁 중임을 알리는 소재
㉢ 비행기 : 명선이가 다리에서 떨어지게 된 원인을 제공한 소재

[14~16]

> 윤동주, 「새로운 길」
> • **갈래** : 자유시, 서정시
> • **성격** : 상징적, 의지적, 독백적
> • **제재** : 길
> • **주제** : 새로운 길을 가려는 다짐과 희망
> • **특징**
>   – 인생을 상징하는 '길'을 중심으로 시상이 전개됨
>   – 3연을 중심으로 앞뒤 부분이 의미상 대칭 구조를 이룸

14 '내, 숲, 고개, 마을, 길, 오늘' 등의 시어를 반복하여 사용함으로써 운율을 형성하고 있다.
① 색채 대비는 나타나 있지 않다.
② 소리를 흉내 내는 말인 의성어의 사용은 보이지 않는다.
④ 시각적 심상을 통해 시적 분위기를 조성하고 있다.

15 해당 작품에서 '내'는 인생에서 극복해야 할 시련이나 장애물로 해석할 수 있다고 하였으므로, '내'의 함축적 의미와 가장 유사한 것은 인생에서의 시련이나 고난을 의미하는 시어인 '고개'이다.

16 [A]에서 내를 건너서 숲으로 가고, 고개를 넘어서 마을로 가는 것은 공간의 이동을 통해 화자가 지향하는 곳으로 가고 있음을 보여 준다.

[17~19]

> 작자 미상, 「심청전」
> **갈래** : 윤리 소설, 설화 소설, 판소리계 소설
> • **성격** : 교훈적, 환상적, 비현실적
> • **배경** : 시간 – 중국 송나라 말 / 장소 – 황주 도화동
> • **시점** : 전지적 작가 시점
> • **주제** : 부모에 대한 지극한 효심
> • **특징**
>   – 유교적 덕목인 '효'를 강조함
>   – 유·불·선 사상이 복합적으로 드러남
>   – 현실 세계를 중심으로 펼쳐지는 전반부와 환상적인 이야기 중심의 후반부로 내용이 구분됨

17 해당 작품은 심청이가 아버지의 눈을 뜨게 하기 위해 공양미 삼백 석에 인당수 제물로 몸을 팔아 떠나는 상황으로, 자신을 희생하여 아버지를 섬기는 전통적인 효 사상이 잘 반영되어 있다.
② 심청전은 판소리계 소설로, 간결하고 건조한 문체가 아닌 운율감이 느껴지는 비교적 긴 문체이다.
③ 구체적인 시대적 배경을 확인할 수 없다.
④ 심청은 영웅적 인물이 아니라 부모에 대한 효를 실천하는 평범한 인물이다.

18 ㉠에는 인당수의 제물로 팔려 가는 것에 대한 '심청'의 '불안과 긴장' 그리고 홀로 남게 될 아버지에 대한 '걱정'의 심리가 잘 묘사되어 있다. '분노'는 ㉠에서 짐작할 수 있는 '심청'의 심리와 거리가 멀다.

19 ㉠'심 봉사'가 지난밤에 꾼 꿈의 의미를 좋은 일이 있을 것 같다며 긍정적으로 해석하는 것으로 보아, '심청'이가 공양미 삼백 석에 팔려 떠나는 상황을 모르고 있음을 짐작할 수 있다.

② '심청'이가 떠나기 전 마지막으로 아버지의 진지를 지어드리고 싶다며 뱃사람들에게 청하고 있다.

③ '네가 울면 날이 새고, 날이 새면 나 죽는다.'는 '심청'이의 말로 보아, 새벽 닭 우는 장면은 절망감을 나타낸다.

④ 뱃사람들은 마지막으로 아버지의 진지를 지어 잡수시게 하고 싶다는 '심청'이의 부탁을 들어주었다.

[20~22]

20 두 번째 단락에서 '모두를 위한 디자인'의 예로 긴 막대 모양의 문손잡이, 지하철의 엘리베이터, 횡단보도의 신호등 소리는 서술되어 있으나, 건물 출입구의 계단은 언급되어 있지 않다. 건물 출입구의 계단은 노약자나 장애인 등의 사회적 약자가 이용하기에 제약이 따르므로, '모두를 위한 디자인'으로 볼 수 없다.

21 ㉠과 ④에는 '정의'의 설명 방법이 사용되었다. '정의'는 어떤 말이나 사물의 뜻을 명백히 밝혀 규정하여 설명하는 전개 방식이다.

① 분류

② 예시

③ 인과

TIP 시나리오 용어

정의	어떤 말 또는 사물의 뜻을 명백히 밝히는 설명 방법
예시	구체적인 예를 들어 설명하는 방법
비교	어떤 대상을 다른 것과의 공통점을 들어 설명하는 방법
대조	어떤 대상을 다른 것과의 차이점을 들어 설명하는 방법
분류	유사한 것끼리 묶는 설명 방법
분석	대상을 구성하는 하위 요소로 나누어 각각을 설명하는 방법
열거	여러 가지 사례들을 나열하는 설명 방법
인과	원인과 결과를 관련 지어 설명하는 방법

22 잘못 다루었을 때 원래 상태로 되돌리기 어려운 것은 내구성이 없어 오히려 불편함을 주므로 '모두를 위한 디자인'의 원칙으로 적절하지 않다.

[23~25]

23 갈릴레이는 모든 물체는 그 무게와 관계없이 똑같은 속도로 자유 낙하 한다는 사실을 증명해 냈다.

① 파스퇴르는 멸균한 육즙은 발효가 일어나지 않고 원래의 맛과 모습을 계속 유지한다는 사실을 알아냈다.

② 파스퇴르는 미생물이 무생물로부터 자연적으로 발생하는 것이 아니라, 사람처럼 생명을 지닌 고유한 존재라는 사실을 입증했다.

③ 프톨레마이오스는 우주의 중심이 지구라고 생각했다.

24 파스퇴르가 권위에 따르지 않고 실험을 통해 반론을 폈다고 서술하고 있으므로, ㉑에는 역접의 접속 부사 '그러나'가 들어갈 말로 가장 적절하다.

25 ㉡의 아리스토텔레스는 "자유 낙하를 하는 두 물체 중 더 무거운 것이 더 빨리 땅에 떨어진다."는 틀린 주장을 했던 인물로, 모두가 옳다고 주장하는 보편적인 사람에 해당한다. 파스퇴르, 갈릴레이, 코페르니쿠스는 모두 ㉣에 해당하는 사람이다.

제2교시 수 학

정답 및 해설 |

▌정답

01 ④	02 ①	03 ③	04 ①	05 ②
06 ④	07 ②	08 ②	09 ①	10 ③
11 ①	12 ③	13 ④	14 ③	15 ④
16 ①	17 ③	18 ②	19 ④	20 ②

▌해설

01 36의 소인수는 2와 3이고, 소인수분해하면
$36=2\times2\times3\times3$이므로, $2^2\times3^2$으로 나타낼 수 있다.

02 $(-3)+(+5)=-3+5$
$=5-3$
$=2$

03 한 개에 500원인 막대 사탕 1개의 가격은
(500×1)원이므로,
한 개에 500원인 막대 사탕 a개의 가격은
$(500\times a)$원이다.

04 일차방정식 $4x-3=6+x$를 정리하면,
$4x-x=6+3$
$3x=9$, $x=\dfrac{9}{3}$
$\therefore x=3$

05 좌표평면 위에 있는 점 A의 좌표는 원점$(0,0)$을 기준으로
x축의 왼쪽으로 2칸, y축의 위쪽으로 3칸 이동한 것이므로
A$(-2,3)$이다.

06 부채꼴 COD의 넓이를 x라 놓고
부채꼴의 넓이와 중심각을 비례식으로 정리하면,
$5:x=30:150$
비례식에서 내항의 곱과 외항의 곱은 같으므로,
$x\times30=5\times150$
$30x=750$, $x=\dfrac{750}{30}$
$\therefore x=25$(cm^2)

07 하루 평균 통화 시간이 40분 이상인 학생 수는 주어진 히스
토그램에서 $40\sim50$분의 학생의 수가 3명이고 $50\sim60$분의
학생의 수가 2명이므로 그 합과 같다.
$\therefore 3+2=5$(명)

08 유한소수는 소수점 아래의 0이 아닌 숫자가 유한개인 소수
로, 분모의 소인수가 2나 5뿐이면 유한소수이다.

> $\dfrac{1}{5}$의 분모는 5 → 유한소수$\left(\dfrac{1}{5}=\dfrac{2}{10}=0.2\right)$

① $\dfrac{1}{3}$의 분모는 3 → 무한소수

③ $\dfrac{1}{7}$의 분모는 7 → 무한소수

④ $\dfrac{1}{9}$의 분모는 3^2 → 무한소수

09 $-2x^2\times3x^5=(-2\times3)\times(x^2\times x^5)$
$=-6\times x^{2+5}=-6\times x^7$
$=-6x^7$

10 일차부등식 $2x\leq6$의 양변을 2로 나누면, $\dfrac{2x}{2}\leq\dfrac{6}{2}$
$\therefore x\leq3$
x는 3보다 작으므로 수직선이 왼쪽으로 향하고, 등호가 있으
므로 ($\bullet$)로 표시해야 한다.

11 일차함수 $y=ax+2$의 그래프에서 상수 a는 기울기이고,
두 점 $(1,0)$, $(0,2)$를 지난다.
$\therefore a=\dfrac{2-0}{0-1}=-2$

> **TIP 일차함수의 기울기**
>
> 일차함수 $y=ax+b$의 그래프가
> 두 점 (x_1,y_1), (x_2,y_2)를 지나면
> 기울기$(a)=\dfrac{y\text{값의 증가량}}{x\text{값의 증가량}}=\dfrac{y_2-y_1}{x_2-x_1}$

12 이등변삼각형에서 두 밑각의 크기는 같으므로,
$\angle B = \angle C = 45°$
삼각형의 내각의 합은 180°이므로,
$\angle A + \angle B + \angle C = 180°$
$x + 45° + 45° = 180°$
$x = 180° - 90°$
$\therefore \ x = 90°$

13 □ABCD ∽ □EFGH이고 닮음비는 5:3이므로,
$5:3 = 10:\overline{FG}$
비례식에서 내항의 곱과 외항의 곱은 같으므로,
$5\overline{FG} = 3 \times 10$
$5\overline{FG} = 30, \ \overline{FG} = \dfrac{30}{5}$
$\therefore \ \overline{FG} = 6\,(\mathrm{cm})$

14 1부터 9까지의 자연수 중 3의 배수는 3, 6, 9의 3(가지)이므로, 항아리에서 공 한 개를 꺼낼 때 3의 배수가 적힌 공이 나올 경우의 수는 3이다.

15 $5\sqrt{3} - 3\sqrt{3} = (5-3)\sqrt{3} = 2\sqrt{3}$

16 다항식 $x^2 + 5x + 6$을 인수분해하면,
$x^2 + (a+b)x + ab = (x+a)(x+b)$에서
합$(a+b)$이 5이고, 곱(ab)이 6인 두 정수는
2와 3이므로,
$x^2 + 5x + 6 = (x+2)(x+3)$

17 이차함수 $y = x^2 + 1$의 그래프는 직선 $x=0$을 축으로 한다.
① $a > 0$이므로 아래로 볼록하다.
② $x=1$일 때 $y=2$이므로, 점$(1, 1)$을 지나지 않는다.
③ 꼭짓점의 좌표는 $(0, 1)$이다.

> **TIP 이차함수 $y = ax^2 + q$의 그래프**
> - $a > 0$이면 아래로 볼록
> - $a < 0$이면 위로 볼록
> - 꼭짓점의 좌표 : $(0, q)$
> - 축의 방정식 : $x = 0(y$축$)$

18 주어진 그림에서 한 각의 크기가 42°인 삼각형의 높이는 0.67이고, 빗변은 0.74이다.

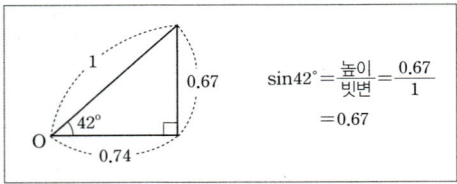

$\sin 42° = \dfrac{\text{높이}}{\text{빗변}} = \dfrac{0.67}{1}$
$\qquad\quad = 0.67$

19 원의 중심에서 두 현까지의 길이가 같으면 두 현의 길이도 같으므로,
$\overline{AB} = \overline{CD} = 16\mathrm{cm}$
원의 중심에서 현에 내린 수선은 그 현을 이등분하므로,
$\overline{AM} = \dfrac{1}{2}\overline{AB}$
$\therefore \ \overline{AM} = \dfrac{1}{2} \times 16 = 8\,(\mathrm{cm})$

20 최빈값은 자료의 값 중에서 가장 많이 나타나는 값이다. 주어진 자료에서 8점이 3명으로 가장 많으므로, 최빈값은 8점이다.

•6점 → 1명
•7점 → 1명
•8점 → 3명
•9점 → 1명
•10점 → 2명

제3교시

영 어

정답 및 해설 |

정답

01 ②	02 ④	03 ③	04 ②	05 ③
06 ④	07 ②	08 ③	09 ④	10 ①
11 ②	12 ①	13 ③	14 ④	15 ②
16 ④	17 ③	18 ③	19 ①	20 ④
21 ①	22 ③	23 ①	24 ①	25 ④

해설

01
해설 famous는 '유명한'이라는 뜻이다.
해석 그는 매우 유명한 가수이고 팬이 많다.
어휘 famous 유명한
singer 가수
a lot of 많은

02
해설 ①, ②, ③은 모두 반의어 관계이나, ④의 'end(끝나다)'와 'finish(마치다)'는 유의어 관계이다.
① 오르다 – 내리다
③ 이기다 – 지다
④ 열다 – 닫다

03
해설 she가 3인칭 단수이므로 be동사의 형태는 'is'이다. 문장의 내용상 빈칸에는 부정형이 와야 하므로 'is'의 부정형 'isn't'가 들어가야 한다.
해석 Kate는 스케이트를 잘 타지만, 스키는 잘 타지 못한다.
어휘 be good at ~을 잘하다

04
해설 B가 '일주일에 세 번.'이라고 답했으므로, A는 '얼마나 자주?'라고 빈도를 묻는 'How often~?'으로 질문해야 한다.
해석 A : 너는 얼마나 자주 농구를 하니?
B : 일주일에 세 번.
어휘 basketball 농구
times ~번(횟수)

05
해설 B가 수학 교과서를 찾을 수 없다고 하자, B가 침대 밑을 살펴보라고 조언하고 있다. 그러므로 '~을 찾다'라는 의미인 'look for'를 써야 하는데, '~을 찾고 있는 중이다'의 현재 진행형이므로, 빈칸에는 'looking'이 들어갈 말로 가장 적절하다.
해석 A : Tom, 무엇을 하고 있니?
B : 엄마, 저는 수학 교과서를 찾고 있어요. 저는 그것을 찾을 수 없어요.
A : 침대 밑을 살펴볼래?
어휘 look for ~을 찾다
math 수학
textbook 교과서
find 찾다
check 살피다, 검사하다
under 밑에, 아래에

06
해설 꽃 축제에 가자는 A의 제안에 B가 호응하며, 몇 시에 갈 거냐고 묻고 있다. 그러므로 빈칸에는 시각을 나타내는 표현이 사용된 ④가 들어갈 말로 가장 적절하다.
해석 A : Jessica, 오늘 꽃 축제에 가는 게 어때?
B : 물론이죠, 아빠. 몇 시에 가실래요?
A : 2시에 집에서 출발하자.
어휘 how about ~? ~하는 게 어때?
festival 축제
take a taxi 택시를 타다
leave 떠나다

07
해설 첫 번째 문장에는 look과 함께 쓰여 '~를 닮다'라는 의미에서 전치사 'like'가 들어가야 하며, 두 번째 문장에는 '좋아하다'는 의미에서 동사 'like'가 들어가야 한다.
① 시도하다
③ 가지고 가다
④ 일하다
해석 ○ 그는 그의 아버지를 닮았다.
○ 너는 방학 동안 무엇을 하는 것을 좋아하니?
어휘 look like ~을 닮다
during ~동안
vacation 방학

08
해설 우체국의 위치를 묻는 A의 질문에 B가 곧장 한 블록을 가서 왼쪽으로 돈 후 오른 편에 있다고 했으므로, 우체국의 위치는 ③이 적절하다.

해석 A : 실례지만, 우체국으로 가려면 어떻게 해야 하나요?

B : 곧장 한 블록을 가서 왼쪽으로 도세요. 그것은 당신의 오른 편에 있을 겁니다.

A : 감사합니다.

어휘 post office 우체국

go straight 똑바로 가다

turn left 왼쪽으로 돌다

on one's right 오른 편에

09 **해설** 소년이 수영장에서 수영을 하고 있으므로, 동사 'swim'을 써야 한다. 또한 시제가 be동사 'is'와 함께 현재 진행형이므로 'swimming'이 빈칸에 들어갈 말로 가장 적절하다.

② 날고 있는

③ 쓰고 있는

④ 그리고 있는

해석 A : 그 소년은 무엇을 하고 있니?

B : 그는 수영장에서 <u>수영을 하고 있다</u>.

어휘 pool 수영장

10 **해설** 햄버거를 먹자는 B의 제안에 A가 그건 점심에 먹었다며 피자를 주문할 것을 요청하였다. B가 좋다며 그 제안을 받아들였으므로, 대화가 끝난 후 두 사람이 주문할 음식은 피자이다.

해석 A : 저녁으로 무엇을 먹고 싶니?

B : 햄버거는 어때?

A : 음. 나는 점심으로 그걸 먹었어. 피자를 주문하는 게 어때?

B : 좋아.

어휘 dinner 저녁 식사

lunch 점심

order 주문하다

11 **해설** 오늘 일찍 집에 가도 되냐는 A의 질문에 B가 얼굴이 안 좋아 보인다며, 무슨 일이 있냐고 되묻고 있다. 그러므로 몸 상태를 나타내는 표현인 ②가 빈칸에 들어갈 말로 가장 적절하다.

① 천만에요.

③ 그 말을 들으니 기쁘네요.

④ 운동을 더 많이 해야 해요.

해석 A : Smith씨. 오늘 집에 일찍 가도 될까요?

B : 오. 얼굴이 안 좋아 보이네요. 무슨 일이 있어요?

A : <u>열이 높아서요.</u>

어휘 early 일찍

fever 열

exercise 운동하다

12 **해설** 여가 시간에 무엇을 하냐는 A의 물음에 B는 쿠키를 굽고, A는 영화를 본다고 하였다. 그러므로 두 사람 간의 대화 주제는 '여가 활동'이다.

해석 A : 너는 여가 시간에 무엇을 하니?

B : 나는 쿠키 굽는 것을 좋아해. 너는 어때?

A : 나는 보통 영화를 봐.

어휘 free time 여가 시간

bake 굽다

usually 보통, 대개

watch 보다

13 **해설** ① 연습 요일 : 금요일

② 활동 장소 : 알 수 없음

③ 모집 인원 : 5명

④ 신청 방법 : 이메일

해석

> ### 스타 댄스 클럽
>
> ○ 우리는 매주 금요일마다 케이 팝 댄스를 연습합니다.
>
> ○ 우리는 다섯 명의 새로운 멤버가 필요합니다.
>
> ★ 가입하려면, dance@school.kr로 클럽 회장에게 이메일을 보내세요.

어휘 practice 연습하다

member 회원, 구성원

sign up 참가하다, 가입하다

email 이메일을 보내다

president 회장

14 **해설** 공원에서 자전거를 탈 때 헬멧을 착용하고 밝은 색상의 옷을 입으라는 방송 내용이므로, '자전거 운행 시 안전 수칙 안내'가 해당 방송의 목적으로 가장 적절하다.

해석 여러분. 좋은 아침입니다. 공원에서 자전거를 타기 위한 몇 가지 안전 규칙을 말씀드리려고 합니다. 첫째, 머리를 보호하기 위해 헬멧을 쓰세요. 둘째, 사람들이 쉽게 당신을 볼 수 있도록 밤에는 밝은 색상의 옷을 입으세요.

어휘 safety rule 안전 규칙

ride a bike 자전거를 타다

put on ~을 입다[쓰다]

helmet 헬멧

protect 보호하다

wear 입다

bright 밝은

easily 쉽게

15 **해설** 무슨 일 때문에 늦었는지를 묻는 A의 질문에 B가 정말 미안하다고 사과한 후 지하철을 잘못 탔다고 그 이유를 설명하고 있다. 그러므로 B가 늦은 이유는 '지하철을 잘못 타서'이다.

해석 A : 늦었네. 무슨 일이 있었어?
B : 정말 미안해. 나는 지하철을 잘못 탔어.
A : 저런. 나는 네가 경기가 시작되기 전에 와줘서 기뻐.

어휘 late 늦은, 지각한
happen 일어나다, 발생하다
take a subway 지하철을 타다
wrong 틀린, 잘못된
terrible 끔찍한, 심한
glad 기쁜

16 **해설** 제시된 글의 마지막 문장에서 모든 손님들을 위한 무료 보트 관광도 있다고 하였으므로, '무료 버스 관광을 제공한다.'는 ④의 설명은 옳지 못하다.

해석 Ocean 호텔은 해변 옆에 있습니다. 모든 객실에서 바다를 볼 수 있습니다. 손님들은 호텔 식당에서 신선한 해산물을 먹을 수 있습니다. 또한 모든 손님들을 위한 무료 보트 관광도 있습니다.

어휘 next to ~옆에
beach 해변
view 경치, 전망
guest 손님
fresh 신선한
seafood 해산물
free 무료의, 공짜의
tour 관광, 여행

17 **해설** 제시된 글은 새로운 오케스트라 단원인 Sophie를 소개하고 있는 내용이다. 그런데 '바이올린이 기타보다 더 작다'는 ⓒ의 내용은 Sophie를 소개하는 내용이 아니므로, 전체적인 글의 흐름과 어울리지 않는다.

해석 저는 우리의 새로운 오케스트라 단원인 Sophie를 소개하려고 합니다. ⓐ 그녀는 바이올린을 연주합니다. ⓑ 그녀는 오케스트라에서 연주한 경험이 많습니다. ⓒ <u>바이올린은 기타보다 더 작습니다.</u> ⓓ 그녀는 많은 바이올린 연주 대회에서 우승했습니다. 우리 모두 Sophie를 환영합시다.

어휘 would like to ~하고 싶다
introduce 소개하다

orchestra 오케스트라

violin 바이올린

lots of 많은

experience 경험

guitar 기타

contest 대회

18 **해설** 제시된 글에 따르면 Mike는 책을 빌리기 위해 어제 도서관에 갔지만, 집에 도서관 카드를 두고 와서 그 책들을 빌릴 수가 없었다. 그러므로 Mike가 책을 빌리지 못한 이유는 '도서관 카드를 집에 두고 와서'이다.

해석 Mike는 그의 과학 과제를 위해 몇 권의 책을 읽어야만 한다. 그래서 그는 어제 도서관에 갔다. 그는 그곳에서 책들을 찾았다. 하지만, 그는 집에 도서관 카드를 두고 왔기 때문에 그것들을 빌릴 수 없었다.

어휘 science 과학
project 과제, 프로젝트
library 도서관
borrow 빌리다

19 **해설** 그래프에서 힙합(Hip-hop) 음악을 좋아한다고 답한 학생들의 비율이 57%이므로, 빈칸에는 'hip-hop(힙합)'이 들어갈 말로 가장 적절하다.

해석

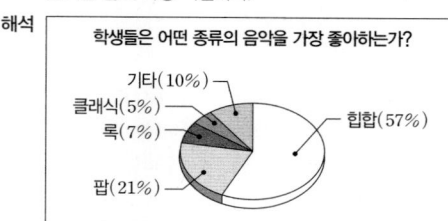

학생들은 어떤 종류의 음악을 가장 좋아하는가?

기타(10%) 클래식(5%) 록(7%) 팝(21%) 힙합(57%)

학생들의 반 이상이 힙합을 가장 좋아한다.

어휘 type 유형, 종류
more than ~이상, ~보다 많이

20 **해설** ① 글쓴이의 이름 : David
② 여동생의 학년 : 3학년
③ 아버지의 직업 : 교사
④ 어머니의 나이 : 알 수 없음

해석 내 이름은 David이다. 이것은 나의 가족 사진이다. 여기는 내 여동생, Christine이다. 그녀는 3학년이다. 그녀 옆에는, 부모님이 의자에 앉아 계신다. 나의 아버지는 교사이고, 나의 어머니는 의사이다. 우리는 행복한 가족이다.

어휘 family 가족

photo 사진

younger sister 여동생

third grade 3학년

next to ~옆에

parents 부모

chair 의자

21 **해설** 주어진 글은 눈의 피로를 푸는 방법에 대해 설명하고 있다. 눈을 감고 손가락으로 '그것들'을 부드럽게 누르라고 하였으므로, 밑줄 친 지시대명사 'them'은 앞의 'eyes(눈)'을 가리킨다.

해석 피곤하다고 느낄 때 눈을 편안하게 하는 방법이 여기 있다. 눈을 감고 손가락으로 부드럽게 그것들을 눌러라. 끝나면, 따뜻한 수건으로 눈을 덮어라. 이것이 여러분의 눈을 더욱 편안하게 느끼도록 할 것이다.

어휘 how to ~하는 방법

relax 긴장을 풀다, 휴식을 취하다

feel tired 피로를 느끼다

press 누르다

gently 온화하게, 부드럽게

finish 끝나다, 마치다

cover 덮다

warm 따뜻한

towel 타월, 수건

22 **해설** 영화관에서 지켜야 할 사항으로 '크게 말하지 않기, 휴대폰 사용하지 않기, 바닥에 쓰레기 버리지 않기'는 언급되어 있으나, ③의 '앞좌석 발로 차지 않기'는 언급되어 있지 않다.

해석 ○ 큰 소리로 말하지 마세요.

○ 휴대폰을 사용하지 마세요.

○ 바닥에 쓰레기를 버리지 마세요.

어휘 loudly 큰소리로, 시끄럽게

cell phone 휴대폰

throw 던지다

trash 쓰레기

on the floor 바닥에

23 **해설** 제시된 글은 요즘 로봇들이 어떠한 역할들을 수행하는지에 관해 차례대로 열거하고 있다. 그러므로 '로봇의 다양한 역할'이 제시문의 주제로 가장 적절하다.

해석 요즘 로봇은 많은 다양한 역할을 한다. 몇몇 로봇들은 식당에서 주문을 받는다. 다른 로봇들은 카페에서 커피를 만든다. 그것들은 또한 공항에서 안내원으로 일한

다. 그것들은 심지어 친구처럼 사람들과 이야기한다.

어휘 these days 요즘

robot 로봇

different 다른, 다양한

role 역할

take orders 주문을 받다

guide 안내원

even 심지어

24 **해설** 오늘 우리가 축구를 하려고 했지만, 지금 비가 내리고 있고 오늘밤까지 그치지 않는다고 하니 계획을 변경하는 것이 어떻겠냐고 제안하고 있다. 그러므로 제시문의 글을 쓴 목적은 '계획 변경을 제안하기' 위해서이다.

해석 안녕, Sam. 나야, Chris. 나는 오늘 우리가 축구를 하는 것으로 알고 있어. 하지만 지금 비가 내리고 있고, 그리고 나는 오늘밤까지 비가 그치지 않을 거라고 들었어. 그래서 계획을 변경하는 게 어때?

어휘 be going to ~할 예정이다

play soccer 축구하다

until ~때까지

change 바꾸다, 변경하다

plan 계획

25 **해설** 글의 전반부에는 집에서 치즈를 만드는 데 걸리는 시간과 세 가지 필요한 재료에 대해 소개하고 있고, 마지막 문장에서 이 세 가지 재료들을 가지고 치즈를 만들어 보자고 제안하고 있다. 그러므로 주어진 글 다음에는 '치즈를 만드는 절차'가 이어질 내용임을 짐작할 수 있다.

해석 당신은 치즈를 좋아하는가? 집에서 치즈를 만드는 것은 쉽고 재미있습니다. 단지 30분밖에 안 걸립니다. 그리고 단지 약간의 우유, 레몬즙, 그리고 소금이 필요합니다. 이제, 이 세 가지를 가지고 치즈를 만드는 단계를 살펴보도록 합시다.

어휘 easy 쉬운

fun 재미있는

take (시간이) 걸리다

lemon juice 레몬즙, 레몬주스

salt 소금

take a look at ~을 살펴보다

step 단계, 절차

제4교시 사 회

▌정답

01 ③	02 ④	03 ①	04 ①	05 ①
06 ③	07 ④	08 ④	09 ④	10 ①
11 ③	12 ②	13 ④	14 ③	15 ①
16 ②	17 ③	18 ④	19 ②	20 ②
21 ③	22 ④	23 ③	24 ④	25 ④

▌해설

01
㉠ 표준 경선 / ㉡ 경도
㉠ 한 나라의 표준시를 정하는 기준이 되는 선은 '표준 경선'으로, 영국의 그리니치 천문대를 기준으로 하는 0도 선이다.
㉡ 시차는 지구의 자전으로 인해 경도 15°마다 1시간의 차이가 발생하는 것이며, 경도는 본초 자오선(경도 0°)을 기준으로 동경과 서경을 각각 0°~180°로 나타낸 것이다.

02
브라질의 아마존처럼 강수량이 2,000mm 이상인 연중 고온 다습한 적도 부근 지역의 기후는 열대 우림 기후로, 스콜이라 불리는 강한 소나기가 내린다.
① **스텝 기후** : 연중 강수량이 250~500mm 미만의 건조 기후 지역으로, 유목과 목축업이 발달하였다.
② **사막 기후** : 연중 강수량이 250mm 이하의 건조 기후 지역으로, 오아시스 농업이나 지하수를 이용한 관개 농업이 발달하였다.
③ **툰드라 기후** : 북극해를 중심으로 그린란드, 유라시아 및 북아메리카 대륙의 북부 지역으로 짧은 여름만 0° 이상인 한대 기후이다.

03
힌두교와 불교의 발상지로 다양한 종교와 언어가 나타나고 소를 신성시하는 지역은 인도 문화 지역이다. 사회 전반에 카스트 제도의 영향이 남아 있다.
② **아프리카 문화 지역** : 사하라 사막 이남 지역으로 부족 단위의 공동체 생활을 하며, 다양한 종족 및 언어가 분포한다.
③ **오세아니아 문화 지역** : 오스트레일리아와 뉴질랜드 그리고 태평양 제도 지역에 유럽 문화의 이식과 정착으로 형성된 문화 지역이다.

④ **라틴 아메리카 문화 지역** : 과거 남부 유럽의 식민 지배를 받아 주로 에스파냐어와 포르투갈어를 사용하며, 원주민과 아프리카인 그리고 유럽인 간의 문화 융합으로 혼혈 인종이 많은 문화 지역이다.

04
오랜 기간 비가 오지 않아 땅이 메마르고 물이 부족해지는 재해는 가뭄으로, 농업 활동에 지장을 초래한다.
② **태풍** : 북태평양의 열대 해상에서 발생하는 저기압으로, 강한 바람과 많은 비를 동반함
③ **폭설** : 비교적 짧은 시간에 많은 양의 눈이 오는 기상 현상
④ **홍수** : 여름철 장마나 태풍 등 집중 호우에 의한 하천의 범람으로 발생하는 자연재해 현상

05
도심은 도시의 중심부로, 교통이 편리하고 유동인구가 많으며 땅값이 비싼 중심 업무 지구가 형성된다.
② **촌락** : 적은 수의 사람들이 모여 제1차 산업을 중심으로 공통된 생활을 하고 있는 지역
③ **주변지역** : 도시의 인구가 이동하여 비교적 인구가 밀집되고, 원예농업과 낙농업이 발달한 지역
④ **개발 제한 구역** : 도시의 무질서한 팽창을 방지하고 환경을 보전하기 위해 설정된 녹지 지대

06
영해는 한 국가의 주권이 미치는 바다로, 기선으로부터 측정하여 그 바깥쪽 12해리의 선까지 이르는 수역을 말한다.
① **영공** : 한 국가의 주권이 미치는 영토와 영해의 수직 상공으로, 대기권 내로 한정됨
② **영토** : 한 국가의 주권이 미치는 육지의 범위로, 국토 면적과 일치함
④ **배타적 경제 수역** : 영해를 설정한 기준선으로부터 200해리까지의 바다 중 영해를 제외한 바다

07
(가) **풍력 발전** : 강한 바람이 지속적으로 부는 곳에서 바람의 힘을 이용해 전기를 생산하는 방식이다.
(나) **지열 발전** : 땅 속의 열을 이용해 전력을 생산하는 방식으로 아이슬란드, 뉴질랜드 등의 화산 지대에서 볼 수 있다.
• **조력 발전** : 밀물과 썰물 때의 바다 높이 차이를 이용하여 전기를 생산하는 방식
• **원자력 발전** : 원자핵이 분열해서 나오는 에너지를 이용해 증기를 만들고, 이 증기로 터빈을 돌려서 전기를 생산하는 방식

08 세계 최고봉인 에베레스트 산이 위치한 산맥은 히말라야 산맥으로, 인도 대륙 북쪽에서 중앙아시아 고원 남쪽을 동서로 길게 연결하는 산맥이다.
① 로키 산맥 : 북아메리카 서부를 남북으로 뻗은 산맥
② 우랄 산맥 : 러시아 북부를 남북으로 뻗은 산맥으로, 유럽과 아시아의 경계를 이룸
③ 안데스 산맥 : 남아메리카 서부를 남북으로 뻗은 산맥

09 사회적 지위는 개인의 재능과 노력에 의해 후천적으로 얻게 되는 지위로, 교사 · 대학생 · 회사원 등이 이에 해당한다. 사회적 지위는 사회가 발달하고 전문화 · 다원화된 현대 사회에서 더욱 중시되고 있다.
① · ② 태어날 때부터 자연적으로 주어지는 지위는 귀속 지위이다.
③ 사회적 지위는 지위에 따라 기대되는 행동 양식이 존재한다.

10 문화가 언어와 문자 등을 통해 다음 세대에 전승되면서 더욱 풍부하고 다양해지는 것은 문화의 속성 중 '축적성' 때문이다. 문화의 다른 속성으로는 축적성 외에 학습성, 공유성, 변동성, 전체성 등이 있다.

11 일정 연령 이상의 국민이면 누구나 선거권을 갖는 민주 선거의 원칙은 '보통 선거'이다. 이는 재산, 성별, 인종 등을 이유로 선거권을 부당하게 제한하지 않는 것을 의미한다.

TIP 민주 선거의 원칙

보통 선거	일정 연령 이상의 모든 국민에게 선거권 부여 (↔ 제한 선거)
평등 선거	모든 투표권의 개수와 가치를 동등하게 부여 (↔ 차등 선거)
직접 선거	유권자가 대리인을 거치지 않고 직접 대표자 선출(↔ 간접 선거, 대리 선거)
비밀 선거	투표 내용을 알 수 없도록 하여 비밀을 보장 (↔ 공개 선거)

12 균형 가격 → 하락 / 균형 거래량 → 증가
시장의 균형 가격은 수요량과 공급량이 일치하는 곳에서 결정되는데, 그래프에서 보듯이 공급 곡선이 A에서 B로 이동하게 되면 균형 가격은 $가격_0$에서 $가격_1$로 하락하고, 균형 거래량은 $수량_0$에서 $수량_1$로 증가한다.

13 지방 자치 제도는 지역 주민이 구성한 지방 자치 단체가 지방의 행정사무를 자율적으로 처리하는 제도로, '민주주의의 학교' 또는 '풀뿌리 민주주의'라고도 한다.

① 심급 제도 : 공정하고 정확한 재판을 위해 급이 다른 법원에서 여러 번 재판할 수 있는 제도(3심제가 원칙)
② 문화 사대주의 : 다른 문화를 더 좋은 것으로 생각하고 자신의 문화를 과소평가하거나 무시하는 태도
③ 증거 재판주의 : 재판의 사실 인정이나 판결은 증거를 바탕으로 해야 한다는 원칙

14 대형 마트에서 500만 원대의 전자 제품을 훔친 것은 절도 행위에 해당하므로, 형사 재판으로 처리해야 할 사건이다. 형사 재판은 범죄의 유무와 형벌의 정도를 결정하는 재판이다.
① 가사 재판 : 이혼, 상속 등 가족이나 친족 간의 분쟁에서 발생한 사건을 다루는 재판
② 선거 재판 : 선거와 관련된 위법 사실에 대한 재판
④ 행정 재판 : 행정 기관의 권리 침해 여부를 결정하는 재판

15 국회는 국민이 선출한 대표로 구성된 대표 기관으로, 각종 법률을 제정 및 개정하는 입법권은 국회의 고유 권한이다.
② 감사원 : 대통령 직속의 헌법 기구로서 행정부 내 최고 감사기관, 직무 감찰 및 결산업무 등을 담당
③ 대법원 : 주로 3심 사건의 최종적인 재판을 담당하는 사법부의 최고 법원
④ 헌법 재판소 : 헌법의 해석과 관련된 정치적 사건과 국회에서 만든 법률 등을 사법적 절차에 따라 심판하는 헌법 재판 기관

16 인간의 욕구는 무한하지만 이를 충족해 줄 자원이 상대적으로 부족한 상태를 '희소성'이라고 한다. 희소성은 인간의 욕구와 자원의 양에 의해 상대적으로 결정되며, 환경 변화나 장소에 따라 달라진다.

17 빗살무늬 토기는 신석기 시대의 대표적 유물로, 식량을 저장하고 음식을 조리하는 데 사용하였다. 신석기 시대에는 주로 해안이나 강가에 움집을 짓고 살았으며, 돌도끼 · 돌괭이 · 돌낫 등의 간석기를 사용하였다. 또한 농경과 정착 생활이 시작되었다.
③ 철제 무기 제작 → 철기 시대

18 후삼국을 통일하고 고려를 건국한 태조 왕건은 호족 세력을 포섭하기 위해 혼인 관계를 맺었으며, 사심관 제도와 기인 제도를 실시하였다. 또한 훈요 10조를 남겨 후대의 왕들에게 통치의 교훈으로 삼도록 하였다.
① 대조영 : 고구려 유민과 말갈족을 이끌고 만주 동모산에서 발해를 건국한 왕
② 장수왕 : 광개토 대왕의 아들로 수도를 평양으로 옮기고

남진 정책을 추진하였으며, 백제의 수도 한성을 함락한 고
구려의 왕
③ **박혁거세** : 경주 사로국에서 여섯 촌장의 지지를 받아 신
라를 건국한 왕

19 단군 이야기를 포함하여 고대로부터 전해오는 역사와 설화
등을 담아 승려 일연이 지은 역사서는 삼국유사이다.
① **경국대전** : 세조 대에 편찬을 시작하여 성종 대에 완성 및
반포된 조선 시대의 기본 법전
② **동의보감** : 조선 광해군 때 허준이 편찬한 동양 최고의 의
학 백과사전
③ **삼강행실도** : 군신 · 부자 · 부부의 삼강에 모범이 될 만한
충신 · 효자 · 열녀의 행실을 모아 편찬한 윤리서

20 진흥왕은 한강 유역으로 진출하여 영토를 확장한 신라 전성
기의 왕으로, 화랑도를 통해 인재를 양성하였으며, 불교의 부
흥을 위해 황룡사를 건립하였다.
① **별무반** : 조선 숙종 때 여진 정벌을 위해 윤관의 건의로
조직된 특수 부대
③ **삼별초** : 고려 무신 집권기 때 설치된 최씨 무신 정권의
사병 부대로, 몽골의 침입 때 항쟁
④ **훈련도감** : 조선 선조 때 임진왜란 당시 왜군의 조총에 대
응하고 국방력을 강화하기 위해 설치된 중앙군

21 고려 말 위화도 회군으로 권력을 장악한 이성계가 과전법을
실시한 후 정몽주 등을 제거하고 건국한 나라는 조선이다.
① 백제의 건국 시조 → 온조
② 신라의 건국 시조 → 박혁거세
④ 고구려의 건국 시조 → 주몽

22 조선 제22대 왕인 정조는 규장각을 설치하고 능력 있는 서얼
을 등용하였으며, 자신의 정치적 이상을 실현하기 위해 수원
화성을 건설하였다.
ㄱ. 척화비 건립 → 흥선 대원군
ㄷ. 훈민정음 창제 → 세종대왕

23 '황토현 전투 → 전주 화약 체결 → 집강소 설치 → 우금치
전투'는 동학 농민 운동의 전개 과정이다. 동학 농민 운동
(1894)은 고부 군수 조병갑의 탐학에 저항하여 전봉준이 농민
들을 이끌고 고부 관아를 습격하면서 발발한 운동이다.
① **병인양요(1866)** : 프랑스가 병인박해로 인해 천주교 선교
사와 신자들이 처형된 것을 구실로 강화도를 공격한 사건
② **살수대첩(612)** : 수 나라가 대군을 이끌고 고구려를 침입
하자 을지문덕이 살수에서 수의 군대를 크게 물리친 전투

④ **6월 민주 항쟁(1987)** : 박종철 고문치사와 전두환 정부의
4 · 13 호헌 조치 발표로 호헌 철폐와 독재 타도 등의 구호
를 내세운 민주 항쟁

24 대한민국 임시 정부는 3 · 1 운동 이후 민주 공화제의 독립
국가를 건설하고자 하는 목적으로 중국 상하이에서 수립되었
다(1919).
① **청해진** : 통일 신라의 장보고가 지금의 완도에 설치한 군
사 및 무역 기지
② **교정도감** : 고려 무신 집권기 때의 국정 총괄 기구
③ **독립협회** : 서재필이 창립한 한국 최초의 근대적 사회 정
치 단체

25 이승만 정부 때 여당 부통령 후보인 이기붕의 당선을 위한
3 · 15 부정 선거가 자행되어 4 · 19 혁명이 촉발되었고, 결국
이승만 대통령이 하야하였다(1960).
① **단발령** : 조선 말 을미개혁의 하나로 상투를 자르게 한 명령
② **금융 실명제** : 금융 거래의 투명성을 확보하고자 김영삼
정부 때 대통령 긴급 명령으로 전격 시행된 금융 제도
③ **새마을 운동** : 1970년대 박정희 정부의 주도 아래 전국적
으로 이루어진 지역 사회 개발 운동

제5교시

과 학

정답 및 해설 |

정답

01 ②	02 ①	03 ③	04 ③	05 ④
06 ①	07 ③	08 ④	09 ①	10 ②
11 ②	12 ④	13 ④	14 ②	15 ④
16 ④	17 ①	18 ④	19 ④	20 ③
21 ④	22 ②	23 ①	24 ①	25 ①

해설

01 지구가 물체를 당기는 힘은 '중력'으로, 힘의 방향은 지구의 중심을 향하며, 힘의 크기는 물체의 질량에 비례한다.
① 부력 : 물과 같은 유체에 잠겨 있는 물체가 중력에 반하여 밀어 올려지는 힘
③ 마찰력 : 물체와 접촉면 사이에서 물체의 운동을 방해하는 힘
④ 탄성력 : 변형된 물체가 원래의 모양으로 돌아가려는 힘

02 빨간색 물체는 빨간색의 빛만 반사하고 다른 색의 빛을 흡수하므로, 빨간색 공에 파란색 빛을 비추었을 때 파란색 빛은 반사되지 않고 모두 흡수되어 공은 검은색으로 보인다.

03 전류가 흐르는 방향이 반대가 되면 자기장의 방향도 반대가 되므로, 나침반의 방향도 반대가 된다.

04 열이 물질을 거치지 않고 직접 이동하는 열의 이동 방법은 복사이다. 예 태양과 지구 사이의 복사
① 단열 : 물체 사이에서 열의 전달을 막는 것
   예 보온병, 아이스박스, 방한복 등
② 대류 : 공기나 물이 순환하면서 열이 전달되는 방법
   예 에어컨을 틀면 방 전체가 시원해짐
④ 전도 : 이웃한 분자들 간의 충돌에 의해 분자 운동이 전달되면서 열이 이동하는 현상
   예 뜨거운 국에 담긴 숟가락이 뜨거워짐

05
위치 에너지=9.8×질량×높이

위치 에너지는 물체의 질량과 들어 올린 높이에 비례하므로, 도표에서 물체의 질량과 들어 올린 높이가 가장 큰 D의 위치 에너지가 가장 많이 증가한다.
① A의 위치 에너지=$9.8 \times 1 \times 1 = 9.8$J
② B의 위치 에너지=$9.8 \times 1 \times 2 = 19.6$J
③ C의 위치 에너지=$9.8 \times 2 \times 1 = 19.6$J
④ D의 위치 에너지=$9.8 \times 2 \times 2 = 39.2$J

06
역학적 에너지=운동 에너지+위치 에너지

공기 저항과 마찰을 무시할 때 물체의 역학적 에너지는 일정하게 보존되므로, 지점 A, B, C에서 쇠구슬의 역학적 에너지는 모두 동일하다.
• 운동 에너지의 크기 : $A < B < C$
• 위치 에너지의 크기 : $A > B > C$
• 역학적 에너지의 크기 : $A = B = C$

07 원소 기호는 첫 번째 글자는 대문자, 두 번째 글자는 소문자로 표기한다. 그러므로 나트륨의 원소 기호는 'Na'이다.

08 (가)는 B(액체)가 C(기체)로 변화하는 것이므로 기화이다.
① A : 고체
   융해는 고체에서 액체로 변화하는 것이므로, A는 고체이다.
② B : 액체
   응고는 액체에서 고체로 변화하는 것이므로, B는 액체이다.
③ C : 기체
   액화는 기체에서 액체로 변화하는 것이므로, C는 기체이다.

09 구리, 설탕 → 순물질 / 우유, 소금물 → 혼합물
• 순물질 : 다른 물질이 섞이지 않고 한 가지 물질로 이루어진 물질
   예 물, 금, 산소, 구리, 설탕, 이산화탄소, 염화나트륨 등
• 혼합물 : 두 가지 이상의 순물질이 섞여 있는 물질
   예 공기, 우유, 식초, 소금물, 설탕물, 과일주스 등

10
보일의 법칙 : 압력(P)×부피(V)=일정

보일의 법칙에 따라 기체의 압력과 부피의 곱은 일정하며,

2기압일 때 기체의 부피는 20(mL)이다.

$$1기압 \times 40mL \to 40$$
$$2기압 \times 20mL \to 40 \left.\right\} \Rightarrow 일정$$
$$4기압 \times 10mL \to 40$$

11 $N_2 + 3H_2 \to 2HN_3$이므로, 각 기체 사이의 부피비는 기체 반응의 법칙에 따라 화학 반응 식의 계수비와 동일하다. 그러므로 질소(N_2) 기체 1L와 수소(H_2) 기체 3L를 반응시켰을 때 생성되는 암모니아(NH_3) 기체의 부피는 2(L)이다.

12 화학 변화는 어떤 물질이 본래의 성질과 다른 새로운 물질로 변화하는 현상으로, ①의 김치가 시어지는 것은 화학 변화에 해당한다.

② · ③ · ④ → 물리 변화

> **TIP** 물질의 변화
>
> | 구분 | 물리 변화 | 화학 변화 |
> | --- | --- | --- |
> | 내용 | 물질의 고유한 성질은 변하지 않으면서 모양이나 상태 등이 변하는 현상 | 어떤 물질이 본래의 성질과는 다른 새로운 물질로 변화는 현상 |
> | 사례 | • 유리창이나 그릇 등이 깨짐
• 설탕이나 소금이 물에 녹음
• 물에 넣은 잉크가 퍼짐
• 용광로에 철이 녹음 | • 철로 만든 못이 녹슴
• 나무나 종이 등의 연소
• 김치가 시어짐
• 깎아 놓은 사과나 감자의 색깔 변화 |

13 멸종 위기종의 보호는 생물의 다양성을 보존하기 위한 노력에 해당한다.

14 생물의 5계 분류 중 소나무는 광합성을 하는 생물로, 식물계에 해당하나, 김, 아메바, 짚신벌레는 모두 원생생물계에 속한다.

15 잡종 2대의 유전자 형의 비는 $YY : Yy : yy = 1 : 2 : 1$이다. 이 중 황색 완두는 YY와 Yy이고, 녹색 완두는 yy이다. 그러므로 황색 완두와 녹색 완두의 표현형의 비는 3 : 1이다.

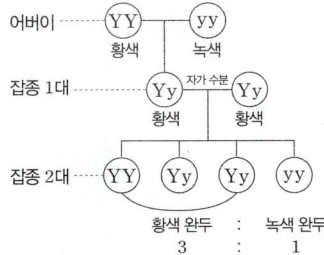

16 시금치를 어두운 곳에 오래 두면 광합성을 하지 못하고 호흡만 하게 되므로, 이산화 탄소를 배출하게 된다. 그러므로 시금치와 연결된 A의 석회수가 이산화 탄소와 반응하여 뿌옇게 변한다.

17 쓸개즙을 생성하고, 요소를 합성하는 기관은 A(간)이다. 쓸개즙은 간에서 생성되고 쓸개에 저장되며, 암모니아는 간에서 요소로 합성된다.

② B → 위
③ C → 작은 창자
④ D → 큰 창자

18 감수 1분열을 마친 딸세포 2개는 염색체의 수가 반으로 줄어들어, 각 세포 당 염색체의 수가 2개이다. 감수 2분열을 마친 딸세포 4개는 염색체의 수가 변하지 않으므로, 딸세포 A의 염색체 수는 동일하게 2개이다.

19 광합성에 영향을 주는 환경 요인은 온도, 빛의 세기, 이산화 탄소의 농도이다.

> **TIP** 광합성에 영향을 미치는 요인
>
> • **빛의 세기** : 빛의 세기가 증가할수록 광합성량이 증가하다. 빛이 어느 정도 이상이 되면 더 이상 증가하지 않고 일정
> • **이산화 탄소 농도** : 농도가 높아짐에 따라 광합성량이 증가하다. 어느 정도 이상이 되면 더 이상 증가하지 않고 일정
> • **온도** : 빛이 강할 때 온도가 높을수록 광합성량이 증가(37~38℃에서 광합성이 가장 활발하며, 40℃가 넘으면 급격히 감소)

20 화산 활동에 의한 마그마가 식어서 생성된 화산암 중 어두운 색을 띠는 광물을 많이 포함하고 있는 화산암은 현무암이다.

21 태양계의 행성 중 부피와 질량이 가장 크며, 주로 수소와 헬륨으로 이루어져 있는 행성은 목성이다.

① **수성** : 태양에 가장 가깝고 태양 주위를 가장 빨리 돌며, 크기가 가장 작음
② **지구** : 태양으로부터 세 번째 행성이며, 현재까지 알려진 생명체가 탄생하고 서식하는 유일한 천체
③ **화성** : 태양으로부터 네 번째 행성이며, 표면이 산화철이 많은 붉은색 암석과 흙으로 덮여 있음

22 태양의 표면에서 주변보다 온도가 낮아 어둡게 보이는 A는 흑점이다. 흑점은 강한 자기장 때문에 내부 에너지 전달이 방해를 받아 주위 온도보다 약 2,000℃ 정도가 낮아져 검게 보인다.

① **채층** : 광구 바깥으로 얇게 퍼져 있는 붉은 색을 띤 대기층
③ **코로나** : 채층 바깥쪽으로 멀리까지 뻗어 있는 대기층
④ **플레어** : 흑점 부근에서 발생하는 폭발 현상

23　성층권은 지표로부터 11~50km의 구간으로, 높이 20km
　　정도에 오존층이 있어 자외선을 흡수한다.
　　② 기층이 안정되어 대류 현상이 일어나지 않는다.
　　③ 높이 올라갈수록 기온이 높아진다.
　　④ 기상 현상이 나타나지 않는다.

24　절대 등급이 겉보기 등급보다 큰 경우 지구에 가까이 있는
　　별이다. 도표에서 A가 절대 등급(1.4)이 겉보기 등급(−1.5)
　　보다 크므로 지구에서 가장 가까운 별이다. B, C, D는 모두
　　절대 등급보다 겉보기 등급이 크므로 지구에서 멀리 떨어진
　　별들이다.

25　포화 수증기량은 포화 상태의 공기 1kg 속에 포함된 수증기
　　량(g)으로, 기온이 증가할수록 포화 수증기량도 증가한다. 그
　　러므로 기온이 가장 낮은 A에서 포화 수증기량이 가장 적다.

제6교시 선택 과목 도 덕

정답 및 해설 |

▌정답

01 ②	02 ③	03 ②	04 ①	05 ②
06 ①	07 ④	08 ③	09 ①	10 ④
11 ①	12 ④	13 ④	14 ③	15 ②
16 ③	17 ①	18 ③	19 ②	20 ③
21 ④	22 ②	23 ①	24 ④	25 ①

▌해설

01 인간은 양심에 따라 올바른 행동을 실천하는 도덕적 존재이다.
① **도구적 존재** : 불리한 신체 조건을 극복하기 위해 도구를 만들어 사용하는 존재
③ **문화적 존재** : 인간은 생활 양식 및 문화를 계승하고 새롭게 창조하는 존재
④ **유희적 존재** : 인간은 유희를 통해 즐거움을 추구하는 존재

02 도덕 원리를 모든 사람에게 보편적으로 적용했을 때 나타나는 결과를 예측하여 비판하는 사고 방법은 보편화 결과 검사에 해당한다. 즉, 교사는 '모든 사람'이 '너처럼 귀찮다(보편성)'고 '쓰레기를 버리면 교실은 어떻게 될까?(결과의 예측)'라고 비판하고 있다.

> **TIP** 도덕 원리의 검사
> - **역할 교환 검사** : 상대와 입장을 바꾸어 판단하는 방법
> - **보편화 결과 검사** : 도덕 원리를 모든 사람에게 보편적으로 적용했을 때 나타나는 결과를 예측하여 결과를 검토하는 방법
> - **포섭 검사** : 선택한 도덕 원리를 더 일반적인 상위의 도덕 원리에 포함시켜 판단하는 방법
> - **반증 사례 검사** : 상대가 제시한 도덕 원리에 반대되는 사례를 제시하는 방법

03 도덕 추론은 도덕 판단의 근거를 제시하고 그것이 옳다고 주장하는 과정이다.

도덕 원리 (도덕 판단의 근거)	다른 사람을 돕는 행위는 옳다.

↓

사실 판단 (구체적 사실)	봉사 활동은 다른 사람을 돕는 행위이다.

↓

도덕 판단 (주장)	봉사 활동은 옳다.

04 도덕적 신념은 도덕적으로 옳다고 여기는 것을 굳게 믿고 그것을 실천하려는 의지이다. 보편적 가치는 시대와 장소를 초월하여 인류가 보편적으로 인정하고 추구하는 가치로 사랑, 자유, 평등 등이 이에 해당한다.
② **맹목** : 사실을 옳게 보거나 판단하지 못한 채 무조건 행동하는 것
③ **방종** : 제멋대로 행동하여 거리낌이 없는 것
④ **환상** : 현실성이나 가능성이 없는 헛된 생각

05 행복한 삶을 위해서는 좋은 습관과 정서적 건강을 지녀야 하며, 허례허식과 부정적 자아관에서는 벗어나야 한다.
ㄱ. **좋은 습관** : 오랫동안 되풀이해서 익숙해진 바람직한 행동이나 생각
ㄷ. **정서적 건강** : 감정을 건설적이고 긍정적인 방식으로 인식하고 관리하는 능력

06 세계 시민은 지구 공동체의 일원으로서, 공동체 의식을 가지고 지구촌의 문제를 인식하고 합리적으로 해결하려고 노력하는 사람을 의미한다. ①의 '난민을 위해 기부하는 것'은 지구촌 문제를 인식하고 적극적으로 해결하려고 노력하는 도덕적 실천 자세이다.

07 전통 관습이라고 해서 다 좋은 것은 아니므로, 시대에 맞지 않는 전통 관습을 무작정 따르는 것은 현대 사회의 바람직한 가정 윤리라고 볼 수 없다.

08 상대방의 처지와 감정을 헤아려 보살펴 주고 도와주는 덕목은 배려이다.
① **경건** : 공경하는 자세로 삼가고 조심함
② **무지** : 아는 것이 없어 어리석고 미련함
④ **탐욕** : 지나치게 탐하는 욕심

09 이성 교제 시 남녀의 차이를 인식하고 서로를 존중하는 자세가 필요하나, 이성에게 잘 보이기 위해 비싼 선물을 주거나 이성을 성적 욕구의 수단으로 생각하는 것은 바람직한 이성

2022년도 2회

교제의 자세가 아니다.

10 인권은 인간다운 삶을 위해 보장되어야 하는 기본적 권리로, 어떤 경우에도 침해할 수 없는 불가침성의 특성을 갖는다. 그러므로 개인의 자율성을 침해하는 것이 인간에게 인권이 필요한 이유는 아니다.

> **TIP 인권의 특성**
> • **보편성** : 누구나 동등하게 누릴 권리
> • **천부성** : 태어나면서 자연적으로 갖게 되는 권리
> • **불가침성** : 어떤 경우에도 침해할 수 없는 권리

11 이웃은 가까운 곳에 사는 동네 사람들로 존중과 배려의 자세가 필요하며, 늦은 저녁에 음악을 크게 트는 것은 이웃에게 방해가 되는 갈등의 원인이 된다.

12 이기주의는 자기 자신의 이익만을 꾀하고, 사회 일반의 이익을 염두에 두지 않으려는 태도이므로 바람직한 시민이 갖추어야 할 자질에 해당하지 않는다.

13 다문화 사회는 다양한 문화를 향유하는 사람들이 함께 생활하는 사회이므로, 다른 문화를 서로 인정하고 존중하는 자세가 필요하다.
① · ② 힘이 약한 나라의 문화를 무시하거나, 우리 문화의 우수성만을 강조하는 것은 자문화 중심적 태도이다.
② 다른 나라의 문화를 무조건 받아들이는 것은 문화 사대주의적 태도이다.

14 정보화 시대는 사이버 공간의 전파 범위와 속도가 광범위하고 신속하므로, 아무런 근거 없이 유언비어를 유포하는 행위는 개인의 명예나 사생활을 심각하게 침해할 수 있는 불법적이고 비도덕적인 행위이다.

15 가치관의 차이나 이해관계의 충돌은 갈등의 원인에 해당하며, 원활한 의사소통과 공정한 분배 실현은 갈등의 해소 방안이다.

16 인도의 민족 운동 지도자로, 식민지 지배에 굴하지 않고 비

> **TIP 갈등의 원인**
> • **욕구나 이해관계의 차이** : 욕구나 이해관계를 두고 손익을 분배하는 과정에서 발생
> • **가치관의 차이** : 생각이나 가치관의 차이로 발생

> • **구조적 갈등** : 잘못된 제도나 관행, 사회 구조 등으로 인한 갈등
> • **사실 관계 갈등** : 사실 관계를 두고 다른 해석이 발생하는 경우의 갈등

폭력적 불복종 운동을 실천하여 독립에 기여한 인물은 간디이다.
① 김구 → 한국의 독립운동가
② 공자 → 중국의 사상가
④ 칸트 → 독일의 철학자

17 학교 폭력을 당한 피해자 학생은 혼자 참고 견디는 것이 아니라, 친구, 선생님, 부모님 등 도움을 받을 수 있는 사람들에게 빨리 알리고 함께 대책을 세워야 한다.

18 정의로운 국가는 사회 질서를 유지하기 위해 공정한 법과 제도를 마련해야 한다.
① 인간의 기본권 축소 → 인간의 기본권 확대
② 국민의 거주 제한 → 국민의 거주 · 이전의 자유 보장
④ 자유로운 경제 활동 금지 → 자유로운 경제 활동 보장

> **TIP 정의로운 국가의 조건**
> • 인간의 존엄성 보장
> • 공정한 사회 제도 확립 및 운영
> • 보편적 가치 지향

19 물질적 가치는 물질적 형태의 가치와 그것을 통해 느끼는 만족감이고, 정신적 가치는 인간의 정신 활동으로 얻게 되는 가치로, 사람에게 정신적 만족을 준다.
> • **물질적 가치** : 재물
> • **정신적 가치** : 사랑, 우정, 평화

20 부패는 공정한 절차를 무시하고 부당한 방법으로 자기 이익을 편취하는 행위로, 사회 구성원들 간에 공유된 청렴 의식은 부패를 발생시키는 것이 아니라 부패를 방지하는 데 도움을 준다.

21 남북 간의 문화 차이의 확대는 남북한 간의 오랜 분단 상황으로 발생한 폐해로, 이를 극복하기 위해 통일이 필요한 것이다.

22 [인간 중심주의 자연관]
　ㄱ. 인간이 자연의 주인이다.
　ㄷ. 자연을 인간을 위한 도구로 여긴다.
　[생태 중심주의 자연관]
　ㄴ. 인간이 자연을 통제해서는 안 된다
　ㄹ. 자연이 가진 본래적 가치를 존중한다.

23 환경 친화적 삶의 태도는 환경과 함께 공존하며 높은 삶의 질을 추구하는 실천 태도로, 쓰레기를 분리 배출하는 것은 쓰레기를 줄이고 자원을 재활용하는 데 도움을 주므로 환경 친화적 삶을 위한 실천 태도에 해당한다.

24 생활의 편리, 물질적 풍요와 혜택, 미래에 대한 낙관적 전망과 희망 등은 과학 기술의 발달로 인한 긍정적 영향에 해당한다. 반면에 환경 오염, 인간 소외, 새로운 질병의 확산 등은 과학 기술의 발달로 인한 부정적 영향에 해당한다.

25 도덕적인 삶을 살기 위해서는 가치 있는 목표를 설정하고 보람된 삶을 추구해야 한다.
　ㄷ. 자신을 부정적으로 바라봄. → 자신을 긍정적으로 바라봄.
　ㄹ. 배타적인 삶의 태도를 가짐. → 관용적인 삶의 태도를 가짐.

정답 및 해설

2021년도

제1회

제1교시

국 어

정답 및 해설 |

정답

01 ②	02 ①	03 ③	04 ④	05 ①
06 ②	07 ②	08 ④	09 ②	10 ③
11 ③	12 ③	13 ①	14 ①	15 ①
16 ③	17 ③	18 ④	19 ①	20 ④
21 ④	22 ①	23 ②	24 ④	25 ③

해설

01 '수연'이가 '민재'에게 미술 시간에 쓸 물감을 빌려달라고 요청하고 있다. 그러므로 '수연'이의 말하기 목적은 '부탁'에 해당한다.
① 격려 : 용기나 의욕을 북돋워 주는 말
③ 사과 : 잘못을 인정하고 용서를 비는 말
④ 조언 : 깨우치도록 도움을 주는 말

02 [면담]은 특정 인물이나 주제에 대한 정보를 수집하기 위해 주고받는 대화로, 질문 내용이 면담의 목적에 적합해야 한다. 직업의 장점, 필요한 자격증, 직업적 보람 등은 직업과 관련된 질문 내용이므로 적절하다. 그러나 '수의사의 가족 관계'는 사적인 질문 내용에 해당하므로 적절하지 않다.

03 '달린다'의 기본형 '달리다'는 사물의 움직임을 나타내는 동사이다. 그러나 '즐겁다', '깨끗하다', '푸르다'는 모두 사물의 상태나 성질을 나타내는 형용사이다.

04 '붙이자'의 기본형 '붙이다'는 '맞닿아 떨어지지 않게 하다'의 의미를 지닌 '붙다'의 사동형으로, 해당 문장에서 올바르게 쓰였다.
① 할께 → 할게
② 설겆이 → 설거지
③ 낳기 → 낫기

05 '놓는'은 표준 발음법 제12항의 규칙에 따라 '놓'의 받침 'ㅎ' 뒤에 '는'의 'ㄴ'이 결합된 단어이므로 [논는]으로 발음한다.
② · ③ '입학'과 '각하'는 'ㅎ'이 받침이 아닌 첫소리에 사용된 단어들이므로, 제시된 규정을 적용할 수 없다.

④ '쌓으니'는 '쌓'의 받침 'ㅎ' 뒤에 'ㄴ'이 아닌 '으'의 'ㅇ'이 결합된 단어이므로, 제시된 규정을 적용할 수 없다.

06 두 입술 사이에서 나는 '입술소리'에는 'ㅁ, ㅂ, ㅃ, ㅍ'이 있다.
① ㄱ – 여린입천장소리
③ ㅇ – 여린입천장소리
④ ㅎ – 목청소리

> **TIP** 자음 체계

소리의 성질 \ 소리나는 위치		입술소리	잇몸소리	센입천장소리	여린입천장소리	목청소리
안울림소리	예사소리	ㅂ	ㄷ	ㅅ	ㅈ	ㄱ	ㅎ
	된소리	ㅃ	ㄸ	ㅆ	ㅉ	ㄲ	
	거센소리	ㅍ	ㅌ		ㅊ	ㅋ	
울림소리		ㅁ	ㄴ, ㄹ			ㅇ	

07 '목적어'는 문장에서 서술어의 동작 대상이 되는 문장 성분으로, 일반적으로 목적격 조사 '을, 를'과 함께 사용된다. ②의 밑줄 친 '연'은 서술어 '날렸다'의 동작 대상이 되는 문장 성분이므로 '목적어'에 해당한다.
① '어른이' – 보어
③ '화단에' – 부사어
④ '강아지가' – 주어

> **TIP** 문장의 주성분

주어	문장에서 동작 또는 상태나 성질 등의 주체를 나타내는 문장
서술어	문장에서 주어의 동작 또는 상태나 성질 등을 풀이하는 기능을 하는 문장 성분
목적어	문장에서 서술어의 동작 대상이 되는 문장 성분
보어	문장에서 '되다', '아니다'의 두 서술어가 주어 이외에 요구하는 문장 성분

08 글의 제목으로 볼 때 해당 글은 '과도한 탄산음료의 섭취를 줄이자'고 당부한 글이다. 그런데 ㉣의 '탄산음료 판매로 얻는 경제적 효과'는 탄산음료의 판매 증진과 관련된 내용으로,

탄산음료의 섭취를 줄이는 것과 배치되므로 해당 글의 통일성을 깨트리고 있다.

09 '풍부하다'라는 서술어에 해당하는 주어는 '먹이'이므로, ⓒ의 '먹이가'는 바르게 사용되었다. 그러므로 고쳐 쓰지 않는 것이 적절하다.

10 보고서는 어떤 목적을 가지고 실시한 관찰, 조사, 실험의 결과를 정리하여 쓴 글로, 보고서를 작성할 때 이용하는 자료는 변형ㆍ왜곡하지 않고 있는 그대로 제시해야 한다. 그러므로 재미를 위해 자료를 과장하는 것은 적절하지 않다.

[11~13]

박완서, 「자전거 도둑」
- **갈래** : 현대 소설, 단편 소설, 성장 소설
- **성격** : 교훈적, 사실적, 묘사적
- **배경** : 시간 – 현대 / 장소 – 서울
- **시점** : 전지적 작가 시점
- **주제** : 도덕성과 양심 회복의 필요성
- **특징**
  - 모순되고 부도덕한 현대 도시인의 모습을 순박한 시골 소년의 눈으로 고발함
  - 자기 행동에 대한 부끄러움과 양심을 지키지 못한 자책감을 표출

11 "수남이는 어느 날 형이 그랬던 것처럼 서울 가서 돈 벌어 오겠다고 집을 나섰다. 아버지는 말리지 않았다."에서 아버지는 서울로 돈 벌러 가겠다는 수남이를 말리지 않았음을 알 수 있다.

12 수남이 형이 돈을 벌어서 물건들을 사 가지고 온 것이 아니라, 2년 만에 빈손으로 집에 들어갈 수 없어서 읍내 양품점을 털어 돈과 물건을 훔친 것이다. 그러므로 수남이 형이 [가]처럼 행동한 것은 자신이 도둑질한 사실이 밝혀질 것을 두려워했기 때문으로 추측할 수 있다.

13 수남이가 형의 얼굴을 '누런 똥빛'이라며 악몽 같다고 표현한 것은 형이 옳지 않은 일을 했다는 수남이의 생각을 드러낸 것으로, 비양심적이고 부도덕한 태도를 상징한다.
ⓒ **양품점** : 형이 물건들을 훔친 장소
ⓒ **구경꾼들** : 수남이 형의 현장 검증을 지켜보는 사람들
ⓔ **청순함** : 양심과 순수성을 회복한 수남이의 얼굴빛

[14~16]

안도현, 「우리가 눈발이라면」
- **갈래** : 자유시, 서정시
- **성격** : 상징적, 의지적, 현실 참여적
- **운율** : 내재율
- **제재** : 눈발
- **주제** : 어려운 이웃과 더불어 따뜻한 삶을 살고 싶은 소망
- **특징**
  - 상징적인 시어의 대조를 통해 주제를 효과적으로 드러냄
  - 청유형 문장을 반복하여 시적 화자가 추구하는 삶의 자세에 대한 노력과 실천을 강조함
  - 가정적인 표현과 청유형 표현을 반복하여 운율을 형성하고 의미를 강조함

14 제시된 작품은 '진눈깨비는 되지 말자', '함박눈이 되어 내리자', '새살이 되자'와 같이 청유형 문장을 반복함으로써, 시적 화자가 추구하는 삶의 자세에 대한 노력과 실천을 강조하고 있다.

15 시적 화자는 허공에서 쭈빗쭈빗 흩날리는 '진눈깨비'는 되지 말고, '함박눈, 편지, 새살'이 되자고 당부하고 있다. 그러므로 ⊙의 '진눈깨비'는 시적 화자가 지향하는 대상이 아니다.

16 ㉮의 '붉은 상처'는 '붉은'이라는 색채 이미지를 사용한 시각적 심상이 나타나 있다. 마찬가지로 ③의 '활짝 핀 노란 개나리'에서도 '노란'이라는 색채 이미지를 사용한 시각적 심상이 나타나 있다.
① 향기로운 꽃 냄새 – 후각적 심상
② 짭조름한 소금 맛 – 미각적 심상
④ 개구리 소리 개굴개굴 – 청각적 심상

[17~19]

작자 미상, 「박씨전」
- **갈래** : 역사 소설, 군담 소설, 영웅 소설
- **성격** : 역사적, 전기적, 비현실적
- **배경** : 시간 – 병자호란 전후 / 장소 – 조선
- **시점** : 전지적 작가 시점
- **제재** : 병자호란
- **주제** : 박 씨 부인의 영웅적 기상과 재주
- **특징**
  - 실제 역사적 사건인 병자호란을 배경으로 함
  - 박 씨라는 가상 인물과 실존 인물을 함께 등장시킴

- 남성 중심 사회에 대한 여성들의 의식 성장을 보여 줌
- 무능력한 지배층에 대한 비판 의식이 드러남

17 해당 작품에서 '계화가 주문을 외자 문득 공중에서 두 줄기 무지개가 일어나며 모진 비가 천지를 뒤덮을 듯 쏟아졌다.'라고 서술한 대목에서 신비롭고 기이한 일들이 일어난 것을 알 수 있다.
① 말장난으로 웃음을 유발하는 '언어유희'는 나타나 있지 않다.
② 3인칭의 전지적 작가가 사건을 서술하고 있다.
④ 의인화된 동물은 등장하고 있지 않다.

18 용골대가 "부인의 명대로 왕비는 모셔 가지 않을 것이니, 부디 길을 열어 무사히 돌아가게 해 주십시오"라고 말한 대목에서, '용골대가 조선의 왕비를 조심해서 모셔 가겠다고 말했다.'라는 ④의 내용과 일치하지 않음을 알 수 있다.

19 해당 작품에서 용골대가 박 씨에게 무수히 애원하자, 박 씨가 용골대에게 몇 가지 조건을 당부하며 부디 내 말을 명심하라고 경고한 데서 박 씨의 '당당한' 태도를 엿볼 수 있다.

[20~22]
20 제시문의 두 번째 단락에서 '그렇다면 고추의 고향은 어디일까? 바로 중남미이다.'라고 서술한 데서, 글의 서술 방식이 묻고 답하는 방식으로 정보를 전달하고 있음을 알 수 있다.

21 ㉣의 '발효'는 '효모나 세균 따위의 미생물이 유기 화합물을 분해하여 알코올류, 유기산류, 이산화 탄소 따위를 생기게 하는 작용'을 의미한다.

22 제시문에서 인도와 동남아시아에도 우리처럼 고추의 원산지가 자가 나라라고 생각하는 사람들이 많지만, 고추의 고향은 중남미라고 서술하고 있다. 그러므로 고추의 원산지는 우리나라가 아니라 중남미이다.

[23~25]
23 제시문은 모든 사람들의 인권을 지키기 위해 노력해야 한다고 주장하고 있다. 이처럼 주장을 담은 글은 글쓴이의 주장과 근거를 파악하며 읽는 것이 중요하다.
① 무대 공연을 상상하며 읽는다. – 희곡
③ 인물의 생애를 따라가며 읽는다. – 위인전
④ 등장인물의 갈등에 유의하며 읽는다. – 소설

24 ㉠의 '우리의 노력'은 인권을 지키기 위한 노력으로, ④의 '인권의 존중보다 경제적 이익을 더 중시하는 것'은 인권을 지키기 위한 노력으로 볼 수 없다.

25 ㉡의 '맺으며'의 기본형은 '맺다'로, 해당 문장에서 '관계나 인연 따위를 이루거나 만들다'라는 의미로 사용되었다. ③의 '맺었던'도 '소년과 좋은 인연을 만들다'라는 의미이므로, ㉡과 동일한 의미로 사용되었다.
① '물방울이나 땀방울 따위가 생기거나 매달리다.'라는 의미로 사용되었다.
② '열매나 꽃망울 따위가 생겨나거나 그것을 이루다.'라는 의미로 사용되었다.
④ '하던 일을 끝내다.'라는 의미로 사용되었다.

제2교시

수 학

정답 및 해설

▌정답

01 ①	02 ①	03 ③	04 ④	05 ②
06 ②	07 ②	08 ③	09 ③	10 ④
11 ④	12 ③	13 ②	14 ①	15 ④
16 ④	17 ④	18 ①	19 ③	20 ①

▌해설

01 제시된 도식에서 최대공약수는 두 식에 공통으로 보이는 소인수 중에서 지수가 작은 것의 곱이다. 따라서 2^3과 2 중에서 지수가 작은 수는 2이고, 3과 3^2 중에서 지수가 작은 수는 3이므로, 2×3이 두 수의 최대공약수이다. 그러므로 ㉠에 알맞은 수는 2이다.

02 절댓값은 수직선 위의 어떤 수를 나타내는 점과 원점 사이의 거리로, 숫자의 크기가 클수록 크다.
① $|-5|=5$
② $|-2|=2$
③ $|1|=1$ $|-5|>|4|>|-2|>|1|$
④ $|4|=4$
그러므로 절댓값이 가장 큰 수는 -5이다.

03 $a=3$을 $2a+1$에 대입하면
$2(3)+1=6+1=7$

04 일차방정식 $5x-2=3x+8$을 정리하면,
$5x-3x=8+2$
$2x=10$, $x=\dfrac{10}{2}$
$\therefore x=5$

05 그래프에서 가로 축은 시간, 세로 축은 거리를 나타낸다. 30분 동안 이동한 거리는 30(분)에 해당하는 가로 축과 만나는 세로 축의 점이므로 2km이다.

06 모든 면의 모양이 정사각형인 정다면체는 정육면체이다.

07 일주일 동안 독서한 시간이 6시간 이상인 학생의 수는 도수분포표에서 6~8시간인 학생이 4명, 8~10시간인 학생이 1명이므로 이들을 합하면 된다.
$\therefore 4+1=5$(명)

08 순환소수 $0.\dot{7}$을 x로 놓으면
$x=0.\dot{7}=0.77777\cdots$ ······ ㉠
㉠의 양변에 10을 곱하면
$10x=7.77777\cdots$ ······ ㉡
㉡$-$㉠을 하면,
$10x-x=7+0.77777\cdots-0.77777\cdots$
$9x=7$
$\therefore x=\dfrac{7}{9}$

09 $2x \times x^2 = (2 \times 1) \times (x \times x^2)$
$= 2 \times x^{1+2} = 2 \times x^3$
$= 2x^3$

10 $\begin{cases} y=2x & \cdots\cdots ㉠ \\ x+y=9 & \cdots\cdots ㉡ \end{cases}$ 이라 놓고, ㉠을 ㉡에 대입하면,
$x+(2x)=9$, $3x=9$
$\therefore x=3$
$x=3$을 ㉠에 대입하면
$y=2 \times 3$
$\therefore y=6$
따라서 구하는 연립방정식의 해는
$x=3$, $y=6$

11 일차함수 $y=x+2$의 그래프는 일차함수 $y=x$의 그래프를 y축의 방향으로 2만큼 평행이동한 것이므로, 상수 a의 값은 2이다.

2021년 1회

12 △ABC에서 ∠B=∠C=50°로 같으므로, △ABC는 두 밑각의 크기가 같은 이등변삼각형이다. 이등변삼각형은 두 변의 길이가 같으므로

$$\overline{AB}=\overline{AC}=5\,\text{cm}$$

$$\therefore x=5$$

13 직각삼각형 ABC에서 빗변의 길이 $x(\text{cm})$는 피타고라스의 정리에 따라

$$x^2=6^2+8^2$$

$$x^2=36+64$$

$$x^2=100$$

$$\therefore x=10\,(x\text{는 길이이므로 양수})$$

> **TIP 피타고라스의 정리**
>
>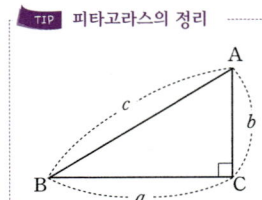
>
> 직각삼각형에서 직각을 낀 두 변의 길이를 각각 a, b라 하고 빗변의 길이를 c라 하면,
> $$a^2+b^2=c^2$$

14 포도 맛 사탕 3개, 딸기 맛 사탕 7개가 들어 있으므로 전체 경우의 수는 10이고, 포도 맛 사탕이 나올 경우의 수는 3이다. 그러므로 한 개의 사탕을 임의로 꺼낼 때, 포도 맛 사탕이 나올 확률은

$$\frac{\text{포도맛 사탕이 나올 경우의 수}}{\text{전체 경우의 수}}=\frac{3}{10}$$

15

> 제곱근의 뺄셈 : $m\sqrt{a}-n\sqrt{a}=(m-n)\sqrt{a}$

$$6\sqrt{3}-2\sqrt{3}=(6-2)\sqrt{3}$$

$$=4\sqrt{3}$$

16 곱셈 공식 $(x+a)(x+b)=x^2+(a+b)x+ab$에 의하여

$$(x+1)(x+3)=x^2+(1+3)x+1\times3$$

$$=x^2+4x+3$$

> **TIP 곱셈 공식**
>
> • $(a+b)^2=a^2+2ab+b^2$
> • $(a-b)^2=a^2-2ab+b^2$
> • $(a+b)(a-b)=a^2-b^2$
> • $(x+a)(x+b)=x^2+(a+b)x+ab$
> • $(ax+b)(cx+d)=acx^2+(ad+bc)x+bd$

17 이차함수 $y=ax^2+q$의 그래프에서 꼭짓점의 좌표는 $(0,\,q)$이다.

그러므로 이차함수 $y=2x^2-2$의 그래프에서 꼭짓점의 좌표는 $(0,\,-2)$이다.

① $a>0$이므로 아래로 볼록하다.

② $x=1$일 때 $y=0$이므로, 점 $(1,\,1)$을 지나지 않는다.

③ 직선 $x=0$을 축으로 한다.

18 직각삼각형 ABC에서

$$\sin B=\frac{\text{높이}}{\text{빗변}}\text{이므로}$$

$$\frac{\overline{AC}}{\overline{AB}}=\frac{5}{13}$$

19 원 밖의 한 점 P에서 그은 두 접선의 길이는 같으므로,

$$\overline{PA}=\overline{PB}$$

$$\overline{PA}+\overline{PB}=12(\text{cm})\text{이므로},$$

$$\overline{PA}+\overline{PA}=12,\ 2\overline{PA}=12$$

$$\therefore \overline{PA}=6\,\text{cm}$$

20 산점도 그래프는 x, y의 순서쌍 $(x,\,y)$를 좌표평면 위에 점으로 나타낸 그림으로, 양의 상관관계는 x의 값이 증가함에 따라 y의 값도 증가하는 관계이다. 그러므로 양의 상관관계를 나타내는 산점도 그래프는 ①이다.

② 음의 상관관계를 나타낸다.

③·④ 상관관계가 없다.

제3교시 영어
정답 및 해설 |

▮ 정답

01 ①	02 ①	03 ③	04 ③	05 ②
06 ②	07 ④	08 ③	09 ①	10 ①
11 ②	12 ①	13 ③	14 ③	15 ③
16 ④	17 ④	18 ②	19 ④	20 ①
21 ③	22 ①	23 ④	24 ②	25 ③

▮ 해설

01 **해설** polite는 '공손한, 예의바른'이라는 뜻이다.
해석 너는 다른 사람들에게 공손해야 한다.
어휘 should ~해야만 한다
polite 공손한, 예의바른

02 **해설** 주어진 문장에서 'big(큰)'과 'small(작은)'은 반의어 관계이다. 마찬가지로 ②, ③, ④는 모두 반의어 관계이나, ①의 'fast(빠른)'와 'quick(빠른)'은 유의어 관계이다.
② 높은 – 낮은
③ 가벼운 – 무거운
④ 같은 – 다른
해석 사자는 크고 고양이는 작다.
어휘 should

03 **해설** 주어진 문장에서 주어 'These shoes(이 신발들)'는 복수이므로, 빈칸에 들어갈 be동사의 복수형은 'are'이다.
해석 이 신발들은 정말 비싸다.
어휘 shoes 신발(들)
really 정말로
expensive 비싼

04 **해설** 조동사 Can을 사용한 의문문에 대한 대답은 긍정이면 'Yes, 주어 + can', 부정이면 'No, 주어 + can't'라고 답한다. A가 노래를 잘 할 수 있냐고 묻자, B가 춤을 잘 출 수 있다고 하였다. 그러므로 빈칸에 들어갈 B의 대답은 부정적 답변이므로, 'No, I can't'이다.
해석 A : 너는 노래를 잘 부를 수 있니?
B : 아니 못해. 하지만 나는 춤을 잘 출 수 있어.
어휘 sing 노래하다

dance 춤을 추다

05 **해설** 은행이 어디에 있냐는 A의 물음에 B가 곧장 두 블록을 가서 왼쪽으로 돌라고 가르쳐 주고 있다. 그러므로 '돌다'는 의미인 'turn'이 빈칸에 들어갈 말로 가장 적절하다.
해석 A : 실례합니다. 은행이 어디에 있습니까?
B : 곧장 두 블록을 가서 왼쪽으로 도세요. 그것은 당신의 오른편에 있습니다.
① 밀다
③ 사용하다
④ 쓰다
어휘 bank 은행
straight 곧장, 곧바로
on one's right 오른편에

06 **해설** A가 Alice는 무엇을 잘 하냐고 물었으므로, B에는 그녀가 잘 하는 것에 대한 답변이 와야 한다. 그러므로 ②의 '그녀는 그림 그리기를 잘 해.'가 빈 칸에 들어갈 말로 가장 적절하다.
① 그녀는 저녁을 먹고 있어.
③ 그녀는 음악을 좋아하지 않아.
④ 그녀는 여동생이 있어.
해석 A : Alice는 무엇을 잘 하니?
B : 그녀는 그림 그리기를 잘 해.
어휘 be good at ~을 잘 하다
have dinner 저녁을 먹다
drawing 그림 그리기
a younger sister 여동생

07 **해설** A에는 '식물들에게 물을 주다'라는 의미에서 동사 'water(물을 주다)'가 들어가야 하며, B에는 '많은 물'이라는 의미에서 명사 'water(물)'가 들어가야 한다. 그러므로 빈칸에 공통으로 들어갈 말은 'water'이다.
① 음식
② 보여주다
③ 말하다
해석 이 식물들은 메말라 보여. 너는 그것들에게 물을 줘야 해.
B : 네 말이 맞아. 그것들은 많은 물을 필요로 해.

어휘 plant 식물
dry 건조한, 메마른
a lot of 많은

08 해설 Tom이 토요일(Sunday)에 한 일은 '박물관 방문하기 (Visit a museum)'이다.

해석

목요일	금요일	토요일	일요일
해변에 가기	길거리 음식 먹기	박물관 방문하기	보트 타기

어휘 street food 길거리 음식
visit 방문하다
museum 박물관
ride a boat 보트를 타다

09 해설 소년이 차를 닦고 있으므로, '세차를 하다'는 표현인 'wash a car'를 사용해야 한다. 또한 시제가 be동사 'is' 와 함께 현재 진행형이므로 'washing'으로 써야 한다.
② 산책하고 있는
③ 책상을 옮기고 있는
④ 드럼을 치고 있는

해석 A : 그 소년은 무엇을 하고 있니?
B : 그는 세차를 하고 있어.

어휘 wash a car 세차하다
take a walk 산책하다
play the drum 드럼을 치다[연주하다]

10 해설 학교까지 태워달라는 A의 요청에 B가 업무회의에 가야 해서 그럴 수 없다고 하자, B가 괜찮다며 버스를 타고 가겠다고 말했다. 그러므로 대화가 끝난 후 A가 이용할 교통수단은 '버스'이다.

해석 A : 아빠, 학교에 태워줄 수 있나요?
B : 미안해, David. 나는 업무회의에 가야만 해.
A : 괜찮아요. 저는 버스를 타고 갈게요.

어휘 give ~ a ride ~를 태워주다
have to ~해야만 한다
business meeting 업무회의
by bus 버스로

11 해설 산과 바다 중 어디를 더 좋아하냐는 A의 물음에 B가 빈칸 다음에 수영을 좋아하기 때문이라고 그 이유를 밝히고 있다. 그러므로 ②의 'I like the ocean better(나는 바다를 더 좋아한다)'가 빈칸에 들어갈 말로 가장 적절하다.

해석 A : 산과 바다 중 어디를 더 좋아하니?

B : 나는 수영하는 것을 좋아하기 때문에 바다를 더 좋아해.

어휘 prefer 좋아하다, 선호하다
mountain 산
ocean 바다
fresh 신선한

12 해설 장래에 뭐가 되고 싶냐는 A의 물음에 B는 작가가 되고 싶다고 하였고, A는 사진사가 되고 싶다고 하였다. 그러므로 두 사람 간의 대화 주제는 '장래 희망'이다.

해석 A : 너는 장래에 뭐가 되고 싶니?
B : 나는 작가가 되고 싶어. 너는 어때?
A : 음, 나는 사진 찍는 것에 흥미가 있어. 그래서 나는 사진사가 되고 싶어.
B : 훌륭해. 그것은 너에게 완벽한 직업이야.

어휘 in the future 미래에, 장래에
be interested in ~에 흥미가 있다
take picture 사진을 찍다
photographer 사진사
perfect 완벽한

13 해설 학생들에게 새로 연 과학실에서 보안 안경을 사용하고 뛰지 말 것을 당부한 방송 내용이므로, '과학실 안전 수칙 안내'가 해당 방송의 목적으로 가장 적절하다.

해석 주목하세요, 학생 여러분. 새 과학실이 오늘부터 열립니다. 여러분께 따라야 할 안전수칙에 대해 말씀드릴게요. 첫째, 반드시 보안 안경을 사용하세요. 둘째, 교실에서 뛰어다니지 마세요. 안전하고 즐거운 시간 되세요.

어휘 attention 알립니다, 주목하세요
science room 과학실
safety rule 안전수칙
follow 따르다
make sure 반드시 하다
safety glasses 보안경
run around 뛰어다니다

14 해설 지난주에 부산에 가지 않았느냐는 A의 물음에, B가 삼촌의 결혼식에 참석하기 위해 그곳에 갔다고 했으므로, B가 부산에 간 이유는 '삼촌 결혼식에 참석하려고'이다.

해석 A : 너는 지난주에 부산에 갔지, 그렇지 않니?
B : 응, 나는 삼촌의 결혼식에 참석하기 위해 그곳에 갔어.

어휘 last week 지난주
attend 참석하다
wedding 결혼(식)

15 **해설** 어제 음식 축제에 갔다는 A의 말에 B가 무슨 음식을 먹어 보았는지 묻고 있으므로, A에는 먹어본 음식이 들어가야 한다. 그러므로 '아이스크림 샌드위치를 먹어 보았다'는 ④의 내용이 빈칸에 들어갈 말로 가장 적절하다.

① 매우 편안했어.
② 나는 항상 내 친구들을 위해 요리해.
③ 그는 대개 그곳에 걸어서 간다.

해석 A : 나는 어제 음식 축제에 갔어.
B : 잘했어! 무슨 음식을 먹어 보았니?
A : 나는 아이스크림 샌드위치를 먹어 보았어.

어휘 food 음식
festival 축제
comfortable 편안한
always 늘, 항상
usually 보통, 대개
on foot 걸어서

16 **해설** 매표기 사용법에 대해 B가 우선, 가고 싶은 역을 선택한 다음, 승차권 수를 누른 후, 카드를 매표기에 넣으라고 A에게 설명하고 있다. 그러므로 (c)-(b)-(a) 순서대로 배열해야 한다.

해석 A : 실례합니다. 어떻게 내가 이 매표기를 이용할 수 있나요?
B : 우선, 가고 싶은 역을 선택하세요. 다음으로, 승차권 수를 누르세요. 그런 다음에, 카드를 매표기에 넣으세요.

어휘 ticket machine 매표기
choose 고르다, 선택하다
station 역
press 누르다
put A into B A를 B에 넣다

17 **해설** ① 연극 제목 : 나무 장난감
② 공연 일시 : 6월 16일 오후 3시
③ 공연 장소 : 학교 체육관
④ 주연 배우 : 알 수 없음

해석

연극 초대장
• 제목 : 나무 장난감 • 일시 : 6월 16일 오후 3시 • 장소 : 학교 체육관   오셔서 연극을 재미있게 보세요.

어휘 invitation 초대(장)
play 연극
title 제목

wooden toy 나무 장난감
school gym 학교 체육관

18 **해설** 마을에 방문객들이 많지 않은 이유가 인터넷상에 우리 마을에 관한 충분한 정보가 없기 때문이라고 제시문에 설명되어 있다. 그러므로 '인터넷상에는 마을에 대한 충분한 정보가 있다.'는 ②의 설명은 제시문의 내용과 일치하지 않는다.

해석 요즘, 마을에 방문객들이 많지 않다. 이것은 인터넷상에 우리 마을에 관한 충분한 정보가 없기 때문이다. 그래서 우리는 마을 홈페이지를 만들 계획이다. 우리는 또한 마을을 소개하는 비디오를 제작할 예정이다.

어휘 these days 요즘
visitor 방문객
enough 충분한
information 정보
on the internet 인터넷상에
create 만들다, 창조하다

19 **해설** 코끼리가 발로 땅을 치는 것은 코끼리가 다른 코끼리들과 소통하기 위해서 그렇게 한다고 제시문의 두 번째 문장에서 그 이유를 밝히고 있다.

해석 여러분은 코끼리가 발로 땅을 치는 것을 본 적이 있는가? 그것은 다른 코끼리들과 소통하기 위해 그렇게 한다. 코끼리들은 그들의 발로 흔들리는 것을 느낄 수 있고, 그래서 그들은 멀리서도 어떤 메시지를 받을 수 있다.

어휘 elephant 코끼리
hit 치다, 때리다
ground 땅, 땅바닥
feet foot(발)의 복수
communicate 소통하다, 연락을 주고받다
shaking 떨림, 흔들림
message 전갈, 메시지
far away 멀리서

20 **해설** 그래프에 따르면 십대들의 절반 이상이 행복을 느끼는 경우는 65%를 차지한 '친구들과 말하기(Talking with friends)'이다.

해석

십대들이 행복하다고 느낄 때

친구들과 말하기	65%
게임하기	15%
음식 먹기	10%
부모님과 여행하기	10%

십대들의 절반 이상이 친구들과 말할 때 행복을 느낀다.

어휘 teenager 십대

traveling 여행하기

more than ~이상

half of ~의 절반

21 **해설** ① 영화 제목 : 화성에 가기

② 영화 장르 : 공상 과학 영화

③ 영화관 위치 : 알 수 없음

④ 감독 이름 : Seho Lee

해석 오늘, 나는 「화성에 가기」라는 영화를 보았다. 그것은 화성에서 살려고 하는 사람에 관한 영화이다. 그것은 내가 좋아하는 Seho Lee 감독에 의해 만들어진 공상 과학 영화이다. 내 생각에 그것은 재미있는 영화이다.

어휘 Mars 화성

science fiction movie 공상 과학 영화

favorite 매우 좋아하는

director 감독

22 **해설** 제시문에서 나의 두 번째 목표는 책을 많이 읽는 것이 며 가능한 한 자주 읽을 것이라고 하였다. 그러므로 밑 줄 친 'them'이 가리키는 것은 'books(책들)'이다.

② 수업들

③ 감정들

④ 목표들

해석 나는 올해 두 가지 목표가 있다. 첫 번째 목표는 새로 운 반 친구들과 잘 지내는 것이다. 나는 그들이 좋은 친구들이기를 바란다. 두 번째 목표는 많은 책들을 읽 는 것이다. 나는 그것들을 가능한 한 자주 읽을 것이다.

어휘 goal 목표

this year 올해

get along with ~와 잘 지내다

classmate 급우

second 두 번째

as often as possible 가능한 한 자주

23 **해설** 글의 서두에 글쓴이가 자개 소개를 하며 "No Unhappy Dogs"라는 프로젝트에 함께 하고 싶다고 자신의 의사 를 밝히고 있다. 그러므로 ④의 '프로젝트 참가 신청'이

해당 글의 목적으로 가장 적절하다.

해석 안녕하세요, 저는 Steve이고, "No Unhappy Dogs"라 는 프로젝트에 함께하고 싶습니다. 저는 개들을 좋아하 고 그들을 위해 많은 것들을 하면 행복할 것입니다. 저 는 여러분의 프로젝트에 큰 도움이 될 수 있다고 확신 합니다.

어휘 project 과제, 프로젝트

sure 확신하는

24 **해설** 제시문은 '이것이 나의 요리법'이라며 특별한 라면을 만드는 방법에 대해 소개하고 있다. 그러므로 '특별한 라면 요리법'이 주어진 글의 주제로 가장 적절하다.

해석 특별한 라면을 만들고 싶나요? 이것은 제 요리법입니 다. 우선, 물을 끓이고 라면과 스프를 넣으세요. 약간의 당근과 김치를 추가하세요. 그리고 약간의 우유와 치즈 를 넣으세요. 이제, 맛있게 드세요!

어휘 special 특별한, 특수한

recipe 요리법

boil 끓이다

put in ~을 집어넣다

add 보태다, 추가하다

carrot 당근

25 **해설** 글의 전반부에서 쓰레기 때문에 지구가 죽어가고 있다 고 소개한 뒤, 마지막 문장에서 어떻게 일상생활에서 쓰레기를 줄일 수 있는지 말씀드리겠다고 하였다. 그러 므로 주어진 글 다음에는 '쓰레기를 줄일 수 있는 방법' 이 이어질 내용임을 짐작할 수 있다.

해석 지구는 쓰레기 때문에 죽어가고 있습니다. 여러분이 매 일 버리는 모든 비닐 봉투와 종이 상자들을 생각해보 세요. 우리는 이것에 관해 무언가를 해야 할 필요가 있 습니다. 일상생활에서 우리가 어떻게 쓰레기를 줄일 수 있는지 여러분께 말씀드릴게요.

어휘 dying 죽어 가는

trash 쓰레기

plastic bags 비닐 봉투

throw away 버리다

reduce 줄이다

daily life 일상생활

제4교시 사 회

정답 및 해설 |

▌정답

01 ②	02 ②	03 ①	04 ④	05 ③
06 ③	07 ②	08 ④	09 ③	10 ①
11 ④	12 ②	13 ④	14 ①	15 ③
16 ②	17 ④	18 ④	19 ③	20 ①
21 ②	22 ①	23 ③	24 ③	25 ②

▌해설

01 비닐하우스가 하중을 견디지 못해 무너지고, 도로가 미끄러워 교통이 마비되는 등의 피해를 주는 자연 재해는 폭설이다. 폭설은 비교적 짧은 시간에 많은 양의 눈이 오는 기상 현상이다.
① 가뭄 : 강수량 부족과 대륙 내부의 건조 기후로 인해 땅이 메마르고 물이 부족한 현상
③ 폭염 : 낮 최고기온이 섭씨 35도를 넘어서는 매우 더운 날씨
④ 황사 : 봄철에 중국 내륙에서 발생한 흙먼지와 모래먼지가 편서풍을 타고 이동하는 현상

02 공정 무역은 불공정 무역 행위를 규제하고 상품의 전 과정에서 경제 주체들의 이익이 공정하게 분배되도록 하는 무역이다.
① 랜드마크 : 어떤 지역을 대표하거나 다른 지역과 구별되는 지형이나 시설물
③ 원격 탐사 : 관측 대상과의 접촉 없이 정보를 얻어내는 기술
④ 노예 무역 : 노예를 상품으로 거래한 근세 유럽의 무역 형태

03 육아 부담과 결혼 연령의 상승 등의 원인으로 나타나는 저출산 문제를 해결하기 위해 출산 장려금 지급, 양육 시설의 확충 등의 대책을 세워야 한다.

TIP 저출산 문제

원인	여성의 사회진출 증가, 출산 및 양육 지원 미약, 가치관 변화
문제점	인구의 감소로 인한 노동력 부족, 경제 성장 둔화, 외국인 유입에 따른 갈등
대책	출산 장려 정책, 노인 및 여성 인력의 활용, 노동력 절감 방안의 마련

04 배타적 경제 수역(EEZ)은 영해를 설정한 기준선으로부터 200해리까지의 바다 중 영해를 제외한 바다로, 연안국의 어업 활동과 자원탐사를 비롯한 개발 · 이용 · 관리 등에 대한 독점적 권리를 갖는다.
① 백두대간 : 백두산에서 지리산까지 이어지는 한반도의 가장 크고 긴 산줄기
② 개발 제한 구역 : 도시의 무질서한 팽창을 방지하고 환경을 보전하기 위해 설정된 녹지 지대(그린벨트)
③ 비무장 지대(DMZ) : 국제조약이나 협약에 의해서 무장이 금지된 지역 또는 지대

05 인구 공동화는 도심의 지가 상승으로 주거 기능이 도심 외곽으로 빠져나가 낮에는 도심에 사람이 모이지만 밤에는 도심이 텅 빈 것처럼 한산해지는 현상이다.
① 슬럼화 : 어떤 지역의 주거 환경이 나쁜 상태로 쇠퇴하는 현상
② 이촌 향도 : 산업화 · 도시화 등으로 인해 농촌의 인구가 도시로 이동하는 현상
④ 성비 불균형 : 성의 불평등으로 인해 전체 인구나 특정 직종, 계층의 성비에 불균형이 발생하는 현상

06 제주도는 우리나라에서 제일 큰 섬으로, 한라산, 성산 일출봉, 거문오름 용암동굴계가 유네스코 세계 자연 유산에 등재되어 있는 지역이다.
① 독도 : 우리나라에서 가장 동쪽에 위치한 섬
② 울릉도 : 우리나라에서 제일 눈이 많이 내리는, 동해에 위치한 섬
④ 마안도 : 한반도의 가장 서쪽에 위치한 섬

07 조력 발전은 밀물과 썰물 때의 바다 높이 차이를 이용하여 전기를 생산하는 방식으로, 시화호 발전소의 발전 방식이 이에 해당한다.
① 화력 발전 : 석탄, 석유, 천연가스 등을 연소시켜 전기를 얻는 방식
③ 지열 발전 : 땅 속의 열을 이용해 전력을 생산하는 방식
④ 원자력 발전 : 원자핵이 분열해서 나오는 에너지를 이용해 증기를 만들고, 이 증기로 터빈을 돌려서 전기를 생산하는 방식

2021년 1회

08 가장 따뜻한 달의 평균 기온이 10℃ 미만인 남극과 북극의 연안 및 툰드라 지역으로, 주민들은 순록 유목과 사냥을 하며 고상 가옥을 짓고 산다.
① 열대 기후 : 적도 인근의 연중 고온다습하고 강수량이 2,000mm 이상인 열대 우림 및 사바나 기후 지역
② 건조 기후 : 연강수량이 500mm 미만의 사막과 스텝 기후 지역
③ 온대 기후 : 사계절이 뚜렷하고 기후가 온난하며, 강수량도 적당하여 사람이 살기에 적당한 기후 지역

09 가족, 또래 집단은 대표적인 1차 집단으로, 구성원들 간에 직접적이고 친밀한 상호작용이 이루어진다.
① 외집단 : 자신이 속하지 않은 집단으로, 소속감이 없고 이질감과 적대감이 존재하는 집단(예 다른 학교 등)
③ 2차 집단 : 목적 달성을 위한 인위적 집단으로, 사무적·형식적 인간관계를 지닌 집단(예 회사, 학교, 학원 등)
④ 이익 집단 : 특정 목적을 위해 의도적, 후천적으로 형성된 집단(예 회사, 정당 등)

10 다른 사회의 문화는 우수한 것으로 여기고, 자신의 문화는 열등한 것으로 여기는 태도는 문화 사대주의이다. 문화 사대주의는 선진 문물을 받아들이는 데 도움을 주기도 하지만, 자기 문화의 주체성을 잃을 수도 있다.
② 문화 상대주의 : 각 문화의 다양성을 인정하고, 문화가 가진 독특한 환경과 역사적·사회적 상황에서 다른 문화를 바라보는 태도
③ 문화 제국주의 : 단순히 자문화를 우월하게 보는 것을 넘어서 다른 나라까지 적용시키려는 태도
④ 자문화 중심주의 : 자기 문화만을 가장 우수한 것으로 생각하고 다른 문화를 무시하거나 부정하는 태도

11 노동 3권에는 단결권, 단체 교섭권, 단체 행동권이 있다. 재판 청구권은 모든 국민이 법률에 의한 재판을 받을 권리로, 노동 3권에는 해당하지 않는다.

TIP 노동 3권
• 단결권 : 근로자가 근로 조건 개선을 위하여 노동조합을 결성하고 가입하여 활동할 수 있는 권리
• 단체 교섭권 : 근로자가 노동조합을 통해 사용자와 자주적으로 근로 조건에 관하여 협의할 수 있는 권리
• 단체 행동권 : 협정이 원만하게 이루어지지 않아 일정한 절차를 거쳐 파업이나 합법 시위를 할 수 있는 권리

12 범죄의 종류와 처벌의 기준을 정한 법은 형법으로, 공적인 생활 영역을 다루는 공법에 해당한다.

① 민법 : 일반인의 사적 생활관계와 가족관계를 규율하는 법
③ 상법 : 상거래와 기업의 법률관계를 규율하는 법
④ 소비자 기본법 : 소비자의 권리와 책임을 규정하고 소비생활의 향상과 국민 경제의 발전을 목적으로 하는 법

13 행정 기관 및 공무원의 직무를 감찰하는 기관은 감사원으로, 대통령 직속의 헌법 기구이다.
① 국회
② 법원
③ 선거관리위원회

14 기업이 자본금을 마련하기 위해 발행한 것은 주식으로, 이를 소유한 사람을 주주라고 한다. 주식의 매매는 일반적으로 수익성이 높으나 그만큼 위험성도 높다.
② 보험 : 우발적으로 발생하는 일정한 위험에서 생기는 경제적 타격이나 부담을 덜어주기 위하여 다수의 경제주체가 협동하여 합리적으로 산정된 금액을 조달하고 지급하는 경제적 제도
③ 적금 : 금융 기관에 일정 금액을 일정 기간 동안 불입한 다음에 찾는 저금
④ 예금 : 일정한 계약에 의하여 은행이나 우체국 따위에 돈을 맡기는 일

15 시장의 균형 가격은 수요량과 공급량이 일치하는 곳에서 결정되는데, 그래프에서 빵의 수요량과 공급량이 3만 개로 일치하는 가격인 3,000원에서 균형 가격이 결정된다. 그러므로 빵 시장의 균형 가격은 3,000원이고, 균형 거래량은 3만 개다.

16 역할 갈등은 한 개인이 여러 역할을 수행하는 과정에서 역할 간에 갈등이 발생하는 현상으로, 역할 간에 조화를 이루지 못해 발생한다.

17 탁자식 고인돌은 청동기 시대의 대표적 유물이다. 청동기 시대에는 사유재산 제도와 계급이 발생하였고, 지배자인 군장이 등장하였다.
① 구석기 시대
② 신석기 시대
③ 철기 시대

18 불교를 수용하고 유학 교육 기관인 태학을 설립하였으며 율령을 반포하여 통치 질서를 확립한 고구려의 왕은 소수림왕이다.

① **광종** : 과거제도와 노비안검법을 실시한 고려의 왕

② **세종** : 독창적인 문자인 훈민정음의 창제와 과학기술을 발전시킨 조선의 왕

③ **의자왕** : 나당 연합군의 공격을 받아 멸망한 백제의 마지막 왕

19 광해군은 임진왜란 때 도움을 준 명과 새롭게 성장한 후금 사이에서 실리적인 중립 외교 정책을 추진하였다.

① 훈민정음 창제 – 조선 세종

② 수원 화성 축조 – 조선 정조

④ 노비안검법 시행 – 고려 광종

20 조선 영조는 탕평책을 실시하여 노론과 소론의 온건파를 중심으로 각 붕당의 인물들을 고르게 등용하여 붕당 간의 대립을 완화하고자 하였다.

② **진대법** : 고구려 고국천왕이 을파소의 건의로 시행한 빈민 구휼 제도

③ **사창제** : 흥선 대원군이 환곡의 폐단을 시정하고자 시행한 정책

④ **독서삼품과** : 통일 신라 원성왕이 인재 등용을 위해 시행한 관인 선발 제도

21 거란의 1차 침입 때 고려의 서희가 거란의 소손녕과 외교 담판을 벌여 강동 6주를 확보하였다.

① 우산국 정복 – 신라 지증왕 : 이사부

③ 4군 6진 개척 – 조선 세종 : 최윤덕과 김종서

④ 쓰시마 섬 정벌 – 조선 세종 : 이종무

22 몸소 아미타 신앙을 전개하여 불교 대중화에 힘썼고, 불교 종파 간의 사상적 대립을 조화시키려고 노력한 신라의 승려는 원효이다.

② **김홍도** : 서민들의 일상생활 모습을 화폭에 담은 조선 시대 풍속화의 대가

③ **이성계** : 고려 말 위화도 회군으로 권력을 장악한 후 조선을 건국한 왕

④ **정약용** : 실학 사상을 집대성한 조선 최고의 실학자

23 안창호와 양기탁 등이 1907년에 조직한 비밀 결사 단체는 신민회이다. 신민회는 대성 학교와 오산 학교를 설립하여 민족 교육을 실시하였으나, 일제가 조작한 105인 사건으로 해체되었다.

① **삼별초** : 고려 무신 집권기 때 설치된 최씨 무신 정권의 사병 부대로, 몽골의 침입 때 항쟁

② **화랑도** : 씨족 공동체의 전통을 가진 신라의 청소년 집단

④ **별무반** : 조선 숙종 때 여진 정벌을 위해 윤관의 건의로 조직된 특수 부대

24 국민들의 대통령 직선제 요구를 거부하는 전두환 정부에 대해 호헌 철폐, 독재 타도를 외치며 6월 민주 항쟁이 발발하였고, 이에 정부와 여당은 결국 대통령 직선제를 수용하였다 (1987).

① 3 · 1 운동(1919) : 대한민국 임시 정부 수립의 계기가 된 일제 강점기 최대 규모의 민족 운동

② 6 · 25 전쟁(1950~1953) : 수많은 민간인이 사망하고 이산가족이 발생한 동족상잔의 비극

④ 동학 농민 운동(1894) : 고부 군수 조병갑의 탐학에 저항하여 전봉준이 농민들을 이끌고 고부 관아를 습격하면서 발발한 운동

25 물산 장려 운동은 일제 강점기인 1920년대에 국산품을 애용하여 우리 민족 경제의 자립을 이루자는 운동으로, '내 살림 내 것으로'라는 구호를 내세우며 평양에서 시작하여 전국으로 확산되었다.

① 대동법 실시 – 조선 광해군

③ 표준어 제정 – 조선어 학회

④ 지계 발급 추진 – 광무개혁

과 학

정답 및 해설 |

정답

01 ①	02 ④	03 ①	04 ③	05 ②
06 ③	07 ④	08 ①	09 ③	10 ②
11 ③	12 ①	13 ②	14 ④	15 ①
16 ①	17 ③	18 ①	19 ②	20 ②
21 ③	22 ④	23 ②	24 ④	25 ④

해설

01 탄성력은 변형된 물체가 원래의 모양으로 되돌아가려는 힘으로, 물체의 변형을 일으킨 힘의 방향과 반대 방향으로 작용한다. 그러므로 그림에서 용수철을 오른쪽(→)으로 잡아 당겼을 때 작용하는 탄성력의 방향은 그와 반대 방향인 왼쪽(←)이다.

02 매질의 한 점이 1초 동안 진동하는 횟수는 진동수로, 단위는 헤르츠(Hz)를 사용한다.
① 골 : 파동에서 가장 낮은 지점
② 마루 : 파동에서 가장 높은 지점
③ 반사 : 파동이 진행하다가 매질의 경계면에서 부딪쳐 되돌아가는 현상

03 옴의 법칙에 따라 전류의 세기는 전압에 비례하고 저항에 반비례한다.

$$I(전류) = \frac{V(전압)}{R(저항)}$$

$$\therefore I(전류) = \frac{3V}{3\Omega} = 1A$$

04 열평형은 두 물체의 온도가 같아져 열이 더 이상 이동하지 않는 상태이다. 그래프에서 A와 B의 두 물체가 30℃에서 온도 변화가 없으므로, 열평형 상태의 온도는 30℃이다.

05

중력에 대해 한 일의 양(J)=무게(N)×높이(m)

물체를 들어 올릴 때 중력에 대하여 한 일의 양은 물체의 무게와 들어 올린 높이의 곱이므로,
$10N × 1m = 10J$

06

역학적 에너지=운동 에너지+위치 에너지

모든 마찰을 무시할 때 물체의 역학적 에너지는 일정하게 보존되므로, 물체의 위치 에너지가 가장 낮은 C에서 물체의 운동 에너지가 가장 크다. 그러므로 물체의 운동 에너지가 가장 큰 C에서 물체의 속력이 가장 빠르다.

07 확산은 분자들이 스스로 운동하여 액체나 기체 속으로 퍼져 나가는 현상으로, 온도가 높을수록 빠르게 일어난다. 그러므로 온도가 25℃보다 높은 50℃인 물에서 잉크가 더 빠르게 확산된다.

> **TIP 확산의 조건**
> • 온도가 높을수록 확산 속도가 더 빠르다.
> • 분자의 질량이 작을수록 확산 속도가 더 빠르다.
> • 고체<액체<기체의 순으로 확산 속도가 더 빠르다.

08 물이 기화할 때 흡수하는 열에너지는 기화열이다.
② 승화열 : 고체가 기체 상태로 승화할 때 흡수하는 열에너지
③ 액화열 : 기체가 액체 상태로 액화할 때 방출되는 열에너지
④ 융해열 : 고체가 액체 상태로 융해할 때 흡수되는 열에너지

09 주어진 그림은 중성의 리튬 원자 모형으로, 원자핵은 +3의 전하량을 가지고 있으며 전자는 3개이다.

10 칼슘은 뼈와 시멘트 성분으로 원소 기호는 Ca이다.
① 황 – S / He – 헬륨
③ 나트륨 – Na / Li – 리튬
④ 플루오린 – F / K – 칼륨

11 제시된 액체 물질의 가열 곡선에서 온도가 일정한 구간은 C이다. 이 구간은 액체 물질이 끓기 시작하여 기화하는 구간으로, 그 구간의 온도가 액체 물질의 끓는점이다.

12 제시된 화학식은 메테인(CH_4)이 산소와 반응하여 이산화 탄소와 물을 생성하는 화학 반응식이라고 했으므로, ㉠에 해당하는 물질은 O_2(산소)이다.

CH_4	+	$2O_2$	→	CO_2	+	$2H_2O$
메테인		산소		이산화 탄소		물

13

$$\text{물} + \text{이산화탄소} \xrightarrow{\text{빛에너지}} \text{포도당} + \text{산소}$$

광합성은 녹색 식물이 빛에너지를 이용해 물과 이산화 탄소를 원료로 포도당과 산소를 만드는 과정이다. 따라서 광합성 결과 생성된 ㉠의 물질은 포도당이다.

14 식물체 내의 물이 수증기 형태로 잎의 기공을 통해 공기 중으로 빠져 나가는 현상은 증산 작용이다.
① **생식** : 생물이 자신과 닮은 자손을 만드는 과정
② **유전** : 부모의 유전형질이 자손에게 전달되는 것
③ **변이** : 한 종 내에서 나타나는 서로 다른 특징

15 아밀레이스는 침 속에 들어 있는 소화 효소로, 녹말을 더 작은 입자인 엿당으로 분해한다.
② 지방의 분해 효소 → 라이페이스
③ 단백질의 분해 효소 → 펩신과 트립신
④ 쓸개즙 → 간에서 만들어지는, 지방을 분해하는 액체

16 고무 막을 아래로 당기는 것은 들숨의 호흡 원리로, A를 통해 공기가 들어옴으로써 B가 부풀어 오른다. 또한 C의 부피가 증가함에 따라 압력은 낮아진다.
① A를 통해 공기가 들어온다.
③ C의 부피가 증가한다.
④ C의 압력이 낮아진다.

17 사람이 액체 상태의 화학 물질을 자극으로 받아들여 단맛, 짠맛, 신맛 등을 느끼는 감각 기관은 혀이다. 혀의 맛세포는 맛을 느끼는 감각 세포로 미뢰 안에 존재한다.

18 사람의 혈액을 구성하는 성분 중 가운데가 오목한 원반 모양으로 산소를 운반하는 것은 A(적혈구)이다.
② B(백혈구) : 식균 작용
③ C(혈소판) : 혈액 응고 작용
④ D(혈장) : 영양분이나 이산화 탄소 운반

19 순종의 황색 완두(YY)와 순종의 녹색 완두(yy)를 교배하게 되면 100% Yy의 유전자 형을 가진 잡종 1대가 나타난다. 이때 Y는 우성, y는 열성이므로 모두 황색인 완두이다.

20 B는 퇴적물이 풍화·침식·운반에 의해 다져지고 굳어져 만들어진 암석인 퇴적암이다.
① A : 변성암
③ C : 화성암

④ D : 마그마

21 지하 깊은 곳에서 형성된 마그마가 지각의 약한 틈을 뚫고 지표로 분출되는 현상은 화산 활동이다.
① **빙하** : 중력과 높은 압력에 의해 마치 강처럼 흐르는 단단한 얼음층
② **성단** : 중력으로 뭉쳐 있는 별들의 무리
④ **석회 동굴** : 석회암 지대에서 지하수가 석회암을 녹여 생긴 동굴

22 포화 수증기량은 포화 상태의 공기 1kg 속에 포함된 수증기량(g)으로, 기온이 증가할수록 포화 수증기량도 증가한다. 그러므로 기온이 가장 높은 D에서 포화 수증기량이 가장 크다.

23 B는 수온약층으로 수온이 높은 혼합층과 수온이 낮은 심해층 사이에서 수온이 급격히 낮아지는 층이다.

TIP 해수의 층상 구조

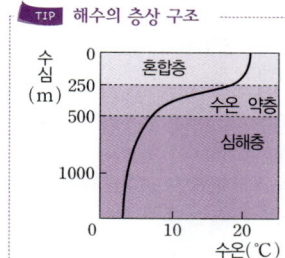

• **혼합층** : 해양의 표층에서 흡수된 태양 복사에너지가 바람에 의한 혼합작용으로 깊이에 따른 수온이 일정한 층
• **수온약층** : 수온이 높은 혼합층과 수온이 낮은 심해층 사이에서 수온이 급격히 낮아지는 층
• **심해층** : 수온약층의 아래에 깊이에 따른 수온의 변화가 거의 없는 층

24 태양계 행성은 물리적 특성에 따라 다음과 같이 지구형 행성과 목성형 행성으로 분류한다.
• **지구형 행성** : 수성, 금성, 지구, 화성
• **목성형 행성** : 목성, 토성, 천왕성, 해왕성

25 은하수는 지구에서 바라본 우리은하의 일부로, 밤하늘에 희뿌연 띠 모양으로 관측된다. 은빛 강처럼 보인다고 해서 은하수라고 불린다.
① **맨틀** : 지구 내부의 지각과 외핵 사이에 존재하는 부분
② **흑점** : 태양의 표면에서 주변보다 온도가 낮아 어둡게 보이는 부분
③ **오존층** : 성층권에서 많은 양의 오존이 있는 높이 25~30km 사이에 해당하는 부분

제6교시 선택 과목

도 덕

▌정답

01 ①	02 ④	03 ①	04 ②	05 ②
06 ③	07 ④	08 ②	09 ②	10 ②
11 ③	12 ③	13 ③	14 ①	15 ②
16 ①	17 ③	18 ④	19 ①	20 ①
21 ②	22 ④	23 ③	24 ④	25 ④

▌해설

01 다른 사람을 불쌍히 여기는 마음은 측은지심이고, 자신의 잘 못을 부끄러워하는 마음은 수오지심이다. 맹자는 인간의 본 성은 본래 선하다는 성선설을 뒷받침하기 위해 인간의 네 가 지 마음인 사단을 제시하였다.

> **TIP 맹자의 사단**
> • **측은지심** : 다른 사람을 측은하게 생각하는 인(仁)의 마음
> • **수오지심** : 잘못을 부끄러워하고 악을 미워하는 의(義)의 마음
> • **사양지심** : 남을 공경하고 사양할 줄 아는 예(禮)의 마음
> • **시비지심** : 옳고 그름을 구별할 줄 아는 지(智)의 마음

02 도덕적 추론의 과정에서 어떤 사실이나 주장의 타당성, 정확 성 등을 합리적으로 검토하는 사고는 비판적 사고이다.
① **독단적 사고** : 다른 사람의 의견을 무시하고 혼자서 결정 하는 사고
② **수동적 사고** : 스스로 하지 않고 시키는 것만 하는 사고
③ **배타적 사고** : 남의 생각을 배척하는 사고

03 정신적 가치는 인간의 정신 활동으로 얻게 되는 가치로 사 랑, 지혜, 봉사, 행복, 우정 등이 이에 속한다. 돈은 물질적 가치에 해당한다.

04 자신의 목표, 역할, 가치관 등을 통합적으로 이해하여 내가 누구인지를 일관되게 인식하는 것은 자아 정체성이다.
① **가치 전도** : 높은 가치보다 낮은 가치를 추구하는 태도
③ **도덕적 민감성** : 어떤 상황을 도덕 문제로 민감하게 느끼 고 반응하는 마음의 상태
④ **도덕적 상상력** : 타인의 입장을 헤아려 도움이 되는 행동 을 상상하고 결과를 예측하는 능력

05 해당 상황은 학생 1과 학생 2 사이에서 제3자가 둘의 갈등을 해결할 수 있도록 자리를 마련하고 있다. 이처럼 제3자가 개 입하여 갈등의 당사자끼리 합의하도록 도와주는 갈등 해결 방법은 조정이다.

06 도덕을 공부하는 것은 사람의 도리를 깨닫고 인격을 완성해 나가는 과정으로, 올바른 인격을 형성하기 위해 그리고 바람 직한 삶의 목적을 설정하기 위해 도덕을 공부한다.

> **TIP 도덕 공부의 목적**
> • 올바른 인격을 형성하기 위해
> • 삶의 목적을 바르게 세우기 위해
> • 다른 사람과 조화로운 삶을 살기 위해

07 우리의 삶이 궁극적으로 추구하는 것은 행복이며, 도덕적 행 동을 습관화할 때 그러한 행복을 얻을 수 있다고 말한 고대 그리스 철학자는 아리스토텔레스이다.
① 니체 – 독일의 철학자
② 홉스 – 영국의 철학자
③ 만델라 – 남아프리카 공화국의 지도자

08 세대 간에 올바르게 소통하기 위해서는 서로의 이야기를 경 청하고 상대방의 처지와 감정을 헤아리는 배려의 자세가 필 요하다.

09 저소득층은 경제적으로 불리한 위치에 있는 사람들이므로 장 학금 제도를 통해 경제적 어려움을 극복할 수 있도록 돕는 것이 사회적 약자를 지원하기 위한 적절한 방안에 해당한다.

10 다문화 사회는 다양한 문화를 향유하는 사람들이 함께 생활 하는 사회로, 다른 문화에 대한 편견과 고정관념을 탈피해야 한다.

11 인권은 인간다운 삶을 위해 보장되어야 하는 기본적 권리로 보편성, 천부성, 불가침성의 특성을 갖는다. 이 중 인간이라 면 누구나 태어날 때부터 지니는 하늘로부터 부여받은 인간 의 권리는 천부성에 해당한다.

12 사랑은 몹시 아끼고 소중히 여기며 존중하는 마음으로, 서로의 부족한 면을 채워주며 함께 성장하는 과정을 통해 진정한 사랑을 실천할 수 있다.

13 과학 기술은 개발뿐만 아니라 활용에 대해서도 책임 의식을 가지고 미래 세대에 미칠 영향까지도 고려해야 한다. 또한 인간 존중을 실천하는 방향으로 개발되어야 하며, 인간 존엄성에 악영향을 미치는 개발과 활용은 중단할 수 있어야 한다.

14 세계화는 삶의 전 영역에서 자본과 기술, 문화 등 다양한 가치들이 국경을 넘어 자유롭게 교류하는 현상을 의미한다. 이때 다른 나라의 문화를 무조건 수용하는 것이 아니라, 보편적 규범에 근거하여 다른 나라의 문화를 비판하고 수용·개선해야 한다.

15 정의로운 국가는 모든 국민이 평등한 기회를 가지며 사회적 약자를 배려하는 국가로 공정, 평등, 복지 등의 보편적 가치를 지향한다. 차별은 차이를 두어 불평등하게 대우하는 것이므로, 정의로운 국가가 지향하는 보편적 가치에 해당하지 않는다.

16 제시된 사례는 사이버 공간인 단체 대화방에서 벌어지는 언어폭력과 집단 괴롭힘에 해당하므로 사이버 폭력에 해당한다.

TIP **정보화 시대의 도덕 문제**
- **사이버 폭력** : 사이버 공간에서 상대방이 원하지 않는 언어, 사진 등을 사용하여 상대방의 명예를 침해하거나 피해를 주는 모든 행위
- **사생활 침해** : 자신의 의사와 상관없이 사이버 공간에서 개인 정보가 다른 사람에게 공개되어 피해를 받는 현상
- **인터넷 중독** : 일상생활과 인간관계를 외면하고 가상 세계에 지나치게 몰두하는 행동
- **지적 재산권 침해** : 저작권법에 의해 보호되는 저작물을 무단으로 이용하여 타인의 권리를 침해하는 행위
- **해킹이나 바이러스 유포** : 불특정 다수의 정보기기에 침입하여 피해를 주는 행동
- **정보 격차** : 정보기기, 양질의 정보 확보, 정보를 다루는 능력을 보유한 사람과 그렇지 못한 사람 사이에 사회적·경제적 격차가 심화되는 현상

17 성품과 행실이 깨끗하고 맑으며 탐욕이 없는 것을 청렴이라고 하며, 특히 공직자에게 강조되는 바람직한 덕목이다. 맡은 일을 공정하게 처리하거나 청탁 금지법을 준수하는 하는 것은 청렴의 실천 방법에 해당한다.

18 회복 탄력성은 크고 작은 다양한 역경과 시련과 실패에 대한 인식을 도약의 발판으로 삼아 더 높이 뛰어 오를 수 있는 마음의 근력을 말한다.
① **황금률** : 남에게 대접을 받고자 하는 대로 남을 대접하라는 가르침
② **고정관념** : 사람들의 행동을 결정하는 잘 변하지 않는 굳은 생각
③ **갈등 비용** : 다양한 형태의 갈등과 마찰이 발생할 경우에 초래되는 손해나 비용

19 인간을 자연의 일부로 여기고 자연이 가진 본래적 가치를 중시하는 자연관은 생태 중심주의 자연관이다. 반면에, 인간이 자연의 주인이며 자연은 인간의 삶에 도움이 될 때 가치가 있다는 자연관은 인간 중심주의 자연관이다.

20 다른 사람의 감정을 함께 느끼고 이해하는 것은 공감이다. 평화 감수성을 기르기 위해서는 폭력에 대한 민감성과 공감 능력을 갖추어야 한다.
② **혐오** : 싫어하고 미워하는 마음
③ **방관** : 직접 관여하지 않고 곁에서 보기만 함
④ **억압** : 자아를 위협하는 소망이나 충동을 억지로 억누름

21 시민은 한 국가의 주권을 가진 국가의 구성원이므로, 시민 각자가 주인 의식을 갖고 국가에 대한 권리와 의무를 다하는 것이 바람직한 시민의 자세이다.

TIP **바람직한 시민의 자세**
- **주인 의식과 참여 의식** : 공공선을 위해 책임 의식을 가지고 참여, 민주적 절차의 존중
- **준법정신** : 법과 기본 질서의 준수
- **애국심** : 건전한 애국심의 형성
- **공동체 의식, 관용 정신, 연대 의식** : 모두 인권에 대한 존중이 바탕이 됨

22 폭력이나 전쟁이 없는 상태 또는 고통과 갈등이 없는 안정된 마음의 상태는 평화이다.
① **욕구** : 무엇을 얻거나 무슨 일을 하고자 바라는 것
② **당위** : 마땅히 그렇게 하거나 있어야 할 것
③ **불안** : 마음이 편하지 않고 조마조마한 것

23 북한 이탈 주민은 경제적, 문화적, 심리적 어려움을 겪고 있으므로, 필요한 도움을 주기 위해 노력하고 이탈 주민에 대한 편견을 갖거나 차별하는 일이 없어야 한다.

TIP **북한 이탈 주민을 대하는 자세**
• 따뜻한 관심과 처지에 대한 배려
• 이탈 주민에 대한 편견과 차별 제거
• 정부 차원의 단계적 지원
• 이탈 주민의 자발적 적응 노력

24 수단과 방법을 가리지 않는 무조건적 통일은 통일 과정에서 갈등과 폭력을 낳고, 결국 전쟁이라는 부정적 결과를 초래하므로 바람직한 통일 국가를 이루기 위한 태도로 볼 수 없다.

TIP **통일을 위한 바람직한 자세**
• 통일 시대의 주역이라는 사명감을 가짐
• 통일 문제를 긍정적으로 보고 관심을 가짐
• 북한 주민을 인정하고 존중하는 태도 및 평화 의식의 배양
• 자유민주주의에 대한 확고한 신념 유지

25 삶을 의미 있게 살아가기 위해서는 명확한 삶의 목표를 설정하고 현재의 삶에 충실하며 보람된 삶을 추구해야 한다. 사회적 관계를 단절하는 것은 개인의 성장과 사회의 발전을 저해하므로, 삶을 의미 있게 살아가기 위한 노력으로 볼 수 없다.

정답 및 해설

2021년도

제2회

제1교시

국 어

정답 및 해설

정답

01 ④	02 ①	03 ③	04 ④	05 ③
06 ②	07 ②	08 ①	09 ①	10 ③
11 ①	12 ③	13 ④	14 ①	15 ④
16 ②	17 ②	18 ②	19 ①	20 ④
21 ④	22 ②	23 ②	24 ③	25 ①

해설

01 공감하는 말하기는 상대방의 처지에서 상대방의 생각과 감정을 이해하려고 노력하는 말하기이다. ④에서 '그렇구나!'라고 여학생의 말에 호응하며, '연주회를 앞두고 있어서 걱정이 되는구나.'라고 여학생의 처지를 이해하고 있으므로, 이는 공감하며 반응하는 대화이다.

> **TIP** **공감하며 듣고 말하기의 유의점**
> • 상대방의 처지를 이해하고 배려한다.
> • 상대방의 말을 끝까지 경청한다.
> • 상대방의 인격을 존중한다.
> • 상대방의 신뢰를 잃거나 오해를 받지 않도록 관련된 사실은 진솔하게 이야기한다.

02 제시된 논제에 대해 반대 측은 학교의 모든 복도에 카메라가 설치되어 학생들의 일거수일투족이 빠짐없이 촬영됨으로써 발생할 수 있는 문제점을 거론해야 한다. 그러므로 '사생활 침해 우려'에 대한 ⓒ의 문제점이 ㉠에 들어갈 내용으로 가장 적절하다.

03 표준 발음법 제9항은 받침을 각각 대표음으로 발음해야 하는 '음절의 끝소리 규칙'에 대한 내용이다. 받침 'ㅅ, ㅆ, ㅈ, ㅊ, ㅌ'은 어말 또는 자음 앞에서 대표음 [ㄷ]으로 발음해야 하므로, ③의 '옷'은 [옫]으로 발음해야 한다.

04 ①의 '어느', ②의 '모든', ③의 '첫'은 각각 뒤에 위치한 체언 '집', '학생', '마음'을 꾸며 주는 관형사이다. 그러나 ④의 '매우'는 용언인 '흥미로웠다'를 꾸며주는 부사이다.
① 어느 → 관형어
② 모든 → 관형어
③ 첫 → 관형어
④ 매우 → 부사

05 ㉠의 '쥘리엔'은 요리 분야에서 특별한 의미로 쓰이는 전문어휘로, 요리사들 사이에서 소통을 효율적으로 하기 위해서 쓰였다.

> **TIP** **어휘의 유형**
>
> | 구분 | 내용 |
> |------|------|
> | 고유어 | 우리말에 본디부터 있었거나 우리말에 기초하여 만들어진 말
예) 항아리, 개나리, 무지개 등 |
> | 한자어 | 한자에 기초하여 만들어진 말
예) 학교, 언어, 자유 등 |
> | 외래어 | 영어, 불어 등의 외국어에 뿌리를 두고 있으나 우리말의 일부로 수용된 말
예) 버스, 커피, 피아노 등 |
> | 존대어 | 사람이나 사물을 높여서 이르는 말 |
> | 유행어 | 비교적 짧은 어느 한 시기에 널리 쓰이는 말
예) 엄친아, 훈녀 |
> | 전문어 | 학술 또는 기타 전문 분야에서 특별한 의미로 쓰이는 말
예) 바이털 사인(vital sign), 노멀 레인지(normal range) |
> | 은어 | 어떤 계층이나 부류의 사람들이 다른 사람들이 알아듣지 못하도록 자기네 구성원들끼리만 빈번하게 사용하는 말 |

06 ②의 '반장이'는 뒤의 서술어 '되었다'를 보충해 주는 보어이다.
① '까치가'는 뒤의 서술어 '울었다'의 주체에 해당하는 주어이다.
③ '강가에서'는 뒤의 서술어 '한다'를 수식하는 부사어이다.
④ '수박을'은 뒤의 서술어 '먹는다'의 대상이 되는 목적어이다.

07 기본 글자인 'ㄱ, ㄴ, ㅁ, ㅅ, ㅇ'에 가획의 원리에 따라 획을 더하여 만든 글자는 가획자이다. ②의 'ㄲ'은 가획자가 아니라, 자음 글자를 나란히 써서 만든 병서에 해당한다.
① ㅋ → 기본 글자 'ㄱ'에 획을 더하여 만든 가획자
③ ㄷ → 기본 글자 'ㄴ'에 획을 더하여 만든 가획자
④ ㅈ → 기본 글자 'ㅅ'에 획을 더하여 만든 가획자

08 글의 제목으로 볼 때 해당 글은 지진으로 인한 피해 실태를 파악하고 그 대처 방안을 설명한 글이다. 그런데 ①의 '지진과 태풍의 원인 비교'는 지진의 피해 실태를 조사한 것에 해당하지 않으므로 글의 통일성을 깨뜨리고 있다.

09 (가)의 '울며 겨자 먹기'라는 속담은 맵다고 울면서도 겨자를 먹는다는 뜻으로, 싫은 일을 억지로 마지못해 하는 것을 이르는 말이다. 그러므로 등산을 가기 싫었지만 억지로 따라갔다는 ⓒ의 말은 (가)의 속담을 활용한 표현으로 적절하다.

10 ⓒ의 '드러내고'의 기본형 '드러내다'는 '알려지지 않은 사실을 보이거나 밝히다.'라는 의미인 '드러나다'의 사동형이다. 해당 문장에서 주어가 '건축물'이므로 스스로 동작이나 행동을 할 수 없기 때문에 사동형인 '드러내고'로 쓴 것은 적절하다.

[11~13]

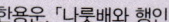

> 최일남, 「노새 두 마리」
> - **갈래** : 단편 소설, 사회 소설
> - **성격** : 사실적, 사회적, 세태적
> - **배경** : 시간 – 1970년대 겨울 / 장소 – 도시 변두리
> - **시점** : 1인칭 관찰자 시점
> - **제재** : 노새가 달아난 사건
> - **주제** : 시대의 변화에 적응하지 못하는 도시 소시민의 가난하고 고달픈 삶
> - **특징**
>   - 어린아이의 시선을 통해 불안정한 시대의 모습에 대한 연민을 드러냄
>   - 대조적인 공간을 설정하여 주제 의식을 강조함
>   - 사건을 먼저 제시하고, 사건의 발생 과정을 설명함

11 달아난 노새로 인해 벌어진 사건을 1인칭 관찰자 시점인 '나'의 시각을 통해 전개하고 있다.
② 구체적 지명은 제시되어 있지 않다.
③ '비행기, 헬리콥터, 자동차, 자전거' 등을 통해 도시적 분위기의 배경을 드러내고 있다.
④ 아버지와 어머니 사이에 대화가 있었지만, 등장인물 간 갈등이 일어나지도 않았고 해소되지도 않았다.

12 "그 놈의 노새가 사람을 다치고 ~ 순경이 찾아왔지 뭐유."라는 어머니의 말을 통해 노새가 난동을 부려 순경이 찾아왔기 때문에 우리를 본 어머니가 허둥지둥 달려 나와 매달린 것임을 알 수 있다.

13 "우리 같은 노새는 어차피 ~ 발붙이기 어려운 것인가 하는 생각이 들었다."를 통해 ⓐ의 '또 한 마리의 노새'가 산업화·도시화에 적응하지 못하는 '아버지'의 삶을 비유한 소재임을 알 수 있다.

[14~16]

> 한용운, 「나룻배와 행인」
> - **갈래** : 자유시, 서정시
> - **성격** : 명상적, 상징적
> - **제재** : 나룻배와 행인
> - **주제** : 참된 사랑의 본질인 희생과 믿음
> - **특징**
>   - 여성적 어조를 사용하여 주제를 부각함
>   - 쉬운 우리말과 경어체를 사용함
>   - 수미상관의 구조로 의미를 강조함
>   - '나룻배'라는 사물을 비유적인 의미로 사용하여 주제를 효과적으로 표현함

14 묻고 답하는 형식이 아니라 내레이션 하듯 '나룻배'와 '행인'의 관계를 묘사하고 있다.
② '나'와 '당신'의 관계를 '나룻배'와 '행인'에 비유하여 시상을 전개하고 있다.
③ 첫 연을 마지막 연에도 다시 제시하는 수미상관의 구조를 취하고 있다.
④ '짓밟습니다, 건너갑니다, 있습니다' 등에서 '-ㅂ니다'의 반복을 통해 운율을 살리고 있다.

15 해당 작품의 시대 배경이 일제 강점기임을 고려할 때, '당신'은 일제에 빼앗긴 조국을 상징한다. 그러므로 ⓔ의 '당신이 언제든지 오실 줄만은 알아요.'는 '당신'에 대한 변하지 않는 믿음을 드러낸 표현으로, 조국 독립에 대한 확신을 담고 있다.

16 '나'와 '당신'의 관계를 '나룻배'와 '행인'에 비유하여, '당신'의 무심하고 성의 없는 태도에도 '나'는 고난과 역경을 극복하고 '당신'을 기다리고 있다. 그러므로 '당신'에 대한 나의 태도는 인내, 희생, 헌신의 태도이지 정면으로 맞서는 도전하는 태도는 아니다.

2021년 2회

[17~19]

작자 미상, 「춘향전」
- 갈래 : 고전 소설. 애정 소설. 판소리계 소설
- 성격 : 풍자적. 해학적
- 배경 : 시간 – 조선 후기 / 공간 – 전라남도 남원
- 시점 : 전지적 작가 시점
- 제재 : 춘향의 정절
- 주제 : 지고지순한 남녀 간의 사랑
    탐관오리에 대한 응징
    평등한 사회에 대한 갈망
- 특징
    – 오랫동안 다양한 갈래로 재구성 됨
    – 운문체와 산문체가 복합적으로 등장함
    – 편집자적 논평이 드러남

17 걸인의 글을 받아 본 '운봉'이 속으로 '아뿔싸! 일 났다.'라고 생각한 것으로 보아, '운봉'은 '어사또'의 시가 의미하는 바를 파악하고 '어사또'가 단순한 걸인이 아님을 눈치 챈다.
① '사령'은 '어사또'의 등을 밀쳐 내며 잔치에 들여보내려 하지 않았다.
③ '어사또'가 지은 시는 자신의 지조를 표현한 것이 아니라, 탐관오리의 횡포와 백성의 고통과 원망에 대해 표현한 것이다.
④ '변 사또'는 걸인 행색을 한 '어사또'를 알아보려고 하지 않았으며, 시를 지은 인물 또한 '변 사또'가 아니라 '어사또'이다.

18 ㉠의 '저 걸인', ㉡의 '어사또', ㉣의 '저 양반'은 모두 탐관오리인 '변 사또'를 징벌하기 위해 행차한 '이몽룡'을 가리키지만, ㉢의 '네'는 '오랏줄은 네가 져라'라고 표현한 데서 징벌의 대상인 '변 사또'를 가리킨다.

19 해당 작품에서 [A]는 탐관오리의 횡포와 백성들의 원망을 표현한 시로, 다음의 비유를 통해 '변 사또'를 비판하고 있다.

- 좋은 술 → 사람의 피
- 좋은 안주 → 만백성의 기름
- 촛농 → 백성들의 눈물
- 노랫소리 → 원망의 소리

[20~22]

20 마찰할 때 털가죽 종류는 전자를 쉽게 잃고, 플라스틱 종류는 전자를 쉽게 얻는다.
① 습도가 높으면 정전기가 수시로 방전되므로, 정전기가 잘 생기지 않는다.
② 정전기는 전자를 쉽게 주고받을 수 있는 마찰에 의해 잘 생긴다.
③ 정전기 때문에 포장용 랩이 그릇에 잘 달라붙는다.

21 ㉠은 정전기가 무엇인지 그 개념에 대해 밝히고 있으므로, 글의 설명 방법 중 '정의'에 해당한다. ④도 마술의 개념에 대해 밝히고 있으므로 ㉠과 마찬가지로 '정의'의 설명 방법에 해당한다.
① 분석
② 예시
③ 인과

22 ㉡의 '생긴다'는 '생기다'가 기본형으로 '없던 것이 새로 있게 되다'라는 의미이다. 마찬가지로 ②의 '생겼다'도 비가 와서 없던 무지개가 새로 있게 된 것이므로 ㉡과 같은 의미로 쓰였다.
① · ④ 사람이나 사물의 생김새가 어떠한 모양으로 되다.
③ 일의 상태가 부정적인 어떤 지경에 이르게 되다.

[23~25]

23 제시문은 석빙고의 얼음 저장 과정을 냉각과 저온 유지의 두 단계로 나눈 후 이를 차례대로 설명하고 있다. 그러므로 중심 화제의 원리를 단계별로 설명하는 것이 제시문의 전개 방식이다.

24 석빙고의 '날개벽'은 겨울에 부는 찬바람을 소용돌이로 변하게 하여 석빙고 내부를 냉각시키는 역할을 하지만, 더운 공기를 위로 뜨게 하는 것은 아니다.

25 ㉠의 '유지'는 '어떤 상태나 상황을 그대로 보존하거나 변함없이 계속하여 지탱함'을 의미한다. '낮은 데서 위로 올라감'을 의미하는 단어는 '상승'이다.

제2교시

수 학

정답 및 해설

▌정답

01 ③	02 ④	03 ①	04 ①	05 ②
06 ③	07 ①	08 ②	09 ④	10 ①
11 ①	12 ③	13 ②	14 ④	15 ②
16 ③	17 ④	18 ④	19 ①	20 ③

▌해설

01
40의 소인수는 2와 5이고, 소인수분해하면
$40 = 2 \times 2 \times 2 \times 5$이므로, $2^3 \times 5$로 나타낼 수 있다.
따라서 $2^a \times 5 = 2^3 \times 5$
$\therefore a = 3$

02
$a = 2$를 $5a - 1$에 대입하면
$5(2) - 1 = 10 - 1 = 9$

03
일차방정식 $3x - 2 = 4$를 정리하면,
$3x = 4 + 2$
$3x = 6, x = \dfrac{6}{3}$
$\therefore x = 2$

04
y가 x에 정비례하므로, $y = ax$
도표에서 $x = 1$일 때 $y = 4$이므로,
이를 $y = ax$에 대입하면 $a = 4$
도표에서 $x = 4$일 때 $y = \bigcirc$이므로,
$y = ax$에서 $\bigcirc = 4 \times 4$
$\therefore \bigcirc = 16$

05
직선 m의 평각의 크기는 180°이므로,
$40° + a = 180°$
$a = 180° - 40°$
$\therefore a = 140°$

06
평면도형을 한 직선 l을 축으로 1회전시켰을 때 생기는 입체도형을 회전체라 하는데, 직사각형을 회전시킬 때 생기는 회전체는 원기둥이다.

07
경기 시청 시간이 6시간 미만인 학생 수는 도수분포표에서 3~6시간의 학생 수가 4명이고, 0~3시간의 학생 수가 1명이므로 이들을 합하면 된다.
$\therefore 4 + 1 = 5$(명)

08
$\dfrac{1}{3} = 1 \div 3 = 0.333\cdots$

그러므로 $\dfrac{1}{3}$을 순환소수로 나타내면 $0.\dot{3}$이고,
순환마디는 3이다.

09
$x^4 \times x^3 \div x^2 = x^{4+3-2}$
$= x^{7-2}$
$= x^5$

10
$2x - 2 \leq 4, 2x \leq 4 + 2$
$2x \leq 6, x \leq \dfrac{6}{2}$
$\therefore x \leq 3$

11
$f(x) = 3x$의 양변에 $x = -2$를 대입하면
$f(-2) = 3 \times (-2)$
$\therefore f(-2) = -6$

12
이등변삼각형은 두 밑각의 크기가 같으므로
$\angle C = \angle x$
삼각형의 내각의 합은 180°이므로,
$80° + \angle x + \angle x = 180°$
$2\angle x = 180° - 80°$
$2\angle x = 100°$
$\angle x = \dfrac{100°}{2}$
$\therefore \angle x = 50°$

13

> 삼각형의 중점 연결 정리 : $\overline{MN} = \dfrac{1}{2}\overline{BC}$

$\overline{MN} = \dfrac{1}{2}\overline{BC}$이므로,
$\overline{MN} = \dfrac{1}{2} \times 12, \overline{MN} = \dfrac{12}{2}$

$\therefore \overline{MN} = 6(\text{cm})$

14 집에서 학교까지 가는 길 : 3(가지)

학교에서 도서관까지 가는 길 : 3(가지)

그러므로 집에서 출발하여 학교를 거쳐 도서관까지 가는 경우의 수는

$3 \times 3 = 9$(가지)

15 $3\sqrt{2} = \sqrt{3^2 \times 2}$
$= \sqrt{9 \times 2}$
$= \sqrt{18}$

$3\sqrt{2} = \sqrt{18} = \sqrt{a}$이므로

$a = 18$

16 $$a^2 + 2ab + b^2 = (a+b)^2$$

다항식 $x^2 + 2x + 1$을 인수분해하면,

곱셈 공식 $a^2 + 2ab + b^2 = (a+b)^2$에서

$x^2 + 2x + 1 = (x+1)^2$

17 이차방정식 $(x-2)(x+3) = 0$에서

$x - 2 = 0$ 또는 $x + 3 = 0$

$\therefore x = 2$ 또는 $x = -3$

한 근이 -3이라고 하였으므로,

다른 한 근은 2이다.

18 주어진 이차함수 $y = 2x^2$의 그래프에서 꼭짓점의 좌표는 원점인 $(0, 0)$이다.

① $a > 0$이므로 아래로 볼록하다.

② $x = 1$일 때 $y = 2$이므로, 점 $(1, 0)$을 지나지 않는다.

③ 직선 $x = 0$을 축으로 한다.

19 원의 중심에서 현에 내린 수선은 그 현을 이등분하므로,

$\overline{AM} = \overline{BM}$

따라서 $\overline{AB} = \overline{AM} + \overline{BM} = 2\overline{AM}$

$\therefore \overline{AB} = 2 \times 2 = 4(\text{cm})$

20 주어진 자료의 값을 순서대로 나열하면 다음과 같다.

1,	2,	3,	4,	6,

중앙값은 가장 가운데 있는 값이므로, 위 자료의 중앙값은 3회이다.

제3교시
영 어
정답 및 해설 |

■ **정답**

01 ③	02 ②	03 ①	04 ③	05 ②
06 ①	07 ④	08 ②	09 ④	10 ④
11 ①	12 ②	13 ④	14 ②	15 ①
16 ③	17 ④	18 ③	19 ①	20 ①
21 ④	22 ③	23 ③	24 ④	25 ③

■ **해설**

01 **해설** popular는 '대중적인, 인기 있는'이라는 뜻이다.
해석 Tom은 TV에서 인기 있는 한국 드라마를 보고 있다.
어휘 watch 보다
drama 드라마
on TV TV에, TV를 통해

02 **해설** 주어진 문장에서 'win(이기다)'과 'lose(지다)'는 반의어 관계이다. 마찬가지로 ①, ③, ④는 모두 반의어 관계이나, ②의 'begin(시작하다)'와 'start(출발하다)'는 유의어 관계이다.
① 묻다 – 답하다
③ 열다 – 닫다
④ 잊다 – 기억하다
해석 나는 누가 이길지 질지 모르겠다.
어휘 win 이기다
lose 지다

03 **해설** '~할 것이다'의 미래 시제는 'will + 동사원형'으로 표현한다. 그러므로 빈칸에 들어갈 be동사의 동사원형은 'be'이다.
해석 그는 내일 면접을 위해 여기로 올 것이다.
어휘 tomorrow 내일
interview 면접, 인터뷰

04 **해설** 이 소금이 프랑스산이냐는 A의 물음에 한국산이라고 했으므로, 빈칸에는 부정적 답변이 와야 한다. 'this salt'를 가리키는 3인칭 대명사는 'it'이므로 'No, it isn't'가 빈칸에 들어갈 말로 가장 적절하다.

해석 A : 이 소금은 프랑스산이니?
B : 아니. 그것은 한국산이야.
어휘 salt 소금

05 **해설** 안경 쓴 남자가 누구냐는 A의 물음에 B가 새로 오신 선생님이라고 답했으므로, 안부를 물을 때 사용하는 표현인 'say hello to'가 대화의 흐름상 어울린다. 그러므로 'say'가 빈칸에 들어갈 말로 가장 적절하다.
① 오다
③ 가져가다
④ 걷다
해석 A : 안경을 쓴 남자는 누구니?
B : 새로 오신 선생님이야. 그분께 인사하자.
어휘 wearing 쓰고 있는
say hello to 인사하다, 안부를 전하다

06 **해설** 슬퍼 보인다는 A의 말에 B가 가장 좋아하는 시계를 고장 냈다고 답하고 있다. 그러므로 빈칸에는 대화의 흐름상 'What happened?(무슨 일이 있니?)'가 빈칸에 들어갈 말로 가장 적절하다.
② 날씨가 어때?
③ 누구와 함께 갔니?
④ 어디서 머무르니?
해석 A : 슬퍼 보이네. 무슨 일이 있니?
B : 내가 가장 좋아하는 시계를 고장 냈어.
어휘 sad 슬픈
broke 고장 내다(break의 과거형)
favorite 매우 좋아하는, 마음에 드는
happen 발생하다, 일어나다
weather 날씨
staying 머무르고 있는

07 **해설** 첫 번째 문장에는 '자전거를 타다'라는 의미에서 동사 'ride(타다)'가 들어가야 하며, 두 번째 문장에는 '태워주다(give ~ a ride)'는 의미에서 명사 'ride(타고 가기)'가 들어가야 한다.
① (비용이) 들다
② 떨어지다
③ 살다

해석 ○ 왜 너는 학교에 자전거를 <u>타고</u> 가지 않니?

○ 나는 퇴근 후에 너를 <u>태워줄</u> 수 있어.

어휘 bike 자전거

give a ride 태워주다

after work 퇴근 후에

08 해설 Tony가 금요일(Friday)에 한 일은 '쿠키 만들기(making cookies)'이다.

해석

목요일	금요일	토요일	일요일
설거지 하기	쿠키 만들기	방 청소하기	쓰레기 버리기

어휘 do the dishes 설거지하다

clean 청소하다

throw out 버리다

garbage 쓰레기

09 해설 소녀가 나무를 심고 있으므로, '나무를 심다'는 표현인 'plant a tree'를 사용해야 한다. 또한 시제가 be동사 'is'와 함께 현재 진행형이므로 'planting'으로 써야 한다.

① 울고 있는

② 그리고 있는

③ 먹고 있는

해석 그 소녀는 나무를 <u>심고 있는</u> 중이다.

어휘 cry 울다

draw 그리다

plant 심다

10 해설 전화기를 찾았냐는 A의 물음에 B가 Jane이 찾아줬다고 말하고 있으므로, 대화의 흐름상 'Glad to hear that(그 말을 들으니 기쁘구나)'가 빈칸에 들어갈 말로 가장 적절하다.

① 별로.

② 그것 참 안됐구나.

③ 천만에.

해석 A : John, 전화기를 찾았니?

B : 응, Jane이 그것을 찾아줬어.

A : <u>그 말을 들으니 기쁘구나.</u>

어휘 find 찾다, 발견하다

not really 그다지, 별로

You're welcome 천만에

11 해설 'Th Higher'라는 영화를 보았냐는 A의 물음에 B가 못 봤다며 무슨 내용이냐고 묻자 B가 다시 영화 내용에 대해 설명하고 있다. 그러므로 '영화 내용'이 대화의 주제로 가장 적절하다.

해석 A : 'The Higher'라는 영화 보았니?

B : 아니, 안 봤어. 무슨 내용인데?

A : 비행기를 조종하는 것에 관한 거야.

12 해설 ① 공연 날짜 : 8월 15일

② 가수 이름 : 알 수 없음

③ 공연 장소 : 대공원

④ 티켓 가격 : 30달러

해석

> **여름 록 콘서트**
>
> 언제?   8월 15일
> 어디서?   대공원
> 얼마?   티켓 한 장당 30달러
> 좋아하는 가수들의 라이브 공연을 보세요!

어휘 rock 록(음악 장르)

Grand Park 대공원

per ~당[마다]

perform live 라이브 공연을 하다

13 해설 방문객들에게 산에 오를 때 명심해야 할 것들을 당부하고 있다. 그러므로 '등산 시 유의사항 안내'가 해당 방송의 목적으로 가장 적절하다.

해석 환영합니다. 방문객 여러분! 등산을 할 때. 이 점들을 명심해 주세요. 첫째, 야생동물들을 조심하세요. 둘째, 날이 어두워지기 전에 내려오세요. 마지막으로, 쓰레기를 다시 가져오세요. 즐거운 하이킹 되세요!

어휘 visitor 방문객, 손님

keep in mind 명심하다, 기억해 두다

watch out 조심하다, 경계하다

wild animal 야생 동물

lastly 마지막으로, 끝으로

take back 다시 가져오다

trash 쓰레기

hike 하이킹

14 해설 이번 주말에 파티에 가자는 A의 요청에, B(Bora)가 가족 여행(family trip)을 가야 해서 갈 수 없다고 말하고 있다. 그러므로 Bora가 주말에 파티에 가지 못하는 이유는 '가족 여행을 가야 해서'이다.

해석 A : Bora야, 이번 주말에 파티에 가자.

B : 미안하지만, 난 갈 수가 없어. 나는 가족 여행을 가야 해.

어휘 this weekend 이번 주말

family trip 가족 여행

15 해설 제시문의 첫 번째 문장에서 자연사 박물관 옆에 Star Flea Market이 있다고 설명하고 있다. 그러므로 '박물관 안에 위치한다.'는 ①의 설명은 제시문의 내용과 일치하지 않는다.

해석 자연사 박물관 옆에, Star Flea Market이 있다. 그것은 매주 토요일 오전 9시부터 오후 6시까지 열린다. 옷, 신발, 장난감들을 싼 가격에 살 수 있다. 웹사이트에서 더 많은 정보를 얻을 수 있다.

어휘 next to ~옆에
the Natural History Museum 자연사 박물관
flea market 벼룩시장
clothes 옷
shoes 신발
at low prices 저가에, 싼 가격에
information 정보
website 웹사이트

16 해설 주어진 문장에서 케이크 좀 드시겠냐고 권하고 있다. 이에 대한 대답은 수락 아니면 거절이며, 〈보기〉에서는 살을 빼야 한다며 거절한 (C)가 적절하다. 다음으로 다른 마실 것을 권하는 (A)가 와야 하고, 이어서 커피를 달라는 (B)가 와야 자연스럽다. 그러므로 주어진 문장 다음에 (C) – (A) – (B)의 순서대로 배열되어야 한다.

해석 케이크 좀 드시겠어요?

〈 보기 〉
(A) 그럼, 마실 것을 드릴까요?
(B) 커피 한 잔 주세요.
(C) 아니오, 감사합니다. 저는 살을 빼려고 합니다.

어휘 try to ~하려고 노력하다[애쓰다]
lose weight 살을 빼다, 체중을 줄이다

17 해설 ① 활동 내용 : 영어 책 읽고 토론하기
② 신청 기간 : 알 수 없음
③ 활동 요일 : 매주 수요일
④ 신청 장소 : 영어 교실

해석
새로운 회원을 찾고 있습니다!
영어 책 동아리
○ 우리는 수요일마다 방과 후에 영어 책들을 읽고 그것들에 관해 이야기합니다.
○ 가입하려면, 영어 교실로 오세요.

어휘 look for ~을 찾다
talk about ~에 관해 이야기하다
sign up 등록하다, 가입하다

18 해설 전체적인 글의 내용이 문어의 영리한 행동에 대해 설명하고 있으므로, 많은 사람들이 바다에서 수영하는 것을 좋아한다는 ⓒ의 내용은 전체적인 글의 흐름과 어울리지 않는다.

해석 문어는 매우 영리하다. ⓐ 그들은 보호를 위해 코코넛 껍질을 이용한다. ⓑ 그들은 좋은 은신처를 찾지 못하면 코코넛 껍질 밑에 숨는다. ⓒ 많은 사람들이 바다에서 수영하는 것을 좋아한다. ⓓ 몇몇 문어들은 심지어 나중을 위해 코코넛 껍질을 아껴둔다. 그들은 정말 영리하지 않은가?

어휘 octopus 문어
smart 똑똑한, 영리한
use 사용하다, 이용하다
coconut 코코넛
shell 껍질
protection 보호
hiding place 은신처
under 밑에, 아래에
save 남겨 두다, 아끼다
later 후에, 나중에

19 해설 뉴질랜드의 유명한 춤인 haka춤은 원래 마오리족이 싸우기 전에 적에게 그들의 힘을 보여주기 위해 춤을 췄다고 설명하고 있다. 그러므로 haka춤을 췄던 이유는 '힘을 보여 주려고'이다.

해석 haka에 관해 들어본 적이 있는가? 그것은 뉴질랜드의 유명한 춤이다. 이 춤은 원래 싸우기 전에 마오리족에 의해 공연되었다. 그들은 적에게 그들의 힘을 보여주기 위해 춤을 추곤 했다.

어휘 famous 유명한
originally 본래, 원래
perform 공연하다
fight 싸움
show 보여 주다
strength 힘
enemy 적

20 해설 그래프에서 배드민턴(badminton)을 좋아한다고 답한 학생들의 비율이 55%로 가장 많으므로, 빈칸에는 'badminton(배드민턴)'이 들어갈 말로 가장 적절하다.

해석

한국 학교 학생들이 가장 좋아하는 스포츠

- 야구(8%)
- 농구(12%)
- 축구(25%)
- 배드민턴(55%)

한국 학교 학생들은 <u>배드민턴</u>을 가장 좋아한다.

어휘 badminton 배드민턴
baseball 야구
basketball 농구
soccer 축구

21 **해설** ① 위치 : 시청 맞은편
② 보유 도서 권수 : 약 40만 권
③ 개관 연도 : 2013년
④ 일일 방문객 수 : 알 수 없음

해석 중앙 도서관은 시청 맞은편에 있다. 그것은 약 40만 권의 책들을 소장하고 있다. 그것은 2013년에 문을 열었다. 그 이후로, 많은 사람들이 이 도서관을 방문했다.

어휘 Central Library 중앙 도서관
located ~에 위치한
across from ~의 맞은편에
City Hall 시청
collection 수집품, 소장품
since then 그 이후로

22 **해설** 제시문에서 <u>그것들(they)</u>이 비타민 C를 많이 함유하고 있으므로, 건강한 피부를 갖고 싶다면 레몬을 먹으라고 조언하고 있다. 그러므로 밑줄 친 'they'가 가리키는 것은 'lemons(레몬)'이다.
① 사과
② 당근
④ 토마토

해석 야채와 과일을 먹는 것은 건강에 좋다. 만일 건강한 피부를 갖고 싶다면, 레몬을 먹어라. 그것들은 비타민 C를 많이 함유하고 있다. 만일 건강한 심장을 갖고 싶다면, 토마토를 더 많이 먹어라.

어휘 vegetable 채소, 야채
fruit 과일
be good for ~에 좋다
healthy 건강한
skin 피부

23 **해설** 온라인상에서 지켜야 할 예절로, 나쁜 언어 사용하지 않기, 무례한 글 남기지 않기, 거짓 정보 게시하지 않기는 언급되어 있으나, ③의 '개인 정보 유출하지 않기'는 언급되어 있지 않다.

해석 〈온라인 예절〉
○ 나쁜 언어를 사용하지 마세요.
○ 무례한 글을 남기지 마세요.
○ 거짓 정보를 게시하지 마세요.

어휘 manners 예절
language 언어
rude 무례한
comment 글, 코멘트
post 발송하다, 게시하다
false 잘못된, 거짓의
information 정보

24 **해설** 제시문은 베트남 사람들이 다양한 용도를 가지고 있기 때문에 그들의 전통 모자를 좋아한다며 그 용도에 관해 설명하고 있다. 그러므로 '베트남 전통 모자의 다양한 용도'가 주어진 글의 주제로 가장 적절하다.

해석 베트남 사람들은 그들의 전통 모자인 '논라(non las)'를 좋아하는데, 다양한 용도를 가지고 있기 때문이다. 여름에 그것은 태양으로부터 피부를 보호한다. 비가 올 때, 사람들은 그것을 우산처럼 사용한다. 그것은 또한 바구니로도 사용될 수 있다.

어휘 Vietnam 베트남
traditional 전통적인
various 다양한, 여러 가지의
protect 보호하다
skin 피부
umbrella 우산

25 **해설** 글의 전반부에서 스마트폰을 너무 많이 사용하는 것은 몇 가지 문제를 일으킬 수 있다고 하였고, 마지막 문장에서 그것들에 관해 좀 더 자세히 이야기해 보자고 하였다. 그러므로 주어진 글 다음에는 '과도한 스마트폰 사용으로 인한 문제점'이 이어질 내용임을 짐작할 수 있다.

해석 요즘 스마트폰 없이 사는 것은 어렵다. 하지만 스마트폰을 너무 많이 사용하는 것은 몇몇 문제를 일으킬 수 있다. 그것들에 관해 좀 더 자세히 이야기해 보자.

어휘 without ~없이
difficult 어려운
these days 요즘

however 그러나, 하지만
cause 야기하다, 유발하다
several 몇몇의
problem 문제
in detail 상세하게, 자세하게

제4교시

사 회

정답 및 해설 |

▌정답

01 ④	02 ②	03 ①	04 ④	05 ②
06 ③	07 ①	08 ④	09 ③	10 ③
11 ②	12 ③	13 ④	14 ②	15 ①
16 ③	17 ①	18 ④	19 ③	20 ②
21 ①	22 ③	23 ②	24 ①	25 ③

▌해설

01 영국의 그리니치 천문대를 지나는 경선을 본초 자오선이라 하는데, 지구의 경도를 결정할 때 기준이 되는 선이다.
① **적도** : 남극과 북극에서 같은 거리에 있는 위도의 기준이 되는 선이다.
② **북회귀선** : 태양이 천정을 통과하는 위선으로, 북위 23도 27분의 위도를 연결한다.
③ **날짜 변경선** : 날짜를 변경하기 위해 만들어 놓은 선으로, 동경 180도에 위치한다.

02 건조 기후는 연 강수량 250mm를 기준으로 사막 기후와 스텝 기후로 구분된다. 스텝 기후 지역은 유목과 목축업이 발달하였다.
① **빙설 기후** : 한대 기후 중 가장 따뜻한 달의 평균 기온이 0도 미만인 남극 대륙과 그린란드 내륙의 기후이다.
③ **툰드라 기후** : 북극해를 중심으로 그린란드, 유라시아 및 북아메리카 대륙의 북부 지역으로 짧은 여름만 0° 이상인 한대 기후이다.
④ **열대 우림 기후** : 연중 고온다습하며 강수량 2,000mm 이상의 적도 부근 지역으로, 스콜이 내린다.

03 제주도 방언으로 산봉우리를 뜻하는 오름은 제주도 전역에 분포하는 단성화산으로, 화산 중턱에 형성된 소규모 기생 화산을 말한다.
② **피오르** : 빙하의 침식으로 생긴 U자형 골짜기에 바닷물이 유입되어 생긴 좁고 긴 만
③ **시 스택** : 해식애의 후퇴 과정에서 육지와 분리되어 남은 기둥 형태의 바위섬
④ **해식 동굴** : 해안선 가까이에서 파도나 조류 등의 침식 작용을 받아 생긴 동굴

04 제시된 햄버거와 돌침대의 사례처럼 서로 다른 문화가 접촉하면서 문화 체계에 변화가 일어나는 현상을 문화 변용(문화 접변)이라 한다.
① **1차 집단** : 가족, 또래 등 구성원들 간에 직접적이고 친밀한 상호작용이 이루어지는 집단
② **귀속 지위** : 태어날 때부터 자연적으로 주어지는 선천적 지위
③ **역할 갈등** : 한 개인이 여러 역할을 수행하는 과정에서 역할 간에 갈등이 발생하는 현상

05 한 사회의 인구 구성원 중 65세 이상의 노년 인구 비율이 점점 증가하는 현상을 인구 고령화라 한다.
① **인플레이션** : 물가가 일정 기간 지속적으로 상승하는 현상
③ **다문화 사회** : 다양한 문화를 향유하는 사람들이 함께 생활하는 사회
④ **오존층 파괴** : 성층권에 있는 오존층의 오존이 파괴되어 그 밀도가 낮아지는 현상

06 역도시화는 쾌적한 환경을 찾아 도시에서 주변으로 이동하는 인구 유턴(U-turn) 현상으로, 선진국의 대도시에서 주로 발생한다.
① **세계화** : 삶의 전 영역에서 자본과 기술, 문화 등 다양한 가치들이 국경을 넘어 자유롭게 교류하는 현상
② **정보화** : 정보를 중심으로 사회나 경제가 운영되고 발전되어 가는 현상
④ **이촌 향도** : 산업화·도시화 등으로 인해 농촌의 인구가 도시로 이동하는 현상

07 쌀은 밀과 함께 인류의 대표적인 식량 자원으로, 아시아 계절풍 기후의 평야 지역에서 주로 생산된다.
② 커피 – 열대 기후 지역
③ 대추야자 – 사막 기후 지역
④ 사탕수수 – 열대 기후 지역

08 기업이 성장하며 기업의 본사, 연구소, 공장 등이 각각의 기능을 수행하는 데 적합한 지역을 찾아 지리적으로 분산되는 현상을 공간적 분업이라고 한다.
① **탈공업화** : 산업 구조가 2차 산업인 공업에서 3차 산업인

서비스업 중심으로 바뀌어 가는 현상

② **공정 무역** : 불공정 무역 행위를 규제하고 상품의 전 과정에서 경제 주체들의 이익이 공정하게 분배되도록 하는 무역

③ **전자 상거래** : 온라인상에서 상품을 사고파는 행위

09 주권은 국가의 의사를 최종적으로 결정하는 권력으로, 헌법 제1조 2항에 대한민국의 주권은 국민에게 있다고 명시하고 있다.

① **자유** : 자신의 생각과 의지대로 살아갈 수 있는 권리

② **정치** : 국가의 권력을 획득하고 유지하며 행사하는 활동

④ **평등** : 모든 사람을 차별 없이 동등하게 대우하고 균등한 기회를 부여하는 가치

10 문화 상대주의는 사회가 처한 특수한 환경과 맥락을 고려하여 문화를 판단하는 것으로 이는 세계 문화의 다양성을 존중하고, 그 문화의 고유한 가치를 인정하며, 각 문화가 형성된 역사적·사회적 배경 속에서 그 문화를 이해하는 것이다. 문화 상대주의는 문화를 비교하여 우열을 평가하지 않는다.

11 정당은 정치적 견해를 같이 하는 사람들이 모인 단체로, 정치 권력의 획득을 목적으로 한다.

① **법원** : 헌법에 의하여 사법권을 행사하는 국가 기관

③ **감사원** : 대통령 직속의 헌법 기구로서 행정부 내 최고 감사기관, 직무 감찰 및 결산업무 등을 담당

④ **헌법 재판소** : 헌법의 해석과 관련된 정치적 사건과 국회에서 만든 법률 등을 사법적 절차에 따라 심판하는 헌법 재판 기관

12 국민이 선거에 참여해 대통령을 직접 뽑는 등 국가의 중요한 일을 결정하는 투표에 직접 참여할 수 있는 기본권은 참정권 이다.

> **TIP 기본권의 종류**
> • **행복추구권** : 행복을 추구할 권리
> • **평등권** : 법 앞의 평등 및 성별, 종교, 사회적 신분에 의해 차별받지 않을 권리
> • **자유권** : 국가의 간섭을 받지 않고 자신의 의사에 따라 행동할 수 있는 권리
> • **참정권** : 국민이 능동적으로 정치에 참여할 수 있는 적극적 권리
> • **청구권** : 국민이 침해된 기본권을 구제받기 위해 청구·청원할 수 있는 권리
> • **사회권** : 모든 국민의 인간다운 생활을 보장하기 위한 권리

13 필요한 재화나 서비스를 만들어 내거가 그 가치를 높이는 활

동은 ㉠ 생산이고, 필요한 재화나 서비스를 구입하여 사용하는 활동은 ㉡ 소비이다.

14 균형 거래량은 수요량과 공급량이 일치하는 지점에서 거래되는 양으로, 제시된 표에서 300개일 때 수요량과 공급량이 일치한다.

① 균형 가격은 수요량과 공급량이 300개로 일치할 때의 가격인 3,000원이다.

③ 가격이 1,000원일 때, 수요량이 400개이고 공급량이 200개이므로, 200개의 초과 수요가 발생한다.

④ 가격이 3,000원일 때, 수요량이 200개이고 공급량이 400개이므로, 200개의 초과 공급이 발생한다.

15 노사 갈등은 대표적인 노동 문제로, 노동자와 사용자 사이에 임금이나 노동 조건 등에 대한 이해관계의 차이로 인해 발생하는 갈등을 말한다.

② **영토 분쟁** : 일정한 영토의 주권을 두고 벌어지는 국가 사이의 국제 분쟁

③ **해양 오염** : 해양에 배출·투기된 물질이 바닷물을 오염시키는 일

④ **지구 온난화** : 지구의 평균 기온이 점점 높아지는 현상

16 선거 공영제는 공정한 선거를 위해 국가가 선거를 관리하고, 국가나 지방 자치 단체가 비용의 일부를 지원하는 제도이다.

① **심급 제도** : 공정하고 정확한 재판을 위해 급이 다른 법원에서 여러 번 재판할 수 있는 제도

② **게리맨더링** : 자기 정당에 유리하도록 선거구를 변경하는 일

④ **보통 선거 제도** : 일정 연령 이상의 국민이면 누구나 선거권을 갖는 민주 선거 제도

17 주먹도끼는 대표적인 구석기 시대의 유물로, 이 시대에는 주로 동굴이나 강가의 막집에 거주하면서 사냥과 채집 생활을 하였다.

18 고구려 장수왕은 수도를 평양으로 옮기는 남진 정책을 추진하여 백제와 신라를 압박하고 한강 유역을 차지하였다.

① 서원 철폐 – 흥선 대원군

② 과거제 실시 – 고려 광종

③ 경국대전 편찬 – 조선 세조 ~ 성종

19 완도에 청해진을 설치하고 당과 신라, 일본을 연결하는 해상 무역을 장악한 인물은 통일 신라의 해상왕 장보고이다.

① 원효 – 일심과 화쟁 사상을 중심으로 몸소 아미타 신앙을 전개하고 불교 대중화에 힘씀

② 혜초 – 인도와 중앙아시아를 다녀와 왕오천축국전을 저술함

③ 이차돈 – 신라 법흥왕 때 순교하여 신라의 불교 공인에 이바지함

20 고려를 건국한 인물은 태조 왕건으로 사심관 제도와 기인 제도를 시행하였으며, 훈요 10조를 남겨 후대의 왕들에게 통치의 교훈으로 삼도록 하였다.

① **동의보감** : 조선 광해군 때 허준이 편찬한 동양 최고의 의학 백과사전

③ **대동여지도** : 조선 철종 때 김정호가 제작한 우리나라 대축척 지도

④ **몽유도원도** : 조선 세종 때 안견이 안평대군의 꿈 이야기를 듣고 그린 그림

21 조선 후기에는 한글 소설과 사설시조가 유행하고 판소리와 탈춤 공연이 성행하였으며 풍속화와 민화가 유행하는 등 서민 문화가 크게 발달하였다.

ㄷ. 상감 청자의 보편적 사용 → 고려 시대

ㄹ. 커피와 케이크 등 서양 음식의 유행 → 개항기

22 광해군은 후금이 명과 대립하자 임진왜란 때 도움을 준 명과 새롭게 성장한 후금 사이에서 실리적인 중립 외교 정책을 추진하였다.

① 남진 정책 – 고구려 장수왕

② 대몽 항쟁 – 고려 삼별초의 배중손

④ 나 · 제 동맹 – 신라 눌지왕과 백제 비유왕

23 조선 세종은 집현전 학자들과 독창적인 문자인 훈민정음을 창제 · 반포하였다.

① 대동법 실시 – 조선 광해군

③ 노비안검법 실시 – 고려 광종

④ 팔만대장경 제작 – 고려 고종

24 국채 보상 운동은 일본에 진 빚을 국민들의 모금으로 갚기 위해 전개된 경제적 구국 운동이므로 일제의 식민지 지배 정책에 해당하지 않는다.

② **산미 증식 계획** : 일제가 조선을 일본의 식량 기지로 만들기 위해 실시한 농업 정책

③ **토지 조사 사업** : 일제가 조선의 토지를 약탈하기 위해 실시한 대규모 토지 조사 사업

④ **헌병 경찰 제도** : 일제가 조선인을 탄압하기 위해 헌병이 경찰 업무 및 치안을 담당하게 한 제도

25 북한의 남침으로 6 · 25 전쟁이 발발하자 국군과 유엔군은 맥아더 장군의 인천 상륙 작전을 계기로 전세를 역전시키고 압록강 인근까지 북진하였다(1950).

① **3 · 1 운동(1919)** : 대한민국 임시 정부 수립의 계기가 된 일제 강점기 최대 규모의 민족 운동

② **4 · 19 혁명(1960)** : 이승만 정부 때 3 · 15 부정선거 규탄 시위에 대한 유혈 진압에 항거하여 발발한 민주주의 혁명

④ **부 · 마 민주 항쟁(1979)** : 박정희 정부의 유신 독재에 항거하여 부산과 마산에서 촉발된 반정부 시위

TIP 6 · 25 전쟁의 경과

북한군 남침 → 서울 함락 → 한강 대교 폭파 → 낙동강 전선 후퇴 → 인천 상륙 작전 → 서울 수복 → 중국군 참전 → 흥남 철수 → 1 · 4 후퇴 → 서울 재수복 → 정전 협정

제5교시   과 학

정답 및 해설 |

▌정답

01 ①	02 ③	03 ①	04 ②	05 ③
06 ④	07 ③	08 ①	09 ②	10 ④
11 ③	12 ④	13 ①	14 ①	15 ④
16 ③	17 ④	18 ②	19 ②	20 ④
21 ②	22 ②	23 ④	24 ④	25 ①

▌해설

01 물이 배를 밀어 올리는 힘은 부력이다. 이는 물과 같은 유체에 잠겨 있는 물체가 중력에 반하여 밀어 올려지는 힘을 말한다.
② **마찰력** : 물체와 접촉면 사이에서 물체의 운동을 방해하는 힘
③ **자기력** : 자석과 자석 또는 자석과 금속 간에 작용하는 힘
④ **탄성력** : 변형된 물체가 원래의 모양으로 돌아가려는 힘

02 일정한 속력으로 운동하는 물체의 시간에 따른 속력은 일정하다. 그러므로 시간이 지나도 속력이 직선으로 일정한 ③의 그래프가 이에 해당한다.
① 시간이 지남에 따라 속력이 감소하는 그래프
② 시간이 지남에 따라 속력이 증가하는 그래프
④ 시간과 속력이 반비례하는 그래프

03 옴의 법칙에 따라 전류의 세기는 전압에 비례하고 저항에 반비례한다.

$$I(전류) = \frac{V(전압)}{R(저항)}, \ R(저항) = \frac{V(전압)}{I(전류)}$$

$$\therefore R(저항) = \frac{2V}{2A} = 1\Omega$$

04

역학적 에너지=운동 에너지+위치 에너지

공기 저항을 무시할 때 물체의 역학적 에너지는 일정하게 보존되므로, 그림에서 A~D의 역학적 에너지는 100J로 일정하다. D 지점에서의 운동 에너지가 75J이므로,
$$100J = \bigcirc + 75J$$
$$\therefore \bigcirc = 25(J)$$

05

반사 법칙 : 입사각=반사각

빛이 반사할 때 입사광선, 반사광선, 법선은 한 평면 위에 있고 입사각과 반사각의 크기는 항상 같다. 그러므로 그림에서 입사 광선의 입사각이 40°이므로 반사각의 크기도 40°이고, 따라서 반사 광선의 진행 경로는 C이다.

06 다른 종류의 전하를 띤 풍선끼리는 서로 끌어당기고, 같은 종류의 전하를 띤 풍선끼리는 서로 밀어낸다. 두 풍선 모두 양(+)의 전하를 띤 ④는 두 풍선이 서로 밀어내고 있으므로 옳은 그림이다.
① 둘 다 양(+)의 전하 → 서로 밀어내는 두 풍선
② 한 풍선은 양(+)의 전하, 다른 풍선은 음(-)의 전하
  → 서로 끌어당기는 두 풍선
③ 둘 다 음(-)의 전하 → 서로 밀어내는 두 풍선

07

보일의 법칙 : 압력(P)×부피(V)=일정

보일의 법칙에 따라 기체의 압력과 부피의 곱은 일정해야 하므로, 4기압일 때 기체의 부피는 10mL이다.

$$\left.\begin{array}{l} 1기압 \times 40mL \rightarrow 40 \\ 2기압 \times 20mL \rightarrow 40 \\ 4기압 \times \bigcirc mL \rightarrow 40 \end{array}\right\} \Rightarrow 일정$$

08

기화 : 액체 → 기체

A는 액체가 기체로 변화하는 것이므로 기화에 해당한다.
② 승화 : 고체 → 기체
③ 융해 : 고체 → 액체
④ 응고 : 액체 → 고체

09 물(H_2O)의 분자 모형과 화학식을 보면, 물 분자 1개는 산소 원자 1개와 수소 원자 2개로 구성되어 있다.

10 원자가 전자를 잃으면 (+)전하를 띠는 양이온이 된다. 해당 그림에서 베릴륨(Be) 원자가 전자 2개를 잃었으므로, 양이온인 Be^{2+}가 된다.

11 어는점은 액체가 얼어 고체가 되는 동안 일정하게 유지되는 온도로, 순수한 물은 1기압에서 0°일 때 언다.
① 밀도 : 단위 부피에 대한 물질의 질량
② 끓는점 : 액체가 끓기 시작하여 기화할 때의 온도
④ 용해도 : 일정한 온도에서 물 100g에 최대로 녹을 수 있는 물질의 양

12 질량 보존의 법칙에 따라 화학 반응이 일어날 때 반응 전 물질의 총 질량과 반응 후 생성된 물질의 총 질량은 같다.
구리 4g+산소 1g=산화 구리(II) (㉠)g
∴ 산화 구리(II)의 질량(㉠)=4g+1g=5g

13
| 생물의 분류 단계 |
| 계>문>강>목>과>속>종 |

종은 생물을 분류하는 기본 단위로, 자연 상태에서 짝짓기하여 생식 능력이 있는 자손을 낳을 수 있는 생물 무리를 말한다.
② 속 : 생물계의 분류 중 여섯 번째 단계
③ 과 : 생물계의 분류 중 다섯 번째 단계
④ 목 : 생물계의 분류 중 네 번째 단계

14 버섯은 기생 생활을 하며 균사를 이용하여 영양분을 흡수하는 생물로, 포자에 의해 번식하는 균계이다.
② 동물계 : 핵을 가지는 진핵 생물이며 다세포성 생물로 세포벽이 없고, 다양한 기능을 하는 세포들로 구성되어 있음
③ 원생생물계 : 핵을 가지는 진핵생물이며 짚신벌레, 아메바 등이 이에 속함
④ 원핵생물계 : 크기가 매우 작고 핵을 가지지 않는 생물로 미생물 중 세균이 이에 속함

15 식물이 빛에너지를 이용하여 스스로 양분을 만드는 과정은 광합성이다. 식물은 광합성을 통해 물과 이산화 탄소를 원료로 포도당과 산소를 만든다.
① 생식 : 생물이 자신과 닮은 자손을 만드는 과정
② 호흡 : 산소를 이용해 영양소를 분해하여 에너지를 얻는 과정
④ 체세포 분열 : 한 개의 체세포가 두 개의 딸세포로 나뉘는 과정.

16 순환계는 우리 몸에서 영양소와 산소 등 생명 활동에 필요한 물질의 순환을 담당하는 기관계로 심장, 혈관, 혈액 등이 이에 속한다.
① 배설계 : 노폐물을 몸 밖으로 내보내는 역할을 하는 기관계
② 소화계 : 음식물의 소화와 흡수에 관여하는 기관계

④ 신경계 : 자극을 빠르게 전달해 그에 대한 반응을 생성하는 기관계

17
| 감각 기관 → 감각 뉴런 → 연합 뉴런 → 운동 뉴런 → 반응 기관 |

감각 기관에서 받아들인 자극을 연합 뉴런으로 전달하는 뉴런은 감각 뉴런이다.

TIP 뉴런의 종류
• 감각 뉴런 : 감각 기관에서 일어난 자극을 척수와 같은 중추신경계로 전달하는 뉴런
• 연합 뉴런 : 뉴런과 뉴런 사이를 이어서 척수나 뇌와 같은 중추 신경계를 이루는 뉴런
• 운동 뉴런 : 척수와 중추신경계에서 오는 신호를 근육이나 샘과 같은 반응기에 전달해서 작동하게 하는 뉴런

18 정자와 난자가 결합하는 것을 수정이라 하며, 이를 통해 수정란이 만들어진다.
① 배설 : 세포 호흡의 결과 생성된 노폐물을 몸 밖으로 내보내는 과정
③ 소화 : 섭취한 음식물이 체내로 흡수될 수 있도록 작게 분해하는 과정
④ 유전 : 부모의 유전형질이 자손에게 전달되는 것

19 순종의 키 큰 완두(TT)와 순종의 키 작은 완두(tt)를 교배하게 되면 100% Tt의 유전자 형을 가진 잡종 1대가 나타난다. 이때 T는 우성, t는 열성이므로 모두 키 큰 완두이다.

20 지구의 가장 중심에 위치하며 고체 상태로 추정되는 A는 내핵이다. 내핵은 철과 니켈 등의 무거운 물질로 이루어져 있다.
① 지각 : 암석으로 이루어진 지구의 겉 부분
② 맨틀 : 지구 내부의 지각과 외핵 사이에 존재하는 부분
③ 외핵 : 액체 상태로 존재하는 핵의 바깥쪽 부분

21 우리나라에서 남동 계절풍의 영향을 받아 덥고 습한 날씨가 나타나는 계절은 여름으로, 북태평양 기단의 영향을 받는다.

22 수권은 지구에 존재하는 모든 물을 말하는데, 그림에서처럼 해수가 97.2%로 가장 많은 양을 차지한다.

23 태양의 표면에 쌀알을 뿌려 놓은 것처럼 보이는 것은 쌀알 무늬이다. 광구 아래의 대류 운동으로 태양 표면에 쌀알을 뿌려 놓은 것 같은 무늬가 발생한다.

① **채층** : 광구 바깥으로 얇게 퍼져 있는 붉은 색을 띤 대기층
② **홍염** : 채층을 뚫고 코로나까지 분출한 고온의 가스 불기둥
③ **흑점** : 태양의 표면에서 주변보다 온도가 낮아 어둡게 보이는 부분

24 절대 등급은 별이 10pc의 거리에 있다고 가정했을 때의 밝기 등급으로, 절대 등급이 같은 별은 지구에서 멀어질수록 어둡게 보인다. 그러므로 A~D 중 지구에서 가장 어둡게 보이는 별은 D이다.

25 연주 시차는 지구의 공전 운동으로 인해 생기는 시차로, 별이 지구에 가까울수록 연주 시차가 크다. 그러므로 연주 시차가 가장 큰 별은 지구에서 가장 가까운 별인 A이다.

제6교시 선택 과목

도 덕

정답 및 해설 |

▌정답

01 ①	02 ③	03 ①	04 ③	05 ④
06 ③	07 ④	08 ②	09 ①	10 ②
11 ②	12 ②	13 ②	14 ③	15 ④
16 ③	17 ④	18 ③	19 ②	20 ④
21 ③	22 ④	23 ①	24 ④	25 ①

▌해설

01 도덕은 사람으로서 마땅히 지켜야 할 도리로, 훌륭한 인격을 갖추기 위해 필요하다.

02 어떤 상황을 도덕 문제로 민감하게 느끼고 도덕적으로 반응할 수 있는 마음 상태를 도덕적 민감성이라고 한다. 도덕적 민감성이 높은 사람은 문제 상황에서 무엇이 도덕적으로 문제가 되는 지를 민감하게 느끼므로, 도덕적 행동을 실천할 가능성이 높다.
① **삼단 논법** : 대전제와 소전제로부터 결론을 이끌어 내는 논증 방법
② **비판적 사고** : 어떤 기준에 근거하여 주장이나 행동, 신념 등의 옳고 그름을 판단하는 사고
④ **결과 예측 능력** : 문제 해결을 위한 여러 가지 선택 사항을 고려한 후 그 행동이 미치는 영향을 미리 짐작하는 능력

03 법은 사회 질서를 유지하기 위한 강제적 규범이다. 그러므로 사회 질서를 유지하기 위해 법을 지키는 것이 도덕적 이유로 가장 적절하다.

04 정신적 가치는 인간의 정신 활동으로 얻게 되는 가치로 사랑, 우정, 평화 등이 이에 속한다. 정신적 가치는 사람에게 정신적 만족을 준다.

05 이성 교제 시 남녀의 차이를 인식하고 서로를 존중하는 자세가 필요하나, 이성 친구를 외모로만 평가하고 이성 친구의 요구에 무조건 따르는 태도는 바람직한 이성 교제의 자세가 아니다.

06 형은 동생을 사랑하고, 동생은 형을 공경해야 한다. 즉, 형제자매 간에 서로를 아끼고 사이를 돈독하게 해야 하는 도리는 우애이다..

07 부패는 공정한 절차를 무시하고 부당한 방법으로 자기 이익을 편취하는 행위로 탈세 행위, 뇌물 수수, 권력 남용 등이 이에 해당한다.

08 사랑은 다른 사람을 아끼고 소중히 여기는 마음으로 그 종류에는 아가페, 필리아, 에로스 등이 있다.
① **욕구** : 무엇을 얻거나 무슨 일을 하고자 바라는 일
③ **양심** : 도덕적인 행동을 하도록 하는 마음의 명령
④ **편견** : 공정하지 못하고 한쪽으로 치우친 생각

09 물 공포증을 극복하기 위해 수영 강습을 신청하거나 수학 문제를 해결하기 위해 심화 학습을 듣는 것은 모두 자신의 부족한 점을 극복하기 위해 노력하는 도전적 삶의 자세이다.

10 층간 소음으로 인한 갈등, 이웃 간 주차 문제로 인한 갈등 등은 이웃 간의 갈등으로 이를 해결하기 위해서는 존중과 배려의 자세가 필요하다. 배려는 다름 사람을 돕거나 보살피려는 이타적인 마음이다.

11 인권은 인간이라면 누구나 가지는 기본적인 권리로, 태어날 때부터 자연적으로 지니는 천부성의 특성이 있다.

> **TIP 인권의 특성**
> • **보편성** : 누구나 동등하게 누릴 권리
> • **천부성** : 태어나면서 자연적으로 갖게 되는 권리
> • **불가침성** : 어떤 경우에도 침해할 수 없는 권리

12 습관은 오랫동안 반복하는 과정에서 몸에 익은 행동 방식으로, 올바른 습관을 형성하게 되면 자신의 인격을 향상시킬 수 있다.
① **존중** : 높이고 귀중히 여김
③ **성찰** : 자기의 마음을 반성하고 살핌
④ **평화** : 갈등 없이 평온한 상태

13 세계 평화에 기여하는 것은 남북한이 분단국가로서 겪는 문제점이 아니라 민족 통일의 필요성에 해당한다.

14 인간의 존엄성을 최고의 가치로 여기고 인종, 민족, 국가, 종교 등의 차이를 초월하여 인류의 안녕과 복지를 꾀하는 것을 이상으로 하는 사상이나 태도는 인도주의이다.
① 경쟁심 : 남과 겨루어 이기거나 앞서려는 마음
② 타율성 : 자신의 의지와 관계없이 정해진 원칙과 규율에 따라 움직이는 성질
④ 이기주의 : 자기 자신의 이익만을 꾀하고, 사회 일반의 이익을 염두에 두지 않으려는 태도

15 이해관계의 충돌, 가치관의 차이, 잘못된 의사소통은 모두 갈등의 원인에 해당하나, 공감과 경청의 자세는 갈등의 해소 방안이다.

16 갈등을 평화롭게 해결하기 위해서는 입장을 바꿔 상대방의 처지에서 생각해 보는 역지사지의 자세가 필요하다.

> **TIP** 갈등의 평화적 해결 태도
> • **역지사지의 태도** : 상대방의 입장에서 생각하는 태도
> • **관용의 태도** : 타인의 잘못이나 실수를 용서하고 그들의 생각과 가치를 수용하는 태도
> • **법과 규칙에 따르는 태도** : 합법적이고 공정한 절차를 통해 해결하는 태도
> • **합리적 의사소통의 태도** : 상대에 대한 비난보다 자신의 생각이나 느낌, 바람 등을 그대로 보여주어 소통할 수 있는 태도

17 자기가 속한 사회의 문화만이 가장 우수하다고 생각하면서 다른 사회의 문화를 부정적으로 평가하는 태도는 자문화 중심주의로, 문화를 바라보는 극복해야 할 태도이다.
① 개인주의 : 국가와 사회보다 개인의 이익과 가치를 우선하는 태도
② 문화 상대주의 : 각 문화의 다양성을 인정하고, 문화가 가진 독특한 환경과 역사적·사회적 상황에서 다른 문화를 바라보는 태도
③ 생태 중심주의 : 인간을 자연의 일부로 여기고 자연이 가진 본래적 가치를 중시하는 자연관

18 도덕 원리를 모든 사람에게 보편적으로 적용했을 때 나타나는 결과를 예측하여 비판하는 사고 방법은 보편화 결과 검사에 해당한다. 즉, 여학생이 '모든 사람이 바쁘다(보편성)'고 '무단 횡단을 하면 어떻게 될까?(결과의 예측)'라고 비판하고 있다.

19 친구가 듣기 싫어하는 별명을 부르거나 외모를 비하하는 말로 친구를 괴롭히는 것은 폭력의 유형 중 언어 폭력에 해당한다.

20 기본권을 침해하는 부당한 법이나 제도에 대항하여 이를 폐기 또는 개정하기 위해 그것을 의도적으로 위반하는 행위는 시민 불복종이다.

21 부정적인 생각과 감정은 마음을 혼란스럽게 하고 평화를 방해하므로, 마음의 평화를 얻기 위해서는 긍정적인 생각과 감정을 갖기 위해 노력해야 한다.

22 [과학 기술의 발달에 따른 부작용]
ㄷ. 환경 오염과 생태계 파괴
ㄹ. 과학 기술에 대한 지나친 의존
[과학 기술의 긍정적 영향]
ㄱ. 풍요롭고 편리한 삶
ㄴ. 건강 증진과 생명 연장

23 사회적 약자란 신체적·문화적 특성으로 인해 사회에서 차별 대우를 받거나 불리한 위치에 있는 사람으로, 사회적 약자의 고통을 이해하는 관심과 배려의 자세가 필요하다.

24 정보 통신 매체의 지나친 사용은 정신적·신체적 건강에 부정적인 결과를 초래할 수 있으므로, 중독을 예방하기 위해 자기 절제를 통해 사용 시간을 조절해야 한다.

25 환경 친화적 소비는 환경과 함께 공존하며 높은 삶의 질을 추구하는 소비 생활로, 자연과의 조화를 추구하는 소비 형태이다.

결코 남이 편견을 버리도록 설득하려 하지 마라.
사람이 설득으로 편견을 갖게된 것이 아니듯이, 설득으로 버릴 수 없다.

Never try to reason the prejudice out of a man.
It was not reasoned into him, and cannot be reasoned out.

− 시드니 스미스 −